# 탈냉전기 미중관계

타협에서 경쟁으로

# 탈냉전기 미중관계

타협에서 경쟁으로

2023년 10월 11일 초판 1쇄 찍음
2023년 10월 19일 초판 1쇄 펴냄

지은이  김재철
펴낸이  권현준
편집  김천희
디자인  김진운
마케팅  김현주

펴낸곳  ㈜사회평론아카데미
등록번호  2013-000247(2013년 8월 23일)
전화  02-326-1545
팩스  02-326-1626
주소  03993 서울특별시 마포구 월드컵북로6길 56

이메일  academy@sapyoung.com
홈페이지  www.sapyoung.com

© 김재철, 2023

ISBN  979-11-6707-130-9 93340

# 탈냉전기 미중관계 타협에서 경쟁으로

김재철 지음

사회평론아카데미

## 책을 내며

탈냉전기 미중관계의 전개와 변화에 관한 이 책은 필자의 오랜 탐구와 성찰의 결과다. 필자는 2002년 처음으로 미중관계에 관한 논문을 학술지에 발표한 이후 지금까지 줄곧 이 주제에 관심을 가져왔고, 다양한 기회에 여러 편의 글을 발표하기도 했다. 이 과정에서 미중관계에 다채로운 변화가 발생하는 것을 직접 목격했고, 이를 설명하기 위한 적절한 접근 방법과 시각을 고민해왔다. 이러한 성찰을 통해 초창기 주목했던 구조적 요인만으로는 미중관계의 전개를 설명하기 어려우며 양국의 국내적 요인에 주목할 필요성을 절감했다. 이 책은 이러한 모색과 성찰을 담고 있다.

짧지 않은 기간 동안 진행한 탐구와 성찰에도 불구하고, 미중관계에 관한 단행본 집필을 결심하기까지는 다시 시간과 고민이 필요했다. 다양한 기회에 여러 차례에 걸쳐 집필에 대한 주변의 기대를 느끼고 또 직접적으로 권유를 받기도 했지만, 미중관계에 관한 필자만의 시각을 제시함으로써 주제에 관한 이해와 논의에 기여할 수 있다는 확신을 갖기 쉽지 않았기 때문이다. 이처럼 양국관계에 발생한 조정과 변화를 담아낼 적절한 분석 틀에 대한 고민을 계속하는 상황에서 트럼프 대통령이 등장하여 양국관계를 근본적으로 전환할 가능성을 제기했다. 그에 의해 제기된 예상을 넘어선 변화 시도를 목격하면서, 필자는 한때 변화의 실현 가능성과 지속 가능성에 의구심을 지니기도 했다. 이러한 필자의 의구심은 트럼프 대통령을 패퇴시키고 등장한 미국의 바이든 대통령이 경쟁을 이어가면서 깨졌다.

바이든 대통령이 전임자가 제기한 경쟁을 이어감에 따라 미국의 대중정책이 근본적으로 변화했다는 판단을 하게 되었고, 이러한 판단은 후일 바이든 행정부가 탈냉전 시기의 종언을 선언하면서 확신으로 이어졌다. 물론 이러한 확신은 비단 필자에 한정된 것이 아니었다. 바이든 행정부가 출범하기 이전부터 현실주의자들은 미중 사이에 신냉전이나 충돌이 불가피하다는 주장을 적극적으로 제기했다. 이러한 상황에서 탈냉전기 미중관계에 발생한 다채로운 변화의 양상을 목격했던 필자는 현실주의의 주장을 비판적으로 검토할 필요성을 절감했다.

비록 필자가 오랜 시간 미중관계에 천착해왔지만, 이를 단행본의 형태로 정리하는 것은 생각만큼 쉽지 않은 작업이었다. 2021년부터 본격적인 집필에 착수한 후 1년여의 준비 과정을 거쳤고, 2022년 중반부터 시작된 안식년 덕분에 도합 2년 반이라는 적절한 시간에 마칠 수 있었다. 물론 필자가 그동안 진행한 연구들이 이 책의 토대가 되었지만, 미중경쟁이라는 새로운 현실은 기존의 연구를 다시 들여다보고 재구성할 필요성을 제기했다. 그 결과 기존 연구 가운데 이

책에 직접적으로 인용된 부분은 최소화되었고, 미주에서 그 증거를 확인할 수 있다.

이러한 일련의 과정을 밝히는 것은 이 책의 집필과 관련하여 고민이 계속해서 이어졌음을 독자들에게 알리기 위함이고, 이러한 고민을 고려할 때 필자는 이 책을 주제에 관한 단정적 결론을 내리려는 시도이기보다 추가적인 논의를 위한 토대를 제공하기 위한 시도로 규정하고 싶다. 주제의 광범위함을 고려할 때 필자가 미중관계의 모든 중요한 이슈들을 두루 다루지는 못했을 것이고 또 미국과 중국의 시각 사이에서 균형을 유지하는 데 소홀한 부분도 존재할 것이다. 물론 필자가 후일 능력과 역량이 되어 증보판이나 개정판을 냄으로써 보완할 수도 있겠지만, 다른 전공자가 보완을 위한 시도를 전개하고 이 과정에서 후속 논의가 이어진다면 더욱 기쁜 일이 될 것이다.

다음으로 감사의 마음을 전할 차례다. 사실, 감사의 마음을 전하는 일은 단행본 출판 과정에서 가장 즐거운 부분 가운데 하나다. 필자는 이 책을 집필하는 데 많은 직, 간접적 도움을 받았다. 우선, 지난 20여 년간 미중관계에 관한 다양한 글들을 발표하는 과정에서 많은 의견들을 들을 수 있었고, 이는 필자의 주장을 정리하는 데 도움을 주었다. 지면 관계상 이를 다 열거하지 못함을 아쉽게 생각한다. 필자가 속한 대학에서 이뤄진 학생들과의 상호작용 또한 생각을 정리하는 데 도움이 되었다. 이 책을 집필하는 과정에서는 경희대학교의 서정건 교수와 한양대학교의 신종호 교수가 초고의 일부 또는 전부를 읽고 논평을 제시해주었다. 모든 의견을 다 반영하지는 못했지만, 많은 도움이 되었음을 밝히고 싶다. 가톨릭대학교 중앙도서관의 김희전 선생께서는 방대한 자료 요청에 성심껏 응해주셨고, 국제학부의 김인선, 임지언, 황보라 조교도 필자가 자료를 구하는 데 많은 도움을 주었다. 출판과 관련해서는 사회평론아카데미의 김천희 소장께서 초고의 일부를 읽고 기꺼이 출판을 결정하고 또 편집 과정에서도 필자의 의견을 최대한 존중해주었다. 모두에게 감사를 표한다.

이 책은 필자의 다섯 번째 단독 단행본이자 아마도 마지막 학술서가 될 것 같은 생각이 든다. 이번 작업을 하면서 그동안 학술서 집필에 쏟아부었던 수준의 역량과 열정을 더 이상 유지하기 쉽지 않음을 절감했다. 어쨌든 그동안 쉽지 않은 논리를 전개한 필자의 책을 읽어준 독자와 지금 이 책을 펼쳐 든 당신께 감사를 표한다.

2023년 7월 필자

# 차례

**세부 차례**

# 제1장

# 서론

미국과 중국의 경쟁이 심화하고 있다. 양국 간 경쟁은 2017년 미국의 트럼프(Donald J. Trump) 행정부가 중국과의 강대국 경쟁을 선언하면서 표면화되었다. 경쟁의 기치를 내건 트럼프 행정부는 임기 내내 중국을 강하게 압박했고, 임기 말 재선 국면에 진입해서는 공산당 정권의 정당성을 겨냥하기도 했다. 2020년 미국 대선에서 이러한 트럼프 행정부의 대중정책을 비판한 바이든(Joseph R. Biden) 후보가 승리하면서 한때 미중관계가 재편되고 협력이 복원될 것이라는 기대가 제기되기도 했지만, 바이든 행정부 또한 경쟁을 강조했다. 이에 따라 경쟁은 트럼프 행정부 시기의 일시적 일탈이 아닌 미국의 대중관계 틀로 자리 잡았다.

양국 간 경쟁이 비록 미국에 의해 표출되었지만, 이것이 곧 전적으로 미국에 의해 촉발되었음을 의미하는 것은 아니다. 중국도, 트럼프 행정부가 출범하기 이전부터, 미국의 우위를 인정했던 탈냉전 초기의 대미관계를 평등한 관계로 재편하려 듦으로써 경쟁의 단초를 제공했다. 특히 시진핑(习近平) 주석이 권력을 장악한 이후에는 핵심 이익의 상호 존중을 근간으로 하는 '새로운 형태의 강대국 관계(新型大国关系)' 구상을 제기한 데 이어, 트럼프 행정부가 개시한 무역 분쟁과 관련해서도 평등성을 확보하는 기회로 활용하려 들었다. 이후 미국이 코로나19 확산에 대응하는 데 어려움을 겪자 중국은 '미국의 쇠퇴와 중국의 부상'을 강조하며 '강력한 지위(position of strength)' 에서 압박을 가하려는 바이든 행정부의 시도를 공개적으로 반박했고 나아가 '유엔을 핵심으로 하는 국제체제와 국제법에 기반한 국제질서'를 제기함으로써 미국이 주도하는 국제질서의 정당성을 약화하려는 반격 조치도 취했다.

이러한 양국의 의도가 상호작용한 결과 미국과 중국은 무역 분쟁을 시작으로 과학기술, 대만, 남중국해, 군사력 증강, 그리고 글로벌 거버넌스와 국제질서 등 전방위적 이슈와 영역에 걸쳐 경쟁하고 또 때로는 대결도 불사했다. 양국 모두가 각자의 입장을 견지하며 상대의 변화를 요구하거나 압박한 반면에 대화를 통해 이견을 해소하고 협력을 이어가려는 실용성은 찾기 어려워졌다. 이처럼 치열하게 경쟁함에 따라 양국이 새로운 냉전에 돌입했으며 심지어 충돌할 수 있다는 전망과 우려마저 제기된다.

양국 간 경쟁과 이에 따른 협력의 소실은 탈냉전기 미국과 중국이, 지속되는 상호불신과 간헐적으로 발생한 위기에도 불구하고, 타협을 도출하고 또 증대되는 상호의존에 힘입어 협력을 확대해온 그동안의 실용적 경향으로부터의 분명한 변화를 상징한다. 널리 알려진 것처럼, 미중 양국은 탈냉전기 들어 타협을 통해 양국관계의 위기를 극복하고 또 증대되는 상호의존에 힘입어 대화와 협상 기제의 확립을 통해 관계를 관리하고 또 협력을 확대했다. 나아가 양국은 2008년 미국에서 발생하여 전 세계로 확산한 세계금융위기를 계기로 협력을 더욱 확대함으로써 전통적 강대국 정치를 회피하고 심지어 공조 체제를 형성할 수 있다는 낙관적 관측마저 촉발하기도 했다. 이처럼 양국이 탈냉전기 협력을 확대해왔음을 고려할 때, 미국이 강대국 경쟁을 강조하고 중국이 평등성을 내세워 미국의 우위와 주도권에 대한 이의를 제기하는 반면 협력이 사라진 지금의 양상은 양국관계의 중대한 변화를 상징한다. 이러한 상황을 반영하듯, 바이든 행정부는 탈냉전 시기의 종언을 선언했다.

그렇다면 탈냉전기 타협을 통해 위기를 극복하고 또 상호의존에 힘입어 협력을 확대했던 미중관계는 왜 협력을 지속하고 확대하는 대신에 경쟁에 돌입하게 되었는가? 무엇이 이러한 전환을 가져왔는가? 또 경쟁으로 규정된 미중관계는 어떤 양상을 보이는가? 경쟁은 양국관계가 영합적(zero-sum) 성격을 띠고 따라서 신냉전과 충돌을 향해 나아감을 의미하는가? 아니면 양국은 경쟁을 관리함으로써 충돌을 방지하고 공존할 것인가?

이 책은 이러한 질문에 답하기 위해 탈냉전기 미중관계의 전개를 검토한다. 이는 미중관계에 중대한 전환이 발생하고 이에 따라 탈냉전 시기의 종언이 선언된 것을 계기로 미국의 관여에 의해 형성되었던 양국관계의 전개와 변화를 되돌아보려는 시도이다. 이러한 시도는 중요한 이론적 그리고 현실적 의의를 지닌다. 이론적으로 탈냉전기 미중관계의 전개에 관한 검토는 기존 패권국과 신흥 강대국 간의 상호작용에 관한 다양한 이론들의 적절성과 유용성을 검토하는 데 기여한다. 최근 미중경쟁이 글로벌 거버넌스와 국제질서로까지 확대되기 시작했다는 사실은 이러한 검토의 가능성과 시의성에 힘을 보탠다. 현실적으로도 탈냉전기 미중관계의 전개에 관한 논의는 국제정치의 현재 양상과 향후 진로를 이해하는 데 기여한다. 미중 양국이 차지하는 비중으로 인해 양국관계는 이 시대 국제관계의 양상을 규정하는 핵심적 요인으로 작용할 것이고, 따라서 이 책의 논의는 국제관계의 성격과 진로를 이해하는 데 기여할 것이다.

미중관계의 전개에 관한 검토를 통해 필자는 탈냉전기 양국이 실용적 선택을 통해 타협하고, 또 협력을 확대함으로써 협력과 경쟁이 병존하는 복합적 관계를 형성하는 등 다채로운 양상을 표출했음을 제시한다. 이처럼 계속해서 변화를 경험했다는 사실은 미중관계에 관한 논의와 전망이 국력 대비와 같은 구조적 요인의 중요성과 충돌의 불가피성을 강조하는 현실주의에 의해 지배되고 있는 상황을 비판적으로 검토할 필요성을 제기한다. 물론 협력과 경쟁이 공존하던 복합적 관계가 경쟁에 의해 주도되는 관계로 변화했지만, 이것이 곧 충돌이 애초부터 불가피했거나 불가피할 것임을 의미하지 않는다. 현실적으로 미중경쟁은 여전히 진행 중인 과정으로서 많은 불확실성을 안고 있고, 또 경쟁과 충돌 사이에는 다양한 선택지가 존재한다. 따라서 미중관계의 향방이 이미 결정되었다고 상정하기보다 다양한 가능성을 열어놓고 검토할 필요가 있다.

서론인 이 장의 나머지 부분에서는 미중관계에 관한 기존 연구를 검토한 후, 양국관계를 규정하는 요인들을 구조적 요인과 행위자 변수로 구분하여 고찰한다. 이어서 이러한 다양한 요인들의 조합과 상호작용의 결과로 형성된 탈냉전기 미중관계의 양상과 변화를 간략하게 개괄함으로써, 이후 전개될 논의의 배경과 맥락을 제시한다. 마지막 부분에서는 책의 구성을 간략하게 소개한다.


## 기존 연구 검토

탈냉전기 미중관계에 관한 기존 연구는 다 열거하기 어려울 정도로 많은데, 이들은 크게 두 개의 상반된 설명과 전망을 제시한다.

연구를 주도한 현실주의자들은 중국의 부상이 미중 간 국력 대비에 끼치는 변화와 그 파급효과에 주목하며 양국이 충돌을 향해 일관되게 움직여 왔다고 주장한다. 놀라운 사실은 미중 간 경쟁과 충돌 가능성에 대한 전망이 미중 양국 사이에 국력 격차가 현저했던, 따라서 중국의 부상이 양국관계에 실질적인 영향을 끼치기 훨씬 이전부터 제기되기 시작했다는 점이다. 1990년대 초 중국이 사회주의 시장경제를 선언하며 고도성장의 가능성을 보이자 미국에서는 중국의 부상이 위협을 제기할 것이라는 우려(중국 위협론)가 제기되기 시작했다.[1] 이 가운데서도 1997년 두 명의 언론인이 제기한 미중 사이에 충돌이 불가피할 것이라는 주장은 최근 들어 힘을 얻은 '예정된 충돌'론의 효시로 간주될 수 있다.[2] 이 시기는 미국의 클린턴(Bill Clinton) 행정부가 국력상의 우위에 대한 확고한 자신감을 바탕으로 중국에 대한 관여(engagement)를 추진하던 때로,[3] 이처럼 미국의 관심이 중국이 제기하는 위협이 아닌 중국을 어떻게 관리할 것인가에 집중되었던 상황에서 충돌론이 제기된 것은 현실을 앞선 이론적 예단이었다고 볼 수 있다.

21세기에 들어서 미중 간 경쟁과 충돌 가능성에 대한 현실주의의 주장은 더욱 강화되었다. 미국의 고위 관리들이 여전히 중국을 "격차가 있고 관리 가능한 도전"으로 간주하는 상황에서,[4] 미어샤이머(John J. Mearsheimer)가 중국의 부상으로 인해 힘과 지위를 둘러싼 강대국 경쟁이 초래될 가능성을 제기했고 프리드버그(Aaron Friedberg) 또한 충돌 가능성을 지적했다.[5] 이 시기 미중 충돌론은 소수 의견이었지만 2008년 세계금융위기를 계기로 양국 사이의 국력 격차가 축소되면서 상황은 크게 변화했다. 2011년 프리드버그는 미중 사이의 지배력을 둘러싼 경쟁과 양국 간 충돌 가능성을 제시한 저서에서 자신의 견해가 더 이상 소수 의견이 아니라고 주장했고,[6] 미어샤이머 또한 중국의 부상으로 미중 간 충돌이 불가피할 것이라는 주장을 더욱 분명하게 제시했다. 중국이 아시아를 지배하려 들 것이고 미국이 이에 대해 균형을 추구함에 따라 치열한 안보 경쟁이 불가피할 것이며, 양국 사이에 전쟁이 발발할 가능성은 냉전기 미소 사이의 경우보다 더 크다는 주장이었다.[7] 중국의 대표적 현실주의자인 옌쉐퉁(阎学通) 또한 중국의 부상에 따라 패권국 미국과의 구조적 갈등이 형성되고 따라서 전략경쟁이 불가피할 것이라는 주장을 제기했다.[8] 비록 전략경쟁이라는 분명하게 정의되지 않은 용어를 사용했지만, 양국 간 갈등과 심지어 충돌 가능성을 배제하지 않은 것이다.

미중 간 경쟁과 충돌 가능성에 대한 현실주의적 우려와 전망은 트럼프 행정부가 출범한 이후 최고조에 달했다. 트럼프 행정부가 중국을 비판하며 출범한 시기에 맞춰 출간됨으로써 세인의 관심을 끌었던 앨리슨(Graham Allison)의 『예정된 전쟁(*Destined for War: Can*

*America and China Escape Thucydides's Trap?*)』은 미중 간 충돌 가능성에 대한 우려와 논의를 극대화하는 계기로 작용했다.[9] 비록 그가 충돌을 회피하기 위한 미중 양국의 어렵고도 고통스러운 행동의 필요성을 강조함으로써 충돌 가능성과 관련하여 개방적 입장을 견지하려 들었지만,[10] 트럼프 행정부의 강대국 경쟁 선언과 중첩되면서 양국 간에 신냉전이나 패권경쟁이 전개될 가능성에 관한 논의를 급속하게 확산시키는 계기로 작용했다.[11]

이러한 현실주의적 논의는 미중 사이의 국력 격차에서 발생한 거대한 변화가 양국관계에 끼친 영향을 잘 보여준다. 국력 격차의 변화가 상대에 대한 양국의 인식과 정책에 영향을 끼쳤다는 사실은 부인하기 어렵다. 그러나 국력 대비에만 주목하는 구조적 현실주의 시각은 미중관계의 성격을 규정하는 데 있어서 분명한 한계를 지닌다. 우선, 구조적 시각은 양국 사이의 경쟁과 충돌을 촉발하는 국력 격차의 정도를 구체적으로 제시하지 못한다. 다시 말해 국력 격차가 어느 정도에 도달했을 때 미국이 신흥 강대국 중국을 견제하려 들거나, 반대로 중국이 도전하려 하는지를 구체적으로 제시하지 못한다. 그 결과, 이상의 논의에서 드러나듯, 현실주의자들은 양국 간 국력 격차가 현저했을 때부터 미중 사이의 충돌 가능성을 제기하기 시작했다. 또한 현실주의 설명은 미중 사이의 협력을 과소평가하는 반면에 충돌 가능성을 과도하게 부각한다. 탈냉전기 양국은 실용성을 기반으로 타협하고, 또 상호의존의 확대에 힘입어 협력을 확대함으로써 강대국 공조체제를 형성할 가능성마저 제기한 바 있다. 비록 미국이 중국에 대한 경쟁을 선언함으로써 양국관계가 중대한 변화에 직면했지만, 이것이 곧 양국이 애초부터 충돌을 향해 움직여왔음을 의미하지는 않는다. 또 양국이 경쟁에 돌입했다는 것이 충돌을 의미하는지도 당연한 것으로 상정되기보다 검증의 대상이어야 한다.

현실주의가 미중 양국 간 충돌 가능성을 강조하는 반면에 자유주의와 제도주의는 양국 간에 형성된 밀접한 연계에 주목하며 상호의존과 제도적 연계가 양국관계와 협력을 지탱시킬 가능성을 제시한다. 자유주의는 높은 수준의 경제적 상호의존이 전쟁에 미치지 않는 범주와 방식으로 경쟁하도록 작용한다고 주장한다.[12] 교역을 통해 창출할 경제적 부를 희생시킬 수 있다는 우려가 국가에 충돌을 회피하도록 작용할 것이라는 지적이다. 여기에 더해 제도주의는 잘 구성된 협력적 규범, 규칙, 절차 등 적절한 제도적 배열이 강대국 사이의 협력을 가능하게 한다고 주장한다.[13] 즉, 국제기구에서의 집단적 정책결정이 국제체제의 정당성을 강화하고 부상 국가의 야심을 제어하며 지배적 행위자의 행동을 규율하기에, 제도가 국가 간 협력을 촉진한다는 지적이다.

이러한 논의는 탈냉전기 미중 양국 사이에 형성된 밀접한 상호의존과 상호작용 기제가 충돌의 가능성을 줄이고 협력을 지속시키는 결과로 이어질 것임을 제시한다. 대표적으로 아이켄베리(John Ikenberry)는, 현실주의 주장이 힘을 얻기 시작하던 시기에, 중국이 자유주의 국가로 전환되지는 않겠지만 기존 질서 내에서 힘을 사용할 것이라는 주장을 제기한 바 있다.[14] 즉, 중국이 기존 규범을 수용하고 이에 따라 충돌이 회피될 가능성을 주장한 것이다. 그 근거로 그는 자유주의적 관여의 긍정적 효과를 제시한다. 국제질서의 자유주의적 성격이 중국의 부상을 수용하도록 작용할 것이고 그 결과 중국은 국제질서 내에서 작동하게 될 것이라는 주장이다.[15] 미중관계가 악화하기 시작한 이후에도 그는 미국과 중국 사이의 충돌 위험성을 완전하게 배제하기는 어렵지만, 국제질서가 겪고 있는 위기는 "이행의 위기(a crisis of transition)"일 뿐이고 강대국 세력 정치의 회귀로 인한 지정학적 충돌로 이어지는 위기는 아니라는 주장을 이어갔다.[16] 자유주의자인 나이 또한 상호의존으로 인해 미중관계는 경쟁과 함께 협력이 이어지는 "협력적 경쟁관계(cooperative rivalry)"가 될 수밖에 없다고 규정한다.[17] 중국에서도 상호의존으로 인해 강대국 간 적대관계라는 전통적 모델은 지속되기 어려워졌고, 기제의 강화가 미중경쟁의 범위와 성격에 질적 변화를 초래할 수 있다는 주장이 제기된 바 있다.[18]

미중경쟁이 가열됨에 따라 중국이 기존 질서를 수용하거나 양국이 증대된 상호의존에 힘입어 협력을 계속해서 이어갈 것이라는 주장을 그대로 수용하는 것은 지나치게 낙관적인 상황이 되었다. 미국은 중국과의 경쟁을 선언한 이후 국제적 공급망에서 중국을 배제하고 또 첨단기술에 접근하는 것을 차단하기 위한 분리(decoupling) 시도를 강화하고 있다. 이에 맞서 중국도 부상하는 국가가 자신의 이익을 반영시키기 위해 국제질서를 형성하려 드는 것은 당연한 것임을 주장하며,[19] 국제질서를 미국과 다르게 규정함으로써 반격하려 든다. 이러한 중국의 시도는 다시 국제질서를 변화하려는 의지와 능력을 지녔다는 미국의 우려를 자극하는 연쇄반응을 촉발하고 있다. 이처럼 양국 간 경쟁이 지속됨에 따라 협력은 현저하게 약화했다.

이상의 논의는 탈냉전기 미중관계의 전개와 향방을 특정의 이론적 접근만으로 포착하기가 어려움을 제시한다. 양국 간 국력 대비라는 구조적 요인이 양국관계의 전체적인 방향을 규정한 것은 사실이지만, 미중관계의 전개를 국력 격차의 변화라는 요인만으로 설명하기는 어렵다. 양국 간에 형성된 높은 수준의 상호의존 또한 한때 구조적 성격을 체득함으로써 관계를 확대하고 심화시켰지만, 이후에는 오히려 양국 간 분쟁의 근원으로 작용했다. 다시 말해 상호의존의 영향은 시기별로 전혀 다른 방향으로 작용했다. 이는 구조적 요인만으로 탈냉전기 양국관계의 변화를 설명하기 어려움을 제시한다. 여기서 탈냉전기의 미중관계의 변화를 이해하기 위해서는 구조적 요인뿐 아니라 미국과 중국의 인식과 활용이라는 행위자 변수에 대한 검토의 필요성을 발견할 수 있다. 구조적 요인은, 신고전적 현실주의가 지적하듯,[20] 행위자 변수와의 상호작용을 통해 외교정책에 영향을 끼친다. 실제로 탈냉전기 들어 미국 외교정책에서 국내적 요인의 비중이 증대했고, 또 중국에서도 국력의 증대와 함께 국내적 요인이 외교정책에 끼치는 비중이 증대했다.

## 구조적 요인과 행위자 변수

### 국력 대비

미중 사이의 국력 대비와 이에 발생한 급격한 변화는 탈냉전기 양국관계의 전체적인 방향을 규정하는 요인으로 작용했다. 탈냉전기 미국은 구소련의 붕괴에 힘입어 "단극의 순간(unipolar moment)"을 맞았고,[21] 이러한 절대적 우위는 부시(George W. Bush) 행정부가 "비할 데 없는 군사력과 거대한 정치·경제적 영향력을 누리고 있다"고 선언한 2000년대 초반까지도 계속되었다.[22] 이 시기 미국은 경제력, 군사력, 국제기구에서의 지배적 지위, 소프트 파워 등 전반적인 우위를 누렸다.[23] 그러나 이후 발생한 아프가니스탄과 이라크에서의 값비싼 전쟁과 중국의 지속적인 고도성장이 미국의 우위에 충격을 가했다. 특히 중국은 거의 8년마다 GDP 규모를 두 배로 증대시키는 역사상 유례를 찾기 어려울 정도의 빠른 경제성장률을 기록함으로써, 어떤 전략적 도전에도 우월한 지위에서 대응할 수 있다는 미국이 20세기 초 이후 누려온 자신감에 위협을 가했다.

양국 간 국력 대비의 변화 추세는 부시 행정부의 마지막 해인 2008년 미국에서 발생하여 세계로 확산한 세계금융위기를 계기로 드러나기 시작했다. 세계은행의 통계에 따르면, 냉전이 종식된 1991년 미국의 GDP는 6조 1,580억 달러로 3,834억 달러에 머문 중국의 16배에 달했다. 비교하기 어려운 그리고 이후 발생한 급격한 축소를 상상하기조차 어렵게 하는 격차였다. 그러나 금융위기가 폭발한 직후인 2009년 미국 GDP는 14조 4,500억 달러로 5조 1,020억 달러를 기록한 중국의 3배 정도로 축소되었다. 이후 변화의 추세는 더욱 가속화되어 2014년 미국 GDP는 17조 5,200억 달러를 기록함으로써 10조 4,400억 달러로 증대된 중국의 1.6배에 그쳤다. 1991년과 비교할 때 대략 25년 만에 격차가 1/10로 줄어든 셈이다. 한편 IMF는, 구매력 지수(PPP)에 근거하여, 같은 해 중국이 경제 규모에서 미국을 추월했다고 제시함으로써 변화를 더 크게 평가했다.[24] 또한 다양한 전망들은, 비록 중국이 엄격한 코로나 방역 정책으로 인한 경제적 어려움을 경험하면서 그 시기가 뒤로 밀렸지만,[25] 2030년대에 들어 중국이 경제 규모에서 미국을 추월할 가능성마저 제기했다. 여기에 더해 증대되는 경제력을 군사력으로 전환하려는 중국의 지속적 노력에 따라 서태평양에서의 군사력 균형에도 변화가 발생하기 시작했다.

양국 간 국력 격차에 발생한 변화는 양국관계의 양상과 그 전개를 설명하는 데 도움을 준다. 탈냉전기 미중관계는 비대칭적 관계에서 점차 대칭적 관계로 전환했다. 탈냉전 초기 국력 격차가 현저했던 상황에서 양국관계는 국력의 우위를 누렸던 미국에 의해 주도되었다. 미국이 양국관계의 틀과 의제를 주도한 반면에 중국은 관계를 유지하기 위해 갈등을 공개적으로 표출하는 것을 자제했고 또 필요한 경우 요구를 부분적으로 수용하는 등 기본적으로 미국의 우위를 묵인하거나 수용했다.[26] 미국은 관여를 통해 중국에 대해 계속해서 변화의 필요성을 '설교'했고 중국은, 의구심과 불만에도 불구하고, 이를 부분적으로 수용함으로써 관계를 안정시키고 이를 통해 미국의 기술과 자본, 시장을 활용하여 경제발전을 추진하는 데 집중했다.

양국 간 국력 대비가 변화함에 따라 관계의 전체적인 양상도 조정되기 시작했다. 세계금융위기를 계기로 국력에 대한 중국의 자신감이 제고되었고, 이는 다시 미중관계를 변화시키려는 욕구를 촉발했다. 중국에서 미국에 의해 일방적으로 주도되는 관계를 상호 이익과 우려를 고려하는 평등한 관계로 변화시켜야 한다는 주장이 힘을 얻었고, 지도부는 이를 구현하려 들었다. 이에 따라 미국은 양국관계를 주도하는 데 어려움을 경험하기 시작했고, 오바마(Barack Obama) 행정부 말기에 들어 중국에 대한 정책을 전환해야 한다는 목소리가 힘을 얻었다. 이러한 요구는 트럼프 행정부가 출범한 후 정책에 반영되어, 중국의 진전을 제약하고 우위를 유지하기 위한 경쟁으로 표출되었다.

이처럼 미중 간 국력 격차의 축소가 미국에 중국과의 경쟁을 추구하도록 작용한 사실은 부인하기 어렵다. 그러나 이것이 곧 국력 대비라는 구조적 요인이 미국의 정책을 결정했음을 의미하는지는 분명하지 않다. 우선, 탈냉전 초기 미국이 중국에 대해 관여를 선택한 것이 단순히 구조적 요인의 결과였는지가 분명하지 않다. 또한 최근 양국 간 국력 격차가 급격하게 축소되었지만, 이것이 곧 양국이 국력 면에서 대등해졌거나 중국이 미국을 추월하는 것이 불가피함을 의미하는 것은 아니다. 이처럼 양국 간 국력 대비의 향방에 여전히 불확실성이 존재하는 상황에서 미국이 중국에 대해 강대국 경쟁을 선언했다는 사실은 미국의 정책 전환이 전적으로 구조적 변화의 결과였다고 간주하기 어렵게 만든다. 두 경우 모두에서 미국의 국내적 인식과 선호가 작용했을 가능성을 배제하기 어렵다. 즉, 탈냉전 초기에는 상호연계의 형성을 통해 중국의 행위를 형성하려는 온건론이 지배했던 반면에 트럼프 행정부 시기에는 여전한 국력상의 우위를 바탕으로 중국을 선제적으로 압박해야 한다는 강경론이 지배했을 가능성이다.

상호의존

미중 사이의 국력 대비가 변화하는 상황에서 양국 간 상호의존 또한 놀라운 속도로 제고되었다. 미중 간 상호의존은 클린턴 행정부가 추진한 관여에 중국이 호응하면서 형성되기 시작했다. 이처럼 미중 양국의 선택에 힘입어 급증하기 시작한 양국 간 상호의존은 경제적 보완성에 힘입어 점차 구조적 성격을 체득함으로써 양국의 정책에 영향을 끼쳤다.

2001년 WTO 가입을 계기로 중국의 저임 노동력과 시장 잠재력에 주목한 미국 기업들이 적극적으로 진출하면서 대중 투자가 급속하게 증대했다. 2001년 120억 달러에 머물렀던 미국의 대중 투자(누적액 기준)는 무역 분쟁이 시작된 2018년에 1,070억 달러에 달했다.[27] 놀라운 속도로 증대된 미국의 대중 투자는 양국 간 교역을 증대시키는 결과로 이어졌는데, 미중 교역액은 2001년 1,214억 달러를 기록했던 데서 2018년에 6,595억 달러에 달함으로써 5배 이상 성장했다.[28]

　　미중 사이의 상호의존은 초기 중국이 미국의 자본과 시장에 일방적으로 의존하던 양상에서 점차 상호성을 강화했다. 중국은 대외교역에서 획득한 엄청난 외화를 활용하여 미국 국채를 매입했다. 2002년 1,810억 달러였던 중국의 미국 국채 보유액은 금융위기가 발생한 2008년에 1조 달러를 돌파한 후,[29] 2022년 4월까지 줄곧 1조 달러대를 유지했다.[30] 여기에 더해 경제성장과 함께 중국의 대미 투자 또한 증대되기 시작했다. 2014년에 처음으로 100억 달러를 돌파한 중국의 대미 투자는 2017년 364억 달러로 최고치를 기록했다.[31] 이러한 양국 사이의 밀접한 연계와 관련하여 일부 전문가들은 양국이 복합적 상호의존의 특성을 체현했다고 규정했고,[32] 또 한때 차이메리카(Chimerica)를 형성했다는 평가도 제기되었다. 즉, 양국 간 상호의존이 구조화된 것이었다.

　　탈냉전 초기 상호의존은, 제도주의 이론이 제시하듯, 경제적 혜택의 제공을 통해 양국 모두에 관계를 유지하고 협력을 확대하도록 작용했다. 미국에서는 연계와 협력이 경제적 혜택으로 이어질 것이라는 기대에 따라 경제계를 중심으로 중국에 대한 관여를 지속하고 확대할 것을 옹호하는 목소리가 제기되었고 상호의존을 통해 안보와 번영을 촉진할 수 있다는 주장이 힘을 얻었다. 중국에서도 상호의존이 경제발전에 기여한다는 사실이 확인됨에 따라, 미국과의 협력을 유지함으로써 성장과 기술 확보 등의 혜택을 누려야 한다는 목소리가 힘을 얻었다.

현실적으로 초창기 양국 간 상호의존에 존재했던 비대칭적 취약성은 미국에 중국을 압박할 수단을 제공했다. 클린턴 행정부 시기 최혜국 대우 갱신이나 인권 문제 제기에서 드러났듯이, 미국은 경제적 수단을 통해 중국의 행태와 진로를 형성하려 들었다. 그러나 미국 기업의 중국 진출에 힘입어 중국이 역량을 강화하면서 상호의존의 성격에도 변화가 발생하기 시작했다. 중국이 생산한 값싼 제품이 미국 소비자에 혜택을 제공하기 시작하고 또 중국의 수출에서 미국이 차지하는 비중이 하락하기 시작하면서 경제적 수단을 통해 중국의 행동에 영향을 끼치려는 시도의 효력이 점차 약화했다.

이러한 변화에도 불구하고, 상호의존은 계속해서 양국 간 협력을 규정했다. 세계금융위기 이후 미국 경제의 침체가 중국의 수출에 영향을 끼치는 상황에서 중국은 경제회복을 위한 미국의 노력에 적극적으로 협력했고, 또 이를 통해 경제적 혜택을 제공하기도 했다. 그 결과 미국의 클린턴 국무장관은 2012년 미중 양국 모두가 상호의존의 세계에서 살고 있으며 양국 경제가 매우 밀접하게 연계되어 있기에 상대 국가가 잘되지 않으면 나머지 국가도 성공할 수 없다고 지적함으로써 상호의존을 긍정적으로 평가했다.[33] 전문가들 사이에서도 양국 간 상호의존이 구조적 성격을 체득했고 따라서 충돌 가능성을 방지할 것이라는 지적이 제기되었다.[34]

이와 함께 상호의존은 점차 경쟁의식도 촉발했다. 그 직접적 계기는 중국이 혁신 주도의 경제성장 모델로의 전환을 추구한 것이었다. 중국이 혁신을 통해 경쟁력을 강화하려 시도하면서, 한때 상호보완적이었던 경제관계에 경쟁적 성격이 부각되기 시작했다. 오바마 행정부 말기부터 본격화된 중국의 혁신 시도를 목격하면서 미국에서는 중국과의 격차가 축소되고 있다는 우려가 제기되었고 이는 다시 중국의 부상에 대한 위협의식을 강화했다. 이러한 변화에도 불구하고 이 시기 증대되기 시작한 중국의 대미 투자가 미국의 기술혁신에 기여함에 따라 상호의존을 근본적으로 해소해야 한다는 주장은 억제되었다.

그러나 트럼프 행정부 출범 이후 상호의존은 의구심의 대상이 되었고 나아가 상대에 대한 강요의 수단으로 활용됨으로써 경쟁을 확산시켰다. 트럼프 행정부의 출범과 함께 경제적 통합으로부터 혜택을 얻을 수 있다는 기대가 의구심에 직면한 대신에 기술, 특히 민군양용 기술의 이전을 통해 기술 자립이나 군사력 증강의 토대를 제공함으로써 중국을 미국의 안보를 위협할 수 있는 강대국으로 만들었다는 현실주의적 주장이 힘을 얻었다. 이처럼 통합이 촉발하는 국가안보 위험에 대한 인식과 우려가 증대되면서 한때 호혜적으로 인식되었던 경제적 연계는 경계와 공격의 대상이 되었다.[35] 나아가 트럼프 행정부는 상호의존의 비대칭성을 활용하여 중국에 대해 양보를 강요하려 들었다. 중국 수출품에 대해 관세를 부과하고 중국의 기술기업을 제재하며 기술제품의 수출을 제한하는 등 상호의존을 "무기화(weaponized)"한 것이다.[36] 바이든 행정부 또한 공급망을 재편하고 국내 생산능력을 제고시킴으로써 중국에 대한 의존을 해소하고 또 중국이 선진기술에 접근하는 것을 차단하기 위한 분리 시도를 더욱 강화했다. 이는 상호의존과 관련하여 어느 국가가 더 많은 혜택을 보는가라는 상대적 이익이 부각됨을 의미한다.

트럼프 행정부 출범 초기 경제적 상호의존을 미중관계의 반석(压舱石)으로 제시하며, 미국과의 관계를 관리하는 데 활용하려 들었던 중국도 트럼프 행정부의 무역전과 기술 분리 시도를 목격하면서 미국 시장과 기술에 대한 과도한 의존이 초래하는 취약성을 더욱 분명하게 인식했다. 미국과의 상호의존이 감내하기 어려운 위험을 제기한다는 판단이 힘을 얻음에 따라 시진핑 주석은 국내시장의 중요성을 강조한 쌍순환(双循环) 전략과 과학기술의 자립 필요성을 강조했다. 이는 중국도 국가의 자율성을 수호하기 위해 경제적 피해를 감수하며 미국에 대한 의존을 줄이려 들었음을 의미한다. 이처럼 미중 양국 모두가 상호의존을 무기화함에 따라 상호의존은 양국 간 협력을 촉진하는 요인에서 갈등의 초점으로 등장했다.

이상에서 살펴본 것처럼 국력 대비와 상호의존 등 구조적 요인들이 미중관계의 전체적 윤곽을 규정하는 데 영향을 끼친 것은 부인하기 어렵다. 동시에 이상의 논의는 구조적 요인의 영향력에 존재하는 한계도 보여준다. 국력 대비의 변화는 양국관계가 변화할 시점이나 조건을 제시하지 못하고, 상호의존이 양국관계에 끼친 영향도 시기별로 그 성격을 달리했다. 이는 구조적 요인의 영향력이 행위자의 인식이나 의도와의 상호작용을 통해 구체화할 가능성을 제시한다.

미국의 대중정책

탈냉전 초기 양국관계를 주도한 미국은 중국에 대한 관여를 추구했다. 이는 중국을 국제체제에 참여시켜 진로를 형성하려는 시도를 반영했다. 중국에 대한 관여는 국력의 우위라는 구조적 요인에 힘입었다. 미국은 탈냉전으로 형성된 힘의 우위를 기반으로 시장경제와 민주주의의 확대를 추구함으로써 세계를 형성하려 들었고, 이러한 전략에 따라 중국에 대해서도 봉쇄나 배제가 아닌 포용을 선택했다. 상호의존 또한 중국에 대한 관여를 유지하는 데 기여했다. 처음에 중국을 움직이기 위한 수단으로 상정되었던 경제관계는 이후 점차 확대됨으로써 미국에도 관여를 지속하도록 작용했다.

그러나 중국에 대한 관여가 전적으로 구조적 요인에 의해서 결정된 것은 아니었다. 냉전의 종식으로 국제적 위협이 사라지면서 국내적 요인이 외교정책에 끼치는 영향력의 비중이 증대되었고, 이에 따라 국내 정치적 고려와 정치적 연합의 우열이 중국정책에 커다란 영향을 끼쳤다.[37] 중국 시장의 거대한 잠재력에 주목한 미국의 경제계가 중국에 대한 관여를 강력하게 옹호했고 선거자금 제공에서의 압도적 역할을 통해 정책을 형성하는 데 강력한 영향력을 행사했다. 여기에 더해 의회, 싱크탱크, 미디어, 학계에 포진한 중국과의 협력을 강조하는 세력들 또한 관여를 옹호했다.[38] 이러한 국내적 연합에 힘입어 관여에 대한 전반적 합의가 형성되었고, 대선 국면에서 일부 후보와 이익집단이 비판을 제기하기도 했지만 논쟁은 관여 그 자체가 아닌 정도와 방식에 한정되었다. 여기에 더해 중국이 사회주의 시장경제를 선언하고 또 WTO 가입을 계기로 미국의 국제적 지도력을 묵인하거나 수용하려는 의도를 보인 것 또한 관여를 통해 중국을 형성할 수 있다는 주장에 힘을 보탰다.

관여는 클린턴 행정부 시기부터 오바마 행정부 때까지 계속되었고, 미국의 역대 행정부는 부강한 중국의 등장을 환영한다는 클린턴 행정부의 입장을 기본적으로 견지했다. 2000년 대선에서 중국을 전략적 경쟁자로 규정한 부시 후보가 승리함에 따라 한때 위기에 직면하기도 했지만, 9.11 사태를 계기로 전략적 초점이 반테러 전쟁으로 이동하면서 관여는 초당적 대중정책으로 자리를 잡았다. 특히 오바마 대통령은 금융위기와 기후변화에 대한 대응과 같은 현안에 대한 협력을 확보하기 위해 이례적으로 대선 과정에서부터 중국에 대한 관여를 강조하며 비판을 자제했고, 취임 이후에도 해결을 원하는 문제의 목록을 중국에 제시하고 변화를 촉구하는 형성(shape) 시도를 이어갔다.

미국은 관여를 추구하는 동시에 중국이 호응하지 않을 가능성에도 대비하려 들었다. 중국이 본격적인 위협으로 인식되지는 않은 상황에서도 미국은 군사적 우위 유지와 동맹관계 강화 등을 통해 위험을 회피하려는 시도를 전개했다. 이는 미국의 대중정책이 복합성을 띠었음을 의미한다. 그러나 현실적으로 미국은 관여가 작동하지 않음을 인지할 경우에도 공격적 행동을 통해 대응하는 것을 주저했다. 경제적 상호의존과 국제문제 해결의 필요성과 같은 현실적 요인들로 인해 중국을 비판하면서도 관계를 이어가려 한 것이다. 이에 따라 미국의 정책결정자들은 징벌보다 대화가 더 효과적이며, 처벌은 중국에서 개혁파를 약화시키고 중국의 보복을 불러옴으로써 미국 기업에 해를 가할 것이라는 논리를 강조했다. 이처럼 관여를 계속했다는 사실은 미국의 정책결정자들이 중국을 기회로 보고 활용하려 들었으며 또 이러한 입장을 설득하려 들었음을 의미한다.

트럼프 행정부는 기존 행정부의 대중정책을 거부하고 새로운 정책을 추구했다. 강대국 경쟁의 선언을 통해 강경하고 대결적이며 영합적 정책으로 전환한 것이다. 트럼프 대통령을 패퇴시키고 정권교체에 성공한 바이든 대통령 또한 중국과의 경쟁을 이어감으로써 중국과의 관계에 근본적 변화가 발생했음을 알렸다. 특히 바이든 행정부가 탈냉전 시기의 종언을 선언한 것은 미국이 중국을 국제체제로 통합시키는 데 주력했던 데서 제약하는 방향으로 이행하려는 듯을 분명하게 보여주었다. 그러나 트럼프 행정부는 물론이고 체계화를 선언한 바이든 행정부 또한 경쟁의 의미를 분명하게 제시하지 못했다. 비록 바이든 행정부가 강력한 지위의 확보를 강조하면서도 동시에 기후변화와 같은 공동의 이슈에서의 협력 가능성이나 경쟁이 충돌로 이어지는 것을 방지할 필요성을 제기함으로써 중국을 포괄적으로 압박했던 트럼프 행정부와의 차별화를 강조하지만, 중국과의 경쟁을 통해 무엇을 이루려 하며 또 어느 정도의 자원을 투입하려 하는지는 여전히 불분명하다.

미국이 중국에 대한 경쟁을 선언한 데 구조적 요인이 작용했다. 미국의 상대적 우위에 대한 증대되는 우려가 중국과의 경쟁을 선언하도록 작용했다. 트럼프 행정부는 중국이 군사, 기술, 재정 등에서 미국의 우위를 잠식하고 있다고 우려했고, 바이든 대통령 또한 중국이 세계의 선도국가가 될 가능성을 경계했다. 이러한 국력 격차의 축소에 대한 우려가 지위에 대한 우려(status anxiety)를 촉발했고, 이는 다시 중국에 대한 경쟁을 촉발했다.[39] 반면에 상호의존으로부터 혜택을 얻을 수 있다는 기대는 의구심에 직면했고 대신에 경제와 기술 분야에서의 통합이 촉발하는 국가안보 위험에 대한 인식과 우려가 부각되었다.

그러나 경쟁의 선언을 구조적 요인에만 돌리기는 어렵다. 관여와 마찬가지로, 경쟁도 국내적 요인에 의해 영향을 받았다. 대표적으로 트럼프 요인이 중국에 대한 경계심을 확산시켰다. 트럼프는 대선과 집권 기간 중국과의 경제관계가 가져온 결과에 대한 국내적 불만을 정권 획득과 강화에 활용했다. 중국이 국력에서 미국을 추월하지 못했고 또 그럴 것인지의 여부 또한 명확하지 않은 상황에서, 트럼프는 중국의 부상이 제기하는 위협에 대응하는 것이 미국의 안보와 번영을 수호하는데 매우 시급하고 절박한 과제라고 규정했다. 이 점에서 트럼프 행정부가 중국에 대해 강대국 경쟁을 선언하고 강조한 것은 국력 격차 축소로 인한 불가피한 결과이기보다 미국의 대중정책이 전환되었음을 보여주려는 정치적 계산을 반영한 것으로 볼 수 있다.[40] 이러한 트럼프의 강경한 정치적 수사는 미국에서 중국에 대한 적대감을 확산시키는 결과로 이어졌다. 이처럼 중국에 대한 안보 우려가 강화되고 경제관계가 공정하지 않으며 상호성을 결여했다는 인식이 강화됨에 따라 상호의존의 수혜자로서 관여를 지지하는 세력은 중국정책 논쟁에서 소외되었다.[41] 강화된 중국에 대한 광범위한 적대감은 다시 바이든 행정부의 대중정책에도 제약을 가했다. 즉, 미국에서 위협의식이 광범위하게 확산한 상황에서 바이든 행정부는 중국과의 관계를 재설정하려는 시도가 촉발할 정치적 비판과 비용을 경계하며 경쟁을 이어갔다.

여기에 더해 중국의 행위 또한 변화에 영향을 끼쳤다. 국가주의적 경제정책, 남중국해 분쟁 해역에서의 인공 섬 건설, AIIB 등 대안적 국제금융기구 설립, 군사 역량 강화 등 공세적 행태는 미국에서 관여가 중국의 부흥만을 촉진하고 기대했던 변화는 가져오지 못했다는 인식에 힘을 보탰다.[42] 중국이 이러한 우려에 관심을 표하지 않고 평등한 관계의 필요성만을 강조했다는 사실 또한 미국의 정책변화에 힘을 보탰다.

### 중국의 대미정책

탈냉전 초기 중국은 관계를 안정시키기 위해 미국의 주도권을 묵인하거나 심지어, 불가피한 경우, 수용하기도 했다. 1989년 천안문 사태로 양국관계에 위기가 초래되고 중국에서 보수파를 중심으로 미국에 대한 의구심과 비판이 제고되던 상황에서도, 중국의 실질적 지도자였던 덩샤오핑(鄧小平)은 도광양회(韜光養晦) 방침을 천명함으로써 미국과의 갈등을 회피하고 경제발전에 집중하는 실용적 정책을 선택했다.[43] 이후 장쩌민(江泽民) 주석 또한 1993년 미국과의 관계를 안정시키길 원한다는 희망을 표명했다.[44] 그로부터 10여 년 이상 중국은 미국과의 관계 안정을 강조하고 마찰과 충돌을 회피함으로써 경제발전을 위한 환경을 유지하는 실용적 입장을 견지했다. 장쩌민 주석이 클린턴 행정부에 전략적 동반자 관계(strategic partnership) 수립을 제안한 데 이어, 후진타오(胡锦涛) 주석 또한 부시 대통령에 전략(고위)대화를 제안하는 등 미국과의 관계를 안정시키려 들었다. 이러한 의도는 평화적 부상과 평화발전을 강조함으로써 미국을 안심시키려 시도하고, 책임 있는 이해관계자가 되라는 미국의 촉구에 호응한 데서도 확인되었다.

중국의 실용적 정책은 구조적 요인의 영향을 받았다. 미국이 국력상의 압도적 우위를 누렸다는 사실이 중국에 관계를 안정시키기 위해 주도권을 묵인하거나 때로 부분적으로 수용하도록 작용했다.

이 시기 중국의 지도자들이 외교적 정책을 결정하는 데 있어서 국제적 역량 대비의 변화와 발전을 중시했다는 사실은 후진타오 주석의 지적에서 단적으로 확인된다.[45] 상호의존의 증대 또한 중국에 미국과의 관계 안정을 추구하도록 작용했다. WTO 가입 이후 대외교역이 급속하게 증대되면서 상호 호혜적 국가관계가 가능하다는 인식이 확산했고, 이는 다시 평화적 부상이나 평화적 발전과 같은 새로운 외교 관념을 수용하도록 작용했다.

이러한 구조적 요인에 더해 경제발전에 집중한다는 국내적 정책 방침 또한 미국과의 관계를 안정시키기 위해 주도권을 묵인하거나 필요한 경우 수용하도록 작용했다. 경제발전을 위해 미국과의 관계 안정이 필요한 것으로 인식되는 상황에서 중국의 지도자들은, 미국에 의한 '평화적 변화(和平演变)' 가능성을 우려하면서도, 외부세계로부터의 고립 가능성을 더욱 경계했다.[46] 이에 따라 중국은 미국에 대한 "배합과 인내"를 통해 미국으로부터 산업을 이전받고 또 국제 질서 수호에 협력했으며 심각한 갈등을 회피하려 들었다.[47] 미국이 관여를 이어갔다는 사실 또한 중국이 관계를 안정시킬 수 있다는 판단을 도출하고 견지하도록 작용했다.

물론 중국의 정책은, 미국의 대중정책과 마찬가지로, 복합적이었다. 무엇보다도 중국의 적응과 수용에 한계가 존재했다. 중국은 미국의 위험회피 시도에 대한 의구심을 버리지 않았고, 특히 미국이 주도하는 자유주의적 가치나 질서에 동의하지 않았다. 이에 따라 중국은 미국이 평화적 변화를 통해 체제를 위협하고 대만을 지원함으로써 부상을 제어하려는 패권적 행위를 추구한다고 보고 경계했다. 그 결과 중국은, 미국의 지도력을 묵인하는 상황에서도, 내정간섭 시도에 반대했고 또 주권과 체제안정을 수호하기 위해 갈등을 불사하기도 했다. 이는 중국이 관여를 통한 형성이라는 미국의 시도에 저항했음을 의미한다. 또한 중국은, 1990년대 다극화 추진에서 단적으로 드러나듯, 힘의 분산을 추구함으로써 미국의 패권으로부터 '선회의 공간'을 확보하려 들기도 했다.[48] 이처럼 중국의 대미정책 또한, 미국의 대중정책처럼, 이중적 성격을 띠었으며 그 배경에 구조적 요인과 함께 국내적 요인이 작용했다.

중국의 대미정책은 2008년 세계금융위기를 계기로 변화하기 시작했고, 2012년 말 시진핑 체제가 출범한 이후 변화는 더욱 분명해졌다. 그 핵심은 미국과의 평등한 관계의 수립으로 표현할 수 있다. 중국은 2009년 오바마 대통령 방중 때 채택한 공동성명에 핵심 이익의 상호 존중이라는 문구를 삽입시킴으로써 세계금융위기를 계기로 증강된 자신감을 바탕으로 미국과의 관계에서 자신의 선호를 관철하려는 적극성을 드러냈다. 다만 이 시기 중국은 대미정책의 급격한 변화를 추구하기보다 경제회복, 기후변화, 비확산 등 오바마 행정부가 중시한 의제에 협력하고 그에 대한 대가로 변화에 대한 미국의 지지를 도출하려 들었다.

시진핑 체제가 출범한 이후 평등한 관계에 대한 추구는 더욱 분명해졌다. 시진핑 주석이 핵심 이익의 상호 존중을 내세운 새로운 형태의 강대국 관계 구상을 제기한 데 이어, 2018년 무역 분쟁에서도 평등성과 상호 존중을 기반으로 협상을 통해 문제를 해결할 것을 강조하며 대등한 (이후 비례적) 보복으로 맞섰다. 이는 중국이 평등성 제고를 통해 미중관계를 재편하려 들었음을 의미한다. 이러한 의도는 미국이 압박을 통해 대응하자 중국이 미국의 국제적 주도권의 정당성을 약화하기 위한 "탈정당화(delegitimation)" 시도를 통해 반격한 데서 다시 확인되었다.[49]

국력 격차 축소라는 구조적 요인이 중국의 정책변화를 추동시켰다. 시진핑 체제 들어 중국에서는 미국과의 관계에서 더 큰 형성력을 가지게 되었다는 주장이 힘을 얻었다. 여기에 더해 상호의존에 변화가 발생했다는 판단 또한 정책변화에 힘을 보탰다. 이러한 구조적 요인의 작용은 중국의 대표적 미국 전문가 가운데 한 명인 푸단(复旦)대학의 우신보(吳心伯)의 지적에서 단적으로 확인된다. 그는 군사적 측면에서의 국력 격차 축소와 경제적 상호의존의 대칭성 증대가 대미관계에서 중국의 능동성을 제고시키고 따라서 미중관계의 안정성을 증대시키는 데 기여할 것으로 규정했다.[50]

그러나 이 시기 중국과 미국의 국력 대비에 커다란 조정이 발생하지 않았음을 고려할 때, 변화는 국력 대비라는 구조적 요인보다 시진핑이라는 강경한 지도자의 등장에 따른 인식과 평가의 변화에 더 크게 힘입었다고 할 수 있다. 즉, 미국에서 국력의 역전 가능성에 대한 우려가 트럼프 변수에 의해 확대된 것처럼, 중국에서도 시진핑 변수가 국력 대비에 발생한 변화를 과도하게 평가하도록 작용했다. 시 주석이 "국제적 세력 대비가 전례 없는 변화를 경험하고 있다(世界百年未有之大变局)"거나, "시간과 추세는 중국편(时与势在我们一边)"이라거나, "동방의 상승과 서방의 하강(东升西降)" 등을 거론하며 중국의 부상을 강조함에 따라,[51] 많은 중국의 전문가들 또한 미국의 경제적 쇠퇴와 정치적 혼란으로 인해 장기적으로 국력 대비가 중국에 더 유리해질 것이라는 주장을 쏟아냈다. 시진핑이 집권할 때까지 중국 내에서 미중 사이의 국력 대비를 둘러싸고 논쟁과 이견이 이어졌음을 고려할 때, 시진핑 주석의 입장이 전문가들의 논의의 방향을 규정한 셈이다. 또한 그는 '최악의 상황에 대한 대비(底线思维)'를 거론함으로써 미국의 압력에 밀려 타협하기보다 미국과의 관계를 다시 형성하기 위해 위험을 감수할 필요성을 강조했다.

여기에 더해 트럼프 행정부의 대중 강경책 또한 중국이 반격하도록 작용함으로써, 양국관계의 작용-반작용 사이클을 촉발했다. 트럼프의 강력한 압박은 중국의 대미 의구심을 자극했다. 미국의 쇠퇴와 중국의 부상이라는 변화에 따라 중국을 수용해야 함에도 불구하고, 미국은 패권을 유지하기 위해 중국을 평등한 강대국으로 대하려 들지 않으며 오히려 중국 체제의 안정성을 약화하려 한다는 불만이었다.[52] 이러한 중국의 불만은 바이든 행정부 출범 후 양국관계 재편에 대한 기대가 실망으로 바뀌면서 더욱 강화되었다. 그 결과 중국은 반패권 움직임을 강화함으로써 대응하려 들었다.


## 타협, 복합성, 그리고 경쟁

이상에서 살펴본 것처럼 다양한 요인들이 탈냉전기 미중관계의 양상을 규정하는 데 작용했다. 미중관계에 영향을 끼친 요인들의 상대적 비중이 시기별로 변화를 경험한 것은 물론이고, 또 일부 요인의 경우에는 시기별로 전혀 다른 방향으로 작용했다. 탈냉전기 미중관계의 양상은 특정한 시점에서 작용한 다양한 요인들의 상대적 비중과 조합에 의해 규정되었는데, 이러한 비중과 조합이 변화함에 따라 관계의 양상도 변화했다. 탈냉전기 양국관계는 타협에서 복합성을 거쳐 경쟁으로 이행했다.

탈냉전 초기 현저한 국력 격차와 양국의 의도가 작용한 결과 미국과 중국은 타협을 통해 위기를 극복하고 관계를 회복했으며 점차 협력을 확대했다. 국력 격차가 현저한 상황에서 미국은 관여를 통해 중국의 행위를 형성하려 들었고, 중국이 미국의 주도권을 묵인하거나 또 필요한 경우 수용함에 따라 타협이 도출되었다. 양국은 1995-96년 리덩후이(李登輝) 총통의 미국 방문에 따른 대만해협 위기, 1999년 유고 주재 중국대사관 폭격, 그리고 2001년 정찰기 충돌 등 이어진 위기를 극복했을 뿐 아니라 반테러 전쟁과 북한 핵 문제를 계기로 안보 측면으로까지 협력을 확장했다. 여기에 더해 상호의존이 증대됨에 따라 이를 관리하기 위해 대화와 협상 기제를 수립하기 시작했고, 양국은 이를 통해 공동의 이익을 확인하고 또 관계를 규정할 전략적 틀을 모색하기도 했다. 이와 함께 양국 모두에서 경쟁과 충돌을 핵심으로 하는 전통적 강대국 관계에서 벗어날 수 있다는 낙관적 목소리가 제기되기 시작했다.

물론 이처럼 협력을 확대하는 와중에서도 양국은 각자의 선호를 견지했고 그 결과 이견도 지속되었다. 주도권을 유지하려 한 미국은 중국의 행동을 형성하려는 시도가 작동하지 않고 그 결과 국제질서에 충격이 가해질 위험에 대비하려 들었고, 중국은 미국이 패권을 통해 자국의 정치체제를 변화시키려 들 가능성을 우려하며 자율성을 유지하려 들었다. 이처럼 각자의 선호를 견지한 결과, 양국은 대만과 인권 문제 등에서 이견을 이어갔고 또 때로 자신의 이익을 수호하기 위해 위험을 감수하려 듦으로써 위기를 촉발하기도 했다. 이러한 타협의 한계에도 불구하고, 양국 모두가 상대를 위협으로 간주하지 않음에 따라 관계가 계속해서 확대되는 의외성이 출현했다.

양국관계는 2008년에 발생한 금융위기와 오바마 행정부의 의지에 힘입어 협력과 경쟁이라는 상반된 측면이 공존하는 복합적 관계로 한 단계 진화했다. 긴밀한 상호의존이 금융위기를 해결하는 데 협력할 것을 요구하는 상황에서 미국과 중국은 협력을 통해 각자의 목표를 달성하려 시도했다. 그 결과 양국은 경제위기 극복을 위한 정책상의 공조를 시작으로 중국이 제기한 글로벌 거버넌스 개혁과 오바마 행정부가 중점을 두었던 기후변화와 군사 교류 등으로 협력의 영역을 확대했다. 이 과정에서 오바마 행정부가 한때 중국의 핵심 이익을 존중하겠다는 의사를 밝혔고, 중국도 기후변화와 비확산뿐 아니라 교역과 환율 문제 등에서도 미국의 선호를 부분적으로 수용했다. 그 결과 양국 간 강대국 공조(G2) 체제가 형성될 가능성이 제기되기도 했다.

이처럼 한편으로 협력이 확대되는 상황에서도 양국은 교역과 투자, 남중국해, 군사 등에서 각자의 목표를 추구하려는 경향을 강화했다. 이러한 경향은 중국이 국력과 자신감 증대에 힘입어 자신의 선호를 추구하려는 의지를 강화한 데서 촉발되었다. 이에 자극받은 오바마 행정부는 동아시아로의 재균형을 통해 이를 제어하려 들었다. 이처럼 양국이 각자의 선호를 강조하고 추구함에 따라 경쟁의 국면이 형성되기 시작했다. 이 시기 양국 간 경쟁이 경제, 거버넌스, 군사등 협력을 확대한 영역에서 형성되기 시작했고 또 양국 모두가 경쟁에도 불구하고 협력에 대한 의지를 밝힘으로써 경쟁의 영역과 수준을 한정시키려 들었지만, 양국 간에 경쟁 국면이 형성되기 시작한 사실 자체는 부정하기 어렵다. 이와 함께 미국에서는 양국관계가 임계점에 도달했다는 관찰이 제기되었다.

이처럼 양국 간 경쟁이 강화됨에 따라 일부 현실주의자들은 탈냉전기 중국이 협력에 대한 의지를 보였던 것은 미국의 국력을 따라잡을 시간을 벌고 또 미국이 강경한 정책을 취하는 것을 방지하기 위한 유인책에 불과했다는 주장을 제기한다.[53] 그러나 이 시기 미중 양국이 경제위기 극복에 협력함으로써 경쟁적 진영이 아닌 단일진영을 형성할 가능성을 제시한 것은 미중관계의 분명한 진전을 상징했다. 즉, 확대되는 경쟁에도 불구하고, 협력을 유지하고 확대한 양국 관계는 경쟁과 대결에 의해 규정되었던 냉전기의 강대국 관계와 분명한 차이를 보였다.[54] 여기에 더해 이 시기 중국과의 협력관계를 유지할 필요성은 미국이 동맹국을 지원하는 데 제약을 가하기도 했고, 중국은 이를 활용하여 미국의 동맹국들에 미국과의 관계 강화가 중국에 대응하는 데 도움이 되지 않음을 주지시키려 들었다.

2017년 트럼프 행정부가 강대국 경쟁을 선언하고, 4년 후 권력교체에 성공한 바이든 행정부 또한 경쟁을 이어감으로써 미중관계에 심대한 변화가 발생했음을 알렸다. 미국의 경쟁 선언에 대해 중국이 관세 보복을 통해 대응하고 나아가 미국의 국제질서 주도권에 대해 이의를 제기함으로써 반격하려 드는 것 또한 변화를 상징했다. 즉, 미중 양국 모두가 관계를 다시 형성하려 시도한 것이다. 이 과정에서 양국 간 경쟁은 무역, 기술, 군사, 글로벌 거버넌스와 국제질서 등 거의 모든 영역으로 확산하고 또 그 정도도 심화했다.

이에 반해 경제적 상호 보완성, 공동의 도전에 대응할 필요성, 협력에 대한 지도자의 의지 등 양국 간 협력을 촉진했던 요인의 영향력은 급속하게 약화했다. 양국 모두가 상대와의 긴장과 갈등을 감수하려는 의지를 강화함에 따라 협력은 급격하게 쇠퇴했다. 관계를 안정시키는 데 기여했던 정부 간 고위급 정례 대화와 소통 기제는 실질적으로 작동을 멈췄고, 환경이나 보건과 같은 공동의 이익이 존재하는 것으로 간주되었던 이슈들에서의 협력도 찾기 어려워졌다. 여기에 더해 양국 모두가 경제와 기술의 분리를 추구하고 또 일정 정도 진행되었다. 모두가 양국관계가 근본적 변화를 경험함을 보여준다.

경쟁에 돌입한 미중관계와 관련하여 다양한 전망들이 제시된다. 그러나 경쟁은 여전히 진행 중인 과정으로서 지금 시점에서 그 성격과 향방을 분명하게 단정하기 어렵다. 미중관계에 영향을 끼치는 요인들에 불분명성이 존재하기 때문이다. 양국 간 국력 대비의 추세가 어떻게 전개될 것인지는 물론이고 상호의존의 영향력이 어떤 방향으로 작용할 것인지도 분명하지 않다. 여기에 더해 여전히 양국관계를 주도하려는 미국은 경쟁의 의미와 목표를 분명하게 설정하지 못하고 있고, 중국도 점차 경쟁을 현실로 수용하기 시작했음에도 불구하고 미국과 정면으로 경쟁할 것인지를 결정하지 못했다. 따라서 미중경쟁의 성격과 향방은 이미 결정되었기보다, 양국관계에 영향을 끼치는 요인들의 전개와 조합에 의해 결정될 것으로 예상할 수 있다.


## 책의 구성

이 책은, 서론과 결론을 제외하고, 탈냉전기 미중관계를 시기별로 3개의 부분으로 구분하여 살펴볼 것이다. 1부에서는 양국 간 타협을, 2부에서는 복합성을, 그리고 3부에서는 경쟁을 각각 다룬다. 이러한 구분은, 미중관계가 그동안 미국에 의해 주도된 현실을 반영하여, 미국 행정부의 변화와 밀접하게 연동된다. 미국에서 새로운 행정부가 출범하여 정책을 변화시킬 경우 양국관계의 양상에도 조정이 발생했기 때문이다. 구체적으로 1부는 클린턴과 부시 행정부 시기, 2부는 오바마 행정부 시기, 그리고 3부는 트럼프와 바이든 행정부 시기(취임 후 첫 2년)의 미중관계를 각각 다룬다.

1부에서는 3개의 장에 걸쳐 미중타협의 형성과 확장, 그리고 한계를 각각 다룬다. 우선, 2장에서는 미국의 관여와 이에 힘입어 양국이 타협을 형성하는 과정을 살펴본다. 천안문 사태 이후 미국이 관여를 결정한 배경과 이에 대해 중국이 개혁개방이라는 실용적 정책의 추진을 통해 호응함으로써 타협을 도출하고 관계를 회복한 후, 다시 양국이 중국의 WTO 가입에 합의함으로써 관계 진전을 위한 토대를 마련한 일련의 과정을 논의한다. 3장에서는 WTO 가입 이후 형성되고 증대된 상호의존과 이에 힘입은 양국관계의 확장에 대한 검토를 통해 2000년대 초반 미중타협이, 상호 불신에도 불구하고, 확대되는 의외성을 보였음을 제시한다. 4장에서는 양국 간 타협에 존재했던 한계와 이로 인해 초래된 양국 간 이견을 살펴본다. 양국이 패권과 정치체제의 유지라는 각자의 목표를 추구한 반면 상대의 목표를 무시함에 따라 이견이 해소되지 않고 지속되었는데, 이러한 사실을 대만, 인권, 경제, 군사 등의 영역을 중심으로 제시한다. 동시에 미중 양국이, 지속되는 이견에도 불구하고, 서로를 위협으로 간주하지 않음으로써 관계를 확대하는 실용성을 보였음도 제시한다.

2부에서는 두 개의 장에 걸쳐 협력과 경쟁이 병존한 복합적 관계를 다룬다. 5장에서는 세계금융위기와 이를 계기로 진행된 협력의 확대를 살펴본다. 중국과의 협력을 통해 위기를 극복하려는 오바마 행정부의 의도와 협력을 통해 변화를 달성하려 한 중국의 의도가 상호작용한 결과 양국 간 협력이 심화했음을, 경제성장, 글로벌 거버넌스 개혁, 기후변화, 군사 교류의 확장과 같은 이슈들을 중심으로 살펴본다. 이를 통해 양국 사이에 G2와 같은 강대국 공조 체제 출현 가능성이 제기되기도 했음을 제시한다. 한편 6장에서는 중국의 평등성 추구와 이에 대응하기 위해 미국이 추진한 재균형이 상호작용한 결과 현저해진 양국 간 경계와 불신 그리고 경쟁 국면의 형성을 살펴봄으로써, 양국관계의 복합성의 양상을 제시한다.

　　3부에서는 본격화된 미중경쟁을 3개의 장에 걸쳐 다룬다. 7장에서는 트럼프 행정부 출범 이후 전개된 미중 사이의 무역 분쟁에 대한 논의를 통해 양국관계에 중대한 전환이 발생했음을 제시한다. 트럼프 행정부가 중국에 대한 정책 변화를 추구하게 된 배경과 이에 대응하려는 중국의 판단과 계산을 평등성 확보라는 목표를 중심으로 논의하고, 또 이러한 양국의 계산이 작용한 결과 발생한 무역 분쟁을 검토한다. 8장에서는 양국관계의 변화를 상징하는 강대국 경쟁에 관한 논의를 통해 본격화된 미중경쟁의 성격을 살펴본다. 트럼프 행정부가 강대국 경쟁을 선언한 이후 미중경쟁이 어떤 영역에서 어느 정도로 전개되었는가를 검토함으로써 미중경쟁의 성격을 규명한다. 9장에서는 바이든 행정부가 취임 이후 2년 동안 추진한 경쟁과 이에 대한 중국의 대응을 검토한다. 바이든 행정부가 중국과의 경쟁을 체계화하겠다고 선언한 사실에 주목하며, 과연 바이든 행정부가 경쟁개념을 보다 체계화함으로써 미중관계의 양상과 관련한 불확실성을 해소했는지를 논의한다. 아울러 중국이 반패권과 국제질서 재규정 등을 통해 반격을 가하려 시도한 사실에 관한 검토를 통해 양국 간 경쟁이 더욱 심화했음을 제시한다.

마지막 10장인 결론에서는 논의를 종합하고 또 양국관계의 전망도 간략하게 제시한다.

제1부

타협

# 제2장

# 관여와 타협의 형성

냉전기 소련에 대한 대응이라는 공동의 전략적 필요성을 기반으로 관계 개선에 합의한 이후 실질적 '밀월'을 누렸던 미중관계는 탈냉전기에 들어 위기에 직면했다. 그 계기는 1989년 중국에서 발생한 천안문 사태와 이어진 탈냉전이었다. 천안문 학생시위에 대한 무력진압을 목격한 미국에서 민주주의의 가치에 반하는 중국 공산정권에 대한 광범위한 반감이 제기되었고, 이러한 비판에 중국이 반발하면서 관계가 취약해졌다. 이러한 상황에서 소련의 붕괴로 전략적 토대마저 와해되자 양국관계는 위기에 직면했다.

주목할 점은 양국이 1990년대 타협을 통해 위기를 극복하고 또 관계 진전을 위한 토대도 다시 마련했다는 사실이다. 양국 간 타협은 소련의 붕괴에 힘입어 단극의 지위를 확보한 미국에 의해 주도되었다. 클린턴 행정부는 자유주의 국제질서의 확장이라는 전략적 목표에 따라 중국을 국제체제에 통합시켜 국제적 행위를 형성하기 위해 관여를 선택하고, 중국의 안정과 번영을 환영한다고 선언했다. 그러나 이것이 곧 미국이 중국의 변화를 관여의 전제조건으로 설정했음을 의미하지는 않는다. 클린턴 행정부는 중국에 변화를 공식적으로 요구하지 않았으며 심지어 중국의 행동이 기대에 부응하지 않는 상황이 발생했을 때도 관리할 수 있다고 주장하며 관여를 유지했다.[1] 이러한 배경에는 중국과의 관계가 가져올 경제적 이익에 대한 기대와 국제문제에 대한 중국의 협력을 동원해야 하는 현실적 필요성이 작용했다. 즉, 관여는 중국의 국제적 행동을 형성한다는 거대한 목표를 내걸고 출범했지만 실질적으로 현실적 필요성에 의해 압도되었고, 미국은 중국이 국제적 주도권을 수용하는 한 관여를 유지하는 타협을 선택했다.

중국 또한, 천안문 사태로 미국을 위시한 서구 세력이 평화적 변화 전략을 통해 공산당의 지도력을 붕괴시키려 한다는 의구심이 힘을 얻는 상황에서도, 관계 안정을 선택함으로써 타협했다. 이는 경제 발전이라는 핵심적 과제를 달성하기 위한 시도였다. 중국 지도부는 경제발전을 위해 미국과의 관계를 회복하고 안정시키려 들었고, 미국의 패권에 대한 경계가 관계를 저해하지 않도록 관리하는 실용성을 보였다. 이러한 고려에 따라 중국은 도광양회의 구호를 내걺으로써 미국의 지도력에 도전하지 않을 것임을 보여주려 들었다. 그 결과 중국은 의제 설정과 발언권에서 미국에 주도권을 내주고 반응적 입장을 취했다.[2]

현실적 이익을 중시한 실용적 타협에 힘입어 양국은 천안문 사태와 냉전 종식의 후유증을 극복하고 관계를 회복했으며 협력도 개시했다. 1992년 장쩌민 체제가 시장화 개혁에 착수한 이후 미국에서 중국이 개방을 계속하려 한다는 판단이 힘을 얻으면서 양국 간 교류가 확대되었고, 중국이 점차 미국의 요구에 호응함에 따라 협력도 개시되었다. 이 시기 관계 개선의 추세는 양국이 중국의 WTO 가입에 합의함으로써 관계 진전을 위한 토대를 마련한 데서 절정에 달했다. 물론 이러한 타협에도 불구하고 양국은 여전히 조화되기 어려운 목표를 추구했고, 그 결과 이견 또한 계속되었다. 이는 양국 간 타협이 편의적이었음을 제시하는데, 양국의 타협과 그 한계 가운데 이 장에서는 타협이 형성되고 이에 힘입어 관계가 회복되고 개선되는 과정을 살펴보고 양국 사이에 지속된 이견에 관해서는 4장에서 논의하도록 한다.

다음에서는 우선 천안문 사태와 냉전 종식 이후 중국에 대한 정책을 둘러싸고 논쟁이 전개되는 가운데 미국이 관여를 회복한 과정과 배경을 세계전략과 경제적 이익을 중심으로 제시한 후, 이에 대한 중국의 호응을 경제발전의 필요성이라는 맥락에서 살펴본다. 이어서 양국의 의도가 상호작용한 결과 형성된 타협과 양국 관계의 개선을 몇 가지 사례를 중심으로 검토한다. 계속해서 중국의 WTO 가입에 관한 논의를 통해 양국이 관계의 진전을 위한 토대를 마련했음을 제시하고, 마지막으로 관여에 대한 평가를 제시한다.

## 미국의 관여

### 탈냉전과 중국정책 논쟁

1972년 관계를 개선한 미국과 중국은 1979년에 공식적으로 수

교했다. 수교 직후 중국을 방문한 먼데일(Walter Mondale) 미국 부통령은, 미국에 우호적이어야 한다는 전제하에, 평화적이고 정당한 수단을 통한 중국의 진전을 환영한다고 밝혔다. 이는 자신감 있고, 번영되며, 또 안정적인 중국이 미국의 이익에 부합한다는 입장을 밝힘으로써 소련의 위협에 함께 대응하려는 전략적 목적을 달성하는 외에 반자본주의 노선을 내세우며 혁명운동을 지원하는 등 불량국가처럼 행동하는 중국의 행위를 제어하려는 의도도 반영했다. 여기에 더해 미국은, 카터(Jimmy Carter) 행정부의 국가안보보좌관 브레진스키(Zbigniew Brzezinski)의 주도 아래, 중국에 무기를 판매하고 군사기술도 제공했다.[3] 이처럼 소련에 대한 대응이라는 전략적 필요성에 따라 미국이 중국에 대한 '냉전판 관여'를 추진하면서 양국은 실질적인 밀월관계를 형성했다.

그러나 양국 간 밀월관계는 1989년 중국에서 천안문 사태가 발생하면서 금이 가기 시작했다. 당시 텔레비전을 통해 생생하게 전달된 학생시위에 대한 탄압 장면이 미국인들의 분노를 자극했고, 중국의 정치적 자유화 가능성에 대한 기대가 깨진 데 실망한 선임 부시(George H. W. Bush) 행정부는 제재를 가했다. 천안문 사태가 발생한 다음 날인 6월 5일 군사 및 상업적 무기 거래와 군 지도자의 상호방문을 잠정적으로 중단할 것을 발표한 데 이어, 같은 달 20일에는 고위급 교류를 잠정적으로 중단하고 세계은행과 아시아개발은행이 중국에 새로운 차관을 제공하는 것에 반대한다는 입장을 천명했다.[4] 여기에 더해 미국은 G7을 통해 서방 선진국을 중국에 대한 경제제재에 동참시킴으로써 중국과 외부세계의 공식적인 연계를 급격하게 위축시켰다.

이러한 조치에도 불구하고 미국의 의회, 언론, 그리고 인권단체 등은 더욱 강경한 제재를 취할 것을 백악관에 압박했다. 천안문 사태로 인해 중국에 대한 인식이 급격하게 악화한 상황에서,[5] 미국 의회에서는 민주당의 소장파 펠로시(Nancy Pelosi) 의원과 공화당 중진 헬름스(Jesse Helms) 의원 등을 중심으로 천안문 학살을 비판하며 강경한 대중정책을 촉구하는 목소리가 제기되었다.[6] 특히 비판은 부시 행정부가 중국에 대한 최혜국 대우(MFN)를 종식하지 않은 것에 집중되었다.[7] 여기에 더해 인권단체, 종교단체, 그리고 노동계 등 미국 내의 다양한 이익집단들도 중국에 대한 비판에 가세했다.

이처럼 중국에 대한 비판이 제고되는 상황에서 1991년 소련이 붕괴하고 냉전이 종식됨에 따라 미중관계를 지탱시켰던 전략적 토대마저 사라졌고, 양국관계는 불확실성의 시기로 접어들었다. 미국에서는 소련의 붕괴와 냉전의 종식에 따라 더 이상 중국이 필요하지 않으며 중국이 미국을 필요로 할 뿐이라는 주장이 제기되었다. 이에 대해 비확산과 같은 이슈에서 중국과의 협력의 중요성을 강조하는 세력들은 지나친 제재가 중국 내 강경파의 목소리를 강화할 것이라고 반격했다.[8] 이처럼 대중정책과 관련하여 서로 다른 목소리들이 분출되면서, 중국에 대한 정책을 둘러싸고 논쟁과 갈등이 촉발되었다.

관계 개선 20여 년 만에 제기되어 클린턴 행정부 때까지 계속된 이 시기 중국정책을 둘러싼 논쟁은 매우 강렬하고 정서적이며 이념적 색채를 띠는 등 2010년대 중반 트럼프 행정부 출범을 전후하여 전개된 논쟁에 비견할 만큼 격렬한 것이었다. 현실주의 전략가들을 중심으로 한 봉쇄론자들은 중국의 전략적 가치가 이미 사라졌을 뿐 아니라 중국이 미국에 최대 위협이 될 것이라는 주장을 제기했다.

즉, 급속한 경제발전과 국력 증대에 힘입어 미국의 힘과 특권에 도전할 것이라는 중국 위협론을 제기한 것이었다. 따라서 이들은 중국에 대한 최혜국 대우의 중단과 경제적 봉쇄는 물론이고, 중국 주변 지역에 대한 미사일 방어체제 배치 등 군사적 봉쇄도 주장했다.

이에 반해 관여론자들은 중국의 국력이 미국을 위협할 수 있는 수준에 미치지 못했을 뿐 아니라 개혁개방 이후 더 이상 세계혁명을 주장하지 않고 경제 영역에서도 심대한 변화가 발생했으며 또 계속해서 안정적인 국제환경을 필요로 한다는 사실을 강조했다. 현실주의자들이 지적하는 중국의 군사 현대화와 관련해서도 일상적인 수준을 넘어서지 않았다고 반박했다. 따라서 이들은 중국을 국제체제에 편입시켜 국제 기제를 통해 제약할 것을 주장했다. 또한 이들은 중국과 건설적 관계를 유지하는 것이 미국의 장기적 이익과 아태지역의 번영에 중요한 반면에, 봉쇄는 중국에서 민족주의자와 강경론자의 입지를 강화하는 결과로 이어질 것이라는 논리를 전개했다.[9]

이처럼 미국 내의 다양한 세력들이 중국정책을 둘러싸고 논쟁을 전개하는 상황에서도, 수교 전 중국 주재 연락사무소(U.S. Liaison Office) 책임자를 지냈던 부시 대통령은 국내 세력의 영향력을 배제하고 중국정책의 결정과 실천을 직접 주도하려 들었다. 그는 중국은 중요한 파트너로 고립시키는 것은 미국의 이익에 부합하지 않으며 관계를 유지하는 것이 안보 이슈 등에 관한 협력을 도출하는 데 기여할 것으로 판단했다.[10] 그의 참모들 또한 탄도미사일 확산, 핵과 화학무기 확산, 환경오염 등의 문제에서 협력이 필요하다고 지적함으로써 중국과의 관계가 여전히 전략적 가치를 지닌다고 주장했다.[11]

중국과의 관계를 유지하는 것이 미국의 이익에 부합한다는 판단에 따라 부시 대통령은 계산되고 온건한 조치를 통해 관계가 돌이킬 수 없을 정도로 악화하는 것을 방지하려 들었다. 그는 제재를 발표한 직후 스코크로프트(Brent Scowcroft) 국가안보보좌관을 개인특사로 비밀리에 중국에 파견하여 우호 관계를 지속하려는 의지를 표명하고 소통 채널도 열어두었다.[12] 여기에 더해 최혜국 대우 갱신을 중국의 인권, 경제, 확산정책과 연계시키는 법안에 대해 거부권을 행사하는 등 의회의 추가적인 제재 요구도 수용하지 않았다.[13] 대신에 그는 최혜국 대우를 연장함으로써 인권, 비확산, 국제문제, 교역 등 미국의 관심 사항에 대한 중국의 협력을 도출할 수 있으며 또 취소할 경우 일본 및 유럽 기업과의 경쟁에서 미국 기업들을 불리하게 만듦으로써 거대한 손실을 초래할 것이라고 반박했다. 이후 걸프 전쟁 수행과 관련하여 유엔의 지지가 필요했던 부시 행정부는 1990년 11월 중국이 안보리 표결에서 기권표를 행사함으로써 실질적으로 미국의 입장을 지지한 직후 첸치천(钱其琛) 외교부장을 초청함으로써 중국에 취했던 고위급 접촉 중단조치를 실질적으로 해제했다.[14]

물론 부시 행정부가 중국에 대해 온건한 대응으로만 일관한 것은 아니었다. 부시 행정부는, 앞서 지적한 조치에 더해, 중국에 대한 제재를 이어갔다. 부시 대통령은 1990년 2월 중국에 대한 첨단기술 제품의 수출 금지와 미국이 중국 발사체를 이용하여 위성을 발사하는 것을 금지하는 조치를 지속시키는 법안에 서명했다. 같은 해 미국은 유엔 인권위원회에서 중국의 인권 문제를 비판하는 결의안을 발의했는데, 이러한 시도는 이후 10여 년에 걸쳐 계속해서 이어졌다.[15] 또한 부시 행정부는 대만에 대한 무기 판매를 계속하여 1992년에 150대의 F-16 전투기 판매를 결정했다.[16]

이처럼 중국과의 관계 유지와 제재 사이에서 균형을 유지하려는 시도에도 불구하고 부시 대통령은 점증하는 국내적 비판에 직면했다. 특히 1992년 대선에서 경쟁자로 등장한 클린턴 후보는 그가 베이징의 독재자에 아부했다고 비판하며, 당선될 경우 강경한 정책을 취하겠다고 공약했다.

### 클린턴 행정부의 포괄적 관여

탈냉전기 중국에 대한 관여는, 흥미롭게도, 중국은 물론이고 외교정책 자체에 관심이 크지 않았던 클린턴 대통령에 의해 복원되었다. 클린턴 대통령은, 앞서 지적한 것처럼, 1992년 대선에서 부시 행정부의 정책을 유화적이라고 비판하고 강경한 대중정책을 주장하며 당선되었다. 그러나 그는 취임 이후 중국에 대한 관여를 복원시킴으로써, 중국정책을 애초 공약했던 것과 전혀 다른 방향으로 전환했다. 클린턴 행정부에 의해 다시 확립된 중국에 대한 관여는 이후 부시 행정부를 거쳐 오바마 행정부 때까지 계속해서 이어졌다.

클린턴 대통령은 취임 직후 한동안 자신의 선거공약을 실천에 옮기려 들었다. 대선 과정에서 중국에 대한 최혜국 대우 연장을 인권 문제와 연계시키겠다고 공약했던 그는 1993년 봄 한 연설에서 중국이 인권 문제를 개선하지 않을 경우 최혜국 대우를 종식하겠다고 위협함으로써 경제적 수단을 통해 인권 문제에 관한 중국의 양보를 도출하려는 의도를 표출했다.[17] 이후 그는 5월 행정명령을 통해 최혜국 대우 갱신을 중국의 인권상황 개선과 연계시켰다.[18] 그러나 이러한 조치는 곧바로 치열한 논쟁을 촉발했다. 특히 클린턴 대통령이 중국 진출 미국 기업에 대한 불확실성을 초래했다고 판단한 경제계는 조치를 비판하며 중국과의 경제관계 회복을 위한 로비에 적극적으로 나섰다.[19] 클린턴 행정부의 경제부처들이 이러한 경제계의 비판에 동조하면서 상무부와 국무부 사이에 이견이 표출되었고,[20] 흥미롭게도 국방부마저 중국과의 연계를 형성하기 위해 중국정책을 인권 문제와 연계시키는 데 반대했다.[21]

이러한 상황에서 클린턴 대통령은 1994년 5월 중국을 고립시키는 것이 인권 문제 개선에 도움이 되지 않는다며 최혜국 대우를 인권 문제와 연계시키는 정책을 철회하고 다른 수단을 통해 중국의 인권 상황을 개선하겠다고 선언함으로써 입장을 완전히 전환했다.[22] 이러한 전환의 근거로 그는 인권 문제에 관해 중국에 설교하는 것이 미국의 이익을 실현하는 데 불리하다는 논리를 제시했다. 즉, 미국이 인권 문제 개선에만 매달릴 경우 중국은 제어받지 않고 행동할 것이고, 이러한 중국은 서구의 이익에 더 위험하고 해로운 존재가 될 것이라는 주장이었다. 여기에 더해 동맹국들이 중국에 대한 봉쇄에 참여하지 않을 것이기에 효과적 실천이 어렵고 또 엄청난 자원을 소모할 것이라는 주장도 제기했다.[23] 대신에 그는 접촉을 확대하고 교역을 촉진하며 대화를 추진하는 것이 중국의 인권 상황을 개선하는 최선의 방법이라는 애초 그가 제기했던 주장과 정반대의 논리를 제시했다. 이는 클린턴 행정부가, 중국이 최혜국 대우라는 경제적 수단을 활용한 압박에 호응하지 않고 미국 내 경제계가 정책 변화를 압박하는 상황에서, 교역을 통해 경제적 혜택을 추구하는 방향으로 대중정책의 초점을 전환했음을 의미한다.[24]

이러한 정책 전환에 대해 의회 지도자들이 비판을 제기함에 따라 정치적 공격에 직면했음에도 불구하고, 클린턴 행정부는 중국에 대한 포괄적 관여(comprehensive engagement)를 선언함으로써 미중관계를 단절하려는 의사가 없음을 분명히 했다.[25] 클린턴 행정부는 안정적이고 개방적이며 번영되고 강한 중국이 다른 국가와 협력할 가능성이 크고 자국민의 권리와 이익을 존중할 가능성도 클 것이며 또 미국에 시장도 제공할 것이라고 주장했다. 또한 관여는 중국이 아태지역의 안보와 번영에 기여하도록 격려할 것이라는 주장도 제기했다.[26] 이는 중국을 국제사회에 참여시켜 책임 있는 구성원이 되도록 하고 또 양국 간 이익이 공유되는 영역에서 협력하려는 시도였다.

### 세계전략과 경제적 이익

클린턴 행정부의 포괄적 관여는 탈냉전 초기 미국에서 전개된 대중정책 논쟁이, 2010년대 중후반의 논쟁과 달리, 온건론의 승리로 귀결되었음을 의미한다. 이처럼 온건론이 승리한 데는 미국의 세계전략과 경제적 이익이 중요하게 작용했다.

공식적으로 미국은 관여가 세계전략에 따른 것임을 강조했다. 즉, 탈냉전기 세계질서의 주도권을 유지할 필요성이 중국에 대한 관여를 요구한다는 것이었다. 탈냉전기 미국의 역대 행정부는, 그 방식상의 차이에도 불구하고, 모두가 확실한 우위를 유지하려는 의지를 표출했다. 이는, 월트(Stephen M. Walt)의 지적처럼,[27] 유리한 국제환경을 형성함으로써 미국의 이익을 확보하려는 시도였다. 이러한 의도는 클린턴 행정부가 출범하기 이전부터 이미 표출되었다. 부시 행정부는 "새로운 세계질서(new world order)"의 수립을 내걸고, 도전받지 않는 국제적 우위를 유지하고 확장하려는 의지를 표출했다.[28]

클린턴 행정부 또한 단극으로서의 지위를 기반으로 미국의 우위를 유지하려 들었다.[29] 어떤 국가도 미국의 군사력에 대항할 능력이 없고 미국에 대한 대항 연합을 형성할 국가도 없는 상태에서 클린턴 행정부는 시장경제와 민주주의의 확대를 추구함으로써 세계를 다시 형성하고 이를 통해 자신의 우위를 지속시키려 들었다. 이러한 사실은 클린턴 행정부가 발표한 국가안보전략에서 확인된다. 클린턴 행정부 들어 처음으로 발표된 1994년 국가안보전략은 세계적 지도력을 강조하며 국방력 유지, 경제성장과 세계경제의 통합을 통한 경제적 능력, 그리고 민주주의의 확대를 그 실현을 위한 3대 지주로 제기했다.[30] 21세기 진입을 앞둔 1999년에 발표된 국가안보전략은 클린턴 행정부가 신자유주의를 내걸고 세계를 재형성하려 했다는 사실을 더욱 분명하게 보여주었다. 동 문건의 서문에서 클린턴 대통령은 미국이 영향력과 번영 면에서 최고에 달했다고 전제하고, 미국인과 미국의 생활방식을 지키기 위해 세계에 지도력을 행사할 필요성을 강조했다.[31]

이러한 세계전략에 따라 클린턴 행정부는 잠재적 경쟁국에 대해 연계를 형성함으로써 민주와 자유를 확산시키려는 "관여와 확대(engagement and enlargement)"를 추구했다.[32] 이는 당시 냉전에서 승리한 미국을 지배했던 자유주의적 낙관주의(liberal optimism)를 반영한 것이었다. 경제·사회적 상호의존의 형성과 심화를 통해 충돌의 가능성을 낮추고 평화를 제고시킴으로써 국가이익을 실현할 수 있다는 자유주의적 신념에 따라 클린턴 행정부는 자유롭고 개방적인 세계 및 지역 질서를 구축하려 들었다. 구체적으로 클린턴 행정부는 우월한 힘을 활용하여 교역과 투자의 장벽을 완화하고 국제경제기구를 창출하고 유지하며 또 다른 국가에 미국의 관행과 병행할 수 있는 국내적 제도를 채택할 것을 격려했다.[33]

중국은 관여의 핵심적인 대상이었다. 거대한 인구와 증대되는 경제력을 지닌 잠재적 강대국이었던 중국을 국제체제 속으로 통합시키는 것은 불안정을 촉발할 가능성을 축소시킬 뿐 아니라 새로운 세계질서를 건설하는 것을 방해하지 않도록 하는 데도 기여할 것이기에 미국의 이익에 부합하는 것으로 상정되었다. 이러한 판단에 따라 미국은 중국을 국제체제 속으로 편입시킴으로써 그 대외적 행위를 변화시키려 시도했다. 다시 말해 관여는 중국을 국제적 규범과 실천을 수용하도록 사회화시킴으로써 국제적 행동을 규제하고 또 순치시키려는 시도였다. 이처럼 중국이 책임 있는 행위자로 국제체제에 참여하도록 자극하는 것은 미국이 직면한 공동의 도전에 대응하기 위한 협력을 얻는 데도 기여할 것으로 제시되었다.

중국이 국제체제에 더 깊이 참여함에 따라 기존 질서를 더 지지할 것이고 불안을 촉발하는 것을 자제할 것이라는 미국의 기대는 클린턴 대통령의 특별보좌관이었던 리버설(Kenneth Lieberthal)의 지적에서 분명하게 확인된다. 그는 "안전하고 통합되고 개혁적이고 개방적인" 중국이 건설적 행위자가 될 것이라는 기대를 표출했다. 즉, 안전하고 개혁 지향적인 중국은 군사력 건설을 통해 힘을 과시하기보다 시장 지향적 체제로 진화할 것이며, "중국이 12억 인구를 성공적으로 부양하는 것은 미국이 주도하는 국제질서 안정에도 기여할" 것이라는 기대였다.[34] 이처럼 클린턴 정부는 중국에 대한 관여를 미국의 핵심적 국가안보 이익의 실현과 연계시켰다.

관여는 미국이 중국에 대한 봉쇄를 거부했음을 의미한다. 대표적으로 클린턴 행정부 국방부 차관보를 지낸 나이는 1995년에 발표된 국방부의 동아시아 전략검토(East Asia Strategy Review) 보고서를 작성할 때 봉쇄 전략을 거부했다고 지적했다. 이는 '중국을 적으로 대하면 중국은 향후 적이 될 것이고, 반면에 중국을 친구로 대하면 우호를 확보하기는 어렵다 하더라도 더 좋은 결과를 도출할 것'이라는 판단을 반영한 것이었다.[35] 리버설 또한 중국에 대한 봉쇄가 중국 내에서 민족주의자와 강경론자의 입지를 강화할 것이라며 봉쇄를 배제할 것을 주장했다.[36] 모두가 클린턴 행정부가 국력의 확고한 우위에 대한 자신감을 기반으로 관여를 통해 중국을 형성하려 들었음을 보여준다.

이러한 세계전략에 더해 경제적 고려와 이익 또한 중국에 대한 관여를 회복하는 데 중요하게 작용했다. 냉전이 종식될 무렵 이미 20년 가까운 기간 동안 진행된 중국에 대한 미국의 투자가 상당한 규모에 달했고, 많은 기업이 중국에 생산과 공급망을 구축했으며 또 수익을 창출하고 있었다. 구체적으로, 중국 통계에 따르면,[37] 천안문 사태로 양국 간 갈등이 높아지던 1990년 말 미국의 대중 투자는 1,300건에 43억 달러에 달했고 또 중국에 진출한 대부분의 미국 기업이 수익을 창출했다. 이는 미국이 중국에 대한 경제제재를 시행하는 상황에서 도출된 결과로 수출과 내수 시장으로서의 중국이 지닌 거대한 잠재력을 보여주는 것이었다.

이러한 상황에서 중국에 대한 제재에 참여했던 G7 국가들이 잇따라 중국과의 경제관계 회복을 선언하면서 서방의 대중제재에 균열이 발생하기 시작했고, 이는 다시 미국 경제계의 경계심을 촉발했다. 일본의 가이후(海部俊樹) 수상이 1990년 7월 휴스턴 G7회의에서 중국과의 경제관계 회복을 선언한 후 11월에 공적개발원조(ODA) 제공을 재개한 데 이어,[38] EU 또한 10월에 중국과의 접촉 재개를 결정하고 다음 해에 영국 메이저(John Major) 총리가 중국을 방문했다.[39] 이처럼 일본과 유럽 기업들이 중국 시장에 다시 진출하는 상황을 목격하면서, 미국의 경제계는 제재로 인해 중국 시장에서의 경쟁에서 뒤처질 가능성에 대한 우려를 제기했다. 즉, 중국에 대한 제재가 중국을 고립시키기보다 미국 기업이 거대한 잠재력을 지닌 시장에 진출하는 것을 어렵게 만든다는 우려였다.

우려는 1992년 초 덩샤오핑이 개혁개방을 선도한 남쪽 지역을 순방하며 행한 연설(南巡讲话)을 통해 개혁의 필요성을 강조하고 이를 계기로 중국이 같은 해 말에 사회주의 시장경제를 선언하면서 더욱 강화되었다. 1992년부터 1994년까지 중국경제가 3년 연속 10% 이상의 성장을 기록하는 등 고도성장의 추세를 보이자, 미국에서는 중국이 붕괴하거나 분열될 것이라는 비관론 대신에 개혁개방을 계속할 것이라는 낙관론이 힘을 얻으며 중국 시장의 잠재력에 대한 관심이 다시 제고되었다. 중국이 개혁을 통해 시장을 개방하고 기회를 제공하는 상황에서, 미국의 양당 모두에 재정적으로 크게 기여하는 경제계는 중국이 변화할 것이기에 인내심을 가져야 한다는 주장을 제기했다.

이러한 경제계의 움직임에 클린턴 행정부의 경제부처 또한 중국의 경제적 중요성을 부각하며 호응했다. 대표적으로 브라운(Ron Brown) 상무장관은 무역이 클린턴 행정부 대외정책의 중요한 부분이라고 강조하며 중국 시장의 잠재력을 부각했다. 즉, 클린턴 대통령이 제시한 2000년까지 수출액을 1조 달러로 늘리는 목표를 달성하기 위해서는 시장이 필요한데 중국이 10대 신흥시장 가운데 최고가 될 것이라는 지적이었다. 따라서 그는 중국에 대한 관여를 통해 중국을 미국의 적이 아닌 국제규범을 준수하는 국가로 만들 필요성과 가능성을 강조했다.[40] 국제경제와의 연계를 강화하고 상호의존을 형성할 경우 중국은 미국을 위시한 서구 시장, 자본, 기술에의 접근을 위험에 빠뜨릴 정치적 선택을 하지 않을 것이고 나아가 협력을 추구할 것이라는 주장이었다.[41]

이러한 경제계의 움직임이 대기업의 선거자금 기부를 필요로 했던 클린턴 대통령의 대중정책을 실용적 방향으로 전환하는 데 기여했다.[42] 여기에 더해 학계, 의료계 등 전문가들 또한 중국과의 교류를 강력하게 희망했다.[43] 이는 미국에서 중국과의 연계를 추구하는 세력이 관여를 옹호했으며, 이러한 세력이 국내정치적 경쟁에서 우위를 차지함으로써 중국정책에 영향을 끼쳤음을 보여준다. 물론 이처럼 관여론자의 목소리가 힘을 얻을 수 있었던 배경에는 힘과 영향력에 대한 미국의 확고한 자신감이 자리했다. 이 시기 확고해진 국제체제에 대한 주도권이 미국에, 신흥 강대국의 부상에도 불구하고, 전복적 변화를 방지할 수 있다는 자신감을 제공했다. 그 결과 '무역이 미국의 안보에 기여한다'는 논리가 지배했는데, 이는 후일 트럼프 행정부가 제기한 '경제관계가 미국의 안보를 위협한다'는 주장과 분명하게 대비되는 것이었다.

이처럼 전략적 논리와 경제적 논리가 작용하며 중국에 대한 관여가 회복되었다. 그러나 현실에서는 두 개의 논리가 잘 조화되기보다 괴리가 발생했다. 즉, 시간이 가면서 중국의 경제적 중요성이 증대된 데 반해 중국의 행위는 미국의 기대에 부응하지 않는 상황이 발생한 것이었다. 이 경우에도 미국은 중국의 변화 필요성을 강조하면서도, 실질적으로는 경제적 이익과 이후 부각된 국제문제에 관한 협력을 동원할 필요성을 더욱 중시했다. 즉, 경제적 연계와 협력이 혜택을 가져올 것이라는 기대가 중국에 대한 관여를 지속시킨 것이었다. 이러한 사실은 클린턴 대통령이 1997년에 행한 중국에 관한 첫 연설에서 단적으로 확인된다. 그는 교역이 미국 경제성장의 1/3 이상을 차지하는 상황에서 중국이 거대한 시장이 될 것이라고 전제하고 국제교역체제 속으로 완전하게 편입시킬 필요성을 강조했다.[44] 이러한 실용적 입장은 "중국에 대한 정책은 원칙적인 동시에 실용적"이라고 규정한 2000년 국가안보전략 문건에서도 다시 확인되었다.[45] 즉, 중국의 참여와 통합이 가져올 경제적 효과와 비확산 등의 이슈에서 중국의 협력을 확보할 필요성을 강조한 것인데, 이는 클린턴 행정부의 관여가 실질적으로는 현실적 고려에 의해 추동되었음을 의미한다.


## 중국의 호응

### 상충적 대미인식

미국에서 중국에 대한 정책을 둘러싸고 논쟁과 모색이 진행되는 상황에서 중국의 관심은 미국 대중정책의 성격과 향방을 파악하는 데 집중되었다. 이는 미국의 정책 방향을 먼저 살핀 후에 대처 방안을 설정하려는 의도를 반영한 것으로, 이 시기 양국관계에 존재했던 비대칭성을 잘 보여준다.

천안문 사태를 계기로 보수파가 권력을 장악하면서 중국에서는 미국의 대중정책과 관련하여 우려와 경계가 제고되었다. 물론 미국에 대한 우려와 경계는 이 시기에 처음 제기된 것이라기보다 오랜 연원을 지닌다. 마오쩌둥 시기 미국은 부와 힘을 독점하려는 탐욕스럽고 폭력적인 국가로 간주되었다.[46] 비록 1972년의 관계 개선과 특히 1979년 덩샤오핑의 미국 방문을 계기로 크게 개선되었지만,[47] 천안문 사태 이후 미국에 대한 부정적 인식이 다시 등장한 것이다. 특히 보수파 지도자들은 미국을 위시한 서구 세력이 공산국가에서 일당 체제의 붕괴를 촉발했고 중국에 대해서도 유사한 목표를 추구한다는 의구심을 제기했다.[48] 이들은 천안문 학생시위를 서구의 평화적 변화 시도의 산물로 돌렸고, 천안문 사태에 대한 미국 언론의 보도와 미국이 주도한 제재에 대해서도 우려와 경계를 표했다. 이러한 우려에 따라 보수파들은 미국과의 거리를 유지함으로써 체제를 전복시키려는 시도를 무력화시킬 것을 주장했다. 즉, 교류가 중국의 정치안정과 사회질서를 위협하기에, 미국과의 관계를 최소화해야 한다는 주장이었다. 심지어 일부 강경론자들은 외교정책의 초점을 미국에서 제3세계로 이전시킬 것을 주장하기도 했다.[49]

이에 반해 개혁파는 양국 사이에 여전히 공동이익이 존재하며 이것이 미국의 대중정책에 영향을 끼친다는 반론을 제기했다. 양국은, 냉전의 종식으로 인해 공동의 전략적 이익이 감소했고 또 이념이나 가치에서도 차이가 존재하지만, 여전히 세계와 지역에서 공동의 이익을 보유하며 이것이 양국관계를 유지하는 기반이 될 수 있다는 주장이었다.[50] 구체적으로 미국은 아태지역의 세력균형, 한반도 안정, 비확산 등에서 중국의 도움이 필요하고 중국도 미국이 일본, 러시아, 인도와 같은 지역의 강대국을 제어해주길 원하는 등 지역의 안보와 관련하여 협력을 필요로 한다는 지적이었다. 여기에 더해 중국이 미국의 투자와 이에 수반되는 기술을 필요로 하고 미국 또한 중국 시장을 필요로 하는 등 양국 간에 경제적 공동이익이 존재한다는 주장도 제기했다.[51]

이들은 경제발전의 필요성을 내세워 대미외교를 중국외교의 핵심으로 삼을 것을 주장했다. 즉, 경제발전을 위해서는 미국과의 관계가 필요하기에 경제개혁을 계속함으로써 미국과의 관계가 추가로 악화하는 것을 방지하고 나아가 미국이 제재를 해제하도록 유도해야 한다는 주장이었다.[52] 이는 탈냉전기 국제체제에서 미국이 갖는 중요성을 내세워 대미외교를 중국외교의 핵심으로 삼을 것을 주장한 것이었다.

### 경제발전과 관계 안정

미국의 중국정책을 어떻게 볼 것인가를 둘러싸고 논쟁이 이어지는 와중에서, 중국 지도부는 미국과의 관계를 회복하고 안정시킴으로써 경제발전이라는 목표를 달성한다는 방침을 채택했다. 이러한 선택에는 중국의 실질적 지도자였던 덩샤오핑이 중요한 작용을 했다. 그는 천안문 사태 다음 달인 1989년 7월에 부시 대통령의 특사로 중국을 방문한 스코크로프트 보좌관에게 미국의 비판이 양국관계의 파국을 초래할 수 있다고 경고하는 동시에 관계 개선을 위한 조치를 취할 것을 촉구했다.[53] 계속해서 그는 9월 "상황을 냉정하게 관찰하고(冷靜觀察), 중국의 입장을 굳건하게 견지하며(穩住陣腳), 도전에 침착하게 대응(沉着应付)할 것"을 강조했다.[54] 여기에 더해 그는 "결코 우두머리가 되지 않을 것(決不当头)"이라는 입장을 추가함으로써 국제체제에 도전할 것이라는 미국의 의구심을 해소하려 시도했다. 이후 도광양회로 통칭된 이러한 그의 입장은 한동안 중국 대외정책과 대미정책의 기조로 작동했다.[55] 이는, 천안문 사태 이후 제기된 경계와 의구심에도 불구하고, 중국의 대미정책이 강경해지기보다 온건성을 유지했음을 의미한다.

여기에 더해 중국 지도부는 관계를 회복하기 위해 미국의 우려를 해소하기 위한 시도를 이어갔다. 가령, 중국은 1989년 12월 시리아에 중거리 미사일을 수출했다는 보도가 나오자 근거가 없는 것이라고 해명함으로써 무기 확산과 관련한 미국의 우려를 해소하려 들었고, 미국의 소리(VOA) 방송 기자의 중국 방문도 허용했다. 다음 해 11월 중국은, 미국이 여전히 대중 경제제재를 시행하는 상황에서, 걸프전쟁과 관련한 안보리 결의에서 기권표를 행사함으로써 실질적으로 미국의 입장을 지지하고 새로운 세계질서를 수립하려는 부시 행정부의 시도를 방해하지 않겠다는 메시지를 전했다. 이는 관계 개선을 통해 미국이 주도하는 서방의 제재를 극복하려는 의도를 반영했다.

이러한 중국 지도부의 선택은 불가피한 것이었다. 우선, 중국은 미국에 대한 강한 의구심을 지녔음에도 불구하고 대응하기 위한 마땅한 현실적 수단이 없었다. 전략적으로는 미국이 절대적 우위를 누리는 상황에서 구소련의 붕괴로 소련 카드를 사용할 수 없게 되면서 중국의 가치가 약화되었다. 경제적으로도 중국은 경제 현대화를 추구하기 위해 국제체제의 주도국인 미국의 제재를 극복하고, 우호적이며 안정적 관계를 구축해야 했다. 미국과의 관계 안정이 경제발전에 필요한 시장, 투자, 기술을 확보할 기회를 제공한 반면에 충돌은

체제의 붕괴를 초래할 가능성마저 제기했기 때문이다. 여기에 더해 미국에서 관여론이 제기된 것 또한 중국의 개혁 지도부에 미국과의 관계를 안정시키고 충돌을 회피할 수 있다는 희망을 주었다.

미국과의 관계를 개선하고 안정시키려는 중국의 의도는 이후 더욱 분명해졌다. 1993년 4월 장쩌민 총서기가 닉슨 전 대통령에게 양국이 이념 차이를 초월하여 공동의 이익에 주목할 필요성 강조한 데이어,[56] 11월 시애틀 APEC 정상회의 참석을 활용하여 미국과의 정상교류를 재개하려는 시도를 전개했다. 이처럼 중국 지도부가 미국과의 관계를 회복함으로써 발전을 위한 시간과 공간을 창출하려는 의지를 분명하게 함에 따라 대미관계는 대외관계의 핵심 가운데 핵심(重中之重)이 되었다.[57] 이러한 지도부의 의도를 반영하듯, 중국 전문가들 또한 미국과의 대결을 추구하기보다 외세를 두려워하지도 또 배척하지도 말 것을 강조했다.[58]

관계 개선을 위해 중국은, 패권에 대한 불만과 의구심에도 불구하고, 필요한 경우 요구를 수용함으로써 미국의 주도권을 실질적으로 묵인하기도 했다. 가령, 중국은 1995년 뉴욕 미중 수뇌회담 전야에 인권운동가 우훙다(吳弘达)의 출국을 허용하고, 지적재산권 문제와 관련해서도 유연성을 발휘했으며, 방직품 협의에서도 양보했다.[59] 이는 중국이 실질적으로 미국이 중시하는 이슈에 협력함으로써 관계를 안정시키려 들었음을 의미한다. 이러한 사실은 중국이 핵 비확산과 무기 수출 통제 등 미국이 중시한 이슈에서 협력한 데서도 확인된다. 중국은 1991년 비확산 조약(Non-Proliferation Treaty) 가입에 합의한 데 이어 11월에는 미국이 취한 대중제재 해제를 조건으로 미사일기술통제체제(Missile Technology Control Regime)를 준수하겠다고 공약했다.[60] 또 1996년에는 포괄적핵실험금지조약(Compre-hensive Nuclear-Test-Ban Treaty)에도 참여했다. 이처럼 중국은 1990년대 비확산과 무기 수출 통제 분야에서 협력함으로써 미국에 관계 개선의 신호를 보냈는데, 이는 이 시기 중국에서 민족주의가 증대되면서 대미관계 개선과 관련한 국내적 반발이 높아지는 상황에서도 "냉정함을 유지한 최고지도자가 대미정책을 직접 관장하고 관건 문제를 결정한 결과"였다.[61]

여기에 더해 중국은 미국의 제재를 해제하고 관계를 개선하기 위해 시장의 거대성과 잠재력도 활용하려 들었다.[62] 단적으로 중국은 유럽 및 일본 기업과 경쟁시키는 방식을 통해 중국 시장을 상실할 수 있다는 우려를 촉발함으로써 미국 기업이 중국과의 관계를 강화할 것을 미국 정부에 압박하도록 유도하려 들었다. 여기에 더해 긍정적 인센티브도 동원했다. 대표적으로 주룽지(朱鎔基) 부총리는 1990년대 초 중국의 국유기업 개혁과 관련하여 혜택을 제공하는 방식을 통해 월가(Wall Street)의 금융기업들이 자국 정부에 무역 관계의 자유화를 위한 로비를 적극적으로 전개하도록 유도했다.[63] 즉, 중국 정부가 미국의 핵심적 기업들을 동원하여 대중정책에 영향을 끼치는 초국가적 로비를 진행한 셈이었다.


## 타협과 관계 개선

### 관계 회복

1990년대 미중 양국은 타협을 통해 관계를 유지하고, 이를 통해 각자의 이익을 추구하는 실용적 입장을 선택했다. 위에서 지적한 것처럼, 미국은 관여를 통해 중국이 국제질서를 수용하도록 유도하고 또 경제적 혜택도 추구하려 들었으며 중국은 관계 안정을 통해 경제발전에 집중하려 들었다. 이러한 실용적인 타협은 양국관계의 회복과 개선으로 이어졌다. 1990년대 미국이 관여를 선언하고 중국도 사회주의 시장경제의 선언을 통해 개혁 의지를 표출하면서 미중관계가 회복되고 개선되기 시작했다. 중국은 경제발전을 강조하며 국제체제에 참여함으로써 관여에 호응했고 이후 미국 및 서구와의 교역이 증대됨에 따라 외교정책을 현실적이고 실용적으로 변화시켰다. 미국 또한 인권과 관련된 요구를 조절하고 경제적 협력을 통해 공동의 이익을 창출하고 확대하는 데 집중함으로써 중국의 변화에 호응했다. 심지어 미국은 중국의 행동이 기대에 미치지 못했을 때도 관여를 포기하지 않았다. 중국이 제공할 경제적 혜택에 대한 기대와 국제문제 해결에 필요한 도움을 획득할 필요성이 관계 유지를 통해 공동의 이익을 창출하는 실용성을 유지하도록 작용했다.

　미중관계는 1990년 8월 이라크의 쿠웨이트 침공을 계기로 부시 행정부가 중국의 협력을 얻으려 시도한 것을 계기로 회복되기 시작했다. 중국이 걸프전쟁과 관련한 유엔 결의안에 기권하는 방식을 통해 실질적 지지를 보낸 직후인 1990년 11월 첸치천 외교부장이 미국을 공식 방문했는데, 이는 천안문 사태 이후 진행된 최고위 관리의 방문으로 양국 간 고위급 교류의 회복을 알리는 신호탄이었다. 일년 후인 1991년 11월에 베이커(James Baker) 미국 국무장관이 중국을 방문함에 따라 부시 행정부가 취했던 고위급 교류 금지 조치가 실질적으로 해제되었고,[64] 다음 해 1월에는 부시 대통령이 뉴욕에서 유엔 안보리 정상회의에 참석한 리펑(李鵬) 총리와 회동한 것을 계기로 양국 지도자 사이의 접촉도 회복되었다.[65] 이러한 인적 교류의 재개에 앞서 부시 행정부는 1990년 2월 세계은행이 중국에 차관을 제공하는 것에 대한 지지를 밝힘으로써 중국에 대해 취했던 다른 제재도 해제한 바 있었다.[66]

클린턴 행정부 출범 이후 양국 간 교류는 더욱 확대되었다. 1993년 장쩌민 총서기가 시애틀에서 개최된 APEC 정상회의 참석을 위해 미국을 방문했고, 클린턴 대통령은 미국이 "중국과 같은 거대한 국가를 고립시키는 것을 주저한다"고 밝혔다.[67] 양국은 같은 해 여름에 불거진 북한 핵 문제를 계기로 천안문 사태 이후 중단했던 국방 분야의 교류도 재개했다. 페리(William Perry) 미국 국방장관이 중국에 대해 타협적 정책으로 회귀하려는 의도를 보인 상황에서 프리맨(Chas W. Freeman, Jr.) 국방 차관보가 10월 중국을 방문하여 북한 핵 문제에 관한 협력을 동원하려 시도했다. 다음 해인 1994년 페리 장관은 군 지휘관들에게 중국과의 대화를 개시하라고 지시함으로써 군사 교류의 범위를 더욱 확장하려는 의사를 표출했고,[68] 이에 힘입어 츠하오톈(迟浩田) 국방부장을 위시한 중국의 많은 군 인사가 미국을 방문했으며 페리 장관과 코헨(William Cohen) 합참의장 등도 중국을 방문했다. 이러한 교류의 재개를 바탕으로 1997년 차관급 국방협의회담(U.S.-China Defense Consultative Talks; 国防部防务磋商)이 개시됨에 따라 양국 간 군사 교류는 1980년대 수준으로 회복되었다.[69] 미국이 천안문 사태에 대한 제재 조치의 일환으로 국방 교류를 중단시켰었음을 고려할 때, 국방 교류의 재개는 미중관계의 회복을 상징했다.

위기 극복과 관계 개선

미중관계가 회복되는 와중에서도 양국 사이에 다양한 영역에서 이견이 지속되고 위기도 이어졌다. (이에 관한 자세한 논의는 4장을 참조). 그 가운데서도 1995년 리덩후이 대만 총통의 비공식 미국 방문을 계기로 촉발된 갈등은 대만해협에서의 군사적 충돌로 이어질 가능성을 제기할 정도로 심각한 위기를 촉발했다. 중국이 대만의 독립 시도를 제어하기 위해 대만해협에 대한 미사일 시험을 실시하고, 이에 대응하여 미국이 두 척의 항모(인디펜던스함과 니미츠함)를 대만해협에 파견함으로써 양국 간 군사적 대치가 초래된 것이었다.[70] 즉, 대만과 중국 사이에 시작된 위기가 리 총통의 방문을 허용하고 또 두 척의 항공모함을 파견한 미국에도 미쳤다.

대만해협에서 군사적 충돌 가능성이 제기된 상황에서 미중 양국 모두에서 강경론이 분출되기도 했다. 미국에서는 중국이 미국의 힘과 영향력에 대한 도전자가 될 것이라는 강경론이 다시 부상했다. 즉, 현실주의자들을 중심으로 신흥 강대국과 기존 강대국 사이의 충돌이 불가피하기에, 관여를 통해 중국의 발전을 돕기보다 봉쇄해야 한다는 주장이 제기된 것이다.[71] 한편 중국에서는 민족주의자들을 중심으로 미국이 중국을 악마화하고 붕괴시키려는 제국주의적 의도를 보인다고 경계를 표시하며 강경한 대응을 주문했다.[72]

이러한 강경한 분위기 속에서도, 대만해협 위기는 미중 양국 모두에게 충돌의 위험성을 제기함으로써 관계 개선의 필요성을 인식하고 추진하도록 작용하는 역설적인 결과로 이어졌다. 특히 양국관계의 주도권을 쥔 클린턴 행정부가, 미국의 한 중국 전문가가 지적하듯,[73] 대만해협 위기를 통해 중국과의 접촉을 제한하는 정책의 위험성을 목격하고 중국과의 관계를 개선하려 들었다. 미중관계가 심각하게 악화하는 것을 방지하고 또 중국과의 전략적 이해에 도달하기 위해서 활발한 교류가 필요하다는 인식이 힘을 얻음에 따라, 대만해협 위기가 발생한 1996년 중반 이후 미국의 중국정책의 초점이 전략대화로 이전되었다. 즉, 천안문 사태 이후 중단되었던 정부 차원의 전략대화가 중국에 대한 포괄적 관여의 중요한 부분으로 다시 등장했다.[74]

클린턴 대통령은 1996년 11월 안정적이고, 개방적이며 번영된 중국의 등장이 미국의 이익에 부합한다고 지적하고, 중국에 대한 봉쇄를 추구하지 않으며 관여를 지속할 것이라고 선언했다.[75] 이와 함께 크리스토퍼(Warren Christopher) 국무장관이 장쩌민 주석과 클린턴 대통령의 상호 방문을 조율하기 위해 중국을 방문했다.[76] 다음 해인 1997에는 클린턴 대통령이 실용적 관여를 통해 협력의 영역을 확장하려는 입장을 천명했다.[77] 이러한 일련의 움직임은 클린턴 행정부가 중국과의 충돌을 회피하고 협력을 제고시키는 방향으로 정책의 초점을 이동시켰음을 보여주었다. 또한 이 시기 클린턴 행정부의 관심은, 경제적 측면에 집중되었던 초기와 달리, 부상하는 중국과의 관계 설정이라는 전략적 측면에 집중되었다.

중국도 비확산, 환경보호, 지재권, 북한 핵 문제 등 미국이 중시하는 이슈에 호응함으로써 관계를 개선하려는 의지를 표명했다. 가령, 중국은 파키스탄에 핵 관련 물질을 판매하지 않겠다는 약속을 이행함으로써 비확산 이슈에서 양보 조치를 취했다. 이에 더해 중국은 1996년 11월 중국을 방문한 크리스토퍼 국무장관에게 핵물질 수출을 감시하기 위한 포괄적이고 전국적 규모의 제도를 설립할 것도 약속했다.[78] 또한 이 시기 중국은 미군 철수를 언급하지 않는 등 동아시아에 대한 미국의 군사적 주둔을 용인하려는 신호도 보냈다. 이러한 중국의 호응은 중국의 외교정책이 현실적이고 실용적으로 변화하고 있기에 전략적 협력이 가능할 것이라는 미국의 기대를 창출했다.

### 정상(頂上)교류와 관계 정상화

대만해협 위기를 계기로 개선되기 시작한 양국관계는 이후 정상교류가 재개되면서 더욱 힘을 얻었다. 1997년 장쩌민 주석이 중국 최고지도자로서는, 1985년 리셴녠(李先念) 국가주석의 방미 이후, 12년 만에 처음으로 미국을 방문했다. 중국은 장쩌민의 미국 방문을 양국관계의 완전한 정상화를 알리는 계기로 삼으려 들었다. 이를 위해 중국은 동 방문을 준비하는 협상 과정에서 미국의 실무 방문 제안을 거부하고 국빈 방문을 고집했다. 이는 국빈 방문이라는 예우를 얻어냄으로써 미국과의 관계가 정상화되었음을 알리는 동시에 미국으로부터 대등한 지위와 존경을 받았다는 이미지를 창출함으로써 장 주석의 국내적 권위를 강화하려는 의도도 반영했다. 국빈 방문을 확보하기 위해 중국은 방문 직전인 9월에 핵 수출 관리조례를 발표한 데 이어 10월에는 유엔 인권협약에도 조인하는 등 미국의 요구를 수용하는 타협 조치를 취했다.[79]

다음 해인 1998년 중반에는 클린턴 대통령이 답방 형식으로 중국을 방문했는데, 이는 1989년 부시 대통령이 중국을 방문한 이후 9년 만이자 천안문 사태 이후 첫 미국 정상의 중국 방문으로서 양국 정상 간 교류가 완전히 회복되었음을 상징했다. 동 방문과 관련해서도 중국의 주요 관심은 미국과 동등한 국제적 지위를 획득했으며 또 장 주석이 개인적 차원에서 이러한 지위를 획득했음을 보여주는 데 집중되었다.[80] 한편 클린턴 대통령은 이러한 중국의 시도를 수용함으로써 국내에서 비판에 직면했다.

정상의 상호 방문을 계기로 양국은 전략적 동반자 관계의 형성을 추구했다. 동 구상은 중국에 의해 제안되었는데, 장쩌민 주석은 '동맹을 결성하지 않고 대결하지 않으며 제3국을 겨냥하지 않는' 전략적 동반자 관계를 통해 미국과의 타협을 도출하는 것이 중국의 발전 가능성을 의심하는 국내외적 추세를 완화하고 또 중국에 도전하려는 다른 국가의 시도를 제어하는 데도 기여할 것으로 기대했다.[81] 또한 미국과 전략적 타협을 도출하는 것은 자신의 국내적 권력 기반을 강화하는 데도 도움이 될 것으로 판단했다. 흥미로운 점은 클린턴 대통령 또한 이러한 중국의 기대에 호응했다는 사실이다. 그는 장 주석의 방문을 앞두고 행한 중국정책에 관한 연설에서 "안정적이고 개방적이며 비공격적인 중국의 등장"이 미국의 이익에 부합한다고 지적하며 중국과의 새로운 전략적 관계를 형성할 가능성을 거론했다.[82] 실제로 장 주석의 미국 방문 시 발표된 공동성명은 "건설적 전략 동반자 관계"의 수립을 공식적으로 선포하고, 국제적 도전에 대한 대응과 세계의 평화와 발전을 촉진하는 데 협력할 것을 천명했다.[83]

이 시기 전략적 동반자 관계는 한동안 미중관계를 규정하는 전략적 틀로 거론되었다. 1998년 천안문 사태 이후 최초로 진행될 미국 대통령의 방중을 준비하기 위해 중국을 방문한 올브라이트(Madeleine Albright) 미국 국무장관이 탕자쉬안(唐家旋) 중국 외교부장과의 회동에서 건설적 전략 동반자 관계를 거론했고,[84] 중국을 방문한 클린턴 대통령은 대만 문제와 관련하여 '3불(대만 독립, 두 개의 중국 또는 하나의 중국과 하나의 대만, 대만의 국제기구 가입을 지지하지 않는 다) 입장'을 표명함으로써 중국의 우려를 해소하려 들었다.[85] 여기에 더해 클린턴 대통령의 방문 이후에 발표된 미국 국방부의 "동아시아 태평양지역안보전략"은 중국과의 장기적 관계 형성을 위한 토대 수립을 지역 전략에 포함했다. 아울러 동 문건은 중국이 불확실성의 근원이라는 기존 입장 대신에 "중국의 건설적 역할 없이 동아시아태평양 지역에서 지속적 평화는 불가능할 것"이라고 규정함으로써 양국 간 전략적 공동이익을 부각했다.[86] 중국 또한 1997년 장쩌민 방미 때 미국과 핵 기술의 평화적 이용에 관한 합의에 서명한 데 이어 1998년에 채택한 공동성명에 생화학 무기, 지뢰 문제 등을 포함하는 데 동의하는 등 미국의 요구를 수용했다.[87] 이는 양국이 타협을 통해 관계를 개선하려는 의지를 강화했고, 이에 힘입어 관계가 정상화되었음을 제시한다.

이러한 움직임에 고무된 중국의 전문가들은 양국관계가 안정되고 발전하기 시작했다는 평가를 제기했다. 가령, 칭화(清华)대학의 추수롱(楚树龙)은 미국의 대중정책에서 실용적 측면이 강화되었고, 이에 따라 인권, 군비통제, 대만 등의 의제에서 양국관계가 실질적으로 개선되었다고 평가했다.[88] 다른 전문가들 또한, 미국이 유엔 인권위원회에서 중국의 인권 비판 결의안을 추진하는 것을 포기했고 또 한반도 4자회담 추진 등 아태지역의 안정과 관련하여 실용적 협력을 모색하고 있다는 사실 등을 들어, 건설적 전략 동반자 관계가 미중관계를 규정하는 틀이 되었으며 또 21세기 미중관계의 발전을 주

도할 전략적 의의를 지닌다는 기대를 제기했다.[89]

이처럼 중국에서 클린턴 미국 대통령과 장쩌민 주석이 합의한 건설적 전략 동반자 관계에 대한 긍정적 평가가 제기되었지만, 현실적으로 미중 양국 가운데 어떤 국가도 전략적 동반자 관계의 개념이나 근거를 구체적으로 제시하지는 못했다. 또한 이 구상은 후일 2000년 대선에서 부시 후보의 비판 대상이 된다.

### '책임 있는 강대국'과 협력의 개시

미국은 관여를 통해 행위를 형성하려는 의도에 따라 중국에 국제사회의 책임 있는 구성원이 될 것을 촉구했다. 대표적으로 1995년 클린턴 행정부의 주요 인사들이 대거 중국에 '책임 있는 강대국'이 될 것을 촉구했다. 우선, 클린턴 대통령이 장쩌민 총서기에게 "중국이 강대국 테이블에 참여하는 것을 환영"한다고 밝히면서 "강대국은 거대한 책임을 진다"고 강조했다.[90] 페리 국방장관 또한 한 연설에서 중국이 책임 있는 강대국처럼 행동하길 요구한다고 강조했다.[91] 크리스토퍼 국무장관은 중국이 국제사회에 완전히 참여하길 원한다고 밝히고, 이를 위해서는 국제기구의 의무를 수용하고 국제규범을 준수해야 한다고 강조함으로써 책임을 보다 구체적으로 제기했다.[92] 즉, 중국에 국제적 규칙과 규범을 수용하고 준수할 것을 촉구한 것이었다.

중국에 책임을 다하라는 클린턴 행정부의 촉구는 이후에도 계속해서 이어졌다. 가령, 로스(Stanley Roth) 국무부 동아시아태평양 담당 차관보는 1997년 세계경제포럼(World Economic Forum)에서 중국이 국제사회의 적극적이고 책임 있는 구성원이 될 것을 촉구한 데 이어,[93] 다음 해 12월에 행한 수교 20주년 기념식 연설에서도 국제적 행위 규칙을 지킬 필요성을 강조했다.[94] 여기에 더해 1999년에 발표된 미국의 국가안보전략은 중국이 국제적 책임을 수행하는 것이 아시아에서의 평화와 번영에 중요하다고 규정함으로써,[95] 책임과 의무에 대한 강조를 통해 지역 및 국제적 현안과 관련한 중국의 협력을 동원하려 들었다.

책임과 관련하여 미국은 양자 간 대화 증진, 대량살상무기 (WMD) 확산 방지, 한반도와 대만해협의 안정, 질병과 환경문제, 시장개방과 지재권 보호 등 광범위한 이슈에서 중국의 협력을 강조했다. 이는 책임 있는 강대국이 되라는 미국의 촉구가 실질적으로 중국에 안정적 국제질서와 관련한 미국의 비전을 수용함으로써 미국의 국제적 지도력을 유지하는 데 협력할 것을 촉구한 것임을 의미한다.[96] 실제로 2000년에 발표된 클린턴 행정부의 마지막 국가안보전략 문건은 상호의존의 시기에 중국이 지역과 국제문제 해결을 위해 더 노력하는 것이 미국의 국제적 지도력 유지에 기여한다고 규정하고, 계속해서 설득할 필요성을 강조했다.[97]

중국이 국제체제의 안정에 협력하라는 미국의 촉구에 호응함에 따라 양국 간에 협력의 토대가 마련되었다. 대표적으로 중국은 1997-98년에 발생한 아시아 금융위기와 관련하여 국제적 지원을 제공하고 위안화 가치를 수호하는 등 건설적 역할을 수행함으로써 국제체제에 발생한 위기를 극복하는 데 협력했다. 동아시아 외환위기의 돌발성과 심대성에도 불구하고, 중국은 위안화 평가절하를 자제하고 동남아 국가에 대한 저리자금 융자를 통해 대응함으로써 책임 있는 강대국이 되라는 미국의 요구에 호응했다. 이후에도 중국은 다자적 접근에 대해 개방적 입장을 취하고 또 아태지역의 현상을 수용하기 시작함으로써 책임론을 수용하려 듦을 보여주었다. 이는 중국의 개혁가들이 국제적 책임이라는 새로운 관념을 수용하고, 이에 따라 민족주의적 충동과 현실주의적 계산을 제어했음을 의미한다. 이러한 자제와 현상의 수용은 중국의 부상에 기여했을 뿐 아니라 미국을 위시한 서구 국가들이 중국을 국제체제에 포용하는 정책을 유지하도록 하는 요인으로도 작용했다.[98]

이러한 변화에 따라 미국도 중국의 역할을 평가하기 시작했다. 가령, 로스 동아태 차관보는 1998년 연설에서 비확산 분야의 진전, 동아시아 금융위기, 그리고 북한 문제에 관한 중국의 협력을 긍정적으로 평가하고, 책임 있는 강대국 역할을 더욱 확대하고 또 공동이익이 존재하는 영역에서 미국과 함께 행동할 것을 촉구했다.[99] 다음해에 발표된 국가안보전략 또한 중국이 중요한 지역 안보 이슈에서 미국과 함께하고 있다고 규정했다.[100] 이는 중국이 미국의 요구에 호응하고 협력함에 따라 양국관계가 개선되고 또 확대됨을 의미한다. 미국의 한 전문가는 양국이 마약 생산과 밀수, 조직범죄, 외국인 밀수, 환경안보 등 "낮은 수준의 안보(low security)" 이슈뿐 아니라 심지어 대량살상무기 통제, 핵 비확산, 북한 핵 문제 등 일부 "높은 수준의 안보(high security)" 이슈에서도 협력한다고 평가했다.[101] 중국의 주미대사 또한 중국이 아시아 금융위기 극복과 한반도 평화안정 유지 등에서 미국과 협력하고 있으며 그 결과 양국관계가 개선되었다고 규정했다.[102] 이처럼 양국은 타협을 통해 관계를 유지한 데서 한 걸음 더 나아가 협력하기 시작했다.

물론 이는 양국이 국제적 책임과 관련하여 인식상의 일치를 이뤘음을 의미하지는 않는다. 중국이 책임이라는 새로운 관념을 수용하기 시작했지만, 책임을 어떻게 규정할 것인가를 둘러싸고 양국 사이에 차이가 이어졌다. 미국이 책임을 기존 국제체제와 미국의 국제적 주도권 유지에 대한 기여와 연관시킨 반면에, 중국에서는 패권주의를 제어하는 것 또한 책임 있는 역할이라는 정반대의 주장이 제기되었다. 이는 이 당시 보호 책임(Responsibility to Protect)의 기치를 내걸고 인권을 명분으로 타국의 내정에 간섭하는 미국의 행위에 대한 중국의 경계를 반영했다.[103] 또한 중국은 책임과 협력에 대한 대가도 기대했다. 가령, 중국은 미국이 요구한 인권 대화 참여와 관련하여 대가를 요구했고, 군비통제와 관련해서도 미국의 대만에 대한 무기 판매와 연계시키려 들었다. 이러한 중국의 조건 제시에 불만을 품은 미국에서는 중국이 협력적인 대중정책을 유지하려는 클린턴 행정부의 시도에 호응하지 않는다는 비판이 제기되었다. 또한 중국이, 책임 있는 강대국이 되겠다는 선언에도 불구하고, 파키스탄에 핵무기 관련 기술을 수출하는 등 상반된 행동을 한다는 비판도 제기되었다. 모두가 이 시기 양국 간에 개시된 협력에 존재했던 한계들을 보여준다.


## WTO 가입 합의와 관계 진전의 토대

1990년대 미중 양국이 타협을 통해 양국관계를 회복하고 또 개선한 추세는 중국의 WTO 가입 합의에서 절정에 달했다. 중국의 WTO 가입에 대한 합의는 이 시기 양국이 실용적 타협을 추구했음을 웅변했다.

중국의 WTO 가입과 관련하여 클린턴 행정부의 관심은 예상되는 경제적 효과에 집중되었다. 이는 1990년대 미중 경제관계에 발생한 변화를 반영했다. 이 시기 중국은 고도성장을 통해 가장 빠르게 성장하는 미국의 해외시장으로 등장했다. 1990년대 미국의 대중 수출은 거의 4배 가까이 증가했고, 그 결과 중국은 미국의 8대 수출시장으로 등장했다. 이러한 대중 교역의 확대는 이 시기 미국이 기록적인 경제성장을 이루는 데 기여했다. 더욱이 미국은 중국으로부터의 값싼 상품 수입에 힘입어 인플레이션 없이 성장을 달성할 수 있었다. 이와 함께 미국의 대중 교역적자 또한 급속하게 확대되어 2000년 840억 달러를 기록함으로써 대일 적자를 넘어섰다. 이러한 교역적자는 중국경제가 중요한 산업 분야에서 관세와 비관세 장벽을 매우 높게 유지했기 때문이었다. 여기에 더해 중국이 일부 산업 분야에 대해 여전히 외자의 진입을 허용하지 않은 것 또한 미국을 자극했다.[104]

클린턴 행정부의 정책결정자들은 WTO 가입이라는 카드를 통해 중국의 경제개혁을 더욱 가속화함으로써 이러한 문제를 해결하려 들었다. 당시 미국에서 중국의 WTO 가입과 관련하여 인권 문제와 일자리에 끼칠 영향 등을 중심으로 우려가 제기도 했지만, 클린턴 행정부는 중국의 추가적 경제개혁과 세계경제와의 통합이 미국의 이익에 부합한다고 판단했다. 이에 따라 클린턴 행정부는 WTO 가입 협상을 통해 중국의 무역장벽을 낮추고 투자환경을 개선함으로써 경제적 이익을 확대하려 들었다. 중국의 WTO 가입은 중국 시장에 대한 미국 기업의 진출을 강화함으로써 수출을 증대시키는 데 기여할 뿐 아니라 서비스 분야에 대한 투자의 허용을 통해 경쟁력을

지닌 미국 기업에 기회를 제공할 것으로 기대되었다.[105]

미국이 WTO 가입 협상을 통해 중국을 개방적인 시장경제 체제로 변화시켜 세계경제의 정상적 일원으로 편입시키려 들었다는 사실은 2000년 바세프스키(Charlene Barshefsky) 미국 무역대표부 대표가 의회 증언에서 WTO 가입이 중국의 국내 개혁을 촉진하고 또 중국을 세계경제로 통합시키는 데 기여할 가능성을 강조한 데서 단적으로 드러났다.[106] 사실 중국 경제체제를 시장경제로 변화시켜 국제경제 체제에 통합시키려는 미국의 의도는 중국이 GATT 가입을 신청한 1986년 이후 계속해서 이어졌다.[107] 이러한 논리와 관심은 수출 대상이자 거대한 잠재력을 지닌 시장으로서 중국의 가능성을 중시한 대기업들의 이익을 반영한 것이기도 했다.

중국 또한 경제적 동기를 중시했다. 우선, 중국은 WTO 가입을 통해 미국에서 해마다 최혜국 대우를 둘러싸고 논쟁과 대결이 전개되는 상황을 종식하고 항구적 정상 무역 관계(Permanent Normal Trade Relations)를 형성하려 들었다.[108] 즉, 미국에서 계속되는 최혜국 대우 갱신을 둘러싼 논쟁이 경제 환경에 불확실성을 제기하는 상황에서 WTO 가입을 통해 이를 해소하려 한 것이었다. 동시에 중국은 WTO 가입을 통해 개혁을 심화시키고 경제발전을 가속화할 동력도 마련하려 들었다. 이는 당시 중국의 국내경제성장률이 정체되기 시작한 것과 밀접하게 관련된다. 미국과 WTO 가입에 합의한 1999년에 7.1%를 기록하는 등 중국의 경제성장률은 여전히 선진국보다 높았지만 7년 연속 감소 추세를 보였다. 이러한 상황에서 장쩌민 주석과 주룽지 총리는 경제구조의 재조정이 필요하다고 판단하고 WTO 가입을 통해 필요한 지렛대를 확보하려 들었다.[109] 단적으로 주 총리는 1999년 4월 미국 방문 때 클린턴 대통령과 행한 기자회견에서 WTO 가입으로 촉발될 경쟁이 국유기업과 은행의 구조개혁을 가속화 함으로써 중국경제의 빠르고 건강한 발전을 가능하게 할 것이라고 지적했다.[110] 중국이 WTO 가입을 통해 개혁을 가속화하려 했다는 사실은 가입 협상의 대표였던 룽융투(龙永图)가 후일 "개혁과 개방을 추진하고 경제구조조정과 시장경제 체제를 구비"하기 위해 WTO 가입을 추진했다고 밝힌 데서도 확인되었다.[111]

양국은 재개된 정상교류를 활용하여 협상을 촉진하려 들었다. 클린턴 대통령은 1997년 장쩌민 주석의 방미를 앞두고 행한 중국 관련 연설에서 WTO 가입을 위해 중국이 취해야 할 조치를 논의하겠다는 계획을 밝혔다.[112] 이후 발표된 양국 간 공동성명은 중국의 가입을 위한 협상을 촉진하는 데 합의했다고 밝혔다.[113] 다음 해 클린턴 대통령이 방문했을 때 중국은 더 진전된 계획을 제시했다. 이러한 양국의 의지에도 불구하고, WTO 가입 협상은 1999년 극적인 과정을 거친 후에야 비로소 합의에 도달했다. 4월 미국을 방문한 주룽지 총리는 시장개방 확대를 위시하여 미국의 요구를 대폭 수용한 협상안을 미국에 제시함으로써 합의를 도출하려 들었다. 농산품 관세 인하, 시장 접근, 서비스 산업에서의 상당한 양보를 포함한 중국의 제안에 대해 미국의 WTO 협상 대표와 경제계도 환영을 표했지만, 클린턴 대통령은 의회와 노조, 인권단체 등의 반발을 우려하여 수용을 거부했다. 비록 클린턴 대통령이 곧바로 입장을 변경하여 주룽지 총리에게 추가 협상을 위해 중국의 협상 대표를 체류시킬 것을 제안했지만, 장 주석과 주 총리가 국내의 반대를 극복하고 마련한 양보안이 미국에 의해 거부됨에 따라 중국에서 미국에 대한 비판이 제기되었다.[114] 특히 대폭적인 양보안에 불만을 품은 강경파들은 중국의 양보에도 불구하고 더 많은 개방을 요구한 것은 미국이 중국과의 협력을 원치 않음을 보여주는 증거라고 주장했다.[115] 이러한 상황에서 다음 달인 5월 베오그라드 중국대사관에 대한 폭격 사건이 발생하여 3명의 중국인이 사망하고 20명 이상이 부상함에 따라 협상을 주도했던 주 총리는 물론이고 장 주석도 강경 민족주의 세력의 비판에 노출되었다.[116]

이후 클린턴 행정부가 중국을 협상 테이블로 다시 불러들이려 노력했고, 9월 뉴질랜드 APEC 정상회의에서 클린턴 대통령이 장쩌민 주석과의 회담을 통해 WTO 가입 협상을 가속화하는 데 합의했다. 이러한 노력에 힘입어 양국은 11월 15일 마침내 합의에 도달함으로써 1986년 중국이 WTO의 전신인 GATT에 가입 신청을 한 이후 13년에 걸쳐 진행된 긴 협상 과정에 마침표를 찍었다.[117] 2년 후인 2001년 11월 카타르 도하에서 개최된 WTO 장관회의가 가입을 승인함에 따라, 중국은 12월 11일 공식적으로 가입했다.

WTO 가입 합의안은 보호주의 장벽 해체와 국내 보조금 철폐 등 자유화를 강조한 미국의 요구와 개도국 자격을 유지함으로써 의무와 권리 사이의 균형을 유지하려 한 중국의 입장 사이의 타협을 반영하여 교역과 투자 장벽의 즉각적이고 광범위한 감축을 규정하는 동시에 일부 민감 분야에 대한 일정한 수준의 보호도 허용했다. 중국은 관세와 비관세 장벽의 감축, 보조금 공개, 국유기업 거버넌스 개혁 등 경제 자유화 조치를 약속했다. 구체적으로 중국은 2005년까지 평균 관세를 10% 이하로 낮추고 수입쿼터와 면허를 점진적으로 철폐하는 데 동의했고, 정보통신과 은행 등 핵심적 서비스 업종에 대한 외국자본의 투자도 허용했으며, 지재권 보호와 법과 규정의 투명성 제고도 공약했다.[118] 이러한 합의안에 대해 미국의 한 중국경제 전문가는 10여 년 전에 이뤄진 다른 국가의 가입안에 비해 훨씬 광범위한 것으로 평가했다.[119]

클린턴 행정부는 중국과 WTO 가입에 합의한 다음 해인 2000년 3월 의회에 중국에 정상적 무역 관계를 영구히 부여할 것을 촉구하는 메시지를 보냈다. 클린턴 대통령은 중국과의 합의가 미국의 상품과 서비스에 부과되는 장벽을 급격하게 낮추고 경제적 통합을 촉진함으로써 중국이 평화와 안정을 중시하도록 하는 데 기여할 것이라고 강조했다.[120] 계속해서 그는 연설을 통해 중국의 WTO 가입에 대한 지지가 미국의 일자리 창출에 기여하는 반면에 반대하는 것은 일자리를 희생시킬 것이라고 주장했다.[121] 이러한 그의 지적은 미국이 WTO 가입과 관련하여 경제적 이익을 중시했음을 보여준다.

경제적 이익에 대한 중시는 클린턴 행정부 관료의 언급과 공식문건에서도 확인되었다. 4월 로스 국무부 동아시아 태평양 담당 차관보는 중국의 WTO 가입이 관세 인하와 수출 보조금 철폐 등을 통해 미국 상품의 경쟁력을 강화하고 미국 기업의 수출을 촉진할 것이기에 무역 면에서 압도적으로 미국에 유리하다고 규정하고, 만약 의회가 승인하지 않을 경우 이 혜택들은 다른 국가에 있는 경쟁 기업들에 돌아갈 것이라고 경고함으로써 경제적 혜택을 강조했다.[122] 같은 해 말에 발표된 2000년 국가안보전략 또한 중국의 WTO 가입이 시장개방, 경제개혁 촉진, 법치에 대한 이해 확대 등을 통해 미국에 일자리를 제공하고 기회를 창출할 것이라고 규정했다.[123]

WTO 가입 합의는 중국을 세계경제에 통합시키기 위한 중대한 조치라는 점에서 닉슨 대통령의 중국 방문이나 카터 대통령의 수교 결정에 비견되는 조치로 평가되었다. 한 전문가는 합의가 중국 개혁파의 입지를 강화하고 중국이 건설적 역할을 하도록 촉진할 것으로 평가했다. 즉, 장쩌민 주석이 합의를 활용하여 중국이 강대국으로 인정받았음을 주장하고 이를 통해 자신의 지도력을 강화할 수 있게 되었다는 주장이었다. 또한 그는 이것이 미중관계의 기복을 완화하는 데 기여할 것이기에 궁극적으로 중국과 미국 모두에게 이득(win-win)이 된다고 평가했다.[124]

실제로 중국의 WTO 가입은, 다음 장에서 논의하듯, 미국과 중국 사이의 상호의존을 급속하게 제고시킴으로써 관계를 강화하는 데 기여한다. WTO 가입으로 경제의 운용과 관련된 제약이 제거됨에 따라 미국의 대중 투자가 급증했고, 이는 다시 교역의 증대로 이어졌다. 이러한 상호의존의 증대는 다시 양국관계를 확장하는 토대를 제공한다. 이 점에서 중국의 WTO 가입 합의는 양국관계를 더욱 진전시키고 또 확장하는 토대를 마련했다.


## 평가

이상의 논의는 탈냉전기 미국이 추구한 관여에 힘입어 미중 양국이 타협을 도출함으로써 위기를 극복하고 또 관계를 진전시키기 위한 토대도 마련했음을 보여준다. 미국은 탈냉전으로 확고해진 국력의 우위를 기반으로 중국에 대한 관여를 회복했다. 비록 클린턴 행정부가 관여와 관련하여 중국에 대한 변화와 형성을 강조했지만, 실제로는 경제적 이익과 국제문제에 관한 협력을 동원할 필요성이 관여를 지속시키는 데 중요하게 작용했다. 중국 또한 경제발전을 위해 관계 안정을 강조함으로써 국제체제에 통합시키려는 미국의 시도에 호응했고, 그 결과 양국 간에 타협이 도출되었다. 양국은 실용적인 정책을 통해 천안문 사태와 냉전의 종식으로 인해 초래된 관계의 위기를 극복했을 뿐 아니라 WTO 가입에 합의함으로써 관계를 진전시키기 위한 토대도 마련했다.

미국에서 관여는 매우 논쟁적이었고 따라서 계속해서 비판이 이어졌다. 가령, 1990년대 중반 미국에서는 클린턴 행정부가 중국과의 교류를 강조하는 반면에 봉쇄의 인상을 제기하는 것을 경계함으로써 중국의 공세적 행동을 묵인하는 결과를 초래했다는 비판이 제기되었다.[125] 이는 관여가 중국의 행위를 형성한다는 취지를 실천에 옮기지 못했음을 지적한 것이었다. 그러나 미국이 실제로 관여가 중국의 호응을 유도할 것이라고 기대했는지는 분명치 않다. 가령, 한 전문가는 1990년대 중반에 이미 미국이 관여를 추구하든 봉쇄를 추구하든 중국이 협조적이지는 않을 것이라는 주장을 제기했다.[126]

이러한 한계에도 불구하고 관여는 트럼프 행정부가 출범할 때까지 역대 미국 행정부의 대중정책의 기조로 자리 잡는다. 후임 부시 대통령이, 다음 장에서 살펴보는 것처럼, 한때 관여를 강력하게 비판하기도 했지만 결국은 다시 회복했고, 오바마 행정부 또한 증대되는 경쟁에도 불구하고 관여를 이어갔다. 이와 관련하여 미국의 한 전문가는 관여가 미국의 이익을 보호하고 목표를 달성하는 데 기여했기 때문이라고 규정한다.[127] 여기에 더해 관여로부터 혜택을 얻는 미국 내 세력의 영향력도 관여를 지속시키는 데 기여했다.

관여와 관련한 논쟁은 이후에도 계속해서 이어졌는데,[128] 특히 트럼프 행정부 시기에 들어 미국과 중국 모두에서 관여와 관련하여 논쟁적인 주장이 제기되었다. 트럼프 행정부는 관여가 중국에만 유리한 결과로 이어졌다는 점에서 중국에 대한 시혜였고 또 중국을 민주화하는 데도 실패했다고 규정했다. 반면에 중국에서는 관여가 체제의 차이와 상호 존중을 전제로 했다는 정반대의 주장이 제기되었다. 중국의 행위를 형성한다는 공식적인 취지에도 불구하고 경제적 이익과 국제문제에 관한 협력 동원이라는 현실적 필요성이 관여를 지속시키도록 작용했다는 이상의 논의는 이러한 주장들의 적실성에 의구심을 제기한다.

　　우선, 관여가 중국에 대한 시혜였다는 미국의 주장은 트럼프 행정부뿐 아니라 민주당 측에서도 제기되었다. 즉, 관여를 시행한 결과 미국이 역사상 가장 역동적이고 가공할 만한 경쟁에 직면하게 되었다는 주장이다.[129] 중국이 관여의 수혜자였다는 사실은 부인하기 어렵다. 미국은 시장을 개방하고 또 국제적 생산 네트워크에 포함시킴으로써 중국의 경제성장을 위한 토대를 제공했다. 그러나 이것이 곧 관여가 처음부터 중국에 대해 혜택을 제공하려는 시도였음을 의미하지는 않는다. 미국은 중국에 대한 시혜가 아니라 자국의 이익에 부합했기 때문에 관여를 추구했다. 관여는, 앞서 지적한 것처럼, 미국의 이익을 증진하기 위한 시도였고 또 그랬기 때문에 지속되었다. 실제로 중국과의 경제관계는 미국에 혜택을 제공했다. 1990년대 미국은 중국과의 경제교류를 통해 높은 성장률을 기록했고 그 결과 1980년대 말 미국에 근접했던 일본경제와의 격차를 벌림으로써 다시 우위를 확고하게 했다.

또한 관여는 국제체제에 대한 중국의 참여로 이어졌다. 중국은 세계은행, IMF, APEC, WTO 등에 보다 적극적으로 참여하게 되었다. 물론 이러한 참여가 중국에 혜택을 제공했지만, 혜택은 중국에 한정되지 않았다. 중국의 참여는 미국이 주도하는 국제체제의 안정성을 제고시키는 데 기여했다. 구체적으로 중국은 동아시아의 평화와 안정을 지탱하는 데 기여했을 뿐 아니라, 다음 장에서 살펴보는 것처럼, 2000년대 들어 미국의 주도권에 맞춰 정책을 조정하기도 했다. 이러한 변화에 힘입어 미국은 강대국 경쟁을 회피할 수 있을 것이라는 낙관적 시각을 갖게 되었다. 이 점에서 관여가 중국의 부상만을 도왔고 미국의 이익을 희생시켰다는 비판은 현실과 거리가 있다.

트럼프 행정부가 제기한 또 다른 비판은 관여가 중국 체제의 자유화로 이어지지 않았다는 것이다. 단적으로 트럼프 행정부의 2017년 국가안보전략은 중국의 부상과 통합을 지지하는 관여가 중국을 자유화시킬(liberalize) 것이라는 믿음에 근거했기에 잘못된 것이었다고 비판했다.[130] 이러한 입장은 펜스(Mike Pence) 부통령이 2018년 허드슨 연구소 연설에서 미국이 중국의 자유화를 불가피한 것으로 상정했다고 비판한 데서도 확인되었다.[131] 이러한 비판이 제기된 것은 클린턴 행정부가 한때 관여를 중국의 자유화와 연결함으로써 오해의 소지를 제공했기 때문이다. 단적으로 클린턴 대통령은 2000년 의회에 항구적 정상 무역 관계를 허용하도록 촉구하기 위해 중국이 WTO 가입을 통해 미국 상품을 수입할 것을 약속했을 뿐 아니라 "민주주의도 수입하는 데 동의했다"고 주장했다. 또한 그는 합의가 중국인들이 더 큰 목소리를 내도록 하는 데 기여할 것이라고 규정했다.[132] 이러한 입장은 그의 일부 참모들에 의해서도 표출되었다. 대표적으로 국가안보 보좌관 버거(Samuel Berger)는 세계경제로 통합시키는 것이 중국의 정치개혁을 촉진하고 또 일당 지배의 경제적 토대를 약화할 수 있다고 지적했다.[133]

그러나 이는 클린턴 대통령과 그의 일부 참모들이 중국의 WTO 가입에 대한 의회의 동의를 구하기 위해 제기한 것이었을 뿐이고, 클린턴 행정부가 관여를 통해 중국의 정치적 변화를 일관되게 추구했다고 단정하기는 어렵다. 현실적으로 미국의 관여는 1989년 천안문 사태로 중국이 정치적 자유화를 추구할 의도가 없음이 분명해진 상황에서 이뤄졌다. 다시 말해 미국은 천안문 사태로 인해 정치적 자유화의 가능성이 실질적으로 사라진 상황에서 중국을 국제체제 속으로 편입시키고 교역과 기술, 자본 등을 제공했다. 여기에 더해 클린턴 대통령의 다른 언급들은 미국이 중국의 정치적 변화에 커다란 기대를 걸지 않았음을 보여준다. 가령, 그는 1997년 연설에서 중국은 자신의 운명을 스스로 결정할 것이라고 지적했고,[134] 중국 방문을 앞둔 1998년에도 경제관계의 증대가 중국의 개방과 자유의 확대에 도움이 되겠지만 그것만으로 반드시 그런 결과로 이어질 것이라고는 믿지 않는다고 밝혔다.[135]

아울러 클린턴 행정부는 출범 초기 일시적으로 인권 상황을 개선하도록 압박을 가하기도 했지만 중국의 거부에 직면하자 후퇴했고, 이후 관심은 경제적 이익을 확보하고 국제문제에 관한 협력을 동원하는 데로 이동했다. 이러한 사실은 클린턴 대통령이 1999년 주룽지 총리 방미를 앞두고 행한 연설에서 경제관계의 심화를 통해 미국의 이익을 추구하고 중요한 국제문제에 관한 중국의 협력을 확보하려

는 의도를 강조한 데서 확인되었다.[136] 다음 해 발표된 국가안보전략
또한 중국에 대한 관여가 지역과 세계안정에 기여하기에 긍정적 효
과를 지닌다고 규정함으로써 관여가 중국의 변화보다 미국의 이익
을 제고시키기 위한 것임을 강조했다.[137] 이러한 사실은 관여가 중국
을 근본적으로 변화시키려는 시도였다는 미국의 일각에서 제기되는
주장과 상충한다.

미국이 중국 체제의 민주화를 추구하지 않았다는 사실은 미국의
중국 전문가들에 의해서도 지적된다. 가령, 리버설은 역대 미국 대통
령들은 중국이 직면한 과제를 해결하도록 돕는 것이 미국의 이익에
부합한다고 보았는데, 이를 통해 중국의 민주화를 도울 수 있다고
보기도 했지만 불가피한 것으로 보지는 않았다고 주장한다.[138] 스웨
인(Michael Swaine) 또한 미국의 대중 관여는 일부에서 주장하는 것
처럼 중국을 정치적으로 변화시킬 것이라는 기대에 근거하지 않았
다고 주장한다. 그는 기껏해야 일부 미국 지도자들이 일부 영역에서
자유화 수준을 높일 것이라는 희망을 지녔을 뿐 직접적으로 요구하
지는 않았다고 평가한다.[139]

이에 반해 중국에서는 미중관계가 처음부터 중국 체제의 인정
을 전제로 출발했다는 전혀 상반된 주장이 제기되었다. 이러한 주장
은 미중경쟁이 분명해진 이후 특히 힘을 얻었다. 가령, 베이징 대학
의 왕지스(王缉思)는 트럼프 행정부 출범 이전까지 미중 사이에 '미
국은 중국의 국내 질서를 공개적으로 흔들려 하지 않고, 중국은 미
국 주도의 국제질서를 약화하려 하지 않는다'는 암묵적 합의가 존재
했다고 규정한다. 그는 양국이 이러한 합의 아래 연계를 엄청나게
확장했고 또 반테러와 기후변화 같은 국제적 이슈에서도 공조하고

협력했다고 주장한다.[140] 비슷한 시기에 난징대학의 주펑(朱锋) 또한 관여가 상대 체제와 발전노선에 대한 존중을 그 특징으로 한다고 주장했다.[141] 이러한 주장은 미국에 중국체제를 인정하고 존중하고 또 이를 기반으로 양국관계를 유지할 것을 촉구하려는 의도를 반영한 것으로 보인다.

그러나 이상의 논의는 이러한 주장이 근거가 희박함을 제시한다. 앞서 지적한 것처럼, 미국은 관여를 통해 중국을 형성하려 들었다. 비록 시간과 함께 그 의지와 능력이 저하되었지만, 이러한 의도를 포기하지 않았을 뿐 아니라 더더욱 중국의 체제와 발전노선을 존중하려 들지는 않았다. 사실 중국에서도 미국이 중국의 체제를 존중하려 들었다는 주장은 소수설에 해당한다. 단적으로 우신보는 관여가 중국의 체제와 내외정책의 변화를 목표로 했으며, 교류, 유도, 편입 등을 통해 중국에 영향력을 행사하려 들었다고 규정한다.[142] 심지어 주펑 자신도 1991년부터 세계금융위기가 발생한 2008년까지 미국의 관여가 중국에 대한 정치적 인도(引導), 경제적 접촉, 그리고 전략적 "감시와 관리(看管)" 및 "예방(防范)"의 조합이었다고 지적한 바있다.[143] 따라서 관여가 중국 체제에 대한 존중을 전제로 했다는 주장은 사실에 대한 평가이기보다 중국이 지녔던 기대나 목표를 반영한다고 볼 수 있다.[144]

종합하면, 미국의 관여는 중국에 혜택을 베풀거나 중국을 민주화하려는 시도가 아니었다. 또한 관여는 양국 간 체제의 차이를 전제로 한 것도 아니었다. 그럼에도 불구하고 이러한 주장이 제기되는 것은, 관여와 관련하여 미국 내뿐 아니라 양국 사이에서도 합의가 존재하지 않았음을 상징한다. 이러한 차이에도 불구하고 관여는 양국이 위기를 극복하고 관계를 개선하는 데 기여했다. 양국은 1990년대 달성한 타협과 관계 개선을 기반으로 2000년대 들어 상호의존을 급속하게 증대시켰고, 이는 다시 양국에 대화와 협상 기제를 수립하고 확대하도록 작용했다. 이제 양국관계의 확장을 살펴보자.

## 제3장

# 상호의존과 관계의 확장

중국과의 관계 개선을 이룬 닉슨(Richard Nixon) 전 미국 대통령은 1980년대 초 한 연설에서 전략적 공동이익이 관계 개선을 이끌었다면 경제적 상호 보완성이 양국을 묶어놓게 될 것이라고 지적했다.[1] 실제로 미중 양국은 2000년대 들어, 그의 지적처럼, 경제적 상호의존이 제고된 데 힘입어 관계를 안정시키고 또 확장한다. 흥미롭게도 이러한 진전은 애초 전략적 경쟁자로 규정하는 등 중국에 적대적 입장을 보였던 부시(George W. Bush) 대통령 임기 중에 발생했다. 이 시기 미중관계는 위기와 함께 출발했지만, 급속하게 확장된 경제적 연계와 제고된 국제문제 해결 필요성과 같은 현실적 요인에 힘입어 빠르게 안정을 되찾고 확장되는 의외성을 보였다.

부시 후보는 2000년 말 진행된 미국 대선에서, 2016년 대선에서의 트럼프 후보처럼, 전임 행정부의 정책을 강력하게 비판하고 중국을 전략적 경쟁자로 규정함으로써 관계의 진전과 중국의 부상을 제어하려는 의도를 표출했다. 그가 대통령에 취임한 직후인 2001년 4월 정찰기 충돌사건이 발생하면서 1990년대에 회복되고 개선되기 시작한 양국관계는 다시 위기에 직면하기도 했다. 그러나 뒤이어 발생한 9.11 테러를 계기로 부시 행정부는 중국과의 관계를 회복하려 듦으로써 관여를 초당적 합의로 만들었다. 여기에 더해 중국의 WTO 가입을 계기로 양국 사이에 급속하게 증대된 상호의존이 중국에 대한 관여를 더욱 강화하도록 작용했다. 부시 행정부는 폭발적으로 확장되는 양국 간 연계를 활용하여 이익을 추구하는 동시에 대화와 협의 기제를 확립함으로써 중국의 정책과 행동을 형성하고 또 국제문제 해결에 필요한 협력도 동원하려 들었다. 이 시기 중국이 평화적 부상을 강조하는 방향으로 대외정책을 조정한 것 또한 미국이 관여를 유지하고 강화하는 데 기여했다.

부시 행정부 시기에 관여가 더욱 강화되었다는 사실은 부시 대통령의 중국 방문 기록에서 단적으로 확인된다. 대선 과정에서 중국과의 관계 진전을 제어하려는 의도를 드러냈던 그는 취임 첫해인 2001년 10월 대규모 대표단을 이끌고 상하이 APEC 정상회의에 참석한 데 이어 다음 해에 다시 중국을 공식 방문했다. 이러한 입장 전환으로 인해 그 자신이 2004년 대선에서 케리(John Kerry) 민주당 후보로부터 중국에 유약하다는 비판을 받는 입장에 처했지만, 중국을 제재하라는 요구를 거부했다. 나아가 그는 재선에 성공한 이후인 2005년에 다시 중국을 방문했고 2008년에는, 미국 내의 반대에도 불구하고, 베이징 올림픽 개막식도 참관함으로써 중국을 가장 많이 방문한 미국 대통령으로 기록되었다.[2]

중국에서는 부시 행정부의 출범과 정찰기 충돌사건을 계기로 미국의 대중정책에 관한 논쟁이 다시 점화되었다. 중국의 논쟁이 여전히 미국의 대중정책을 어떻게 해석할 것인가에 집중되었다는 사실은 이 시기에도 미중관계의 비대칭성이 계속되었음을 보여준다. 보수파를 중심으로 한 강경론자들이 부시 행정부가 봉쇄정책을 추구하기 때문에 강경하게 대응할 것을 주장했지만, 개혁파 중심의 온건론자들은 강경한 대응이 봉쇄정책을 촉발할 것이라는 반론을 제기하며 경제발전에 필요한 국제환경을 유지하기 위해 계속해서 관계 안정에 주력할 것을 주장했다. 이처럼 논쟁이 이어지는 상황에서 중국 지도부는 반테러 전쟁을 활용하여 관계를 안정시키고 또 자국의 부상에 대한 미국의 의구심을 완화시키기 위한 조치도 이어갔다. 그 배경에는 무엇보다도 미국과의 힘의 격차에 대한 현실적 인식이 작용했다. 1990년대 미국이 유일의 초강대국이라는 현실을 인정하는 데 어려움을 겪었던 중국은 1999년 코소보 사태를 계기로 국제체제의 힘의 구조가 단극이라는 현실을 인정하기 시작했다. 이러한 인식에 따라 중국은 경제와 안보상의 공동이익과 협력을 강조함으로써 미국과의 관계 안정을 유지하고 경제발전에 집중하려 들었다.

이러한 양국의 정책에 힘입어 부시 행정부 출범을 전후하여 긴장을 경험했던 미중관계는 빠르게 안정되고 또 확장되었다. 9.11로 인해 미국의 관심이 중국의 잠재적 위협으로부터 반테러 전쟁으로 이동하고 중국 지도부가 반테러 전쟁에 협력하려는 의지를 표명함에 따라 미중관계는 정찰기 충돌이 발생했던 2001년 말부터 회복되기 시작했다. 이후 양국은 증대되는 상호의존을 관리하기 위해 대화와 협의 기제를 창설하고 이를 통해 협력을 확대했다. 미국이 중국과의 협력을 통해 국제문제를 해결함으로써 국제체제의 주도권을 유지하려 들고 중국도 이러한 미국의 의도에 부응함으로써 경제발전에 필요한 국제적 환경을 유지하려 듦에 따라 양국은 경제적 영역뿐 아니라 반테러와 북한 핵 문제와 같은 안보 이슈에서도, 초보적 수준에서나마, 협력하기 시작했다.

이 장에서는 2000년대 초반 미중관계가 확장되는 과정과 내용을 살펴본다. 이러한 검토는 양국 사이에 형성되고 심화한 상호의존이 미중 사이의 타협을 강화하는 데 중요한 작용을 했음을 보여준다. 다음에서는 우선 부시 행정부 출범에 따른 양국 간 긴장과 9.11을 계기로 미국의 대중정책에 발생한 변화를 살펴본 후, 미국과의 관계를 안정시키려는 중국의 시도를 검토함으로써 양국이 부시 행정부 출범 초기의 어려움을 극복하고 관계를 확장하기 위한 토대를 형성한 과정을 제시한다. 이어서 양국 간에 상호의존이 형성되는 과정과 그 양상을 검토한 후, 증대된 상호의존을 관리하기 위해 양국이 추구한 대화와 협의 기제의 창설과 확장도 살펴본다. 이러한 논의를 통해 부시 행정부 시기 양국관계에 극적인 변화가 발생했음을 제시한다. 마지막으로 이러한 진전이 갖는 의미를 양국관계의 의외성을 중심으로 제시한다.


## 정찰기 충돌과 새로운 위기

부시 후보는 2000년 미국 대선에서 클린턴 행정부가 경제적 이익이 가져올 평화효과를 과도하게 강조했다고 비판하며 전략적 동반자 관계 구축 시도를 거부하고 중국을 전략적 경쟁자로 규정했다.

이러한 비판이 대중정책을 둘러싼 이견을 확산시키는 상황에서, 대선에서 승리한 부시 대통령은 미국의 힘과 영향력을 극대화함으로써 잠재적 위협을 제거하고 국제적 지위를 더욱 강화하며 가치와 제도를 확산시키려는 부시 독트린을 제기했다.[3] 이는, 미국의 힘의 정당성을 강조한 자유주의자들과 달리, 국력이 국제체제에서의 지위를 결정하며 특히 군사력이 대체할 수 없는 중요성을 지닌다는 현실주의 신념에 따라 힘을 통해 우위를 지속시키려는 의도를 표출한 것이었다.

힘의 우위를 강조한 부시 독트린의 시각에서 볼 때, 중국은 경계해야 할 잠재적 지역 패권이었다. 다시 말해 중국은 관여의 대상이 아닌 군사적이고 지정학적인 전략경쟁의 대상이었다. 이에 따라 부시 대통령은 취임 초기 세계의 주요 지도자들과 연이어 통화하면서도 장쩌민 주석과는 통화하지 않는 등 중국에 대한 강경정책을 실천에 옮기려 들었다. 여기에 더해 부시 행정부 초기 대외정책을 주도한 체니(Dick Cheney) 부통령과 럼스펠드(Donald Rumsfeld) 국방장관 등 네오콘 세력은 경제발전과 국방 현대화에 대한 우려를 근거로 중국을 증대되는 군사적 위협이자 도덕적 도전으로 규정하려 들었다.[4] 단적으로 럼스펠드 국방장관은 2001년 3월에 발표한 국방전략 검토에서 중국을 국제적·지역적 지배력에 대한 주요 도전으로 규정하고 군사력 배치의 초점을 유럽에서 아시아로 옮김으로써 대응하려는 의도를 밝혔다.[5]

이처럼 부시 행정부가 강경한 대중정책을 강조함으로써 클린턴 행정부 시기에 형성된 타협을 이어가길 거부한 상황에서, 양국관계는 새로운 위기를 경험했다. 2001년 4월 1일 중국 하이난(海南)섬 동

남쪽 중국의 배타적 경제수역에서 정찰업무를 수행하던 미국 해군의 EP-3E 정찰기와 이를 추적하던 중국 해군의 J-8 전투기가 충돌하는 사건이 발생했다.[6] 이 사건으로 중국 전투기가 파괴되고 조종사가 사망했으며, 미국 정찰기는 손상을 입고 하이난섬 군용공항에 비상 착륙했다. 중국은 정찰기 충돌을 대만에 대한 F-16 판매, 인허(銀河)호 사건, 베이징 올림픽 유치 저지, 리덩후이 총통 방미와 대만해협 항모 배치, 베오그라드 대사관 폭격 등 1990년대에 전개된 미국의 대중국 압박 시도의 연장선에서 이해하고 강력하게 반발했다.[7]

이후 양국은 사건의 원인, 승무원과 정찰기 석방, 미국의 사과, 정찰기에 대한 중국의 사찰 권한 등을 둘러싸고 첨예하게 대치했다. 미국이 자국에 근접하여 정찰 업무를 수행하는 데 불만을 지녔던 중국은 항공기가 허가 없이 영공에 진입한 데 항의하며 사과할 것을 요구했고, 이에 맞서 부시 행정부 내에서는 사건이 전적으로 중국의 책임이며 따라서 유감을 표명하는 것에 반대하는 강경한 주장이 제기되었다. 힘의 우위를 자신한 부시 대통령은 외부의 간섭이 없는 상황에서 미국인들과 회견할 수 있도록 허용하고 또 정찰기를 반환하라는 강경한 입장을 취했고, 블레어(Dennis C. Blair) 미 태평양 사령관은 키티 호크(Kitty Hawk) 항모를 중국 연안에 파견하여 미국의 의지를 보여주자는 주장을 제기하기도 했다.[8] 이는 사건에 대한 책임을 인정하지 않고 승무원을 송환하려는 의도를 반영한 것이었다. 여기에 더해 부시 행정부는 중국과의 군사 교류의 중단을 발표하고, 대만이 침공을 받을 경우 군사력 사용을 포함하여 방어에 필요한 모든 조치를 취하겠다는 강경한 입장을 표명했으며, 또 천수이벤(陳水扁) 대만 총통의 뉴욕 경유를 허용하는 등 강경한 입장을 이어감으

로써 중국을 압박하려 들었다.[9]

이처럼 강경론이 지배하는 상황에서 다른 편에서는 관계 악화가 중국에 진출한 미국 기업의 경영환경과 막바지에 이른 중국의 WTO 가입에 끼칠 부작용에 대한 우려를 제기했다. 또 지나친 적대 의식이 중국 내의 강경파에 힘을 실어줄 것이라는 우려도 제기했다.[10] 여기에 더해 장쩌민 주석이 충돌사건이 발생한 후 수일 동안 부시 대통령의 전화를 받기를 거부하는 등 협상이 교착 상태로 접어들자,[11] 부시 행정부는 파월(Colin Powell) 국무장관과 부시 대통령이 연이어 사건과 사망 조종사에 대한 '유감(sorry)'을 표명하는 등 타협적 자세로 전환함으로써 돌파구를 마련하려 들었다.[12] 그러나 이러한 시도에도 불구하고 미국은 여전히 중국이 요구했던 '분명한 사과(apology 道歉)'는 거부함으로써 사건에 대한 책임을 인정하지 않으려는 입장을 견지했다.[13] 이러한 상황에서 중국이 미국대사가 표명한 유감을 사실상의 사과(抱歉)라고 해석하고 24명의 승무원에 대한 출국을 허용함으로써 돌파구가 마련되었다. 이를 계기로 양국은 추가적인 협상을 거쳐 6월 2일에 합의를 도출했고, 7월 4일 중국이 정찰기를 해체한 후 미국에 인도함에 따라 사건은 마무리되었다. 즉, 양국은 긴 협상 끝에 타협을 도출했다.

사건이 마무리된 후인 7월 부시 대통령은 장쩌민 주석에 전화를 걸어 건설적 관계 수립의 중요성을 거론하며 10월 상하이에서 개최될 APEC 정상회담에 참석할 의사를 표명함으로써 대중정책의 변화 가능성을 제기했다. 같은 달 중국을 방문한 파월 국무장관 또한 미중관계를 한 단어로 요약하기에는 너무 복합적이고 포괄적이라고 규정함으로써 중국을 전략적 경쟁자로 규정하는 것을 자제했다.[14]

즉, 파트너인지 적인지를 선택하지 않음으로써 중국의 중요성을 다시 평가하는 입장으로 선회할 가능성을 제시한 것이었다. 이는 정찰기 충돌사건을 계기로 부시 행정부가 중국에 대한 대결적 정책을 재고하려 들었음을 의미하는 것으로, 이러한 전환은 대선 과정에서 중국을 비판했었지만 취임 이후 관계 개선을 선택했던 전임 클린턴 대통령의 행보를 반복한 것이었다.

## 반테러 전쟁과 관여의 재확인

정찰기 충돌사건 이후 발생한 9.11과 이어진 반테러 전쟁은 미국의 국제전략을 변화시킴으로써 이미 발생하기 시작한 대중정책의 전환을 가속화했다. 전략적 초점을 반테러 전쟁으로 전환한 부시 행정부는 한때 전략적 경쟁자로 규정했던 중국의 협력을 동원할 필요성에 직면했다. 이러한 상황에서 안보리 거부권을 가진 중국 또한 협력 의지의 표출을 통해 미국의 우려를 완화하려 들었다. 그 결과 반테러 전쟁에의 협력이 미중관계의 새로운 틀로 등장하여 양국 사이에 발생했던 위기를 극복하고 또 관계를 진전시키고 확장하는 토대를 제공했다. 이는 반테러 전쟁으로 인해 중국의 부상이 가져올 전략적 함의에 집중할 부시 행정부의 자원과 주의력이 분산되었음을 의미한다.

9.11 이후 관계 개선을 위해 먼저 움직인 것은 중국이었다. 테러 발생 당일 장쩌민 주석은 부시 대통령에게 위로 전문을 보내 모든 테러에 반대한다는 입장을 표명하고, 다음 날 이뤄진 통화에서도 미

국과 대화와 협력을 강화하고 반테러 노력에 함께 하겠다는 의사를 밝혔다.[15] 이후 중국은 반테러 전쟁을 활용하여 미국과의 관계를 안정시키려는 일련의 노력을 전개했다.[16] 우선, 중국은 테러가 발생한 후 2주가 채 지나지 않은 시점에서 미국과 반테러 대화를 개시하여 테러에 관한 정보를 제공하고 또 중국의 은행에 있는 테러리스트 계좌를 동결해달라는 미국의 요구도 수용했다. 아울러 중국은 미국이 반테러 필요성을 촉구하기 위해 상하이 APEC을 활용하는 것도 용인했다. 나아가 중국은 탈레반과 알카에다에 대한 무력 사용과 관련한 유엔 결의안 채택에 협력했고, 아프가니스탄과의 국경을 폐쇄했다. 또 파키스탄에 미국과 협력할 것을 촉구함으로써, 미국이 아프가니스탄 전쟁을 수행하는 데 있어서 파키스탄을 활용하는 길도 열었다. 탈레반 세력이 패퇴한 이후에는 당시 중국이 제공한 해외원조로는 상당한 금액인 1억 5천만 달러를 아프가니스탄 재건을 위해 출연할 것도 약속했다.[17] 여기에 더해 중국은 대량살상무기 확산과 미사일 기술 수출 방지 노력을 강화했고, 한반도 안정에도 협력했으며, 교역흑자 문제 해결을 위해 여러 차례 대표단을 미국에 파견하여 항공기, 자동차, 농산품 등의 구매를 진행하는 등 반테러 전쟁 이외의 영역에서도 미국과 협력하려는 의지를 보여주기 위한 조치를 취했다.

이러한 중국의 협력적이고 온건한 움직임이 부시 행정부의 호응을 유도했다. 부시 대통령은 중국을 반테러 시도의 중요한 파트너로 규정하고, 또 새로운 위협에 대한 대처와 관련한 강대국 협력의 중요성도 강조했다.[18] 이후 그는 중국과의 관계를 개선하려는 의지를 더욱 분명하게 표출했다. 2001년 10월 상하이 정상회담에서 부시 대통령은 장쩌민 주석에게 미중관계를 매우 중요하게 생각한다는 입장과 함께 중국을 미국의 적이 아닌 친구로 간주하며 솔직하고 협력적이며 건설적 관계를 수립할 것이라는 입장을 천명했다.[19] 이는 중국을 전략적 경쟁자로 규정했던 이전의 입장으로부터의 분명한 전환이었다.

부시 행정부는 2002년 9월 발표한 국가안보전략에서 "강하고, 평화적이며 번영된(strong, peaceful, and prosperous) 중국의 출현을 환영"하며 변화하는 중국과 건설적 관계를 추구한다고 밝힘으로써 중국에 대한 관여를 분명하게 선언했다. 이와 함께 동 문건은 중국과의 관계를 "안정적이고 평화로우며 번영된 아태지역을 추구하기 위한 전략의 한 부분"이라고 규정했다.[20] 물론 동 문건이 여전히 중국의 군사력 증강 시도에 대해 경계를 표명했지만, 이러한 선언과 규정은 가공할 자원을 지닌 군사적 경쟁자의 등장 가능성을 거론함으로써 묵시적으로 중국을 잠재적인 군사적 경쟁자로 규정했던 1년 전에 발표한 4년 주기 국방검토(Quadrennial Defense Review)로부터의 분명한 전환이었다.[21]

이러한 입장 표명과 함께 부시 행정부는 중국과의 교류를 강화했다. 부시 대통령은 2001년 10월 상하이 APEC 정상회의에 참가한 이후 6개월이 채 지나지 않은 2002년 2월 다시 중국을 공식 방문함으로써 관계 개선에 대한 의지를 보여주었다. 또 같은 해 10월에는 장쩌민 주석 부부를 자신의 개인 목장인 텍사스 크로퍼드(Crawford)로 초대하여 군사 교류 복원과 국방협의에 관한 합의를 도출하고, 또 북한 문제와 이라크 비판 유엔 결의안에 대한 협력도 촉구했다.[22] 이는 출범 초기 중국과의 접촉을 공식적 채널로 제한하고 군사적 접촉도 경계했던 부시 행정부가 접촉을 재개하고 또 군사적 교류도 복원하는 방향으로 입장을 전환했음을 의미한다. 특히 개인 목장인 크로퍼드로 장 주석 부부를 초청한 것은 개인적 친밀감을 형성함으로써 중국의 협력을 동원하려는 시도를 반영했다. 이로써 중국과의 전략적 협력 동반자 관계를 거부했던 부시 대통령은 테러와의 전쟁을 계기로 중국을 실질적인 동반자로 수용하려 들었다. 물론 이러한 전환은 위기의 시기에 편의적 동맹이 필요해진 현실주의적 계산에 따른 것이었다.[23]

이 과정에서 양국 사이의 타협이 확장되었다. 미국 국무부는 2002년 중국과 함께 동투르키스탄이슬람운동(ETIM)을 테러단체로 지정했다.[24] 미국은 이를 반테러 전쟁에 대한 중국의 지지를 얻기 위해 지불할 비용으로 간주했다. 실제로 이러한 조치는 미국이 자신의 우려를 진지하게 다룬다는 중국의 판단을 촉발했다. 한편 중국은 국내적으로 권력 기반 강화에 기여할 장쩌민 주석의 크로퍼드 방문을 성사시키기 위해 국제적 기준에 근접한 대량살상무기 수출 통제 규정을 발표했고 경제문제에서도 양보 조치를 취했다.[25] 이는 양국 사이에 일종의 거래 관계가 형성되기 시작했음을 상징했다.

2003년이 되면 양국관계의 진전은 더욱 분명해졌다. 중동전쟁과 함께 북한 핵 위기가 심화하는 상황에서 부시 행정부는 중국과의 관계 안정과 협력을 더욱 강조했다. 이에 호응하여 중국은 4월 베이징에서 북·미·중 3자회담을 주선한 데 이어 8월에는 6자회담 개최도 성사시켰다. 이 과정에서 중국은 송유관 작동을 일시적으로 중단하는 등 북한에 압박을 가하기도 했다. 여기에 더해 원자바오(温家宝) 총리는 12월 미국 방문에서 호혜적 협력을 강조했다. 이러한 중국의 노력은 부시 행정부의 호응을 유도했고, 미국은 2003년 유엔 인권위에서 중국 비판 결의안을 철회한 데 이어 대만이 현상을 변경하려시도하는 것을 반대한다는 입장도 밝혔다.[26] 즉, 중국이 북한 핵 문제와 관련하여 협력적 태도를 보인 이후 부시 대통령이 천수이볜 총통의 독립 움직임을 제어하려 한 것인데, 이는 대만에 대한 방어 의지를 천명했던 초기의 입장으로부터의 분명한 전환이었다. 이러한 변화는 미국이 중요한 국제문제 해결과 관련하여 중국의 도움이 필요하다는 현실을 인식하기 시작했음을 보여주었다.

이처럼 2003년경 미중관계는 부시 행정부 출범과 정찰기 충돌에따른 파급효과를 극복하고 안정을 회복했다. 양국 간에 정상적 고위급 방문과 업무 수준의 교류가 회복되었고, 아래에서 논의하는 것처럼, 군사 관계도 회복되기 시작했다. 또한 양국은 반테러 전쟁과 북한 핵 문제 등 안보적 이슈에서도 협력했다. 이러한 상황을 반영하듯, 이 시기 미국의 관리들은 양국관계가 회복되었다고 평가했다. 가령, 켈리(James A. Kelly) 미국 국무부 동아태 차관보는 미중관계가베오그라드 대사관 폭격과 EP-3 충돌 위기를 극복하고 점차 회복되었고 또 일부 영역에서는 최고조에 달한 것으로 평가했다.[27]

양국관계가 진전되었다는 유사한 평가는 양국의 전문가들에 의해서도 광범위하게 공유되었다. 가령, 미국의 중국 전문가인 램턴(David Lampton)은 2003년 미중관계가 미국과 일부 동맹국 관계보다 더 좋다고 규정하고, 미국 내의 당파적 차이를 고려할 때 이는 거대한 외교적 성과라고 평가했다. 특히 그는 테러와의 전쟁과 북핵문제와 관련한 중국의 역할을 거론하면서 양국이 9.11 사태를 계기로 관계를 안보적 영역으로 확장한 것을 평가했다.[28] 중국의 한 전문

가 또한 미중관계가 9.11 이후 현실주의적 틀에서 벗어났다고 규정했다.[29]

물론 이러한 평가에도 불구하고 양국 사이에는, 4장에서 논의하는 것처럼, 여러 이슈를 둘러싸고 이견이 계속되었다. 여기에 더해 미국의 일각에서는 중국 위협론을 계속해서 제기했다. 그러나 이러한 이견은 반테러 전쟁과 북한 핵 문제에 대한 협력 필요성이라는 현실적 요인에 의해 압도되었다. 테러와의 전쟁을 수행하고 또 국제문제에 대한 협력을 동원할 필요성이 미국의 대응을 제약했고, 중국이 이러한 필요성을 활용하려 듦에 따라 양국은 공동의 이익을 중심으로 협력하는 편의적 타협 관계를 강화했다.


## 평화적 부상론과 의구심 해소 시도

중국 지도부는, 부시 행정부가 출범 초기 공세적 행태를 보이는 상황에서도, 미국과의 관계가 심대하게 악화하는 것을 방지하려 들었다. 이는 개혁과 발전에 집중할 수 있는 안정적 국제환경을 유지하기 위한 시도였다. 이 시기 중국이 경제발전에 집중하려 들었다는 사실은 WTO 가입 이후인 2002년 10월에 개최된 16차 중국공산당 전국대표대회에서 장쩌민 총서기가 경제발전에 집중할 수 있는 전략적 기회의 시기(戰略机遇期)를 포착할 것을 강조한 데서 확인된다.[30] 물론 이는 미국이 9.11 이후 당분간 중동에 초점을 집중시킬 것이고 이에 따라 중국에 대한 강경한 입장을 완화할 것이라는 판단을 반영한 것이었지만, 동시에 평화로운 국제환경의 유지를 통해 경제발전에 집중하려는 의지를 강조한 것이기도 했다. 평화로운 국제 환경을 유지하려는 노력의 핵심은 미국과의 관계를 안정시키는 데 집중되었고, 중국은 9.11과 반테러 전쟁으로 마련된 관계 개선의 기회를 적극적으로 활용하여 미국과 관계를 안정시키려는 의지를 분명하게 표출했다.

중국은 미국과의 관계를 안정시키기 위해 다양한 수단을 동원하려 들었다. 우선, 중국은 반테러와 대량살상무기 확산 방지뿐 아니라 한반도 안정 등 안보와 관련한 공동이익을 강조했다. 중국은, 앞서 지적한 것처럼, 반테러와 대량살상무기 확산 방지와 관련하여 미국의 기대에 호응함으로써 관계를 안정시키려 들었고, 북한 핵 문제를 위시한 아태지역의 안보 이슈에서도 공동이익을 강조했다. 다음으로 중국은 양국 간 경제관계를 발전시키는 것이 모두에게 이익이 됨을 설파하려 들었다. 즉, 경제적 공동이익에 대한 강조를 통해 미국과의 관계를 안정시키려 들었다. 이러한 의도에 따라 중국은 혜택의 제공을 통해 미국 기업이 미국 정부에 중국과의 관계를 개선하도록 압력을 가하도록 유도하는 전략을 이어갔다.

마지막으로 중국은 미국의 의구심을 해소하려 시도했다. 이는 부강한 중국이 경쟁자가 될 수 있다는 미국의 근원적 우려를 해소하려는 시도였다. 이러한 의도에 따라 중국은 평화, 발전, 협력을 강조했다. 즉, 중국이 평화적으로 부상하고 발전하며 또 협력할 것이고 이는 미국의 이익에 부합하기에 자신감 있고 평화적이며 번영된 중국의 부상을 환영해야 한다는 논리였다.[31] 이러한 중국의 시도는 '평화적 부상(和平崛起)론'의 제기로 구체화했다. 평화적 부상론은 "중국이 평화적 수단을 통해 발전할 것이고, 중국의 발전은 세계평화에 기여할 것이며, 중국은 경제발전에 성공하더라도 패권을 추구하지 않고 세계의 평화를 수호할 것"이라는 주장을 설파하려는 시도였다.[32]

이는 미국에서 제기된 중국 위협론을 해소하기 위한 중국의 적극적인 시도를 반영했다. 즉, 미국이 주도하는 기존 질서에 도전하지 않고 또 국제질서의 현상을 변경시키려는 의도가 없다는 의지를 표명함으로써 의구심을 해소하고 또 협력을 추구하려는 시도였다. 실제로 이 구상을 형성하는 데 주도적 역할을 한 정비젠(郑必堅) 개혁개방포럼 이사장은 미국 방문에서 중국의 장기적이고 전략적 의도에 대한 의구심이 제기되는 상황을 목격하고 이를 해소하기 위해 동구상을 제기했다고 주장한다. 그는 역사적으로 강대국의 부상이 전쟁으로 이어졌기 때문에 중국의 부상과 관련해서도 우려가 제기되었다고 전제하고, 이러한 상황에서 평화적 부상론을 제기함으로써 우려를 해소할 필요가 있음을 설파했다.[33] 전문가들과의 논의를 통해 평화적 부상이라는 개념을 도출한 후 지도부의 승인을 얻은 그는 2003년 11월 3일 보아오 포럼(博鰲亚洲论坛)에서 동 구상을 공개적으로 제기했다.[34] 이는 반테러 전쟁에 힘입은 미국과의 밀월기가 끝나는 시점에서 평화적 부상론을 제기함으로써 미국과의 관계를 관리하려는 중국의 의도를 반영했다.

평화적 부상론은 이후 원자바오 총리와 후진타오 주석 등 중국 지도부에 의해 잇달아 제기됨으로써 중국의 국가전략으로 등장했다. 평화적 부상론을 처음 제기한 것은 원자바오 총리였다. 그는 2003년 12월 하버드 대학에서 행한 연설에서 중국 지도부 가운데 처음으로 중국이 평화적 부상이라는 발전의 길을 선택했다고 밝혔다.[35] 후 주석 또한 같은 달 말에 열린 좌담회와 다음 해 2월에 개최된 정치국 집단학습에서 평화의 시기를 활용하여 발전을 추구하고, 개방을 지속하며 다른 국가에 위협을 가하지 않는 평화적 부상의 길을 견지할 것임을 거듭해서 강조했다.[36] 다음 달인 3월 10기 2차 전국인민대표대회 계기에 열린 기자회견에서도 원 총리와 리자오싱(李肇星) 외교부장 등이 평화적 부상을 강조함으로써,[37] 평화적 부상이 국가전략임을 부각하려 시도했다.

평화적 부상론은 중국이 자국의 부상이 촉발할 국제적 파급효과를 의식하고, 제기된 미국과 세계의 의구심을 해소함으로써 발전을 지속하려 들었음을 보여준다. 동시에 평화적 부상론은 이 시기 중국의 세계관에 관념적 변화가 발생하기 시작했음을 상징했다. 중국은 1990년대, 4장에서 논의하는 것처럼, 다극화를 내세우며 미국의 주도권을 수용하지 않으려 들었다. 그러나 2000년대 들어 중국에서는 미국을 위시한 외부세계와의 대결이나 충돌은 경제발전에 불리하게 작용하며 협력을 통해 윈윈을 실현할 수 있다는 인식이 힘을 얻었다. 이러한 사실은 중국이 2001년 WTO 가입을 통해 미국이 주도하는 국제적 행위 규칙과 규범을 수용하려는 의지를 표출한 데서 확인되었다. 여기에 더해 중국은 세계화에 참여하고 이를 통해 경제발전을 이루면서 자유주의 관념을 부분적으로 수용했다. 즉, 세계는 더이상 영합적이 아니고 국제관계에서 절대적 승자와 절대적 패자가 있을 수 없으며 상호의존을 통해 강대국이 공존할 수 있다는 인식이 힘을 얻은 것이었다.[38] 이와 함께 중국의 고위 관리들은 국제적 협력이 상호 호혜적이고 윈윈으로 이어질 수 있다는 입장을 표출하기 시작했다.[39] 평화적 부상론은 중국에서 발생한 이러한 관념상의 변화를 반영했다. 즉, 대외관념에 변화가 발생하면서 미국의 우려에 귀를 기울이기 시작한 것이었다.

이후 평화적 부상론을 '평화발전(和平发展)'론으로 대체한 것 또한 중국이 이 시기 자국의 진로에 대한 미국과 세계의 의구심을 해소하는 데 주의를 기울였음을 보여준다. 원자바오 총리와 리자오싱 외교부장이 기자회견에서 평화적 부상을 강조한 다음 달인 2004년 4월 후진타오 주석은 보아오 포럼에서 중국이 전쟁이 아닌 평화의 길을 걸을 것이라며 평화발전 구상을 제기했다.[40] 평화적 부상을 평화발전으로 대체한 것인데, 이러한 전환은 평화적 부상론이 촉발한 국내적 논쟁을 반영한 것이었다. 평화적 부상이 제기된 이후 중국에서는 크게 두 개의 서로 다른 방향에서 비판이 제기되었는데, 한편에서는 부상이라는 용어가 미국을 자극할 수 있다는 우려를 제기했고 다른 편에서는 평화를 강조하는 상황에서 대만이 독립을 추구하면 대응할 수단이 없다는 우려를 표명했다. 이처럼 상반된 우려가 표출되는 가운데 중국은 평화적 부상을 평화발전으로 변경시킴으로써 국제적 우려를 해소하는 데 더 큰 비중을 두었음을 보여주었다.

이 시기 중국이 미국의 의구심을 해소하려 시도했다는 사실은 외교 담당 부총리와 외교부장을 지낸 첸치천의 지적에서도 확인된다. 그는 미국 내 일부에서 중국의 발전과 부상이 미국의 이익에 손해를 끼칠 것이라는 우려가 존재한다고 지적하고, 중국이 결연하게 평화발전의 길을 걷고 있다고 밝힘으로써 미국의 우려를 해소하려 들었다. 여기에 더해 그는 아태지역에서의 미국의 존재와 이익, 그리고 적극적이고 건설적 역할을 환영한다고 밝힘으로써 미국의 의구심을 해소하려 시도했다.[41] 그를 이어 외교 담당 부총리가 된 다이빙궈(戴

秉国) 또한 2005년에 출범한, 그리고 아래에서 논의하는, 미국과의 고위(전략) 대화에서 중국이 미국을 동아시아에서 구축하려 들지 않으며 오히려 미국의 존재는 미중 양국의 이익에 부합한다는 입장을 밝힘으로써 미국의 의구심을 해소하려는 노력을 이어갔다.[42]

## 상호의존의 형성과 관리

### 상호의존의 증대

WTO 가입은 미중 양국의 경제적 연계를 급격히 증대시켰다. 이는 이 시기 양국 경제 사이에 존재했던 깊은 상호 보완성을 반영했다. WTO 가입과 그에 따른 개혁 조치는 미국 기업들의 중국 진출을 촉발했고 이는 다시 미중교역의 확대로 이어졌다. WTO 가입 이후 중국이 경제개혁을 가속화하는 상황에서 중국의 저임 시장에 대한 미국 기업의 관심이 급증했고, WTO 가입에 따른 항구적 정상 무역 관계의 허용으로 중국에서 생산하여 미국에 수출할 수 있다는 확신이 강화되었다. 이와 함께 제조기업들은 중국에 투자하고 생산하여 미국과 세계시장에 판매하는 전략을 추구했고, 일부 기업들은 중국이라는 거대시장을 개척하기 위한 투자도 진행했다.

미국 기업의 중국 진출과 이에 힘입은 중국의 대미 수출 증대는 양국 간 경제적 상호의존을 증대시켰다. 상호의존은 미국에 의해 주도되었다. 우선, WTO 가입 이후 미국의 대중 투자가 증대되었다. 구체적으로 미국의 대중 투자는 2001년 49억 달러로 중국이 유치한 해외투자 총액의 10.5%, 2002년 54억 달러로 총액의 10.2%를 각각 기록했다. 비록 2003년 이후 미국의 대중 투자가 총액 기준으로 감소 추세를 보였지만,[43] 거대기업의 투자는 계속되었다. 인텔(Intel), 아이비엠(IBM), 델(Dell) 컴퓨터, 시티은행(Citibank), 제너럴 모터스(GM), 지프(Jeep) 등 당시 미국의 대표적 기업들이 중국을 보기 드문 희망의 땅으로 인식하고 앞다투어 중국에 진출한 것이다.[44] 가령, 인텔은 2007년 1월 30억 달러 이상을 투자하여 반도체 제조공장을 건설하려는 계획을 발표했고, 이미 중국에서 2만 명을 고용하고 있던 제너럴 모터스도 같은 달 2010년까지 매해 평균 10억 달러를 투자할 계획을 밝혔다.[45] 여기에 더해 미국 기업들이 중국의 소비 부문에서 성공을 거둠에 따라 호텔과 레스토랑 체인 등의 중국 진출도 이어졌다.[46]

중국에 대한 미국의 투자 증대는 양국 교역의 증대로 이어졌다. 2001년부터 2005년까지 미중교역은 연평균 20% 이상의 신장률을 기록했다. 중국의 대미 수출은 2002년에 22.4% 증가를 기록한 이후 세계금융위기가 발생한 2008년에 5.1%로 하락하기까지 두 자리 숫자의 증가율을 이어갔고, 미국의 대중 수출 또한 2002년 15.1% 증가를 기록한 데 이어 2008년 9.5%를 기록할 때까지 두 자리 숫자의 증가율을 기록했다.[47] 이처럼 양국 간 교역이 급속하게 증대됨에 따라 중국은 2005년 미국의 최대 수입 대상국이 되었고 다음 해에는 미국의 2대 교역 대상국으로 등장했다.[48]

중국은, 널리 알려진 것처럼, 미국과의 교역에서 지속적인 흑자를 기록했고 이에 힘입어 외환보유고를 증대시켰다. 미국의 통계에 따르면,[49] 중국의 대미무역 흑자는 2002년에 1,000억 달러를 돌파한 데 이어, 2005년에는 2,000억 달러 선을 돌파했고 이후 2008년까지 매년 2,000억 달러 이상의 흑자를 기록했다. 증대되는 교역흑자에 힘입어 중국의 외환보유고는 2003년 4,030억 달러에서 2008년 말 1조 9,500억 달러로 급속하게 증가했다. 중국은 이러한 외환보유고의 상당 부분을 달러 자산으로 보유했고 또 그 대부분을 미국 채권에 투자했다.[50] 구체적으로 2003년 4월 1,194억 달러의 미국 채권을 보유했던 중국은 2008년 9월 6,000억 달러를 돌파함으로써 일본을 제치고 최대 채권 보유국으로 등장했다.[51]

이처럼 외국자본의 투자에 힘입어 세계의 공장으로 등장한 중국이 수출을 통해 획득한 외화를 다시 미국에 투자하면서 상호의존은 금융 영역으로 확대되었다. 즉, 중국이 미국에 수출을 통해 축적한 외환을 다시 미국에 투자함에 따라 중국이 미국에 수출시장을 의존하고 미국은 중국의 국채 매입에 의존하는 상호의존이 형성되었다. 중국이 교역을 통해 축적한 외환보유고의 상당 부분을 미국에 투자함에 따라 양국 간 상호의존의 양상과 내용에도 변화가 발생했다. 즉, 한때 중국이 일방적으로 미국에 의존하던 데서 미국도 점차 중국이 필요해졌다.

### 차이메리카

이 시기 미중 사이의 상호의존이 관여 전략 주창자들마저 놀랄 정도로 빠른 속도로 확장되면서, 양국 간 밀접한 경제적 연계를 묘사하기 위한 다양한 개념들이 제기되었다.

우선, 2004년 초 서머스(Lawrence Summers) 전 미국 재무장관은 중국의 대중 투자가 증대됨에 따라 양국 사이에 "금융상의 공포의 균형(balance of financial terror)"이 형성되었다고 규정했다.[52] 그의 의도는 세계 최강대국 미국이 세계 최대의 채무국으로 등장한 상황과 미국이 소비와 투자 수준을 유지하기 위해 중국과 같은 개도국의 자금에 의존하는 상황의 위태로움을 부각하는 데 있었지만, 이러한 지적은 미국과 중국 사이의 상호의존의 양상에 변화가 발생하기 시작했다는 사실을 잘 보여주었다.

2006년에는 당시 블룸버그 통신의 평론가였던 페섹(William Pesek)이 미국과 중국이 서로 밀접하게 의존하고 있다는 사실을 부각하기 위해 G2 개념을 제기했다. 즉, 중국이 미국의 투자와 시장을 필요로 하고 미국은 상품과 서비스 비용을 낮추기 위해 중국이 필요한 현실을 지적한 것이었다. 또한 그는 미중 양국이 밀접한 연계를 통해 국제금융 체제의 핵심이 되었으며 비공식적 세계경제를 창출했다고 규정했다. 이를 기반으로 그는, 아래에서 논의할, 폴슨(Henry Paulson) 미국 재무장관이 중국과 개시할 전략경제대화를 G2 회담이라고 규정했다.[53] 사실 G2 개념은 그에 앞서 벅스텐(C. Fred Bergsten)이 2005년에 미국이 중국과 특별한 경제관계를 형성할 필요성이 있음을 강조하기 위해 처음 제기했다. 당시 그는 미국이 중국뿐 아니라 유럽, 일본, 사우디아라비아 등과도 양자적 차원에서 특별한 관계를 형성할 필요성이 있음을 지적하기 위해 G2 개념을 제기했다.[54] 이후 경제위기가 발생하자, 5장에서 논의하듯, 그를 포함한 미국의 일각에서는 이에 대한 해결책으로 G2 구상을 다시 제기한다.

양국 간 경제적 결합을 가장 분명하고 극적으로 표명한 개념은 2007년 퍼거슨(Niall Ferguson)이 제기한 차이메리카였다. 그는 이 개념을 통해 미국과 중국이 실질적으로 하나의 경제체로 융합되었음을 지적했다.[55] 즉, 중국의 수출주도형 경제성장 모델과 미국의 과도 소비(over-consumption) 모델이 결합한 결과 세계 유일의 초강대국과 그 미래의 라이벌 사이에 가능할 것 같지 않은 공생적 경제관계가 형성되었다는 지적이었다. 그는 이러한 편의적 결합이 양국 모두에 전례 없는 경제적 번영을 가져다주었고 또 세계 경제 성장의 엔진으로 작용했다고 규정했다. 구체적으로 중국은 미국의 국채 구매를 통해 환율을 낮게 유지하는 동시에 미국의 이자율 인상을 억제하여 소비를 진작시킴으로써 수출을 확대했고, 미국은 이자율 인상을 우려하지 않고 재정을 활용하여 성장률을 제고시켰다. 그 결과이 시기 미중 양국은 전 세계 GDP의 1/3과 세계 경제 성장의 50%이상을 담당하게 되었다.[56] 동시에 차이메리카는 미국과 중국 모두가 상대방을 제약할 수 있는 카드를 쥐고 있다는 현실도 보여주었다. 미국은 시장 제공을 통해 또 중국은 국채 보유를 통해 각각 상대에게 영향을 끼칠 수 있게 되었다.

상호의존과 관리의 필요성

미중이 형성한 심대한 경제적 연계는 양국 모두에 상호의존을 관리할 필요성을 인식하도록 작용했다.

이러한 사실은 미국과의 상호의존에 존재하는 비대칭성에 대한 경계심이 제고된 중국에서 더욱 분명했다. 이 시기 중국은 교역과 투자 모두에서 훨씬 더 의존적이었다. 우선, 교역과 관련하여 중국은 수출 비중에서 더 의존적이었다. 구체적으로 중국의 대미 수출액이 총수출액에서 차지하는 비중은 20%를 상회했고, 또 GDP에서 차지하는 비중도 2000년에 4%를 넘어섰고 2005년에는 7%에 달했다. 이에 반해 미국의 대중 수출이 수출 총액에서 차지하는 비중은 2002

년에야 비로소 3%를 기록했고 2006년에도 5.33%에 불과했으며, 대중 수출이 미국 GDP에서 차지하는 비중은 더욱 미미하여 2006년 0.42%에 불과했다.[57] 이는 중국이 양국 교역에 훨씬 더 의존적이었음을 제시한다. 아울러 투자 관계에서의 비대칭성도 분명했다. 2007년까지 미국은 중국이 유치한 외자의 7.3%에 해당하는 510억 달러를 투자함으로써 홍콩과 일본에 이은 3대 투자국이 되었다. 반면에 중국이 세계 최대 투자 유치국인 미국에서 차지하는 비중은 극히 미미했다.[58]

이에 따라 중국의 전문가들은 상호의존이 미국에 유리하게 작용할 가능성에 대한 우려를 제기했다. 비대칭적 상호의존은, 코헤인(Robert Keohane)과 나이(Joseph Nye)가 지적한 것처럼,[59] 덜 의존적인 국가에 더 의존적인 국가의 양보를 강요할 힘을 부여한다. 이는 의존성이 낮은 미국이 더 의존적인 중국에 영향력을 행사할 가능성을 의미했다. 실제로 중국의 전문가들은 미국이 유리한 지위를 활용하여 중국에 영향을 끼치고, 중국과의 관계에서 각종 전략적 이익을 실현할 수 있다는 우려를 제기했다.[60] 미국이 중국의 시장경제 지위를 인정하지 않고, 위안화 절상 및 지재권 보호와 관련하여 압박을 가하며, 대만 문제와 관련하여 이익을 추구하는 것 등이 그 실제 사례로 거론되었다.[61]

그러나 이것이 곧 중국에서 상호의존이 전적으로 부정적인 것으로 인식되었음을 의미하지는 않는다. 가령, 전문가들은 양국 경제가 밀접하게 통합됨에 따라 미국에 대한 중국의 대체 불가성이 증대되었다고 규정했다. 즉, 양국 간 생산 네트워크의 통합이 진전되고, 중국이 교역을 통해 획득한 외환보유고를 미국에 투자한 결과 미국에 대한 중국의 중요성이 증대되었다는 지적이었다.[62] 이와 함께 상호의존의 긍정적 기능에 대한 평가도 제기되었다. 특히 한 전문가는 상호의존이 양국 사이의 협력을 촉진한다고 주장했다. 즉, 상호의존에 힘입어 양국이 환경, 온난화, 테러, 대량살상무기 확산 등 비전통 안보 영역뿐 아니라 북한 핵 문제와 같은 안보 문제에서도 협력하게 되는 등 내구성 있는 관계로 진화했다는 평가였다.[63] 다른 전문가 또한 경제관계가 발전하고 사회적 교류 또한 신속하게 확장됨에 따라 양국은 협력할 수밖에 없을 것이라고 지적했다.[64]

이는 증대되는 상호의존을 관계 안정의 토대로 간주하고 또 상호의존을 활용하여 미국과의 관계에 영향을 끼칠 수 있다는 기대가 형성되기 시작했음을 보여준다. 동시에 이러한 기대를 실현하기 위해서는 상호의존을 관리할 필요가 있다는 지적이 제기되었다. 대표적으로 샤리핑(夏立平)은 상호의존을 계속해서 추구하는 동시에 대화를 통해 상대 국가의 이익을 충분히 고려하고 공동이익의 확대를 추구할 것을 강조함으로써 미국이 비대칭적 상호의존을 활용하여 중국을 봉쇄하거나 포위하려 들 가능성을 차단할 필요성을 강조했다.[65] 즉, 대화 기제의 수립을 통해 미국이 상호의존의 비대칭성을 활용하려 드는 부정적 효과를 제어하고 대신에 협력과 윈윈을 추구하도록 촉구할 필요성이 있다는 지적이었다.

미국에 있어서 상호의존은 중국의 행동을 형성하는 중요한 수단이었다. 실제로 상호의존은 상대적으로 의존성이 낮은 미국에 영향력 행사의 지렛대를 제공했다. 부시 행정부 시기에도 미국은 우월한 경제력을 활용하여 중국의 변화를 압박하고 또 협력을 유도하려 들었다. 그러나 중국의 경제성장으로 인해 미국 또한 중국과의 관계가 제공하는 경제적 기회와 이익을 중시하게 되면서 영향력 행사의 지렛대로서의 상호의존의 의미는 점차 약화되었다.[66] 중국의 경제가 발전함에 따라 미국도 중국과의 경제관계로부터 실질적 혜택을 누리기 시작했다. 가령, 중국으로부터의 저가 수입품이 미국 소비자의 구매력을 제고시켰고, 많은 미국 기업이 중국에 구축한 거대한 생산시설을 통해 생산한 제품을 중국 시장과 세계 시장에 판매함으로써 이윤을 창출했다. 또 중국의 국채 구매는 연방정부의 예산적자를 충당하는 데 필요한 자금을 제공하고 미국 이자율을 낮게 유지시켰다.[67] 이는 중국과의 경제관계가 미국의 경제에도 기여하기 시작했음을 의미한다.

그러나 중국과의 경제관계가 미국에 혜택만을 제공한 것은 아니었다. 4장에서 논의하듯, 중국과의 경제관계는 경제적 우려도 촉발했다. 그 계기는 중국에 대한 교역적자가 급속하게 확대된 것이었다. WTO 가입으로 중국에 대한 최혜국 대우 논쟁이 종식되자 미국 기업들이 생산시설을 중국으로 이전하고 그 생산품을 미국으로 수입하기 시작했으며 이에 따라 미국의 대중 교역적자가 급증했다.[68] 2000년 840억 달러를 기록함으로써 대일 교역적자를 추월했던 미국의 대중 교역적자는 2003년 1,240억 달러를 기록함으로써 대일적자의 2배에 달했다. 이처럼 대중 교역적자가 확대됨에 따라 2004년 미국 대선에서 환율 조작, 무역과 투자 장벽, 산업정책, 지재권 미보호, 덤핑 등 중국의 불공정 무역행위에 대한 비판이 높아졌다. 특히 의회에서는 중국이 위안화 환율을 절상하지 않을 경우 보복관세를 부과해야 한다는 법안이 다수 발의되었다.

이 시기 중국과의 경제관계는, 스트랫포드(Stratford) 무역대표부 대표보가 2006년 의회 증언에서 밝힌 것처럼, "매우 복합적(enor-mously complex)"이었고 따라서 그 성격을 분명하게 규정하거나 단순한 정책 처방이 쉽지 않은 상황이었다.[69] 한편에서 중국에 대한 비판이 높아지는 상황에서 다른 편에서는 중국이 엄청난 시장이 될 것이라는 기대가 강화되었다. 즉, 중국이 WTO 가입 이후 가장 빠르게 성장하는 미국의 시장으로 등장하고 또 향후 지속적 성장에 힘입어 중산층이 확대될 것으로 전망되는 상황에서 미국의 경제와 정치 엘리트들은 상업적 연계를 유지하는 것이 번영에 중대하다고 믿게 되었다. 그 결과 이들은 중국과의 관계가 악화할 것을 경계하며 정부에 관계를 유지하고 강화하도록 압력을 가했다.[70]

이처럼 이견이 이어지는 가운데서도 중국과의 경제관계에 대한 기대가 우려를 압도했다. 즉, 중국의 경제적 부상을 위협으로 규정하는 것은 중국의 경제성장이 미국에 도전과 함께 기회도 제공한다는 사실을 반영하지 못한다는 주장이 힘을 얻은 것이었다.[71] 이와 함께 미국의 관리들은 중국과의 교역에 대한 불만을 표출함으로써 변화를 압박하려 들었다. 가령, 포트만(Rob Portman) 미국 무역대표부 대표는 2006년 2월 미중 무역 관계가 평등성, 지속성, 기회 균등성을 결여하고 있다고 불만을 표출했다.[72] 이러한 비판은 중국의 개혁을 가속화하고 시장경제로의 이행을 촉진함으로써 이익을 구현하려는 시도를 반영했다. 이후 미국은 대화 기제의 수립을 통해 중국의 변화를 촉진하려 드는데, 이러한 사실은 전략경제대화의 창설에서 확인된다.

## 대화 기제의 형성과 확대

증대되는 상호의존에 대한 관리를 통해 이익을 실현하려는 양국의 의도가 작용한 결과 미중 사이에 대화 기제가 창출되고 확대되었다. 미국은 대화를 통해 중국의 개혁을 촉진하려 들었고, 중국은 대화를 통해 관계를 안정시킴으로써 평화발전을 지속할 전략적 기회의 시기를 지속시키려 들었다. 양국 간 대화 기제는 고위(전략) 대화로부터 출발하여 전략경제대화로 확대되었고 또 군사 분야에서도, 비록 공식적인 대화 기제의 형성으로 이어지지는 않았지만, 협력이 확대되었다.

### 고위(전략) 대화와 '책임 있는 이해관계자' 구상

대화 기제를 형성하려는 노력은 중국에 의해 시작되었다. 중국의 원자바오 총리는 2003년 미국 방문에서 양국 간 대화 기제의 격을 제고할 것을 제안했고, 이에 부시 대통령이 호응하면서 양국은 무역과 상업 관계를 증진하기 위해 1983년에 설립한 미중상무공동위원회(US-China Joint Commission on Commerce and Trade) 대표의 격을 제고하는 데 합의했다. 합의에 따라 중국 측에서는 우이(吳儀) 대외무역 담당 부총리가 미국 측에서는 에반스(Donald Evans) 상무장관과 졸릭(Robert Zoellick) 무역대표부 대표가 각각 대표로 지정되었다. 이는 중국이, 앞서 지적한 것처럼, 비대칭적 상호의존의 상황에서 미국과의 대화 기제를 통해 상호의존을 관리하려 들었음을 보여준다.

이 시기 중국 지도부가 대화 기제의 창출과 강화를 통해 미국과의 관계를 안정시키려 들었다는 사실은 다음 해 11월 후진타오 주석이 칠레 APEC 정상회의에서 부시 대통령에게 차관급 전략대화를 제안한 데서 다시 확인되었다. 이러한 시도는, 동 대화를 진행하고 또 후일 중국의 외교 담당 국무위원을 지낸 다이빙궈에 따르면,[73] 솔직하고 포괄적인 대화와 교류가 미국과의 긴장을 완화하는 가장 좋은 방법이라는 중국 외교부의 건의를 반영한 것이었다. 후 주석이 전략대화 수립의 필요성으로 경제문제 해결 등을 제시했다는 사실은 중국이 상호의존을 관리할 필요성을 활용하여 미국과의 관계를 안정시키려 들었음을 보여준다.[74]

대화 기제의 창설은 미국의 의도와도 부합했다. 미국은, 2장에서 지적한 것처럼, 관여가 중국에 기존체제를 지지하도록 작용할 것으로 기대했다. 즉, 기존체제로부터 혜택을 얻은 중국이 자국의 성공을 가져다준 국제체제를 유지하기 위해 미국과 협력할 것이라는 기대였다. 이러한 기대에 따라 미국 또한 대화를 통해 중국의 변화를 유도하려 들었는데, 이러한 시도가 중국을 비판하며 당선된 부시 대통령 시기에 본격화되었다는 사실은 미중관계의 의외성을 보여주었다.

미중 양국은 2005년 8월 미국 국무부 부장관 졸릭과 중국 외교부 부부장 다이빙궈가 주도하는 미중고위대화를 출범시켰다. 중국이 전략대화라는 명칭을 선호한 데 반해, 부시 행정부의 라이스(Condoleezza Rice) 국가안보보좌관은 동맹국이 아닌 중국과의 대화를 전략대화라고 칭하는 것을 주저하고 대신에 고위 대화(Senior Dialogue)라는 명칭을 선호했다.[75] 이에 따라 중국은 전략대화로 그리고 미국은 고위 대화로 각각 불렀다. 미중 사이의 최초의 고위급 정기대화 기제인 동 대화의 출범과 관련하여 미국 국무부 대변인은 미국이 아시아와 국제문제에서 중국의 역할과 유엔 안보리 구성원으로서의 중국의 역할을 인정함을 의미한다고 규정했고, 졸릭 부장관은 1차 대화의 결과를 설명하면서 미중관계의 "전략적이고 개념적 틀(the strategic and conceptual framework)"을 논의했다고 지적했다.[76] 다이빙궈 부부장 또한 중국이 대화에서 구체적인 문제를 논의하는 대신에 미국의 대중 인식을 변화시키고 또 양국 사이에 거대한 공동의 이익이 존재하며 건설적 협력관계를 발전시킬 필요성을 강조하는 데 주력했다고 회고했다.[77]

1차 대화 이후인 9월 졸릭 부장관은 연설을 통해 중국과의 관계를 규정할 전략적 틀로 "책임 있는 이해관계자(responsible stake-holder)" 구상을 제시했다. 그는 중국을 국제체제 속으로 끌어들였기에 포괄적 관여의 초기 목표는 달성되었다고 규정하고, 그 다음 단계로 중국에 책임 있는 이해관계자가 될 것을 촉구했다. 구체적으로 그는 중국에 자국의 국익을 제고시키기 위한 외교를 펼치는 데서 한 걸음 더 나아가 "국제체제가 자국의 번영에 영향을 끼친다는 것을 인식하고 그 체제를 지속시키기 위해 일"할 것을 촉구했다.[78] 즉, 국제체제의 혜택을 누리는 것에 그치지 말고 체제를 유지하기 위해 더 큰 책임을 분담할 것을 촉구한 것이었다. 이해관계자가 어떤 조직이나 기구에 대해 직·간접적인 이익을 지니고 또 그 실행에 의해 영향을 받을 수 있는 개인이나 집단 등을 통칭하는 것임을 고려할 때,[79] 이는 미국이 비민주주의 체제인 중국과 이익을 공유하며 또 협력할 수 있음을 제시한 것이었다. 다시 말해 졸릭 부장관은 중국이 증대되는 영향력을 미국의 이익에 부합되는 방향으로 사용하도록 유도하려 들었다. 이는 미국의 대중정책의 초점이 중국을 국제질서에 통합시키는 데서 참여의 질(quality)로 이행했음을 보여주었다.[80] 또 미국이 동 구상을 제기했다는 사실은 미국과의 관계를 안정시키고 또 확대하기 위해 중국이 제안한 대화 기제가 구체적 결실로 이어졌음을 의미한다.

책임 있는 이해관계자 구상은 미중 양국 모두에서 그 적절성에 관한 논쟁을 촉발했다. 미국에서 논쟁은 책임 있는 이해관계자를 결정하는 기준에 집중되었다. 즉, 이해관계자가 되기 위해 중국이 어떤 행동을 해야 하는가에 관한 것이었다. 한편에서는 편협한 국가이익에만 집중하기보다 국익을 광범위하게 정의하고 또 국제체제의 건강함을 추구하는 것이 기준이 되어야 한다고 제시하고, 이를 위해서는 중국의 국내적 자유화가 필요하다고 규정했다. 즉, 이해관계자가 되기 위해서는 중국의 추가적인 변화가 필요하다는 지적이었다. 다른 편에서는 이해관계자 개념은 미국이 중국의 진전 여부를 판단하는 성적표가 아니라 상호 수용(mutual accommodation)과 공동의 이익에 관한 대화가 핵심이라고 규정하고, 중국이 책임 있는 이해관계자가 되고 있다고 주장했다. 그 증거로 경제안정과 성장, 비확산, 지역 안보 등 국제적 공공재에 기여하려는 중국의 의지가 증대되고 있다는 사실이 제시되었다.[81] 이러한 차이는 이 시기 미국에서 중국과의 관계를 둘러싼 이견이 지속됨을 보여준다.

중국에서도 논쟁이 촉발되었는데, 초점은 미국의 의도를 어떻게 해석할 것인가에 집중되었다. 한편에서는 '책임 있는' 부분을 부각하며 중국의 부상을 봉쇄하기 위한 함정이라고 규정했다. 졸릭 국무부 부장관이 제기한 요구 가운데 평화유지활동이나 경제안정 등 일부는 중국의 우선순위와 잘 부합하지만 다른 요구들은 그 배경을 의심하도록 작용한다는 지적이었다. 또한 국제적 책임이 중국에만 일방적으로 부여되었고, 미국이 중국에 제공할 혜택의 공유나 지위의 인정 등 반대급부와 관련하여 분명하게 밝히지 않았다는 비판도 제기되었다.[82] 따라서 책임 있는 이해관계자 구상은 과도한 부담을 떠넘김으로써 중국의 부상을 방해하려는 시도라는 주장이었다.[83] 이러한 의구심에도 불구하고 전반적으로는 '이해관계자' 부분을 들어 미국이 중국을 수용하려 들며 더 적극적인 역할을 장려한 것이라는 긍정적 평가가 힘을 얻었다. 즉, 중국이 이제 미국과 특권을 공유하게 되었고 또 더 많은 책임을 부담함으로써 그 특권을 확대할 수 있음을 미국이 처음으로 공식적으로 인정한 것이라는 주장이었다. 단적으로 다이빙궈 부부장은 이해관계자 구상의 제기가 미국이 새로운 시각에서 미중관계를 보기 시작했음을 상징하며, 또 미국이 국제체제에서 중국의 중요성을 인정함을 보여준다고 평가했다.[84]

이러한 논쟁 속에서 후진타오 주석은 애초 2005년으로 예정되었던 미국 방문을 앞두고 미중관계가 양자적 차원을 넘어 점차 세계적 의미를 띠고 있다고 지적함으로써, 책임 있는 이해관계자 구상에 긍정적으로 호응했다.[85] 다음 해 4월 이뤄진 미국 방문에서도 그는, "국제체제의 이해관계자로서 우리 양국이 많은 전략적 이익을 공유한다"는 부시 대통령의 지적에 대해, "중국과 미국은 이해관계자"라고 응답했다.[86] 미국은 책임 있는 이해관계자 구상을 통해 에너지 안보, 북한 핵 문제, 반테러 등 국제문제에 대한 중국의 협력을 동원하려 들었다.

전략경제대화

2006년 부시 행정부는 중국과의 전략경제대화(Strategic Economic Dialogue)를 출범시켰다. 고위(전략) 대화의 창설이 중국의 제안이었던 데 반해 전략경제대화의 창설은 미국에 의해 주도되었다. 동 대화의 창설은 중국의 경제적 변화를 추구하려는 부시 행정부의 의도를 반영했다. 이는 2004년 대선과 다음 해 부시 행정부 2기 출범을 전후하여 미국에서 중국과의 경제관계와 관련하여 다양한 우려와 비판이 제기된 상황과 밀접하게 관련되었다. 교역적자와 제조업 일자리 감소 등을 둘러싸고 비판이 제기되고, 지재권 보호라는 중국의 WTO 공약 미이행 등도 이슈로 등장한 상황에서 미국은 전략경제대화를 출범시켜 문제를 해결하려 들었다. 이와 함께 미국은 동 대화를 출범시키면서 그동안 유보했던 전략이란 용어를 사용함으로써 중국과의 관계를 한 걸음 더 진전시키려는 의지를 표출했다.

미국은 2006년 4월 부시 대통령과 후진타오 주석 사이의 합의를 토대로,[87] 12월에 동 대화를 출범시켰다. 부시 대통령은 전략경제대화를 미중 사이의 경제적 틀을 관장할 기구라고 규정함으로써 양국 사이의 장기적 경제 이슈를 논의하기 위한 플랫폼으로 규정했다.[88] 부시 대통령의 위임을 받은 폴슨(Henry Paulson) 재무장관은 동 대화를, 기존의 고위급 경제 대화인 미중상무공동위원회를 넘어서는, 양국 간 최고위급 정기대화로 구성했다. 이는 양국의 경제 관련 각료들 모두를 참석시킴으로써 통합적 논의를 촉진하려는 시도였다. 이와 함께 그는 방문하는 국가의 대표가 주최국의 최고지도자와 면담하는 것도 제도화시켰다.[89]

폴슨 장관은 전략경제대화를 중국에 대한 직접적인 관여 시도로 규정했다. 다시 말해 그는 미국에서 중국이 봉쇄되어야 할 위협인가 아니면 경제적 기회인가를 둘러싸고 이견이 이어지는 상황에서 중국에 대한 관여를 강조한 것이었다. 이러한 의도에서 그는 중국이 미국을 추월할 것이라는 우려는 기우이며 오히려 중국의 경제적 문제가 미국과 국제경제의 안정을 위협할 것이기 때문에 이에 관심을 기울여야 한다고 규정했다. 또한 그는 전략경제대화를 통해 양자 간 경제적 현안을 다루기보다 현안을 창출하는 각국의 구조적 문제를 해결할 방안을 논의하려 들었다.[90] 즉, 포괄적이고 장기적이며 전략적 차원의 이슈를 다룬다는 구상이었다. 구체적으로 그는 빈부격차, 불균형 성장, 취약한 국내 소비 등을 중국이 직면한 도전들로 규정하고,[91] 중국에 위안화 개혁 가속화, 서비스 시장의 개방 확대, 국내 소비 확대 촉진, 중국 진출 미국 기업의 경영환경 개선, 무역 관련 미국의 우려 해결 등의 요구사항과 반대급부를 분명하게 전달하고 해결을 촉구했다. 특히 그는 후진타오 주석과의 면담에서 "중국에 이롭고 또 미국 의회를 상대로 대화의 유용성을 설득하는 데도 유리하다"는 논리를 내세워 위안화 절상을 요청했다.[92]

중국 또한 이러한 미국의 의도를 잘 알고 있었다. 중국의 전문가들은 전략경제대화의 출범과 관련하여 미국에서 중국을 압박하라는 요구가 높아지는 상황에서 중국을 압박하고 또 그 성과를 보여주는 창구로 활용하려는 미국 정부의 의도를 반영한 것이라고 규정했다. 이와 함께 전략경제대화가 양국 간 이해를 증진하고 마찰과 충돌을 회피하는 역할을 할 것이라는 기대도 표출했다.[93] 이러한 상황에서 중국은 한편으로 미국의 요구에 부분적으로나마 호응했다. 가령, 중국은 폴슨 장관이 이임할 때까지 환율을 그가 요청했던 것과 대체로 비슷한 수준인 13.8%를 평가절상했고,[94] 또 전략경제대화를 앞두고 미국에 구매사절단을 파견하는 등 경제적 수단을 통해 미국과의 관계를 안정시키려는 시도도 이어갔다.[95] 동시에 중국은 대화를 통해 미국에 대한 요구와 불만도 전달했다. 구체적으로 중국은 청정에너지, 민간항공, 전자, 소프트웨어 분야의 기술에 대한 접근권 확대와 시장경제 지위의 인정 등을 요구했다. 여기에 더해 중국 대표였던 우이 부총리는 2007년 2차 전략경제대화에서 중국이 "미국이 우리에게 준 것보다 더 많은 것을 미국에 주었다"고 지적함으로써 미국에 대해 불만도 표출했다.[96] 이러한 움직임은 중국이 대화 기제를 활용하여 자신의 이익을 추구하고 동시에 미국과의 관계도 더욱 심화시키려 들었음을 보여준다.

군사 교류의 확대

미중관계에서 군사 교류는 양국관계의 전반적 상황을 보여주는 지표로 작용한다. 이는 양국 모두가 상대에 대해 불만이 있을 때 군사 교류를 제약하거나 심지어 중단하려 드는 등 상대에 대한 불만을 표출하거나 압박의 수단으로 활용하려 들기 때문이다. 이에 따라 천안문 사태 직후, 대만해협 위기가 발생한 1995-96년, 베오그라드 대사관 폭격 사건이 발생한 1999년, EP-3 정찰기 충돌이 발생한 2001년 등 양국관계가 긴장된 시기에는 군사 교류도 중단되었다. 이에 반해 양국관계가 개선된 1997-98년과 2000년에는 교류가 증가했다. 미중 사이의 고위급 군사 교류는 부시 행정부 출범 이전인 2000년 7월 코헨(William Cohen) 미국 국방장관의 중국 방문 이후 실질적으로 중단된 상태였다.

부시 행정부가 반테러 전쟁을 계기로 중국에 대한 관여를 회복하기 시작했지만, 미국 국방부는 중국과의 군사 교류가 미국의 목적 달성에 기여하기보다 중국의 전투 능력 증강으로 이어질 것이라는 우려에서 회의적 입장을 보였다.[97] 그 결과 군사 교류를 회복하는 데 시간이 걸렸는데, 2002년 6월 로드만(Peter Rodman) 미국 국방부 차관보가 중국을 방문하여 슝광카이(熊光楷) 부총참모장 및 츠하오텐(迟浩田) 국방부장을 면담함으로써 중단되었던 군사 교류가 비로소 재개되기 시작했다. 면담을 통해 양국은 군사 교류의 재개와 발전 방안을 논의했고, 건강하고 안정적인 양국관계를 유지하는 것이 양국의 이익과 아태지역의 평화와 안정에 기여한다는 데 인식을 같이 했다.[98] 이에 힘입어 양국은 같은 해 말 중단되었던 차관급 국방협의 회담을 재개했다.[99]

2003년에 들어서는 볼튼(John Bolton) 국무부 군비통제·국제 안보 차관이 중국을 방문하여 북한 및 이란의 핵 문제를 포함한 안보 이슈 관련 회담을 진행했고, 또 중국 국방부장 차오강촨(曹剛川)이 미국을 방문함으로써 2000년 이후 중단되었던 국방장관 차원의 교류가 재개되었다.[100] 다음 해인 2004년 1월에는 미국 합참의장 마이어스(Richard Myers)가 중국을 방문했는데, 그의 방문은 부시 행정부 들어 이뤄진 최고위급 군 인사의 방중이었다. 2005년 10월에는 럼스펠드(Donald Rumsfeld) 국방장관이 취임 후 처음이자 2000년 코헨 국방장관의 방문 이후 5년 만에 중국을 방문함으로써 양국 국방장관의 상호 방문이 성사되었다. 동 방문에서 럼스펠드 장관은 전략대화를 통해 새로운 관계의 틀을 형성하고, 이를 기반으로 양국관계와 이견을 관리하려 시도했다. 이후 2006년 7월 중국군 최고위 관리이자 당 중앙군사위 부주석 궈보슝(郭伯雄)이 미국을 방문했는데, 그의 방문은 1998년 이후 이뤄진 최고위 중국군 관리의 방문으로 부시 행정부 출범 이후 중단되었던 양국 간 군사 교류의 완전한 회복을 알렸다.

양국 간 군사 교류는 2006년 12월 게이츠(Robert Gates) 미국 국방장관이 취임한 이후 더욱 활성화되었다. 이는 게이츠 국방장관의 취임과 함께 실용적 관료들이 이념가들을 제치고 미국의 안보 정책을 관장하게 된 결과였다. 이들이 중국과 같은 강대국보다 테러 집단과 실패한 국가를 더 큰 위협으로 강조함에 따라 양국 간 군사 교류가 더욱 활발해졌다. 2007년 3월 이후 키팅(Timothy Keating) 태평양 사령관을 위시한 6명의 고위급 미국군 관리가 중국을 방문했고, 11월에는 게이츠 장관이 취임 1년이 채 되지 않은 시점에서 중국을 공식 방문하여 차오강촨 국방부장, 궈보슝과 쉬차이허우 중앙군사위 부주석, 다이빙궈 외교부 부부장 등과 회담하거나 면담하고, 군사 핫라인 설치, 대화와 교류 강화, 인도적 구조 관련 훈련을 거행하는 데 합의했다.

군사 분야에서는 정기적 대화 기제가 성립되지 않았다. 비록 1997년 양국 차관급 사이에 국방협의회담이 개시되었지만, 그 형식이나 내용에서 경제나 외교적 영역에서의 대화 기제에 비교하기 어려운 수준이었다. 이에 따라 이 시기 재개된 군사 교류와 대화에 한계도 존재했다. 가령, 2008년 10월 미국이 대만에 무기 판매를 결정하자 중국이 불만을 표시하기 위해 한때 군사 교류와 비확산 대화를 중단하기도 했다. 이러한 한계에도 불구하고, 군사 교류의 재개와 확대가 소통과 충돌 방지, 위기관리, 비확산, 반테러 등에서의 협력에 기여했다는 점에서 여전히 양국관계의 개선과 진전을 보여주었다.

### 대화 기제에 대한 평가

미국과 중국 사이에는, 중국의 자료에 따르면,[101] 부시 행정부 임기 마지막 해인 2008년 말 기준 정치, 외교, 경제와 무역, 군사, 문화와 교육 등 다양한 영역에 걸쳐 60개 이상의 정규 대화 및 협의 기제가 형성되었다. 이는 증대되는 상호의존을 배경으로 이견과 갈등을 관리하기 위해 대화 기제를 수립하고 확대하려는 양국의 노력이 작용한 결과였다. 그렇다면 대화와 협의 기제의 수립과 확대는 양국관계에 어떤 영향을 끼쳤는가?

이와 관련하여 미국에서는 부정적 평가가 지배적이다. 한 전문가는 양국 간 대화 기제가 실질적 성과를 도출하기보다 대화를 촉진하는 작용을 하는 데 그쳤다고 평가한다.[102] 즉, 대화를 위한 대화였다는 주장이다. 이러한 부정적 평가는 후일 미중관계가 악화한 이후 더욱 강화되었다. 가령, 프리드버그는 중국이 대화를 미국이 협력을 중시하는 대중정책을 변경하지 않도록 하려는 유인책으로 활용했다고 주장하고,[103] 메데이로스(Evan Medeiros) 또한 중국이 대화에 응한 것은 경제발전에 필요한 시간을 벌고 또 대화에 대한 대가를 얻기 위한 것이었다고 주장한다.[104]

이러한 부정적 평가는 대화 기제가 중국의 변화라는 결과를 도출하지 못했다는 인식을 반영한다. 실제로 중국은 대화에 적극적으로 임하면서도 차이를 유지하려 들었다. 대표적으로 중국은 고위 대화를 통해 제시된 책임 있는 이해관계자 구상에 호응하면서도 자율성을 유지하려는 시도를 계속해서 이어갔다. 동 구상이 제기된 이후 시행된 제2차 고위 대화에서 다이빙궈 부부장은 미중 양국의 공동이익과 협력 필요성을 강조하면서도 "하나의 모델이 어디서든 통할 수 있다고 생각하는 것은 이미 낡은 생각"이라고 지적함으로써 미국으로부터의 자율성을 유지하려는 의도를 숨기지 않았다. 국제적 책임과 관련해서도 중국은 "독자적으로 입장과 정책을 결정하며 미국의 이익을 판단기준으로 하지 않는다"고 밝혔다.[105] 이처럼 자신의 선호를 유지하려는 중국의 의도는 이후 더욱 강화되었다. 다이 부부장은 2007년 6월 4차 전략대화에서 미중관계 발전의 조건 가운데 하나로 상대방의 핵심과 중대 이익을 존중할 것을 제시했다. 특히 그는 상대의 정치체제를 이해하고 존중하며 내정에 간섭하지 말 것을 강조했다.[106] 이처럼 중국은 대화를 통해 상호 존중을 강조했고, 그 결과 대화를 통해 중국을 변화시키려는 미국의 의도는 실현되지 않았다.

비록 중국이 미국의 요구에 전면적으로 호응하지는 않았지만, 이것이 곧 중국이 전혀 변화하지 않았음을 의미하는 것은 아니다. 중국은 국제체제에 참여하고 이를 통해 경제발전을 이루면서 자유주의 관념을 부분적으로 수용했다. 가령, 중국은 평화적 부상론을 제기하고 또 책임 있는 이해관계자 요구에도 반응을 보였다. 이는 중국의 대외관념에 변화가 발생했으며 그 결과 미국의 목소리에 귀를 기울이기 시작했음을 의미한다. 즉, 다이빙궈가 지적하듯,[107] 중국은 미국과의 연계와 유대가 견고해짐에 따라 협력하면 양국 모두가 혜택을 보고 싸우면 모두가 손해를 본다는 인식을 수용하기 시작했다.

아울러 대화 기제가 문제를 해결할 수 있을 것으로 기대하는 것이 적절한지에 대해서도 검토가 필요하다. 가령, 전략경제대화는 양국 경제의 국내적 불균형(domestic imbalances)을 찾아내고 해소하려 들었다. 즉, 중국이 너무 많이 저축하고 적게 소비한 반면에 미국은 너무 적게 저축하고 너무 많이 소비하는 문제를 해결하는 것이다. 그러나 현실적으로 이러한 구조적 문제를 해결하기 위해서는 어려운 국내정치적 결정이 필요하다. 이 점에서 전략경제대화는 이러한 문제를 논의하는 데 기여할 수는 있었지만 해결할 수는 없었다. 따라서 이러한 구조적 문제를 해결하기 어려웠던 것을 근거로 대화 기제가 한계가 있었다고 평가하는 것은 합리적이지 않다.[108]

여기에 더해 대화와 협의 기제가 양국관계 안정에 기여한 사실은 부인하기 어렵다. 대화 기제는 양국 간 현안과 장기적 이슈에 관한 논의의 틀을 제공함으로써 전면적 갈등이나 대결을 방지하는 데 기여했다. 그 단적인 사례로 폴슨 재무장관이 미중 전략경제대화를 통해 '성과를 낼 수 있다'는 논리를 제시함으로써 위안화 문제와 관련하여 상원 의원들을 설득하고 중국을 제재하기 위한 법안의 통과를 막음으로써,[109] 양국관계가 악화하는 것을 방지하고 안정을 유지한 것을 들 수 있다. 중국 또한, 앞서 지적한 것처럼, 환율을 절상하고 또 구매사절단을 파견함으로써 관계 안정을 유지하는 데 기여했다. 이러한 사실은, 3부에서 논의하는 것처럼, 대화 기제의 소실이 양국관계의 악화를 더욱 심화시킨 것과 분명하게 대비된다.

## 관계의 확장과 미중관계의 의외성

이상의 논의는 부시 행정부 시기 미중 양국이 타협을 통해 관계를 확장했음을 보여준다. 관계의 확장은 2000년대 들어 급격하게 증대된 상호의존에 힘입었다. 경제적 연계가 증대됨에 따라 양국 모두가 관계를 관리함으로써 안정을 유지하고 또 협력을 강화할 필요성에 직면했다. 이러한 필요성이 대화와 협의 기제의 형성으로 이어졌고, 이는 다시 양국관계의 확장에 기여했다.

미중관계가 상호의존의 증대에 힘입어 확장되었다는 사실은 이상에서 논의한 움직임들 뿐 아니라, 양국이 안보 측면에서도 협력하기 시작했다는 데서도 확인된다. 미국은 국제문제 해결과 관련하여 중국의 협력을 얻으려는 의도를 분명하게 했고, 중국에 국제적 책임을 다할 것을 촉구했다. 중국이 수행할 책임과 관련한 미국의 기대는 주로 안보적 이슈에 집중되었다. 이러한 사실은 부시 대통령이 2002년 북한이 우라늄 농축프로그램의 존재를 인정한 상황에서 진행된 크로퍼드 회동에서 장쩌민 주석과 안보 이슈를 중점적으로 논의하고, 이후 중국에 북한 핵 문제 해결을 위한 6자회담의 소집을 촉구한 데서 확인되었다. 이후에도 부시 대통령은 계속해서 중국에 이란과 북한 핵 문제와 같은 국제적 안보 위협에 대응하는 데 협력할 것을 촉구했다.[110] 이는 미국이 다양한 이슈에서 중국의 협력을 도출함으로써 국제체제의 주도권을 유지하려 들었음을 의미한다.

중국은 이러한 미국의 기대를 파악하고 또 부분적으로 호응함으로써 관계를 안정시키는 데 활용하려 들었다. 이에 따라 중국 지도자들은 미국과의 접촉에서 공동의 안보 이익을 강조하고 반테러, 비확산, 환경 문제 등에서의 협력 가능성을 부각했다. 실제로 이러한 안보 이슈, 특히 북한 핵 문제 대응에서의 호응은 미국에 중국과의 관계를 중시하도록 작용했다. 가령, 부시 행정부는 공동의 안보 도전에 대응할 파트너라고 언급함으로써 중국의 6자회담 주관 노력을 평가했고,[111] 또 대만 문제와 관련해서도 하나의 중국 정책을 지속할 것이라고 지적함으로써 중국의 입장을 배려했다. 이는 상호의존을 심화시킨 양국이 이익을 기반으로 타협을 확장했음을 의미한다.

이러한 양국관계의 확장은 부시 행정부 출범 초기의 양상과 분명하게 대비된다. 부시 행정부는 출범 초기 중국과의 재래식 전쟁 가능성을 대비하는 데 정책의 초점을 둘 가능성까지 고려했을 정도로 강경한 입장을 취했었고,[112] 실제로 정찰기 충돌사건으로 양국관계는 다시 새로운 위기에 직면하기도 했다. 그러나 이후 미중관계는 상호의존의 증대에 힘입어 더욱 확장되는 의외성을 보여주었다. 즉, 미중관계의 향방이 주도권을 지녔던 미국이 애초에 의도했던 것과 다른 방향으로 귀결된 것이다. 이 시기 미중관계에 발생한 의외성은 무엇보다도 애초 중국에 대한 강경론을 천명하며 출범했던 부시 대통령이 이후 중국과의 관계를 유지하려는 의지를 강하게 표출했다는 사실에서 단적으로 확인된다. 가령, 2006년 11월 미국 의회 선거에서 중국에 대한 강력한 압박을 예고했던 민주당이 압승함에 따라 부시 행정부의 대중정책에 변화가 촉발될 것이라는 관측이 제기되었지만, 부시 대통령은 기존 정책을 강력하게 옹호했고 중대한 전환은 발생하지 않았다.[113] 중국과의 관계에 대한 중시는 2008년에 발생한 금융위기를 계기로 더욱 분명해졌다. 부시 대통령은 2008년 한 해에만 후진타오 주석과 4차례 회동하고, 4차례 통화했으며, 10번의 친서를 교환했다.[114] 또 미국이 중국의 경제적 변화를 압박하기 위해 출범시킨 전략경제대화는 세계금융위기 시기 양국 간 밀접한 정책 조율의 통로로 작용하는 의외성을 보여주었다. 이처럼 부시 행정부는 대중 강경론을 천명하고 출범했지만 결국 중국과의 협력을 강조하면서 임기를 마감했다.

물론 이처럼 관계가 확장되었다는 것이 곧 양국이 이견을 해소했음을 의미하는 것은 아니다. 양국 모두가 건설적이고 협력적 관계를 강조했지만, 이견은 해소되지 않고 지속되었고 또 상호의존의 증대와 함께 새로운 쟁점도 발생했다. 이는 미중 사이의 타협이 편의적인 것이었음을 제시하는데, 관계가 확장되는 와중에서도 해소되지 않고 지속된 양국 간 이견을 살펴보자.

## 제4장

# 타협의 편의성과 이견

미중 양국이 타협을 통해 냉전의 종식으로 인해 촉발된 위기를 극복하고 관계를 회복했으며 또 증대되는 상호의존에 힘입어 관계를 확장하기 시작했지만, 이견도 계속되었다. 양국은 대만과 인권 문제에서 이견을 이어갔고, 군사적 측면에서도 서로 경계했을 뿐 아니라 심지어 관계 확장에 기여한 경제적 영역에서도 이견을 보이기 시작했다. 경제관계의 증대에 힘입어 소통 기제가 확대되었지만, 양국 간 이견은 쉽게 해소되지 않았다. 이는 이 시기 양국 사이의 타협이 한계를 지닌 편의적인 것이었음을 제시한다.

타협의 한계는 양국이 서로 다른 목표를 추구한 결과로, 미국이 국제적 주도권을 유지하려 한 반면에 중국은 미국의 패권적 행위가 정치체제에 위협을 가할 가능성을 경계했다. 미국은 구소련의 붕괴로 확보한 유일의 초강대국이라는 지위를 기반으로 자국의 우위와 주도권을 지속시키고 또 강화하려는 목표를 추구했고, 중국과의 관계에서도 주도권의 인정과 존중을 관여의 전제로 상정했다. 동시에 미국은 중국의 장기적 진로에 대한 의구심을 거두지 못하고 중국의 부상으로 인해 초래될 수 있는 위험을 회피하려 들었다. 반면에 중국은 미국의 국제적 주도권에 대해 이중적 인식을 지녔다. 한편으로 중국은 국력상의 열세와 경제발전에 필요한 국제체제에의 참여를 성사시키기 위해 미국의 국제적 주도권을 묵인하거나 또 수용할 필요성을 인정했다. 그러면서도 중국은 미국의 패권이 정치체제에 가할 위협을 경계하며, 주도권을 묵인하는 대가로 자국의 체제와 발전노선에 대한 존중을 확보하길 희망했다.

그러나 현실적으로 양국은 상대가 원하는 목표를 인정하고 수용하려 들지 않았다. 기존 질서와 자신의 주도권을 유지하고 강화하려 한 미국은 변화를 추구함으로써 중국의 기대를 수용하려 들지 않았다. 반면에 중국은 미국의 주도권을 분명하게 수용하려 들기보다 체제와 발전을 위협하는 패권적 행위로 간주하고 자율성과 다양성을 내세워 대응했다. 이처럼 양국이 각자의 선호를 견지함에 따라 타협에는 한계가 존재했고, 이견이 이어졌다. 즉, 양국관계가 회복되고 또 협력이 확대되는 상황에서도 일부 영역에서는 여전히 갈등이 지속되고 또 간헐적으로 위기가 발생하기도 했다.

이 장에서는 미중 양국 간 타협의 한계와 이로 인해 계속해서 이어진 이견을 검토하고 또 이러한 이견이 양국관계에 끼친 영향도 평가한다. 다음에서는 우선 미국의 패권 추구와 대중 위험회피 시도를 검토한 후, 중국의 패권에 대한 경계와 자율성 유지 시도를 차례로 살펴봄으로써 양국 간 타협에 존재했던 한계와 편의성을 제시한다. 이어서 타협의 한계로 인해 지속된 양국 간 이견과 갈등을 대만, 인권, 군사, 경제 등을 중심으로 논의한다. 마지막으로 이러한 이견이 양국관계의 진전에 끼친 영향을 검토한다.


## 미국의 위험회피

### 패권 추구

탈냉전기 들어 미국은 국제적 우위를 유지하고 강화하기 위해 새로운 강대국이나 동등한 경쟁자의 등장을 방지하기 위한 대외전략을 추구했다.[1] 구소련의 붕괴로 냉전에서 승리함으로써 자신감이 제고된 미국은, 비록 행정부별로 방법에서는 차이를 보였지만, 새롭게 누리게 된 전례 없는 힘의 우위를 이용하여 세계를 자신의 이익과 가치에 맞게 형성하려 듦으로써 영향력을 유지하고 심지어 강화하려 들었다.[2] 이러한 시도는 선임 부시 행정부부터 시작되어 클린턴 행정부와 후임 부시 행정부에까지 이어졌다.

선임 부시 행정부는 새로운 세계질서의 수립을 내걺으로써 집단적 국제주의(collective internationalism)를 거부하고 미국의 우위를 강조했다.[3] 세계 유일의 초강대국으로서의 지위를 유지하려는 계획은 부시 행정부의 국방장관 체니와 국방부 차관 월포위츠(Paul D. Wolfowitz)의 주도 아래 작성된 국방계획지침(Defense Planning Guidance, FY 1994-1999)에서 분명하게 확인되었다. 1992년 3월에 발표된 동 지침은 새로운 강대국의 등장을 방지함으로써 미국의 우위를 유지하는 것을 대전략의 목표로 규정하고, 이를 달성하기 위해 지역이나 세계에서 잠재적 경쟁자가 역할의 확대를 추구하는 것을 억제할 필요성을 강조했다. 특히 지침은 압도적으로 우월한 군사력을 유지함으로써 어떤 경쟁자도 미국의 세계적 지도력에 도전하지 않는 질서를 추구하겠다는 계획을 밝혔다.[4]

클린턴 행정부도 세계평화를 위한 미국의 적극적인 역할과 세계의 지도력 유지를 강조했다. 특히 클린턴 행정부는 경제력 회복에 중점을 두고, 자국의 우월한 국제적 지위를 활용하여 신자유주의를 확대하고 심화시킴으로써 우위를 유지하려 들었다. 국제경제기구를 활용하여 타국의 시장을 개방하고 국제적 표준(global standard)을 확산시키는 데 주력한 데 힘입어 미국은 1990년대 세계경제에서의 비중을 확대했다. 구체적으로 1990년대 미국이 세계 GDP에서 차지하는 비중은 20%대에서 30%대로 증대되었고, 교역에서도 2000년 기준 전 세계 수출액의 12.6%와 수입액의 18.1%를 차지함으로써 모두 1위를 기록했다.[5] 여기에 더해 클린턴 행정부는 군사적 우위도 유지하려 들었다. 대표적으로 자국의 핵무기를 유지한 상태에서 대량살상무기의 확산 방지를 추구하여 1995년 NPT를 무기한 연장하는 국제적 합의를 도출했고, 미사일 기술 확산도 차단하려 들었다.[6]

2000년대 초반에 출범한 후임 부시 행정부는, 경제력을 강조했던 클린턴 행정부와 달리, 군사적 우위를 강조했다. 이러한 사실은 부시 행정부가 발표한 2002년 국가안보전략이 부상하는 강대국을 제어하고 세계적 힘의 균형에서 지배적 지위를 유지할 것을 규정하고, 다른 국가가 미국의 힘을 추월하거나 비견되는 군사력을 축적하는 것을 방지하기 위해 행동할 것임을 공언한 데서 확인된다.[7] 이에 앞서 부시 행정부는 2001년 ABM 조약의 탈퇴를 선언함으로써 미사일방어(MD)체제의 추진을 통해 경쟁국의 핵전력을 무력화시키려는 의도를 드러낸 바 있고, 또 핵태세보고(Nuclear Posture Review)를 통해 새로운 세대의 핵무기를 개발하려는 의도도 천명했다.[8] 이는 부시 행정부가 절대적인 힘의 우위를 추구했음을 의미하는데, 이러한 부시 행정부의 일방주의적 외교정책은 미국의 힘에 대한 국제적 우려를 촉발했다.[9]

중국에 대한 경계

패권을 유지하려는 미국의 입장에서, 중국은 탈냉전기 주도권에 위협을 제기할 수 있는 잠재력을 지닌 대표적 국가로서 가장 경계해야 할 대상이었다. 그 결과, 관여에도 불구하고, 클린턴 행정부와 부시 행정부 모두에서 중국에 대한 경계가 지속되었다. 가령, 클린턴 행정부는 1995년 2월 국방부가 발표한 동아시아 전략 보고에서 중국의 군사 현대화에 대한 우려를 표명한 데 이어, 1997년에 발표한 4년 주기 국방검토에서도 중국이 "아시아의 군사 대국이 될 잠재력을 갖고 있다"고 규정하는 등 경계를 이어갔다.[10]

힘의 우위를 중시한 부시 행정부 들어 중국에 대한 경계심은 더욱 분명하게 표출되었다. 부시 대통령이 대선에서 중국을 전략적 경쟁자로 규정한 데 이어, 2002년 국가안보전략 또한 중국이 군사력 증강을 추구하고 있다고 비판했다.[11] 2005년에도 졸릭 국무부 부장관이 중국에 책임 있는 이해관계자가 될 것을 촉구하는 동시에 힘의 우위를 추구하지 말 것을 경고했다.[12] 즉, 중국이 지역에서 패권을 추구함으로써 경쟁자로 등장할 가능성을 계속해서 경계한 것이었다.

중국에 대한 경계에 이념적 또는 문화적 차이가 작용했음을 부정하기 어렵다. 1990년대 초 미국에서는 중국이 주요 이념적 적수가 될 것이라는 전망이 제기되었다. 가령, 한 언론인은 중국이 미국인들은 "역사"가 되었다고 생각하고 또 심지어 악이라고 생각하는 이념과 가치를 옹호한다고 지적했고,[13] 헌팅턴(Samuel Huntington) 또한 중국을 이슬람 문명과 함께 가장 심각한 위협으로 규정하기도 했다.[14] 이는 이질적 정치체제에 대한 경계심을 반영했다. 즉, 이념과 정치체제가 다른 중국이 경쟁자이자 심지어 적이 될 수 있기에 계속해서 성장하는 것은 문제라는 인식이었다. 이러한 의구심은 네오콘(neo-conservatives)이 외교정책의 주도권을 장악한 후임 부시 행정부에 들어서 다시 공개적으로 표출되었다. 이들은 공산정권에 대한 이념적 경계를 제기하며 가장 합리적 대책은 봉쇄이고, 필요하다면 대결이나 중국의 평화적 전환을 추구할 것도 주장했다.

그러나 중국에 대한 경계와 의구심의 보다 본질적인 원인은 지정학적 요인에서 찾을 수 있다. 부강해진 중국이 이익과 지위를 추구함으로써 미국과의 충돌을 촉발할 수 있다는 우려였다. 이는 국력이 증대되는 중국의 장기적 진로에 대한 우려와 의구심을 반영했다. 다시 말해 중국이 장기적으로 최대 경제 대국이자 또 군사적으로도 최강국이 될 것이고 이는 다시 미국의 이익에 위협을 제기할 것이라는 우려였다. 이러한 현실주의적 우려는 1990년대 중반부터 계속해서 이어졌는데, 이 시기 중국이 취한 일련의 공세적 행동이 이러한 우려를 더욱 강화시켰다. 대표적으로 1995년 필리핀과의 분쟁지역인 미스치프(Mischief, 美济)초 점거와 1996년 대만해협에 대한 미사일 발사와 같은 중국의 행위가 군사 현대화와 민족주의에 대한 우려를 촉발했다.[15] 현실주의자들을 중심으로 부강해진 중국이 군사 현대화를 통해 지역의 평화와 안보를 위협하고 또 미국에 도전할 것이라는 주장이 계속해서 제기되었다.

경계심은 경제적 측면에서도 제기되었다. 즉, 중국이 고도성장에 힘입어 21세기 어느 시점에서 초강대국이 될 수 있으며 이는 미국의 쇠퇴를 의미할 것이라는 우려였다. 이러한 우려는 중국이 WTO에 가입한 이후 세계의 공장으로 불리며 최대의 제조업 국가로 등장하면서 힘을 얻었다. 중국이 두 자리 숫자의 고도성장을 이어가자 현실주의자들은 경제력 증대가 아시아에서 미국의 영향력 잠식으로 이어질 것이라는 우려를 제기했다. 이 시기 중국이 한국, 태국, 일본 등 동맹국의 최대 교역 대상국으로 등장한 것 또한 미국의 우려에 힘을 보탰다.

물론 이 시기 중국의 위협은 급박한 것으로 간주되지 않았고 따라서 미국의 대중정책을 규정하지는 않았다. 중국과의 경제관계에서 혜택을 입은 세력들은 중국 시장의 잠재력을 강조하며 관여를 옹호했고, 클린턴 행정부 시기 힘을 얻었던 자유주의적 신념과 부시 행정부 시기 제기된 반테러 전쟁의 필요성 또한 관여를 지속하도록 작용했다. 그러나 '중국이 강대해졌을 경우 어떤 행동을 보일 것인가?'라는 장기적 전략 의도에 대한 의구심은 해소되지 않았고, 이는 관여에 대한 비판을 지속시키는 요인으로 작용했다.

가령, 클린턴 행정부 시기에 한 전문가는 관여가 중국의 변화라는 의도한 목표를 달성하지 못했다고 비판했다. 그 구체적 사례로 그는 중국이 미스치프초에 비밀리에 해군시설을 건설한 것을 제시했다. 즉, 중국이 어떤 외부의 도발도 없는 상태에서 공세를 취했는데, 이는 관여가 중국의 호응을 유도하지 못함을 보여준다는 주장이었다.[16] 다른 전문가들 또한 중국이 파키스탄의 핵 프로그램을 지원함으로써 비확산 의무를 위반하고 또 북한에 무기와 미사일 기술을 수출하는 것 등을 사례로 들어 관여가 비확산과 같은 이슈와 관련한 중국의 국제적 행위를 변화시킨다는 목표를 달성하지 못했다는 비판을 제기했다.[17]

부시 행정부 들어서도 관여에 대한 비판이 계속되었다. 중국에 대한 우려와 경계를 압도했던 반테러 전쟁의 긴급성이 사라진 2004년경 미국의 대선 과정에서 관여에 대한 비판이 제기되었다. 반테러 전쟁의 시급한 순간이 지나고 중국이 경제적으로 급속하게 성장함에 따라 증대된 힘을 어떻게 사용할 것인가에 대한 관심이 급증했고, 중국을 전략적 경쟁자로 간주하는 강경론자들이 중국정책 논쟁을 재점화시켰다. 이들은 인권과 중국의 외교정책을 사례로 들며 관여가 기대했던 중국의 변화를 도출하지 못했다고 비판했다.[18] 이후에도 비판은 계속해서 이어졌고, 또 중국의 부상이 분명해지면서 더욱 강화되었다. 2008년 한 현실주의자는 중국이 자제하는 것은 경제발전을 추진함으로써 미국과의 힘의 격차를 줄이는 데 필요한 시간을 확보하려는 노력에 불과하며 중국이 자신이 주장하는 것처럼 평화적으로 부상할 것인지의 여부는 불분명하다고 규정했다.[19] 비록 옹호론자들이 관여가 동아시아 지역의 상호의존과 다자외교에 대한 중국의 참여와 협력을 이끌어 냄으로써 안보 우려를 감소시켰다고 반박했지만, 미국의 불안감과 경계는 사라지지 않았다.

### 군사적 우위와 동맹 유지

중국의 장기적 진로에 대한 의구심으로 인해 미국은 한편으로 관여를 통해 중국의 행위를 형성하려 시도하면서도 동시에 이러한 노력이 성과를 거두지 못할 가능성에도 대비하려 들었다. 다시 말해 미국은 중국이 관여를 통한 형성 시도에 호응하지 않음으로써 주도권에 도전을 제기할 위험을 회피하려 들었다. 이러한 노력은 군사적 우위의 유지와 동맹 강화 시도로 나타났다.

클린턴 행정부는 자국의 번영과 안보에 핵심적인 지역이라고 간주한 아시아태평양 지역에서 강력한 정치·군사적 존재를 유지하려 들었다. 그 단적인 증거로 지역의 안정을 유지하고 군사력 증강의 필요성을 감축시키며 잠재적 패권의 출현을 억제하기 위해 아시아태평양 지역에 10만 병력을 계속해서 주둔시키기로 결정한 것을 들 수 있다.[20] 여기에 더해 클린턴 행정부는 대만해협 위기를 계기로 군사력의 아시아로의 이동 배치도 추진했다. 미국 국방부는 1999년 군사력을 유럽에서 동아시아로 재배치하기로 결정하고, 다음 해에 로스앤젤레스급(Los Angeles-class) 잠수함을 유럽에서 괌으로 이동시켰다. 이후에도 F-15, F-16, F-22 등의 전투기, B-1과 B-2 폭격기, 다수의 버지니아급(Virginia-class) 공격형 잠수함, 오하이오급(Ohio-class) 미사일 탑재 잠수함 등 선진무기들을 계속해서 동아시아로 재배치했다.[21] 이러한 군사력 증강은 미국이 아태지역의 평화와 안보를 유지하는 데 필수적인 것으로 제시되었다.

부시 행정부 또한 중국이 지역의 패권을 추구하지 않도록 하기 위해 동아시아와 태평양 지역에서 우월한 힘의 균형을 유지하려 들었다. 럼스펠드 국방장관은 2002년 국방계획지침(Defense Planning Guidance) 작성과 관련하여 동아시아로의 군사력 재배치를 강조했다. 이는 미국과 미군을 이 지역에서 구축(驅逐)할 수 없음을 보여줄 수 있는 군사력 배치를 통해 중국이 기존 구도 내에서 작동하고 또 틀을 깨뜨리려 시도하지 않도록 유도하려는 의도를 반영했다.[22] 이후 부시 행정부는 2004년에 발표한 해외 주둔 미군 재배치 계획 (GPR)에서도 아시아에서 도전이 제기되는 것을 억제하고 또 패퇴시키기 위해 선진 장거리 공격 능력을 강화하고 해상능력도 추가로 전진 배치하려는 의도를 밝힘으로써 군사력 배치의 초점을 서유럽에서 아태지역으로 이전하려는 시도를 이어갔다.[23]

군사력 강화와 함께 미국은 동맹체제도 강화하려 시도했다. 클린턴 행정부는 동맹의 강화를 군사력 전진 배치, 지역 기구의 발전과 함께 관여와 확대 전략의 3대 축으로 제시했다.[24] 이는 미국이 동맹을 강화함으로써 지역 질서를 유지하려 들었음을 의미한다. 이러한 의도에 따라 클린턴 행정부는 1996년 미일 방위지침 개정을 통해 동맹을 강화함으로써 중국의 진로를 형성하고 또 도전 세력으로 등장하는 것을 방지하려 들었다.[25] 계속해서 클린턴 행정부는 1999년 싱가포르와 10만 톤급 함정의 기항 능력을 지닌 창이(Changi) 해군 기지에 미 항모를 기항시키는 합의를 도출했고, 말레이시아와의 협력 강화를 통해 클랑(Klang)항에 대한 미 해군의 주둔도 강화했다.[26]

부시 행정부 들어서 미국은 일본과의 동맹을 강화하는 데 힘을 쏟았다. 구체적으로 부시 행정부는 일본이 군사적 역할을 증강하고, 국제와 지역문제에 대한 외교적 관여를 강화하도록 지속적인 노력을 기울였다. 이는 중국이 지역에서 불안정을 촉발하는 행동을 하지 않도록 제어하려는 시도의 일환이었다. 이와 관련하여 졸릭 부장관은 미국이 일본 및 인도와 외교 및 국방 관계를 강화함으로써 중국에 대한 위험회피를 추구하고 있다는 사실을 공개적으로 인정하기도 했다.[27]

그러나 이 시기 미국은 이러한 위험회피 시도가 중국에 대한 관여를 저해하지 않도록 주의를 기울였다. 가령, 클린턴 행정부의 나이 국방부 차관보는 미일 방위지침 제정과 관련하여 중국을 겨냥한 것이 아니라고 지적함으로써 중국의 위협의식을 촉발하는 것을 방지하려 들었다.[28] 부시 행정부 또한 동아시아로의 군사력 재배치를 규정한 해외 주둔 미군 재배치 계획을 부각하지 않음으로써 중국을 자극하지 않으려 들었고,[29] 또 미일동맹 강화가 중국을 겨냥하고 있다는 인상을 창출하는 것도 경계했다.[30] 그러나 현실적으로 이처럼 관여와 위험회피 사이의 균형을 유지하는 것은 쉽지 않은 과제였고, 그 결과 현실적으로 미국은 때로는 관여를 옹호하기도 하고 또 때로는 위험회피를 강조하기도 했다. 이에 따라 미국이 중국을 '낭만화' 하기도 하고 또 때로는 '악마화'하기도 한다는 비판이 촉발되었다.

## 중국의 자율성 추구

### 패권에 대한 경계

개혁개방 이후 중국에는, 2장에서 지적한 것처럼, 두 개의 상반된 대미 인식이 병존했다. 한편으로 미국은 중국이 추구하는 경제 현대화의 모델로서 학습과 차용의 대상으로 등장했다. 이러한 긍정적 이미지는 1979년 덩샤오핑의 미국 방문 이후 급격하게 힘을 얻었고, 1980년대 전통문화를 후진성의 근원으로 간주하고 비판하는 '전통문화열(传统文化热)'을 촉발했다. 다른 한편으로 민족 존엄과 독립의 시각에서 볼 때 미국은 여전히 중국을 서구화시키고 또 분열시키려

는 존재로서 의구심과 심지어 증오의 대상이었다.[31]

1990년대 초 보수파가 권력을 장악하면서 중국에서는 미국의 의도에 대한 경계가 강화되었다. 천안문 사태에 대한 미국 언론의 집중적인 보도와 미국이 동맹국을 동원하여 가한 제재를 목격하면서 중국의 정치체제를 평화적 방식으로 변화시키려 한다는 의구심이 힘을 얻었다. 미국의 관여와 관련해서도 상호의존의 창출이라는 경제적 수단을 활용하여 중국을 변화시키려는 시도라는 경계심이 제기되었다. 즉, 미국이 중국과의 경제적 연계를 형성함으로써 경제적 이익을 촉진하는 외에도 국제규범과 가치를 수용하도록 압박함으로써 중국을 변화시키려 한다는 의구심이었다.[32] 이는 보수파가 미국을 중국의 체제를 위협하고 또 성장과 부상을 제약하려는 존재로 인식하고 경계했음을 의미한다.

이러한 인식은 다시 민족주의를 강화했다. 1990년대 들어 중국에서는 전통과 문화에 대한 관심을 지칭하는 '국학열(国学热)'이 기존의 전통문화열을 대체하기 시작했고, 현대화 모델로서의 미국의 매력은 크게 약화했다.[33] 이와 함께,『노라고 말할 수 있는 중국(中国可以说不)』의 출간에서 단적으로 드러나듯, 미국과의 관계 안정을 강조하는 외교정책을 매국이자 투항외교로 비판하는 민족주의가 힘을 얻었다.[34] 민족주의자들은 대만을 지원하는 미국을 주적으로 규정하고 대만을 수호하기 위해 전쟁도 불사해야 한다는 강경론을 제기하기도 했다. 또 일부에서는 미국과의 군사력 격차가 여전히 크기에 당장 미국과 대결하기는 어렵겠지만, '경제전'과 '정보전' 등 비대칭적 방식을 통해 미국을 점진적으로 쇠퇴시켜야 한다는 주장을 제기하기도 했다.[35]

이처럼 민족주의가 강화되면서 미국이 이념, 정치체제, 그리고 가치를 확산시키려는 패권적 행위자이고 따라서 장기적 위협이라는 인식이 힘을 얻었다.[36] 이러한 인식은 이 시기 미국이 민주주의를 확장하려 시도하고 또 유엔의 승인 없이 코소보에 군사적으로 개입한 사실 등에 의해 더욱 강화되었다. 즉, 미국이 인권과 '보호 책임'을 내세워 전통적 주권개념을 압도하려 시도한 것이 중국의 의구심을 강화시킨 것이다. 민족주의자들은 인권 보호를 위해 경제제재나 군사적 행동을 감행하는 미국의 행위가 중국 체제에 위협을 제기할 가능성을 우려했고, 이를 내정간섭이자 주권 원칙에 대한 위반으로 간주했다.

이들은 미국이 이처럼 타국의 국내 정치에 간섭하는 것은 궁극적으로 자신의 패권을 유지하기 위한 시도라고 간주했다. 즉, 미국의 행위는 중국을 위시한 새로운 세력의 부상을 제어하려는 패권적 행위라는 인식이었다. 구체적으로 미국은 대만의 독립뿐 아니라 티베트와 신장의 독립을 지지함으로써 중국을 분화시키고 약화하려 드는 것으로 제시되었다. 1999년 베오그라드 주재 중국대사관을 폭격한 것과 같은 우발적 사건 또한 미국이 중국의 부상을 환영하지 않는다는 인식을 확산시켰다. 이는 중국이, 월트의 지적처럼,[37] 미국의 제어되지 않는 힘과 그에 따른 일방주의에서 두려움을 느꼈음을 의미한다.[38]

물론 중국은 공식적으로는 이러한 민족주의적 주장을 표방하지 않았다. 이는 이러한 선언이 가져올 파급효과를 경계했기 때문이었다. 대신에 중국은 국제적 이슈나 한반도 문제에서 자신의 도움을 필요로 하는 사실을 활용하여 미국과의 관계를 유지하려 들었다. 또한 중국이 국제무대에서 책임 있는 역할을 하는 것을 미국이 수용하고 장려하려 한다는 사실도 부각했다. 따라서 이 시기 미국 패권에 대한 중국의 경계는, 현실주의가 주장하는 것처럼 기존 국제질서를 전복하려는 의도를 반영하기보다, 당이 권력을 독점하는 정치체제를 유지하려는 시도를 반영했다고 할 수 있다.

### 자율성 추구

미국의 패권에 대한 우려와 경계에서 중국은 자율성을 강조하고 추구했다. 즉, 중국은 한편으로 미국과의 관계를 안정시키려 추구하면서도 동시에 다양성을 내세워 자신의 독자성을 확보함으로써 미국의 간섭과 개입을 차단하려 들었다. 이 점에서 다양성과 자율성에 대한 강조는 중국이 미국의 변화 요구를 수용하지 않으려 들었음을 의미한다. 이러한 중국의 시도는 다극화와 '화이부동(和而不同)'에 대한 강조 등 다양한 형태로 계속해서 표출되었다.

**다극화**  미국의 패권을 우려한 중국은 다극화를 강조했다. 다극화는 미국 중심의 국제적 세력 구조가 중국을 포함한 여러 강대국으로 분산되고 있음을 부각하고 또 추구하려는 선호를 반영했다. 탈냉전 초기 다극화는 국제체제의 세력 구조를 규정하기 위한 개념으로 제기되었다. 즉, 탈냉전으로 인해 국제적 세력 구조가 분산되고 있다는 중국의 판단을 반영했다. 그러나 이후 다극화는 점차 전략적 목표로서의 성격을 띠게 되었다. 그 어느 경우든 다극화는 미국의 일방적 우위를 완화함으로써 패권에 대응하고 또 자율성을 확보하려는 중국의 선호를 반영했다.

1992년에 개최된 14차 당대회 보고에서 장쩌민 주석은 세계가 다극화를 향해 나아가고 있으며 이러한 추세는 패권주의를 약화하고 제어하는 데 기여할 것이라고 규정함으로써 다극화 주장을 제기했다. 다만 그는 새로운 구조의 형성이 장기적이고 복합적 과정이 될 것이라고 지적함으로써 다극화에 시간이 걸릴 가능성을 열어 두었다.[39] 이후 중국은 한동안 세계질서의 다극화가 진전되고 있다는 입장을 견지했다. 가령, 1998년 8월 9차 해외 주재 공관장 회의(使节会议)에서 장 주석은 다극화 추세가 모든 층차와 영역에서 진전되었다고 규정했다. 비록 그가 미국이 단극 세계를 건설하여 세계를 지배하려 한다고 지적함으로써 다극화에 시간이 필요하다는 입장을 계속해서 견지했음에도 불구하고, 다극화 추세의 진전을 강조한 셈이다.[40]

중국은 다극화를 구현하기 위해 러시아와 프랑스 등 다극화를 선호하는 다른 주요 국가들과 연대하려 들었다. 이는 국력이 열세인 상황에서 연대를 통해 미국의 행위를 제어하려는 시도를 반영했다. 그러나 이것이 곧 중국이 미국과 본격적으로 대결하려 들었음을 의미하지는 않는다. 미국이 압도적 힘의 우위를 유지하는 현실이 중국의 행위를 제약했다. 미국의 우위가 반미 연대의 작동 가능성에 제약을 가했고, 경제발전에 집중할 필요성 또한 중국이 미국의 패권적 행위에 대응하기 위해 자원을 동원하는 내적 균형을 추구하는 것을 제약했다. 현실적으로 중국은 미국의 행위를 경계하면서도 동시에 경제발전을 위해 미국과의 관계를 안정시켜야 하는 모순적 상황에 처했다.

나아가 1999년 코소보 사태를 계기로 중국에서는 다극화에 대한 반론이 제기되었다. 그동안 다극화 가능성을 강조했던 전문가들 사이에서 코소보 사태로 미국의 패권적 지위가 공고하다는 사실이 확인되었고 따라서 다극화에 장애가 존재한다는 주장이 힘을 얻었다. 한 전문가는 미국이 한동안 공격적 외교와 군사정책을 뒷받침하기에 충분한 힘을 유지할 것이라고 주장했다.[41] 이와 함께 엄청난 힘을 지닌 미국이 오만하고 공격적으로 행동함으로써 중국과 여타 사회주의 국가를 봉쇄하고 또 자신의 정치체제와 가치를 확산시킬 가능성에 대한 우려도 제기되었다.[42] 이러한 판단과 함께 다극화는 중국이 추구해야 할 외교전략의 기조이자 장기적 과제로 다시 규정되었다. 1999년 말 장쩌민 총서기는 다극화 추세가 계속해서 발전하고 있다고 규정하면서도 다극화 구조의 최종적인 형성은 장기간에 걸친 복잡한 투쟁 과정이 될 것이라고 지적함으로써 그 실현에 장애가 있음을 인정했다.[43]

2000년대 들어 미국과의 관계가 개선되기 시작한 이후, 중국은 한동안 다극화를 강조하거나 미국의 패권에 대한 비판을 자제했다. 대표적으로 탕자쉬안 외교부장은 2002년 다극화가 세계화와 병행적으로 전개되고 있으며, 또 다극화 과정에 곡절이 있을 것이라는 입장을 밝혔다.[44] 물론 이것이 곧 미국의 패권에 대한 경계가 사라졌고 그 결과 다극화를 포기함을 의미하지는 않는다. 미국의 패권에 대한 우려는 중국이 반테러 전쟁을 이용하여 미국과의 관계를 개선한 이후에도 한동안 제기되었다. 즉, 미국이 반테러 전쟁을 활용하여 유라시아 대륙에서 우위를 확보하려 할 가능성에 대한 우려였다.[45] 그러나 미국의 패권적 지위에 대한 현실적 인식이 강화됨에 따라 국제질서에 도전하는 것이 무모하다는 주장이 힘을 얻었고,[46] 다극화에 대한 강조도 약화되었다.

이처럼 완화되기는 했지만, 중국이 다극화를 강조하고 추구했다는 사실은 대미 타협에 한계가 존재함을 보여주었다. 즉, 미국과의 관계 안정을 추구하면서도 동시에 미국 패권에 대한 의구심을 버리지 못한 것이었다. 이는 미국이 힘의 우위를 이용하여 체제를 위협할 가능성에 대한 중국의 경계를 반영했다. 이러한 경계는 관여를 통해 중국의 변화를 추구하려는 미국의 시도와 분명하게 대비되었다. 미국의 패권을 경계하고 또 완화하려는 중국의 의지는, 비록 시기적으로 부침을 경험하기는 했지만, 근본적으로 사라지지 않았다.

**화이부동** 자율성에 대한 강조를 통해 미국과의 차이를 유지하려는 시도는 2000년대 들어서도 계속해서 이어졌다. 다만 이 시기 이러한 시도는 미국의 우려를 해소하려는 조치와 병행적으로 전개되었다는 점에서 다극화 시도와 차이를 보였다. 그 대표적 사례가 '조화를 추구하되 따라 하지 않는다'는 의미의 화이부동을 국가 간 이견과 갈등을 해결하는 방법으로 제시한 것이었다. 2002년 장쩌민 총서기가 미국 방문에서 화이부동을 외교이념으로 제기한 이후,[47] 원자바오 총리 또한 다음 해 하버드 대학에서 행한 연설에서 평화적 부상과 함께 "화이부동의 시각에서 국제문제를 관찰하고 처리하는 것이 국제사회의 갈등을 해소하는 데 유리하다"고 강조했다.[48] 이는 미국과의 조화를 추구하면서도 동시에 차이를 유지하려는 의도를 밝힌 것이었다.

중국의 전문가들은 다양성을 존중함으로써 천편일률을 배격하는 동시에 차이에도 불구하고 충돌하지 않는 것을 화이부동의 본질이자 핵심으로 제시했다. 즉, 다름을 인정하되 그로 인해 충돌하지는 않을 필요성을 제기했다는 지적이다. 따라서 이들은 중국이 화이부동을 제기한 것은 패권을 추구하는 국가와 갈등이 발생할 때, 자국의 입장을 견지하려는 의지를 표명한 것이었다고 규정한다. 다시 말해 미국과의 차이를 유지하고 인정받으려는 의도를 반영했다는 주장이다.[49] 다른 전문가 또한 화이부동을 제기한 것을 평등과 포용의 정신에 따라 공통점을 찾되, 맹목적으로 따라가지 않고 자신의 의견을 제시하려는 의지를 표출한 것으로 해석했다.[50]

실제로 이후 중국은 미국과의 관계에서 자신의 입장을 제기하고 견지하려는 의도를 이어갔다.[51] 가령, 후진타오 주석은 2006년 4월 미국의 정치계와 매체들이 환율, 지재권, 무역역조 문제 등을 들어 중국을 비판하는 상황에서 진행된 미국 방문에서 화이부동을 내세워 문명의 다양성을 강조함으로써 미국과 차이를 견지했다.[52] 이는 미국이 보편성을 강조하는 상황에서 다양성을 강조함으로써 자율성을 확보하고 유지하려는 노력을 반영했다. 이처럼 양국이 각자의 입장을 견지함에 따라 이견이 지속되었다.

## 지속되는 이견

### 대만

미중 사이의 이견은 대만 문제를 둘러싸고 가장 분명하게 나타났는데, 이견은 때로 위기로 이어지기도 했다. 중국은 기본적으로 대만 문제를 내정으로 간주하여 미국의 개입을 차단하려 들었다. 이는 미국이 암묵적으로 대만의 독립 움직임을 조장함으로써 통일이라는 목표를 달성하는 데 장애를 초래할 가능성을 우려했기 때문이다. 이에 따라 중국은 대만에 대한 주권을 주장하며 대만에 대한 무기 판매에 반대하고 또 군사 현대화를 통해 미국의 개입 가능성에도 대비하려 들었다. 동시에 중국은 가능한 경우 미국과의 관계 개선을 통해 대만의 독립 움직임을 차단하려는 정반대의 시도도 병행했다.

반면에 미국은 대만 문제를 전략적 시각에서 접근했다. 냉전기 대만을 불침항모에 비유했던 사례에서 드러나듯, 미국은 대만을 동아시아의 중요한 전략자산으로 간주했다. 중국의 부상과 함께 대만에 대한 흡수통일을 방지하는 것이 중국의 힘을 제어하는 데 기여할 것이라는 판단은 더욱 강화되었다. 여기에 더해 대만을 보호하는 것은 지역 동맹국들에 미국이 안보 공약을 성실하게 준수할 것이라는 믿음을 심어주는 데도 기여했다. 이에 따라 미국은 공식적으로 하나의 중국 정책을 천명하면서도 중국에 대만 문제를 평화적 방식을 통해 해결할 것을 촉구했다. 이와 함께 미국은 대만이 독립을 추구하고 이로 인해 중국과의 긴장이 제고될 가능성도 경계했다. 이 시기 미국은 전략적 모호성을 유지함으로써 이러한 목표를 동시에 달성하려 들었다.

이러한 양국의 입장 차이로 인해 대만 문제를 둘러싼 이견이 계속해서 이어졌다. 우선, 양국은 대만에 대한 미국의 무기 판매를 둘러싸고 이견을 보였다. 미국의 역대 대통령들은, 대만관계법(TRA)에 따라, 대만에 대한 무기 판매를 이어갔다. 부시 행정부가 1992년 150대의 F-16 전투기 판매를 결정했고, 클린턴 대통령 또한 취임 첫해 200기의 패트리엇(Patriot missile) 미사일 판매를 결정한 데 이어

여러 차례에 걸쳐 추가적인 무기 판매를 승인했다. 이러한 무기 판매에 대해 중국이 1982년 합의한 8.17 공동성명에 대한 위반이자 중국을 봉쇄하려는 시도라고 반발함에 따라 갈등이 이어졌다.

대만 문제를 둘러싼 양국 간 갈등은 1995년 리덩후이 대만 총통의 비공식 방미를 계기로 위기로 이어졌다. 리 총통이 자신의 미국 모교인 코넬대학 방문을 추진했고, 미국 의회의 압박에 직면한 클린턴 행정부가 5월 17일 비자를 발급했다. 비록 클린턴 행정부가 리 총통 개인 자격의 방문이며 중국에 대해 전면적 관여를 추구한다는 사실을 강조함으로써 사태가 확산하는 것을 차단하려 시도했지만, 중국은 5월 26일로 예정되었던 츠하오텐 국방부장의 미국 방문 연기를 선언하며 압박했다. 이후 6월 리 총통이 미국을 방문하자 중국은 항의의 표시로 주미대사를 소환했고, 양국관계는 수교 이후 최저점에 도달했다.[53]

그러나 대만을 둘러싼 미중 갈등은 여기서 그치지 않았다. 이후 리덩후이 총통이 독립을 추구할 가능성을 암시함으로써 한 걸음 더 나아가자 중국은 미사일 발사 시험으로 대응했다. 이와 관련하여 중국에서는 지도부가 대만이 독립을 선언하거나 외부세력이 대만 문제에 개입할 경우 무력을 사용할 것이라는 의지를 보여주려 한 것이라는 해석이 제기되었다.[54] 이러한 중국의 행동에 대응하여 미국이 두 척의 항모를 대만해협에 배치함에 따라 미중 사이에 군사적 충돌이 발생할 수 있는 위기가 촉발되었다. 이 과정에서 미중 양국은 대만 문제와 관련하여 강렬한 수사를 주고받았다. 이러한 갈등에도 불구하고 양국 모두가 군사적 충돌을 회피하려 시도했고, 2장에서 논의한 것처럼, 결국 대만해협 위기는 양국관계를 전환하는 계기가 되었다. 특히 미국의 정책계를 중심으로 중국과의 전략적 이해에 도달할 필요성에 대한 인식이 증대되었고, 클린턴 행정부는 대만해협 위기를 계기로 중국과의 전략대화로 정책의 초점을 이전시켰다. 이 과정에서 클린턴 대통령은 1998년 6월 중국 방문에서 대만 문제와 관련한 3불 입장을 천명하기도 했다.

이러한 타협에도 불구하고 대만 문제는 계속해서 양국 간 현안으로 남았고 또 수시로 부각되었다. 그 대표적 사례로 2001년에 취임한 부시 대통령이 대만 문제와 관련한 전략적 모호성을 변경하려 시도했던 것을 들 수 있다. 취임 초 중국과의 정찰기 충돌사건이 발생한 상황에서 그는 중국이 침공할 경우 군사력 사용을 포함하여 대만 방어에 필요한 모든 조치를 취하겠다는 강경한 입장을 표명했고,[55] 이는 대만 문제와 관련한 입장을 변경시키려 한다는 중국의 의구심을 자극했다. 또한 부시 행정부는 2002년 1월 의회에 제출한 핵 태세 검토 보고에서 중국과 대만 간에 분쟁이 발생할 경우 중국에 대해 핵무기를 사용할 수 있다고 지적하고, 핵무기 사용 가능성을 증대시키기 위해 소형 핵무기 개발의 필요성을 제기했다.[56]

부시 행정부는 이후 반테러 전쟁에 대한 중국의 협력을 얻기 위해 천수이벤 총통이 제기한 대만의 지위에 관한 국민투표에 반대함으로써 입장을 전환했다. 파월 미국 국무장관이 대만의 독립을 지지하지 않는다고 밝힌 데 이어 부시 대통령도 중국에 의한 것이든 대만에 의한 것이든 모든 일방적 현상 변경 시도에 반대한다는 입장을 표명했다.[57] 이러한 상황에서 중국은 2005년에 국가분열대응법(反分裂国家法)을 제정하여 대만이 독립을 추구할 경우 "주권과 영토를 보전하기 위해 비평화적 수단과 기타 필요한 조치를 취할 것"을 선언했다.[58] 이처럼 양국이 이견을 좁히지 못함에 따라 대만 문제를 둘러싼 이견은 양국관계를 제약하는 요인으로 남았다.

### 인권

인권 문제는 탈냉전 초기 미중 이견의 초점이었다. 미국이 중국에 인권 상황을 개선할 것을 압박했고 중국은 주권과 내정 불간섭 원칙을 내세워 반발했다. 또 미국이 종교, 출산, 그리고 정치적 표현과 권리 등 인권을 포괄적으로 정의한 반면에 중국은 생활 수준 제고라는 경제적 측면을 부각함으로써 인권 개념을 둘러싸고도 이견을 이어갔다.

양국 사이에 인권 문제가 본격적으로 부각한 것은 1989년 천안문 사태 이후였다. 천안문 사태를 계기로 미국 의회와 시민사회가 중국의 인권 문제를 제기하며 최혜국 대우를 활용하여 중국에 압박을 가할 것을 요구했지만 부시 행정부는 이를 거부했다. 그러나 1992년 대선에서 중국의 압박에 굴복했다며 부시 대통령을 비판하며 당선된 클린턴 대통령은, 2장에서 지적한 것처럼, 취임 직후 최혜국 대우를 인권 문제와 연계시키는 행정명령을 통해 정치범, 옥중노동, 국제적십자사의 인권사찰 수용 등의 문제를 해결하려 시도했다. 인권 문제 개선은 클린턴 행정부가 관여를 통해 달성하려 한 중국에 대한 형성 시도의 중요한 부분이었다.

클린턴 행정부는 중국의 인권 문제에 대한 압박을 이어갔다. 그 하나의 사례로 베이징 올림픽 유치 시도를 좌절시킨 것을 들 수 있다. 1993년 베이징시가 2000년 하계 올림픽을 개최하겠다고 신청하자, 미국 내 일부 인권단체가 반대 입장을 표명하고 미국 의회도 유치에 반대하는 결의안을 통과시켰다. 이러한 상황에서 클린턴 행정부는 중국의 인권 상황을 이유로 베이징 올림픽 유치 신청에 대한 반대 움직임을 주도했고, 중국의 시도는 결국 좌절되었다.[59] 또한 클린턴 대통령은 1997년 미국을 방문한 장쩌민 주석에게 중국의 반체제 인사 명단을 건네고 석방할 것 촉구하기도 했다.[60] 다음 해 중국 방문에서도 그는 텔레비전으로 생중계된 기자회견을 통해 중국이 인권을 존중하지 않고 민주주의와 자유를 허용하지 않는다고 비판하며, 광범위한 개인적 자유와 정치적 표현은 21세기 국제사회에 진입하기 위해 치러야 하는 대가라고 규정했다. 이러한 비판에 대해 장쩌민 주석은 국가별 차이를 들어 반박함으로써 미국과의 대등한 지위를 과시하고 또 최고지도자로서의 위상을 확보하려 시도했다.[61]

중국은 인권과 관련한 미국의 압박에 대해 의구심을 보였다. 중국은, 한 전문가가 지적하듯,[62] 상황이 더욱 심각했던 1970년대에 인권 문제를 중요하게 다루지 않았던 미국이 상대적으로 개선된 탈냉전기의 인권 상황을 문제 삼는 것은 전략적 고려와 밀접하게 연계된 것이라고 인식했다. 구체적으로, 중국은 인권에 대한 압박을 내정간섭을 통해 정치체제를 평화적으로 변화시키려는 시도이자 중국의 지위와 힘을 제약함으로써 국제적 주도권을 공고화하려는 미국의 시도로 간주했다. 다시 말해 미국이 패권을 유지하고 확장하기 위해 중국의 인권 문제를 활용한다는 인식이었다.[63]

이러한 우려에 따라 중국은 주권을 내세워 미국의 압박에 대응하려 들었다. 가령, 1991년 3월 첸치첸 외교부장은 주권국가가 인권에 관한 국제협약에 참여할 것인지의 여부를 선택할 수 있는 권한을 지닌다는 사실을 들어 주권이 인권에 우선한다고 주장했다. 또 그는 일부 국가가 자신의 기준을 다른 국가에 강요할 수 없다는 주장을 통해 미국의 인권 압박도 거부했다.[64] 여기에 더해 중국은 1991년부터 수차례에 걸쳐 인권백서를 발간함으로써 중국의 인권 상황에 문제가 없다는 국제적 이미지를 창출하고 또 인권은 주권에 속한다는 입장도 강조하려 들었다.[65]

인권을 둘러싼 양국 간 이견은 국제기구에서도 표출되었다. 클린턴 행정부 출범 직후인 1993년 2월 유엔인권위원회(2006년 유엔인권이사회로 개편)에서 미국 대표는 서면 성명을 통해 중국 인권 상황을 비판하고 결의안을 채택할 것을 제안했다.[66] 다음 해인 1994년 클린턴 행정부가 인권과 교역 사이의 연계를 해제했지만, 국제기구에서 중국의 인권을 비판하려는 시도는 계속해서 이어졌고 그 결과 양국은 여러 해 동안 유엔인권위원회에서 결의안 채택을 둘러싸고 격렬한 투쟁을 전개했다. 그러나 이 시기 미국이, 1998년을 제외하고, 매해 비판 결의안을 제출했음에도 불구하고 1995년의 경우에만 투표에 부쳐져 부결되었을 뿐 다른 해에는 본 투표에 상정조차 되지 못했다. 이는 중국이 개발원조와 무역 기회 제공 등을 통해 개도국들의 지지를 확보하는 데 성공했기 때문이었다. 중국에 대한 비판 결의안을 채택하려는 시도는 2001년 미국이 유엔인권위원회에서 배제되면서 한동안 중단된다.[67]

이처럼 중국은 인권 문제와 관련하여 한편으로 미국과 갈등하면서도 다른 편으로는 미국의 요구를 부분적으로나마 수용함으로써 갈등을 완화하려 시도했다. 가령, 중국은 1996년 크리스토퍼 국무장관의 방문을 앞두고 천안문 사태의 주역 가운데 하나였던 왕단(王丹)에게 11년 형을 선고하는 동시에 미국으로의 망명을 허용했다. 이러한 조치에 호응하여 크리스토퍼 장관은 중국 방문에서 인권 문제를 논의하겠지만, 하나의 이슈가 미중관계를 지배해서는 안 된다고 밝혔다.[68] 또한 중국은 점차, 최소한 수사적으로는, 인권 개념을 수용하려는 모습도 보였다. 가령, 1997년에 개최된 중국공산당 15차 당대회 보고가 처음으로 '법에 의한 지배(依法治国)'를 통한 인권의 존중과 보호라는 문구를 포함했고,[69] 정치적 토론에 대한 제한을 완화하고 기층선거인 촌민(村民)선거와 '당내(党内) 민주' 도입 등 정치개혁의 움직임도 이어졌다. 여기에 더해 중국 정부는 1997년 유엔의 경제적·사회적 및 문화적 권리에 관한 국제규약(International Covenant on Economic, Social and Cultural Rights)에, 또 1998년에는 시민적 및 정치적 권리에 관한 국제규약(International Covenant on Civil and Political Rights)에 각각 조인했다. 이러한 중국의 조치에 호응하여 미국은 1998년 유엔인권위원회에서 중국의 인권에 대한 비판 결의안을 채택하려는 시도를 일시적으로 중단하는 타협적 자세를 보이기도 했다.[70]

여기에 더해 중국은 미국이 주창한 보호 책임도 부분적으로나마 수용하게 되었다. 영토주권, 유엔헌장, 내정 불간섭 등 베스트팔리아 원칙을 강하게 고집한 중국은 집단학살과 인간성에 대한 범죄를 방지하기 위해 국제적 개입을 허용하는 보호 책임 개념이 처음 제기되었을 때 주권을 침해할 가능성에 대한 우려 때문에 비판하고 반대했다. 그러나 중국은 이후 논의 과정에서 국가 중심성에 대한 강조를 통해 국제적 개입의 범위를 축소한 이후, 2005년 유엔세계정상회의에서 해당 국가의 동의하에 진행되는 민간인 보호를 위한 국가 중심적 보호 책임 원칙을 지지하게 되었다.[71] 이는 중국이 국제적 인권 규범에 대해 수용적으로 변화했음을 의미한다.

이러한 변화에도 불구하고, 중국은 여전히 인권 문제와 관련하여 미국과의 차이를 유지했다. 우선, 중국은 경제·사회적 권리가 정치적 자유보다 더 중요하다고 주장하며, 개혁개방을 통한 경제적 진전이 인권의 신장을 의미한다고 강조함으로써 미국에 반격을 가하려 들었다.[72] 또한 중국은 인권이 보편적이라는 입장에 점차 개방적으로 변화했지만, 서구 국가들이 인권 규범에 관한 해석권을 독점하거나 자신들의 가치와 기준을 중국에 강요할 수 없다고 반박했다.[73] 여기에 더해 중국 정부는 2000년부터 미국 국무부가 발표하는 연례 인권보고에 대응하기 위해 미국의 인권에 관한 보고서도 발표하기 시작했다.

이처럼 양국 간에 이견이 이어졌지만, 인권 문제는 현실적으로 양국관계에 커다란 영향을 끼치지 않았다. 출범 초기 중국의 인권 문제를 적극적으로 다루려 들었던 클린턴 행정부도 1994년 이후 인권 문제에 집중하기보다 중국과의 전략적 관계에 더 큰 초점을 두기 시작했다. 이는 실질적으로 미국의 대중 인권정책이 현실적 이익에 종속되었으며, 중국의 인권 상황을 개선하려는 미국의 노력이 수사를 따라가지 못했음을 의미한다.[74] 이처럼 미국이 중국과의 공동이익에 집중함에 따라 양국관계에서 인권 문제의 비중이 점차 감소했지만, 미국에서 중국 인권 문제에 대한 관심은 사라지지 않고 계속해서 제기되었고 또 여전히 강렬한 반중 정서를 야기하는 요인으로 남았다.[75] 가령, 2003-2004년 미국 내 인권단체들은 중국이 다르푸르 지역에서 인종 학살을 자행하는 수단 정부를 지지하고 있다고 비판하며 베이징 올림픽 개막식 불참 등의 수단을 활용하여 중국에 압

박을 가할 것을 요구했다.[76]

이처럼 미국이 공개적 비판과 경제적 제재, 그리고 조용한 외교 등 다양한 수단을 활용하여 압박을 가했지만 중국이 강력하게 반발한 결과 인권 문제와 관련한 미국의 압박은 명망가 반체제 인사의 석방과 같은 예외적 사례를 제외하곤 별다른 효과를 거두지 못했다. 대신에 인권 문제를 둘러싼 미국의 지속적인 압박은 미국에 대한 중국의 인식에 영향을 끼쳤다. 즉, 중국은 인권뿐 아니라 다른 이슈에 관한 미국의 압박마저도 중국을 약화하고, 봉쇄하려는 시도로 인식하게 되었다.[77] 비록 미국의 인권 압박에도 불구하고 미국과의 관계를 이어가려 들었지만, 인권 문제를 둘러싼 갈등은 미국과의 관계에 존재하는 한계를 인식하도록 작용했다.

군사

군사적 측면에서 양국 간 이견은 중국의 군사력 증강 시도와 이에 대한 미국의 경계라는 양상으로 표출되었다.

중국이 군사 현대화를 추진하게 된 직접적인 계기는 1991년의 걸프전쟁이었다. 미국이 정밀유도 무기와 선진정보 능력 등을 통해 단기간에 이라크 군대를 파멸시키는 것을 목격한 중국 지도부는 하이테크 무기의 거대한 위협 능력과 함께 이 분야에서의 중국군의 취약성을 자각하게 되었다. 즉, 미국과의 군사력 격차에 대한 자각이 중국에 군사 현대화를 추구하도록 작용했다. 전쟁의 양상이 핵전쟁과 같은 대규모 전쟁으로부터 선진기술을 동원한 단기적이고 지역적인 충돌로 이행했다고 판단한 중국 지도부는 1993년 첨단기술 상황에서의 지역충돌(高技術条件下的局部战争)에 집중한다는 새로운 군

사전략을 제시했다.[78]

1996년에 발생한 대만해협 위기는 중국의 군사 현대화 시도에 추가적인 동력과 방향을 제공했다. 미국이 항모 2척을 대만해협에 파견한 것을 계기로 중국은 군사적 열세를 다시 자각하게 되었고, 대만 문제에 대비하기 위한 군사적 수단을 강화하려 들었다. 초점은 유사한 위기가 발생할 때 미국의 군사적 개입을 억제하고 패퇴할 방법을 모색하는 데 집중되었다. 1997년 장쩌민 총서기는 2000년대 중반까지 이어질 3단계 군사 현대화 계획을 제시하고, 1997년부터 2010년까지 진행될 1단계에서 병력구조의 간소화를 통해 효율적 군 구조를 확립하고 또 하이테크 조건하 지역충돌에 대비하는 데 필요한 선진무기와 장비를 확보하는 것을 핵심적 과제로 제시했다.[79] 이러한 시도에서 그는 같은 해 개최된 15차 당대회에서 군 병력 규모를 50만 명 감축하겠다는 계획을 발표했다.

이후 중국은 2004년에 다시 정보화 상황에서의 지역전쟁 승리(打贏信息化条件下局部战争)라는 전략을 제기했다. 이는 정보화된 전쟁에 대비하기 위해 군사 작전의 모든 분야에서 정보화를 추구할 것을 강조한 것이었다. 장쩌민 주석은 정보화된 전쟁에서 승리할 수 있는 군대를 건설한다는 전략 목표를 실현할 것을 강조하며 일체화된 통합작전(一体化联合作战)을 새로운 주요 작전 형태로 제시했다. 이와 동시에 그는 군사적 대비의 초점을 정보화 상황에서의 지역전쟁에 집중시킬 것을 강조함으로써 중국이 여전히 주변에서의 충돌에 집중하려 듦을 제시했다.[80]

중국의 군사 현대화 시도는 국방비 증가에서 단적으로 확인된다. 1980년대 경제발전에 우선순위를 내주었던 중국의 국방비는 1990

년대 들어 본격적으로 증가하기 시작했다. 1992년 14%의 증가를 기록한 중국의 국방비는 이후 거의 매해 두 자리 숫자의 증가율을 기록했는데,[81] 1990-2005년의 경우 증가율이 연평균 15%를 기록했다.[82] 이에 따라 중국의 국방비는 2008년 588억 달러를 기록함으로써 프랑스와 영국을 추월하여 세계 제2위에 올랐다.[83] 한편 미국에서는 중국의 실제 국방비가 공식 발표보다 훨씬 클 것이라는 평가가 제기되었는데, 미국 국방부는 2003년 중국의 실제 국방비가 공식 국방비보다 3배가 더 많은 650억 달러에 달했다고 평가했다.[84]

국방비 증가를 통해 중국은 1990년대 초반 이후 장비 개선을 추진했다. 1990년대 군사력 증강의 초점은 대만 문제에 대응하기 위한 역량을 확보하는 데 집중되었다. 중국은 이 시기 개선된 러시아와의 관계를 활용하여 현대적 무기와 장비를 확보하려 시도했다. 구체적으로, 중국은 1991-92년 처음으로 러시아에 킬로(Kilo)급 잠수함과 Su-27기를 주문했고, 수상함, 탄도미사일, 핵 능력 현대화 노력도 개시했다. 대만해협 위기가 발생한 이후에는 반접근 지역 거부(A2AD) 능력의 중요성을 자각하고 잠수함과 미사일 등 비대칭 전력을 확보하는 데 주력했다. 이 시기 중국은 러시아로부터 킬로급 잠수함, 지대공 미사일, Su-27기 등을 추가로 구매했는데, 이때 구매한 무기 체계들이 A2AD 능력의 토대를 형성한다.[85]

중국은 A2AD 능력의 증강을 통해 미국이 중국 근해를 항행하고 통제하는 것을 거부함으로써 완충지대를 확보하려 들었는데, 이러한 노력은 2000년대 들어 더욱 강화되었다. 2000년대 초반 중국은 매년 15억 달러에서 20억 달러 정도의 무기를 러시아로부터 구매했다. 여기에는 전략 미사일, 중거리 미사일 뿐 아니라 272대의 Su-

27(이 가운데 200대는 중국에서 생산), 80대 가까운 Su-30, 2척의 소브 레메니(Sovremmenny)급 미사일 구축함, 8척의 킬로급 디젤 잠수함 등이 포함되었다. 아울러 중국은 자체 생산한 무기들도 배치하기 시작했다.[86]

2006년경에 접어들면서 A2AD 능력 강화와 관련하여 진전이 발생하기 시작했다. 중국은 Su-27이나 J-10, 단거리 탄도미사일과 크루즈 미사일 등을 통해 국경 밖에 위치한 목표에 대한 타격 능력을 확보하기 시작했다. 또한 러시아로부터 S-300PMU를 포함한 선진 지대공 미사일을 획득함으로써 방공망도 강화했다. 여기에 더해 뤼양2(旅洋II)급, 루저우급 함정 등 미사일 구축함을 배치하기 시작했고, 또 러시아로부터 구입한 다양한 대함 미사일과 항공모함을 겨냥한 중거리 탄도미사일도 실전에 배치하기 시작했다.[87] 이러한 전력들이, 1990년대부터 취득한 전력과 합쳐지면서, A2AD 능력을 강화시켰다.

이처럼 중국은, 미국의 한 군사 전문가가 지적하듯, 새로운 장비를 확보하는 데 상당한 진전을 이뤘다. 그러나 이러한 진전에도 불구하고 이 시기 중국군은 능력과 기술 면에서 미국에 최소한 20년 이상 뒤진 것으로 평가되었다. 특히 중국은 국경을 넘어 힘을 투사하는 데 필요한 수송과 보급 능력을 결여했고, C4I와 정찰 탐지 능력에서도 취약성을 드러냈다. 이러한 취약성으로 인해 중국군이 군사적 도전을 제기하거나 미국 본토에 대한 직접적 위협을 제기할 우려는 크지 않은 것으로 평가되었다.[88] 또한 이 시기 중국의 국방비가 계속해서 증대했지만, 정부예산 증가 수준에는 미치지 못했다.[89] 이는 중국이 여전히 경제발전에 집중했으며, 따라서 군사 현대화가 본격적으로 추진되지는 않았음을 의미한다.

미국은 중국이 국방 현대화를 개시한 1990년대 초부터 국방비와 군사력 발전 추세에 주목하고, 군사력 증강과 국방정책의 투명성 결여를 비판하기 시작했다. 특히 미국의 군부를 중심으로 중국의 국방비 증가가 정상적인 필요성을 넘었으며, 따라서 대외적으로 군사력을 확장하려는 의도를 보여준다는 우려를 공개적이고 지속적으로 표출했다. 가령, 1994년 미 태평양 사령관은 의회 증언에서 중국이 국방 현대화의 속도와 범위를 계속해서 확대하고 있다고 지적하고, 투명성을 강화함으로써 주변 국가들에 방어적 시도임을 확신시킬 것을 촉구했다.[90] 이후에도 미국 국방부는 1996년 대만해협 위기와 2001년 EP-3 정찰기 충돌사건 등을 계기로 중국의 군사력 증강에 대한 경계를 표출했다.

이처럼 중국의 군사력 증강에 대한 우려가 제기되는 상황에서 미국 의회는 2000년 국방수권법을 통해 중국군의 역량과 전략에 관한 평가 보고서를 매년 제출할 것을 규정했다. 이에 따라 미국 국방부는 2000년부터 중국의 군사력에 관한 연례 보고서(The Military Power of the People's Republic of China)를 발표하기 시작했고, 이를 활용하여 중국의 군사력에 대한 우려를 지속적으로 표출했다. 이 시기 미 국방부가 발표한 연례 보고서는 중국의 국방비에 드러나지 않는 숨겨진 부분이 존재한다는 비판을 위시하여 다양한 우려를 표출했다. 가령, 2002년 보고서는 중국의 군사훈련이 미국을 적으로 상정한다고 지적했고, 2004년 보고서는 중국이 러시아로부터 킬로급 잠수함을 구입하는 등 잠수함 함대를 확장하고 업그레이드하고 있다고 지적했다. 2005년 보고서는 중국이 매년 100기 정도의 단거리 미사일 배치를 증강하는 등 군사 현대화가 매우 야심적이라고 규정하고, 향후 중국 지도자들이 이러한 힘을 활용하여 외교적 이득을 압박하거나, 안보 이익을 확보하거나, 분쟁을 해결하려는 유혹을 느낄 가능성에 대한 경계를 표명했다. 2006년 보고서는 중국이 대만해협에서의 군사적 존재를 확장했고 따라서 힘의 균형이 대륙에 유리하게 변화하고 있다고 지적했다.[91]

미국의 국방 지도자들 또한 중국의 군사력에 대한 경계를 표출했다. 가령, 럼스펠드 국방장관은 2005년 중국의 군사력 증강 시도가 공격적 의도를 보여준다고 규정했고,[92] 체니 부통령 또한 2007년 아시아 순방에서 중국의 군사력 증강이 평화적 부상이라는 목표와 부합하지 않는다고 지적함으로써 경계를 이어갔다.[93] 이러한 경계는 졸릭이 제안한 책임 있는 이해관계자 구상과는 결이 다른 것이었다. 이 시기 미국의 우려는 중국의 군사력 증대가 서태평양 지역에 대한 미군의 접근을 거부할 개연성에 집중되었는데, 이러한 우려는 A2AD 능력을 확보하려는 중국의 시도에 의해 촉발되었다. 중국이 아시아에서 미국을 구축하려들 가능성에 대한 우려는 미국의 전문가들에 의해서도 공유되었다.[94]

이처럼 미국이 중국의 국방 현대화에 대한 경계를 드러낸 반면에, 중국은 미국이 지배하는 지역의 안보 질서에 불만을 지녔다. 동아시아와 태평양 지역에서의 강력한 미국의 동맹체제가 중국을 포위할 가능성에 대한 우려였다. 이러한 사실은 중국이 1998년에 처음으로 발간한 국방백서에서 동아시아에 대한 미국의 군사적 주둔과 동맹체제가 지역에서의 중국의 이익에 위협으로 작용할 가능성에 대한 우려를 표명한 데서 확인되었다. 백서는 미국의 동맹체제가 탈냉전기 평화와 안보에 도움이 되지 않기에 해체해야 한다고 촉구했다.[95] 이러한 지적은 중국의 외교계통이 미국을 안심시킴으로써 관계를 안정시키려 시도했던 것과 차이를 보이며, 따라서 중국이 지역에서의 미군의 주둔이나 전략적 우위를 용납하지 않으려 한다는 미국의 의구심을 촉발했다.

경제

미중 양국 사이에 급속하게 증대된 경제적 상호의존은 양국 모두에 혜택을 제공함으로써 관계를 강화하도록 작용했지만, 동시에 이견과 갈등도 촉발했다. 특히 이견은 미국에 의해 집중적으로 제기되었다. 미국의 경제적 우려는 교역적자를 위시하여 일자리, 중국의 대미 투자, 그리고 중국의 독자적 혁신 시도까지 두루 포함했다.

교역적자, 지재권, 환율  이 시기 경제적 이견은 교역적자 문제에서 가장 분명하게 표출되었다. 1992년에 190억 달러로 일본에 이어 2위를 기록한 미국의 대중 교역적자는 2001년 중국이 WTO에 가입한 이후 더욱 급속하게 증대되었다. 미국 통계에 따르면,[96] 대중 교역적자는 2003년 1,240억 달러로 대일적자의 2배에 달했고 2005년에는 2,020억 달러를 기록하는 등 매년 20-30%씩 증가했다. 이처럼 교역적자가 급증함에 따라 미국에서는 중국의 불공정한 무역관행에 대한 비판이 제기되었다. 중국이 위안화 평가절하와 국내 제조업자에 대한 보조금 지불 등을 통해 미국 시장에 값싼 수출품을 덤핑하는 반면에 미국의 지재권을 보호하지 않음으로써 교역적자가 급증했다는 지적이었다. 이와 함께 미국의 정치인들을 중심으로 중국에 불공정한 무역관행을 시정하라는 요구가 제기되었다.[97] 이는 경제관계의 증대와 함께 무역마찰이 출현하고 확대됨을 의미했다.

이에 대해 중국은 교역적자 문제가 미국의 교역 제재 때문이라고 반박했다. 즉, 미국이 민감 기술 수출을 통제하기 때문에 교역적자가 발생했다는 주장이었다. 동시에 중국은 구매사절단 파견과 같은 일회성 조치를 통해 수입을 증대시킴으로써 보호주의 요구를 제어하고 대미 수출에 장애가 발생하는 것을 예방하려 들었다. 미국에서 중국에 대한 비판이 제기된 2003-2006년 사이 중국은 수차례에 걸쳐 구매사절단을 미국에 파견하여 항공기, 제트엔진, 자동차 부품 등의 구매 계약을 체결했다. 대표적으로 2006년 초 후진타오 주석의 방미를 앞두고 우이 부총리가 이끄는 200명 이상의 기업인으로 구성된 구매단이 미국을 방문하여 80대의 보잉기 구매를 포함한 107건 162억 달러 상당의 계약을 체결했다.[98] 이는 교역적자를 축소하려는 시도를 보여줌으로써 미국의 우려를 완화하려는 정치적 시도였다.

이러한 중국의 노력에도 불구하고 교역적자 문제는 근본적인 해결이 쉽지 않은 문제였다. 교역적자가 중국의 WTO 가입 이후 미국의 제조 기업들이 대거 중국으로 이전하면서 확대되었기 때문이다. 이 시기 중국의 대미 수출의 절반 이상이 미국 기업과 관련된 공장에서 생산된 것이었다는 사실은 적자 문제를 해결하기가 쉽지 않음을 웅변했다.[99] 또 대중 교역적자는 이 시기 동아시아와 세계경제구조에 발생한 중대한 변화를 반영한 것이기도 했다. 즉, 한국과 일본 등 동아시아 국가의 기업들이 중국에 진출하여 최종제품을 조립한 후 미국과 세계시장에 수출함으로써 중국의 대미 교역흑자를 증대시켰다. 그 결과 다른 아시아 국가들의 대미 흑자 비중은 감소했고, 중국을 포함한 아시아 국가 전체에 대한 미국의 적자 비중은 크게 변화하지 않았다. 가령, 2005년 대중 교역적자 2,020억 달러는 전체 교역적자의 26%로 1996년의 23%로부터 소폭 증가한 것이었지만, 같은 기간 다른 동아시아 국가들과의 적자 비중은 42%에서 18%로 감소했다.[100]

교역수지 문제는 미국에서 중국의 WTO 가입 공약의 이행 문제, 특히 지재권 미보호 문제를 제기시켰다. 중국이 WTO에 가입하기 이전부터 미국은 지재권을 보호하지 않음으로써 미국 기업들에 손해를 끼친다고 비판했고, 1995년에는 슈퍼 301조를 동원하여 중국을 압박함으로써 지재권과 관련한 합의를 도출하기도 했다.[101] WTO 가입을 계기로 중국이 지재권 보호를 위한 새로운 실행체제를 구축함에 따라 미국의 기대가 제고되었지만, 중국이 거대한 교역흑자를 기록하자 지재권 보호에 관한 WTO 합의 이행이 미진하다는 비판은 더욱 강화되었다. 가령, 미국 무역대표부(USTR)는 2006년 중국의 WTO 가입 공약 이행에 관한 보고서에서 중국이 관세 및 공식적 교역장벽 제거와 관련해서 진전을 보였지만 지재권 위반과 외국 기업에 대한 차별대우는 계속되고 있다고 적시했다.[102] 부시 행정부의 재무장관을 지낸 폴슨 또한 지재권 보호 문제를 교역적자의 원인으로 규정하고, 전략경제대화를 통해 다루려 들었다.[103]

교역적자 문제는 인민폐 환율 문제도 부각시켰다. 미국에서는 중국이 위안화 평가절하를 통해 미국에 수출을 밀어냄으로써 거대한 흑자를 거두고 있다는 비판이 제기되었다. 2003년경부터 미국의 기업과 노동자 단체를 중심으로 부시 행정부와 의회에 인민폐 환율의 평가절하 문제를 제기했고, 이와 함께 의회에서 중국을 압박하기 위한 법안들이 제기되기 시작했다. 이러한 움직임은 다시 부시 행정부에 위안화 환율 문제에 관심을 기울이도록 작용했다.[104] 미국의 위안화 환율 평가절상 압박과 관련하여 중국은 미국이, 1980년대 일본에 그랬던 것처럼, 중국경제를 불안정하게 만들려 한다고 간주하고 의구심을 보였다.[105] 이러한 의구심에도 불구하고 중국은 위안화 환율의 점진적 절상을 통해 상황을 관리하려 들었다.

부시 행정부는 환율 문제를 인식하면서도 이와 관련한 의회의 강경한 접근을 거부했다. 미국 재무부는 중국을 환율조작국으로 지정하는 것을 거부하는 대신에 전략경제대화를 통해 다루려 시도했다. 이는 대중 교역적자에 대한 미국 내 전문가들의 평가와 밀접하게 관련된다. 이들은 대중 적자가 과도하지 않으며 또 교역적자가 미국 제조업자들이 투자를 통해 미국의 경쟁력을 극대화하려 시도한 결과라고 평가했다. 여기에 더해 중국으로부터의 값싼 수입품이 인플레이션 압력을 완화하고, 하위와 중위 소득 소비자의 부담을 덜어주는 등 긍정적 작용을 한다는 평가도 제기했다.[106] 심지어 일부 전문가들은 미국이 중국과의 경제교류에서 매년 상당한 이익을 거둔다는 주장도 제기했는데, 구체적으로 매년 총액 기준 700억 달러, 그리고 가구당 625달러의 이익을 거둔다는 지적이었다.[107]

'중국 쇼크(China shock)' 많은 전문가들이 중국과의 경제적 연계를 긍정적으로 평가했지만, 미국의 일각에서는 경제적 연계가 초래한 충격에 대해 경계심을 보였다. 그 가운데 대표적인 것이 중국과의 경제관계가 미국의 제조업 일자리에 가한 충격이었다. 특히 중국의 WTO 가입으로 촉발된 미국 제조업자들의 중국 진출과 이어진 중국의 대미 수출 증가가 미국 제조기업의 쇠퇴와 일자리 감축을 가져왔다는 비판이 제기되었다. 미중 경제관계가 미국의 제조업과 고용에 끼치는 부정적 영향에 대한 우려는 부시 행정부 시기부터 본격적으로 제기되었는데, 후일 한 전문가는 이를 "중국 쇼크"라고 규정했다.[108]

중국 쇼크를 주장하는 전문가들은 미국 기업들이 중국과의 경쟁에서 패퇴했고 그 결과 미국의 일자리가 감소했다고 주장했다.[109] 중국의 WTO 가입 이후 한동안 미국의 제조업은 중국에 대한 수출을 증대시키기도 했지만, 오래 지나지 않아 상황이 역전되기 시작했다. 가령, 미국 내 자동차 회사의 경우에 짧은 호황을 경험한 후 2005년경부터 중국산 자동차 부품이 밀려들기 시작하면서 어려움을 겪었고, 같은 해 10월 미국 최대 자동차 부품회사 델파이(Delphi Corp.)가 파산을 신청하기에 이르렀다. 가구산업에서도 유사한 상황이 발생했다. 1994년 3%였던 중국산 가구의 점유율이 2002년 42%로 그리고 2005년 60%로 증대되면서 2001-2005년 사이 230개 가구공장이 폐업하고 55,000개의 일자리가 사라졌다.[110]

중국 쇼크는 중국에 대한 비판으로 이어졌다. 의회에서는 저가의 중국 수입품이 미국 제조업 일자리 감소로 이어진다는 주장이 제기되었고, 특히 제조업 중심지인 중서부 지역 출신 의원들은 중국의 불공정한 경쟁행위를 비난했다.[111] 그러나 경제학자들은 저비용 제품의 수입이 제조업 분야 기업과 노동자들에게 부정적 영향을 끼쳤지만, 제조업 일자리가 사라진 중요한 이유는 중국의 경제정책 때문이 아니라고 평가했다.[112] 일부 전문가들은 미국은 이미 국내적으로 생산을 중지한 제품을 중국으로부터 구매했을 뿐이며 따라서 제조업 일자리 감소는 중국이 국제경제의 주요 행위자로 등장하기 이전부터 시작되었다고 반박했다.[113] 폴슨 재무장관 또한 미국의 일자리가 감소가 중국에 대한 아웃소싱보다 자동화와 기술 발전 때문이라고 규정했다.[114] 다시 말해 일자리 감소의 원인을 중국과의 경쟁에 돌리는 것은 정치적 수사라는 평가였다.

**중국의 대미 투자와 미국의 경계** 2000년대 들어 중국이 해외진출(走出去)을 추진하기 시작하면서 중국의 대미 투자도 확대되기 시작했고, 그 결과 미국에 의해 일방적으로 주도되던 투자 관계의 양상에도 변화가 발생하기 시작했다. 이러한 중국의 투자 증대 또한 미국의 경계심을 촉발했다. 중국경제가 여전히 권위주의적 정부에 의해 통제된다는 사실이 중국의 투자를 경계하도록 작용했다.

2004년 12월 중국의 컴퓨터 회사 레노보(Lenovo)가 아이비엠 개인용 컴퓨터 부문을 17억 달러에 인수하겠다고 제안했고, 2005년 성공적으로 마무리함으로써 중국 기업의 미국 진출이 확대될 것임을 알렸다. 그러나 이러한 시도는 곧 반발에 직면했다. 중국의 대미 투자가 막 시작되는 상황에서, 이를 둘러싸고 미국에서 논쟁이 촉발되고 의구심이 표출된 것이다. 그 계기는 2005년 6월 중국해양석유공사(中国海洋石油公司)가 185억 달러에 미국 에너지 기업 유노컬(UNOCAL)에 인수를 제안한 것이었다. 이 제안은 쉐브론(Chevron)이 4월에 제안한 165억 달러보다 20억 달러가 더 높은 가격이었고, 유노컬은 8월에 주주들의 의결을 거치기로 계획했다.[115]

비록 이 시기 미국에 대한 중국의 투자가 막 시작되었고 또 중국의 유노컬 인수가 분명한 국가안보상의 위험을 제기하지는 않는다는 평가가 제기되기도 했지만, 미국에서 국익에 위험을 제기한다는 우려가 힘을 얻었다. 이러한 우려는 미국 의회에 의해 집중적으로 제기되었다. 6월 27일 하원 에너지·상업위원회(House Energy and Commerce Committee) 위원장이 부시 대통령에게 인수 시도가 미국의 에너지와 국가안보에 대한 명백한 위협이라고 우려를 표명하는 서한을 보냈고, 상원에서도 그래슬리(Charles Grassley) 의원 등이 중국해양석유공사의 인수가 중국 정부의 자금 지원에 의해 이뤄질 것이라고 주장하며 인수 시도가 중국의 WTO 공약을 위반한 것인지의 여부를 조사할 것을 촉구하는 서한을 보냈다. 여기에 더해 인수를 좌절시키기 위한 법안들도 제출되었다.[116]

미국에서 중국의 투자에 대한 우려가 제기된 것은 다양한 요인에 기인했다. 우선, 중국이 미국의 전략기술과 자원 분야에 투자하는 것에 대한 우려였다. 즉, 유노컬에 대한 투자가 미국의 전략자산과 기술의 안전을 위협할 수 있다는 우려였다.[117] 여기에 더해 대미 투자의 급속한 증대가 경제적 동기가 아닌 정부의 정책에 힘입은 것이라는 인식 또한 의구심을 가중시켰다. 중국의 주요 기업 대부분이 국가 소유이거나 또는 국가가 지분을 보유했고, 그 결과 국유 지분이 포함된 중국해양석유공사와 같은 중국 기업의 미국 기업 인수 시도가 미국의 경제와 국가안보 이익에 위험을 초래할 가능성에 대한 우려를 촉발했다.

그러나 일부 전문가들은 중국의 대미투자가 경제적 동기에 의해 추동되며, 따라서 더 많은 투자를 유도해야 한다는 반론을 제기했다.[118] 폴슨 재무장관 또한 중국은 이윤을 추구하고 있을 뿐이며 중국 국유기업과 국가자본의 투자에 대한 의구심은 근거가 없는 것이라고 규정했다.[119] 여기에 더해 미국이 중국과의 교역 불균형을 비판하고 있기에, 중국의 대미 투자를 허용해야 한다는 주장과 중국의 대미 투자가 미국의 부채 압력을 완화할 것이라는 주장도 제기되었다.[120]

이처럼 논란이 이어지는 상황에서 중국해양석유공사가 미국에서 생산한 원유와 가스를 미국에만 판매할 것이고 또 유노컬의 일자리 대부분을 유지할 것을 약속함으로써 제기된 우려를 해소하려는 시도를 전개하기도 했지만, 미국에서 정치적 반대가 계속해서 이어짐에 따라 8월 2일 인수 시도를 철회하겠다고 발표하기에 이른다.[121] 중국의 미국 기업 인수 시도와 좌절은 양국 모두에 상대와의 관계를 다시 생각하도록 작용하는 계기가 되었다. 미국에서는, 이 무렵 마이크로소프트(Microsoft)가 중국어 포털에서 민주주의나 인권과 같은 용어의 사용을 금지하라는 중국 정부의 요구를 수용한 것과 겹치면서, 경제관계뿐 아니라 중국과의 관계 전반을 다시 고려해야 한다는 주장이 제기되었다.[122] 중국에서도 미국과의 경제관계가 경제적 고려뿐 아니라 정치적 요인에 의해서도 영향을 받는다는 인식이 강화되었다.[123]

**중국의 독자적 혁신**(自主创新)  중국의 산업정책 또한 경제적 이견의 대상으로 부상하기 시작했다. 이는 이 시기 중국이 미국과 일본 등이 지배하는 선진 제조업 분야에서 진전을 이루기 위한 독자적 혁신을 추구하기 시작한 것과 밀접하게 관련된다. 2006년 중국 정부는 2020년까지 중국을 혁신국가로 탈바꿈하기 위한 야심적 과학기술 프로그램을 발표했다. 동 계획은 GDP의 2.5%를 연구개발비에 지출함으로써 경제발전에 대한 과학기술의 기여율을 60% 이상으로 높이는 반면에 외국 기술에 대한 의존은 30% 이하로 축소하려는 의도를 밝혔다.[124] 또한 동 계획은 독자적 혁신이라는 목표를 달성하기 위해 전략산업에 대한 국가의 지원 계획도 밝혔다. 실제로 중국은 이 무렵부터 전략산업 분야의 대형 국유기업을 '국가 챔피언'으로 육성하려는 시도를 전개했다. 이는 거대 국유기업을 육성함으로써 세계의 주요 기업과 경쟁할 수 있도록 하려는 시도이자, 세계적 기업에 대한 열망을 반영하는 것으로 중국의 민족적 자부심을 제고시키려는 노력이었다.[125] 이러한 계획은 후일 중국제조 2025로 불리는 산업정책의 토대가 되었다.

중국의 산업정책은 미국의 경계를 촉발했다. 미국 무역대표부는 2006년 보고서에서 중국 정부가 산업정책을 통해 경제발전을 추진하려 한다고 비판한 데 이어,[126] 다음 해 보고서에도 중국이 차별적 산업정책을 통해 중국 기업을 보호하려 한다고 비판했다.[127] 중국과의 경제관계에 비교적 낙관적이었던 폴슨 재무장관 또한 중국이 중국 기업을 육성하기 위해 외국 기업의 시장 접근을 제약하려 하며 이로 인해 오랫동안 경제관계를 옹호해온 미국 기업들의 우려가 증대되고 있다고 지적했다.[128]

이처럼 미국에서 중국과의 경제관계를 둘러싸고 우려가 전개되는 상황에서, 중국에서도 지분 일부를 외국 투자자에 매각하려는 일부 은행의 시도가 비판을 촉발하는 사태가 발생했다. 이후 중국 정부는 자본 설비 제조업의 지분을 매각할 때 정부의 사전 승인을 받도록 하는 규정을 발표했다.[129] 이러한 변화와 관련하여, 미국 시장의 중요성 하락을 반영한 것이라는 평가가 제기되었다.[130] 즉, 미국경제의 성장 추세 완화, 보호주의 증대, 환율 변화 등의 요인으로 인해 미국 시장의 중요성이 하락했고, 이에 따라 미국을 진지하게 대하려는 중국의 의지와 필요성도 줄어들었다는 지적이었다. 이처럼 양국 간 경제적 이견과 갈등이 제고됨에 따라 폴슨 재무장관 또한 한때 양국 관계의 접착제 역할을 했던 경제관계가 양국 간 긴장의 원인이 되었다고 규정함으로써 변화가 발생하기 시작했음을 인정했다.[131]

## 이견과 미중관계의 진전

미중 사이의 이견에 관한 이상의 논의는 양국 간 타협에 존재했던 한계를 보여준다. 비록 탈냉전기 타협을 통해 관계를 회복하고 또 확대했지만, 양국은 분명하게 다른 목표를 추구했다. 미국은 국제적 주도권을 유지하려 들었고, 그 결과 중국의 장기적 의도에 대한 경계를 이어갔다. 이에 반해 중국은 미국의 주도권을 경계하며 자율성을 추구하려 들었다. 이러한 차이는, 상호의존의 증대에 힘입어 양국 사이에 대화 기제가 형성되고 확대되는 상황에서도, 해소되지 않음으로써 타협의 한계를 설정했다. 미국이 대만, 인권, 군사, 경제 등 다양한 영역에서 중국을 압박하려 들었지만, 중국이 이러한 압박을 수용하길 거부함에 따라 이견이 이어졌다.

이처럼 이견이 지속됨에 따라 양국관계의 한계에 대한 지적이 제기되었다. 미국의 보수 진영에서는 미중 사이에 공동이익이 존재하지 않으며 양국관계는 실질적으로 정치, 경제, 군사 등 다양한 이견에 의해 규정된다는 주장이 제기되었다.[132] 중국에서도 이견이 양국 관계의 진전을 방해하는 것으로 제시되었다.[133] 여기에 더해 양국 간 이견이 경쟁으로 발전할 가능성에 대한 지적마저 제기되었다. 가령 샴보는 미중 양국이, 국력의 비대칭성에도 불구하고, 전략적 동반자가 아닌 전략적 경쟁자라고 규정했다.[134] 실제로 이 시기 제기된 이견은 후일 양국 간 경쟁을 촉발하는 요인으로 작용하기도 한다. 대표적으로 미국 제조업자들이 중국으로 이동함으로써 형성된 중국 쇼크는 후일 트럼프 후보가 반중 민중주의(populism)를 촉발하는 소재로 작용한다.

그러나, 최소한 이 시기에는, 이견이 양국관계의 진전을 제약하지는 않았다. 오히려 양국 모두가, 지속되는 이견에도 불구하고, 협력을 유지하고 또 확대하려 들었다. 양국관계를 주도한 미국은 국력의 우위에 대한 확신을 견지했다. 비록 중국이 고도의 경제성장을 기록하면서 중국 위협론이 제기되었지만, 미국은 중국의 부상이 심각한 위협은 아니라는 판단을 유지했다. 여기에 더해 미국경제가 완전고용을 유지하고 강력한 성장을 기록함에 따라, 중국이 거대한 시장이 될 것이라는 기대가 지배했다. 군사적으로도 중국의 현대화는 그 성공 여부와 파급효과가 여전히 불분명한 상태였다. 또한 중국이 경제발전에 초점을 집중함에 따라 증대된 힘을 미국을 위협하는 데 사용할 가능성도 크지 않은 것으로 간주되었다.

이러한 상황에서 관여를 옹호하는 세력들이 목소리를 높였다. 즉, 중국과의 관계에서 혜택을 보는 경제계를 중심으로 관계를 강화하라는 요구가 강화되었다. 부시 행정부 시기, 오바마 대통령이 회고록에서 지적하듯,[135] 미국의 기업과 주주, 농민, 그리고 월가까지 모두가 중국과의 관계를 옹호했다. 여기에 더해 미중 사이의 경제적 파열을 초래할 수 있다는 위험 또한 대중 강경론을 제약했다. 즉, 미국의 대중 보복이 양국 간 무역전으로 이어지고, 이것이 다시 미국과 세계경제에 충격을 가할 가능성에 대한 우려가 강경론을 제약했다. 이처럼 우위에 대한 자신감, 경제적 혜택, 그리고 마찰이 가져올 파급효과에 대한 우려와 같은 다양한 요인들이 작용한 결과, 미국은 중국에 대한 관여를 지속했다.

중국도 여전히 공동이익과 관계 안정을 강조했다. 이러한 사실은 1990년대 대만해협 위기와 대사관 폭격 이후 증대되었던 미국의 패권적 행위에 대한 비판이 반테러 전쟁을 계기로 관계 개선 가능성이 제기된 이후 감소한 데서 단적으로 확인된다. 이는 중국이 미국과의 갈등을 회피하고 계속해서 발전에 집중하려 들었음을 보여준다. 이러한 중국의 선택 또한 미국과의 국력 격차에 대한 인식을 반영했다. 1990년대부터 시작된 고속 성장에도 불구하고, 중국은 국력상의 분명한 열세를 의식했고 이에 따라 패권국과의 갈등이 확대되는 것을 경계했다.

이처럼 양국 모두가 이견을 관리하고 협력을 이어가려는 실용성을 견지함에 따라, 타협에 존재했던 한계가 미중관계의 진전을 근본적으로 제약하지는 않았다. 양국 간 이견이 이어지는 상황에서도 미중관계는, 3장에서 살펴본 것처럼, 계속해서 확장되었다. 이러한 사실은 2008년에 미국에서 발생하여 전 세계로 확산한 금융위기를 계기로 더욱 분명하게 드러난다.

제II부

# 복합성

제5장

# 세계금융위기와 협력의 확대

2008년 미국에서 발생하여 전 세계로 확산한 금융위기는 미중관계에 중대한 변화를 촉발하는 계기가 되었다. 세계금융위기는 한편으로 양국 사이의 경제적 상호의존의 심도를 분명하게 보여줌으로써 협력의 확대를 규정한 동시에 다른 한편으로 국력 대비에 관한 중국의 인식에 변화를 초래함으로써 경쟁도 촉발했다. 이에 따라 양국 사이에 협력과 경쟁 국면이 병존하는 복합적 관계가 형성되었는데,[1] 이러한 관계는 양국 사이의 대등성이 상대적으로 강화되었다는 점에서 탈냉전 초기 미국이 주도하던 관계가 변화를 경험하기 시작함을 상징했다.

세계금융위기로 인해 양국의 이익이 밀접하게 연계되어 있으며 서로 도울 수밖에 없다는 사실이 부각됨에 따라 미국과 중국은 직면한 위기를 극복하기 위해 협력했다. 미국의 오바마 대통령은 금융위기로 인한 경기침체 문제를 해결하기 위해 대선 과정에서부터 중국과의 협력을 거의 일방적으로 강조함으로써 중국을 비판했던 전임 자들과 차이를 보였다. 그가 후일 술회한 것처럼,[2] 1조 9천억 달러의 외환과 7,000억 달러 이상의 미국 국채를 보유한 중국을 파트너로 인식했기 때문이다. 취임 이후에도 오바마 행정부는 중국과의 전략·경제대화(Strategic and Economic Dialogue)를 출범시키고 또 전략적 보장(strategic reassurance) 구상을 제안함으로써 중국을 포용하려는 의지를 표출했다. 부시 행정부가 처음에 중국과의 대화를 전략대화로 부르는 것을 주저했고 또 이후에도 전략이라는 용어를 경제 분야에 한정시켰었음을 고려할 때, 이는 오바마 행정부가 중국과의 협력을 대폭 확대하려 들었음을 보여준다. 비록 취임 첫해인 2009년 말 중국 방문에서 구체적 성과를 거두지 못하고 귀국한 이후 중국에 대해 유보해두었던 일련의 공세를 전개함으로써 기대를 조정했음을 보여주기도 했지만, 오바마 대통령은 임기 내내 힘과 영향력을 확대하려는 중국의 시도를 대결이 아니라 관리의 대상으로 보고 외교적 방식을 통해 다루려 들었고 이러한 의도는 중국의 공세를 제어하기 위해 아태 재균형(rebalance)을 추진한 이후에도 계속되었다.

중국도 밀접한 상호의존으로 인해 미국에서 발생한 금융위기의 충격을 체감했다. 위기가 발생한 이후 대미 수출이 감소함으로써 실업문제가 악화하는 상황에서 중국은 금융위기에 함께 대응함으로써 미국이 경제적 어려움을 극복하는 것을 도울 필요성을 절감했다. 미국경제의 회복이 대미 수출을 촉진함으로써 경제성장률과 취업을 제고시킬 것이라는 기대에서 중국 지도부는 미국에 위기에 신속하게 대응할 것을 촉구하는 동시에 4조 위안에 이르는 거대한 경기부양 계획을 통해 경제를 회복하려는 노력도 진행했다. 아울러 중국은 이러한 협력과 공조를 혜택을 제공하는 것으로 인식하고 미국과의 관계에 활용하려 들었다.

이러한 의도에 힘입어 양국은 협력을 확대했다. 양국이 세계경제의 안정과 회복, 보호무역 반대와 자유무역 증진을 위해 협력함에 따라 경제협력은 세계금융위기 이후 미중관계를 지탱하고 강화하는 토대로 부상했다. 이렇게 시작된 양국 간 협력은 글로벌 거버넌스 개혁과 기후변화로 확대되었고, 군사적 영역에서의 교류도 확대되었다. 양국이 세계은행과 IMF 등 세계금융기구의 투표권 개정을 통해 중국의 지분을 확대하는 데 합의하고 또 기후변화와 관련하여 양자 간 협의를 통해 국제적 합의를 선도함에 따라 양국이 실질적으로 G2를 형성했다는 관찰이 제기되기도 했다.

그러나 이처럼 양국이 협력을 확대했음에도 불구하고, 양국관계는 세계금융위기를 계기로 복합적인 양상을 드러냈다. 세계금융위기를 계기로 미국이 다른 강대국들의 동의를 얻지 않고 국제질서를 주도하기 어렵다는 인식이 확산하는 상황에서 중국이 금융위기를 빠르게 극복하고 고도성장을 이어가면서 양국의 상대적 지위에 변화가 발생할 가능성이 제기되었다.[3] 이러한 상황에서 빠른 경제회복에 힘입어 자신감이 증대된 중국에서는 협력을 강조하는 오바마 행정부의 정책을 미국의 취약성을 반영한 것으로 이해했고, 그 결과 이익을 분명하게 표출하고 또 미국이 이를 인정해야 한다는 기대가 강화되었다. 이러한 중국의 기대는 시진핑 체제가 출범하여 대외적 자신감을 강조하면서 더욱 분명해졌고, 미국이 이를 중국 외교정책의 공세적 전환으로 인식함에 따라 양국 간에 경쟁의 국면이 점차 분명해졌다.

이처럼 세계금융위기 이후 한편으로 양국 사이의 협력이 더욱 확대되는 상황에서 다른 편으로 전략적 이견이 확대됨에 따라 미중관계는 협력과 경쟁을 동시에 체현하는 복합적 관계의 양상을 드러냈다. 물론 이는 양국 간 협력과 경쟁이 항상 동등한 비중을 차지했음을 의미하지는 않는다. 시기별로 협력과 경쟁 가운데 어느 한 측면이 더 부각되었는데, 어떤 측면이 더 드러나는가는 계속해서 변화했다. 이에 따라 양국관계에는 협력이 진행되다가 시간이 지나면서 경쟁이 출현하고, 이후 필요한 경우 협력이 다시 복원되곤 했다. 실제로 오바마 행정부 초기 미국이 협력을 강조하고 또 중국에 전략적 보장 구상을 제안함에 따라 양국 사이에 협력이 부각되었다. 그러나 이후 오바마 행정부가 아태 재균형 전략을 천명하자, 양국관계에 경계와 경쟁이 증대되었다. 이러한 상황에서도 양국은 다시 기후변화와 같은 국제적 현안을 중심으로 협력을 강화했다.

양국 사이의 협력과 경쟁 가운데 이 장에서는 협력의 측면을 검토하고 경쟁의 측면은 다음 장에서 살펴보기로 한다. 아래에서는 우선, 세계금융위기가 양국에 협력의 필요성을 제기한 상황에서 중국과의 협력을 강조한 오바마 행정부의 대중정책 기조를 살펴본다. 이어서 이에 대한 중국의 대응을 계속성과 변화라는 시각에서 제시함으로써 중국이 미국과의 관계에서 협력을 통한 안정과 함께 협력을 활용하여 변화도 추구하려 들었음을 지적한다. 계속해서 양국의 의도가 상호작용한 결과 발생한 협력에 대한 기대의 조정을 2009년 오바마 방중을 사례로 검토한다. 다음으로 양국 사이에 전개된 협력을 경제와 글로벌 거버넌스, 기후변화, 군사 교류 등을 중심으로 살펴본 후, 마지막으로 협력이 양국관계에 갖는 의미를 평가한다.

## 오바마 행정부의 협력 추구

### 금융위기와 협력의 필요성

세계금융위기는 양국 모두에게 상대와의 협력 필요성을 자각하도록 작용했다. 이는 미중 양국관계의 상호의존성 증대로 인해 한 국가의 변화가 다른 국가에도 직접적인 영향을 끼쳤기 때문이다. 그 결과 어느 국가도 상대가 붕괴하는 것을 수용하기 어려웠고, 모두가 상대와 협력하려 들었다.

미국은 금융위기를 극복하고 경기를 진작시키기 위해 국채 발행이 필요했고, 중국과의 협력을 강화하려 들었다. 금융위기가 발생한 직후인 2008년 9월 부시 대통령은 후진타오 주석에게 전화를 걸어 금융위기와 미국 정부의 조치를 설명하면서 미국 채권과 자산 구매를 제고시킴으로써 금융위기 극복에 기여할 것을 촉구했다.[4] 또한 부시 행정부는, 폴슨 당시 재무장관에 따르면,[5] 금융위기 극복을 위한 G20 정상회의 출범과 관련해서도 발언권과 책임을 동시에 부여하는 방식을 통해 중국을 깊이 끌어들이려 시도했다.

물론 이러한 계획과 관련하여 미국 내에서 중국에 대한 경계와 우려가 제기되기도 했다. 중국이 외환보유고의 2/3 정도를 달러 자산으로 보유함으로써 미국의 중요한 채권자로 등장했다는 사실이 일부 미국인들에 중국이 달러 보유고를 무기화할 가능성을 우려하도록 작용했다. 구체적으로 일부 정책결정자들은 중국이 외환보유고의 활용 방식을 바꾸거나 국채 구매를 조건으로 미국의 정책에 영향을 끼치려 할 가능성을 제기했다.[6] 또 중국 자금에 의존하는 것이 중국의 대외정책을 억제하는 데 제약으로 작용할 것이라는 우려도 제기되었다.[7] 이는 채무자라는 미국의 신분이 제기하는 지정학적 위험에 대한 우려였는데, 이에 대해 지나치다는 반론도 제기되었다. 한 전문가는 설령 중국이 미국 국채 구매를 중단하더라도 대체할 수 있는 구매자들이 많으며 추가적인 이자 부담도 크지 않을 것인 반면에 중국이 보유한 외환 자산에 실질적인 손실이 초래될 수 있기에 미국 국채를 대규모로 처분하지 않을 것이라고 주장했다.[8] 즉, 강대국 관계에서 자본 수출국이 금융 능력을 활용하여 다른 강대국의 정책을 변화시키기는 힘들다는 주장이었다.[9] 또한 일부에서는 중국의 부상은 피할 수 없는 현상으로서 인도되고 관리되어야 한다는 주장도 제기했다. 이러한 논란에도 불구하고 경기부양을 위한 프로그램을 추진하기 위한 자금이 필요했던 부시 행정부는 중국의 협력을 동원하려 들었다.

중국도 미국경제의 안정이 자국의 이익에 부합한다고 판단하고 협력하려 들었다. 미국에서 시작된 금융위기가 양국 간 밀접한 상호의존으로 인해 중국경제에도 위험을 제기했기 때문이다. 대표적으로 2008년 말과 2009년 초 외국으로부터의 주문이 감소함에 따라 2천만 명 이상의 농민공이 실직하는 등 중국은 다른 어느 국가보다 더 많은 일자리 상실을 경험했다.[10] 수출시장의 필요성에 더해 중국은 미국에 투자한 자산의 안전도 우려했다. 금융위기가 발발할 무렵인 2008년 7월 기준 중국은 5,187억 달러 상당의 미국 채권을 보유하고 있었고, 또 연방저당권협회(Fannie Mae)와 연방주택금융저당회사(Freddie Mac) 등 모기지 대출 기업의 주식과 리먼 브러더스(Lehman Brothers) 채권 등에도 3,800억 달러 정도를 투자하고 있었다.[11] 이러한 현실이 중국에 미국이 경제위기를 극복하는 데 협력할 필요성을 절감하도록 작용했다.

미국의 경제안정 조치를 지지하기 위한 중국의 협력은 크게 2개 방면에 걸쳐 진행되었다. 첫째, 중국의 국부펀드인 중국투자유한책임회사(中国投资有限责任公司)가 거대한 손실을 입었음에도 불구하고 미국에 투자한 자산의 처분에 신중함을 유지함으로써 미국의 구제 노력에 힘을 보탰다. 대신에 중국은 미국에 중국의 투자를 보호할 것을 촉구했다. 즉, 협력을 통해 목표를 달성하려 한 것이었다. 둘째, 미국이 경제회복을 위해 7,870억 달러의 투자를 결정한 상황에서 중국도 2008년 11월 2년에 걸쳐 4조 위안을 투입하여 수요를 촉진하는 강력한 경제 부양책을 발표함으로써 세계경제의 회복을 위한 정책적 공조를 진행했다.[12] 이에 힘입어 중국경제는 2009년부터 회복되기 시작했고, 이는 다시 세계경제에 긍정적 전망을 제기함으로써 미국과 다른 서구 국가가 경제위기를 극복하는 데 기여했다. 이처럼 세계경제의 회복에 기여함으로써 중국은 중요한 국제적 행위자로 등장했고 또 자신감도 제고되었다.

이러한 중국의 조치와 관련하여 부시 행정부의 재무장관이었던 폴슨은 중국이 세계금융위기 극복과 관련하여 충실하고 책임 있게 미국을 도왔다고 긍정적으로 평가하고,[13] 차기 대통령에게 중국과의 경제 대화를 계속할 것을 촉구했다.[14] 부시 행정부 또한, 후일 공개된 문서에 따르면,[15] 퇴임 시 오바마 행정부에 중국과 지도자 차원의 광범위한 교류를 진행할 것을 조언했다.

### 관여와 협력

오바마 행정부는 출범과 함께 중국과의 협력을 강조하는 부시 행정부의 대중정책을 이어갔다. 이는 미국의 대중정책에서 매우 이례적인 사례였다. 널리 알려진 것처럼, 미국에서 정권교체를 통해 등장한 새로운 행정부는 기존 행정부의 정책을 변화시키려는 경향을 보였다. 또한 대중정책과 관련해서도 역대 행정부들은 출범 초기 중국을 비판하며 강경한 입장을 보였다. 이러한 맥락에서 볼 때 중국과의 협력을 거의 일방적으로 강조한 오바마 행정부의 초기 대중정책은 이러한 전례를 모두 파괴한 것이었다.

오바마 행정부가 협력을 강조하는 부시 행정부 시기의 대중정책을 이어간 데는 무엇보다도 경제적 필요성이 작용했다. 부시 행정부 시기의 반테러 전쟁 수행으로 인해 대규모 재정적자가 초래된 상황에서 금융위기 극복과 의료보험 개혁 등 새로운 정책과제를 수행하는 데 필요한 재정을 조달할 필요성이 오바마 행정부에 중국에 대한 관여를 강조하도록 작용했다. 출범 직후 금융위기 극복과 경제회복을 위해 1조 달러 이상을 추가로 투입하기로 결정한 오바마 행정부는 중국의 협력을 강조했다. 이러한 정책 방향은 이 시기 미국에서 중국과의 협력을 옹호하는 목소리가 지배했던 상황과도 밀접하게 연관되었다. 오바마 대통령이 지적하듯,[16] 미국의 외교계와 거액의 선거자금 기부자들 사이에서 보호무역 대신에 경쟁력 제고가 대안이라는 합의가 형성되었다. 한 전문가 또한 이 시기 미국에서 중국과의 관계 유지를 옹호하는 개인과 집단의 연합이, 1990년대 초에 비해, 더 강해졌으며 관여가 중국과의 이익의 수렴을 가져올 것이라는 생각이 학계, 정치계, 정책계에서 더 광범위하게 수용되었다고 지적했다.[17]

오바마 대통령의 선호 또한 중국과의 협력을 강조하도록 작용했다. 그는 이미 2006년에 강대국 경쟁은 더 이상 존재하지 않는다고 선언한 바 있었다.[18] 취임 이후에도 그는 다른 강대국들과의 협력을 추구하는 대외정책을 강조함으로써 미국의 힘을 신중하고 조심스럽게 사용하려 들었고, 이러한 선호는 중국과의 관계에서도 대결보다 수용을 강조하도록 작용했다.[19] 비록 오바마 대통령이 값싼 제품의 대대적 유입으로 인해 미국 노동자들의 임금상승이 억제되는 상황과 관련하여 중국에 대해 언제 어떻게 조치할 것인지를 고민했다고 밝혔지만, 그는 혼란스럽고 가난한 중국이 부유한 중국보다 미국에 더 큰 위협이라고 판단했다.[20] 즉, 미국의 국력 우위에 대한 확신이 계속되었던 것이다. 이에 따라 그는 중국을 세계경제에 통합시키는 것이 "중국의 이익에 부합할 뿐 아니라 미국의 이익이기도" 하다고 주장하며,[21] 외교적 수단을 통해 중국의 부상에 대응하려 들었다.

오바마 대통령이 중국과의 긍정적 관계에 비중을 둠에 따라 그의 참모들 또한 중국과의 '긍정적이고, 협력적이며, 포괄적인' 관계를 강조했다. 이는 부시 행정부가 제기했던 책임 있는 이해관계자 개념을 실질적으로 계승한 것이었다. 구체적으로 오바마 행정부는 협력을 통해 중국이 세계경제의 안정을 유지하는 데 기여하고 또 균형적 성장을 추구하도록 유도하려 들었다. 여기에 더해 오바마 대통령이 중점을 둔 기후변화와 이란 및 북한의 핵 문제와 같은 국제 안보 이슈에 관한 협력도 의제에 추가시켰는데, 이는 중국의 기여에 대한 미국의 기대가 더욱 확장되었음을 의미한다. 협력을 동원하기 위해 오바마 행정부는 중국의 경제발전에 장애를 촉발하지 않겠다고 선언하고 또 중국과의 관계를 강화하기 위해 인권 문제와 같은 논쟁적 이슈에서의 마찰도 회피하려 들었다. 대신에 오바마 행정부는 중국과의 이견을 공개적 방식이 아닌 정상회담이나 대화 기제를 통해 다루려 했다. 이는 오바마 행정부가 중국과의 관계를 전략적 차원에서 인식한 것으로, 미국의 대중관여가 더욱 심화했음을 의미했다.

오바마 행정부가 중국과의 협력을 강조했다는 사실은 클린턴(Hillary Clinton) 국무장관에 의해 확인되었다. 그는 2009년 2월 취임 후 첫 방문지로 선택한 아시아 순방을 앞두고, 부상하는 중국을 적으로 보지 않으며 미국과 중국이 서로의 성공에 기여할 수 있다고 지적함으로써 협력 필요성을 강조했다.[22] 아울러 중국 방문에서도 그는 미중 양국이 협력을 통해 세계경제의 위기를 극복할 수 있다고 강조하고 인권 문제가 세계금융위기 극복과 기후와 안보 위기 대응을 저해하도록 하지 않겠다는 신호를 보냄으로써 중국에 위기 극복을 위해 적극적으로 기여할 것을 촉구했다.[23] 이러한 그의 행태는 1995년 영부인 자격으로 중국을 방문하여 인권 문제를 신랄하게 비판했던 것과 분명하게 대비되는 것이었다.[24] 여기에 더해 미국은 같은 달 유엔인권이사회의 중국 인권기록 검토에서도 비교적 온건한 입장을 취했다.

### 전략·경제대화와 전략적 보장

오바마 행정부는 중국에 대한 관여의 의지를 표출하고 또 협력을 동원하기 위해 전략·경제대화를 출범시키고 전략적 보장 구상도 제기했다. 우선, 오바마 행정부는 부시 행정부 시기 재무부에 의해 주도되었던 전략경제대화와 국무부가 주관했던 차관급 고위대화를 통합시켜 전략·경제대화를 출범시켰다. 이는 광범위한 양자, 지역, 국제적 문제를 보다 효과적으로 다루려는 의도를 반영했다. 특히 오바마 행정부는 부시 행정부가 사용을 주저했던 전략대화라는 용어를 수용함으로써 중국과의 관계를 제고시키려는 의도를 보여주었다. 특히 클린턴 국무장관은 2009년 2월 중국 방문에서 양제츠(杨洁篪) 외교부장과 전략·경제대화 수립에 관한 합의를 도출하는 등 대화를 주도하려는 의지를 드러냈다.[25]

전략·경제대화 출범에 관한 합의는 이후 4월 런던 G20 정상회 의에서 이뤄진 오바마 대통령과 후진타오 주석 사이의 정상회동에 서 추인되었다. 경제적 이슈가 주요 관심사로 부상한 당시에 'G2정 상회의'로 간주되기도 했던 양 정상 간 첫 회동을 앞두고 미국에서 는 경제문제와 관련한 지속적이고 생산적인 관여를 확보하는 것이 초점이 될 것이며 또 중국과 관여 기제에 합의할 수 있다면 성과가 될 것이라는 기대가 제기되었다.[26] 오바마 대통령은 시 주석과 전략 경제대화를 전략·경제대화로 확장하는 데 합의함으로써 기대에 부 응했다. 미국에서는 동 대화의 출범과 관련하여 더 높은 수준에서의 대화와 소통의 기회를 제공함으로써 미중협력을 확대할 기회를 창 출할 것이라는 기대가 제기되었다.[27]

7월 미국에서 개최된 1차 전략·경제대화 개막 연설에서 오바마 대통령은 미중 양국이 새로운 협력의 시기를 형성할 것을 촉구했다. 그는 어떤 국가도 독자적으로 21세기의 도전을 헤쳐나갈 수 없다고 지적하고, 양국이 차이에도 불구하고 세계가 직면한 문제를 해결하 기 위해 협력해야 한다고 강조함으로써 중국의 협력을 동원하려 들 었다. 직면한 도전의 구체적 사례로 그는 경제회복, 청정에너지와 기 후변화, 이란과 북한의 핵 프로그램, 극단주의와 전염병 같은 초국가 적 위협을 언급했다.[28] 전략·경제대화는 이후 오바마 행정부 임기 동안 매년 1차례씩 거행되었다.

이와 함께 오바마 행정부는 미중관계의 전략적 틀도 제시함으로써 중국에 대한 협력의 메시지를 이어갔다. 즉, 오바마 행정부 또한 전략적 틀을 확립함으로써 중국과의 관계를 형성하려는 부시 행정부의 시도를 이어간 것이다. 2009년 9월 오바마 행정부 들어 처음으로 행해진 중국 관련 연설에서 스타인버그(James Steinberg) 국무부 부장관은 미국의 국익을 보호하면서도 중국의 부상에 적응하는 것을 핵심적인 전략적 도전으로 규정하고, 그 해결책으로 전략적 보장 구상을 제기했다.[29] 구체적으로 그는 미국과 동맹국들이 중국이 부유하고 성공적인 강대국이 되는 것을 환영하고, 이에 맞춰 중국도 자국의 발전과 증대되는 역할이 다른 국가의 안보와 번영을 해치지 않을 것임을 보장할 것을 제시했다.

중국과의 관계를 규정하기 위한 전략적 틀은 이전에도 여러 차례 제기된 바 있었다. 가령, 미국은 1990년대 중후반 중국에 대해 책임 있는 강대국이 될 것을 촉구한 바 있고, 부시 행정부의 졸릭 부장관은 중국에게 책임 있는 이해관계자가 될 것을 촉구한 바 있다. 이러한 기존 구상들은 기본적으로 미국이 상대적으로 우월한 지위에서 중국에 대해 국제체제를 유지하는 데 기여할 것을 일방적으로 촉구한 것이었다. 이에 반해 전략적 보장은 중국의 의무뿐 아니라 그 대가로 중국의 부상을 환영하겠다는 미국의 의도까지 제시했다는 점에서 기존의 구상으로부터의 진화를 상징했다. 특히 중국과의 관계를 전략적 차원에서 설정하려 들었다는 점에서 중국의 지위를 한층 더 평가한 것이었다. 실제로 스타인버그 부장관은 중국의 국제적 역할 증대를 수용할 준비가 되어 있으며 많은 영역에서 이미 수용하고 있다고 지적했다. 비록 그가 중국도 영향력 경쟁을 전개하기보다 원원적 해결이라는 비전을 공유한다는 사실을 보장해야 한다는 조건을 달았지만,[30] 미국의 전략에서 중국이 차지하는 비중이 제고된 것만은 부인하기 어렵다. 이는 중국을 국제적 주요 행위자로 수용하기 시작했다는 인식을 강화하기에 충분한 것이었다.

## 중국의 자신감 제고와 양동작전

### 자신감 제고

세계금융위기와 이어진 일련의 상황 전개는 중국의 대외적 자신감을 급격하게 제고시켰다. 세계금융위기를 계기로 중국에서는 미국과의 국력 대비에 변화가 발생했다는 인식이 확산했다. 중국이 4조 위안을 투입한 경기 부양책에 힘입어 2009년 GDP 성장률 7.5%를 기록한 데 이어 2010년에도 10.63%를 기록하는 등 위기를 빠르게 극복하면서, 미국과의 국력 격차가 축소되고 있고 또 심지어 역전할 수 있다는 판단이 힘을 얻은 것이었다.

반면에 오바마 행정부가 강조한 중국에 대한 관여는 미국의 취약성을 반영한 것으로 인식되었다. 미국이 경제회복을 위해 중국에 채권 구매를 요청하고 또 국제경제 문제 관리와 관련하여 중국의 협력을 강조하는 상황이 '미국이 중국을 필요로 하게 되었다'는 판단을 촉발했고, 이는 다시 중국의 영향력 증대를 의미하는 것으로 해석되었다. 심지어 미국이 전략·경제대화를 제안한 것이나 전략적 보장 구상을 제안한 것도 취약성을 반영한 것으로 간주되었다. 즉, 중국과의 대화를 전략대화로 부르는 것을 거부했던 미국이 입장을 바꿔 전략대화라는 평등한 대화 기제를 수용하게 되었다는 평가였다.[31]

이러한 승리 의식(triumphalism)은 다시 강경론의 확산으로 이어졌다. 자신감 제고가 미국의 쇠퇴 가능성에 대한 기대와 판단으로 이어지면서 미국 주도의 자본주의 체제에 대한 평가가 악화했고, 서구에서 실패한 방식을 추종하는 것에 대해 의구심을 표명하는 강경론이 힘을 얻었다. 대신에 중국경제가 미국이나 서구 경제와 다른 요인 때문에 성공적으로 위기를 극복했으며, 이는 중국 모델이 서구에 대한 효과적 대안임을 보여준다는 반개혁적 주장이 제기되었다.[32] 대표적으로 2008년 6월 전략경제대화에서 중국대표단 단장 왕치산 부총리는 미국 대표단장 폴슨 재무장관에게 금융위기가 그를 위시한 당내 간부들의 미국에 대한 시각에 영향을 주었다고 밝혔다. 그는 "미국이 한때 스승이었지만, 이제 더 이상 당신들로부터 배워야 하는지 모르겠다"고 직설적으로 지적했다.[33] 비슷한 맥락에서 11월 워싱턴 G20 정상회의에서 후진타오 주석도 폴슨 장관에게 중국이 금융개방을 더 급속하게 추진하지 않았기 때문에 경제를 진작시키기 위한 조치를 취할 수 있었고, 이를 통해 세계를 도울 수 있게 되었다고 강조했다.[34]

이러한 자신감은 적극적인 대외정책에 대한 옹호로 이어졌다. 대표적으로 양제츠 외교부장은 세계금융위기로 인해 중국에 대한 국제사회의 기대가 제고되었다고 규정함으로써,[35] 적극적인 역할을 예고했다. 또 미국과의 관계와 관련해서도 미국을 중국의 선호에 따라 다룰 수 있다는 강경한 목소리가 힘을 얻었다. 가령, 한 전직 외교관은 세계금융위기로 인해 양국관계를 규정해온 국력 격차가 현저하게 축소됨에 따라 중국이 대미정책의 변화를 추구할 수 있는 토대가 조성되었다고 규정했다.[36] 중국의 민족주의적 강경론을 대변하는 『환추(环球)시보』또한, 군사적 투명성을 강화하라는 스타인버그 부장관의 촉구에 대해, 미국이 대만에 대한 모든 무기 판매와 중국 연안에서의 군사적 정찰 활동 종료 등 중국의 핵심적 안보 이익을 먼저 보장하라고 반박했다.[37] 모두가 국력 격차가 축소되었다는 판단과 함께 미국과의 관계에서 자신의 목소리를 보다 적극적으로 표출하려는 의지가 강화되었음을 보여준다.

중국이 자신의 목소리를 적극적으로 표출하려 들었다는 사실은 지도자들이 각종 국제회의에서 중국의 선호를 적극적으로 제기하기 시작한 데서도 확인되었다. 변화에 대한 요구는 특히 국제경제 체제와 관련하여 분명하게 나타났다.[38] 2008년 10월 원자바오 총리가 모스크바에서 새로운 국제금융 질서의 건립 필요성을 제기했고,[39] 후진타오 주석 또한 다음 달 개최된 워싱턴 G20 정상회의에서 공정하고, 포괄적이며, 질서 있는 새로운 국제금융 질서 확립의 필요성을 지적함으로써 국제금융 체제의 점진적 개혁을 제안했다.[40] 중국이 국제금융 체제의 개혁 문제를 제기했다는 사실은 미중관계가 양자적 차원을 넘어 세계적 이슈로 확장됨을 보여주었다.

국제금융 체제의 개혁과 관련하여 중국은 두 가지 구체적인 변화 필요성을 제기했다. 첫째는 국제금융 기구의 개혁이었다. 변화의 초점은 미국이 누리는 금융패권의 기반인 IMF와 세계은행 등 국제금융 기구의 주도권을 개혁하는 데 집중되었고, 이를 위해 신흥 강대국의 대표성과 발언권을 강화할 필요성을 강조했다. 구체적으로 중국은 세계은행과 IMF 등 국제금융 기구에서 신흥국가의 발언권과 대표권을 50%까지 제고시킬 것을 희망했다.[41] 또 중국은 IMF 와 세계은행의 개혁을 실천에 옮기기 위해 다른 브릭스(BRICs) 국가들과의 협력 강화를 강조하는 등 신흥 강대국들과의 연대를 추구했다. 다음으로, 중국은 국제통화 체제의 개혁도 제창했다. 대표적으로 2009년 3월 중국의 중앙은행인 인민은행 행장 저우샤오촨(周小川)은 특정 국가의 화폐가 기축통화가 될 경우 근원적 결함을 가질 수밖에 없기에 주권국가와 연계되지 않고 장기적인 안정성을 유지할 수 있는 국제 비축통화를 창출해야 한다는 주장을 제기했다.[42] 이는 실질적으로 달러화가 아닌 SDR을 국제적 기축통화로 하자는 제안이었다. 이와 함께 중국은 위안화 국제화도 적극적으로 추진했는데, 이 또한 국제통화 체제의 다원화를 실현하려는 시도라는 점에서 달러화가 지배하는 기존 체제를 개혁하려는 시도의 일환이었다. 이러한 일련의 제안은 중국이 세계금융위기를 계기로 미국이 주도권을 독점하는 상황을 변화시키려는 그동안 눌러왔던 의도를 다시 표출하기 시작했음을 의미한다.

### 협력과 변화의 병행적 추구

세계금융위기 이후 자신감이 제고되고 이에 힘입어 강경론이 힘을 얻었다는 것이 곧 중국이 외교정책을 근본적으로 재조정했음을 의미한 것은 아니었다. 현실적으로 미중 양국 사이의 국력 격차는 여전히 컸고, 그 결과 최고지도부 사이에서는 세계금융위기로 인해 초래된 미중 사이의 국력 대비상의 변화가 분명하고 명확하기보다는 제한적이라는 현실적 인식이 지배했다. 즉, 양국 간 국력 격차가 축소되었지만 유일 초강대국으로서의 미국의 지위가 근본적으로 동요하지는 않았다는 인식이었다. 우선, 세계금융위기가 미국의 지위에 충격을 가했지만 중국 또한 위기로 인해 초래된 도전에서 자유롭지 않았다는 사실이 변화를 과대평가하는 것을 경계하도록 작용했다. 여기에 더해 중국 지도부는 미국이 새로운 성장 동력을 찾을 경우, 지배적 지위를 한동안 유지할 수 있을 것이라는 회복 가능성도 배제하지 않았다.[43] 이러한 판단이 변화의 한계를 설정했다.

이에 따라 중국은 미국과 협력하고 이를 통해 미국과의 관계도 변화시키려는 양동작전을 전개했다. 세계금융위기 이후에도 중국에서는 미국이 경제적 어려움을 극복하는 것을 도와야 한다는 주장이 힘을 얻었다. 금융위기로 인해 양국의 공동이익이 크게 증가했으며 따라서 함께 노력하여 보호주의가 대두하는 것을 방지해야 한다는 주장이었다.[44] 물론 중국의 일부 분석가들 또한, 미국의 회의론자들처럼, 중국도 경제 부양책이 필요한 상황에서 미국에 대거 투자하는 것에 대해 의문을 제기하기도 했다. 또한 이들은 미국이 재정과 금융을 확장하는 상황에서 채권의 가치가 하락할 가능성에 대한 우려도 제기했다. 그러나 미국 국채를 투매하는 것은 중국에도 손해를 끼칠 것이기에 상당 기간 중국은 미국 국채에 투자할 수밖에 없다는 현실적 판단이 지배했다. 이에 따라 중국은 강력한 독자적 경제 진작 프로그램을 가동한 데 더해, 미국 채권도 계속해서 구매함으로써 2009년 9월 일본을 제치고 최대 보유국으로 등장했다.[45]

이처럼 미국과의 협력을 추구하면서 중국은 이를 미국의 대중정책과 연동시키려 들었다. 이는 협력에 대한 중국의 인식과 관련된다. 중국은 경제위기 극복과 국제문제 해결과 관련하여 협력하는 것을 미국에 혜택을 베푸는 것으로 간주했고 따라서 미국이 보답해야 한다고 보았다.[46] 이 시기 중국이 협력의 대가로 미국으로부터 반대급부를 기대했다는 사실은 한 관리가 표명한 입장에서 확인되었다. 가령, 중국투자유한책임회사의 책임자인 가오시칭(高西庆)은 2008년 12월 미국경제가 많은 국가의 지원과 "자비로운 지지" 위에 존재하기에 미국은 자금을 제공하는 국가에 친절해야 한다고 주장했다.[47] 이러한 인식에 따라 중국은 미국과의 협력을 통해 미국과의 관계를 관리하는 동시에 이를 통해 미국이 중국의 이익을 존중하도록 유도하려 들었다. 가령, 2009년 3월 원자바오 총리는 기자회견에서 중국이 미국 정부 채권에 투자한 1조 달러의 안전을 우려하면서 채권 가치가 유지되도록 보장하라고 촉구했다.[48] 이어서 다이빙궈 외교 담당 국무위원 또한 1차 전략·경제대화에서 미국이 남중국해 문제와 관련한 중국의 이익과 우려를 존중하고 중립을 유지해주길 희망한다고 밝혔다. 아울러 그는 클린턴 국무장관에게 달라이 라마 면담 문제와 관련한 우려도 제기했다.[49] 이는 중국이 협력을 통해 그동안 유보했던 미국과의 관계를 다시 설정하려는 의도를 드러낸 것으로서, 미국의 주도권을 인정하고 미국의 요구를 수용하는 방식을 통해 관계 안정을 추구했던 기존 입장으로부터의 온건한 변화였다.

이러한 시도는 중국이 미국의 국제질서 주도권을 정면으로 부정하거나 수정하려 들기보다 협력을 통해 변화를 실천에 옮기려 들었음을 보여준다. 미국의 힘이 여전하며 국력 대비가 조만간 근본적으로 변화하지는 않을 것이라는 판단이 본격적인 도전보다 협력을 통해 현상을 점진적으로 개혁하는 전략을 추구하도록 작용했다. 이처럼 중국이 미국과 정면 대결보다 우회로를 택하려 했다는 사실은 후일 왕지스가 미국의 아태 재균형으로 인해 대결이 촉발되는 것을 회피하기 위해 서진 전략을 추구할 것을 제안한 데서도 확인되는데,[50] 이러한 입장은 후일 시진핑 체제가 적극적인 시도를 통해 중국의 지위를 제고시키려는 노력을 개시할 때까지 유지된다.

## 오바마 방중과 기대의 조정

대선 과정에서부터 협력을 강조하고 또 취임 이후 가장 중요한 양자관계 가운데 하나로 규정하는 등 중국과의 관계를 강조한 오바마 대통령은 2009년 11월 중국 방문을 통해 양국 간 협력을 구현하려 들었다. 그러나 이러한 그의 기대와 달리 동 방문은 양국관계의 양상이 이제 미국에 의해 일방적으로 규정되기보다 중국의 의도와 계산에 의해서도 영향을 받는다는 사실을 보여주었다. 방문에서 실질적인 성과를 도출하지 못하고 빈손으로 귀국한 오바마 대통령은 협력에 대한 초기의 기대를 조정하기에 이른다.

오바마 행정부는 중국 방문과 관련하여 대만, 티베트, 인권, 환율 등 중국과 이견이 있는 쟁점들을 배제하고 협력을 강화하는 데 집중하려 들었다. 이러한 사실은 그의 방문을 앞두고 스타인버그 부장관이 남중국해 주권 문제와 관련하여 중립적인 입장으로서 당사국이 자체적으로 해결하길 희망한다고 밝히고 또 달라이 라마를 면담하지 않는 등 중국의 요청에 부응한 데서 확인되었다.[51] 오바마 대통령 또한 중국 방문에서 양국관계의 중요성을 강조하고 봉쇄하지 않겠다는 보장을 제시했다. 여기에 더해 오바마 행정부는 중국과의 합의를 통해 방문의 성과를 사전에 도출하는 전통적 방식 대신에 해결을 원하는 문제의 목록을 중국에 제시하는 방식을 택함으로써 금융시장을 자극할 수 있는 공개적 대결을 회피하려 들었다.[52] 이는 미국이 금융위기 해결과 관련하여 도움을 얻을 필요성 때문에 중국과의 이견을 적극적으로 다루는 데 제약을 느꼈음을 의미한다.

이처럼 미국이 협력을 강조한 반면에 중국은 미국이 제기한 대부분의 요구에 대해 자신의 입장을 분명하게 밝히거나 견지함으로써 관계를 조정하려는 의도를 드러냈다. 가령, 중국은 교역 흑자와 금융 불균형 등 금융위기와 관련된 쟁점에 대해 분명한 협력 조치를 약속하지 않았을 뿐 아니라 이란 핵 문제와 관련해서도 제재 가능성을 공개적으로 언급하지 않음으로써 차이를 유지했다. 여기에 더해 후진타오 주석은 기자회견에서 미중 사이에 인권 문제와 관련하여 이견이 있는 것이 정상임을 밝힘으로써 차이를 표출했다.[53] 중국이 미국의 요구와 압박에 대해 양보를 통해 타협하곤 했던 과거의 입장으로부터 변화했다는 사실은 오바마 대통령의 연설을 전국에 생중계하라는 요구를, 클린턴 대통령이나 부시 대통령의 방문 때와 달리, 거부한 데서도 드러났다.

그 결과 미국에서는 방문의 성과에 대한 비판이 제기되었다. 즉, 오바마 대통령이 중국 방문을 앞두고 달라이 라마 면담을 거부하는 등 타협적 초치를 취했음을 고려하면 원하는 성과를 거두지 못했다는 지적이었다. 비록 백악관 관리들이 부상하는 중국과 주고받기를 시작한 것으로서 빈손 귀국이 아니라고 주장했지만, 보수 진영을 중심으로 '공개적 논쟁이 없는 방문이어야 한다'는 중국의 희망을 수용하고 또 이전 대통령들과 달리 방문 이전에 구체적 성과들을 사전에 확보했지 못한 점 등을 들어 지나치게 유약했다는 비판이 제기되

었다.[54]

특히 비판의 초점은 중국과 채택한 공동성명이 핵심 이익의 상호 존중을 언급한 것에 집중되었다. 성명은 "각국과 국민은 자신의 길을 선택할 권리를 지니며 모든 국가는 상대의 발전모델 선택을 존중해야 한다"고 규정함으로써 그동안 미국이 민주주의와 인권을 강조해온 입장과 차이를 보였을 뿐 아니라 양국이 "상대의 핵심 이익을 존중하는 것이 미중관계의 안정적 진전에 매우 중요하다는 데 합의했다"는 규정도 포함했다.[55] 이와 관련하여 중국에 굴복했다는 비판이 제기되었고, 미국 관리들은 공동성명이 발표된 이후 핵심 이익을 언급하지 않았다. 이는 핵심 이익이라는 문구가 중국에 의해 삽입되었으며 또 오바마 행정부 관리들이 이와 관련한 문제점을 알아차렸음을 보여준 것이라는 해석을 촉발했다.[56]

오바마 대통령의 방중에 이어 개최된 코펜하겐 유엔기후변화회의에서도 미국은 중국의 협력을 동원하는 데 어려움을 경험했다. 중국은 회의에 앞서, 스타인버그 국무부 부장관이 밝혔듯,[57] 저탄소 성장에 협력하고 기후변화에 관한 국제적 합의를 추구할 것을 공약했다. 이에 따라 오바마 행정부는 코펜하겐 기후회의에서 중국과의 협력을 기대했다. 그러나 동 회의에서 중국의 원자바오 총리는, 아래에서 논의하는 것처럼, 부담을 부과하려는 미국의 시도에 저항했다. 그 결과 오바마 행정부의 관리들마저도 중국에 대한 실망과 우려를 표명했고, 미국에서 보수파를 중심으로 강경한 정책을 요구하는 목소리가 힘을 얻었다. 가령, 부시 행정부의 관리였던 그린(Mike Green)은 오바마 행정부가 중국에 대한 의존을 과장함으로써 중국의 지위를 부각시킨 반면에 미국을 "도움을 청하는 종속국으로 만들었다"고 비판했다. 이러한 비판에 대해 백악관의 한 관리가 양국 정상이 정기적으로 접촉하는 등 양국관계가 표면적으로 드러나는 것보다 좋으며 이견을 수용하는 것은 관계의 성숙을 반영한다고 반박했지만,[58] 2010년 중간선거에 대비해야 하는 오바마 행정부로서는 기대와 정책을 조정할 필요성에 직면했다.

2010년에 들어 미국이 유보해두었던 일련의 조치를 취함에 따라 양국관계에 갈등이 초래되었다. 물론 양국이 갈등을 관리함으로써 협력을 이어가려는 의지를 보였지만, 갈등은 상대와의 협력에 대한 미국의 기대가 조정되었음을 보여주었다. 아울러 갈등은 중국의 대미정책에 변화가 발생했다는 사실도 보여주었다.

미국은 2010년 1월 대만에 대한 무기 판매를 결정함으로써 중국에 대한 기대를 조정했음을 알렸다.[59] PAC-3 방공미사일 시스템을 포함한 이 조치는 부시 행정부 때 결정된 계획을 실행에 옮긴 것이었고, 또 오바마 행정부는 대만이 요구했던 F-16 C/D와 같은 공격용 무기를 포함하지 않음으로써 중국과의 협력이라는 기조를 해치지 않으려는 노력도 병행했다.[60] 그러나 중국의 대응은 매우 공세적이었다. 미국 정부의 결정이 발표된 이후 중국은 외교부 대변인을 통해 무기 판매 계획을 취소할 것을 촉구한 데 이어, 대만 문제가 양국관계의 가장 중요하고 민감한 핵심 문제라고 규정했다. 이는 대만에 대한 무기 판매 문제를 미국이 강조하는 협력과 연계시키겠다는 의도를 표명한 것이었다.

여기에 더해 중국 국방부는 미국이 무기 판매를 강행할 경우 행동을 취할 것이라는 경고를 보냈다. 이러한 항의에도 불구하고 미국이 무기 판매 계획을 실천에 옮기자 중국은 외교채널을 통해 항의를 제기하는 외에 이미 합의된 군사 교류를 잠정적으로 중단하거나 연기했다. 이는 오바마 행정부가 심혈을 기울였던 군사 교류를 강화하려는 시도에 협조하지 않겠다는 의사를 표출한 것이었다. 이와 함께 중국에서는 무기 판매에 참여한 미국 기업을 제재해야 한다는 목소리도 제기되었다. 그동안 경제제재가 미국이 독점적으로 행사해온 수단이었음을 고려할 때, 중국에서 제재 주장이 제기된 것은 양국관계에 변화가 발생했음을 웅변했다.

이러한 상황에서 미국은 같은 달에 발생한 구글(Google) 사태를 계기로 중국의 인권 문제를 제기했다. 구글이 광범위한 해킹 공격을 이유로 중국으로부터 철수하겠다고 밝히자, 클린턴 국무장관은 중국에 인터넷 검열을 중단하고 구글에 대한 공격을 조사할 것을 촉구했다. 로드(Ben Rhodes) 국가안보 부보좌관 또한 오바마 대통령이 구글 사태와 관련하여 중국에 인테넷 자유의 필요성을 강력하게 주장하고 달라이 라마도 면담할 것이라고 밝혔다.[61] 이는 인권 문제와 관련하여 중국에 대한 비판을 자제했던 2009년의 입장으로부터의 변화였다. 이러한 미국의 비판에 대해 중국은 구글이 국내법을 준수해야 한다고 강조하며 맞섰다. 여기에 더해 중국 외교부 대변인은 미국에 대해 미중관계를 해치는 중국에 대한 사이버 공격을 중단할 것을 촉구함으로써 반격도 가했다.[62] 이는 인권과 종교의 자유 등에 대한 미국의 비판에 대한 대응을 자제했던 그동안의 행태로부터의 분명한 변화였다.

다음 달인 2월에 들어 오바마 대통령은 달라이 라마를 면담하고, 또 위안화 평가절상을 압박하라는 국내적 요구가 높아지는 상황에서 중국의 환율정책에 강력하게 대응하려는 입장도 천명했다. 이에 대해 중국 또한 대응조치를 거론하며 맞섰다. 이러한 일련의 사건은 세계금융위기 이후 자신감이 증대된 중국이 미국의 공세에 밀려 양보하고 타협하기보다 적극적으로 대응하려 들었으며, 이 점에서 양국관계에 변화가 발생했음을 보여주었다.

이처럼 갈등이 이어지면서, 4월로 예정된 워싱턴 핵안보정상회의에 후진타오 주석이 과연 참석할 것인가라는 의구심이 제기되기도 했다. 그러나 양국은 3월 말에 이뤄진 스타인버그 부장관과 국가안보회의 베이더(Jeffrey Bader) 선임 국장의 방중을 계기로 갈등을 빠르게 봉합하고 관계를 다시 안정시켰다. 동 방문에서도 미국이 이란과 북한 핵 문제, 교역, 기후변화와 같은 이슈에 대한 협력을 동원하려 한 데 반해 중국은 협력을 강조하는 미국의 입장을 활용하여 대만에 대한 무기 판매와 달라이 라마 면담과 같은 미국의 행위를 변화시키려 하는 등 이견을 표출했다.[63] 이러한 이견에도 불구하고 양국은 대화와 접촉을 계속한다는 데 합의했다. 아울러 미국은 중국을 압박하면서도 중국을 환율조작국으로 지정하는 것을 유보함으로써 관계를 관리하려 들었고 중국도 종산(钟山) 상무부 부부장을 파견하여 미국 행정부 및 의회와 논의를 진행함으로써 환율 문제에 대한 우려를 완화하려는 노력을 전개함으로써 미국과의 관계를 유지하려 시도했다.[64]

이러한 양국의 노력에 더해, 후진타오 주석이 4월 워싱턴 핵안보정상회의에 참석하면서 양국 간 긴장이 완화되었다.[65] 물론 이는 양국관계가 협력관계로 완전하게 회귀했음을 의미하는 것은 아니다. 핵 정상회의를 계기로 진행된 회담에서 오바마 대통령이 이란 제재에 관한 중국의 협력을 압박한 반면 후진타오 주석은 협의의 필요성을 강조하는 등 이견이 이어졌다. 그러나 중국이 유엔 안보리에서 이란 제재 결의안을 논의하는 데 동의하고 미국은 하나의 중국 원칙을 재확인함으로써, 양국 모두가 갈등을 봉합하고 이익이 공유되는 영역에서 협력을 유지하려는 실용성을 표출했다.[66] 이처럼 양국은 기대를 조정한 상황에서도 실용성을 유지함으로써 협력을 확대하기 위한 토대를 마련했다.

## 협력의 확대

### 대화 기제와 협력

이 시기 양국은 전략·경제대화와 같은 정기적 대화 기제와 다양한 고위급 접촉을 통해 정치적으로 민감한 이슈를 논의함으로써 갈등을 완화하고 협력을 논의했다. 여기에 더해 양국은 비공식적인 접촉을 통해 긴급한 현안과 관련한 긴밀한 논의도 이어갔다.

전략·경제대화는 양국 간 협력의 중요 통로로 작용했다. 미중 전략·경제대화는 전략과 경제 트랙으로 구분되어 진행되었다.[67] 1차 전략·경제대화 경제 트랙에서 미국은 경제적 재균형(rebalance), 중국의 경제금융개혁, 보호주의 회피 등 세계금융위기에 대응하기 위한 양국 간 협력을 확대하는 데 초점을 집중시켰다. 중국도 달러화 가치 유지, 중국의 대미 투자, 기술이전 제약 문제 등을 제기하며 적극적으로 임했다.[68] 회의 이후 가이트너 재무장관은 양국이 경제회복과 지속 가능하고 균형적인 성장을 위한 정책을 취하기로 합의했다고 발표했다.[69]

전략 트랙에서도 미국은 대화를 통해 중국을 변화시킨다는 목표를 달성하려 들었다. 이러한 의도는 오바마 행정부가 2010년 국가안보전략에서 전략·경제대화를 활용하여 군사적 소통을 제고시킴으로써 불신을 완화하려 노력하고 있다고 규정한 데서 확인되었다. 구체적으로 미국은 북한, 이란, 수단, 파키스탄, 아프가니스탄 문제 등 광범위한 이슈를 논의하고 또 구체적 조치를 도출하려 들었다. 여기에 더해 미국은 대만 문제와 미군의 중국 정찰 등 민감한 문제도 논의하는 등 중국과의 군사적 소통을 증진하려는 시도도 전개했다.[70] 미국은 이러한 시도들이 양국 간 전략적 신뢰를 제고시키는 결과로 이어질 것으로 기대했다.[71] 한편 중국은 자국의 발전이 미국에 위협을 제기하지 않는다는 사실을 강조하는 동시에 국제체제 개혁과 관련한 협력을 동원하려 들었다. 다이빙궈 국무위원은 2009년 1차 전략·경제대화에서 중국의 핵심 이익을 밝혔고, 다음 해 5월에 개최된 2차 전략·경제대화에서도 국제체제의 안정을 유지하는 전제 아래 점진적 개혁을 진행함으로써 국제적 도전에 효과적으로 대응할 수 있다는 점을 설파했다.[72]

이처럼 미중 양국 모두가 각자의 선호를 추구하는 상황에서 합의도 도출되었다. 가령, 2009년 1차 전략·경제대화 대화에서 기후변화와 관련하여 협력을 강화한다는 합의가 도출되었고, 2011년 3차 전략·경제대화에서는 별도의 전략안보대화를 개최하여 아태지역의 문제를 협의하는 데 합의했다.[73] 또 전략·경제대화는, 군사적 연계를 증진하고 군사관계를 발전시키려는 양국의 의도에 힘입어, 군사적 소통을 확대하는 데도 기여했다. 대표적으로 1차 전략·경제대화에서 미국 태평양 사령관 키팅(Timothy Keating)과 중국 국방부 외사

판공실(外事办公室) 부주임 관요우페이(关友飞) 사이의 접촉을 통해 군사 교류를 재개한다는 합의를 도출했다.[74]

전략·경제대화와 같은 정기적 대화 기제에 더해 미중 간에 정상 간 교류가 확대되고 또 비공식적 대화도 전개되었다. 우선, 정상교류의 경우, 중국의 자료에 따르면,[75] 오바마 행정부 1기 동안 양국 정상이 다양한 기회에 12차례에 걸쳐 회동했다. 1979년 수교 이후 2009년 1월 오바마 행정부가 취임할 때까지 30년 동안 이뤄진 양국 최고지도자 사이의 회동이 24회였음을 고려하면 오바마 행정부 들어 양국 간 정상회동의 횟수가 급격하게 증대되었음을 보여주었다. 나아가 시진핑 주석이 취임한 이후인 2013년 6월에는 오바마-시진핑 사이에 비공식 회동이 진행되었는데, 이는 양국 사이의 최초의 비공식 정상회동이었다. 이러한 정상 간 교류는 양국관계를 안정시키고 또 협력을 촉진하는 계기로 작용했다. 가령, 2011년 1월 후진타오 주석의 방미에 앞서 중국은 게이츠(Robert Gates) 미국 국방장관의 방문을 수용함으로써 대만에 대한 무기 판매를 계기로 중단했던 미국과의 군사관계를 재개했고, 이에 대해 미국은 중국이 희망한 후진타오 주석의 국빈 방문을 수용했다.[76] 미국을 방문한 후진타오 주석은 협력을 강조함으로써 미국의 조치에 화답했다.

정상 간 교류 외에 비공식 회동도 수시로 진행되었다. 가령, 중국 외교의 최고책임자였던 다이빙궈 국무위원은 2011년 7월에 이어 11월에도 클린턴 국무장관과 비공식 회동을 진행했다. 이러한 회동을 통해 양국은 자국의 선호를 표명하고 또 상대의 우려를 해소하고 안심시키려 들었다. 7월 회동에서 다이빙궈 국무위원은 미국의 대만에 대한 무기 판매에 대한 우려를 밝혔고, 이에 대해 미국은 캠벨(Kurt

Campbell) 미국 국무부 차관보가 11월 회동에 참석하여 중국을 존중하며 중국을 세계의 주요 강대국으로 본다는 입장을 밝혔다.[77] 이후에도 양국 간에 유사한 회동이 이어졌다.

물론 양국이 협력했다는 것이 곧 이견의 부재를 의미하지는 않았다. 협력에 관한 양국의 접근에는 분명한 차이가 존재했다. 중국은 양국 간 협력을 규정하는 틀이나 개념을 중시했다. 가령, 이 시기 중국은 오바마 정부가 표명한 "긍정적이고, 협력적이며 포괄적" 관계라는 개념을 환영했다. 이에 반해 미국은 유엔 안보리 결의 채택이나 미국의 정책의제를 지원하는 것과 같은 중국의 실제적 행동을 중시했다.[78] 또한 양국은 모두가 이견을 밝히는 것을 주저하지 않았다. 중국은 미국과의 회동에서 인권 문제, 대만 문제, 그리고 발전노선에 대한 차이를 분명하게 밝혔고, 미국은 2011년 후진타오 주석 방미 때 채택한 공동성명에서 2009년 오바마 방중 시 채택된 공동성명에 포함되었던 "핵심 이익의 상호존중" 문구를 포함하는 것을 거부했다.

이러한 차이로 인해 양국 간 협력에는 한계가 존재했다. 가령, 오바마 행정부 관리들은 2011년 5월 3차 전략·경제대화를 앞두고 양자관계의 중요성뿐 아니라 직면한 도전도 부각했다. 특히 캠벨 국무부 차관보는 전략적 영역에서의 양국관계의 복합적 성격을 부각했는데, 이는 실질적으로 미국이 중국의 변화를 이끌어 내는 데 어려움을 경험하는 현실을 인정한 것이었다. 그러나 이와 함께 미국 관리들은 역외 위안화 시장 발전, 국내 소비 진작 계획, 위안화 절상 등과 같은 경제적 측면에서의 변화를 미중대화의 결과로 제시함으로써 중국과의 협력을 이어가려는 의도도 표출했다.[79]

이후 미국이 아태 재균형을 선언했고 이로 인해 양국 사이에 갈등이 다시 초래되었지만, 클린턴 장관은 2012년 투키디데스 함정을 언급하며 미중관계의 새로운 틀을 모색하려는 의도를 밝혔다. 그는 중국에 대한 봉쇄를 추구하지 않으며, 기존 강대국과 신흥 강대국 사이의 관계라는 오랜 문제에 대한 새로운 답을 찾으려 하고 있다고 규정했다. 이는 미국이 중국과 서로 수용할 수 있는 관계의 모델을 모색하려는 의도를 표출한 것이었다. 이러한 필요성과 관련하여 그는 상호의존을 언급했다. 즉, 양국 모두가 상호의존의 세계에서 살고 있고 양국 경제가 매우 밀접하게 연계되어 있기에 상대가 잘되지 않으면 다른 국가도 성공할 수 없다는 지적이었다.[80] 미중관계의 복합성을 잘 보여준 사례였다.

이처럼 양국이, 이견에도 불구하고, 다양한 대화 기제를 통해 교류를 계속하고 또 이를 통해 협력을 이어간 결과 세계금융위기 극복으로 시작된 양국 간 협력은 경제와 글로벌 거버넌스를 시작으로 기후변화와 군사적 교류 등으로 확대되었다.

경제협력과 거버넌스 개혁

양국 간 협력은 경제적 측면에서 가장 분명하게 나타났다. 글로벌 금융위기에 대응하기 위한 협력은 양자적 차원과 국제적 차원 모두에서 진행되었다.

우선, 양국은 양자적 차원에서 경제안정과 회복을 위한 거시경제 정책상의 공조를 추진했고, 일정 부분 성과도 거두었다. 가령, 양국은 세계금융위기로 다시 드러난 거대한 경제적 불균형(economic imbalances) 문제를 해결하는 데 협력했다. 금융위기는 미중 사이의 밀접한 경제적 연계와 함께 그 문제점을 다시 보여주었다. 비록 금융위기의 근본적 원인이 미국의 탈규제와 거시경제 정책에 있었지만, 중국의 과도한 저축과 미국의 과도한 소비로 대표되는 경제적 불균형 또한 위기 발생에 일조한 것으로 제시되었다.[81] 이처럼 양국 사이의 거대한 경제적 불균형이 위기를 촉발한 요인으로 규정되면서, 경제관계의 장기적 지속 가능성에 대한 의문이 제기되었고 경제적 재균형이 시급한 과제로 등장했다.

이러한 상황에서 양국은 2009년에 채택한 공동성명에서 중국이 경제구조 조정, 가구소득 증대, 국내 소비 확대, 사회보장개혁을 위한 정책을 실천할 것을 그리고 미국은 저축률을 제고하고 지속 가능한 성장을 촉진하기 위한 조치를 취할 것을 밝히는 등 경제적 재균형을 추진하는 데 합의했다.[82] 이후 중국은 원자바오 총리가 2010년 3월 지속 가능한 성장을 위해 경제의 재구조화와 재균형 필요성을 지적하고,[83] 다음 해 봄에 발표한 12기 경제발전규획에서 사회안전망에 관한 대중들의 우려를 완화함으로써 국내 소비를 진작할 것을 강조하는 등 재균형에 대한 의지를 밝혔다.[84] 이와 함께 2009년 중국의 경상수지 흑자가 GDP의 5.75%를 기록함으로써 한 해 전의 9.5%로부터 하락하고 미국의 적자 또한 같은 기간 GDP의 5% 수준에서 3% 선으로 하락하는 등 양국 간 경제적 불균형이 상당 부분 개선되기도 했다. 짧은 기간 내에, IMF가 지적하듯,[85] 중요한 조정이 이뤄진 것이다.

또한 양국은 협의를 통해 경기 진작 프로그램을 함께 추진함으로써 서로 혜택도 제공했다. 미국의 경제안정과 회복 시도는 중국의 수출과 경제성장에 기여했고, 중국이 추진한 인프라 분야에 대한 대규모 투자는 미국 기업의 대중 수출을 증대시켰다. 단적으로 2009년 919억 달러를 기록했던 미국의 대중 수출은 2014년 1,236억 달러로 확대되었고, 이는 다시 미국의 경제회복에 기여했다.[86] 이러한 사실은 미중 경제관계의 양상에 변화가 발생했음을 잘 보여주었다. 즉, 초창기 중국이 미국과의 경제관계에서 더 큰 혜택을 입었다면, 이제 미국도 경제적으로 중국이 필요해졌다.

이러한 양자 차원의 협력에 더해 양국은 다자적 차원에서도 협력했다. 이는 중국에 대한 관여를 다자기구로까지 확대하려 한 미국의 시도에 힘입은 것이었다. 오바마 행정부가 다자적 차원에서 중국과 관여하려 들었다는 사실은 국가안보보좌관 도닐론(Tom Donilon)의 지적에서 확인되었다. 그는 중국과의 협력을 통해 G20, APEC, 동아시아정상회의(EAS) 등 다자기구를 강화함으로써 지역과 국제적 도전을 다룰 능력을 제고시키는 것을 미국의 목표 가운데 하나로 제시했다.[87] 이러한 미국의 시도는 특히 G20에 집중되었다. 부시 대통령이 G20를 국제경제 협력과 조정을 위한 정상급 회의로 격상한 데 이어, 오바마 대통령 또한 2009년 9월 피츠버그에서 개최된 정상회의에서 G20 정상회의가 최고위 경제조정 기제로서 G8의 역할을 영원히 대체할 것이라고 선언했다. 중국이 G8에 참여하지 않았음을 고려하면, G20는 처음으로 중국을 주요 국제경제 조정 기제에 참여시킨 사례로서, 세계경제 재균형과 관련하여 중국이 적극적인 역할을 해주길 바라는 미국의 희망을 잘 보여주었다.[88] 이러한 맥락에서 볼 때 미국이 세계금융위기에 대한 국제적 공조를 추진하기 위해 G20를 정상회의로 격상시키고 중국을 초청한 것은 미국이 다자기구에서 중국의 역할 확대에 개방적이 되었음을 의미하며 중국과의 이해와 신뢰를 제고시키는 데 기여했다고 할 수 있다.[89] 중국 또한 G20의 승급을 신흥경제국의 중요성을 반영한 것으로 이해하고 환영했다.[90]

이러한 시도에 힘입어 양국은 G20를 통해 국제경제의 안정과 회복을 위한 시도에 협력하고 또 주도했다. 가령, 양국은 2008년 워싱턴 G20 정상회의와 2009년 런던 G20 정상회의에서 재정 자극과 금융 구제 조치에 협력했다. 구체적으로 양국은 런던 G20 정상회의가 1조 1천억 달러에 이르는 구제계획을 승인하는 데 주도적인 역할을 했고, 또 동 계획을 실천에 옮기기 위해 미국이 1,000억 달러를 그리고 중국이 400억 달러를 투자하는 데 합의했다. 특히 중국이 400억 달러 채권을 구매하기로 한 것은 중국이 주장한 IMF 지분개혁이 성사되지 않은 상태에서 이뤄진 것이었다.[91] 이는 G20 정상회의의 출범이 중국의 국제적 역할과 책임을 확대하는 결과로 이어졌음을 의미한다. 중국이 G20를 통해 국제경제 거버넌스와 관련하여 더 큰 역할을 수행하게 되었다는 사실은 중국이 2012년 멕시코 G20 정상회의에서 유럽채권위기에 대응하기 위해 IMF에 430억 달러를 기여하겠다고 발표한 데서도 확인되었다. 이처럼 중국은 G20 참가와 적극적 역할을 통해 세계 강대국으로서의 지위에 한 걸음 더 다가서게 되었는데, 이러한 진전은 미국과의 협력을 통해 이뤄졌다.

또한 양국은 중국이 희망한 세계은행과 IMF 지분개혁과 같은 글로벌 거버넌스의 보완과 개혁에도 협력했다. 앞서 지적한 것처럼, 중국은 세계금융위기 이후 기존 국제경제 거버넌스의 취약성을 지적하며 개혁을 촉구했다. 이는 국제경제 거버넌스에서의 자국의 역할이 경제 규모에 걸맞지 않다는 중국의 불만을 반영했다. 미국은 국제경제기구에서 중국의 지분과 발언권을 확대하는 것을 지지했다. 부시 행정부가 2008년 3월에 IMF 투표권 재조정을 지지한 데 이어 오바마 대통령 또한 2009년 1월 가이트너(Timothy Geithner) 재정부 장관 지명자를 통해 개도국에 더 큰 지분을 부여하려 한다는 의도를 밝혔다.[92] 구체적으로 미국은 중국을 포함하여 과소 대표된 국가에 투표권의 5%를 이전시키는 IMF의 지분개혁에 동의함으로써 IMF의 대표성을 강화하려 시도했다.[93] 2010년 11월 서울 G20 정상회의에서 오바마 대통령이 개혁안에 대한 지지를 밝힘에 따라 다음 달 IMF 개혁안에 대한 합의가 도출되었고, 중국은 투표권 비율을 확대할 기반을 마련했다. 같은 해 세계은행에서도 개도국 투표권을 확대하는 결정이 도출되었다. 이처럼 세계금융위기 이후 개최된 모든 G20 정상회의에서 미중 양국이 결정의 핵심으로 작용함에 따라, 양국이 G20에서 실질적인 거부권을 지니게 되었다는 주장이 제기되었다.[94] 다시 말해 양국이 실질적인 G2를 형성했다는 평가였다.

기후변화

기후변화를 포함한 환경문제와 관련하여 미중 양국 사이에는 이익을 공유하는 부분도 존재하고 또 차이도 존재했다. 이러한 한계로 인해 곡절도 있었지만, 양국은 지도자 사이의 연계를 통해 기후변화에 관한 협력을 이어갔고 그 결과 기후변화는 양국 협력의 중요한 영역으로 등장한다. 기후변화를 둘러싼 상호작용은 미중 양국이 이익의 차이에도 불구하고 협력할 수 있음을 잘 보여주었다.

2009년 코펜하겐 기후변화회의는 세계금융위기를 계기로 비중이 증대된 미중 양국이 공동으로 지도력을 행사할 수 있는지를 시험하는 무대로 간주되었다. 회의의 쟁점은 크게 두 가지였다. 그 하나는 '공동의 그러나 차별적 책임(Common but Differentiated Responsibilities)' 원칙의 적용 여부였다. 교토의정서(Kyoto Protocol)가 규정한 공동의 그러나 차별적 책임은 중국을 포함한 신흥국가들을 탄소배출 규제 의무에서 면제시켜주었다. 오바마 대통령은 교토의정서의 이러한 원칙을 변화시키려 들었다. 2005년에 이미 이산화탄소 배출량에서 미국을 추월한 중국을 면제시켜 줄 경우 미국 의회를 설득하기 어려웠기 때문이다. 실제로 미국 상원은 중국에 면책권을 부여한 합의안을 수용하지 않으려 들었다.[95]

이에 반해 중국은, 비록 지도부가 환경문제 개선을 선언했지만, 경제발전에 끼칠 부정적 영향에 대한 우려로 인해 책임을 부담하는 것을 주저했다. 이에 따라 중국은 코펜하겐 기후회의에서 공동의 그러나 차별적 책임이라는 교토의정서의 원칙을 내세워 협의에 응하지 않으려 들었고, 대신에 미국의 공약이 충분하지 않다고 비판했다. 그 결과 개도국과 선진국의 상대적 책임을 둘러싸고 이견이 표출되었다. 중국은 선진국이 주요 책임을 져야 하며 개도국의 감축은 의무가 아닌 자발적이어야 한다고 주장했다. 이러한 주장은 최대 배출국인 중국의 공약 없이는 감축 목표를 달성하기 어렵다는 미국의 주장과 충돌했다.[96]

다른 하나의 쟁점은 중국의 공약에 대한 검증 문제였다. 미국은 2020년까지 탄소 집약도(Carbon Intensity)를 2005년 대비 40-45% 감축하겠다는 중국의 공약을 환영하면서도, 중국의 조치가 검증 대상이 되어야 한다고 주장했다. 그러나 중국은 개도국도 감축 목표를 법으로 규정해야 한다는 미국의 주장을 발전을 제약하려는 시도로 간주하고,[97] 국제적 검증을 거부했다. 이처럼 중국은 경제발전의 필요성을 강조하며 부담을 선진국에 떠넘기려 들었고, 미국은 중국이 부상했다는 사실을 강조하며 중국의 참여와 외부의 검증 없이는 합의가 의미가 없다며 맞섰다. 이러한 이견으로 인해 양국은 코펜하겐 회의에서, 비록 오바마 대통령은 원자바오 총리에 대한 압박을 통해 실질적 동의를 이끌었다고 주장하지만,[98] 합의를 도출하는 데 실패했다.

이러한 좌절에도 불구하고 기후협력을 대중관계의 우선순위 가운데 하나로 설정한 오바마 행정부는 양자 간 대화와 정상회담을 통해 최대의 온실가스 배출국 중국의 공약을 도출하려 시도했다. 그 결과 2014년부터 기후변화와 관련한 양국 간 공조에 결실이 나타나기 시작했다. 이 해 양국은 베이징에서 개최된 APEC 정상회의를 계기로 기후변화에 관한 협력을 강화할 것을 천명한 공동성명을 발표했다. 성명에서 미국은 2025년까지 온실가스 배출을 2005년 대비 26-28% 감축하는 목표를 발표했고, 중국도 2030년경을 정점으로 이산화탄소 배출량을 감축하고 또 목표를 조기에 달성하기 위해 노력하겠다는 계획을 발표했다.[99] 중국이 처음으로 기후변화 목표를 조기에 또 공격적으로 달성하겠다고 천명했을 뿐 아니라 두 최대 배출국이 함께 계획을 발표했다는 사실이 다른 국가들에게도 목표를 확대하도록 압박을 가했다. 그 결과 2015년 12월 파리에서 기후변화정상회의가 개최될 때까지 전 세계 배출량의 95%를 차지하는 180개 국가가 각국의 목표를 발표했다. 이처럼 양국은 협력을 통해 기후변화 협정을 도출하는 중요한 역할을 함으로써, 기후변화와 관련하여 전략적 동반자가 되었다는 평가를 촉발했다.[100]

전 세계 온실가스 배출의 40% 이상을 감당하는 미중 양국 사이의 협력은 2015년 파리기후정상회의 분위기를 바꿨고, 또 합의에서 선언된 목표를 제고시키는 결과로 이어졌다. 오바마 정부는 후일 양국이 역사적이고 야심적인 기후변화협약 도출에 핵심적 역할을 했다고 평가했다.[101] 아울러 양국은 이를 기반으로 기후변화에 대한 협력을 더욱 구체화하려 시도했다. 2015년 시진핑 주석의 미국 방문을 계기로 기후변화에 대응하기 위한 국내 정책적 조치와 협력 구상을 밝혔고, 다음 해 3월에는 기후변화에 관한 공동성명을 통해 양국 정상이 기후변화협약에 서명할 것을 밝히고 또 기후변화와 관련한 협력을 양국관계의 지주(pillar)로 규정했다.[102]

실제로 기후변화는 양국관계를 지탱하는 지주로 작용했다. 이러한 사실은 사이버 안보와 해양 안보 등 여러 영역에서 양국관계가 악화하는 가운데 2016년 9월 항저우에서 개최된 G20 정상회의에서 미중이 기후변화를 중심으로 협력의 측면을 부각한 데서 확인되었다. 회의에서 오바마 대통령과 시진핑 주석은 여러 이견을 제쳐두고 기후변화에 대응하기 위해 협력할 것임을 강조했다. 이는 양국 지도자 간 연계를 반영한 것이었다. 특히 오바마 대통령은 다른 이슈들에서 존재하는 이견에도 불구하고 기후변화에 대한 협력 의지를 강조했다.[103] 그 결과 양국관계가 갈등을 경험하는 상황에서도 양국은 기후변화에서 밀접하게 협력했다.

이처럼 오바마 행정부가 기후변화와 관련한 협력을 부각했지만, 양국 간 협력에는 여전히 한계가 존재했다. 단적으로 오바마 행정부가 역사적이고 야심적이라고 규정한 파리기후협정은 "국가별로 결정한 기여(NDCs)"라는 원칙을 통해 감축 목표를 국가가 자발적으로 설정하도록 허용했다.[104] 이에 따라 중국은 2030년경 탄소배출이 정점에 달하도록 하겠다고 밝혔지만, 구체적 감축 목표는 제시하지 않았다. 이 점에서 중국의 공약은 미국의 압박에 밀린 양보이기보다 자신의 목표를 다시 선언한 것에 불과하다는 평가도 제기되었다.[105]

군사 교류

오바마 행정부가 출범할 시기 미중관계에는 특별한 문제가 없는 상황이었지만, 군사 교류는 상대적으로 취약한 영역으로 남았다. 오바마 행정부는 중국과의 군사적 교류를 확대함으로써 이러한 취약성을 보완하고 또 소통의 제고를 통해 우발적 충돌도 방지하려 들었다. 이러한 필요성은 중국의 군사력 증대에 대한 인식의 제고와 함께 더욱 강화되었다. 오바마 대통령은 2009년 4월 런던 G20 정상회의에서 후진타오 주석과 당시 발생한 임페커블(USS Impeccable)호 사건을 거론하며 고위급 군사 교류의 중요성을 강조했다.[106] 게이츠 국방장관 또한 군사관계를 심화함으로써 양국관계가 악화할 때 교류가 중단되곤 하는 상황을 개선하려 들었다.[107] 군사 교류의 중단이 상호 신뢰를 확립하는 데 부정적으로 작용하고 또 지역과 국제 안보에 대한 협력을 제약한다는 판단 때문이었다. 이는 실질적으로 미국이 군사 교류를 통해 중국의 군사적 행위를 형성하려 들었음을 의미한다. 이에 대해 중국은 양국 간 군사 교류를 양국관계의 전반적인 상황과 연계시키려 들었다.

양국 간 군사 대화와 교류가 강화되는 데는 시간이 필요했다. 2009년 6월 양국이 10차 차관급 국방협의 회담을 통해 대만에 대한 무기 판매, 반테러 문제, 북한 핵 문제, 아태지역 안보, 그리고 미군의 정찰 문제 등을 논의했고,[108] 8월에는 군사해양협의협정(Military Maritime Consultative Agreement) 특별회의를 개최하여 임페커블호 문제와 의도치 않은 충돌의 발생을 방지하기 위한 논의를 전개했다.[109] 그러나 2010년에 들어 중국이 대만에 대한 무기 판매에 반발하여 군사 교류와 대화를 중단시킴에 따라 12월 국방협의 회담이 진행될 때까지 군사 교류는 실질적으로 중단되었다.

이러한 상황에서 게이츠 국방장관이 2011년 1월 중국을 방문하여 군사 교류 활성화를 촉진하려 시도했다. 그는 방문에서 사이버, 미사일 방어, 핵, 우주 문제 등에 관한 전략안보대화를 미중 전략·경제대화의 틀 안에서 진행하자고 제안했고, 량광례(梁光烈) 국방부장으로부터 긍정적으로 검토하겠다는 답변을 얻었다.[110] 이어진 후진타오 주석의 방미 때 발표된 공동성명은 "건강하고, 안정적이며 신뢰할 수 있는 군사관계"와 다양한 층위에서의 대화와 소통을 통해 군사관계를 발전시킨다는 내용을 포함함으로써 군사 교류 확대를 위한 보다 확고한 토대를 마련했다.[111] 2012년 미국은 국방전략지침을 통해 아시아와 중동 지역에서 미국의 군사적 우위를 유지할 계획을 밝힘으로써 아태 재균형을 천명한 이후에도,[112] 중국에 대한 군사적 관여를 확대하려는 시도를 이어갔다. 그 대표적 사례로 파네타(Panetta) 국방장관이 9월 중국 방문에서 중국 해군을 림팩(Rim of the Pacific) 훈련에 초청함으로써 교류와 협력을 확대하려는 의도를 표출한 것을 들 수 있다. 다음 해인 2013년 서니랜즈(Sunnylands)에서 진행된 오바마-시진핑 비공식 회동에서도 군사협력을 강화하자는 합의가 이뤄졌다.[113]

미국의 노력에 힘입어 2014년에 들어, 중국의 군사적 불투명성과 미국의 아태 재균형을 둘러싼 상호 불신이 지속되는 상황에서도, 양국 간 군사 교류의 구체적 결과가 나타났다. 중국이 림팩에 처음 참가했고, 또 양국 국방부가 주요 군사 활동의 상호 통보와 항공 및 해상에서 조우 시 행위 준칙에 관한 합의를 포함한 신뢰 확립에 관한 양해각서(MOU)를 체결했다. 중국 군사과학원의 한 전문가는 이러한 합의가 위기관리를 강화하는 데 기여할 것이며 따라서 양국 군사관계가 1990년대 이후 최고에 달했다고 평가했고,[114] 미국의 한 전문가는 중국이 기존 자유주의 질서에 대한 공약을 강화했다고 평가했다.[115] 다음 해 6월 양국은 이 합의에 군사위기의 통보와 공중 조우에 관한 합의를 부속 문서 형식으로 추가하는 데 합의했다. 미국은 이러한 일련의 합의를 위기 감축, 작전 안전 제고, 이견 관리에 대한 양국의 의지를 보여준 것으로 평가했고,[116] 중국도 합의가 전략적 신뢰를 증진하고 오해와 오판 그리고 해상과 공중에서의 우발적 사건을 회피하는 데 기여할 것으로 평가했다.[117]

이러한 합의가 다음 장에서 다루는 중국의 남중국해 인공섬 매립 문제를 둘러싸고 양국 간 갈등이 제고된 상황에서 이뤄졌다는 사실은 양국이 한편으로 갈등하면서도 여전히 협력을 이어갔음을 보여준다.[118] 이러한 사실을 반영하듯, 양국 간에 이견이 이어지는 상황에서도 군사 교류는 계속되었다. 가령, 2015년 6월 판찬룽(范长龙) 중국공산당 중앙군사위원회 부주석이 예정대로 미국 방문을 진행함으로써 군사관계를 발전시키려는 의지와 대화를 통해 이견을 관리하려는 노력을 전개했다.[119] 이러한 중국의 적극성에 호응하여 11월 해리스(Harry Harris) 미 태평양 사령관 또한 중국을 방문하여 군사위 부주석 판찬룽 및 총참모장 팡펑후이(房峰辉)와 각각 회동했다.[120]

같은 달 양국 군대는 미국 대서양에서 사상 최초의 연합해군훈련을 거행했고,[121] 미국은 전략폭격기 B-52 2대를 인공 섬 부근으로 비행시키면서도 12해리 이내로는 진입시키지 않음으로써 자제를 보였다.[122] 나아가 12월에도 B-52 폭격기가 다시 인공 섬 주변을 비행했지만, 미국은 의도치 않았던 사건이었음을 강조함으로써 긴장을 제어하기 위한 노력을 이어갔다.[123]

## 협력과 미중관계의 복합성

이상의 논의는 미중 양국이 세계금융위기를 계기로 협력을 확대했음을 보여준다. 세계금융위기를 극복하기 위한 시도로 경제적 영역에서 시작된 양국 간 협력은 글로벌 거버넌스 개혁, 기후변화, 그리고 군사 교류로 확대되었다. 아울러, 이 장에서 본격적으로 논의되지는 않았지만, 중국이 북한 핵 문제에 대한 대응과 이란 핵 합의 도출과 관련해서도 오바마 행정부의 노력에 호응함에 따라 안보 영역에서도 협력이 이어졌다. 여기에 더해 양국은, 세계의 양대 경제 강국으로서, 다자기구에서도 공조하기 시작했고 그 결과 양국의 참여 없이는 세계적 문제를 해결하기가 실질적으로 어려워졌다.

양국 간 협력은 이 시기 더욱 확대된 양국 간 대화와 협의 기제에 크게 힘입었다. 부시 행정부 시기부터 형성된 미중 대화 기제는 오바마 행정부 시기에 들어 더욱 확대되었고 그 포괄 범위도 확장되었다. 이 시기 양국 간 대화 기제는, 중국 자료에 따르면,[124] 90개를 넘었다. 이처럼 확대되고 정례화된 대화 기제는 양국이 양자, 지역, 세계적 문제에 대한 견해를 교환할 기회를 제공하고 또 일부 이슈에서의 협력을 진전시키는 데 기여하기도 했다. 이에 따라 미국과 중국 모두에서 대화 기제에 대한 긍정적 평가가 제기되었다. 미국의 오바마 대통령은 대화 기제가 양국 간 협력을 촉진한다고 평가했고,[125] 전문가들 또한 중국이 대화 기제에서 합의한 약속의 대부분을 수행하려 노력하는 등 대화가 효과적이었다고 주장했다.[126] 중국 또한 대화가 미중 협력을 강화하는 데 기여했다고 평가했다. 가령, 다이빙궈 국무위원이 대화가 양국관계 발전에 기여했다고 평가했고,[127] 전문가들 또한 대화가 미중관계의 제도화와 안정성 증대로 이어졌다고 평가했다.[128]

그러나, 위에서 지적한 것처럼, 경제와 거버넌스, 기후변화, 군사 교류 등의 영역에서 진행된 양국 간 협력에 한계도 분명했다. 어느 국가도 숭대한 양보를 하려 들지 않았기 때문이었다. 특히 중국은 제고된 자신감을 바탕으로 미국과의 관계를 재설정하려 들었고, 이러한 중국의 외교적 공세는 미국 관리들에 중국과의 협력을 환영하면서도 중국의 부상이 촉발하는 효과를 경계하도록 작용했다. 이러한 이견이 협력에 한계를 설정했고, 이는 다시 양국 모두에서 협력에 대한 부정적 평가를 촉발했다. 가령, 미국의 한 전문가는 양국 간에 대화가 계속되었지만 오바마 행정부가 강조한 지재권 보호, 경제 불균형, 기후변화 등에서 실질적인 진전이 없었다고 규정했고,[129] 다른 전문가 또한 미국이 사이버 절취 문제 등을 계속해서 제기했음에도 중국은 어떤 구체적 약속도 제시하지 않았다고 불만을 표출했다.[130] 중국에서도 미국이 중국을 평등한 협력 파트너로 수용하지 않으려 들고 또 중국도 미국의 주니어 파트너가 될 생각이 없기에 양국관계는 협력관계가 될 수 없으며 협력과 경쟁이 병존하는 관계일 수밖에 없다는 주장이 제기되었다.[131] 이는 이 시기 양국 사이에 협력의 움직임과 함께 경쟁 국면도 형성됨으로써 복합성을 체현했음을 의미한다.

이 시기 양국관계에 출현한 복합성은 G2 구상의 운명에서 단적으로 확인된다. 금융위기 이전부터 미국에서 국제문제 해결의 방안으로 제기되기 시작했던 G2 구상은 오바마 행정부가 출범할 무렵 다시 힘을 얻었다. 대표적으로 벅스텐은 중국이 자신의 역할이 제한된 체제에 단순하게 편입되는 것을 수용하지 않으려 하기에 중국과 대등한 동반자 관계를 형성하여 국제경제 체제에 공동의 지도력을 제공할 필요가 있다고 주장했다.[132] 이는, 지금 우리 사회에서 양대 (따라서 서로 경쟁하는) 강대국을 지칭하는 의미로 사용되는 것과 달리, G2 구상이 미국과 중국이 동반자 관계를 형성하여 국제체제의 규칙을 함께 논의할 필요성을 강조하기 위한 시도였음을 의미한다. 이 점에서 동 구상의 제기는 기존 체제의 개방성을 확대하고 중국과의 협력을 확장해야 한다는 주장이 힘을 얻었음을 보여준다.

그러나 양국 지도자들은 G2를 공개적으로 거론하지 않거나 심지어 부정하기도 했다. 미국의 오바마 행정부는 G2 구상을 공식적으로 제기하지 않았다. 스타인버그 부장관은 미중 양국의 중요성에도 불구하고 국제체제의 모든 행위자의 도움이 필요하다고 지적함으로써,[133] 중국과의 평등성을 수용하지 않으려는 의도를 보였다. 중국 또한, G2에 관한 논의가 제고되는 상황에서, G20와 같은 다자기구를 선호했다. 미국과 중국이 협력하여 세계문제를 해결해야 한다는 취지의 G2 구상이 미국과 전략적 관계를 형성하려는 중국의 오랜 염

원과 부합했지만, 중국의 지도부는 공식적으로 제기되지도 않은 구상을 거부하기도 했다.[134]

　종합하면, 양국이 세계금융위기로 분명해진 상호의존과 현실적 필요성에 기반하여 협력을 진행함에 따라 그 영역은 경제, 환경, 그리고 안보 등으로 확장되었다. 그러나 경제와 거버넌스, 그리고 군사 교류 등 협력이 진행된 일부 영역에서 이견과 경쟁이 점차 분명해졌고, 그 결과 양국관계는 복합성을 체현하게 되었다. 이제 복합성의 다른 측면인 경쟁 국면의 형성과 출현을 살펴보자.

## 제6장

# 평등성, 재균형 그리고 경쟁 국면의 형성

2008년 세계금융위기 이후 미중 양국 사이에 협력이 확대되는 상황에서 경쟁의 국면 또한 점차 분명해졌다. 양국 간 경쟁 국면은 부상하는 중국의 공세에 의해 촉발되었다. 국력에 대한 자신감이 증대된 중국은 탈냉전기 유보해왔던 미국과의 평등성에 대한 욕구를 다시 표출했다. 미국이 쇠퇴하고 있다는 인식이, 불평등한 양국관계가 중국에 불리하게 작용한다는 오랜 신념과 결합하면서, 미국과의 관계를 다시 모색하도록 작용한 것이었다. 중국은 한동안 미국과의 협력을 통해 목표를 달성하려 했지만, 시진핑 정권이 출범한 후 미국의 동의를 구하고 기다리기보다 적극적이고 공세적인 행동을 통해 평등성을 구현하려 들었다. 중국은 평등성은 국가관계의 일반적인 원칙으로서 미국에 대한 도전을 의미하는 것은 아니라고 인식했다.

탈냉전기 패권 지위를 누려온 미국은 중국의 평등성 추구를, 현실주의자들이 지적하듯,[1] 힘의 균형을 회복하려는 수정주의적 시도이자 자신의 지위에 대한 도전으로 인식했다. 이에 따라 미국에서는, 오바마 대통령이 밝혔듯,[2] 중국의 부상이 국제질서와 미국의 지위에 끼치는 의미와 관련한 의구심이 증대되었다. 이처럼 중국의 공세적 외교정책과 군사력 증강 등이 미국의 힘과 영향력에 중대한 파급효과를 초래한다는 인식이 확산하는 상황에서, 오바마 행정부는 아태 재균형을 통해 중국을 제어하려 들었다. 비록 오바마 행정부가 중국에 대한 봉쇄 시도가 아니라고 강조했고 또 중동문제에 집중할 필요성과 국제문제에 관한 중국의 협력을 동원할 필요성 등 현실적 요인이 그 실천을 제약했지만, 아태 재균형은 중국에 대한 미국의 관여가 약화하기 시작함을 보여주었다.

아태 재균형은 다시 중국의 인식에 영향을 끼쳤다. 재균형이 제기되자 중국은 국제무대에서 적극적인 역할의 수행을 촉구하는 미국이 실질적으로는 주도권에 가할 위험을 더 경계한다고 판단했다. 이처럼 미국이 패권을 유지하기 위해 중국의 부상을 수용하려 들지 않는다는 판단에 따라, 중국은 재균형에 대한 비판을 강화하는 동시에 자국의 이익을 존중하고 수용하라는 요구를 더욱 강화했다. 시진핑 체제 출범 이후 중국은 새로운 형태의 강대국 관계 구상의 제기를 통해 평등성을 분명하게 요구했고, 미국이 이를 수용하지 않자 '중국식 강대국 외교(中國特色大國外交)'정책을 내걸고 병렬적 국제기구와 구상을 추진했으며 또 경제적 추월전략도 강화했다. 이는 양국 사이에 작용-반작용 사이클이 촉발됨을 의미했다.

그 결과 양국이 각자의 목표를 실현하기 위해 경쟁하는 국면이 출현했다. 양국 간 경쟁은 역설적으로도 협력이 진행된 경제, 글로벌 거버넌스, 군사 등에서 그 모습을 드러냈다. 여기에 더해 지역 주도권을 둘러싸고도 양국 사이에 경쟁의 국면이 형성되었다. 양국 간 경쟁이 협력이 진행되는 영역들에서 그 모습을 드러내기 시작했고 또 양국이 기후변화와 비확산 등에서 협력을 계속함에 따라 이 시기 양국관계가 본격적인 경쟁의 양상을 보이지는 않았지만, 경쟁 국면이 점차 분명해지면서 미국에서는 중국과의 관계가 임계점에 도달했다는 주장이 제기되었다.

이 장에서는 세계금융위기 이후 양국 간에 점차 분명해진 경쟁 국면의 형성과 그 양상을 검토한다. 이러한 작업은 미중관계에 발생한 몇 가지 변화를 보여줄 것이다. 우선, 미중관계에서 중국의 적극성이 제고된 반면에 미국의 주도권이 상대적으로 위축되었다는 점이다. 그동안 미국이 양국관계를 주도했다면, 이제 중국이 변화를 촉발하고 미국이 대응하는 양상이 출현하기 시작했다. 다음으로 상대에 대한 인식과 불신 같은 양국의 국내정치적 요인이 양국관계에 끼치는 영향이 증대되었다는 점이다. 다시 말해 이 시기 양국 간 국력 대비에 발생한 변화가 여전히 그 모습과 성격이 분명하지 않은 상황에서, 그 변화 추세에 대한 양국의 인식과 판단이 국력 대비 변화라는 현실을 앞서갔다. 마지막으로 경쟁 국면의 형성에 관한 논의는 양국관계가 편의적 타협에서 협력과 경쟁이 병존하는 복합적 관계로 이행함을 보여준다. 물론 양국 사이의 이견은 이전에도 존재했지만, 국력 격차가 축소됨에 따라 양국 간 이견을 둘러싼 상호작용의 양상에도 변화가 발생했다.

다음에서는 먼저 세계금융위기로 자신감이 증대된 중국의 변화 추구를 평등성을 중심으로 검토하고, 이에 대한 미국의 대응을 아태 재균형을 통해 살펴본다. 계속해서 시진핑 체제의 출범을 계기로 더욱 분명해진 중국의 적극적인 대외정책을 새로운 형태의 강대국 관계 구상과 중국식 강대국 외교정책을 중심으로 논의한다. 이어서 이러한 양국의 의도가 상호작용한 결과 형성되기 시작한 경쟁 국면을 경제, 글로벌 거버넌스, 지역 주도권, 그리고 군사 등을 중심으로 검토한다. 마지막으로 경쟁 국면의 형성이 양국관계에 갖는 의미를 미국에서 제기된 임계점 논의를 통해 살펴본다.

## 중국의 평등성 추구

세계금융위기 이후 중국은, 5장에서 살펴본 것처럼, 미국과의 관계에서 협력과 변화를 동시에 추구했다. 중국은 기본적으로 협력을 통해 미국이 중국의 이익을 존중하도록 유도하려 들었다. 이러한 상황에서 일부 전문가들을 중심으로 미국과의 협력만을 일방적으로 강조하기보다 증대된 힘을 바탕으로 미국과의 관계를 다시 설정하는 데 더 적극적으로 나서야 한다는 강경한 주장이 제기되었다. 한 전문가는 관계의 재설정을 통해 미국이 가하는 제약에서 벗어날 필요성을 제기했고,[3] 다른 전문가 또한 강대국 사이에는 결국 경쟁과 협력이 병존할 수밖에 없기에 미국이나 지역의 대리국이 중국의 핵심 이익을 침범하면 거대한 대가를 지불하도록 할 것을 주장했다.[4]

이는 그동안 미국에 의해 주도되어온 관계를 평등한 관계로 재편할 필요성을 다시 제기한 것이었다. 평등성은 중국이 오랫동안 내세웠던 원칙이었다. 공식적으로 중국은 1955년 반둥회의에서 내정 불간섭을 핵심으로 하는 주권평등 원칙을 처음 제기한 이후,[5] 1972년 미국과의 상하이 공동성명에도 포함시켰다.[6] 개혁개방 시기에 들어서 중국은 내정 불간섭에 '평등한 협상을 통한 국제문제의 해결'이라는 국제적 측면을 더함으로써 그 의미를 더욱 확장했고,[7] 이러한 평등관은 시진핑에 의해서도 계승되었다.[8]

중국은, 4장에서 지적한 것처럼, 관계 안정을 추구하는 동안 미국의 주도권을 실질적으로 인정하며 평등성 추구를 유보했었다. 이는 중국이 평등성 요구가 미국과의 갈등을 촉발할 가능성을 의식했음을 의미한다. 그러나 세계금융위기로 자신감이 제고되면서 그동안 힘의 격차로 인해 유보했던 미국과의 평등성에 대한 요구가 다시 제기되었고, 시진핑이 집권한 후 이를 실현하려는 의지는 더욱 분명해졌다. 이처럼 잠복했던 평등성에 대한 욕구가 다시 표출된 것은, 이 시기 중국에서 강경한 목소리가 힘을 얻었음을 의미한다. 널리 알려진 것처럼, 중국은 빠른 경제회복에 힘입어 2010년 세계 제2위 경제대국으로 등장했고 2011년에 미국을 추월하여 최대 제조업 국가가 되었으며 2012년에는 최대 교역국으로 등장했다. 이러한 일련의 변화가 중국이 마침내 세계 일류국가로 등장했고, 미국은 쇠퇴하고 있으며, 강력한 정치력을 통해 사회와 경제 문제를 효율적으로 관리하는 중국의 발전모델이 서구 민주주의와 시장경제에 대한 대안을 제공한다는 생각에 힘을 보탰다.[9]

이처럼 국력 대비에 변화가 발생했지만 미국은 여전히 자신의 패권을 유지하기 위해 중국의 부상을 방지하려 드는 것으로 간주되었다. 구체적으로 미국은 대만, 티베트, 신장 독립을 지지함으로써 중국을 분열시키려 시도하고 또 인권문제를 제기함으로써 중국을 평화적으로 변화시키려는 시도를 계속하는 것으로 제시되었다.[10] 이는 미국이 여러 차례 중국의 부상을 환영한다는 입장을 밝혔지만, 중국에서 미국의 수사와 행동이 완전하게 일치하지 않는다는 인식이 힘을 얻었음을 의미한다.[11] 심지어 군과 안보 분야, 그리고 이념 분야에 종사하는 일부 고위 관리들은 공개적으로 미국을 중국의 국가안보에 대한 최대의 위협이라고 선언하기도 했다.[12]

평등성 추구는 이러한 맥락에서 이뤄졌다. 즉, 미국의 견제에 대응할 필요성이 평등성을 추구하도록 작용한 것이었다. 이는 자신감 증대와 함께 중국에서 신중하고 반응적 외교정책에 대한 회의가 증대된 반면에 적극적 외교정책(有所作为)에 대한 기대가 증대되었음을 의미한다. 그 결과 대만에 대한 무기 판매와 중국 주변에 대한 정찰을 용인하는 등 양보를 통해 미국과의 관계 안정을 추구하는 기존의 정책은 지나치게 수동적으로 인식되었고, 대신에 이제 미국을 처벌할 용기와 결의를 지녀야 한다는 주장이 힘을 얻었다.[13] 이것이 2010년 중국에서 대만에 대한 무기 판매에 참여한 미국 기업을 제재해야 한다는 주장이 제기된 배경이었다.

평등성 추구는 대미관계와 관련한 중국의 자신감 증대를 반영했다. 즉, 평등성 추구로 인해 촉발될 갈등에도 불구하고 미국과의 관계를 유지할 수 있다는 자신감이었다. 이 시기 중국에서는 미중관계와 관련하여 '싸우지만 파열에는 이르지 않는다'는 의미의 투이불파(斗而不破)가 강조되었다. 이익의 상호 연계와 국제문제에 협력할 필요성으로 인해 개별 사안에서의 갈등이 미중관계의 전반적 국면에 영향을 끼치지 않는다는 판단이었다.[14] 특히 경제적 필요성과 상호의존이 양국 모두에 갈등을 자제하도록 작용하기에 양국관계는 경쟁과 협력을 모두 포괄하는 복합적 성격을 유지할 수밖에 없다는 인식이 힘을 얻었다. 이처럼 싸워도 깨지지 않는 단계에 이르렀기에 중국은 미국과 협력하는 동시에 투쟁을 불사해야 하는 것으로 제시되었다.[15] 이 점에서 평등성을 다시 강조하기 시작했다는 사실은 중국이 관계 안정을 강조해온 기존 방침으로부터 이행함을 상징했다.

물론 평등성을 다시 강조했다는 것이 곧 중국이 미국과의 본격적인 갈등이나 경쟁을 감수하려 들었음을 의미하지는 않는다. 중국에서는 미국과의 협력을 유지할 필요성이 여전히 강조되었다. 즉, 민족 부흥이라는 목표를 실현하는 데 도움이 되지 않기에 대결을 회피하는 것이 대미전략의 중요한 목표 가운데 하나가 되어야 하며, 따라서 미국이 대만 문제와 같은 마지노선을 건드리지 않는 한 협력과 윈윈의 대미전략을 견지해야 한다는 주장이 여전히 견지되었다.[16] 그러나 이러한 온건론이 이어지는 상황에서도 경쟁 가능성에 대한 인식이 강화되었고 또 이를 수용하려는 의지도 증강되었다. 즉, 강대국 관계는 협력과 경쟁의 병존일 수밖에 없다는 시각이 힘을 얻으면서 중국은 미국의 결의를 시험하려는 의지를 강화했고, 이는 다시 미국의 대중 의구심을 촉발했다.


## 미국의 경계와 아태 재균형

평등성을 통해 관계를 다시 설정하려는 중국의 시도는 미국의 경계심을 촉발했다. 미국에서는 오래전부터 중국의 전략적 진로에 대한 불신이 잠재되어 있었고, 이는 중국정책을 둘러싼 논쟁을 촉발하는 요인으로 작용하곤 했다. 이러한 현상은 오바마 행정부 시기에도 계속해서 이어졌다. 오바마 행정부가 출범과 함께 중국과의 협력을 강조하자, '중국의 부상으로 초래되는 도전을 어떻게 다룰 것인가'라는 반론이 제기되었다. 가령, 한 전문가는 중국이 군사력 건설을 계속함으로써 미국에 도전을 제기한다고 규정하고, 정책의 초점을 중국과의 전략적 영역에서의 경쟁에 대비하는 데 집중할 것을 주장했다.[17]

오바마 행정부가 제기한 전략적 보장 구상에 대해서도 비판이 제기되었다. 미국의 일부 전문가들은 동 구상은 중국에 봉쇄할 의도가 없음을 보여주려는 시도로서 오바마 행정부 관리들이 강대국 경쟁의 시대가 끝났다고 믿고 있음을 보여준다고 규정했다. 그러나 이들은 중국이 아시아에서 전통적 강대국처럼 행동하고 있는 상황에서 전략적 보장 구상을 제기하는 것은 아시아를 재형성하려는 중국의 의지를 수용하는 것으로 이해되고 따라서 동맹국의 우려를 촉발할 것이라고 비판했다.[18] 중국의 전략적 의도에 대한 지속되는 의구심이 협력을 강조하는 오바마 행정부의 정책에 대한 비판을 촉발한 것이었다.

미국과의 평등성을 추구하려는 중국의 시도는, 중국과의 협력을 강조하는 오바마 행정부의 정책이 촉발한 전략적 위축에 대한 미국 내의 우려와 중첩되면서, 중국에 대한 미국의 의구심과 경계를 증폭시켰다. 중국이 핵심 이익을 남중국해로 확장하려 들면서 동아시아에서 안보 질서를 뒤흔든다는 인식이 힘을 얻었고, 영토분쟁과 외교문제에서 표출된 강경한 언행들은 급속한 군사력 증강과 결합하면서 중국이 공세적으로 변화했다는 인식을 강화했다. 이처럼 미국에서 중국의 행태에 대한 불만과 우려가 강화되는 상황에서 오바마 행정부 관리들 또한 점차 미국의 영향력과 이익이 약화할 가능성을 우려하기 시작했고, 마침내 중국에 대한 정책을 조정하기에 이른다.

중국이 제기하는 도전에 대응하기 위해 오바마 행정부는 아태 재균형을 선언하기에 이르렀다. 오바마 행정부의 대중정책의 초점에 조정이 발생하기 시작했다는 사실은 2010년 중반부터 드러나기 시작했다. 2010년 초에 발생한 일련의 사건들을 통해 미국에서 지역의 안정과 관련한 중국의 의도에 대한 의구심이 증대되었고, 이러한 상황에서 클린턴 국무장관은 7월 하노이 아세안지역안보포럼(ARF)에서 남중국해 문제와 관련한 중국의 행태를 공개적으로 비판하기에 이르렀다.[19] 이는 남중국해를 핵심 이익이라 주장하는 중국에 대한 대응이자 영유권 분쟁에 개입된 지역 국가에 힘을 실어줌으로써 중국을 견제하려는 의도를 반영했다.

다음 해 11월 클린턴 국무상관은 중국과 함께 일하면서도 동시에 이견을 솔직하게 밝히고 이를 결연하게 다룸으로써 비현실적 기대를 회피해야 한다고 선언함으로써,[20] 아태 재균형을 공식적으로 천명했다. 동 전략의 형성에 관여했던 캠벨 국무부 차관보는 중국과의 협력이 의도한 결과로 이어지지 않았다는 판단이 재균형을 촉발했다고 주장한다.[21] 즉, 아태 재균형은 외교적 수단을 통해 중국의 협력을 유도하려는 시도가 좌절된 이후 취해진 전략의 조정이라는 지적이다.

아태 재균형은 미국의 대중정책이 전략적 보장에 기반한 관여로부터 위험회피와 균형을 강화하는 방향으로 이행함을 상징했다. 미국은 처음에 군사적 조치를 강조했다. 대표적으로 미국 국방부는 2012년 1월 전략지침을 발표하여 군사적 초점을 아태지역으로 돌릴 것을 천명했다.[22] 동 지침은 장기적으로 중국의 부상이 미국의 경제와 안보에 영향을 끼칠 것이라고 규정하고, 이에 대응하기 위해 지역에 대한 접근과 작전 능력을 확보하는 데 필요한 투자를 계속할 것을 천명했다. 구체적으로 지침은 중국의 A2AD 전략에 대한 경계를 표하고, 지역에 대한 접근과 자유로운 작전 능력을 유지하기 위해 해군력의 60%를 아태지역에 재배치하겠다고 밝혔다. 또한 지침은 동맹 및 파트너 국가들과 함께 규칙 기반 국제질서(rules-based international order)를 계속해서 옹호함으로써 안정을 확보하고 중국의 평화적 부상을 장려할 것이라고 지적함으로써 지역의 동맹 및 파트너 국가와의 협력도 강조했다. 이는 미국의 국제적 지도력을 유지하려는 의지를 천명한 것이었다.

이처럼 군사적 측면에 초점을 둔 아태 재균형이 미국 내의 비판과 중국의 의구심을 촉발하자, 미국 관리들은 재균형이 중국에 대한 봉쇄가 아니라는 점을 강조하고 또 경제적 측면으로 그 초점을 이동시킴으로써 우려를 해소하려 시도했다. 대표적으로 도닐론 국가안보보좌관은 2013년 3월 재균형을 중국에 대한 재관여를 위한 시도라고 규정함으로써, 봉쇄 시도라는 중국의 우려를 해소하려 들었다.[23] 이처럼 중국과의 관계를 계속해서 강조했다는 점에서 아태 재균형은 각자도생을 추구한 후일 트럼프 시기의 대중정책과 분명한 차이를 보였다.

미국은 2012년 말부터 아태 재균형의 초점을 경제적 측면으로 이동했다. 이러한 사실은 미국이 TPP 창설을 통해 지역의 경제적 주도권을 유지하고 증대되는 중국의 경제적 영향력을 제어하려 한 데서 확인되었다. 경제적 주도권에 대한 의지는 후일 오바마 대통령이

TPP 추진에 필요한 무역협상촉진권한(trade promotion authority)을 허용할 것을 촉구하면서 "중국이 아닌 미국이 아시아의 교역 규칙을 써야 한다"고 강조한 데서 확인되었다.[24] 이후에도 그는 TPP 비준을 촉구하면서 같은 논리를 전개하는 등 퇴임 때까지 계속해서 21세기 경제 질서를 규정하기 위한 경쟁에서 앞서가려는 의도를 분명하게 밝혔다.

물론 아태 재균형의 선언에도 불구하고 오바마 행정부의 외교정 책의 초점은, 반테러 전쟁의 유산으로 인해, 여전히 중동에 묶였다. 재균형이 발표된 이후 발생한 시리아 내전과 테러조직 IS의 세력 확 장 등으로 인해 예산과 인력 등 오바마 행정부의 외교자원은 동아시 아가 아닌 중동에 집중되었다.[25] 가령, 오바마 대통령과 고위 관리의 외교활동의 초점이 여전히 중동과 유럽에 집중되는 등 미국의 관심 은 아태지역으로 옮아오지는 못했다.[26] 여기에 더해 미국의 국내정 치적 요인으로 인해 TPP 비준도 지연되었다. 이러한 한계에도 불구 하고 아태 재균형은 오바마 대통령이, 비록 공식적으로는 미중관계 를 가장 중요한 양자관계로 규정하고 중국의 부상을 환영한다는 입 장을 표명했음에도 불구하고, 중국을 친구로 대하지는 않았음을 보 여주었다.

아태 재균형은 중국의 대미 의구심을 강화시켰다. 중국의 강경파 들은 재균형의 군사적 측면을 부각함으로써 미국이 중국의 부상을 제어하려 한다는 주장을 제기했다. 가령, 한 전문가는 오바마 행정부 가 발표한 국방전략지침이 중국의 군사적 의도의 불투명성과 A2AD 능력을 비판한 사실을 들어 미국이 중국에 국제적 역할을 발휘하도 록 장려했던 입장에서 아태지역의 안보 질서를 재편하는 방향으로 이행하려 한다고 주장했다.[27] 이는 중국의 의도에 대한 불신으로 촉발된 미국의 대중 견제 시도가 다시 중국의 대미 의구심을 촉발하는 작용-반작용 사이클을 촉발했음을 의미한다.


## 시진핑과 적극적 외교정책

미국이 재균형을 추진함에 따라 협력을 통해 평등성을 제고시키려는 시도가 도전에 직면한 상황에서도, 중국은 평등성에 대한 추구를 더욱 강화했다. 이러한 선택은 시진핑 주석의 선호를 반영했다. 2012년 말 중국공산당 18차 대회에서 권력을 승계한 시 주석은 국제적 영향력을 행사할 수 있는 강대국으로서의 중국의 정체성을 부각하며 적극적 시도를 통해 국제환경을 중국의 이익과 선호에 부합하도록 형성할 필요성과 자신감을 강조했다. 이에 따라 평화적 부상론을 통해 국제사회에 보장을 제공하던 시기는 지났으며 적극적인 외교정책을 통해 중국의 지위와 영향력을 확보해야 한다는 주장이 힘을 얻었다.

시진핑 체제가 출범할 무렵 중국에서는, 미국의 아태 재균형에 대한 비판과 의구심이 제기되는 상황에서도, 여전히 지나치게 민감하게 대응하기보다 자제해야 한다는 주장이 힘을 얻었다. 가령, 왕지스는 미국이 재균형을 통해 중국의 영향력 확장을 제어하려 시도하는 상황에서 중국이 계속해서 밀어붙일 경우 갈등이 더욱 제고될 것이라고 경고했다.[28] 한 외교 관리 또한 오바마의 재균형과 해양 분쟁에의 개입에도 불구하고 미중 양국이 새로운 관계를 확립함으로써 대화와 협력을 통해 공동이익을 확대하고 의구심과 경쟁을 완화할 필요가 있다고 주장했다.[29] 심지어 강경 민족지인 『환추시보』마저 사설에서 미국의 아태 재균형은 일견 공세처럼 보이지만 실질적으로 수세를 반영한 것이라고 규정함으로써 미중 사이에 조화될 수 없는 전략적 경쟁이 시작될 것이라는 비관론을 경계했다.[30] 이처럼 중국에서 대외정책을 둘러싸고 온건론이 여전히 힘을 얻고 있는 상황에서, 새롭게 출범한 시진핑 체제의 정책 방향과 관련하여 미국에서는 저장과 상하이 등 중국의 개혁과 개방을 선도한 지역에서 정치적 경력을 쌓은 시 주석이 개혁을 더욱 촉진함으로써 미중관계 개선에 기여할 것이라는 기대가 제기되기도 했다.[31]

그러나 권력을 승계한 이후 시진핑 주석이 취한 행동은 이러한 기대나 예상과 차이를 보였다. 그는 자신감을 강조하며 적극적 외교정책을 통해 중국이 처한 국제적 환경을 형성하려 들었다. 우선, 그는 다양한 기회를 활용하여 외교정책과 관련된 중국의 의도를 분명하게 밝히는 등 자신감과 적극성을 표출했다. 중국공산당 총서기에 취임한 직후인 2012년 11월 말 그는 "중화민족의 위대한 부흥"을 핵심으로 하는 "중국의 꿈(中国梦)"이라는 구호를 제기한 데 이어 다음 해 1월에는 중국이 오랫동안 강조해온 평화발전론과 관련하여 다른 국가들의 행위에 연동되어 있다고 지적함으로써 새로운 해석을 제기했다.[32] 즉, 모든 국가가 평화발전의 길을 걸을 때 비로소 함께 발전할 수 있고 평화공존을 누릴 수 있다는 지적을 통해 그는 다른 국가들이 중국에 대해 평화적이지 않은 정책을 추구할 경우 중국도 평화적이지 않은 방식의 부상을 추구할 가능성이 있음을 암시했다.[33] 여기에 더해 그는 정당한 권익을 포기하거나 핵심 이익을 결코 희생할 수 없다는 "두 개의 절대불가(两个决不)"를 강조함으로써,[34] 평화발전 노선이 정당한 권리의 포기를 의미하지 않다는 점도 밝혔다. 이처럼 그는 일련의 적극적인 조치를 강조함으로써 대외정책과 관련하여 신중함을 유지했던 그동안의 행태로부터 분명하게 이행했다.

이는 시진핑 체제의 외교정책 기조가 자신의 이익을 적극적으로 밝히고 또 추구하는 분발유위(奋发有为)로 변화함을 의미했다. 중국에서는 그가 집권하기 이전부터 민족주의자들을 중심으로 적극적이고 강경한 대외정책을 추구해야 한다는 목소리가 제고되었고, 또 간헐적으로 외교정책을 공세적으로 전환시키기도 했다. 시진핑 체제의 외교정책은 중국의 국제적 지위와 영향력이 국력 증강에 상응하는 정도로 제고되어야 한다는 이러한 민족주의의 기대를 분명하게 수용했다. 이와 함께 중국에서는 중국과 세계 간의 관계가 상호 형성의 관계로 조정될 것이라는 전망이 힘을 얻었다. 즉, 더 이상 중국이 일방적으로 양보하기보다 서로 조정하고 형성하는 관계에 대한 기대와 전망이었다.[35] 이에 따라 중국 밖에서도 중국이, 종속적 지위가 아닌, 미국과 동등한 지위(co-equals)에서 금세기를 공유하려 할 것이라는 관찰이 제기되었다.[36]

시진핑 체제의 중국은 증대된 자신감을 바탕으로 적극적인 행동을 통해 미국과의 평등성을 확보하려 시도했는데, 이러한 사실은 새로운 형태의 강대국 관계와 중국식 강대국 외교정책이라는 두 개의 외교 구상에서 분명하게 드러났다.

새로운 형태의 강대국 관계

시진핑은 권력을 승계하기 이전인 2012년 2월 국가부주석 자격으로 진행한 미국 방문에서 미중관계 개선을 위해 기존 틀에서 벗어난 혁신적 접근법이 중요하다고 강조하며 새로운 형태의 강대국 관계 구상을 제기했다. 이와 함께 그는 양국 간 핵심 이익의 상호 존중과 상호 신뢰 및 협력의 확립을 촉구하고, 양국관계의 쟁점과 관련해서도 중국의 입장을 분명하게 표명했다. 구체적으로 그는 인권 문제와 관련한 양국 간 차이를 인정하고,[37] 무역마찰과 관련해서도 평등성과 상호이익이라는 원칙에 기반한 협상을 통한 해결을 주장했다.[38] 당시 그의 이러한 시도는 권력 승계를 앞두고 중국의 이익을 수호하는 지도자로서의 이미지를 형성하려는 의도를 반영한 것으로 인식되었다.

시진핑은 권력을 승계한 이후 새로운 형태의 강대국 관계를 본격적으로 추진했다. 국가주석에 취임한 이후인 2013년 6월 그는 중국 지도자로서는 처음으로 미국을 비공식 방문했다. 그동안 중국이 국빈 방문을 계속해서 주장해왔음을 고려할 때, 그가 비공식 방문을 수용했다는 사실은 분명한 변화를 상징했다. 특히 그가 회담을 적극적으로 추진했다는 사실은 제고된 자신감을 기반으로 중국이 양자관계를 재조정하려 한다는 해석을 촉발했다. 즉, 중국을 미국과 대등한 지위에 배치하는 비전을 제시함으로써 미국과 평등한 입장에서 협상하고 이를 통해 강력한 지도자 이미지를 구축하려 한다는 관찰이었다.[39] 캘리포니아 서니랜즈에서 거행된 회동에서 시진핑 주석은 새로운 형태의 강대국 관계 구상에 대한 오바마 대통령의 동의를 얻어내려 시도했다.

새로운 형태의 강대국 관계 구상과 관련하여 중국에서는 강대국 사이의 충돌을 회피할 필요성을 강조했다. 한 전문가는 양국 사이에 신뢰가 확립되지 않았기에 강대국 간 충돌 위험을 지칭하는 투키디데스 함정에 빠질 가능성이 있다고 지적하고, 양국이 이러한 함정을 회피하기 위해 상대의 핵심 이익을 이해하고 차이를 관리하기 위해 더 많은 노력을 기울일 필요성을 제기했다.[40] 중국의 관영 언론 또한 논평에서 새로운 형태의 강대국 관계를 통해 강대국의 부상이 충돌로 이어지는 역사의 전철을 피하고 협력을 구축할 필요성을 지적했다.[41] 이는 중국이 강대국으로서 동등한 지위에서 미국과 새로운 관계를 구축하려 들었으며, 이를 실현하기 위해 클린턴 국무장관이 거론했던 투키디데스 함정을 활용했음을 의미한다.

중국은 전문가들을 통해 양국이 충돌을 방지하기 위해서는 핵심 이익에 대한 상호 존중이 필요하다는 점을 강조했다. 이는 시진핑 체제가 새로운 형태의 강대국 관계 구상의 제기를 통해 미국에 중국의 핵심 이익을 고려할 것을 촉구하려 들었음을 의미한다. 중국은 자국이 미국의 핵심 이익을 존중하는 데 반해 미국은 대만 문제나 티베트 문제뿐 아니라 동아시아의 영토분쟁에도 개입하는 등 중국의 핵심 이익을 침해한다고 인식하고, 새로운 형태의 강대국 관계 구상의 제기를 통해 이러한 상황을 개선하려 들었다. 이 점에서 이 구상은 미국이 일방적으로 주도하는 양국관계의 양태를 변화시키고 보다 대등한 관계를 구축하려는 시도를 반영했다. 또한, 미국에 대해 요구를 분명하게 제기했다는 점에서, 이 구상은 중국의 자신감 증대와 이에 따른 적극성을 반영했다.[42]

새로운 형태의 강대국 관계 구상은 중국이 더 이상 양보를 통해 미국과의 관계를 안정시키려 들지 않으려 함을 보여주었다. 즉, 탈냉전 초기 미국에 대한 부분적이고 간헐적 양보를 통해 미국과의 관계를 안정시켰다면, 이제 중국은 입장을 분명하게 밝히고 또 구현하려 들었다. 특히 중국은 자국의 입장을 핵심 이익으로 규정함으로써 미국의 존중을 요구했다. 이는 중국이 실질적으로 미국과의 강대국 공조 체제에 대한 희망을 표명한 것이었다. 비록 중국이 이러한 요구를 평등한 국가관계를 구축하기 위한 시도로 규정함으로써 갈등의 원인으로 작용하지 않도록 하려 들었지만, 미국이 동의하기 어려움을 고려할 때 양국 사이의 갈등과 경쟁을 촉발할 가능성을 제기했다.

오바마 행정부는, 중국의 부상과 국제적 역할 증대를 환영한다는 입장을 반복하면서도, 중국의 새로운 형태의 강대국 관계 구상에 본격적으로 호응하지 않았다. 오바마 행정부 당국자 가운데 도닐론 국가안보좌관이 2013년 3월 한 연설에서 기존 강대국과 신흥 강대국 관계의 새로운 모델을 건립할 필요성을 거론한 데 이어,[43] 또 6월 오바마-시진핑 회동 결과를 발표하면서도 강대국 관계의 새로운 모델(new model of relation between great powers) 건립을 통해 전략적 경쟁의 촉발을 방지할 필요성을 지적한 것이 중국의 구상에 가장 분명하게 호응한 사례로 볼 수 있다.[44] 그러나 미국의 관리들은 중국이 너무 일찍 미국과의 대등성을 추구하려 들었다는 우려를 숨기지 않았다.[45] 또한 미국에서는 중국의 구상을 수용할 경우 초래될 파급효과에 대한 경계도 제기되었다. 가령, 한 전직 국무부 관리는 미국이 중국의 핵심 이익을 수용할 것이라는 인상을 줄 경우, 중국의 공세적 행태와 오산을 초래할 것이고 또 동맹국들에는 미국이 중국과의 공조 체제를 수용했다는 인상을 창출할 가능성을 경고했다. 그는 중국이 실제로 이미 다른 아시아 국가들에 미국이 중국과의 관계를 중시하니 더 이상 미국에 기댈 수 없다고 말하고 있다고 경고했다.[46] 결국 중국이 핵심 이익의 상호존중을 강조했다는 사실이 미국에 구상과 거리를 유지하도록 작용했다.

### 중국식 강대국 외교정책[47]

새로운 형태의 강대국 관계 구상이 미국의 호응을 얻지 못했음에도 불구하고, 적극적 외교정책에 대한 시진핑 체제의 추구는 계속되었다. 시진핑 주석의 미국 방문 이후 왕이 외교부장이 중국 특색을 지닌 강대국 외교의 길을 적극적으로 탐색하고 있다고 밝혔고,[48] 다음 해 11월에 개최된 중앙외사업무회의(中央外事工作会议)에서 시진핑 주석이 "자신의 특성을 지닌 강대국 외교"정책을 확립할 필요성을 제기하면서 중국식 강대국 외교정책이 공식화되었다.[49] 2015년에 들어서서 중국의 전문가들은 중국식 강대국 외교가 대외정책을 주도할 것이라는 전망을 제기했고,[50] 실제로 같은 해 말 왕이 외교부장은 한 해를 결산하면서 중국식 강대국 외교를 전면적으로 추진했다고 평가했다.[51]

전문가들은 중국식 강대국 외교를 강대국으로서의 외교인 동시에 중국의 길과 문화 전통을 반영하려는 시도라고 규정했다.[52] 또 전임자인 후진타오 시기 중국 외교에 존재했던 불확실성과 모순을 해소하고 중국의 영향력을 확대하며 장기적으로 아시아와 서태평양에서 지배적 역할까지도 추구하려는 시도라는 주장도 제기되었다.[53] 왕이 외교부장 또한 중국이 강대국 외교정책을 통해 국제체제에 영향을 끼치려는 시도를 본격적으로 전개했다고 규정했다.[54] 이는 중국식 강대국 외교정책이 국제체제에의 참여를 넘어 국제체제를 형성(塑造)하려는 시도임을 의미한다. 다시 말해 그동안 국제질서를 배우고 따르던 단계를 넘어 적극적인 움직임을 통해 국제체제에 자신의 영향력을 행사하려는 시도라 할 수 있다.[55] 이러한 사실은 후일 시진핑 주석에 의해서도 확인되었다. 2017년 10월에 개최된 19차 당대회에서 그는 권력을 승계한 이후 중국식 강대국 외교정책의 추진을 통해 엄청난 전환을 이뤘다고 선언했는데,[56] 이는 중국이 더 이상 경제발전에 주력하기보다 강대국 지위를 강조하며 경제적 성과를 국제적 영향력으로 전환하려 들었음을 의미한다.

중국식 강대국 외교정책은 미국의 외교정책이 소극적으로 전환했다는 인식에 의해 더욱 힘을 얻었다. 오바마 행정부 시기 미국이 저비용의 세계관리 모델을 추구함으로써 국제적 관여로부터 이탈하려는 추세를 개시했다는 지적이 제기되었는데,[57] 중국에서도 유사한 평가가 제기되었다. 가령, 왕지스는 오바마 행정부가 동맹국과 파트너 국가에 위험과 책임을 분담시키는 절제와 수축을 핵심으로 하는 외교정책을 추진한다고 지적하고, 이를 미국판 도광양회로 규정했다.[58] 그에 앞서 푸단대학의 숭궈유(宋国友)도 미국이 경제적 재균형을 강조한 것을 전략적 수축으로 규정한 바 있었다.[59] 이처럼 미국이 대외적으로 수축을 지향한다는 인식이 중국에 적극적이고 자신감 있는 외교를 통해 강대국으로서의 영향력 확보를 추구하도록 작용했다.

중국식 강대국 외교정책은 경제적 이견에 대한 강경한 대응, AIIB(Asian Infrastructure Investment Bank) 창설과 일대일로 구상 제기 등 글로벌 거버넌스 개혁의 추진, 남중국해에서 권리 수호, 그리고 군사력 건설 등으로 구체화되었다. 이러한 일련의 시도들은 미국과의 갈등을 창출함으로써 경쟁의 국면을 형성하는 결과로 이어졌다.

## 경쟁 국면의 형성

### 경제적 이견과 경쟁 국면

세계금융위기 이후 경제적 상호의존이 양국관계의 유대로서의 역할을 강화한 상황에서 경제적 이견 또한 점차 확대됨으로써 경쟁 국면을 조성하기 시작했다. 양국이 세계금융위기를 극복하기 위해 협력하는 가운데서도 미국에서는 중국의 경제적 행태에 대한 비판이 강화되었고, 자신감이 제고된 중국이 맞대응하면서 이견이 확대된 것이다. 이러한 이견은 미중관계의 반석으로서의 경제관계의 역할에 제약을 가했다.

미중 간 경제적 이견은 세계금융위기로 그 필요성이 더욱 분명해진 경제적 재균형을 중심으로 가장 분명하게 표출되었다. 세계금융위기 이후 중국 지도부가 미국의 재균형 촉구에 호응하면서 양국 간 경제적 불균형은, 5장에서 지적한 것처럼, 한때 상당 부분 개선되기도 했다. 그러나 이러한 변화는 오래 지속되지 않았다. 2009년에 400억 달러 감소했던 미국의 대중 교역적자는 2010년 500억 달러 이상 증대되었고, 중국의 국채 구매 또한 1,000억 달러 이상 증가함으로써 미중 경제관계는 더 확대되고 더 불균형해졌다.[60] 이후에도 미국의 대중 교역적자는 계속해서 증가했고, 널리 알려진 것처럼, 트럼프 행정부 취임 이후 무역 분쟁의 원인으로 작용한다.

경제적 재균형이 쉽지 않았던 것은 거시경제 정책의 중대한 변화뿐 아니라 생활방식의 변화까지 요구했기 때문이었다. 그 결과 현실적으로 미중 양국 모두가 그 책임을 인정하려 들지 않았다.[61] 미국은 무역에 과도하게 의존하는 반면에 국내 소비가 너무 낮은 중국경제의 불균형을 강조함으로써 재균형의 초점을 중국에 돌리려 들었다. 이에 대해 중국은 미국이 경제위기의 책임을 중국에 전가하려 한다고 반박하며, 투자와 교역에 의존한 기존의 성장방식을 유지함으로써 경제성장을 유지하고 사회 안정을 지속시키려 들었다.[62] 이에 따라 경제적 재균형은 양국 간 이견을 지속시키고 또 확대하는 요인으로 작용했다. 이러한 사실은 2012년 시진핑 국가부주석의 미국 방문에서 분명하게 드러났다. 오바마 대통령이 국제경제의 재균형에 기여할 것을 지적하며 무역장벽 제거, 환율 절상, 지재권 보호 강화, 기술이전 강요 중단 등을 촉구한 데 대해 시진핑 부주석은 미국이 취하고 있는 하이테크 제품의 수출 통제 조치를 해소함으로써 경제적 불균형을 해결하자고 맞섰다.[63]

경제적 재균형을 둘러싼 이러한 이견은 양국관계에 영향을 끼쳤다. 미국에서는 중국의 불공정한 경제적 관행에 대한 비판이 확대되었다. 환율, 시장개방, 지재권 보호 등 오랜 불만에 더해, 중국 정부가 산업정책을 통해 불공정 경쟁을 조장함으로써 자국 기업을 우대하고 또 기술이전 강요와 산업기밀에 대한 사이버 절취 등을 통해 미국 기업이 중국에서 작동하는 것을 어렵게 한다는 불만이 추가되었다.[64] 이러한 불만은 다시 일자리 감소 문제를 부각함으로써 국내 정치적 불만을 확산시켰다.[65] 즉, 경제적 재균형을 둘러싼 이견이 중국과의 상호의존이 지닌 부정적 측면을 부각함으로써 경제적 통합에 대한 반대와 보호주의에 대한 지지를 증대시킨 것이다.

주목할 점은 경제관계에 대한 불만이 중국에서도 제고되었다는 사실이다. 미국의 경제적 압박이 이어지는 상황에서, 중국에서는 WTO 가입으로 얻은 것보다 잃은 것이 더 많다는 주장과 함께 과연 WTO 체제와 중국의 경제모델 사이에 공존이 가능할 것인가라는 본질적인 회의론까지 제기되었다.[66] 한 전문가는 많은 서구 국가들이 중국의 무역정책에 불만을 표시하고 WTO의 범위를 넘어서는 요구를 제기함으로써 중국에 서구의 길을 따라갈 것을 강요하고 있다고 규정하며, WTO 가입의 긍정적 효과를 과장하는 것을 경계했다.[67] 이러한 불만은 미국에서 오바마 행정부가 출범할 무렵부터 중국의 WTO 가입을 허용한 것이 실수였다는 주장이 제기되기 시작한 것과 정반대의 현상이 중국에서 발생했음을 의미한다.

중국의 경제적 불만은 여기서 그치지 않았다. 대미 투자와 관련해서도 불만이 제기되었다. 미국에서 중국의 투자에 대한 경계심이 제고되는 상황에서도, 투자를 통해 무역장벽을 우회하고 수출을 증대시키려는 의도에 따라 중국의 대미 투자는 계속하여 증대되었다. 그 결과 2009년과 2010년 중국의 투자는 매해 100% 이상씩 증가하여, 2010년에 53억 달러에 육박했다.[68] 이처럼 중국의 대미투자가 증가되자 오바마 행정부는 투자에 대한 심사를 강화하고 또 기업 합병 시도를 거부하는 등 의구심을 표출했고, 이러한 움직임은 다시 중국에서 불분명한 정치적 이유로 중국의 투자를 저지하려 한다는 비판을 촉발했다.[69]

여기에 더해 미국이 중국을 저부가 가치의 노동집약적 분야에 묶어두려 한다는 불만도 제기되었다. 즉, 중국 기업을 낮은 부가가치,

저임, 노동집약적 제조업에 묶어놓음으로써 선진국에 대한 위험한 의존을 유지시키려 한다는 불만이었다. 가령, 2013년 중국은행 부총재는 양국 간 무역관계가 미국에 편향적이라고 규정하면서 그 사례로 애플사의 아이패드가 중국에서 생산되지만 부가가치의 극히 일부분만이 중국에서 창출된다는 사실을 거론했다.[70] 이러한 불만은 자주적 혁신을 통해 자국 경제를 제고시키려는 중국의 추월전략의 필요성에 힘을 보탰다.[71]

이처럼 세계금융위기 이후 미국뿐 아니라 중국에서도 경제적 불만이 제기되기 시작했다는 사실은 양국 간 경제적 이견이 심화함을 의미했다. 또한 이러한 이견은 구체적 사안에 한정되기보다 점차 국가와 시장의 역할과 같은 경제 운영 방식에 관한 차이로까지 확대되었다. 양국 모두가 자신의 선호를 강화하려 들었고, 이에 따라 차이는 쉽게 해소되지 않고 경쟁의 양상을 띠기 시작했다. 다시 말해 경제관계가 양국관계의 안정판 역할을 하는 동시에 경쟁 국면도 조성하기 시작했다.

### 글로벌 거버넌스

글로벌 거버넌스에서도 양국은, 경제 영역에서처럼, 한편으로 협력하는 동시에 다른 편으로 경쟁의 국면을 형성했다. 경쟁은 중국의 적극적인 움직임에 의해 촉발되었다. 중국은, 앞 장에서 지적한 것처럼, 세계금융위기 이후 글로벌 거버넌스 개혁의 필요성을 제기했고, 시진핑 체제가 들어선 후 이를 본격적으로 추진하려 들었다. 이는 기본적으로 미국이 주도하는 국제체제에 대한 불만을 반영했다. 중국의 불만은 크게 두 가지로 집약되었다. 그 하나는 세계 제2위의 경제 대국의 지위에 걸맞은 국제적 대우를 받지 못한다는 인식이었다. 대표적으로 세계은행과 IMF의 지분개혁에 관한 합의에도 불구하고, 중국은 여전히 국력에 상응하는 권한을 얻지 못했다고 인식했다. 즉, 중국이 세계은행에서 획득한 4.45%, 그리고 IMF에서 획득한 6.09%의 투표권이 미국의 15.98%와 16.52%보다 훨씬 낮다는 판단이었다.[72] 여기에 더해 IMF에서 도출된 합의안이 실질적인 거부권을 지닌 미국에서 2015년까지 의회의 비준을 얻지 못한 사실 또한 중국의 불만을 촉발시켰다.[73] 다른 불만은 더 본질적인 것이었다. 중국은, 왕지스에 따르면, 그동안 기존 글로벌 거버넌스에 건설적으로 참여해왔음에도 불구하고 미국이 이에 대한 대가로 중국의 중대한 우려에 대한 이해를 표명하거나 중국의 정치체제, 국내 질서, 발전모델을 존중한다는 입장을 밝히지 않은 데 불만을 지녔다.[74] 이러한 불만이 글로벌 거버넌스의 개혁을 추구함으로써 대응하도록 작용했다.

중국은 글로벌 거버넌스의 결핍을 제기하며, 외환보유고와 잉여산업 능력 등 증대된 경제력을 투사하여 개혁을 추구하려 들었다. 이는 중국이 경제적 수단을 통해 미국에 대응하려 들었음을 의미한다. 시진핑 주석은 2013년 9월과 10월 중앙아시아와 동남아시아를 각각 방문하여 실크로드경제지대(丝绸之路经济带)와 21세기 해상실크로드(21世纪海上丝绸之路) 구상을 제기했고, 또 AIIB 설립도 공약했다. 이후 개최한 주변외교업무좌담회(周边外交工作座谈会)에서 그는 유리한 국제적 환경을 형성하기 위해 더 적극적인 노력을 전개할 필요성을 강조했다.[75]

중국이 일대일로와 AIIB 설립을 통해 글로벌 거버넌스를 개혁하려 들었다는 사실은 이후 더욱 분명하게 표출되었다. 2016년 9월 항저우 G20 정상회의에서 글로벌 거버넌스 개혁을 제기함으로써 글로벌 의제를 설정하는 데 영향을 끼치고 또 중국의 선호를 반영하려는 의도를 드러낸 이후, 시진핑 주석은 G20 정상회의와 글로벌 거버넌스 제도개혁이라는 주제의 집단학습을 개최하여 국제적 역량 대비의 변화와 도전의 제고에 따라 글로벌 거버넌스 제도의 개혁은 불가피한 추세가 되었다고 규정했다.[76] 이는 중국이 자신감 증대를 기반으로 글로벌 거버넌스를 개혁하려는 의지를 강화했음을 의미하는데, 이러한 움직임이 미중 간 이견과 경쟁을 촉발했다.

일대일로  일대일로는 인프라 건설을 통해 중국과 무역 대상국 사이의 물리적 연결을 강화하려는 야심적인 계획으로 시진핑 주석의 상징적 정책이다.

일대일로는 매우 논쟁적이다. 이는 그 의도가 분명하지 않기 때문이다. 일대일로가 처음 제기되었을 때 중국의 일부 전문가들은 전략적 성격을 강조했다. 즉, 중국이 강대국으로서 적극적인 국제적 역할을 수행하려는 의도를 보여준다는 주장이었다. 심지어 일대일로는 한때 중국판 마셜계획으로 제시되기도 했다. 그러나 이러한 주장이 외부의 경계를 촉발하면서 다른 편에서 경제협력을 위한 청사진이라는 반론이 제기되었다. 중국이 제고된 경제적 능력을 활용하여 세계경제 성장에 기여하려는, 다시 말해 강대국으로서의 공공재를 제공하려는 시도라는 주장이었다.

사실 일대일로는 이처럼 서로 다른 측면을 모두 포괄한다고 볼 수 있다. 공식적으로 일대일로는 중국이 투자를 통해 아시아, 아프리카, 유럽 등에서 인프라 건설을 추진하려는 시도로 제시된다. 이에 따라 중국은 2014년부터 2017년까지 고속도로, 철도, 발전소 등의 건설에 1,200억 달러 이상을 투자했다. 중국은 이러한 투자가 주변 지역의 성장을 촉진하는 동시에 육상과 해상 운송시설에 대한 중국의 접근을 확대하며, 또 중국의 경제와 정치적 영향력을 강화할 것으로 기대했다.[77] 그러나 경제적으로 일대일로는 쉽게 이해되기 어려운 정책이다. 일대일로의 지리적 초점이 지정학적 상황이 불확실하고 따라서 경제적 효과 또한 불분명한 중국의 서쪽 지역에 집중되었기 때문이다. 물론 중국이 서쪽 지역으로 진출하려 했던 데는 미국과의 갈등을 회피하려는 의도가 작용했다. 동쪽 지역인 서태평양에서 미국이 재균형을 추구하고 또 TPP 협상이 힘을 얻는 상황에서 중국에서는 서쪽 지역으로 진출함으로써 미국과의 갈등을 회피하면서 영향력을 확보해야 한다는 주장이 제기되었다.[78] 일대일로가 이러한 주장을 반영한 것인지의 여부는 단정하기 어렵지만, 만일 그렇다면 이는 중국이 미국과의 갈등을 회피하려 들었음을 의미한다. 그러나 동시에 경제적 효과가 불확실한 서쪽 지역에 엄청난 자원을 투입하려 들었다는 사실은 일대일로가 전략적 구상임을 보여준다는 의구심을 촉발하기에 충분했다. 여기에 더해 서쪽 지역이 미국에 비해 중국이 상대적으로 우위를 누리기 쉬운 지역이라는 사실 또한 일대일로에 대한 외부의 의구심을 강화시켰다.

일대일로와 관련하여 미국에서는 다양한 평가가 제기되었다. 한편에서는 일대일로가 응집력 있는 거대전략이기보다 다양한 중국의 해외 경제활동들을 묶기 위한 틀에 불과하다는 주장을 제기했다. 이러한 경제활동 가운데 일부는 일대일로가 제기되기 이전부터 이미 시작되었고 다른 것들은 중앙 지도부의 정책을 활용하려는 지방정부의 시도를 반영한 것이었다.[79] 이와 함께 일대일로는 아시아 경제의 통합성 증대를 의미하는 것으로 미국의 이익과 영향력을 약화하려는 시도로 볼 필요가 없다는 주장도 제기되었다.[80]

그러나 시간이 지나면서 미국에서는 일대일로에 대한 의구심이 강화되었다. 일대일로가 경제적으로 합리적이지 않다는 사실이 동 구상이 전략적 동기를 지녔을 가능성에 주목하도록 작용했다. 가령, 한 전문가는 일대일로가 미국의 TPP에 대응하기 위한 거대전략이라고 규정했다.[81] 즉, 2013년 3월 일본이 협상 참여를 선언하면서 TPP가 몸집을 키웠고, 중국은 이러한 상황에서 일대일로 구상을 제기함으로써 대응하려 들었다는 주장이다. 다른 전문가들은 일대일로가 중국의 외교 및 경제 정책을 지원하기 위한 수단이라고 규정했다. 즉, 일대일로를 통한 인프라 건설을 활용하여 해당 국가의 부채를 창출하고 이러한 부채 함정을 활용하여 지정학적 영향력을 확대하려는 시도라는 주장이다.[82] 이는 중국 지도자들이 발전과 연계를 위한 시도로 규정한 일대일로가 미국의 의구심을 촉발하고 강화함을 보여준다. 이러한 인식은 후일 트럼프 행정부가 일대일로를 "국제적 규범과 기준을 다시 형성함으로써 중국의 이익과 비전을 실현하려는 시도"로 규정하고, 인도태평양 구상을 통해 대응하려 한 데서 더욱 분명하게 드러난다.[83]

**AIIB**[84] 글로벌 거버넌스 개혁을 내세운 중국은 일대일로와 함께 새로운 개발은행인 AIIB 설립도 추진했다. 중국은 AIIB의 설립이 아시아 지역에서 인프라 건설을 위한 자금이 부족한 문제를 해결하는 데 기여할 것이라고 주장했다.[85] 이처럼 중국은 거버넌스 결핍이라는 현실을 거론하면서 동 은행의 설립이 더 많은 책임을 부담하려는 시도라는 사실을 강조했다. 또한 중국은 세계은행이나 ADB와 같은 기존 다자기구에 참여하는 대신에 새로운 기구의 설립을 추진한 데는 미국이 세계은행이나 국제통화기금 같은 기구들의 개혁을 지체시켰기 때문이라며 미국 책임론도 제기했다.[86]

AIIB의 설립은 시진핑 주석이 취임 초기 G20의 중요성을 강조함으로써 기존 제도에 힘을 실었던 데서 중국의 힘을 활용하여 유리한 상황을 형성하는 방향으로 전환했음을 의미한다. 가령, 그는 2013년 정상회의에서도 G20를 글로벌 경제 거버넌스 개선의 중요한 역량으로 삼을 것을 거론하는 등 국제경제적 협의를 진행하는 플랫폼으로서의 G20의 중요성을 지적했다.[87] 그러나 다음 해 들어 그는 국제역량 대비의 변화는 심대한데 글로벌 거버넌스는 새로운 세력 구조를 반영하지 못한다고 지적함으로써 대표성과 포용성 문제를 제기하며,[88] AIIB 설립의 필요성을 제기했다. 이에 따라 중국에서는 AIIB 설립이 미국의 금융패권 타파를 위한 중요한 시도라는 주장이 제기되었다.[89]

실제로 중국은 동 은행의 초기 출자 자본금 500억 달러 가운데 절반을 부담함으로써 주도권을 장악하려 들었다. 여기에 더해 상임이사회를 두지 않고 집행부를 중심으로 동 은행을 운영하려 들었다. 이러한 시도는 AIIB가 미국과 일본이 주도하는 세계은행과 아시아개발은행(ADB)의 영향력을 약화시킬 것이라는 우려를 촉발했다.[90] 오바마 행정부도 AIIB 설립을 중국이 책임 있는 이해관계자 역할을 수행하려 하는 시도이기보다 국제규칙을 다시 쓰고 아시아의 경제 구조를 재형성하려는 시도로 인식했다.[91] 이에 따라 미국은 동 은행의 지배구조와 대출 기준이 국제적 기준을 충족시키지 못할 것이라는 우려를 들어 분명한 반대 입장을 표명하고 또, 한국과 호주 등 지역의 동맹국들에 불참을 통해 중국에 압력을 가할 것을 주장했다.[92] 이러한 미국의 반대와 이에 따른 동맹국의 주저는 동 은행의 출범을 지체시켰고, AIIB 설립 문제는 미중경쟁의 이슈로 부각했다.

그러나 상황은 2015년에 들어 급변했다. 중국이 주요 경제국이 모두 빠진 상태에서 개도국들만으로 AIIB를 출범시키는 대신에 창설 회원국의 확대를 추진했고, 미국의 동맹국인 영국이 창설국으로 참여할 의사를 밝힘으로써 이에 호응했다. 영국이 가입을 선언한 이후 프랑스, 독일, 이탈리아 등 다른 유럽 국가들이 잇따라 참여를 신청했고,[93] 한국을 포함한 지역의 미국 동맹국들도 가입을 선언했다. 이에 힘입어 AIIB는 6월 29일 참여를 선언한 57개 국가 가운데 국내적 절차를 마친 50개 국가가 모인 가운데 협정 서명식을 거행했다.

이러한 사태 전개는 미국에 충격을 가했다. 미국은 자신이 지지하지 않는 상황에서 동맹국들이 참가하지 않을 것으로 기대했지만, 중국은 미국이 반대하는 상황에서 AIIB를 출범시킴으로써 미국의 지지나 동의 없이 경제기구를 설립할 수 있다는 사실을 과시했다.[94] 반면에 AIIB를 저지하려는 노력의 실패는 지역 질서의 조정자로서의 미국의 지위가 약화되었다는 사실만을 보여주었다.[95] 그러나 세계은행, IMF, ADB 등 주요 경제기구의 수장들 모두가 AIIB의 출범을 환영하는 상황에서 이루어진 미국의 반대는 합리적이었다고 보기 어려운 측면이 있었다. 이 점에서 미국의 반대는 21세기 세계 경제 질서 형성을 둘러싼 미국의 초조감을 반영한 것으로 볼 수 있다.

AIIB의 성공적 출범으로 70년 동안 이어져 온 세계금융 체제에 대한 미국의 지배권이 약화될 것으로 평가되었다. 특히 미국의 동맹국들이, 미국의 반대에도 불구하고, 중국 중심의 금융질서에 참여함에 따라 미국이 중국과의 경쟁에서 패배했다는 비판마저 제기되었다.[96] 그러나 사실 AIIB의 성공적 출범은 중국의 일방적 승리이기보다 타협의 결과였다. 중국도 애초의 구상에서 후퇴했기 때문이다. 우선, 중국은 영국과 다른 서구 국가들을 끌어들이기 위한 타협책으로 거부권을 행사하지 않겠다고 약속했다.[97] 중국은 AIIB가 최고의 국제적 환경과 지배구조 기준을 준수할 것을 약속함으로써 미국의 우려를 해소하려 시도했다.[98]

이처럼 AIIB는 애초 중국의 의도와 다른 길을 걸었고,[99] 그 결과 출범에 반대했던 미국도 점차 타협적 태도로 전환했다. 영국에 이어 다른 유럽 국가들이 잇따라 가입을 표명하자 루(Jacob Lew) 미국 재무장관은 AIIB 창설에 반대하지 않는다는 입장을 표명하며, 지배구조와 대출에서 높은 수준의 표준을 채택할 것을 촉구했다.[100] 이러한 상황에서 시진핑 주석이 9월 미국 방문에서 AIIB가 새로운 체제의 창설이 아닌 기존 국제경제 질서를 개선하려는 시도로 국가들의 공동 발전에 그 목적이 있으며 정치적 세력권을 추구하려는 시도가 아니라고 규정함으로써 미국을 안심시키려 들었고,[101] 미국은 중국이 우려를 해소하겠다고 약속한 사실을 들어 AIIB에 대한 반대를 중단할 것을 선언했다.[102] 여기에 더해 미국 의회는 12월 마침내 IMF 지분개혁안을 승인했다. 이는 중국이 AIIB 출범과 같은 적극적 노력을 통해 미국의 변화를 압박한 것이 효과가 있었음을 의미한다.

## 남중국해와 지역 주도권

미중 양국은 지역의 주도권을 둘러싸고도 경쟁 국면을 형성하기 시작했는데, 이 또한 중국의 적극적 움직임에 의해 촉발되었다. 중국은 세계금융위기 이후 동중국해와 남중국해 등 해상에서의 주권 주장을 강화했다. 즉, 분쟁을 유보하고 공동 개발을 강조하던 그동안의 입장에서 권리를 확보하는 방향으로 이행하기 시작한 것이다. 시진핑 시기에 들어 더욱 분명해진 이러한 움직임은 미국의 대응을 촉발했다. 그 결과 중국이 점진적이고 단계적 확장이라는 살라미 전술을 추구하는 동시에 분쟁의 국제화를 방지함으로써 미국의 개입을 차단하려 한 반면에, 미국은 항행의 자유와 규칙 기반 질서 수호 등을 내세워 분쟁의 국제화를 추진하는 경쟁 국면이 조성되었다.

중국과 미국의 갈등은 해양주권에 대한 중국의 주장이 강화되기 시작한 2010년에 처음 표면화되었다. 7월 미국의 클린턴 국무장관은, 앞서 언급한 것처럼, 아세안지역안보포럼에서 항행의 자유, 아시아 해양 공역에 대한 자유로운 접근, 그리고 남중국해에서의 국제법 존중을 미국의 국익으로 규정함으로써 남중국해 해양주권 분쟁에 개입했다.[103] 이는 지역의 분쟁 당사국들에 중국에 맞서도록 자극함으로써 분쟁의 국제화를 방지하려는 중국의 선호를 좌절시키려는 시도였다.

중국은 이러한 미국의 개입을 봉쇄 시도로 규정했다. 중국의 한 전문가는 클린턴 장관이 남중국해 문제를 제기한 것은 중국의 전략적 영향력을 제어하려는 목적에 따른 것이라고 규정했다.[104] 이는 미국의 개입이 분쟁 당사국의 태도를 강경하게 만들 가능성에 대한 우려를 반영했다. 실제로 미국이 문제를 거론한 이 회의에서 많은 지역 국가들이 중국의 행태를 비판했다. 이러한 상황에서도 중국은 주권과 권리를 수호하려는 의도를 더욱 강화했다. 가령, 중국은 2012년 필리핀과의 분쟁을 계기로 스카보러(Scarborough 黃岩) 암초를 실질적으로 통제했고, 9월에도 일본이 센카쿠(尖閣 钓鱼)섬에 대한 국유화를 선언하자 법 집행 선박을 동원하여 주변 해역에 대한 순항을 개시했다.

주권과 관련한 권리를 강화하려는 중국의 시도는 시진핑 체제 들어서 더욱 분명해졌다. 중국은 2013년 11월 동중국해 방공식별구역을 선포한 데 이어, 2014년에 들어서는 남중국해 산호초를 인공섬으로 만들기 위한 공사를 개시했다. 이해 1월에 시작된 공사를 통해 7개의 인공섬을 건설했고 이 가운데 3개에는 활주로와 항구 등 군사력을 수용할 수 있는 시설도 조성했다. 이처럼 인공섬 건설을 진행하는 와중에 창완취안(常万全) 국무위원 겸 국방부장은 4월 척 헤이글 미국 국방장관에게 아태지역에서의 미국의 존재와 영향력을 존중하며, 미국도 중국의 이익과 우려를 존중하길 희망한다고 밝히기도 했다.[105] 이는 중국이 미국과의 타협을 통해 상황을 관리하려는 시도를 병행했음을 의미한다.

동중국해 방공식별구역 선포와 남중국해 인공섬 매립 등과 관련하여 중국의 한 전문가는 평등성을 구현하기 위한 조치라고 제시했다. 그는 미국과 일본 등이 방공식별구역을 선포했으니 중국도 방공식별구역을 선포할 수 있으며, 인공섬 건설과 관련해서도 베트남과 필리핀 등이 오랫동안 그렇게 해왔기에 중국도 자제만 할 수는 없다고 주장했다.[106] 이처럼 중국이 그 정당성을 주장했지만, 미국은 중국의 움직임을 현상을 변경하려는 시도이자 자국의 이익을 위협하는 것으로 규정하고 대응했다.[107] 미국에서는 중국의 행위가 국제법을 왜곡하려는 시도일 뿐 아니라 중국이 인공섬을 군사화할 경우 남중국해에 대한 미국의 지배력이 약화할 것이라는 우려가 제기되었다. 또한 중국의 행위가 남중국해에서 세력권을 형성함으로써 미국의 영향력에 제약을 가할 가능성에 대한 우려도 제기되었다. 이러한 우려에 따라 미국 군부를 중심으로 강경론이 이어졌다. 태평양 사령관이 중국이 남중국해에서 "모래 장성(a great wall of sand)"을 건설하고 있다고 비판했고, 국방부가 중국에 압력을 가하기 위해 일련의 훈련을 고려하고 있다는 보도도 이어졌다.[108] 이러한 상황에서 5월 미국 해군은 P-8A 대잠초계기에 CNN 뉴스팀을 태우고 중국이 매립공사를 진행 중인 남중국해 도서의 상공을 비행하면서 '군사 경보 지역에 접근하고 있다'는 중국의 경고를 촉발하여 보도케 함으로써,[109] 남중국해 문제에 대한 국제적 관심을 제고시켰다.

이와 관련하여, 한 전문가는 미국이 비용 부과(cost imposition) 전략을 채택한 것으로 규정했다. 즉, 중국에 행동에 대한 비용을 지불하도록 함으로써 변화를 강요하려는 시도라는 지적이다. 아울러 이는 강경한 대응이 중국의 정책을 온건하게 변화시킬 것이라는 믿음을 반영한 것으로 제시되었다. 그러나 그는 중국이 추진하는 규모, 비용, 속도 등을 고려할 때 무력 충돌이 발생하기 이전에 중단할 가능성은 크지 않다고 지적했다.[110] 실제로 중국 외교부는 6월에 일부 매립공사가 완료되었으며 민간의 필요와 군사적 방어 필요성을 충족시키기 위한 공사를 개시하겠다고 밝힘으로써 자신의 계획을 계속해서 추진하려는 의지를 밝혔다.[111]

이러한 상황에서 오바마 대통령은 9월 미국을 방문한 시진핑 주석과의 기자회견에서 중국이 남중국해에서 인공섬을 건설한 것과 또 이를 군사화할 가능성에 대해 심대한 우려를 표명했다. 이에 대해 시 주석은 군사화가 진행되고 있다는 사실을 부인하고 또 군사화할 의도도 없다는 입장을 표명했다.[112] 그러면서도 그는 영토주권의 수호를 강조함으로써 타협을 거부했고, 그 결과 미국에서는 중국이 협력과 대결을 병행하는 이중적 게임을 하고 있다는 우려가 촉발되었다.[113] 이처럼 이견이 이어지는 상황에서 오바마 행정부는 10월 미사일 구축함 라센(USS Lassen)호를 투입하여 항행의 자유 작전을 수행했다. 특히 미국은 함정을 중국이 건설한 인공섬인 수비(Subi 渚碧) 암초 12해리 내에 진입시킴으로써 영해를 인정하지 않으려는 의도를 표출했다.[114] 이러한 시도는 남중국해에서 중국의 행동을 제어하지 못할 경우 항행의 자유가 제약되고, 안보 공약에 대한 지역 국가의 의구심을 초래할 것이라는 우려를 반영했다.[115]

그러나 미국은 라센호를 유엔해양법이 허용한 인공섬 500미터의 안전수역 내로는 진입시키지 않음으로써 위기를 촉발하지 않으려 들었다.[116] 중국 또한 상황을 관리하려는 노력을 전개했다. 라센호가 순항한 다음 날 민족주의 강경지인 『환추시보』는 사설을 통해 미국이 중국만을 겨냥하지 않았다는 점을 강조함으로써 이성적으로 대응할 필요성을 제기했다.[117] 또한 중국은 우성리(吳胜利) 해군 사령관과 리차드슨(John Richardson) 미 해군 참모총장 사이의 화상회의를 통해 군사 교류를 예정대로 진행하는 데도 합의함으로써 상황을 관리하려 들었다.[118]

2016년에 들어 미국에서는 한때 중국의 인공섬 건설에 대한 대응을 둘러싸고 백악관과 국방부 사이에 이견이 표출되기도 했다. 국방부가 강력하게 대응할 필요성을 제기했지만, 백악관은 중국과의 정상회담에서 성과를 거두기 위해 중국과의 이견을 강조하지 말도록 설득했다.[119] 그러나 이후 오바마 행정부는 항행의 자유 작전을 확대하기로 결정하고 구축함 윌버(Curtis Wilbur)호를 중젠(中建)도 12해리 내로 항행시켰다.[120] 중젠도가 난사군도가 아닌 시사군도에 속한다는 점 그리고 중국이 이미 1996년에 영해기선을 선포한 바 있다는 점에서 동 항행은 미국의 작전 범위가 확대됨을 의미했다. 이러한 사실 때문에 중국에서는 미국이 고의로 도발했다는 강경한 반응이 제기되었다.[121]

그 결과 중국도 중젠도 수비대와 해군함정, 항공기 등을 동원하여 대응함으로써 미국의 항행의 자유 작전에 위축되지 않고 자신의 선호를 견지하려는 의지를 보였다. 이어서 3월 왕이 외교부장이 중국은 필요한 방어와 민간시설을 건설하고 있을 뿐이며 군사화는 중국이 아닌 미국이 진행하고 있다고 역공을 전개했고,[122] 다음 달에는 미국이 필리핀 등과 연합훈련을 진행하는 상황에서 중앙군사위 부주석 판창룽(范长龙)이 난사군도의 인공섬을 시찰했다.[123] 이처럼 중국과 미국이 남중국해에서 각자의 입장을 강하게 추구함에 따라 양국군 사이에 우발적 충돌의 위기가 발생하기도 했다. 미국 국방부는 5월 미국 정찰기 EP-3가 국제적 공역에서 순찰 활동을 전개하고 있는 상황에서 중국 전투기 J-11 두 대가 15미터까지 접근함으로써 충돌의 위험성을 제기했다고 주장했다. 양국이 2015년 공중 조우 시 행위규약에 합의한 이후 처음으로 발생한 이 사건과 관련하여 중국은 전투기가 안전거리를 유지하며 차단활동을 전개했다고 주장함으로써 반박했다.[124]

이러한 상황에서 중국은 자신의 선호를 실현하려는 노력을 이어 갔다. 그 단적인 증거로 중국이 남중국해 인공섬에 대한 군사화를 시행한 것을 들 수 있다. 2016년 말 미국의 한 연구소가 획득한 위성 이미지를 통해 중국이 인공섬에 상당한 군사적 방어력을 배치한 사실이 확인되었다. 이에 따라 미국에서는 중국이 남중국해 인공섬을 군사화하지 않겠다는 시진핑 주석의 2015년 약속을 어겼다는 주장이 제기되었다. 이에 대해 중국 국방부는 필요한 방어시설을 배치한 것으로 정당하고 필요하다는 입장을 표명하며 맞섰다.[125]

남중국해에서의 양국의 행위는 상호 불신을 강화시켰다. 미국은 중국의 정책과 행위를 지역의 현상을 변경하고 자신의 지배력을 확립하려는 시도로 간주했고 따라서 중국이 기존 질서를 전복시키려는 야심을 지닌 수정주의 국가라는 인식을 강화했다. 반면에 중국은 남중국해에서의 미국의 정책과 행위를 중국의 부상을 제어하려는 시도로 해석하고 미국을 중국의 부상을 저지하려는 완고한 패권국으로 간주했다. 이는 아태지역에서의 경쟁 국면이 점차 분명해졌음을 의미한다.

### 군사적 의구심과 경쟁 국면

경쟁의 국면은 군사적 영역에서도 형성되기 시작했다. 오바마 행정부가 중국과의 군사 교류를 강화하려 시도하는 상황에서 중국의 국방력에 대한 미국의 의구심과 경계가 증대되었다. 이러한 의구심과 경계는 20여 년에 걸쳐 진행된 군사 현대화 노력에 힘입어 중국의 국방력이 분명하게 증대된 현실을 반영했다. 여기에 더해 중국이 사이버 첩보 행위를 강화하고 남중국해 인공섬 건설과 군사화를 진행한 것 또한 중국에 대한 군사적 우려를 강화했다. 물론 이러한 우려가 본격적인 군사적 경쟁으로 이어진 것은 아니었지만, 양국 간 경쟁 가능성이 점차 분명해진 점은 부인하기 어렵다.

중국의 군사력은 2010년대 들어 그 역량과 정교함에서 분명한 진전을 보이기 시작했다. 이러한 사실은 중국이 주력해온 A2AD 능력에서 분명하게 확인되었다. 미군이 가까이 접근하여 작전하는 비용과 위험을 제고시키기 위한 중국의 A2AD 능력은 서태평양에 배치된 미 해군을 공격할 수 있는 디젤 잠수함, 미국 전투기와 폭격기를 목표로 한 지대공 미사일, 미 항모전단을 공격할 수 있는 순항 및 탄도 미사일 등을 포함했다. 여기에 더해 중국은 미국 위성의 정상적 작동을 방해하거나 심지어 직접 공격할 수 있는 능력도 구비하기 시작했다. 이는 상대적으로 취약한 상황에서 미국의 군사적 우위에 대항하려는 비대칭적 시도를 반영했다.[126]

물론 중국은 공식적으로는 A2AD 구상을 거론한 적이 없다. 그러나 군사 현대화의 초점이 미군의 개입과 침공에 대응하는 데 집중되었다는 사실을 부인하기 어렵다. 그 대표적인 사례로 DF-21D 중거리 대함 탄도미사일 배치를 들 수 있는데, 육상에서 이동발사가 가능하며 사정거리가 1,500킬로미터에 달하는 이 미사일은 서태평양상의 대형 수상함 특히 항공모함을 공격할 수 있는 능력을 지닌 것으로 평가된다.[127] 이처럼 중국은 군사적 역량 증대를 통해 미국이 지역에 접근하고 또 안전보장을 제공하는 데 도전을 제기했다.

이에 따라 미국의 경계가 제고되었다. 2010년대 들어 미국은 중국의 A2AD 능력에 대한 의구심을 분명하게 표출하기 시작했다. 즉, 여전히 현저한 국방예산과 역량의 차이에도 불구하고, 중국의

A2AD 능력이 아태지역으로 힘을 투사할 수 있는 미국의 능력을 위협한다는 우려가 제기된 것이었다.[128] 미국은 2010년 2월에 발표된 4년 주기 국방검토에서 중국의 A2AD 능력이 제기하는 위협을 거론하며 대비하려는 의지를 천명한 것을 시작으로,[129] 5월 국가안보전략에서도 중국의 A2AD 위협을 거론했다.[130] 2012년 국방부가 발표한 국방전략지침 또한 중국의 A2AD 능력과 비대칭 역량에 대한 우려를 거론하며 대응 의지를 밝혔다.[131]

전문가들 사이에서도 중국의 A2AD 능력에 대한 경계가 제기되었다. 한 전문가는 중국이 동중국해와 남중국해 등의 해상에서 이익을 추구하고 불리한 흐름을 거부할 수 있는 능력을 구비한 것으로 평가했다. 그는 미국이 기지, 수상함, 잠수함 등의 이점을 활용하여 해상과 영공에서 우위를 유지할 수 있지만, 중국이 정교한 작전 수행할 수 있는 더 크고 역량 있는 수상함 선단을 보유함에 따라 동아시아 해상은 더 이상 미 해군이 독점하는 지역이 아니라고 규정했다.[132] 다른 전문가 또한 주변 지역에서 안보 이익을 방어할 중국의 군사력은 이미 상당하고 또 계속해서 증대되고 있으며, 그 결과 미국이 중국 영토 가까이서 군사 작전을 수행하는 능력을 위협한다고 규정했다. 그는 현대적 대함 미사일의 정확성과 치명성을 고려할 때, 어느 국가도 해상을 통제할 수 없고 따라서 "바다가 빌 가능성"이 있다고 지적했다.[133] 중국의 한 전문가도 향후 10-20년 사이 미국이 중국 근해에서의 중국의 전략적 우세를 수용할 수밖에 없을 것이고, 중국도 제1열도선 밖 광대한 해역에서의 미국의 군사적 패권을 흔들 수 없을 것이라고 규정했다.[134]

군사력 균형에 변화가 발생하고 있다는 평가는 시간이 지나면서 더욱 강화되었다. 2015년 랜드(RAND)의 한 보고서는 서태평양에서의 군사력 균형이 변화하고 있을 뿐 아니라 머지않아 군사적 임계점에 도달할 수 있다는 경고를 발신했다.[135] 이 보고서는 미국이 여전히 대부분의 영역에서 우위를 누리지만, 중국의 A2AD 능력의 강화로 미국의 자유로운 접근권이 제약되기 시작했고 대만해협이나 남중국해에서 중국의 공세를 억제할 수 있는 능력은 약화하고 있다고 규정했다. 심지어 보고서는 2017년에 중국이 대만과 남중국해 충돌과 관련한 재래식 능력에서 미국과 대체적인 평형을 달성하거나 심지어 앞설 수 있다는 전망도 제기했다.

이와 함께 미국에서는 중국의 군사력 증강에 어떻게 대응할 것인가를 둘러싼 논쟁이 전개되었다. 관여에 대한 비판론자들은 관여가 중국의 군사력 발전을 가져왔다고 규정하고 더 적극적인 전략을 통해 대응할 필요성을 제기했다. 이에 대해 관여론자들은 중국을 억지하거나 봉쇄하려는 시도가 긴장을 더욱 악화시킬 것이라며 관여를 지속할 것을 주장했다.[136] 이러한 논란에도 불구하고 미국에서 중국의 군사적 도전에 대한 우려가 광범위하게 확산했다는 사실은 부인하기 어렵다.

오바마 행정부는 중국의 A2AD 능력 증강에 대응하기 위한 다양한 방안들을 제기했다. 그 하나는 군사력 강화 의지의 천명이었다. 가령, 앞서 지적한 것처럼, 2012년 국방전략지침은 중국의 부상에 대응하기 위해 지역에 대한 접근과 작전 능력을 확보하는 데 필요한 투자를 계속할 것과 함께 해군력의 60%를 아태지역에 재배치하겠다는 계획을 밝혔다.[137] 이러한 입장은 계속해서 이어져 2015년 국가안보전략 또한 힘에 기반하여 중국과의 군사적 경쟁을 관리하려는 의지를 강조했다.[138] 이와 함께 미국은 다양한 전략들도 제기했다. 우선, 오바마 행정부는 2010년 해공일체전(Air-Sea Battle) 개념과 전략을 제시한 데 이어, 2012년에는 새로운 스텔스 폭격기 개발, 미사일 방어체계 개선, 그리고 주요 우주 능력의 효율성 강화 등을 포함한 합동작전 접근 개념(Joint Operational Access Concept)의 시행을 선언했다.[139] 또 2016년에는 글로벌 영역에서의 합동 접근 및 기동(JAM-GC)작전 개념을 다시 제기했다. 이러한 시도에도 불구하고 후일 트럼프 행정부가 발표한 국가안보전략은 오바마 행정부가 중국의 군사력 증강에 대응하기 위한 예산 확보와 전략 개발에 소홀했다고 비판했다.[140]

중국은 미국의 대응에 직면하여 정면으로 경쟁하기보다 자신의 능력을 제고시키는 데 계속해서 초점을 집중시켰다. 우선, 미국의 한 분석가가 지적하듯,[141] 중국은 A2AD 능력 증강을 넘어 해상에 대한 통제력을 강화하려 시도했다. 이러한 노력은 인공섬 건설, 해상 교통로 확보, 항모 건설, 수상함 능력 제고 등으로 나타났다. 또한 중국은 정보화를 강조함으로써 군사적 역량을 제고시키려 시도를 이어갔다. 가령, 2015년 5월에 발표된 중국의 국방백서는 전쟁 형태와 국가안보 상황의 진화에 맞춰 정보화된 지역전쟁 승리(打贏信息化局部戰爭)전략을 제기했는데,[142] 이는 정보화의 역할을 더욱 강조하고 또 합동작전 수행에 필요한 군 구조 개편을 추진하려는 시도를 반영했다.[143] 이러한 변화와 관련하여, 한 전문가는 중국군이 비대칭적 수단을 강조하던 데서 미국의 군사 작전을 모방하는 대칭적 접근으로 이행했다고 규정했다.[144]

## 미중관계의 임계점

세계금융위기 이후 미중 양국 사이에는 경쟁의 국면이 점차 분명하게 형성되기 시작했다. 경제와 글로벌 거버넌스, 그리고 군사 등의 영역에서 양국은 한편으로 협력을 강화하는 상황에서도 다른 편으로는 서로 다른 선호를 견지했다. 여기에 더해 양국은 지역의 주도권을 둘러싸고도 타협을 거부함으로써 경쟁 국면을 형성했다. 양국 간 경쟁은, 상호성을 그 특징으로 한 경제적 영역을 제외하면, 중국의 적극적인 움직임에 미국이 반격하는 양상을 띠었다. 중국은 글로벌 거버넌스와 지역 주도권 등에서 적극적인 움직임을 통해 자신의 공간을 확보하려 들었고, 오바마 행정부는 새로운 강대국 관계에 대한 중국의 제안을 수용하기를 거부한 데 이어 동맹국들에 AIIB에 가입하지 말 것을 설득하는 등 중국의 영향력 확장을 제어하려 들었다. 심지어 그 격차가 여전히 현저한 군사 분야에서도 중국의 역량 증강이 미국의 대응을 촉발하기 시작했다.

이처럼 양국 사이에 점차 경쟁 국면이 형성되었지만, 이 시기 경쟁은 여전히 영합적 성격을 띠거나 본격화되지 않았다. 이는 미중 사이의 경쟁 국면이 대체로 협력이 진행된 영역에서 형성되었기 때문이다. 즉, 양국은 협력하면서 동시에 경쟁의 국면도 형성했다. 가령, 양국은 경제와 거버넌스 영역에서 협력하면서 경쟁을 전개했다. 군사적 영역에서도 양국은 교류를 강화하는 동시에 상대에 대한 경계를 이어갔다. 이처럼 영역에서 경쟁과 협력이 동시에 진행되었다는 사실이 경쟁의 양상과 정도에 영향을 끼쳤다. 또한 이 시기 미중 경쟁의 영역 또한 전방위적으로 확산하기보다 특정 이슈에 한정되었다. 그 결과 양국관계는 경쟁 국면의 형성에도 불구하고 대결적 관계로 발전할 가능성이 분명하지 않았고, 심지어 경쟁이 반드시 부정적이지는 않으며 때로 긍정적일 수도 있다는 평가가 제기되기도 했다.[145] 이처럼 이 시기 양국 간 경쟁 국면은, 특히 후일 트럼프 행정부 출범으로 본격화된 경쟁과 비교할 때, 본격적이거나 해소할 수 없는 경쟁과 거리가 있었다.

여기에 더해 오바마 행정부는 중국의 도움이 필요한 현실로 인해 중국과의 관계를 경쟁으로 규정하는 것을 제어하려 들었다. 세계금융위기와 기후변화에 대응할 필요성과 같은 현실적 요인이 협력을 위협할 수 있는 보다 공격적 정책을 제어하고 공동의 이익을 강조하도록 작용했다. 오바마 행정부는 중국의 공세적 정책과 그 부정적 효과를 인지한 경우에도 공세적으로 대응하는 것을 주저했는데, 그 단적인 사례로 군부가 강대국 경쟁이라는 강경론을 제기하는 것을 제어하려 시도한 것을 들 수 있다. 앞서 지적한 것처럼, 중국이 남중국해에서 인공섬 매립을 진행한다는 사실이 알려진 2015년에 들어 군부를 중심으로 중국과의 강대국 경쟁이 개시되었다는 강경한 주장이 이어졌다. 6월 뎀프시(Martin Dempsey) 합참의장이 군사전략(National Military Strategy) 보고에서 강대국 경쟁을 언급한 것을 시작으로,[146] 11월에는 워크(Robert Work) 국방부 차관이,[147] 그리고 다음 해 2월에는 카터(Ashton Carter) 국방장관이 각각 강대국 경쟁의 가능성을 제기했다.[148] 이러한 상황에서 백악관은 중국과의 협력을 유지하기 위해 군부가 강대국 경쟁을 언급하는 것을 제어하려 들었다. 구체적으로 2016년 백악관은 국방부 지도자들에게 중국이 제기하는 군사적 도전을 공개적으로 제기할 때 경쟁, 특히 강대국 경쟁의 맥락에서 접근하지 말도록 지시했다.[149] 대신에 오바마 대통령과 그의 참모들은 대화가 더 효과적이라는 주장을 계속해서 이어갔다.

중국도, 양국관계에서 경쟁의 증대를 의식하면서도, 여전히 필요한 경우 미국에 선의를 밝히고 타협하려 들었다. 가령, 왕양(汪洋) 부총리는 2014년 12월 시카고에서 개최된 미중상무공동위원회 연설에서 미국의 지도력이나 기존 질서에 도전하려는 의도가 없다고 밝혔는데,[150] 이는 중국이 한편으로 공세적 정책을 강화하는 상황에서도 협력을 통해 목적을 달성하려는 전략을 병행했음을 의미한다. 이러한 사실은 중국이 남중국해 문제와 관련하여 강경론과 함께 미국과의 타협과 협력을 통해 동의를 구하려는 노력을 병행한 데서도 확인되었다. 여기에 더해 중국도 미국과의 차이와 관련하여, 최소한 공식적으로는, 이견이나 마찰, 또는 갈등과 같은 용어를 사용하고 경쟁이란 용어를 사용하는 것을 자제했다.

이처럼 양국 지도부가 긍정적이고 협력적인 미중관계를 강조함에 따라, 양국 간에는 경쟁 국면이 형성되는 상황에서도 협력이 이어졌다. 가령, 2014년 APEC에서 양국은 200개 가까운 정보기술 제품에 대한 관세 인하와 제거 등에 관해 합의했는데, 이 합의는 그동안 기존 질서를 무시하는 태도를 보였던 중국이 양보한 결과로 간주되었다.[151] 다음 해인 2015년 9월에도 오바마-시진핑 회담에서 양국은 상업적 영역에서의 사이버 절취행위에 대한 정부의 관여 자제와 사이버 범죄 문제를 다루기 위한 고위급 대화 기제 구성에 합의했다. 이러한 사례는 양국 간에 경쟁 국면이 형성되는 상황에서도 협력이 이어졌음을 의미한다.

이 시기 양국 간에 형성되기 시작한 경쟁이 본격화하지 않았지만, 상대에 대한 양국의 정책에 영향을 끼치고 따라서 양국관계에 변화를 가져올 가능성까지 배제한 것은 아니었다. 변화의 가능성은 미국에서 특히 분명하게 표출되었다. 오바마 행정부가 중국과의 경쟁을 관리하려 시도하는 상황에서도, 미국에서는 중국에 대한 의구심과 비판이 증대되고 또 중국과의 관계에 변화가 불가피하다는 주장이 힘을 얻었다. 그 대표적 사례로 2015년에 발표된 미국외교협회(CFR)의 보고서를 들 수 있다. 이 보고서는 중국이 이미 중대한 경쟁자가 되었고 또 앞으로도 그렇게 남을 것이라고 규정하고, 중국을 통합시키는 데 전략적 중점을 두는 대신에 중국의 부상을 견제하는 방향으로 대중정책을 전환해야 한다고 지적했다.[152] 이러한 움직임은, 샴보의 지적처럼, 미국에서 오랫동안 대중정책을 주도해온 "관여 연합(engagement coalition)"이 약화하고 "경쟁 연합(competition coalition)"이 강화됨을 의미했다.[153]

미국에서 정책 전환을 촉구하는 목소리가 힘을 얻는 상황에서도 중국에서는 미중관계가 기존의 경로와 법칙을 따라 계속해서 발전할 것이라는 자신감이 이어졌다. 미중관계가 '좋아지는 데도 한계가 있고 나빠지는 데도 한계가 있다(好也好不到哪里去, 坏也坏不到哪里去)'로 표현된 이러한 주장은 그 근거로 양국 간 공동이익과 경제적 상호의존이 미국의 행위를 제약할 것이라는 사실을 제시했다. 한 전문가는 중국에 대한 비판에도 불구하고 미국이 대중정책을 대폭 수정하기는 어려울 것으로 전망했고,[154] 일부 전문가는 이러한 상황을 활용하여 미국과 새로운 관계를 형성할 필요성이나 심지어 탈미국화의 필요성을 강조하기도 했다.[155]

이처럼 오바마 행정부 말기 양국은 정반대의 상황에 있었다. 미국에서 중국에 대한 실망감과 좌절감을 느낀 다양한 세력들이 차기 행정부가 강경한 대중정책을 추구해야 한다고 주장하는 상황에서 중국에서는 미국과의 관계를 더 평등하게 만들 필요성을 강조하며 미국의 우려를 고려하지 않는 완고성이 힘을 얻었다. 이는 양국이 서로 다른 길을 걷기 시작함을 의미했다. 이처럼 양국 사이에 경쟁의 국면이 점차 분명해지면서, 미국에서는 양국관계가 임계점에 달했다는 평가가 제기되었다. 즉, 긍정적인 미중관계를 지탱했던 핵심적 토대가 소실되고 따라서 변화가 불가피해졌다는 지적이었다.[156] 임계점에 도달했다는 지적은 양국관계의 극적인 변화를 예고했다.

제III부

경쟁

제7장

# 무역 분쟁과 관계의 전환

임계점에 도달했다는 평가가 제기되었던 미중관계는 2017년 미국에서 트럼프 행성부가 출범한 후 본격적인 전환을 경험한다. 양국 관계의 전환은 트럼프 대통령에 의해 촉발된 무역 분쟁에서 그 모습을 분명하게 드러냈다. '중국이 미국을 착취하고 있다'고 주장하며 당선될 경우 교역에 관한 권한을 활용하여 약탈적 행위를 중단시키겠다는 민중주의적 공약을 통해 선거에서 승리한 그는 취임 첫해의 탐색을 거쳐 2018년 관세부과를 실천에 옮겼다. 무역 분쟁의 의도 및 목적과 관련한 불명확성이 임기 내내 해소되지 않았음에도 불구하고, 트럼프 대통령은 관세부과를 시작으로 경제에 가해질 충격을 무릅쓰고 경제적 분리를 추구하는 등 극단적이고 지속적 압박을 통해 중국에 실질적인 투항을 요구했다.

평등성을 구현할 자원과 전략 능력에 관한 자신감이 증대된 중국은 트럼프 행정부의 출범과 함께 평등한 관계를 구축하려는 의지를 더욱 강화함으로써 미국과 정반대의 방향으로 움직였다. 시진핑 체제의 중국은 트럼프 행정부 출범 초기 경제적 유인책 제공을 통해 '사업가' 트럼프와 거래함으로써 평등성을 구현하려 들었고, 관세부과를 앞세운 무역 분쟁에 대해서도 평등성을 내세워 대응했다. 미국의 관세부과를 위협으로 규정한 중국은 평등한 지위에서의 협상을 통한 해결을 요구하며 대등한, 그리고 이후 비례적 보복을 이어감으로써 무역 분쟁을 미국과의 관계를 평등하게 재편하는 계기로 삼으려 들었다.

그 결과 미중 양국은 2018년부터 시작하여 1단계 합의에 도달한 2020년 초까지 2년 가까이에 걸쳐 치열한 무역 분쟁을 전개했다. 무역 분쟁은 양국의 지위와 상대에 대한 정책에 발생한 변화를 반영했다. 중국에 대한 경계심이 제고된 미국은 압박을 통해 중국의 부상을 제어하려 들었고, 자신감이 제고된 중국은 갈등을 감수하며 관계를 다시 설정하려 들었다. 이처럼 양국의 변화를 반영한 무역 분쟁은 미중관계를 급격하게 악화시키는 계기가 되었다. 비록 양국이 2020년 초 1단계 합의를 도출했지만, 코로나19가 확산하면서 휴전은 실질적으로 종식되었고 경제와 과학기술상의 분리 시도가 이어졌다. 이는 무역 분쟁이 양국관계의 전환을 알리는 상징적 사건임을 의미한다.

이 장은 양국 간 무역 분쟁을 검토한다. 미중 사이의 상호의존이 심대한 상황에서 발생한 무역 분쟁은 양국관계에서 상호의존이 갖는 의미와 작용을 검토할 기회를 제공한다.[1] 아래에서는 우선, 트럼프 행정부가 추구한 중국에 대한 정책 변화와 평등성에 대한 중국의 추구를 살펴봄으로써 무역 분쟁이 발생하게 된 배경을 제시한다. 이어서 2017년에 진행된 합의 도출을 위한 탐색에 관한 논의를 통해 양국이 상반된 선호를 추구한 결과 이견을 해소하는 데 실패하고 무역 분쟁으로 나아갔음을 제시한다. 다음으로 트럼프 행정부가 취한 중국에 대한 관세부과와 중국의 보복, 그리고 양국이 도출한 1단계 합의 등에 대한 검토를 통해 무역 분쟁의 전개 과정을 살펴본다. 마지막으로 1단계 합의 이후 양국이 추구한 분리 시도와 그것이 양국 간 상호의존에 끼친 영향과 의미를 논의한다.

## 트럼프 행정부의 출범과 변화의 개시

### 관여 전략 비판

트럼프 행정부가 출범하기 이전부터 미국에서는, 앞 장에서 살펴본 것처럼, 중국에 대한 비판과 대중정책의 조정을 촉구하는 목소리가 힘을 얻었다. 중국에 대한 관여가 의도한 결과를 도출하지 못했기에 보다 강경한 정책을 추구해야 한다는 주장은 2016년 대선에서 더욱 증폭되었고, 오바마 행정부가 중국에 대해 취약했다고 비판하면서 중국의 불공정한 경제적 관행을 교정하겠다고 공약한 트럼프 후보가 대통령직에 당선됨에 따라 정책 전환이 가시화되었다.

비판론자들은 관여가 중국을 변화시키는 데 실패한 반면에 미국 경제에 대한 무제한적 접근을 허용함으로써 중국의 국력 증대를 돕는 결과를 초래했다고 주장했다.[2] 또한 이들은 관여가 중국의 자유화를 촉진하거나 미국의 지도력 강화에는 전혀 도움이 되지 않았다고 규정했다. 이러한 주장은 비단 트럼프가 속한 공화당에 한정된

것이 아니었다. 심지어 한때 관여를 옹호했고 또 후일 바이든 행정
부의 외교정책과 관련하여 중요한 역할을 수행하는 인사들도 관여
와 그에 따른 경제적 상호의존의 증대가 중국을 책임 있는 행위자로
이끌 것이라는 기대가 잘못된 것이었다고 주장했다.[3]

관여가 기대한 결과를 얻지 못했음을 보여주는 대표적 사례로는
경제관계의 확대에도 불구하고 중국이 국제적 경제 관행을 따르지
않는다는 사실이 제시되었다. 즉, 미국이 WTO 가입에 동의하는 등
국제경제 체제에의 통합을 지지했음에도 불구하고 중국은 시장경제
국가로 변화하지 않았다는 주장이었다. 오히려 중국 정부는 경제에
대한 관리와 통제를 강화했고, 규칙을 준수하지 않고 시장을 개방하
지 않았으며, 외국 기업을 차별하는 등 기대와 다르게 움직인 것으
로 제시되었다. 트럼프 행정부 출범 직후 출간된 한 보고서는 중국
이 국가 주도의 영합적이고 중상주의적 교역과 투자 정책을 강화함
으로써 미국의 경제적 이익에 손해를 가했다고 규정했다.[4]

관여에 대한 비판은 트럼트 행정부에 의해 수용되고 확장되었다.
2017년에 발표된 국가안보전략은 미국이 "수십 년 동안 중국의 부
상과 국제질서에 대한 통합을 지지하는 것이 중국을 자유화시킬 것
이라는 신념에 기반한 정책을 추구"해왔지만 "중국은 다른 국가의
희생 위에 자신의 힘을 확대해왔다"고 규정했다. 나아가 동 문건은
중국을 "미국의 힘, 영향력, 이익에 도전하고 미국의 안보와 번영을
약화하려 시도하는" 수정주의 국가라고 규정했다.[5] 이는 관여의 의
도를 자유화와 연결함으로써 그 무용성을 부각하고 역대 행정부가
유지해온 중국에 대한 관여로부터 이탈하려는 트럼프 행정부의 의
도를 반영했다.

사실 관여를 자유화와 연결한 것은, 2장에서 제시한 것처럼, 관여의 의도를 왜곡한 것이었다. 또한 관여의 결과는 복합적이었고 따라서 실패라고 단정하기도 어려웠다.[6] 가령, 관여는 중국의 경제적 변화를 이끌었다. 구체적으로 중국은 2007년 이후 위안화 가치를 35% 평가 절상했고, 경상수지 흑자 또한 GDP의 10%에 이르렀던 데서 1% 이하로 감축시켰다. 이러한 결과는, 한 전문가가 지적하듯,[7] 대화와 인센티브 제공을 통해 중국이 국제적 규범을 준수하도록 할 수 있음을 보여주었다. 또한 중국과의 경제관계는 미국에 경제적 혜택을 제공했다. 대표적으로 미국의 주요 기업들은 매출의 상당 부분을 중국에서 기록했다. 가령, 2017년 애플(Apple)은 매출의 20%를, 인텔(Intel)은 23%, 그리고 퀄컴(Qualcomm)은 무려 65%를 중국에서 기록했고,[8] 무역 분쟁이 시작된 2018년의 경우에도 중국에 진출한 미국 기업은 전년 대비 7%가 증가한 5,801억 달러의 매출액을 기록했다.[9]

이러한 상황에서도 상호의존의 수혜 집단이자 관여에 대한 중요한 지지 세력이었던 경제계와 기업들은 제기된 비판에 침묵했다. 관여 옹호 세력의 이반이 발생한 것이었다. 이는 중국에 대한 미국 경제계의 불만을 반영했다. 즉, 시진핑 주석이 권력을 장악한 이후 국가의 경제적 역할이 증대된 반면에 시장개방, 규제 투명성, 지재권 보호에 대한 의지가 약화하면서 미국 기업이 중국 시장에서 경쟁할 수 있는 능력이 제약당하고 있다는 인식이 확산한 결과였다.[10] 이러한 상황은 1990년대 중국이 개혁을 통해 경제적 기회를 제공함으로써 미국 경제계에 클린턴 행정부에 대한 로비를 진행하도록 유도했던 것과 분명하게 대비된다. 관여론자들이 침묵함에 따라 트럼프 행정부의 대중정책 전환에 대한 제약요인은 사라졌다.

물론 중국에 대한 미국의 비판이 단순히 경제적 이해득실에 대한 계산에 따른 것만은 아니었다. 중국의 급속한 부상과 이에 따른 국력 격차의 축소가 중국에 대한 경계심을 제고시켰다. 거대한 잠재력을 지닌 중국의 부상은 아시아뿐 아니라 세계의 주도권을 둘러싼 미중경쟁을 촉발할 것이라는 우려를 자극했다.[11] 전략적으로 중국이 국력의 증대와 함께 강대국 지위를 추구하려는 의도를 더욱 강화하면서 미국의 지위에 대한 도전이 제기될 것이라는 우려가 확대되었다. 경제적으로도 중국은 시진핑 시기 들어 기술 주도권을 강조하며 엄청난 자본을 투입했다. 이에 따라 중국이 인공지능, 양자 컴퓨터, 로봇 등 국가안보에 활용될 수 있는 기술에의 투자를 통해 진전을 이룰 경우 미국의 경제적 우위뿐 아니라 군사적 우위도 약화될 것이라는 주장이 제기되었다.[12] 다시 말해 중국과의 경제관계가 덜 보완적이고 보다 경쟁적인 것으로 인식되기 시작한 것이다.

그러나 이러한 요인들로만 트럼프 행정부의 변화를 설명하기는 어렵다. 국력 격차의 축소, 중국의 공세적 대외행태, 그리고 불공정한 경제적 관행 등은 모두 트럼프 행정부가 출범하기 이전부터 시작되었다. 다시 말해 트럼프 행정부가 출범한 2017년경에 미중 국력 대비나 중국의 행동에 특별히 주목할 만한 새로운 변화가 발생했다고 보기는 어렵다. 여기서 중국에 대한 미국의 정책 변화와 관련하여 트럼프 대통령이 중요한 작용을 했을 가능성에 주목할 필요성이 제기된다.

## 트럼프 요인과 불가측성

2016년 대통령 선거에서 트럼프 후보는 탈자유무역과 보호무역을 주창함으로써 대외무역과 관련하여 영합적 시각을 분명하게 드러냈다. 사실 저성장과 실업 등 당시 미국이 직면했던 경제적 문제들은 신자유주의 경제정책과 자동화의 진전 등 다양한 요인에 기인한 것이었다. 그러나 그는 경제적 문제의 원인을 외부로 돌리는 민중주의적 전략을 통해 저숙련 노동자들의 지지를 확보함으로써 중서부 지역의 경합 주(swing states)들에서 승리하면서 대통령직에 당선되었다.

영합적 시각과 상대적 이익을 중시하는 트럼프의 세계관은 중국과 관련해서도 그대로 표출되었다. 선거 과정에서 그는 미국이 중국과의 교역에서 손해를 보고 있다고 규정하고 당선되면 모든 권한을 활용하여 교역적자를 해소하겠다고 천명했다. 대표적으로 그는 중국 수입품에 대해 45% 관세를 부과하겠다고 선언했다.[13] 또한 그는 '미국이 이기기 위해서는 중국이 패해야' 하며 '미국이 얻으면 중국은 잃는다'고 주장함으로써 영합적 시각도 분명하게 드러냈다. 이는 트럼프가, 미국에 경제적 혜택을 가져오지 않았기 때문이 아니라, 중국에 더 많은 혜택을 제공했기 때문에 중국과의 경제관계를 문제로 간주했음을 의미한다.[14]

대통령직에 취임한 이후 트럼프는 중국과의 경제관계가 미국의 국가안보를 위협한다는 논리를 통해 경제관계를 안보화시켰다. 그는 중국이 미국을 경제적으로 착취했고, 이를 통해 미국의 안보에 위협을 가한다고 주장했다. 즉, 경제적 연계가 중국에 거대한 무역흑자를 제공하고, 중국은 이를 통해 군사력을 강화함으로써 미국의 국가안보를 위협한다는 논리였다. 이처럼 경제관계가 일방적으로 중국에만 전략적 이득을 제공한다는 주장을 통해, 그는 경제적 요인이 안보에 끼치는 부정적 영향을 부각함으로써 중국의 불공정한 경제적 관행을 교정할 필요성을 제기했다.[15]

또한 트럼프 대통령은 중국에 대한 대결적 정책을 선호했다. 그는 처벌을 유효한 수단으로 간주하고 공개적 비판, 관세, 수출통제 등 압박을 통해 중국과의 관계를 미국에 유리한 방향으로 변화시키려 들었다. 이는 미국이 여전히 국력상의 우위를 유지하기에 중국에 대해 쉽게 승리할 수 있다는 판단을 반영했다. 이러한 인식이 후일 그가 중국에 대한 압박을 통해 유리한 무역 합의를 도출하려 시도하는 배경으로 작용한다.

트럼프의 인식과 접근은 중국에 대한 미국 내의 적대감을 심화시키는 데 기여했다. 물론 일각에서 주장하는 것처럼 미국 주류의 대중 인식이 악화되었기 때문에 트럼프가 중국에 강경해진 측면도 없지 않다.[16] 이 시기 중국 쇼크로 인해 임금과 고용 등에서 영향을 받은 미국의 일부 주들에서 자유무역에 친화적인 정치인들이 낙선하는 상황이 발생하기 시작했고,[17] 트럼프가 이를 활용하여 민중주의적 주장과 정책을 추진한 것을 부정하기는 어렵다. 그러나 트럼프의 비합리적이고 강경 일변도의 주장이 미국에서 이미 형성되기 시작한 중국에 대한 부정적 인식을 극단적으로 심화시킴으로써 중국에 대한 정책을 강경하게 만든 측면이 더 컸다.[18] 이러한 사실은 트럼프가 무역전을 개시한 이후 중국에 대한 미국의 인식이 급격하게 악화한 데서 확인된다.[19]

중국이 미국을 이용하고 해를 가했다는 트럼프 대통령의 인식은 다시 행정부의 주요 인사들에 의해 공유되었다. 대표적으로 펜스(Mike Pence) 부통령은 2018년 한 연설에서 미국이 중국의 부상에 공헌했음에도 불구하고 중국은 경제, 안보, 심지어 정치개입 등을 통해 미국의 국가이익을 해친다고 규정했다.[20] 스틸웰(David R. Stilwell) 국무부 동아태 차관보 또한 미국이 수십 년에 걸쳐 발전을 도움으로써 부상에 기여했지만 중국은 이러한 호의에 보답하기보다 미국의 이익과 원칙에 적대적인 태도를 보였고, 이것이 미국인과 행정부로 하여금 대중정책을 재평가하도록 작용했다고 주장했다.[21] 이는 미국의 정책 전환의 책임을 중국에 돌린 것이었다.

트럼프 행정부는 중국의 행위가 공정하지 못하고 정당하지 못하며 미국의 국가안보에 위협이 되기에 40여 년 동안 지속해온 관여를 뒤집고 더 강력하고 대결적인 정책을 추구해야 한다고 주장했다. 이는 트럼프 행정부가 그동안 윈윈의 시각에서 접근했던 중국과의 관계를 승-패(win-lose)의 시각으로 접근함을 의미하는 것으로, 탈냉전기 계속해서 이어져 온 미국의 대중정책에 근본적 변화가 발생함을 상징했다.

그러나 이는 트럼프 행정부가 잘 계획된 중국정책을 형성했음을 의미하지 않는다. 무역 분쟁과 관련한 트럼프 대통령의 초점과 목표는 임기 내내 계속해서 그리고 수시로 변화했다. 그는 취임 직후 중국에 대한 거대한 교역적자에 집중했고, 한때 중국과의 관계를 수습함으로써 무역 합의를 도출하려 시도하기도 했다. 그러나 이러한 시도가 좌절된 이후 다시 강경한 입장으로 선회했다.[22] 이러한 상황에서 중국이 버티기에 들어가자 중국과의 경제와 기술적 분리 가능성까지 제기했다. 그러면서도 그는 대통령직 재선을 위해 필요하다고 판단한 중국과의 유리한 무역 합의 도출에 주력함으로써, 미국의 국가이익에 더 집중한 그의 참모들과 차이를 보였다.[23] 이러한 그의 불가측성과 불분명성으로 인해 중국에 대한 무역 압박을 주도한 라이트하이저(Robert Lighthizer) 무역대표부 대표마저도 무역 분쟁이 시작된 지 2년이 지난 시점에서 분쟁의 최종목표(end goal)가 무엇인지 모르겠다고 술회하기에 이르렀다.[24]

트럼프의 불가측성은 중국이 미국의 의도를 파악하는 데도 어려움을 제기했다. 무역 분쟁이 본격화될 가능성이 제고된 2018년 당시 주미 중국대사였던 추이텐카이(崔天凱)는 미국의 의도를 모르겠다고 불평했다.[25] 중국의 전문가들 또한 관세부과 위협을 심리적 우위를 점하기 위한 비합리적으로 행동으로 해석함으로써 그 의미를 축소하거나 정반대로 강대국 경쟁의 개시라는 해석을 제기함으로써 확대하는 등 트럼프 대통령의 의도와 관련하여 혼선을 보였다.[26] 이는 트럼프의 불가측성이 미중관계의 유동성을 촉발하는 요인으로 작용했음을 의미한다.


## 강화된 중국의 평등성 추구

트럼프 행정부의 출범으로 미국의 대중정책이 강경한 방향으로 변화할 가능성이 가시화된 상황에서, 중국에서는 평등한 관계에 대한 열망과 기대가 더욱 제고되었다. 시진핑 체제하의 중국은, 6장에서 논의한 것처럼, 새로운 형태의 강대국 관계 구상과 중국식 강대국 외교정책 등을 통해 평등한 관계를 구축하려는 의지를 표출한 바 있었다. 반전통적 정치인인 트럼프의 대통령 당선으로 미국의 대중 정책이 크게 변화할 수 있다는 우려가 제기되는 가운데서도, 중국에서는 미국의 정책 변화에 대응할 수 있다는 자신감이 강조되었다. 가령, 중국 외교부 산하 국제문제연구소의 롼종저(阮宗澤)는 트럼프가 과연 45%의 관세부과를 포함한 대선공약을 실행에 옮길 것인가가 미중관계의 변수가 될 것이라고 전망하면서도, 중국도 관계를 형성할 능력과 자원을 가졌다는 사실을 강조했다.[27] 유사한 관찰은 우신보에 의해서도 제기되었다.[28]

중국의 자신감은 미국과의 경제관계에 변화가 발생했다는 평가를 반영했다. 우선, 미국과의 무역 관계가 심화하고 또 중국의 경제적 비중이 증대되면서 양국 간 상호의존이 점차 대등해지고 있다는 점이 양국 간 호혜 공영을 촉진할 기반으로 제시되었다.[29] 심지어 일각에서는 중국이 국력 면에서 미국을 넘어섰을 뿐 아니라 그 격차를 확대하기 시작했다는 성급한 평가마저 제기했다. 대표적으로 2013년에 이미 경제력에서 미국을 넘어섰다고 주장했던 후안강(胡鞍钢)은 중국이 2016년 기준 경제력, 과학기술 능력, 종합국력에서 각각 미국의 1.15배, 1.31배, 1.36배를 기록함으로써 격차를 더욱 확대했다고 주장했다.[30] 다른 전문가 또한 2016년 중국의 GDP가 구매력평가(PPP) 기준으로 21조 달러를 기록함으로써 18조 달러를 기록한 미국과의 격차를 확대했다고 지적했다.[31]

여기에 더해 거래를 중시하는 사업가 트럼프의 당선이 중국에 새로운 형태의 강대국 관계를 구축할 기회를 제공할 것이라는, 후일 중국의 한 전문가가 지적했듯,[32] "환상"을 촉발하기도 했다. 다시 말해 트럼프 대통령이 '미국을 다시 위대하게' 만들기 위해 경제협력을 필요로 하는데, 중국이 이를 활용하여 거래함으로써 더 평등한 미중관계를 구축할 수 있다는 기대였다.[33] 개인적 유대를 강조하는 트럼프 대통령의 스타일 또한 최고지도자 사이의 유대관계 형성을 통해 미중관계에 영향을 끼칠 수 있다는 기대에 힘을 보탰다.

평등한 미중관계의 양상과 관련하여 우신보는 미중 양국이 상호 조정과 적응을 통해 협력하고 충돌을 회피하는 상호적응(相互调适) 형 관계를 제시했다. 그는 그동안 중국이 미국에 의제 및 교류방식 과 관련한 주도권을 내줌으로써 평등성을 확보하지 못했다고 비판 했다.[34] 또한 그는 중국이 미국 중심적 국제체제에서 깊은 불평등성 을 느끼며, 국력의 증대와 함께 자율성과 목소리에 대한 열망이 강 화되었다고 지적했다.[35] 이러한 지적은 중국에서 미국의 요구를 일 방적으로 수용하는 관계가 아닌 상호 존중을 기반으로 하는 평등한 관계에 대한 기대가 더욱 강화되었음을 의미한다.

반면에 그동안 강조되었던 미국과의 관계 안정의 필요성은 다시 평가되었다. 물론 중국이 미국과의 본격적인 대립을 상정한 것은 아 니었지만, 일방적 양보를 통해 협력을 추구하려는 시도에 대한 비판 이 제고되었다. 가령, 한 전문가는 중국이 그동안 미국과의 관계 안 정을 강조한 결과 불공정하고 상대적으로 피동적 위치에 처하게 되 었다고 규정하고, 거대한 시장을 활용하여 더 대등하고 호혜적인 관 계를 구축할 필요성을 제기했다.[36] 다른 전문가 또한 미국이 관계를 안정시키려는 중국의 시도를 활용하여 양보를 얻어내려 들 가능성 과 같은 부작용을 거론하며, 미국과의 관계가 악화하는 데 지나치게 민감해지기보다 핵심 이익이나 부상의 기회를 상실하는 것을 방지 하기 위해 경쟁할 필요성을 강조했다.[37] 이러한 주장은 제고된 국력과 자신감에 힘입어 중국이 평등성 추구와 대미협력을 병행할 수 있다는 판단을 도출했음을 제시한다.

평등한 관계에 대한 열망은 비단 전문가들의 논의에 그치지 않았다. 트럼프 행정부 출범을 앞두고 중국 외교를 담당하는 최고 관리인 양제츠 국무위원은 강대국 사이의 "조율과 협력"을 강조하며 대미관계의 변화를 추구하려는 의지를 표출했다.[38] 중국은 평등성 추구가 당연한 권리를 확보하기 위한 시도일 뿐 미국을 대체하려는 노력이 아니기에 미국과의 갈등을 촉발하지 않을 것이라고 기대했다.[39] 그러나, 이러한 중국의 기대에도 불구하고, 미국이 패권을 누리고 있는 상황에서 강화된 평등성 추구는 미국의 위협의식을 촉발할 소지를 제공했다.


## 2017년의 탐색과 합의 도출 실패

2017년 트럼프 행정부가 출범한 이후 미국과 중국 사이에 무역 합의를 도출하기 위한 시도가 전개되었는데, 이 과정에서 양국관계의 양상에 변화가 발생했다는 사실이 드러나기 시작했다. 그 양상은, 다소 과도한 일반화의 위험에도 불구하고, 미국의 압박과 중국의 저항으로 규정할 수 있다. 트럼프 행정부는 취임 직후 우월한 지위를 바탕으로 현안으로 부상한 무역과 북한이라는 두 가지 이슈에서 중국의 양보를 압박했고, 중국은 평등성을 강조하며 미국의 압박에 버티기로 맞섰다. 이렇게 표출된 양국 간 상호작용의 양상은 후일 무역 분쟁에서도 반복된다.

트럼프 대통령이 취임 직후 취한 중국에 대한 정책은 혼란 그 자체였다. 그는 교역적자 문제를 거론하며 중국에 경제적 양보 필요성을 강조하면서도 동시에 현안으로 등장한 북한 핵 문제 해결에 협력한다면 무역 협상에서 혜택을 제공할 수 있다는 입장도 밝혔다. 이러한 그의 예측 불가능한 언행에 따라 대중정책의 불확실성이 급격하게 높아졌다. 중국은, 트럼프 대통령의 의도를 파악하는 데 어려움을 겪는 상황에서, 농산물, 원유, 가스 수입 확대와 같은 경제 카드를 통해 관계를 다시 설정하려 들었다. 이 과정에서 중국은 끝없는 협상을 통해 미국의 압박과 갈등을 회피하는 전략도 병행했다.

이러한 양국의 의도는 2017년 4월 트럼프 대통령–시진핑 주석의 회동에서 단적으로 드러났다. 트럼프 대통령이 취임 이후 3개월이 지나지 않은 시점에서 시진핑 주석을 개인 휴양지 마라라고(Mar-A-Lago)에 초대함에 따라 미국에서는 기존 틀을 활용하여 목표를 달성할 수 있다고 주장한 콘(Gary Cohn) 국가경제위원장을 위시한 온건론자들이 급진적 조치를 주장하는 배넌과 나바로(Peter Navarro)와 같은 경제 민족주의자들에 승리했다는 평가가 제기되었다.[40] 여기에 더해 상징적 회담에 불과할 것이라는 애초의 예상과 달리 양국 정상은 교역적자 축소를 위한 '100일 계획'과 양국 간 새로운 협의 기제 설립에도 합의했다. 물론 트럼프 대통령이 하나의 중국 정책을 재확인하지 않았고 새로운 형태의 강대국 관계라는 중국의 구상에 대해서도 호응하지 않았다는 점에서 한계도 분명했지만, 미중관계가 안정을 유지할 것이라는 기대를 촉발하기에 충분했다.

다음 달인 5월 양국은 100일 계획의 후속 조치를 위한 회담을 시작했고, 미국 LNG와 쇠고기 등의 대중 수출 증대와 미국 금융업의 중국 시장 접근 확대 등 교역적자를 감축하기 위한 초보적 합의를 이끌어 냈다.[41] 그러나 이후 계속된 협상에서 교역적자 감축과 관련하여 구체적인 목표를 약속하라는 미국의 요구에 대해 중국은 경제적 손해를 가져올 무역전을 미국이 회피할 것으로 판단하고 완고하게 버텼다. 대신에 중국은 무역 합의와 관련한 '1년 계획'을 제안함으로써 지속적 협상을 통해 갈등의 분출을 지연시키려는 전략을 취했다. 그 결과 100일이 지난 후에도 양국은 새로운 무역 합의를 도출하는 데 실패했고, 양국관계에 대한 의구심이 다시 강화되었다.[42]

8월에 들어 트럼프 대통령은 중국이, 북한 핵 문제 해결을 돕지 않았을 뿐 아니라, 만족할 만한 양보를 하지 않았다고 주장하며 중국에 대한 무역 조사를 추진함으로써 압박을 강화했다. 그는 미국 무역대표부에 중국의 무역과 기술이전을 포함한 지재권에 관한 조사 권한을 부여함으로써, 슈퍼 301조 발동을 통해 중국의 불합리한 무역행위에 대한 관세부과나 수입 제한 등의 조치를 취할 가능성을 예고했다. 여기에 더해 미국 상무부가 안보 위협을 명분으로 다른 국가의 무역정책에 대한 제재를 규정한 무역확장법(Trade Expansion Act) 232조를 동원하여 중국의 철강과 알루미늄 제품이 국가안보를 위협하는지에 관한 조사를 개시했고, 미 무역위원회 또한 중국의 태양광 배터리와 부품에 대한 긴급 수입 제한 조치를 취할 것인지에 관한 201조 조사를 진행하는 등 전방위적 압박을 통해 중국의 양보를 도출하려 들었다.

이에 대해 중국은 트럼프 대통령이 합의를 일방적으로 파기했다고 비판하며 맞섰다. 중국의 언론들은 슈퍼 301조를 발동시키면 미국도 보복을 당할 것이고 또 일방적 행동은 파멸적 결과를 초래할 것이라고 경고했다.[43] 이는 미국의 압박에 밀리지 않고 평등한 관계를 구축하려는 의지를 표출한 것이었는데, 이러한 사실은 시진핑 주석이 10월에 개최된 중국공산당 19차 대회에서 상호 존중 원칙을 기반으로 "강대국과의 공조와 협력"을 추구하겠다고 선언한 데서 다시 확인되었다.[44] 미국과의 평등한 관계를 형성하려는 중국의 의도는 11월 이뤄진 트럼프 대통령의 방문을 맞아 분명하게 드러났다. 중국은 경제적 합의와 성과를 중시하는 사업가 출신 트럼프 대통령과의 거래를 통해 그의 대중정책을 형성하려 들었다. 이러한 시도에 따라 시진핑 주석은 2,530억 달러에 달하는 미국 상품 구매 합의라는 선물을 안겨주며,[45] 양국이 서로 차이를 존중할 필요성을 거론함으로써 평등한 관계에 대한 의지를 표명했다.[46] 이러한 시도와 관련하여 미국에서도 시진핑이 트럼프를 상대로 오바마가 거부했던 미국과의 양극체제를 형성하려는 시도를 다시 전개했다는 평가가 제기되었다.[47]

그러나 중국 방문에서, 틸러슨(Rex Tillerson) 국무장관에 따르면,[48] 사적으로 시진핑 주석에게 "나를 위해 (북한 핵) 문제를 해결해줄 것으로 확신한다"는 입장을 밝혔던 트럼프 대통령은 귀국 후 중국이 충분한 역할을 하지 않는다고 주장하며 무역과 관련하여 강경한 입장으로 회귀했다. 여기에 더해 2017년 중국의 대미 흑자가 전년 대비 8.6% 증가한 2,758억 달러로 사상 최대를 기록하자, 미국의 무역정책과 관련하여 강경파인 라이트하이저 무역대표부 대표가 온건파를 압도했다.[49]

## 관세부과와 무역 분쟁의 개시

2018년에 들어 트럼프 대통령은 관세를 부과함으로써 중국에 대한 압박을 더욱 강화했다. 이와 관련해서도 그는 강경론과 온건론 사이를 오갔다. 한편으로 그는 관세부과뿐 아니라 보복권 포기 요구 등 주권을 무력화하려는 극단적 시도를 통해 중국을 압박하고 또 도출한 합의를 뒤집는 것도 불사했다. 다른 한편으로 그는 중국의 양보를 얻어내기 위해 시진핑 주석과의 개인적 친분을 강조하고 심지어 제재를 취소시키기도 했다. 이에 따라 무역 분쟁을 둘러싼 불분명성과 불확실성이 확대되었다.

3월 미국 무역대표부가 중국의 불공정 무역행위에 관한 301조 조사 결과를 발표하자, 트럼프 대통령은 중국이 교역적자를 해소하기 위한 즉각적인 행동을 취하지 않을 경우 500억 달러에 이르는 수입품에 관세를 부과하겠다는 계획을 밝힘으로써 무역 분쟁을 예고했다.[50] 그는 관세부과 이유와 관련하여 다양한 명분을 제시함으로써 그 의도와 목표를 둘러싸고 다양한 해석을 촉발했다. 가령, 그는 엄청난 규모의 교역적자를 거론하며 관세부과가 필요하다고 주장하기도 했고, 때로는 관세부과를 더 유리한 합의를 도출하기 위한 수단이라고 주장하기도 했다. 또 후일 추가 관세부과를 위협할 때는 중국이 경제의 구조를 바꾸려 들지 않는 것을 이유로 제시했다.[51] 이에 따라 트럼프 행정부 내에서도 관세부과의 의도와 목표를 둘러싸고 이견이 제기되었다.

한편에서는 관세부과가 중국 경제의 구조적 변화를 촉진하고 자유무역을 수호하려는 조치라는 주장을 제기했다. 대표적으로 무역 분쟁이 시작되기 이전부터 세계무역체제를 위협하는 중국의 보조금과 산업정책을 제거할 필요성을 강조했던 라이트하이저 무역대표부 대표는 불공정한 무역관행을 관세부과의 근거로 제시했다.[52] 다른 편에서는 관세부과와 무역 분쟁을 미국의 패권과 우위를 유지하기 위한 시도로 규정했다. 중국의 "경제적 침략"이 미국과 세계의 기술과 지재권을 위협한다고 주장했던 나바로 백악관 무역·제조업 정책국장(Director of Trade and Manufacturing Policy)은 관세부과를 미국의 기술과 지재권에 대한 절취를 통해 경제·군사적 지배력을 추구하는 중국에 대한 "핵심적 방어선"으로 규정했다.[53]

이러한 불분명성과 모호성이 무역 분쟁에 관한 미국의 정책에 영향을 끼쳤다. 트럼프 대통령이 관세부과를 예고한 이후인 5월 베이징에서 개최된 고위급 협상에서 미국은 중국에 교역적자 감축부터 경제의 구조적 변화까지 모두 망라한 "최대치의 요구(maximalist demands)"를 제기했다.[54] 여기에는 무역 흑자 2,000억 달러 감축, '중국제조 2025' 프로그램에 포함된 첨단 제조업에 대한 보조금 지원 중단, 지재권 보호, 투자 규제조치의 무조건적 해제, 관세 인하, 서비스와 농산물 시장 개방, 진전 상황에 대한 정기적 공동 평가 등이 모두 포함되었다.[55] 또한 미국은 합의를 이행하지 않을 시 보복할 수 있는 권한과 이와 관련한 WTO 제소권 포기를 중국에 요구했다. 미국에서마저 어떤 강대국도 감수할 수 없는 모욕이고, 특히 중국에는 19세기 서구 제국주의가 강요했던 불평등 조약을 상기시키는 요구라는 평가가 제기되었다.[56] 이처럼 한편으로 중국을 극단적으로 압박하면서도 트럼프 대통령은 무역 합의를 촉진하기 위해 상무부가 중국 기업 중싱(中兴)에 취한 부품과 소프트웨어 공급을 금지하는 제재를 취소할 가능성도 거론했다.

이후 양국은 5월 워싱턴에서 진행된 2차 회담에서 타협을 통해 잠정적 합의를 도출했다. 중국이 교역적자 감축, 지재권 보호, 공평한 경쟁 환경 조성 등에 동의함에 따라 양국은 관세부과 위협을 취소하고 광범위한 무역 합의를 도출하기 위해 노력하는 데 합의했다.[57] 트럼프 대통령은 처음에 이 합의를 축복했지만, 이후 교역적자 2,000억 달러 감축에 대한 동의를 얻지 못한 데 대해 불만을 표명하며 입장을 번복했다.[58] 이에 따라 양국은 6월 초 다시 회담을 진행했고, 트럼프 대통령은 중국의 양보를 유도하기 위해 미국 의회의 반대에도 불구하고 시진핑 주석과 중싱 제재를 해제하는 데 합의했다.[59]

그러나 협상에서 중국이 점진적 해결이라는 입장을 내세워 저항하자 트럼프 대통령은 500억 달러 상당의 중국 수입품에 대한 25% 관세부과를 발표했고, 이에 대해 중국이 즉각적인 보복 조치를 발표함에 따라 무역전이 개시되었다.[60] 주목할 점은 트럼프 대통령이 애초 교역적자 2,000억 달러 감축을 강조하며 타협안을 거부했지만, 관세부과의 명분으로는 구조적 변화 요구를 제시했다는 점이다.[61] 또한 트럼프 대통령은 관세를 부과하면서 중국이 보복할 시 추가적인 관세를 부과하겠다고 위협함으로써 중국을 제압하려 시도했다. 실제로 중국이 대등한 보복을 천명하자 그는 다시 2,000억 달러의 수입품에 대한 추가적 관세부과를 실천에 옮김으로써 압박을 더욱 강화했다.

무역 분쟁을 둘러싼 불분명성과 혼란은 트럼프 대통령 임기 내내 지속되었고, 이에 따라 후일 트럼프 대통령이 승리에 대한 계획 없이 무역전을 개시했다는 비판이 제기되었다.[62] 아울러 이러한 불분명성은 무역전에 대한 중국의 인식에도 영향을 끼쳤는데, 특히 미국이 부상을 봉쇄하려 한다는 인식을 강화시켰다.

압박 대상으로서의 '중국제조 2025'

트럼프 행정부는 중국과의 무역 협상 초기부터 중국제조 2025(中国制造2025)에 대한 불만을 비중 있게 제기했고,[63] 이에 따라 중국제조 2025가 무역 분쟁의 이슈로 부상했다. 중국제조 2025란 중국 정부가 2015년 5월에 제정하여 발표한 제조업 강국으로 부상하기 위한 혁신주도의 성장전략을 지칭한다. 동 계획은 정보기술, 신소재, 반도체, 로봇공학, 항공 장비, 재생 에너지 등 10여 개의 전략적 첨단산업 분야에서 경쟁력을 제고시키고 또 외국 기술에 대한 의존도도 줄이려는 구상을 담았다.[64] 즉, 노동집약형 산업에서 첨단 제조업으로 산업의 중점을 이행시키려는 의지와 함께 혁신 주도국이 되려는 야심을 반영한 계획인 셈이었다.[65]

미국은 중국제조 2025를 산업정책과 국가주의의 문제이자 동시에 주도권의 문제로 간주했다. 우선, 시장주의자들은 동 구상을 산업정책을 활용하여 외국 기술에 대한 의존도를 낮추고 세계시장을 지배하려는 중상주의 전략으로 간주했다. 특히 중국 기업에 대한 정부 보조를 통해 외국 기업을 차별한다는 점에서 중국제조 2025를 산업정책의 일환이자 불공정한 경쟁행위로 간주했다.[66] 또 주도권을 둘러싼 경쟁이라는 시각에서 볼 때도 중국이 중국제조 2025를 통해 기술 진보와 경제발전에 성공할 경우 미국의 우위를 위협할 것으로 인식했다. 이에 따라 안보 전문가들은 중국이 중국제조 2025를 통해 미국 기업을 합병하는 방식으로 첨단기술을 취득하려 하는 것을 중대한 문제로 제기했다. 트럼프 행정부는 중국제조 2025를 불공정한 무역관행의 한 사례이자 미국의 안보에 대한 위협으로 규정하고 관세부과를 통해 대응하려 들었다.[67] 실제로 6월에 부과된 관세는 정보기술, 항공 장비, 재생 에너지 분야 등 중국제조 2025가 육성을 선언한 분야를 겨냥했다.

중국은 트럼프 행정부의 문제 제기에 대해 중국제조 2025가 구체적 계획이 아니라 단순한 비전에 불과하다고 반박했다. 가령, 중국 상무부는 중국제조 2025가 시장경제하에서 시행되는 것으로 모든 기업에 열려 있다고 주장함으로써 국가자본주의를 추구한다는 미국의 비판을 반박하려 들었다.[68] 그러나 현실은 중국의 이러한 주장을 액면 그대로 수용하기 어렵게 만들었다. 우선, 중국은 동 구상을 통해 2025년경 세계 통신장비 시장의 60%를 점유하고, 국내 시장에서 사용되는 모바일 기기에 필요한 반도체의 40%와 해외 모바일 기기의 20%에 필요한 반도체 생산 등 구체적 목표를 제시한 바 있었다.[69] 또 중국 정부는 동 계획에 대한 자금지원도 개시했다. 가령, 2017년 중국 정부는 중국제조 2025 지원을 위한 자금으로 지방정부에 51억 위안을 배정했고, 2018년에는 그 규모를 92억 위안으로 확대했다. 여기에 더해 국가가 지배하는 60억 위안 규모의 벤처 펀드가 조성되었고, 중국의 국유은행들도 기업에 우호적 조건의 자금을 제공했다.[70] 중국 언론 또한 중국제조 2025가 국유기업에 대한 지원을 강조하며 이를 위해 준비된 자금이 매우 많다는 사실을 확인했다.[71] 이러한 노력에 힘입어 중국제조 2025는 이미 항공기 제조, 반도체, 신소재, 5G 통신장비 등에서 초보적 성과를 도출하기도 했는데, 이러한

사실이 중국에 대한 기술제품 수출의 약화로 이어질 것이라는 외부의 우려를 촉발했다.[72]

여기에 더해 중국은 중국제조 2025를 공개한 이후 민간 투자자들과 함께 외국의 기술기업을 합병하는 데 노력을 기울여왔다. 2014년 23억 달러에 머물렀던 미국의 기술 스타트업에 대한 중국의 투자는 2015년에 99억 달러로 급증했다. 비록 2016년 오바마 행정부가 제동을 겖에 따라 급감하기도 했지만, 2017년에 다시 165건의 합병이 이뤄졌다. 이러한 상황을 반영하듯, 중국에서도 중국제조 2025와 국유기업 강화 시도가 불공정 대우와 경쟁에 대한 미국 경제계의 우려를 강화했다는 관찰이 제기되었다.[73]


## 중국의 보복

관세부과를 앞세운 트럼프 행정부의 압박에 대해 중국은 평등과 상호 존중을 내세워 대응했다. 구체적으로 중국은 트럼프 행정부의 관세부과를 위협으로 규정하고 대등한 보복을 천명하며, 평등한 지위에서 협상을 통해 문제를 해결할 것을 강조했다. 이는 미국과의 관계와 관련한 제고된 자신감을 반영했다. 이 시기 미중 무역 분쟁과 관련하여 중국에서는 대체로 역량이 비슷한 상대끼리의 대결로 중국도 동등한 손해를 부과할 수 있다는 주장이 힘을 얻었다.[74]

물론 이러한 대응 기조와 관련하여 미국의 의도와 자국의 능력을 오판한 결과로 상황을 악화시켰다는 평가가 제기되기도 했다. 베이징 대학의 뉴쥔(牛军)은 분쟁 초기 중국에서 승리에 대한 갈망과 미국의 취약성이 과도하게 강조되면서 상황을 악화시켰다고 규정했다.[75] 중국 밖에서도 당의 통제력 강화로 인해 상황을 정확하게 이해하지 못했다는 주장이 제기되었다.[76] 실제로 중국이 상황을 오판했을 가능성을 완전히 배제하기는 어렵다. 중국은, 앞서 지적한 것처럼, 트럼프 대통령의 불가측성으로 인해 무역 분쟁의 가능성과 목표를 파악하는 데 어려움을 겪었다. 따라서 중국이 상황을 오판했을 가능성을 배제하기 어렵지만, 만약 오판 때문이었다면 이후의 대응은 달라졌어야 했을 것이다.

그러나 평등성을 내세운 중국의 대응은 계속되었다. 중국은 상품 구매나 시장개방에는 동의하면서도 구조적 변화 요구는 주권에 대한 침해로 간주하여 수용하지 않으려 들었다. 이러한 대응은, 중국의 자신감에 더해, 미국의 조치에 대한 중국의 인식과 관련된다. 중국에서는 관세부과가 중국의 부상을 봉쇄하려는 시도라는 인식이 힘을 얻었다. 즉, 미국의 관세부과가 중국의 발전과 부상을 제약하는 데 그 목적이 있다는 판단이었다.[77] 특히 미국이 중국의 주력 대미 수출 분야가 아닌 중국제조 2025의 대상을 겨냥한 것이 중국의 선진기술과 제조업을 봉쇄하려 한다는 인식을 강화시켰고,[78] 중국제조 2025를 통해 높은 수준의 제조업 체계를 구축하는 것은 주권국가의 당연한 권리로 반드시 수호되어야 한다는 주장을 촉발했다.[79]

이러한 강경론이 이어지는 상황에서 미국과의 타협을 선택하기는 어려웠다. 특히 강대국 외교정책을 통해 권력 강화를 추구하던 시진핑 주석의 입장에서는, 트럼프 행정부가 무역 분쟁과 관련하여 손쉬운 승리를 거론하며 압박하는 상황에서, 미국의 압박에 밀려 양보하는 것은 굴복으로 인식될 정치적 위험성을 지녔다.[80] 미국에 굴복한다는 인상을 창출할 가능성이 타협을 가로막았다는 사실은 중국의 온건파들조차도 외부의 압력을 합의 도출의 장애물로 제시한 데서 확인된다. 가령, 경제학자 황이핑(黃益平)은 미국이 요구하는 불공정한 경제적 관행의 개선이 18기 3중전회에서 발표된 개혁의 내용과 같은 선상에 있기에 합의 도출이 가능했지만 외부의 압력에 굴복할 수는 없다고 규정했다.[81]

이는 중국에서 무역 분쟁이 단순한 경제적 이슈가 아닌 새로운 미중관계의 틀을 형성하는 계기로 인식되었음을 의미한다. 앞서 지적한 것처럼, 시진핑 체제 출범 이후 중국에서는 양보를 통한 미국과의 타협이라는 기존 관계에 대한 경계가 제고되었다. 이러한 경향이 미국과의 무역 분쟁에 대한 인식과 대응에도 영향을 끼쳤다. 한 미국 전문가는 과거의 틀을 깨뜨려야 새로운 틀을 형성할 수 있다는 불파불립(不破不立)론을 제기함으로써 미국에 양보하던 상황을 변화시킬 것을 주장했다.[82] 이러한 기대가 제고되는 상황에서 중국은 최대치의 요구를 제기하며 압박하는 미국과의 협상에서 평등성을 강조하며 맞섰다. 시진핑 주석은 미국과의 협상이 진행되던 4월 신설 컴퓨터 반도체 공장을 방문하여 기술 자립의 필요성을 강조함으로써 결연한 입장을 천명했고,[83] 이어진 외국 대사와의 면담에서는 중국의 대응 능력을 강조했다.[84]

그러나 평등성을 추구했다는 것이 곧 중국이 미국과의 대결을 불사하려 들었음을 의미하는 것이 아니다. 미국과의 상대적 격차가 여전한 현실에서 미국에 반격함으로써 쉽게 무시당하지 않을 것임을 보여주는 동시에 전체적으로는 협력을 추구해야 한다는 주장이 이어졌다.[85] 시진핑 주석 또한 트럼프 대통령과의 통화에서 경제무역 협력이 미중관계 안정의 "주춧돌이자 추진체(压舱石和推进器)"라는 입장을 계속해서 강조함으로써 정면충돌을 회피하려는 의지를 보였다.[86] 이는 중국이 무역 분쟁과 관련하여 평등성과 관계 안정 사이의 균형을 유지하려 들었음을 의미한다.

중국은 제고된 자신감을 바탕으로 평등성 제고와 미중관계 안정이라는 상충적 목표를 조화시킬 수 있다고 보았지만, 현실적으로 이는 쉽지 않은 과제였다. 이러한 사실은 미국과의 협상 과정에서 확인되었다. 한때 중국은 그 목표를 달성하는 듯 보였다. 2018년 5월에 도출된 합의에서 중국은 교역적자 감축, 지재권 보호 강화, 양자 간 투자 관계 개선, 공평한 경쟁 환경 조성 등에 동의하면서도 산업정책 조정이나 보복권 포기와 같은 구조적 변화 요구는 수용하기를 거부했다.[87] 이처럼 중국이 구조적 변화 요구를 수용하지 않은 상태에서 미국이 관세부과를 유보했다는 점에서 동 합의는 중국의 선호와 부합했다.[88]

그러나 트럼프 대통령이 이러한 합의안을 수용하는 것을 거부함에 따라 중국은 결국 강경한 대응을 선택하게 된다. 6월 15일 트럼프 대통령이 500억 달러 수입품에 대한 관세부과 계획을 발표하자 중국도 곧바로 대등한 규모와 강도의 보복을 천명했다.[89] 계속해서 7월 6일 미국이 818개 중국 수입품에 대해 관세부과를 발효하자 중국도 미국의 대두, 과일, 자동차 등 340억 달러에 대한 관세를 발효시킴으로써 대응했다.[90] 중국의 상무부와 외교부는 대변인을 통해 압력에 굴복하지 않고 투쟁을 통해 공존과 합의를 추구하겠다는 의지를 밝혔다.[91] 즉, 일방적 압박이 아닌 평등과 상호 존중의 원칙에 따른 협상을 통한 문제 해결을 주장하며 맞선 것이다.

중국의 강경한 입장은 한동안 계속되었다. 7월 10일 트럼프 행정부가 추가로 2,000억 달러의 수입품에 대한 관세부과 계획을 밝히자 중국 상무부는 미국이 무역전을 개시하는 상황에서는 대등한 대응 조치(対等反制)를 취할 수밖에 없다는 입장을 천명함으로써,[92] 평등성에 대한 추구가 중국의 대응을 규정했음을 보여주었다. 이러한 강경한 대응을 정당화하기 위해 시진핑 주석은 경제적 추월 가능성을 제기했다. 즉, 4차 산업혁명이 중국에 과학기술상의 지도력을 차지할 기회를 제공한다고 규정하며 도약적 발전을 실현할 것을 촉구한 것이었다.[93]

이처럼 강경론이 이어지는 가운데서, 중국은 점차 현실의 벽을 절감하기 시작했다. 무엇보다도 미국과 중국 사이의 수출액상의 차이로 인해 관세를 통한 압박 능력에서 한계가 분명하게 드러났다. 8월 미국이 추가로 2,000억 달러 수입품에 대해 10% 관세를 부과하겠다는 계획을 발표하자, 중국은 600억 달러에 대한 관세부과로 대응해야 했다. 역량상의 열세로 인해 기존의 대등한 대응에서 '비례적 대응'으로 전환할 수밖에 없었던 것이다. 비록 중국이 미국에 가할 충격이 약하지 않다고 주장했지만, 현실적 격차를 부정하기는 어려웠다. 여기에 더해 중국이 기대했던 시진핑-트럼프 사이의 개인적 유대관계는 작동하지 않았다. 오히려 트럼프 대통령은 도출된 합의안을 수용하길 거부했고, 이에 따라 중국에서는 개인적 연계를 통해 평등성을 확보하려는 목표와 관련하여 오판했다는 주장이 제기되었다.[94]

이러한 상황에서 중국은 미국과의 갈등을 완화하려 시도한다. 리커창(李克强) 총리가 9월 하계 다보스 포럼 개막연설에서 일방주의적 방식으로 문제를 해결하려는 시도를 비판하면서도 관세 인하와 국내외 자본에 대한 동등한 대우와 같은 정책 변화를 약속했고,[95] 왕이 외교부장도 같은 달 뉴욕 방문에서 개혁을 심화시키고 개방을 확대할 것과 미국의 지위에 도전하지 않을 것임을 밝혔다.[96] 심지어 『환추시보』는 산업정책의 조정 가능성까지도 제기했다. 즉, 중국 당국이 미국의 불만 사항인 중국제조 2025에 관해 공개적으로 언급하는 것을 자제하고 있을뿐 아니라 향후 "시장의 역할을 확대하고 서로 다른 소유 형태의 기업에 공정한 경쟁 환경을 창출하는 방향"으로 산업계획 및 정책을 조정할 가능성도 있다는 지적이었다.[97] 이는 중국이 개방 의지를 천명함으로써 미국과의 갈등을 완화하려 들었음을 의미한다.

주목할 점은 중국이 이러한 조치가 외부의 압력이 아닌 자신의 필요와 선택에 따른 것이라고 규정했다는 사실이다. 지도자들이 거론한 개방의 확대와 정책 조정 등이 중국의 필요성에 따른 것으로 규정되었고, 중국제조 2025에 대한 조정도 중국의 선택으로 제시었다. 이는, 트럼프 행정부의 일방적 요구를 수용하는 것이 투항으로 인식되는 상황에서, 미국의 압박에 굴복했다는 인상이 창출되는 것을 방지하려는 의도를 반영했다.

이러한 노력에도 불구하고, 중국은 미국과의 평등한 관계를 실현하려는 시도와 관련하여 어려움에 직면했다. 중국이 평등성 추구와 함께 온건한 개혁조치를 병행함으로써 갈등을 완화하려 시도했지만, 트럼프 행정부는 중국의 평등성 요구를 수용하려 들지 않았다. 단적으로 트럼프 대통령은 평등성을 강조하는 시진핑 주석에게, 중국의 불공정한 무역 관행 때문에, 무역 합의가 "균형적인 것(a '50-

50' deal)"이 될 수 없으며 미국에 더 유리해야 한다고 지적했다.[98] 심지어 그는 정치 지도자들이 통상적으로 감내하려 들지 않는 수준의 엄청난 경제적 비용을 감당하면서까지 갈등을 제고시킴으로써 유리한 합의를 도출하려 시도했다.[99]

## 협상과 1단계 합의

2018년 12월 아르헨티나에서 이뤄진 트럼프 대통령과 시진핑 주석 사이의 정상회동에서 새로운 관세부과를 유예한다는 합의가 도출되면서 휴전이 이뤄졌다. 구체적으로 미국은 2,000억 달러의 수입품에 대한 관세를 25%로 인상하려던 계획을 연기했고, 중국도 미국산 자동차와 자동차 부품에 대한 관세부과를 3개월 유예하기로 했다.[100] 미국이 이미 부과한 관세의 철회를 거부함에 따라 중국에서 너무 많이 양보했다는 불만이 제기되었지만, 중국의 관영 통신은 미중관계를 발전시키고 이견을 관리할 필요성을 강조했다.[101]

2019년에 들어서도 중국 지도부는 미중관계를 안정시키려는 의도를 표출했다. 왕이 외교부장이 3월 기자회견에서 양국이 대결로 나아가지 않을 것이며 분리 시도는 비현실적이라고 경계를 표했고,[102] 다음 달에는 시진핑 주석이 강대국 간 충돌을 회피하고 협력을 추구한다고 밝힘으로써 1년여 전 서구 기업인들을 접견하면서 밝혔던 강경 입장과 차이를 보였다.[103] 이와 함께 중국은 행정적 수단을 통한 강제적 기술이전을 금지하고 이를 위반한 관리에 대한 형사적 처벌을 규정한 법(外商投資法)을 새롭게 제정함으로써 지재권 보호를 강화하려는 의지도 표명했다.[104] 중국의 언론들은 이 법안이 규정한 지재권 보호와 상업 기밀에 대한 사이버 절취 중단 등이 일견 미국의 강요처럼 보이지만 사실은 중국이 가야 하는 길이라고 규정함으로써 국내적 반발과 비판을 완화하려 시도했다.[105]

이러한 시도에도 불구하고, 협상은 순탄치 않았다. 쟁점은 크게 두 가지였다. 우선, 트럼프 행정부는 2월 협상에서 합의를 법적 구속력을 지닌 조약으로 체결할 것을 요구했고, 이에 대해 중국은 양해각서(MOU) 형식을 주장하며 맞섰다. 합의가 조약의 형태가 될 경우 그 내용이 완전히 공개됨으로써 국내적 비판을 초래할 것을 우려한 중국이 합의문이 국가 주권을 침해하지 않아야 한다고 주장하며 맞선 것이다.[106] 아울러 미국은 중국이 과거에도 합의를 도출하고 이행하지 않았다고 주장하며 향후 일방적으로 관세를 복원할 수 있는 장치(snapback)를 도입하겠다고 주장했다. 이는 실질적으로 중국에 보복권 포기를 요구한 것이었고, 중국의 관리들은 주권에 대한 침해로 간주하여 거부했다.[107]

이후 이어진 4월 10차와 5월 11차 고위급 협상에서 트럼프 행정부는 조약체결과 보복권 포기라는 요구를 담은 합의안 초안을 제시하며 중국에 대한 압박을 이어갔다.[108] 이처럼 평등과 상호 존중에 대한 중국의 열망을 수용하길 거부하는 트럼프 행정부에 대해 중국의 협상 대표였던 류허(刘鹤) 부총리는 합의의 내용이 평등하고 호혜적이어야 하며 합의문 또한 "균형(平衡)"을 이루어야 한다며 맞섰다.[109] 이러한 상황에서 시진핑 주석은 자력갱생과 대미 의존 축소를 강조함으로써 미국의 압박에 굴복하지 않겠다는 의지를 다시 천명했다.[110] 이는 중국 지도부가 미국의 요구를 과도한 것으로 보고, 수용하지 않으려 들었음을 의미했다.

중국의 저항에 직면한 트럼프 대통령은 5월 10일부터 2,000억 달러 수입품에 대한 관세를 10%에서 25%로 인상한다고 발표함으로써 압박을 다시 강화했다. 이에 대해 중국도 600억 달러에 대한 관세를 최대 25%까지 인상한다고 발표하며 맞섰다.[111] 이와 함께 왕이 외교부장은 폼페이오(Mike Pompeo) 국무장관과의 통화에서 협상을 통해 문제를 해결하자고 다시 촉구했다.[112] 다음 달 중국은 무역 협상에 관한 백서를 발간하여 중대한 원칙 문제에서 절대 양보하기 어렵다는 주장을 반복하며 '무역전을 원치 않지만, 두려워하지 않으며, 필요한 경우 피하지 않을 것(中国不愿打, 不怕打, 必要时不得不打)'이라는 입장이 변하지 않았음을 강조했다.[113]

8월에 들어 트럼프 대통령은 9월부터 3,000억 달러에 대해 10%의 관세를 부과하겠다고 발표함으로써 다시 압박을 강화했다. 비록 그가 중국에 대해 보복하지 말 것을 경고하고 또 곧바로 3,000억 달러에 대한 관세부과 계획을 12월 15일까지 유예하겠다고 발표했지만, 중국도 미국 농산품 구매 중단과 750억 달러의 미국 상품에 대한 추가 관세를 발표함으로써 대응했다.[114] 이러한 중국의 반발에 직면한 미국은 9월에 1,250억 달러의 수입품에 대한 관세를 새롭게 징수하기 시작했다. 이로써 5,500억 달러의 중국 제품과 1,850억 달러의 미국 제품에 대한 관세가 부과되었다.[115]

양국은 치열한 대치와 협상 끝에 2019년 말 마침내 1단계 합의에 도달했다. 1단계 합의는, 그 명칭이 시사하듯, 향후 추가적 협상과 합의가 있을 것임을 의미하는 단계적 합의라 할 수 있다. 합의의 주요 내용은 중국이 2020년과 2021년 두 해에 걸쳐 미국으로부터의 수입액을, 2017년 대비, 2,000억 달러 증대시키는 것이었다. 구체적으로 중국은 770억 달러의 제조업 제품, 520억 달러의 에너지, 320억 달러의 농산품, 380억 달러의 서비스(관광, 금융, 클라우드 서비스 등) 수입을 약속했다. 이에 대해 미국은 예정되었던 1,620억 달러의 수입품에 대한 관세부과를 유예하고 1,100억 달러의 수입품에 부과했던 15% 관세를 절반으로 인하하기로 합의했다.[116] 양국은 2020년 1월 15일 1단계 합의안에 공식적으로 서명했다. 합의안에 서명하면서 트럼프 대통령이 2단계 협상을 곧바로 개시하자고 제안했지만, 중국이 구조적 변화가 주요 내용이 될 2단계 협상에 호응하지 않음에 따라 트럼프 행정부 임기 동안 본격적인 논의는 진행되지 않았다.

트럼프 대통령이 "역사적 합의"라고 치켜세웠지만,[117] 1단계 합의안은 트럼프 행정부가 압박에도 불구하고 중국의 양보를 도출하는 데 실패했음을 보여주었다. 이러한 사실은 1단계 합의가 미국이 요구하고 중국이 반대했던 산업정책이나 보조금과 같은 구조적 문제에 관한 합의를 포함하지 않은 데서 확인된다. 트럼프 행정부가 5,000억 달러가 넘는 상품에 대한 관세부과를 통해 압박을 가했지만, 중국은 구조적 변화를 수용하지 않았다. 이처럼 구조적 변화를 달성하지 못한 상태에서 관세를 부분적으로 철회하기로 합의함에 따라 미국에서는 트럼프 대통령이 중국의 강경파에 승리를 안겨줬다는 평가가 제기되었다.[118]

구조적 변화를 포함하지 않은 채 도출된 1단계 합의는 트럼프 행정부가 중국에 대한 지렛대를 과대평가했음을 보여주었다. 사실 거대한 교역흑자에도 불구하고 중국의 대외교역에서 미국이 차지하는 비중은 세계금융위기 이후부터 이미 감소 추세에 접어들었고, 이에 따라 경제적 압박을 통해 중국의 양보를 강요할 수 있는 미국의 능력은 제약되었다. 가령, 2018년 중국 GDP에서 대미 수출이 차지하는 비중은 3.6%였고 또 수출품에서 중국이 차지하는 부가가치가 제한적이었기에 모든 대미 수출이 차단되더라도 중국의 GDP 감소는 2.4%에 그칠 것으로 평가되었다. 이는 중국이, 한 전문가가 지적하듯,[119] 무역전에서 미국의 압박을 거부하고 오래 버틸 수 있는 능력을 지녔음을 의미했다. 이와 함께 트럼프 대통령의 재선 필요성 또한 운신의 폭을 제약했다. 트럼프 대통령은 농산품 수출 주들에서 승리할 수 있게 도와달라고 시진핑 주석에게 계속해서 요청한 것으로 알려졌다.[120]

1단계 합의는 대중 교역적자 문제를 해결하지도 못했다. 중국이 2020년에 2,279억 달러를 그리고 2021년에는 2,745억 달러를 수입하기로 약속했지만, 실제 수치는 2020년 1,344억 달러 그리고 2021년 1,544억 달러로 절반 정도에 그쳤다. 이러한 중국의 수입액은 2017년의 1,512억 달러와 차이가 없는 것이었다.[121] 그 결과 2018년 4,195억 달러라는 최고치에서 2019년 3,450억 달러 그리고 2020년 3,108억 달러로 감소 추세를 보였던 대중 교역적자는,[122] 2021년에 3,553억 달러로 다시 증가했다.[123] 또 트럼프 행정부는 제조업 일자리를 다시 불러들이는 데도 실패했다.[124] 이에 따라 2020년 대선에서 트럼프 행정부가 무모한 무역전을 시작함으로써 30만 개 이상의 일자리를 사라지게 했고 또 농민들을 파산으로 내몰았다는 비판이 제기되었다.[125]

한편 중국의 지도자와 언론은 평등과 상호 존중의 기초 위에 1단계 합의에 도달했다며 만족감을 표시했다.[126] 그렇지만 1단계 합의가 평등성을 추구한 중국의 승리를 의미하는 것도 아니었다. 중국의 관리들이 핵심적 관심사인 관세 철폐라는 목표를 달성했음을 강조했지만,[127] 트럼프 행정부는 3,600억 달러에 대한 관세를 계속해서 유지했다. 더욱이 미국은 평등성에 대한 중국의 요구를 수용하지 않았다. 중국이 경제적 희생과 미국과의 갈등을 불사하며 평등성을 제고시키려 들었지만, 미국은 오히려 압박을 제고시킴으로써 중국을 제압하려 들었다. 이는 중국이 기대했던 경제관계의 강화가 미국과의 평등성 확보라는 중국의 목표를 달성하는 데 기여하지 못했음을 의미한다. 따라서 1단계 합의는, 『환추시보』 사설이 지적하듯,[128] 양국 가운데 어느 국가도 상대방을 압도할 수 없었음을 보여주었다고 볼 수 있다.

## 분리 시도와 상호의존

미중 무역 분쟁은 양국 간 상호의존이 심대한 상황에서 발생하고 진행되었다. 이는 높은 수준의 상호의존이 분쟁의 발생과 확산을 방지하지 못했음을 의미한다. 트럼프 행정부가 출범할 무렵 중국에서 경제적 상호의존이 미중관계를 지탱시킬 것이라는 기대가 제고되었지만, 트럼프 행정부는 상호의존의 혜택이 불공정하게 배분됨으로써 미국의 경쟁력을 약화시켰다고 판단하고 상호의존의 비대칭성을 활용하여 중국에 압박을 가했다. 이처럼 트럼프 행정부가 상호의존을 무기화한 것은 2010년대 중반 일부 국가에서 상호의존을 힘

의 수단으로 활용하려는 추세가 확산한 거대한 흐름과 맥을 같이했다.[129]

나아가 트럼프 행정부는 중국과의 경제·기술적 분리를 추구함으로써 상호의존을 완화하려는 노력도 전개했다. 무역전이 시작될 때부터 미국에서는 분리가 중국을 압박하기 위한 카드로 제기되었고,[130] 트럼프 대통령도 중국에 진출한 미국 기업의 본국 회귀(reshoring)를 촉구했다. 즉, 트럼프 대통령은 한편으로 중국과의 무역 합의를 추구하면서도 다른 한편으로 중국과의 통합을 해소함으로써 양국 간 상호의존을 축소하고 심지어 중국을 배제하려는 의도를 표출한 것이었다. 이러한 선택은 중국이 상호의존을 통해 5G, 인공지능, 양자 컴퓨터 등에서 놀라운 속도로 추격하고 있으며 일부 영역에서는 이미 추월함으로써 미국의 우위를 위협한다는 우려를 반영했다. 이처럼 통합이 취약성을 촉발한다는 인식이 경제적 통합으로부터 혜택을 얻을 수 있다는 기대를 압도함에 따라 트럼프 대통령은 국가안보와 관련된 기술뿐 아니라 심지어 모든 공급망을 중국으로부터 이전시키는 극단적 분리 가능성까지 제기하기도 했다.[131]

중국과의 분리를 추구하려는 미국의 시도는 2018년 8월부터 그 모습을 드러냈다. 의회가 국방과 관련된 신흥(emerging)기술과 기반(foundational)기술에 대한 수출통제를 강화할 것을 규정한 수출통제개혁법(Export Control Reform Act of 2018)과 국가안보를 위협할 수 있는 기술에 대한 외국인 투자 심사를 강화할 것을 규정한 외국인투자위험심사현대화법(Foreign Investment Risk Review Modernization Act of 2018)을 연달아 통과시켰고, 트럼프 행정부는 이를 근거로 군수 기업을 포함한 44개 중국 기업을 제재명단(entity list)에

올렸다.[132] 첨단기술 분야에서 중국과의 연계를 줄이려는 시도는 이후에도 계속되어, 2019년 5월 미국 상무부는 국가안보에 대한 위협을 이유로 중국 통신장비 기업 화웨이(华为)를 수출금지 대상으로 지정함으로써 미국 기업이 반도체를 위시한 첨단장비를 공급하는 것을 차단했다.[133] 10월에 들어 상무부는 신장(新疆) 인권탄압을 이유로 들어 28개 중국 기업을 추가로 제재명단에 등재시켰다.[134]

2020년 1월 1단계 무역 합의안이 채택되었지만, 이후 중국이 코로나 사태의 기원과 관련하여 완고성을 보이고 또 가짜 정보(disinformation)를 확산하려는 노력을 전개하자 트럼프 행정부는 기술상의 통합을 줄이고 분리를 추구하려는 노력을 더욱 강화했다. 6월에 들어 상무부는 미국산 기술이나 소프트웨어를 활용하여 제3국에서 제조한 제품을 중국에 수출할 때 미국의 허가를 얻을 것을 요구하는 해외식섭제품규칙(Foreign Direct Product Rule)을 적용함으로써 화웨이에 반도체 수출을 금지하는 조치를 외국 기업으로까지 확대했다. 이는 글로벌 반도체 공급망에서 미국이 누리는 중심적 지위와 2차 제재의 위협을 활용하여 화웨이가 미국의 반도체에 접근하는 것을 완전하게 차단하려는 의도를 반영했다.[135] 이러한 시도에 따라 트럼프 행정부는 임기 동안 상무부가 400개 이상의 중국 기업을, 그리고 국방부가 중국군에 의해 통제되는 40개 이상의 중국 기업을 각각 제재대상에 올렸다.[136]

사실 중국과의 분리를 추구하려는 트럼프 행정부의 시도는 과학기술 분야를 넘어 전방위로 확산했다. 2020년 5월 미국은 중국군과 관련이 있는 중국의 대학원생이나 연구자의 입국을 금지하는 행정명령을 발동하여 미국 대학의 과학, 기술, 공학, 수학(STEM) 분야에서 학습하는 것을 제한했고,[137] 이후 3개월 동안 1,000명 이상의 비자를 취소시켰다.[138] 또한 트럼프 행정부는 산업 스파이 활동의 기지가 되고 있다는 이유를 들어 휴스턴 주재 중국 총영사관을 폐쇄하고, 중국공산당 당원과 그 가족의 미국 여행에 대한 규제도 강화했다.[139]

이러한 분리 시도는 트럼프 행정부가 중국과의 관계를 근본적으로 재편하려 들었음을 의미한다. 물론 그 동기와 목표는 분명하거나 일관되지 않았다. 트럼프 대통령 개인에게 있어서 경제적 분리는 관세부과와 마찬가지로 더 나은 합의를 도출하기 위한 압박 수단이었고 재선 국면에서는 중국에 대한 강경한 입장을 보여주는 정치적 수단으로 작용했다. 그러나 강경론자들은 분리가 미국의 기술과 산업을 중국의 절취와 강요의 위험으로부터 보호할 것이라는 기대를 숨기지 않았고, 또 중국의 성장을 제어하는 데도 기여할 것으로 기대했다.[140] 이 점에서 분리는 중국의 경제력을 제어하려는 시도인 동시에 안보 위협에 대응하려는 시도로서의 의미도 지녔다. 이는 중국의 평등성 추구가 미국의 대응과 압박을 강화하는 결과로 이어졌음을 보여준다.

트럼프 행정부의 분리 시도는 미국과의 상호의존이 제기하는 위험에 대한 중국의 인식을 강화하고 대응조치를 촉발했다. 미국이 중싱에 대한 제재에 이어 화웨이에 대해서도 제재를 이어가자 중국에서는 미국의 목표가 단순한 무역 불균형의 시정이 아니라 중국의 기술 발전과 중국의 부상을 제어하려 한다는 주장이 힘을 얻었다.[141] 이러한 상황에서 중국 지도자들은 자주적 혁신 노력을 더욱 강화할 필요성을 자각하고 또 강조했다. 단적으로 시진핑 주석은, 앞서 지적한 것처럼, 2018년 4월 이후 여러 차례에 걸쳐 자력갱생을 통한 경제발전의 필요성을 강조했다.

물론 중국은 공식적으로는 계속해서 미국과의 분리 가능성을 회피하려는 입장을 견지했다. 류허 부총리가 1단계 무역 합의에 서명한 후 양국 간 분리를 방지하는 데 기여할 것이라는 기대를 표명했고,[142] 시진핑 주석 또한 분리 시도를 경계했다. 그러나 중국은 이미 미국보다 먼저 자주적 혁신을 통해 기술의 독립성을 제고시키려는 시도를 전개한 바 있었다. 트럼프 행정부가 분리 시도를 강화한 후 중국은 자립이 경제뿐 아니라 안보적으로도 필요하고 또 중요함을 더욱 절실하게 자각했다. 이에 따라 시진핑 주석은 기술경쟁에서 상대에 의해 '목이 졸릴(掐脖子)' 가능성을 거듭해서 제기하며, 국내 수요와 혁신을 성장의 주요 추진력으로 삼는 쌍순환 전략을 제기했다. 2020년 4월 그는 "국내 시장을 발전시키고 국내 순환(国内循环)을 순조롭게 함으로써, 외부세계의 적대적 의도에도 불구하고, 역동적 성장과 발전을 이룰" 것을 강조했다.[143] 그동안 중국이 국제교역과 투자를 포함한 국제 순환(国际循环)에 의지하여 성장을 추구했음을 고려할 때, 국내적 수요와 시장의 중요성을 강조한 것은 중대한 방향 전환을 의미했다. 또한 그는 자력갱생을 통한 자주적 혁신의 길을 갈 것을 거듭해서 촉구함으로써,[144] 중국도 국가의 자율성을 수호하기 위해 경제적 희생을 감수하려 듯을 보여주었다.

여기에 더해 중국은 미국의 제재에 대한 대응조치도 취했다. 우선, 중국은 중국 기업과 중국의 국가안보에 해를 가하는 차별적 조치에 참여하는 기업에 대한 제재명단을 마련하겠다는 계획을 발표한 후, 2020년 9월 신뢰하기 어려운 실체 명단 기제를 확립하여 중국의 이익에 해롭게 행동하는 외국 기업을 등재하기 위한 제도적 장치를 마련했다.[145] 다음 달에는 수출통제법(出口管制法)도 통과시켰다. 이후 중국은 미국이 확대 관할 조치를 통해 중국인이나 법인 또는 조직이 제3국과 정상적인 경제활동을 진행하는 것을 부당하게 제약한다고 규정하고, 중국 기업과 시민의 정당한 권리와 이익을 보호하기 위한 조치도 채택했다.[146] 모두가 미국의 압박에 대응하기 위한 시도였다.

이러한 시도는 한때 관계를 안정시키는 역할을 수행했던 상호의존이 양국 모두에서 취약성의 근원으로 인식되기 시작했으며, 이에 따라 양국 사이의 경제적 분리가 가속화될 가능성이 증대되었음을 보여주었다. 그러나 이것이 곧 양국 간 상호의존이 해체될 것임을 의미하는지는 분명하지 않다. 현실적으로 상호의존은 여전히 양국의 분리 시도에 제약을 가했다. 가령, 트럼프 행정부는 화웨이에 대한 제재를 가한 이후, 다시 미국 기업에 5G 표준 개발 활동과 관련하여 함께 일하도록 허용해야만 했다. 미국 기업이 참여할 수 없게 될 경우 5G 관련 특허에 대한 화웨이의 통제력이 더욱 강화될 것이고 이는 미국의 이익에 손해가 될 것이라는 미국 기업들의 우려가 제기되었기 때문이다.[147] 이처럼 상호의존이라는 현실로 인해 트럼프 행정부는 경제적 분리와 관련하여 상충적 행보를 보였다.

아울러 분리를 추진할 주체인 미국의 기업들이 트럼프 행정부의 분리 시도에 따르는 것을 주저한 것 또한 미국 정부가 민간기업에 선택을 강요하는 데 한계를 보일 가능성을 제기했다. 중국의 소비시장 확대 추세를 고려할 때, 미국 기업만이 중국 시장에서 철수하고 유럽과 일본 등의 기업이 계속해서 남을 경우 미국 기업과 미국경제는 불리한 상황에 처할 수밖에 없었다. 이러한 우려를 반영하듯, 상하이 미국상공회의소가 실시한 조사에 따르면, 중국에 투자한 미국 기업 대부분이 트럼프 행정부의 분리 시도를 따르지 않겠다는 의도를 표명했다.[148] 심지어 전기자동차 기업 테슬라(Tesla)는 미중 무역 분쟁이 시작된 이후 20억 달러를 투자하여 중국에 공장을 설립함으로써 트럼프 행정부의 정책에 역행하기도 했다.[149] 이는 미국 기업들이 경제적 이유로 인해 트럼프 행정부가 추진하는 분리 시도를 추종하지 않을 가능성을 보여준 것으로, 상호의존을 해소하려는 트럼프 행정부의 시도가 성공할 것인지의 여부가 분명하지 않음을 제시했다.

여기에 더해 현실적으로 양국 간 상호의존은, 무역 분쟁과 분리 시도에도 불구하고, 계속해서 이어졌다. 가령, 트럼프 행정부 시기 미국에 상장된 중국 기업의 시가가 여전히 2조 달러에 달했고 중국의 미국 국채 보유액도 1조 3천억 달러에 달했다.[150] 이는 기술과 투자에서의 분리 시도가 분명해졌음에도 불구하고 금융 분야에서의 분리는 거의 진행되지 않았음을 의미한다.[151] 또한 이는 장기적으로 미중 사이의 분리가 어느 정도 불가피하다 하더라고 이러한 분리가 모든 분야에서 일괄적으로 진행되기보다 분야별로 상이할 가능성을 보여주었다.

종합하면, 무역 분쟁과 분리 시도는 양국관계에 변화가 발생했다는 사실을 보여주었다. 트럼프 행정부는 무역 분쟁과 분리 시도를 통해 중국을 제어하려 들었고, 중국은 미국과의 갈등 제고와 분리 위험성을 무릅쓰고 자신의 이익과 선호를 밝히고 관철하려 들었다. 이 점에서 무역 분쟁은 양국관계의 전환을 상징했다. 동시에 양국이 2년에 걸친 무역 분쟁과 1단계 합의에도 불구하고 여전히 이견을 해소하지 못한 데 더해 경제·기술적 분리 시도를 이어감에 따라 경쟁이 더욱 확대되고 강도 또한 제고될 가능성이 커졌다. 이는 무역 분야에서 시작된 양국 간 갈등과 경쟁이 무역을 넘어 주도권 경쟁으로 확산될 가능성을 제시했는데, 트럼프 행정부는 이러한 경쟁을 강대국 경쟁으로 규정했다.

## 제8장

# 강대국 경쟁과 신냉전?

무역 분쟁을 계기로 표출된 미중관계의 변화는 트럼프 행정부가 강대국 경쟁을 선언한 데서 다시 확인되었다. 트럼프 행정부는 출범 첫해인 2017년 12월에 발표한 국가안보전략에서 강대국 경쟁의 회귀를 선언하고 그 대상으로, 러시아와 함께, 중국을 지목했다.[1] 부시 행정부가 2002년 국가안보전략에서 강대국 경쟁이 새로운 국가관계에 의해 대체될 가능성을 제기한 이후 오바마 대통령 또한 기후변화와 같은 초국적 위협에 관해 협력할 필요성을 강조하며 임기 내내 제고되는 중국과의 갈등을 강대국 경쟁으로 규정하는 것을 제어하려 들었음을 고려할 때, 트럼프 행정부가 강대국 경쟁 개념을 제기한 것은 중국과의 관계를 근본적으로 재조정하려는 의도를 보여준 것이었다.

　　강대국 경쟁을 내세운 트럼프 행정부는 미국의 역대 행정부가 추구해온 중국에 대한 관여를 실패로 규정하고 대신에 강경한 정책으로의 전환을 통해 중국의 진전을 제어하고 미국의 우위를 유지하려 들었다. 이러한 의도에 따라 트럼프 행정부는, 앞 장에서 살펴본 것처럼, 관세부과와 함께 과학기술 분야에서의 분리를 추구함으로써 중국의 부상을 제어하려 한 데 더해, 인도태평양 전략과 대만 카드를 통해 압박을 강화하고 군사력 증강을 통해 우위를 유지하려 했으며 심지어 임기 말에는 이념적 경쟁도 전개하려 드는 등 전방위에 걸쳐 중국을 압박했다.

중국은 공식적으로는 양국관계를 경쟁으로 규정하는 것을 수용하려 들지 않았다. 이는 강대국 경쟁을 중국의 성장과 부상을 제어하고 우위를 유지하려는 트럼프 행정부의 시도로 인식했기 때문이다. 이에 따라 중국은 협력의 필요성을 강조함으로써 양국관계를 경쟁으로 규정하는 것을 수용하지 않으려 들었다. 또 불가피한 경우 양국 모두의 발전에 기여하는 양성(良性) 경쟁의 필요성을 주장함으로써 충돌로 이어질 수 있는 악성 경쟁을 차단하려 들었다. 이는 중국이, 증대되는 의구심에도 불구하고, 강대국 경쟁 선언을 트럼프 행정부의 일탈로 간주하고 본격적인 대응을 자제하려 들었음을 의미한다. 이처럼 강대국 경쟁을 수용하지 않으려 하면서도, 시진핑 체제는 미국의 압박에 밀려 양보하기보다 글로벌 거버넌스 개혁의 추진이라는 비대결적인 방식을 통해 미국의 주도권을 완화하려 들었고 또 군사력 강화도 가속화했다. 2020년에 들어 트럼프 행정부가 코로나19 사태에 대응하는 데 어려움을 경험하자, 중국은 미국과의 경쟁에 대한 자신감을 더욱 강화했다.

미중 모두가 긴장과 마찰을 감수하려 듦에 따라 양국은, 앞 장에서 살펴본 것처럼, 무역 분쟁에 더해 대만 문제, 글로벌 거버넌스, 군사 등의 영역에서 맞섰다. 특히 2020년 대선을 맞아 트럼프 대통령이 중국에 대한 압박을 극단적으로 제고시키고 이에 대해 중국이 강경한 수사를 동원하여 대응하면서 양국 간에 대결 국면이 형성되기도 했다. 이는 오바마 행정부 시기 일부 영역에서 형성되기 시작했던 양국 간 경쟁이 확산했으며, 따라서 양국관계가 타협이나 복합적 관계와는 근본적으로 다른 새로운 국면에 진입함을 의미한다. 이처럼 경쟁이 심화함에 따라 일각에서는 양국 간에 미소 냉전과 유사한 새로운 냉전이 출현할 가능성을 제기했고,[2] 다른 편에서 반론을 제기하면서 논쟁이 전개되었다.[3]

이 장은 트럼프 행정부 시기 미중관계에 대한 검토를 통해 강대국 경쟁의 양상을 살펴보고 또 이것이 신냉전의 도래를 의미하는지도 논의한다. 이는 강대국 경쟁이라는 개념적 틀을 통해 미중관계의 실세를 분석하는 대신에 미중관계의 실제에 대한 검토를 통해 강대국 경쟁을 이해하려는 시도를 반영한다. 그 필요성은 무엇보다도 강대국 경쟁 개념에 존재하는 모호성에서 찾을 수 있다. 국제관계에서 강대국 경쟁과 관련하여 분명하게 합의된 정의는 존재하지 않는다. 한 전문가가 지적하듯,[4] 강대국 사이의 라이벌 의식이라는 의미를 넘어서면 강대국 경쟁 개념에 관한 합의를 찾기 어렵다. 여기에 더해 트럼프 행정부도 강대국 경쟁 개념을 명확하게 제시하지 않았고, 그 결과 강대국 경쟁 틀 하에서의 미국의 대중전략은 분명하게 규정되지 않았다. 심지어 미국 외교정책의 최종적 결정권을 강하게 장악한 트럼프 대통령 자신은 임기 동안 중국과의 교역 문제에 집중한 반면에 강대국 경쟁 개념을 직접적으로 거론하지 않았을 뿐 아니라 동맹의 가치를 폄훼하는 등 강대국 경쟁의 회귀를 선언한 국가안보전략의 입장과도 거리를 유지했다. 이처럼 강대국 경쟁 개념을 둘러싸고 존재했던 모호성이 미중관계의 실제에 대한 검토를 통해 강대국 경쟁의 양상을 규명할 필요성을 제기한다.

다음에서는, 우선 트럼프 행정부가 제기한 강대국 경쟁을 검토한 후 이에 대한 중국의 인식과 대응을 살펴본다. 계속해서 인도태평양 구상과 대만 문제, 글로벌 거버넌스, 군사, 그리고 이념 분야 등에서 전개된 양국 간 경쟁을 논의한다. 그 초점은 양국 간 경쟁의 영역과 심도를 확인하는 데 집중될 것이다. 마지막 결론에서는 논의를 종합하여 미중관계에 발생한 변화를 제시하고 또 강대국 경쟁 틀 하의 미중관계가 과연 경제 영역에서의 경쟁을 넘어서는 안보와 이념 경쟁으로 이어짐으로써 신냉전에 돌입했는지도 살펴본다.


## 트럼프 행정부의 강대국 경쟁

### 강대국 경쟁의 선언

트럼프 행정부는 2017년 말에 발표한 국가안보전략에서 강대국 경쟁의 회귀를 선언하고, 중국을 안보와 번영에 도전할 뿐 아니라 미국 주도의 국제질서를 위협하는 경쟁자로 규정했다.[5] 이후 트럼프 행정부의 각료들은 중국과의 강대국 경쟁을 계속해서 강조함으로써 중국과의 관계를 규정하는 트럼프 행정부의 틀로 작동했음을 확인시켰다. 대표적으로 매티스 국방장관은 2018년 국방전략을 발표하면서 강대국 경쟁을 "미국 국가안보의 제1초점"으로 제시했다. 아울러 그는 강대국 경쟁을 일반적이고 일시적이며 특정 영역에서 전개되는 경쟁과 대비되는 전략적이고, 장기적이며, 포괄적인 경쟁으로 규정했는데,[6] 이는 트럼프 행정부가 제시한 강대국 경쟁과 관련한 가장 구체적인 설명이었다.

트럼프 행정부의 강대국 경쟁 선언은 미국이 대중정책을 전환함을 상징했다. 즉, 안정적이고 번영된 중국을 환영하던 데서 중국의 부상에 대응하는 것으로 초점이 이행한 것이다. 이러한 사실은 국가안보전략이 중국을 압도하려는 의지를 천명한 데서 단적으로 확인되었다.[7] 공식적으로 이러한 전환은 중국이 미국을 추월할 가능성과 군사적 위협을 제기할 가능성에 대한 제고된 경계감을 반영했다. 다시 말해 미국에서 중국의 부상에 대한 우려가 증대되면서 관여에 대한 지지가 약화한 반면에 제고되는 도전과 위협에 대응하기 위해 경쟁적 접근이 필요하다는 주장이 힘을 얻은 것이었다.[8]

중국에 대한 경계는 트럼프 행정부가 발표한 공식 문건에서 반복해서 드러났다. 국가안보전략이 미국의 지위를 대체하려 한다고 규정함으로써 중국에 대한 위협의식을 표출했고,[9] 행정부가 2020년 의회에 제출한 중국전략 보고서 또한 중국이 경제적, 가치적, 안보적 도전을 제기한다고 규정했다.[10] 이러한 지적들은 국제적 우위를 둘러싼 경쟁에서 중국에 뒤지고 있다는 인식뿐 아니라 중국의 부상을 저지하지 않으면 중국의 비전과 가치가 국제체제를 지배하는 결과로 이어질 것이라는 인식을 반영했다.[11] 이에 따라 트럼프 행정부는 대결적이고 영합적 접근을 통해 중국을 제어하려 들었다. 또한 트럼프 행정부는 긴급하게 정책을 전환하지 않으면 중국이 곧 미국을 추월할 것이라고 보았다.

미국 내의 변화 또한 트럼프 행정부의 선택에 힘을 보탰다. 널리 알려진 것처럼 2016년 대선을 앞두고 미국에서 자유주의 국제질서에 대한 회의적 입장이 확산되었다. 단적으로 많은 유권자가 다른 국가와의 무역협정이 불공정하며 미국이 국제기구에 과도하게 기여한다는 트럼프의 수사를 지지했는데, 이러한 분위기가 중국에 대한 강경론에 힘을 보탰다. 즉, 중국이 미국을 착취함으로써 성장했다는 강경한 인식이 힘을 얻었고, 트럼프 행정부는 힘을 통해 이러한 문제를 해결하려 들었다.[12]

### 개념의 모호성과 내부 이견

트럼프 행정부가 선언한 강대국 경쟁에는 개념상의 모호성이 존재했는데, 이러한 모호성은 트럼프 대통령의 불분명한 입장과 행정부 내부의 이견에 의해 더욱 확대되었다. 국제관계에서 경쟁이나 강대국 경쟁은 모두가 매우 모호한 개념으로 논쟁의 대상이다. 두 개의 국가가 양립 불가능한 이익을 추구하는 상황을 지칭하는 경쟁은 선한 형태의 경쟁뿐 아니라 적대적인 군사적 분쟁까지 다양한 형태를 포괄한다. 단적으로 경쟁은 협력, 무력 충돌에 미치지 않는 경쟁, 그리고 무력 충돌 등 다양한 형식을 모두 포괄하는 것으로 제시된다.[13] 이러한 포괄성은 경쟁이 곧 전략이나 정책을 규정하기 어려움을 제시한다.

이러한 사실을 반영하듯, 미국에서 트럼프 행정부가 제기한 강대국 경쟁이 대중전략인가를 둘러싸고 논쟁이 촉발되었다. 강대국 경쟁을 규정한 국가안보전략 문건의 작성을 주도한 맥매스터(H.R. McMaster) 국가안보보좌관은 정부 기구들이 이 문건을 근거로 강경한 대중접근을 취하게 되었다고 지적함으로써, 강대국 경쟁이 미국의 대중전략으로 작용했음을 제시했다.[14] 반면에 랜드(RAND)연구소의 마자르(Michael Mazarr)는 미국이 강대국 경쟁을 선언한 것은 현실에 대한 규정일 뿐이고, 정책의 선택이나 전략을 보여주지 않는다고 규정한다.[15] 여기에 더해 강대국 경쟁 개념이 너무 포괄적이어서 하나의 합의된 전략을 제시해주지 못하기에 미국 외교정책의 프레임이 되기 어렵다는 주장도 제기되었다.[16]

실제로 트럼프 행정부의 강대국 경쟁 개념에는 불분명성이 존재했다. 우선, 트럼프 행정부는 강대국 경쟁이 중국에 대한 관여의 종식이나 협력을 배제하지 않는다고 규정함으로써 모호성을 촉발했다. 가령, 2019년 국무부가 발표한 인도태평양보고서는 실패했다고 평가했던 관여와 전략대화의 중요성을 계속해서 강조했고,[17] 2020년의 중국전략 보고서 또한 선별적이고 결과 지향적(results-oriented)인 관여를 환영한다고 지적했다.[18] 여기에 더해 트럼프 행정부는 중국과의 협력도 가능하다고 규정했다. 대표적으로 국가안전보장회의가 국가안보전략을 실천에 옮기길 지침을 제공하기 위해 작성한 전략지침이 "미국의 이익에 기여하는" 중국과의 협력을 강조하는 등,[19] 트럼프 행정부는 강대국 경쟁을 선언하면서도 협력의 가능성 또한 열어두었다. 이러한 선언들은 강대국 경쟁 개념을 분명하게 밝혀주기보다 오히려 다양한 해석을 초래함으로써 혼선을 초래했다.

강대국 경쟁 개념을 둘러싼 혼선과 불명확성은 트럼프 대통령의 불가측성에 의해 더욱 확대되었다. 비록 그가 강대국 경쟁을 국가안보전략의 중심적 전략 비전으로 삼는 것을 지지했다는 주장이 제기되었지만,[20] 트럼프 대통령은 중국과의 강대국 경쟁이나 전략경쟁이라는 용어를 직접 언급하지 않았다. 그는 중국과의 "균형 있는 무역 합의"를 도출함으로써 자신의 능력과 치적을 자랑하는 단기적 목표에 더 큰 관심을 두었고,[21] 이에 따라 시진핑 주석과의 우호를 강조하고 그에 대한 존경을 거듭해서 밝혔을 뿐 아니라 인권탄압을 무시했다. 심지어 그는 한때 중국을 "전략적 동반자(strategic partner)"라고 부름으로써 전략적 경쟁자라는 국가안보전략의 규정을 분명하게 거부했다는 평가를 촉발하기도 했다.[22]

물론 이것이 그가 중국과의 경쟁을 진지하게 수용하지 않았음을 의미하는 것은 아니다. 그는 중국에 대한 우위를 거듭해서 강조하며 이를 기반으로 강력한 압박을 가함으로써 긴장이 극단적으로 제고되는 것도 불사했다. 단적으로 중국과의 협상을 통해 타협을 추구하는 것을 거부하고 징벌적 관세부과를 통해 무역전을 개시했으며, 또 대선을 앞둔 2020년에는 중국에 대한 압박을 극단적으로 제고시킴으로써 충돌 가능성에 대한 우려를 촉발하기도 했다. 그러나 분명한 것은 그가 중국과의 경쟁과 관련하여 일관성을 보이지 않았다는 사실이다. 현실적으로 그는 중국과의 관계와 관련하여 대결과 타협 사이를 끊임없이 오갔고, 미국 외교정책의 주도권을 강력하게 장악한 그의 이러한 불가측성은 중국과의 강대국 경쟁을 일관된 방향으로 추진하는 것을 제약했다.[23] 현실적으로 그가 관심을 보이지 않을 경우 중국과의 경쟁이 실천에 옮겨지기도 했지만,[24] 개인적 관심과 이익이 압도할 경우 중국과의 강대국 경쟁의 필요성은 무시되거나 약화되었다.

이처럼 중국과의 강대국 경쟁과 관련한 개념에 존재하는 모호성과 트럼프 대통령의 불가측성으로 인해 전략과 우선순위가 불분명한 상황에서 트럼프 행정부의 관료들 또한 강대국 경쟁에 대해 다양한 해석을 제시하며 정책을 자신이 선호하는 방향으로 끌고 가려 시도했다. 한편으로 국무부 관리들은 복합적 접근을 강조했다. 가령, 스틸웰 차관보를 위시한 국무부 관리들은 중국과의 경쟁을 강조하면서도, 경쟁이 충돌을 의미하지도 또 협력을 배제하지도 않는다고 주장했다.[25] 반면에 맥매스터 국가안보 보좌관과 포틴저(Matthew Pottinger) 국가안보실 선임 국장(후일 부보좌관) 등은 중국의 영향권 확립 방지라는 안보 도전을 강조했고,[26] 국방부 관리들 또한 중국과의 군사적 대결을 부각하려 들었다.[27]

이처럼 행정부 내에서 강대국 경쟁과 관련하여 이견이 이어지는 가운데서도 개념과 정책을 둘러싼 공개적 논쟁은 전개되지 않았고 따라서 경쟁의 궁극적 목표가 무엇인지, 또 미국은 어느 정도의 희생을 감수하고 경쟁을 추구하려 하는지 등은 명확하게 제시되지 않았다. 대신에 행정부 관리들이 각자 자신이 선호하는 정책을 추진하려 시도하고, 또 이들의 시도가 트럼프 대통령에 의해 뒤집히면서 강대국 경쟁과 관련한 미국의 수사와 행동은 혼란스러워졌다.


## 중국의 인식과 대응

중국은 트럼프 행정부가 제기한 강대국 경쟁의 의미를 파악하는 데 어려움을 경험했다. 초기 전문가들을 중심으로 상반된 평가가 제기되었다. 한편에서는 미국의 정책 변화를 강조하며 우려를 표명했다. 일부 전문가들을 중심으로 트럼프 행정부의 정책이 중국을 형성하던 데서 국력 경쟁을 강조하는 방향으로 변화하기 시작했고 이에 따라 악성 경쟁이 초래될 가능성이 있다는 지적이 제기되었다.[28] 반면에 다른 쪽에서는 강대국 경쟁 선언이 미국의 대중정책의 틀이 변화할 것임을 의미하는 것은 아니라는 주장을 제기했다. 트럼프 행정부가 강대국 경쟁을 부각한 것은 더 이상 세계 경찰의 역할을 하지 않을 것임을 천명한 것으로서 전략적 위축을 보여준 것이라거나,[29] 일부 이슈에서는 자신의 구상을 실천에 옮길 능력도 없다는 주장들이 이어졌다.[30]

이처럼 전문가들 사이에서 상반된 해석이 제기되는 가운데 왕이 외교부장은 미중관계를 경쟁으로 규정하는 것을 거부했다. 2018년 3월 그는 미중 사이에 일부 경쟁이 출현할 수 있지만 이는 국제관계의 일반적 현상이라고 규정함으로써 경쟁으로부터 거리를 유지하려 들었다. 또한 그는 설령 미중 사이에 경쟁이 있더라도 그것은 "모두가 발전하기 위한 그리고 규칙을 따르는 양성적이고 긍정적(积极) 경쟁"이어야 한다고 규정했다.[31] 이와 함께 그는 양국 간에 경쟁의 측면이 존재함에도 불구하고 협력할 수 있는 비경쟁적 영역과 이슈가 존재하기에 협력적 강대국 관계를 형성할 것을 강조했다.[32] 이는 중국이 경쟁이 본격화하는 것을 회피하려 들었음을 보여준다.

이러한 사실은 중국이 다양한 차원의 대화와 접촉을 유지하려 들었다는 데서도 확인되었다. 트럼프 행정부가 강대국 경쟁이라는 대결적 수사와 행동을 강조하는 상황에서도 시진핑 주석은 6월 폼페이오 국무장관과 매티스 국방장관을 연달아 접견했고, 미국 경제계 인사들과도 면담했다. 또한 중국은 미국과의 갈등이 발생할 때 접촉을 차단하곤 했던 군사 분야에서도 고위급 교류를 이어갔다. 트럼프 행정부가 중국을 강대국 경쟁의 대상으로 규정한 국방전략 문건을 발표하고 또 림팩(RIMPAC) 참가 초청을 취소한 상황에서도 웨이펑허(魏凤和) 국방부장은 10월 아세안국방장관회담에서 매티스 미국 국방장관과 회담한 데 이어, 다음 달 미국에서 진행된 외교안보대화에서 다시 회동했다.[33]

중국의 이러한 대응은 강대국 경쟁에 관한 인식과 밀접하게 관련된다. 중국은 강대국 경쟁을 중국의 성장과 부상을 제어하려는 시도이자 트럼프 행정부의 일시적 일탈로 인식했다. 이에 따라 중국은 미국과의 경쟁이 본격화되고 또 고착화하는 것을 회피하려 들었다.[34] 이처럼 중국은 경쟁을 회피하려 시도하면서도 미국의 압박에 밀려 양보하지는 않으려 들었다. 이에 따라 중국은 다양한 영역에서 행위를 조정하라는 미국의 요구를 수용하지 않았다.[35] 이러한 대응 또한 강대국 경쟁이 압박을 통해 양보를 얻어내려는 시도라는 인식에서 기인했다.[36]

이처럼 미국과의 관계를 경쟁으로 규정하는 것을 인정하지 않으려 들었지만, 트럼프 행정부의 압박이 계속해서 이어지자 그 의도에 대한 의구심이 제고되었다. 가령, 『환추시보』는 2018년 10월 한 사설에서 수교 이래 트럼프 행정부처럼 적대적 의식을 지닌 미국 정부가 없었다고 규정하고 미국이 합리적으로 설명하지 않는다면 중국의 부상을 수용하지 않으려 한다고 결론지을 수밖에 없다고 경고했다.[37] 여기에 더해 전문가들은 트럼프 행정부의 극한적 압박이 미중관계를 악화시킬 것이라는 비판과 경고를 제기했다.[38] 즉, 트럼프 행정부의 강경한 대중정책에 반격할 수밖에 없을 것이고 그 결과 양국관계에 악순환이 초래될 수 있다는 경고였다.

이후 미중 간 경쟁은 공식 문건에서 언급되기 시작했다. 대표적으로 2019년 7월에 발표된 국방백서는 미국이 강대국 경쟁을 도발하고 있다고 규정하고, 미국과의 경쟁이라는 새로운 국면에 적극적으로 대응하는 것을 전략적 지침으로 제시했다.[39] 이는 중국 또한, 공식적으로는 여전히 강대국 경쟁을 거부하는 상황에서, 미국과의 경쟁을 점차 현실로 인정하고 대응책을 모색하기 시작했음을 의미한다. 이러한 사실은 전문가들 사이에서 경쟁이 현실이 되었다는 인식이 힘을 얻기 시작한 데서도 확인되었다. 특히 트럼프 행정부 임기 마지막 해인 2020년에 들어서 양국 간 대결이 확대될 것이라는 전망이 힘을 얻었고,[40] 지도부에서도 미국과의 경쟁이 제고되고 또 장기간 지속될 가능성이 제기되기 시작했다.[41] 이러한 변화는 중국에서, 설령 정책을 조정하더라도, 미국이 압박을 줄이지 않을 것이라는 판단이 힘을 얻기 시작했음을 제시한다.

주목할 점은 이처럼 경쟁을 점차 현실로 인정하면서도 여전히 자신감이 강조되었다는 사실이다. 다시 말해 미국의 압박에 밀려 타협하기보다 자신의 길을 가야 한다는 의지가 강조되었다. 가령, 푸잉 전 외교부 부부장은 중국은 미국이 원하는 역할만 수행할 수는 없다고 주장했고,[42] 다른 전문가들 또한 중국이 모든 문제에서 미국에 순종하기보다 자신의 이익과 목표에 근거한 대미전략을 견지해야 한다고 주장했다. 한 강경론자는 중장기적으로 양국관계가 균형의 추세로 나아가게 될 것이기에, 적절히 관리된다면 양국 간 경쟁은 국제질서의 균형을 회복하고 미중 양국의 공동 진화를 실현하는 데 기여할 것이라는 낙관적 주장을 제기하기도 했다.[43] 이는 중국에서 미국과의 경쟁을 수용하려는 의지가 강화되었음을 의미한다.

중국의 자신감은 2020년 코로나19 사태가 발생한 이후 더욱 강화되었다. 트럼프 행정부의 미국 우선 외교정책에 따른 국제적 영향력 하락과 코로나19 사태에 대한 미숙한 대응을 목격하면서 미국의 힘과 영향력에 대한 의구심이 강화된 것이었다. 이러한 판단은 시진평 주석에 의해 분명하게 표출되었다. 트럼프 행정부 말기인 2021년 1월 그는 미중관계의 변화를, 코로나 사태와 공급망 불안정 등과 함께, 전례 없는 세계적 도전으로 규정하고 "시간과 추세가 중국에 있다"며 고위 관리들에 전략적 확신과 결의를 가질 것을 촉구했다.[44] 이는 실질적으로 중국이 국제체제에서 정당한 지위를 획득하기 위해 미국과의 경쟁을 직면해야 할 현실로 간주하고 대비하려 듦을 의미했다.

이러한 자신감을 바탕으로 시진평 체제는 미국의 정책을 비판함으로써 마찰이 초래되는 것을 불사하고 또 자신의 선호를 실현하려 들었다.[45] 대표적으로 왕이 외교부장은 트럼프 대통령이 코로나19를 중국 바이러스로 부르며 비방하는 상황에서 중국 또한 강력하게 대응할 수밖에 없다며, 늑대 전사(战狼)외교를 옹호했다.[46] 나아가 그는 미국이 모든 중국의 투자를 정치적 동기가 있는 것으로 간주하고 또 모든 중국 학생을 스파이로 간주한다고 비판함으로써,[47] 미중경쟁의 책임을 미국에 돌렸다. 이는 트럼프 행정부의 압박에 밀려 양보하기보다 대등하게 대응하고 반격하려는 의지를 표출한 것이었다. 여기에 더해 중국은 미국과의 갈등에도 불구하고 대만에 대한 압박을 강화하고, 또 홍콩보안법 시행을 통해 일국양제 모델을 변경시키는 등 자신의 이익과 선호를 실현하려는 의지도 보였다.

물론 중국은 이처럼 자신감을 보이면서도, 미국과의 경쟁이 본격화하는 것을 회피하려는 노력은 계속했다. 가령, 왕이 외교부장은 2020년 1월 미중 1단계 무역 합의 서명식 이후 조율, 협력, 안정을 기조로 하는 미중관계를 추진하겠다고 밝힘으로써 미국과의 협력 가능성과 필요성을 강조했다.[48] 또한 중국은 미국의 인식을 변화시키려는 노력도 이어갔다. 대표적으로 푸잉은 중국은 발전 공간을 확보하려 할 뿐 미국의 국제적 지위를 탈취하려 하지 않는다고 지적함으로써,[49] 미국의 우려를 해소하려 들었다. 그러나 이러한 시도에도 불구하고, 중국이 양보하기보다 대등하게 대응하려 들면서 경쟁이 확대되었다.

## 트럼프 행정부의 대중 압박

### 인도태평양 구상

강대국 경쟁에 대한 트럼프 행정부의 의지는, 경제 분야를 제외하면, 인도태평양 구상의 제기에서 가장 분명하게 드러났다. 이는 중국이 인도태평양 지역의 지배권을 추구하며 미국을 구축하려 한다는 인식에서 기원했다. 2017년 국가안보전략에서 그 모습을 드러낸 이러한 판단은 이후 트럼프 행정부가 발표한 다른 공식 문건에서도 이어졌다. 단적으로 국가안보전략을 실천에 옮길 지침을 제공하기 위해 작성된 전략지침은 인도태평양 지역에서 세력권을 확립하려는 중국의 시도를 안보 도전으로 규정하고 방지할 필요성을 강조했다.[50]

인도태평양 지역에서 중국이 제기하는 위협과 관련하여 미국은 특히 일대일로에 주목했다. 2019년에 국방부가 발표한 인도태평양 전략 보고서는 중국의 일대일로가 개방적 인도태평양이라는 원칙을 위협할 가능성과 함께 중국이 투자를 통해 부채를 창출하고 이를 기반으로 영향력을 확장할 가능성에 대한 우려를 표명했다.[51] 이에 앞서 발표된 국가안보전략 또한 중국이 일대일로를 통해 군사 활동의 반경을 확대할 가능성에 대한 우려를 제기함으로써,[52] 일대일로에 대한 위협의식이 경제적 측면을 넘어 군사적 영역으로까지 확대됨을 보여주었다. 사실 미국에서 일대일로에 대한 평가는, 6장에서 지적한 것처럼, 다양했지만, 트럼프 행정부는 일대일로가 미국의 힘과 영향력 약화로 이어질 수 있다는 시각에 힘을 실었다.

이러한 우려에 따라 트럼프 행정부는 인도태평양 구상을 제기함으로써 중국의 일대일로에 대응하려 시도했다. 이는 이 지역에서 미국이 여전히 군사적 우위, 동맹, 국제기구, 소프트 파워 등 중국의 도전에 대응할 다양한 수단을 보유하고 있다는 판단에 따른 것이었다. 트럼프 대통령은 2017년 11월 베트남에서 개최된 APEC경제인포럼에서 "인도태평양의 꿈(Indo-Pacific dream)"이라는 비전을 제기함으로써 이후 제기된 "자유롭고 개방적(free and open) 인도태평양"을 핵심으로 하는 인도태평양 구상의 토대를 제공했다.[53] 사실 그가 제시한 비전은 시진핑의 중국몽과 일대일로에 대한 수사적 공격으로서의 성격이 강했고, 전략이 되기에는 그 의미가 불분명한 것으로 평가되었다.[54] 여기에 더해 트럼프 대통령은 미국 우선을 강조함으로써 미국이 진정으로 이 구상에 관심이 있는지에 대한 외부의 의구심도 촉발했다.

이러한 트럼프 대통령의 불분명성에도 불구하고, 그의 참모들은 인도태평양 구상을 전략화함으로써 증대되는 중국의 힘과 영향력을 제어하고 중국을 고립시키려 들었다. 이러한 시도는 안보적 측면에서 가장 분명하게 표출되었다. 미국 국방부는 2018년 5월 태평양사령부(Pacific Command)를 인도태평양사령부(Indo-Pacific Command)로 개칭했고, 또 이 지역에서의 군사력을 강화하기 위한 노력을 경주했다.[55] 여기에 더해 트럼프 행정부는 쿼드(Quad)도 추진했다. 2017년 동아시아 정상회의(East Asia Summit)를 계기로 느슨한 집단으로 출범한 쿼드는 이후 트럼프 행정부에 의해 동맹 및 파트너 국가와의 강력한 방어네트워크 개발의 모범 사례로 제시되었다.[56]

쿼드와 관련하여 주목할 사항은 미국의 공식 동맹국이 아닌 인도가 참여했다는 사실이다. 미국은 인도를 참여시켜 인도양에 대한 중국의 영향력 확장을 제어함으로써, 서태평양에 더 많은 군사적 자원을 투입할 여유를 확보하려 들었다. 인도의 참여는 인도태평양 지역에서 강대국 정치를 복원시켰는데, 이러한 사실은 2020년 5월 중국-인도 사이에 국경 충돌이 발생했을 때 미국과 호주가 인도에 대한 지지를 표명한 데서 확인되었다. 이러한 양국의 대응은 2017년 중국-인도 국경 대치 때 인도를 지원하지 않았었던 것과 분명히 대비되는 것이었다.[57] 이 점에서 인도태평양 구상은 지역의 정치·안보 환경에 영향을 끼치기 시작했다고 할 수 있다.

그러나 트럼프 행정부가 추진한 인도태평양 구상에 대한 의구심이 가시지 않았다. 그 초점이 불분명하고 지나치게 확장적이어서 전략으로서 응집력을 지니지 못했기 때문이었다. 이러한 사실은 트럼프 행정부 관리들이 이 구상과 관련하여 다양한 해석을 제기한 데서 확인된다. 가령, 폼페이오 국무장관이 인도태평양 구상의 핵심 원칙을 강요로부터의 자유, 좋은 거버넌스(good governance), 해양과 항공의 개방성, 그리고 자유롭고 공정한 무역이라고 규정한 데 반해,[58]

인도태평양 사령관은 구상의 핵심을 힘의 경쟁을 넘어선 비전 경쟁이라고 규정함으로써 이념 경쟁의 성격을 부각했다.[59] 이러한 개념상의 모호성에 더해, 앞에서 지적한 것처럼, 트럼프 대통령은 미국 우선 정책을 통해 동맹국들을 소외시킴으로써 구상의 실천에 제약을 가했다.

트럼프 행정부의 인도태평양 구상에 대한 중국의 대응은 비교적 절제되었다고 평가할 수 있다. 이는 동 구상에 대한 평가를 반영했다. 일부 전문가들이 트럼프 행정부가 중국의 일대일로에 대응하기 위해 인도태평양 구상을 적극적으로 추진하고 있다며 경계심을 표출했지만,[60] 이 구상이 지속 가능한 전략이 되기에는 명확성과 동기가 부족하며 그 전망 또한 불분명하다는 평가가 지배했다.[61] 이에 따라 중국은 비교적 절제된 반응을 보였다. 가령, 왕이 외교부장은 2018년 한 기자회견에서 인도태평양 구상을 일시적으로 사람의 주목을 끌다가 순식간에 사라지는 "물보라(浪花)"에 비유했고,[62] 다음 해에도 쿼드 국가가 공개적으로 중국을 목표로 지정하지는 못할 것이라는 입장을 견지했다.[63] 물론 이것이 곧 중국이 인도태평양 구상을 전혀 경계하지 않았음을 의미하는 것은 아니다. 외교부 부부장 러위청(乐玉成)은 구상을 일대일로에 대항하거나 중국을 봉쇄하려는 수단으로 활용하는 것에 반대한다고 밝혔고,[64] 왕이 외교부장 또한 2020년 말 쿼드 국가들이 외무장관 회담을 거행하자 인도태평양판 나토를 구축함으로써 "미국의 지배와 패권체제를 유지하려는 시도"로서 지역의 안보를 위협할 것이라고 지적함으로써 경계심을 보였다.[65] 이는 쿼드가 강화되어 인도태평양지역의 작은 나토(mini-NATO)가 됨으로써 중국의 안보 환경을 위협할 가능성을 경계한 것이었다.

인도태평양 구상에 대한 중국의 구체적 대응은 크게 두 갈래로 진행되었다. 그 하나는 일대일로를 통한 대응이었다. 중국은 일대일로의 내실화를 통해 수원국이 더 많은 혜택을 누리도록 만듦으로써 전략적 영향력을 확대하려 들었다. 이는 중국이 비대결적인 방식으로 대응하려 들었음을 의미한다.[66] 다른 하나는 미국과 다른 쿼드 국가들 사이의 간극을 창출함으로써 인도태평양 구상의 효용성을 약화하는 것이었다. 중국은 인도를 쿼드의 취약점으로 간주하고 공략하려 들었다. 2017년 여름의 국경 대치가 해소된 이후 중국은 다음 해 4월 중국 우한에서 시진핑 주석과 모디(Narendra Modi) 총리 사이의 4회의 단독회담을 포함한 비공식 정상회동을 거행하여 관계를 복원하려 들었다.[67] 또한 일본과의 관계에도 힘을 쏟았다. 2018년 5월 리커창 총리의 일본 방문과 이어진 10월 아베 총리의 중국 방문을 통해, 중국은 일본과의 관계를 개선하고 협력을 모색하려 들었다.

### 대만 카드

트럼프 행정부는 대만 문제와 관련해서도 중국을 압박했다. 양국이 오랫동안 대만을 둘러싸고 갈등을 이어왔다는 점에서, 이 문제를 강대국 경쟁으로 간주하기 어려운 측면이 없지 않다. 그러나 트럼프 대통령이 대만을 무역 문제와 관련한 양보를 압박하는 데 활용하려 들었고 폼페이오 국무장관을 위시한 트럼프 행정부의 강경 세력이 중국공산당과 그 지도부의 정당성을 약화하기 위한 카드로 간주했다는 사실이 대만 문제를 둘러싼 갈등을 양국 간 경쟁의 한 측면으로 볼 필요성을 제기한다. 미국이 대만을 봉쇄의 카드로 활용하려

한다는 중국의 인식 또한 이러한 필요성에 힘을 보탠다.

　트럼프 대통령은 당선인 신분으로 차이잉원(蔡英文) 대만 총통과 통화함으로써 하나의 중국 정책을 준수하지 않을 가능성을 제기했다. 이후 양국은 막후 접촉을 통해 대만 문제를 둘러싼 이견을 봉합하기로 했고, 트럼프 대통령은 하나의 중국 정책을 존중하는 데 동의했다.[68] 그러나 일시적 봉합에도 불구하고, 트럼프 행정부는 필요한 경우 대만 문제를 중국을 압박하는 데 활용하는 것을 주저하지 않았다. 가령, 양국이 무역을 둘러싸고 갈등을 이어가던 2018년 7월 미국은 두 척의 해군함정을 투입하여 대만해협에 대한 항행을 시행했다. 비록 미국이 일상적 항행이라고 주장했지만, 중국에서는 미국이 대만 카드를 활용하여 압박을 가하려 한다는 주장이 제기되었다.[69] 즉, 트럼프 행정부가 무역에 대한 양보를 압박하기 위해 대만 문제를 활용한다는 주장이었다.

　또한 트럼프 행정부는 대만 정부 관리와의 접촉금지 조치를 해제하고 고위 관리의 상호 방문을 진행하는 등 대만과의 관계를 강화하려 들었다. 이는 대만과의 접촉을 확대함으로써 대만을 국제무대에서 고립시키려는 중국의 시도에 대응하려는 의도를 반영했다. 대표적으로 미국은 2018년 대만여행법(Taiwan Travel Act) 제정을 통해 모든 수준의 관리들에 대해 대만 방문과 대만 관리와의 접촉을 허용하고 또 대만 관리의 미국 방문과 미국 관리와의 면담도 허용했다. 이는 대만과의 공식적 접촉을 자제했던 관례로부터 이탈한 것으로 미국이 대만 방어에 대한 공약을 강화했다는 관측을 촉발했다.[70] 이후 2020년 8월 미국 보건복지부 장관 아자르(Alex Azar)가 대만을 방문했는데, 이는 단교 이후 이뤄진 최고위 인사의 대만 방문이었다.

여기에 더해 트럼프 행정부는 무기 판매를 포함한 대만과의 군사·안보 관계를 확대하고 강화했다. 트럼프 행정부는 2017년 6월 출범 후 처음으로 레이더, 미사일, 어뢰 등의 무기를 대만에 판매하는 것을 승인했다. F-35기를 포함하지 않은 이 무기 판매와 관련하여 중국은 정치적 행위로 간주하고 비교적 절제된 반응을 보였다.[71] 그러나 양상은 2019년에 들어 트럼프 행정부가 7월에 108대의 탱크를 포함한 22억 달러의 무기를 판매하기로 결정한 데 이어, 8월에도 90대의 전투기를 포함한 80억 달러 상당의 무기 판매를 결정하는 등 무기 판매의 규모를 대폭 확대하면서 변화했다. 이러한 일련의 결정에 대해 중국은 봉쇄 시도로 간주하고 참여기업을 제재하겠다며 반발했다.[72] 이러한 중국의 반발에도 불구하고 트럼프 행정부는 2020년에 들어 다시 58억 달러 상당의 무기 판매를 승인함으로써 압박을 이어갔다.[73]

그러나 이는 트럼프 행정부의 대만에 대한 지원이 일관되었음을 의미하지 않는다. 대만 문제와 관련하여 트럼프 대통령과 그 참모들 사이에 차이가 존재했다. 트럼프 당선인은 2016년 말 차이잉원 총통과의 통화 이후 대만을 무역과 북한 문제와 관련하여 중국을 압박하는 수단으로 활용하려는 의도를 밝혔다. 그 이후에도 그는 중국의 양보를 얻기 위해 대만 문제를 활용하려 들었다.[74] 이처럼 트럼프 대통령이 대만을 중국의 양보를 강요하기 위한 카드로 간주한 반면에 그의 참모들은 전략적 시각에서 접근했다. 특히 일부 관리들은 대만 문제를 중국공산당의 정당성을 약화하기 위한 시도에 활용하려 들었다.[75]

트럼프 행정부가 대만 문제를 중국을 압박하기 위한 카드로 간주했다는 사실은 코로나19 사태가 본격화되고 트럼프 대통령이 재선을 위한 노력에 착수하면서 미중 간 긴장이 최고조에 달했던 2020년에 분명하게 드러났다. 8월 중국의 군사적 위협이 증대되는 상황에서 대만은 미국산 육류 수입제한을 완화함으로써 미국과 무역협정을 체결하기 위한 협상을 촉진하려는 의지를 드러냈다.[76] 실제로 차이잉원 총통은 협상 개시의 주요 장애물이었던 수입제한을 완화하며 협상이 진전되길 희망한다고 밝혔다.[77] 이처럼 대만이 트럼프 대통령의 지지 기반인 농민들의 이익을 강화할 수 있는 카드를 행사했지만, 트럼프 행정부는 협상의 개시를 회피했다. 이후 11월 대선에서 패배하자 트럼프 행정부는 돌연 대만과 경제번영파트너 대화(U.S.-Taiwan Economic Prosperity Partnership Dialogue)를 창설했다.[78] 이는 트럼프 행정부가 끝까지 대만을 중국을 압박하기 위한 카드로 활용하려 들었음을 의미한다.

중국은 대만을 카드로 활용하려는 트럼프 행정부의 시도를 주권에 대한 도전이자 자국에 대한 봉쇄로 간주하고 강력하게 대응했다. 이러한 대응은 크게 두 갈래로 진행되었다. 하나는 미국을 겨냥한 것이었다. 중국은 공식적으로 미국에 대해 항의를 제기하고 대응조치를 취하겠다고 위협했다. 이는 대만 문제를 둘러싼 긴장을 제고시킴으로써, 미국이 대만에 대한 지원을 자제하도록 유도하려는 시도였다. 이러한 중국의 시도는 미국과의 군사 대화 연기나 대만해협에서의 긴장을 제고시키는 방식으로 나타났다. 가령, 중국은 대만해협과 남중국해에서 미국의 군사행동 증대와 중국 고위 군 관료에 대한 제재를 이유로 2018년 10월로 예정되었던 미국과의 외교안보대화와 매티스 국방장관의 방중을 연기시켰다.[79] 또 중국은 2020년 아자르 장관 방문 시 2대의 전투기를 출격시켜 대만해협 중간선을 넘어서 비행시킴으로써 긴장을 제고시켰다.[80] 모두가 대만해협을 둘러싼 긴장을 제고시킴으로써 미국에 신호를 보내려는 의도를 반영했다.

다른 하나는 대만을 겨냥한 것이었다. 중국은 항공기와 함정을 동원하여 대만 주변에서 군사 활동을 강화하고 워 게임을 진행함으로써 긴장을 제고시켰다. 이는 대만이 위협을 자각하도록 하려는 시도였다. 즉, 중국은 대만 주변에서의 군사 활동을 급격히 증대시켜 긴장을 제고시킴으로써 미국과의 관계 강화 시도가 충돌의 가능성을 제고시키고 또 전략적 선택지를 제약하는 역효과를 가져올 것임을 대만에 보여주려 들었다.


## 중국의 글로벌 거버넌스 개혁 강화

미국이 압박을 가하는 상황에서 중국은 글로벌 거버넌스 개혁 시도를 강화함으로써 대응하고 또 영향력 확대도 추구했다. 트럼프 행정부의 미국 우선 정책으로 인해 국제무대에서 미국의 영향력이 약화하고 있다는 판단과 국력 대비의 변화가 진전되고 있다는 자신감이 글로벌 거버넌스 개혁을 강화하도록 작용했다. 이러한 시도는 중국이 미국의 압박에 정면으로 대응하기보다 대결 가능성을 완화하는 상황에서 미국에 대응하려 들었음을 의미한다.

중국은, 6장에서 살펴본 것처럼, 세계금융위기 이후 글로벌 거버넌스를 자신의 선호와 필요에 맞춰 개혁하려는 의도를 드러낸 바 있다. 이러한 의도는 트럼프 행정부가 출범한 이후 더욱 분명해졌다.

단적으로 트럼프 행정부가 출범하기 직전인 2017년 초 중국 외교의 실무를 책임진 양제츠 국무위원은 글로벌 거버넌스에 적극적으로 참여하여 공동의 도전에 대응하는 국제사회의 능력을 강화하는 것을, 안정적 강대국 관계의 틀을 구축하려는 노력과 함께, 중국 외교의 목표로 제시했다.[81] 그 직후 다보스 포럼에 참석한 시진핑 주석은 경제 세계화를 굳건하게 추진하고 또 그 방향을 인도하겠다는 의지를 밝혔는데,[82] 이는 미국 우선을 앞세운 트럼프 행정부의 출범을 앞두고 보호주의에 대한 우려가 전 세계적으로 확산하는 상황을 활용하여 중국의 영향력을 확대하려는 의도를 반영했다. 이러한 사실은 시 주석이 5월에 개최된 '일대일로 국제협력 고위포럼'에서 개방적 세계경제의 수호와 발전을 다시 강조하고,[83] 10월 19차 당대회에서 일대일로를 개정된 당장에 명기하는 등 트럼프의 미국 우선주의와의 차별성을 확보하려는 시도를 이어간 데서도 확인되었다.

같은 해 말 정치국원으로 지위가 제고된 양제츠 주임은 글로벌 거버넌스의 결핍을 제기하며 중국이 글로벌 거버넌스 체제 개혁과 건설에서 주도적 역할을 수행할 것임을 강조했다.[84] 이는 글로벌 거버넌스 체제의 개혁을 넘어서 이를 주도하려는 의도를 표출한 것으로서, 중국이 트럼프 행정부의 미국 우선주의를 적극적으로 활용하려 들었음을 확인시켰다. 이러한 의도는 다음 해 6월 중앙외사업무 회의에서 시진핑 주석이 글로벌 거버넌스 개혁을 이끄는(引領) 데 적극적으로 참여하여 글로벌 거버넌스 체제를 더 공정하고 정의롭게 개혁하는 것을 주도해야 한다고 강조한 데서 더욱 분명하게 드러났다.[85] 즉, 중국은 글로벌 거버넌스 개혁의 필요성을 제기하는 것을 넘어 개혁을 주도하려는 적극성을 분명하게 표명했다.

이와 관련하여 시진핑 주석은 중국의 능력이 증대되었다는 사실을 강조했다. 그는 세계가 "세기적 변화"를 경험하고 있고 중국이 근대 이후 최고의 발전 수준을 구가하고 있다고 규정하고, 이러한 상황을 활용하여 글로벌 거버넌스 개혁을 인도함으로써 지위와 역할을 명확하게 할 필요성을 제기했다.[86] 이는 시진핑 체제가 글로벌 거버넌스를 국제적 힘의 배분을 반영하는 것으로 인식함을 보여주었다. 즉, 강대국이 국제제도와 규칙을 설계하고, 이를 통해 자신의 이익을 증진한다는 인식이다. 이러한 인식에 따라 중국은, 미국이 기존 질서를 기획함으로써 이익을 구현했던 것처럼, 국제적 규범과 규칙을 제정하는 강대국의 특권을 누릴 때가 되었다고 판단했다.

동시에 시진핑 체제의 중국은 글로벌 거버넌스 개혁을 통해 국제무대에서의 정당성도 확보하려 들었다. 즉, 서구와 다른 거버넌스와 발전모델의 정당성을 확보하려는 시도였다. 이러한 의도는 시진핑 주석이 2017년 19차 당대회에서 중국의 현대화가 "독립을 유지하면서 발전을 가속화하려는 국가에 새로운 선택지를 제공할 것"이라고 주장한 데서 드러났다.[87] 다음 해 중앙외사업무회의에서도 그는 중국이 세계에 전할 좋은 서사를 가지고 있고 개도국이 흥미로워할 모델을 대표하는 반면에 서구 거버넌스 체제는 기능하지 못하고 회복하기 어렵다고 주장했다.[88] 이는 중국이 정치체제와 발전모델에 대한 국제적 수용을 확보함으로써 체제를 강화하려 들었음을 의미한다.

중국은 글로벌 거버넌스 개혁을 실천에 옮기기 위해 기존 글로벌 거버넌스가 중국과 다른 개도국의 목소리를 적절하게 반영하지 못한다고 비판함으로써 신흥 경제국 및 개도국과의 정치적 연대를 형성하려 들었다. 단적으로 시진핑 주석은 2017년 브릭스정상회의에서 신흥경제국이 목소리를 통일함으로써 글로벌 거버넌스와 관련하여 개도국의 역할을 증대시킬 필요성을 강조했다.[89] 이후 중국은 아시아, 아프리카, 라틴아메리카를 지칭하는 제3세계 또는 남반구(全球南方)를 경쟁력을 지닌 지역으로 간주하고 상당한 자원을 투자함으로써 글로벌 거버넌스 개혁을 위한 지지를 동원하려 들었다. 이러한 시도는 국제기구에서의 영향력 확대와 인류운명공동체(人类命运共同体) 구상의 제기에서 확인된다.

국제기구에서의 영향력 확대

글로벌 거버넌스를 개혁하기 위한 중국의 움직임은 기존 국제기구에서의 영향력을 확장하려는 노력에서 분명하게 나타났다. 이는 국력 상의 한계로 인해 글로벌 거버넌스의 전면적인 개혁이 쉽지 않은 현실에서 일부 국제기구에서의 영향력 확장을 통해 국제규범에 관한 논의에 중국의 시각을 투영시키고 미국의 주도권을 완화하려는 의도를 반영했다.[90] 아울러 이는, 국제기구에서 자신이 선호하는 규범을 확산시키고 이를 통해 기존 규범의 정당성에 도전을 제기하려는 시도라는 점에서, 글로벌 거버넌스 체제를 내부로부터 개혁하려는 시도이기도 했다.

중국은 트럼프 행정부의 미국 우선과 고립주의 경향으로 인해 초래된 공백을 활용하여 국제기구의 지도 직위를 확보하고 기존 국제기구에 대한 통제력을 강화하려 들었다. 즉, 트럼프 행정부가 국제기구를 경시하는 상황에서 국제기구의 지도 직위에 중국 관료나 우호적 행위자를 배치하거나 재정적 기여를 통해 국제기구에서의 영향력을 확장함으로써 정책 의제나 결과에 영향을 끼치려 시도한 것이었다. 가령, 트럼프 행정부가 2020년 코로나19에 대한 대응을 이유로 세계보건기구(WHO)에서 탈퇴하겠다고 발표하자 중국은 20억 달러의 기여를 발표하며 지도자로서의 이미지를 구축하려 시도했다.[91]

그러나 중국은 이미 그 이전부터 국제기구에서 영향력을 증대시키려는 노력을 전개해왔다. 이러한 사실은 국제기구에 중국인 수장을 선출하고 이를 통해 중국의 선호를 확산하려 한 데서 확인된다. 중국인 수장은, 전 유엔 경제사회처(Department of Economic and Social Affairs) 책임자 우훙보(吳红波)가 밝혔듯, 유엔의 이익보다 중국의 이익을 우선했다. 이러한 사실은 국제민항기구(International Civil Aviation Organisation)에서 중국인 수장이 취임한 이후 대만의 연례총회 참석이 거부되는 등 중국에 유리한 결정이 이뤄진 데서도 확인되었다.[92] 이처럼 국제기구에 진출한 중국인 수장들이 중국의 이익과 가치를 우선함에 따라 미국에서는 중국이 국제기구에서 수정주의를 추구하는 것을 제어하기 위해 유엔 계통에서 지도 직위를 추구해야 한다는 주장이 제기되었다.[93]

그 결과 미국이 국제기구 수장 선출에 다시 개입하고, 양국 사이에 경쟁이 촉발되었다. 가령, 2018년 국제식량농업기구(FAO) 사무총장 선거에서 중국은 부채 7,800만 달러의 탕감을 통해 카메룬 후보자를 사퇴시킴으로써 자국 관료를, 미국의 반대에도 불구하고, 당선시켰다. 당시 미국의 반대는 너무 늦었고 또 효과적 전략도 없었던 것으로 평가되었다.[94] 유사한 경쟁은 2020년에도 반복되었다. 세계지식재산권기구(WIPO) 사무총장 선출에 중국 관료가 출마했고,

그가 당선될 경우 유엔 전문기구 수장의 숫자에서 중국이 5명으로서 미국을 앞설 수 있는 상황이었다. 그러나 트럼프 행정부가 개입하여 강력하게 반대하면서 중국인 후보자는 낙선했다.[95]

이와 함께 중국은 국제기구에서 의제와 규칙 설정권에 대한 통제력을 강화하기 위한 노력도 경주했다. 특히 중국은 우주, 사이버, 극지대 등 아직 국제적 규범이 정립되지 않은 분야에서 규칙과 의제를 형성하는 데 적극적인 노력을 기울였다.[96] 물론 이러한 시도가 곧 중국이 기존 거버넌스 체제를 뒤집으려 함을 의미하지는 않는다. 중국은 글로벌 거버넌스 개혁을 주도하려 하면서도 동시에 미국의 지도력에 공개적으로 도전하는 것을 회피함으로써 충돌을 방지하려 했다. 이러한 사실은 중국이 일대일로와 AIIB 등의 주요 이니셔티브와 기제를 기존 국제질서에 대한 보완재로 규정한 데서 확인된다.[97] 그러나 미국에서는 중국이 인권과 같은 기존 국제규범을 약화하고 인터넷 거버넌스 및 우주와 같은 신흥 분야에서 형성력을 발휘하려 하는 등 미국과 세계의 안보와 경제의 건강성을 해치는 편협한 목적을 추구하는 데 국력을 활용한다는 경계가 제기되었다.[98] 여기에 더해 중국의 관리들이 장기적으로 미국을 대체할 가능성을 배제하지 않는 등 세력전이 가능성에 주목하며 또 새로운 질서에서 지도적 역할을 확보하기 위한 준비를 하고 있다는 주장도 제기되었다.[99]

### 인류운명공동체 구상

중국이 글로벌 거버넌스의 개혁을 주도하려 들었다는 사실은 인류운명공동체 구상을 제기한 데서도 확인된다. 2012년 18차 당대회에서 후진타오 주석에 의해 처음 제기된 인류운명공동체 구상은 이후 시진핑 주석에 의해 국제적 차원으로 확산되었다.[100] 운명공동체 구상이 본격적으로 추진된 것 또한 트럼프의 당선으로 미국과 서구의 지도력에 대한 국제적 신뢰가 약화한 2017년부터였다.

시진핑 주석은 1월 다보스 포럼에서 행한 연설을 통해 인류운명공동체 의식을 형성할 필요성을 제기한 데 이어 유엔 제네바 본부에서도 인류운명공동체를 "시대의 소명"으로 규정하고 중국이 다른 국가 및 국제기구와 함께 건설할 것임을 천명했다.[101] 계속해서 그는 10월 19차 당대회에서 인류운명공동체를 중국식 강대국 외교정책의 목표로 제시했고, 다음 해 6월 중국 외교관들에 인류운명공동체 건설을 촉진할 수 있는 국제환경을 조성할 것을 촉구하는 등 동 구상을 추진하려는 의지를 이어갔다.[102] 양제츠 국무위원이 인류운명공동체 구상을 중국이 책임 있는 강대국 역할을 발휘하고 있음을 보여주는 증거라고 주장했지만,[103] 한 강경파 군부 인사는 인류운명공동체 구상을 미국 우선주의와 대비시킴으로써 트럼프 행정부의 행보를 염두에 두었을 가능성을 제시했다.[104]

사실 인류운명공동체 구상은, 다른 많은 시진핑의 구상들처럼, 그 의미가 분명하게 제시되지 않았고 따라서 다양한 해석을 촉발했다. 일부 전문가들은 인류운명공동체 구상이 기존 정치 및 사상체계가 지속되기 어려워짐으로써 새로운 가치관이 필요한 상황에 대응하여 제기된 것으로, 그 핵심은 모두가 혜택을 얻는(all - win) 것이라고 주장한다.[105] 그 근거로 시진핑 주석이 인류운명공동체 구상과 관련하여 "세계의 운명은 각국이 공동으로 장악하고, 국제규칙은 각 국가가 공동으로 쓰고, 세계의 일은 각 국가가 공동으로 관리하고, 발전 성과는 각 국가가 공동으로 누리는" 것이라고 규정한 사실이 제시된다.[106] 반면에 다른 전문가들은 인류운명공동체를 미국의 동맹체제에 대응하기 위한 수단으로 규정함으로써 전혀 다른 해석을 제기했다. 즉, 미국이 세계를 두 개의 경제 진영으로 분할하려 할 경우 인류운명공동체가, 일대일로와 함께, 중국이 연합을 구성하는 토대가 될 것이라는 주장이다.[107] 이러한 주장은 미국과의 경쟁이 분명해지고 또 코로나 사태로 힘의 대비에 추가적 변화가 발생했다는 인식이 강화된 이후 힘을 얻었다.

그러나 현실적으로 인류운명공동체 구상은 중국이 기존 거버넌스에 대안이 될 새로운 비전을 제시하고 또 이를 실현하려 들기보다 미국에 반대하는 데 주력함을 보여준다. 즉, 중국은 인류운명공동체 구상을 통해 중국이 신흥경제국과 개도국의 이익을 고려하고 존중하는 데 반해 미국은 이 국가들의 이익을 무시하는 쇠퇴하는 패권국가라는 이미지를 형성함으로써 미국과의 외교적 경쟁이나 담론전쟁에서 이들을 지지 세력으로 끌어들이려 시도한다.

트럼프 행정부는, 일대일로의 경우처럼, 인류운명공동체 구상에 대해 직접적이고 구체적 대응조치를 취하지 않았다. 비록 중국이 유엔 문건들에 포함된 것을 들어 글로벌 거버넌스에 대한 중국의 구상이 국제적으로 수용되었다고 주장하지만,[108] 구상이 여전히 불분명하고 또 구체적 파급효과도 촉발되지 않았기 때문이다. 이처럼 트럼프 행정부가 인류운명공동체에 대한 시각이나 대응책을 분명하게 밝히지 않은 상태에서, 전문가들을 중심으로 이에 대한 경계심이 제기되었다. 한 전문가는 이 구상이 공동의 규칙과 기준을 따르기보다 국가 간 협상이라는 권위주의 원칙을 강조함으로써 미국이 주도하는 거버넌스와 다른 대안을 제시하려는 중국의 시도라는 우려를 제기했다.[109] 다른 전문가는 인류운명공동체 구상이 글로벌 거버넌스를 재편하여 국제적 지도력을 획득하려는 중국의 노력을 은폐하려는 시도라고 규정했다.[110]

## 군사 경쟁

시진핑 체제는 군사 현대화 노력을 가속화했는데, 이러한 시도는 더 이상 대만 사태에 대비하는 데 집중되기보다 미국과의 군사력 격차를 축소하는 방향으로 초점을 이행했다. 시진핑 주석은 2017년 19차 당대회에서 2035년까지 군사 현대화를 완성하고 금세기 중반까지 중국군을 "세계 일류의 군대(世界一流军队)"로 전환한다는 목표를 제시했다.[111] 이는 실질적으로 미군과의 동등한 지위를 확보하겠다는 선언이었다. 여기에 더해 그는 2020년 중국공산당 19기 5중전회에서 2027년까지 군사 현대화의 질과 효율을 제고시킨다는 창군 100주년 목표를 추가했다.[112] 이러한 일련의 구상들은 미국이 군사적으로 지배하는 상황에 대응하려는 의도를 점차 분명하게 보여주었다.

시진핑 체제가 군사 현대화에 노력을 경주함에 따라 이 시기 국방비 증가율은 GDP 증가율보다 높은 수준을 유지했다. 가령, 2020년 중국이 발표한 공식적인 국방비는 전년 대비 6.6% 증가한 1,930억 달러였는데, 이는 전년도 GDP 증가율 5.9%를 상회한 것은 물론이고 같은 해 GDP 증가율 2.3%에 비해 3배 가까운 것이었다.[113] 국방비 증가는 선진 무기와 장비의 도입으로 이어졌다. 중국은 2017

년 자체 개발한 5세대 스텔스 전투기인 J-20를 실전 배치한 데 이어, 2019년에는 호위함, 구축함, 상륙함 등 20여 척의 대형 전함을 취역시킴으로써 서태평양에서 미 해군력과의 격차를 축소했다.

국방비 증가에 더해 시진핑 주석은 군사 현대화라는 목표를 달성하는 핵심적 요소 가운데 하나로 설정한 군민융합(軍民融合) 정책의 추진에도 박차를 가했다. 2014년에 처음 제기된 군민융합 정책은 상업용 기술과 혁신 능력을 군사 분야에 연결함으로써 군사 현대화를 가속화하려는 시도이다. 또한 군민융합은 경제성장에 대한 투자가 군사력 증강으로도 이어지도록 함으로써 전시에 경제적 자원을 효율적으로 동원하려는 의도도 반영했다. 중국은 2017년 당과 정부, 그리고 군 주요 지도자들이 모두 참여하는 중앙군민융합발전위원회(中央军民融合发展委员会)를 설립함으로써 군민융합 정책을 보다 체계적으로 추진하려 들었다.

중국은 군사 현대화 노력을 도발이 아닌 안정을 유지하기 위한 시도로 규정했다. 이러한 의도에 따라 중국은 미국이 힘을 극대화하기 위한 행위를 추구한다는 사실을 군사 현대화의 당위성을 확보하는 데 활용하려 들었다. 단적으로 강대국 경쟁을 지적한 2019년 중국의 국방백서는 미국을 국제안보 질서상의 불안을 촉발하는 주요 근원으로 규정했다.[114] 이는 문제의 근원을 미국에 돌리고 중국의 군사 현대화 노력을 이에 대한 정당한 대응으로 규정하려는 시도였다. 이처럼 미국의 행위를 근거로 제시하려는 시도는 시진핑 체제가 강조한 핵 능력 강화에서도 확인된다. 대표적으로, 『환추시보』는 사설을 통해 중국이 핵 능력의 취약성으로 인해 미국의 압박을 자초했다고 규정하고, 2차 보복 능력을 확보함으로써 외부세력이 군사적 위

협을 가하는 것을 제어할 필요성을 강조했다.[115]

실제로 중국은 기존의 DF-31과 DF-41 등 대륙간 탄도 미사일에 더해 미국 본토를 공격할 수 있는 능력을 지닌 JL(巨浪)-2 잠수함 발사 미사일(SLBMs)을 개발하고 배치함으로써 신뢰할 수 있는 핵 억제 능력과 2차 타격 능력을 확보하려 시도했다.[116] 중국이 보유한 핵탄두 숫자와 관련해서는 다양한 추론들이 제시되었다. 가령, 미국 국방부는 2020년 보고서에서 중국의 핵탄두가 200여 기 정도에 이르며 향후 최소한 2배로 증대될 것으로 전망했다.[117] 한편 핵과학자회보(Bulletin of Atomic Scientists)는 중국이 같은 해 350개 정도의 핵탄두를 보유한 것으로 추정했다.[118] 이 가운데 미국을 공격할 수 있는 핵탄두의 숫자는, 미국 국방부 산하 기구에 따르면, 2020년 당시 DF-41 16기였고 이후 5년 동안 100기 이상으로 증가할 것으로 추정되었다.[119]

이러한 시도에 힘입어 중국의 군사력이 더욱 증대되고 효율적이 되었다는 평가가 제기되었다. 가령, 한 전문가는 중국이 그동안 주력해온 A2AD 능력 강화 시도가 성과를 거두면서 대만 주변과 제1열도선 안에서 미군이 작전하는 데 따르는 비용과 위험을 상당히 증대시켰다고 평가했다.[120] 다른 전문가 또한 중국이 "항모 킬러(carrier-killer)"로 불리는 사거리 2,500마일의 DF-26 지대함 미사일을 포함한 지상 발사 미사일에 집중적으로 투자한 결과 지역의 미국 공군기지와 동맹국 공군기지를 위협할 수 있는 능력을 확보하게 되었다고 평가했다.[121] 중국에서도 그동안 미국의 취약성을 활용하기 위한 분야에 집중적으로 투자한 결과 제1열도선 부근에서 미국과 대체적인 전략적 균형을 형성했다는 평가가 제기되었다.[122]

그러나 부정적 평가도 여전하다. 가령, 중국이 새로운 함정의 대대적인 취역을 통해 함정 숫자에서 부분적 우위를 달성했지만,[123] 개별 함정의 크기나 작전 능력에서는 여전히 미국에 뒤처졌다. 또한 중국이 대규모 전함을 유지하기 위해서는 국방비를 추가로 증대시켜야 하는데 이것이 커다란 부담으로 작용할 것이라는 평가도 제기되었다.[124] 여기에 더해 중국군이 선진장비 구비와 관련하여 진전을 이뤘지만 이를 활용할 수 있는 능력은 여전히 불분명하며 실전 경험 또한 부족하다는 평가도 제기되었다.[125]

중국의 군사력 평가를 둘러싼 논란에도 불구하고, 미국은 경계를 강화했다. 단적으로 2018년 국방전략은 급속히 증대되는 중국의 군사적 역량으로 인해 항공, 육지, 해상, 우주, 그리고 사이버 공간을 포함한 모든 작전영역에서 경쟁에 직면했다고 규정했고,[126] 같은 해 국방부가 의회에 제출한 연례 군사력 평가 또한 힘을 투사할 수 있는 중국의 능력이 제고되었다고 규정했다.[127] 이처럼 중국을 안보 도전으로 간주하는 인식은 트럼프 행정부 내내 계속해서 이어졌고, 2019년에도 스틸웰 국무부 차관보가 중국의 군사 현대화가 빠른 속도로 전개됨에 따라 전진 배치를 계속하려는 미국의 시도를 제어하고 대만을 포함한 지역 국가에 직접적 위협을 가한다고 규정했다.[128]

이러한 우려에 따라 트럼프 행정부는 중국에 대한 분명한 우위를 회복하기 위한 군사력 증강을 추구했다. 단적으로 중국과의 군사적 경쟁을 제기한 국방전략 문건은 미국의 영향력을 지속시키고 유리한 힘의 균형을 확보하기 위해 군사력 강화가 필요하다고 강조했다.[129] 군사력 강화를 위해 미국 의회는 2020년 12월 국방수권법에 태평양억제구상(Pacific Deterrence Initiative)을 포함함으로써 중국의 군사력 증강에 대응하기 위한 예산을 신설했다. 태평양억제구상은 러시아가 2014년 크림반도를 병합한 이후 220억 달러를 여러 해에 걸쳐 투입했던 유럽억제구상(European Deterrence Initiative)의 선례를 따른 것이었다.[130]

트럼프 행정부의 군사력 강화의 초점은 중국의 군사력 증강을 상쇄하고 우위를 유지하는 데 집중되었다. 구체적으로 5세대 군용기의 도입, 장거리 미사일, 사이버 공격 능력 강화 등이 추진되었다. 또한 트럼프 행정부는, 중국에 비해 거대한 우위를 점하고 있는 상황에서, 핵 능력도 강화하려 들었다. 구체적으로 잠수함 발사 미사일인 트라이던트 D5 배치, 동북아에 대한 미사일 방어체제 강화, 145대의 B-21 스텔스 폭격기 배치 등을 포함한 핵 현대화 계획을 마련했다.[131] 여기에 더해 트럼프 행정부는 중국의 중거리 미사일 전력 강화에 대응하기 위해 2019년 2월 중거리핵전력(INF) 조약 탈퇴를 선언했다.[132] 이는 중국이 미-중-러 3국 간 핵 군축 대화에 참여하라는 요구를 거부하는 상황에서 동 조약의 제약에서 벗어나 대응 전력을 강화하려는 의지를 반영한 것이었다.

이러한 양국 사이의 상호작용을 어떻게 평가할 것인가를 둘러싸고 이견이 존재한다. 한편에서는 양국이 군비 경쟁을 시작했다고 주장한다. 한 전문가는 미중 양국이, 비록 냉전기 미소 간의 경쟁에 미치지 못하고 또 경제적 연계와 국제문제 협력 필요성 등에 의해 제어되고 있지만, 군사적 경쟁을 시작했다고 규정한다.[133] 이와 함께 양국 간에 안보 딜레마가 촉발됨에 따라 군비증강 경쟁이 전개되고 있다는 주장도 제기되었다.[134] 즉, 중국의 군사력 증강에 대응하려는 미국의 시도가 다시 중국 지도부에 장기적 위협을 의식하고 군사, 경

제, 기술력을 동원하도록 작용하고 있다는 평가였다.[135]

　반면에 여전히 본격적인 군비 경쟁의 양상을 띠거나 안보딜레마를 촉발하는 수준에 미치지 않았다는 반론도 제기되었다. 가령, 프리드버그는 양국 간 군사적 경쟁의 양상은 미국이 서태평양에 대한 힘의 투사 능력을 유지하려 하고 중국은 이를 무력화하려는 양상을 보인다고 규정한다. 특히 그는 중국이 미국과의 전쟁을 수행하는 것보다 미국의 안전보장 공약의 실효성에 대한 의문을 제기하는 데 집중한다고 평가한다.[136] 이는 양국 간 군사적 경쟁이 본격적인 경쟁이기보다 여전히 접근과 반접근의 성격을 띰을 제시한다.

　사실 트럼프 행정부 시기 양국 간 군사적 경쟁은 군사적 충돌에 미치지 않는 범위에서 힘을 투사하려는 시도를 지칭하는 회색지대(gray-zone)에서 더 분명하게 전개되었다고 할 수 있다. 특히 중국은 회색시대 전략을 통해 자신이 지닌 우위를 활용하고 또 충돌의 위험도 완화하려 들었다. 이러한 중국의 의도는 해양 문제에서 가장 분명했는데, 여기에는 영토분쟁과 관련한 해양경찰 및 해상민병대(海上民兵) 활용 등이 포함되었다. 구체적으로 중국은 해군함정을 퇴역시켜 해경의 작전에 투입하고, 또 주권 방어를 명분으로 해경에 무력 사용을 허용하는 법안도 통과시켰다. 여기에 더해 해상민병대를 활용하여 미국과 다른 해군의 함정에 대해 충돌의 위협을 제기하기도 했다.[137] 이는 중국이 무력 충돌에 미치지 않는 수단을 활용하여 자신의 주권 주장을 실현하려 들었음을 보여준다.

　트럼프 행정부는 중국의 이러한 회색지대 활동에 대한 경계를 강화했다. 국방부가 발표한 인도태평양보고서가 중국이 다른 국가와의 분쟁에서 준군사적 세력을 활용하는 회색지대 전략을 활용한다고 규정했고,[138] 미 의회의 위임을 받은 한 위원회가 발표한 보고서 또한 중국이 회색지대 침략과 충돌에 의존한다고 지적했다.[139] 이러한 판단에 따라 미국도 해양경찰의 역할을 강화함으로써 중국의 회색지대 활동에 대응하려 들었는데, 그 대표적 사례로 트럼프 행정부가 임기 말 해양경찰과 해군/해병대 사이의 통합성을 제고시키기 위한 새로운 해상전쟁 전략을 발표한 사실을 들 수 있다.[140]

그러나, 엄밀히 말하면, 미국도 이미 회색지대 활동을 적극적으로 활용해왔다. 그동안 미국이 수행해온 중국을 수정주의 국가로 규정하는 선전전, 해상 순찰 활동의 강화, 항행의 자유 작전, 그리고 해상 훈련의 강화 등은 실질적으로 모두가 충돌에 미치지 않는 수단을 통해 선호하는 질서를 수용하도록 중국에 강요하려는 시도였다. 특히 트럼프 행정부는 남중국해에 대한 항행의 자유 작전을 대폭 강화함으로써 군사적 충돌에 미치지 않는 범위에서 모든 수단을 동원하여 중국을 제어하려 들었다. 이에 따라 오바마 행정부 시기 4차례에 불과했던 항행의 자유 작전은 이 시기 27회로 대폭 확대되었다.[141]


## 이념 경쟁

2020년 초부터 본격화된 코로나 사태가 미국의 대선 사이클과 중첩되면서 양국 간 경쟁이 더욱 심화하고 대결의 가능성마저 제기되었다. 비록 코로나19가 중국에서 처음으로 확인되었지만, 이후 중국이 비교적 성공적으로 상황을 통제한 데 반해 트럼프 행정부는 대처에 어려움을 경험했다. 이것이 상대와의 관계에 대한 양국의 입장에 변화를 촉발했다.

중국에서는 코로나 대응을 둘러싼 미국의 어려움을 목격하면서 국제체제의 세력 대비가 변화하고 있다는 주장이 더욱 강화되었다. 가령, 위안펑은 코로나 확산과 그 파급효과가 국제질서에 끼칠 영향이 세계대전의 영향력에 못지않을 것이라고 규정했다. 즉, 중국이 아직 양극이 되기에는 부족하지만, 미국이 단극이던 시대는 끝이 났고 다시 세계를 이끌기는 어렵다는 주장이었다.[142] 이러한 자신감은 후일 시간과 추세가 중국에 있다는 시진핑 주석의 주장으로 더욱 구체화되었다.

이러한 중국의 공세는 대선을 앞둔 트럼프 대통령의 초조감을 자극했다. 2020년 초 1단계 합의에 서명했던 트럼프 대통령은 코로나 사태로 자신의 재선이 위험에 처하자 중국에 더 강경해졌다. 코로나를 우한 바이러스로 부르는 등 중국에 대한 비난의 수사를 끌어 올린 트럼프는 이후 중국과의 교류를 차단하려 들었다. 중국이 미국의 기술과 혁신을 절취하고 있다는 이유를 내세워, 7장에서 지적한 것처럼, 비자 제한조치를 발표한 데 이어 휴스턴 총영사관을 폐쇄하고 또 미국 주재 중국 언론사에서 일할 수 있는 인원의 숫자를 엄격하게 제한하는 등 제재 조치를 대폭 강화했다.[143] 나아가 그는, 볼턴이 지적하듯,[144] 중국의 인권 문제를 공개적으로 비판하기를 거부하고 심지어 신장 위그르족 수용캠프 건설을 인정하기도 했던 입장을 바꿔 홍콩 국가보안법을 시행한 데 대해 중국 관리들을 제재하고 또 남중국해에 항모 전단을 파견하여 힘을 과시하는 등 중국에 대한 압박을 최고조로 끌어올렸다.

이와 함께 트럼프 행정부 일각에서는 중국과의 경쟁을 이념 경쟁으로 규정함으로써 체제변화를 추구하려는 시도를 전개했다. 2020년 5월 트럼프 행정부가 중국 정책에 관한 문건을 발표하여 중국이 서구와 이념 경쟁을 전개하고 있다고 지적한 것을 전후하여,[145] 폼페이오 국무장관, 바(William P. Barr) 법무장관, 레이(Christopher Wray) FBI 국장, 오브라이언(Robert O'Brien) 국가안보보좌관 등 강경파들이 연이어 중국을 실존적 위협으로 규정하고 강경한 정책을 통해 국제적으로 고립시킬 것을 주장했다.[146]

특히 폼페이오 국무장관은 7월에 행한 연설에서 중국이 안보상의 도전과 함께 이념상의 도전도 제기한다고 규정했다. 구체적으로 그는 중국이 권위주의와 그 이념을 확장하려 드는 등 서구에 위협을 제기한다는 시각을 공개적으로 설파함으로써 양국 간 경쟁을 이념적 차원으로 확장하고 자유세계와 독재체제 간의 대결로 규정하려 들었다. 이와 함께 그는 중국인들이 정부의 행위를 바꿀 힘을 가져야 한다고 주장했다.[147] 이는 중국공산당과 중국인을 분리함으로써 중국 체제에 압박을 가하려는 시도였다.

이처럼 트럼프 행정부가 중국에 대한 압박을 극단적으로 제고시킴에 따라 미국에서 미중경쟁이 이념과 지정학적 경쟁이 되었고 따라서 냉전으로 이어질 것이라는 평가가 제기되었다.[148] 그러나 재선 국면을 맞은 트럼프 대통령은 여전히 이념 경쟁을 강조한 강경파들과 거리를 유지했고, 그 결과 경쟁을 이념적 측면으로 확대하려는 시도는 행정부 차원의 지지를 확보하지 못했다. 따라서 이러한 시도가 중국과 본격적인 이념 경쟁을 추구하기로 결정했음을 의미하는 것인지, 아니면 단순히 트럼프 행정부 내의 이견을 반영하는 것이었는지는 불분명한 상태로 남았다.

중국은 이러한 시도를 체제변화를 추구하려는 시도이자 위협으로 인식했다. 이에 따라 중국은 코로나 기원을 조사해야 한다는 트럼프 대통령의 주장을 자신의 실패 책임을 중국에 돌리려는 시도로 간주하고 늑대 전사 외교를 통해 정면으로 대응한 데 이어 정치적 안전을 강조하기에 이르렀다. 가령, 2020년 10월에 대체적 윤곽을 드러낸 14차 5년 규획이 역사상 처음으로 국가안보 항목을 내용에 포함시켰고,[149] 시진핑 주석 또한 12월 정치국 집단학습에서 정치체제의 안전을 적극적으로 수호할 것을 강조했다.[150] 이러한 움직임에도 불구하고 왕이 외교부장은 "이념을 수출하지 않는다"고 규정함으로써,[151] 미국과의 경쟁이 이념 영역으로 확산하는 것을 차단하려 들었다.

## 충돌 방지 시도

트럼프 행정부 시기 미중경쟁이 확산하면서 협력은 사라졌다. 트럼프 행정부가 강대국 경쟁이 협력을 배제하는 것은 아니라고 천명했지만, 현실적으로 초점은 경쟁에 집중되었고 협력은 소실되었다. 부시와 오바마 행정부 시기에 건립된 100여 개에 이르는 양국 간 협력과 대화 기제들은 2017년 4월 정상회담에서 합의한 4개로 축소되었고, 트럼프 행정부는 그마저도 무력화시켰다. 가령, 고위급 외교안보대화는 2019년에 방기되었고, 같은 해 양국 간 군사적 접촉의 횟수는 11회에 그침으로써 2013년의 40여 회에 비해 크게 축소되었다.[152]

이처럼 양국 간 협력이 급격하게 위축된 반면에 군사적 충돌이 발생할 가능성에 대한 우려가 제고되었다. 이러한 우려는 중국에서 특히 강하게 제기되었다. 중국은 남중국해에서의 충돌 가능성을 우려했다. 중국의 한 연구기구는 트럼프 행정부가 더 많은 정책결정권을 군에 이양함에 따라 양국 해군 사이의 소규모 군사적 충돌 가능성이 커졌다고 지적했다. 즉, 오바마 행정부 시기 남중국해에서 항행의 자유 작전에 백악관이 개입하여 관리했던 것과 달리 트럼프 행정부가 권한을 인도태평양사령부에 위임함으로써 충돌 위험이 증대되었다는 우려였다.[153] 여기에 더해 중국에서도 해군력의 증대되면서 미국의 행동에 더 강경하게 대응해야 한다는 목소리가 힘을 얻었다. 가령, 한 군사 전문가는 중국 영해에 진입한 미군 함정에 충돌하여 침몰시킴으로써 더 이상 진입하지 못하도록 할 것을 주장한 바 있다.[154] 모두가 충돌의 위험성이 제고됨을 보여주었다.

물론 이는 중국이 실제로 미국과의 충돌을 불사하려 들었음을 의미하지 않는다. 중국은 양국 사이의 충돌을 방지할 필요성을 강조했다. 가령, 강경 민족지인『환추시보』는 사설에서 2018년 10월 미중 국방장관의 싱가포르 회동과 관련하여 양국 모두가 군사적 충돌을 방지하려 희망함을 보여주었다고 규정했다.[155] 중국의 전문가들 또한 주권과 안보 이익을 수호하려는 시도를 계속하는 동시에 군사 분야에서 미국과의 연계를 계속해서 유지하고 이미 합의한 이견과 위기관리 조치를 집행할 필요성을 강조했다.[156] 모두가 군사적 충돌을 방지할 필요성을 지적한 것이었다.

2020년 미국에서 대선이 시작되면서 양국 간 충돌 가능성에 대한 중국의 우려는 더욱 제고되었다. 이러한 사실은 시진핑 주석이 4

월에 최악의 시나리오에 대비해야 한다는 경고를 발신하고,[157] 또 웨이펑허 중국 국방부장이 8월 에스퍼(Mark Esper) 미국 국방장관과의 통화에서 충돌회피를 위해 노력할 필요성을 강조하고 중국군에 미국과 대치할 경우 먼저 발포하지 말라는 명령을 전달한 데서 확인되었다.[158] 이는 중국이 우발적 충돌 가능성을 심각하게 인식했음을 보여준다.

이러한 인식은 이 시기 미중 양국 전투기의 조우가 빈번해진 상황을 반영했다. 미국은 폭격기와 전투기를 중국 남부의 영해 가까이에 비행시킴으로써 중국의 위협의식을 촉발했고, 6월에는 중국 정찰선을 감시하기 위해 파견한 F-18 전투기가 폭격 훈련을 거행하기도 했다.[159] 동중국해에서는 대만해협을 관할하는 중국의 동부 전구(戰區)가 2020년 3월경부터 J-20 전투기를 동원하여 장거리 순찰을 시행함에 따라 미국의 F-35 전투기와의 조우가 빈번해졌다.[160] 미중 사이의 군사적 소통 채널이 차단되고 양국 간 행위 규칙이 더 이상 작동하지 않는 상황에서 형성된 이러한 일련의 조우가 양국 간 충돌 가능성에 대한 우려를 증대시켰다.

이처럼 양국 간 우발적 충돌에 대한 우려가 제고되는 가운데, 양국군 사이에 충돌을 방지하기 위한 노력이 전개되었다. 미국의 대통령 선거가 막바지에 다다른 10월경 미 인도태평양사령부 정보국장의 대만 방문 보도에 이어 미국 유엔대사 크래프트(Kelly Craft)와 폼페이오 국무장관의 대만 방문 가능성에 관한 보도가 이어졌다. 이와 관련하여 중국군은 트럼프 대통령이 대만과 관련한 일련의 도발을 통해 중국의 보복 조치를 유도함으로써 국면을 전환하려 시도한다고 우려했다. 이에 따라 중국은 모든 전구(战区)에 경계수준을 높이도록 조치하는 동시에 베이징 주재 미 대사관 무관부에도 우려를 전달했다. 이후 미국 에스퍼 국방장관의 지시를 받은 밀리(Mark Milley) 합참의장이 10월 30일 중국군 연합참모장 리쭤청(李作成)과 통화하여 기습공격 계획이 없음을 밝힘으로써 중국의 우려를 해소하려 시도했다. 또한 밀리 합참의장은 인도태평양사령부에 예정된 군사훈련을 연기할 것도 권고했다. 이후 크래프트 대사의 방문 계획이 취소되고 폼페이오 방문 가능성에 대한 보도도 부인되었다. 그러나 대선에 패배한 이후인 11월 9일 트럼프 대통령이 에스퍼 국방장관을 해임하자 중국의 의심과 우려가 다시 증대되었고, 이러한 우려는 1월 6일 미국에서 의사당 폭동 사태가 발생하자 더욱 강화되었다. 이에 따라 1월 8일 밀리 의장이 통화를 통해 미군이 기습공격을 하지 않을 것임을 다시 보장하기에 이르렀다.[161] 이러한 일화는 이 시기 미중관계가 악화된 정도를 잘 보여주는 동시에 양국이 충돌을 회피하기 위해 함께 노력했음도 보여준다.


## 평가


이상의 논의는 트럼프 행정부가 선언한 강대국 경쟁이 미중관계에 심대한 변화를 촉발했음을 제시한다. 트럼프 행정부는 인도태평양전략과 대만 카드 등을 통해 중국을 압박하려 들었고, 군사 분야에서도 중국의 군사력 강화 시도에 대한 대응의 강도를 제고시켰다. 이러한 미국의 압박에 직면한 중국은 글로벌 거버넌스 개혁이나 회색지대 활동의 강화와 같은 자국의 우위를 활용하면서도 본격적 충돌 가능성을 완화하는 방식으로 미국의 압박에 대응하고 또 영향력도 확대하려 들었다.

양국 간 경쟁은 2020년에 들어 코로나19 사태가 본격화된 상황에서 트럼프 대통령이 재선을 위한 노력에 착수하면서 더욱 가열되었다. 미국이 코로나19 확산을 통제하는 데 어려움을 경험하는 것을 목격하면서 중국이 경쟁에 대한 자신감을 더욱 강화했고, 이는 다시 미국의 초조감을 자극함으로써 압박을 더욱 강화하도록 작용했다. 대선 국면에 접어든 트럼프 대통령은 재선을 위해 가능한 모든 수단을 동원하여 중국에 대한 압박을 강화하려 들었고, 일부 강경파 각료들은 중국과의 경쟁을 이념과 체제 경쟁으로 확산하려 들기도 했다. 이에 따라 양국 간 경쟁은 대결 국면으로 확산했고, 심지어 군사적 충돌에 대한 우려도 촉발되었다. 이에 반해 그동안 계속해서 이어서 왔고 또 확대되기도 했던 양국 간 협력은 소실되었다. 이러한 미중관계의 양상은 양국이 이견을 유보하고 공동의 이익에 집중했던 타협적 관계나 경쟁과 협력을 동시에 체현했던 복합적 관계로부터의 분명한 변화였다.

미중관계의 변화는 트럼프 시기의 미중경쟁을 오바마 시기와 비교할 때 더욱 분명해진다. 트럼프 시기의 미중경쟁은 전방위로 확산했다는 점에서 일부 영역에 한정되었던 오바마 시기의 경쟁과 차이를 보였다. 또 오바마 행정부 시기의 경쟁이 구체적 이슈를 중심으로 전개된 데 반해 트럼프 시기에 들어서는 주도권 경쟁의 양상을 띠기 시작했다. 이처럼 경쟁이 강화한 데 반해 오바마 행정부 시기 확대되고 계속되었던 협력은 트럼프 행정부가 강대국 경쟁을 선언한 이후 급격하게 소실되었다.

이처럼 양국 간 경쟁이 심화했지만, 이 시기 이념과 안보 차원의 경쟁이 무역과 기술 분야에서의 경쟁을 압도했다고 보기는 어렵다. 7장에서 살펴본 것처럼, 양국은 무역 분야에서 제재와 보복을 주고받으면서 직접 맞부딪혔다. 그러나 강대국 경쟁의 핵심으로 제시되는 군사적 분야에서의 경쟁은 여전히 충돌의 위험성을 내포한 안보딜레마나 본격적인 군비 경쟁을 촉발하지 않았다. 또 트럼프 행정부 말기 폼페이오 국무장관을 위시한 일부 강경파가 시도했던 경쟁을 이념적 측면으로 확대하려는 시도 또한 충분한 동력을 확보하지 못했다. 이는 트럼프 행정부의 초점이, 강대국 경쟁의 선언에도 불구하고, 무역과 기술 분야에 집중되었음을 의미한다. 즉, 아이켄베리가 지적하듯,[162] 트럼프 행정부는 중국과의 관계를 강대국 경쟁으로 규정했지만 정작 경쟁의 초점은 무역과 기술 분야에 집중시켰다.

중국 또한 미국을 압도하기 쉽지 않다는 판단에 따라 정치·군사적 경쟁을 전개하기보다 경제적 경쟁과 글로벌 거버넌스 개혁과 같은 시도를 통해 영향력을 확대하고 또 미국의 지위를 약화하는 데 집중했다. 다시 말해 중국은 미국에 맞서 경쟁을 본격화하기보다 자신의 국제적 지위를 제고시킴으로써 미국의 견제에 대응하려 들었고, 또 이러한 시도를 글로벌 거버넌스와 회색지대 등 충돌 가능성이 낮은 영역에 한정시켰다. 이러한 사실 또한 미중 강대국 경쟁이 군사·이념적 경쟁을 핵심으로 하는 신냉전과 차이를 보임을 제시한다.

이처럼 미중 간 강대국 경쟁이 충돌의 위험성을 급격하게 제고시키지 않았다는 점에서 현실주의 주장과 차이를 보인다. 널리 알려진 것처럼 현실주의는 통상적으로 강대국 경쟁을 세력전이와 연관시키며, 따라서 무력충돌로 이어질 가능성을 강조한다.[163] 물론 미중경쟁 또한 부분적으로 양국 사이의 작용-반작용 사이클을 촉발함으로써 충돌의 위험성을 제고시킨 사실은 부정하기 어렵다. 가령, 대만 문제와 관련하여 트럼프 행정부가 압박을 제고했고 중국 또한 긴장을 제고시키며 대응했다. 군사적 영역에서도 중국의 군사 현대화 시도가 미국의 반작용을 일정 부분 촉발했다. 그러나 미국이 추진한 인도태평양전략이나 중국이 강조한 글로벌 거버넌스를 둘러싸고는 작용-반작용 사이클이 촉발되지 않았다. 비록 트럼프 행정부 말기 군사적 충돌에 대한 우려가 제기되기도 했지만, 이는 양국 간 경쟁이 본격화된 결과이기보다 트럼프 대통령의 개인적 요인과 정치적 고려에 의해 촉발된 것이었다. 아울러 양국은 충돌을 피하기 위해 협력하기도 했다. 따라서 강대국 경쟁의 선언에도 불구하고, 미중 사이에 충돌 위험성의 제고가 가시화되지 않았다. 이처럼 미중경쟁이 충돌에 미치지 않는 방식으로 우위를 추구하려 들었다는 점에서 신냉전으로 접어들었다고 보기는 어렵다.

트럼프 행정부가 강대국 경쟁을 선언한 것은 충돌을 불사하고 중국을 봉쇄하려는 의지를 표현한 것이기보다, 이러한 선언을 통해 압박을 극단적으로 끌어 올림으로써 양보를 얻어내는 데 그 의도가 있었던 것으로 평가할 수 있다. 그러나 중국이 저항함에 따라 이러한 목표를 달성하지 못했다. 미국의 압박에도 불구하고 중국은 자신감을 강조하며 완고하게 저항했는데, 이는 중국이 그 행위를 절제하려 들지 않았음을 의미한다. 이러한 사실은 중국이 트럼프 행정부가 퇴임하는 시점에서 보복 조치를 취한 데서도 확인되었다. 트럼프 행정부가 퇴진하고 바이든 행정부가 취임한 직후인 1월 21일 새벽 중국

외교부는 "내정에 개입하고 미중관계를 심대하게 해쳤다"는 명분을 들어 폼페이오 국무장관을 위시한 트럼프 행정부의 강경파 관료들 대부분에 제재를 가했다.[164] 이는 중국이 새롭게 취임한 바이든 행정부에 트럼프 행정부가 추구했던 강대국 경쟁을 변화시키고 양국관계를 정상화할 것을 촉구한 것으로 볼 수 있다. 그러나 이러한 강경한 조치는, 강대국 경쟁으로 인해 양국 간 적대감과 불신이 확대된 현실에서, 중국이 희망한 양국관계의 정상화를 더욱 어렵게 만들 소지를 제공했다.

## 제9장

# 경쟁의 '체계화'

2020년 미국 대선에서 트럼프 대통령의 대중정책을 비판한 바이든 후보가 낭선되면서 한때 미중관계가 트럼프 행정부 이전의 상태로 다시 돌아갈 수 있다는 기대가 제기되기도 했다.[1] 그러나 이러한 기대와 달리 바이든 대통령 또한 경쟁을 강조함으로써, 중국과의 경쟁이 트럼프 대통령의 일탈이 아닌 미국 내의 합의임을 보여주었다. 이처럼 경쟁을 이어가면서도 바이든 행정부는 경쟁을 '체계화'하여 트럼프 시기에 존재했던 불명확성을 해소하고 또 협력도 복원하겠다고 공약함으로써 차별화를 시도했다. 그러나 현실에서 바이든 행정부는 취임 이후 중국에 대한 관세를 유지한 데 더해 첨단기술에 대한 수출과 투자의 규제를 심화시키고, 대만에 대한 지원과 중국의 군사력 증강에 대응하려는 시도를 강화하는 등 경쟁에 집중했다. 이에 반해 경쟁을 체계화하기 위한 요소이자 트럼프 행정부와의 중대한 차별성으로 제시한 협력은 구현되지 않았다.

중국은, 바이든 행정부가 관계 재편을 추구할 것이라는 애초의 기대가 좌절됨에 따라, 경쟁을 현실로 인정하고 대응하는 동시에 반격도 가하려 들었다. 경쟁에 대한 중국의 인식과 대응 또한 트럼프 행정부 시기보다 더 분명해진 것이다. 권력을 연장하려는 시진핑의 의도에 의해 더욱 제고된 자신감을 바탕으로, 중국은 강력한 지위를 강조하는 바이든 행정부의 시도에 공개적으로 반박했다. 이와 함께 과학기술 분야의 자립과 자강 강조, 대만 문제에 대한 강력한 대응, 그리고 군사력 증강 시도 등을 통해 미국과의 경쟁에 대응했다. 여기에 더해 중국은 '유엔 주도의 국제체제와 국제법에 기반한 국제질서'를 제기함으로써 미국이 강조하는 규칙 기반 국제질서의 정당성에 의문을 제기하는 반격 조치도 취했다. 정면으로 맞서는 것은 회피하면서도, 미국의 주도권을 약화하겠다는 의지를 더욱 분명하게 한 것이다.

그 결과 미중경쟁은 더욱 가열되었다. 양국 모두가 상대와의 관계를 경쟁의 시각에서 접근함에 따라 과학기술, 대만, 그리고 군사 분야 등에서 대치 국면이 형성되었다. 여기에 더해 중국이 미국의 주도권에 대해 이의를 제기함에 따라 국제질서와 관련한 이견도 점차 분명해졌다. 이처럼 경쟁이 전방위로 확산하고 심화한 반면에 협력은 회복되지 않았다. 비록 바이든 행정부가 경쟁을 책임 있게 관리할 필요성을 거듭해서 제기함으로써 충돌을 회피하려는 의지를 표명하고 중국 또한 양성 경쟁을 강조함으로써 충돌을 방지하려 시도하지만, 양국이 실제로 경쟁을 관리함으로써 충돌을 회피할 수 있을 것인지는 여전히 분명하지 않다.

이 장은 바이든 행정부 취임 후 2년 동안 진행된 미중경쟁을 검토한다. 이를 통해 바이든 행정부가 경쟁 개념을 체계화하는지, 또 그 결과 미중경쟁의 양상이 트럼프 시기로부터 변화하는지 등을 살펴본다. 아래에서는 우선 바이든 행정부의 대중정책을 검토한 후, 이에 대한 중국의 인식과 대응을 논의한다. 이어서 양국의 정책이 상호작용하면서 형성된 경쟁의 양상을 과학기술, 대만, 군사 등으로 구분하여 살펴본다. 계속해서 미국이 주도하는 국제질서의 정당성에 대해 이의를 제기함으로써 반격을 가하려는 중국의 시도에 대한 검토를 통해 양국 간 경쟁이 더욱 확산했음을 제시한다. 다음으로 경쟁을 관리하고 충돌을 회피하기 위한 양국의 시도에 대한 고찰을 통해 바이든 행정부의 미중경쟁이 트럼프 행정부와 차이를 확보할 수 있을 것인지를 논의한 후, 바이든 행정부 시기의 미중경쟁을 평가한다.

## 바이든 행정부와 경쟁의 '체계화'

### 경쟁의 지속과 차별화

대선 과정에서 트럼프 대통령이 부과한 관세를 철폐하겠다고 주장함으로써,[2] 전임 정부가 취한 조치를 해제할 것이라는 기대를 창출했던 바이든은 2021년 1월 대통령직에 취임한 이후 경쟁을 강조함으로써 중국과의 관계를 재편할 가능성을 배제했다. 그는 취임 이후 처음으로 행한 외교정책 관련 연설에서 중국을 가장 심대한 경쟁자라고 규정한 데 이어,[3] 다시 세계의 선도국가가 되려는 중국과의 첨예한 경쟁(stiff competition)을 제기했다.[4] 이처럼 경쟁을 강조하는 상황에서, 캠벨 인도태평양 조정관은 관여의 시기가 끝났으며 경쟁이 미중관계의 "지배적 틀(dominant paradigm)"이 되었다고 규정함으로써 바이든 행정부가 중국과의 경쟁을 강조함을 더욱 분명하게 보여주었다.[5]

바이든 행정부가 경쟁을 강조한 것은 중국의 국력 증강과 그것이 촉발한 파급효과에 대한 계속된 경계심을 반영했다. 즉, 중국이 미국의 힘과 지도력에 도전하려 한다는 경계심이었다. 단적으로 바이든 대통령이 미국을 추월하여 세계의 선도국가가 되려 한다고 중국에 대한 경계심을 표명했고, 블링큰(Anthony J. Blinken) 국무장관도 중국이 미래의 기술과 산업을 지배하려는 의도를 지녔다고 규정했다.[6] 여기에 더해 미국의 국내정치적 요인 또한 바이든 행정부에 중국과의 경쟁을 이어가도록 작용했다. 중국에 대한 부정적 인식이 광범위하게 확산한 상황에서 트럼프 행정부의 강경한 대중정책을 되돌리려 할 경우 반대파의 정치적 공격을 촉발할 가능성을 우려한 것이었다. 대신에 바이든 행정부는, 미국의 한 전문가가 지적하듯,[7] 중국과의 경쟁을 강조함으로써 트럼프 시기 분열된 국가를 다시 통합하려 들었다.

이처럼 바이든 행정부는 중국과의 경쟁을 강조하면서도, 트럼프 행정부의 대중정책에 존재했던 불명확성을 비판하며 다른 방식으로 경쟁하겠다고 선언함으로써 차별화도 시도했다.[8] 구체적으로 바이든 행정부는 중국의 도전에 효과적으로 대응하기 위해서는 체계적이고 전면적 전략이 필요하다고 주장하며 경쟁의 체계화를 선언하고, 중국의 움직임에 대응하는 데 너무 많은 시간과 에너지를 소비하는 대신에 강력한 지위를 확보하고 이러한 지위에서 중국을 압박하려 들었다.[9] 이는 동원 가능한 모든 수단을 통해 미국의 우위를 회복함으로써, 미국의 힘에 대한 동맹국의 우려와 미국이 쇠퇴하고 있다는 중국의 인식을 동시에 불식시키려는 시도였다.

강력한 지위에서 경쟁하려는 미국의 의지는 바이든 대통령이 취임 이후 처음으로 행한 외교정책 관련 연설에서 "미국이 돌아왔다(America is back)"고 선언함으로써 국제적 지도력을 복원할 것임을 강조한 데서 드러났다.[10] 이어서 발표된 국가안보전략 잠정지침(Interim National Security Guidance)은 유리한 힘의 배분(favorable distribution of power)을 통해 적대세력이 미국을 위협하는 것을 억제하고 안정적이고 개방적 국제체제를 주도하는 것을 국가안보의 우선순위로 제시함으로써 바이든 행정부가 균형 전략을 추구한다는 사실을 제시했다.[11] 이처럼 바이든 행정부가 미국 체제의 우월성과 중국의 취약성에 대한 신념을 바탕으로 유리한 힘의 균형을 확보하고, 이를 통해 중국에 대응하려 들었다는 사실은 2022년 블링큰 국무장관이 발표한 대중전략에서 다시 확인되었다.[12]

국내 경쟁력 제고와 대외 공조 강화

경쟁의 체계화를 내세운 바이든 행정부는 미국의 힘의 기반에 대한 투자와 동맹국 및 파트너 국가와의 공조를 통해 강력한 지위를 형성하고 이를 기반으로 중국과 경쟁하려 들었다. 즉, 미국은 기술과 혁신 등 자신의 힘과 경쟁력을 강화하는 데 투자하는 내적 균형 전략과 동맹 및 파트너 국가와의 공조를 강화하는 외적 균형 전략을 모두 동원하여 힘의 우위를 확보하고 유지하려 들었다. 이러한 미국의 대중정책은 2022년 블링큰 국무장관이 발표한 대중전략에서 분명하게 드러났다. 그는 미국의 우위를 회복하고 국내적 경쟁력을 제고시키기 위해 투자(invest)하고, 중국 주변의 전략적 환경을 형성하기 위해 동맹국 및 파트너 국가와의 국제적 공조(align)를 확장하며, 이를 기반으로 중국과 경쟁(compete)할 것을 천명했다.[13] 바이든 행정부는 이를 중국에 대한 포괄적 전략으로 규정했다. 그러나 현실적으로 이는 대통령 선거 과정에서 본격화된 코로나19 사태로 인해 드러난 공급망 위기와 트럼프 대통령의 동맹 경시에 따른 부작용을 극복할 필요성을 반영한 것이기도 했다.

우선, 바이든 행정부는 힘의 기반에 투자함으로써 미국의 경쟁력을 강화하려 들었다. 이는 미국 체제가 잘 작동한다는 사실을 보여줌으로써 자신의 모델이 더 우월하다는 중국의 주장에 대응하려는 시도였다. 바이든 대통령은 취임 직후부터 광범위한 투자를 통해 국내 산업 역량과 과학연구 역량을 회복할 필요성을 강조했다. 대표적으로 그는 2021년 4월 의회에서 행한 연설에서 중국의 야심을 거론하며 경쟁에서 승리하기 위해 국내 투자를 증진할 필요성을 강조했다.[14]

이러한 노력에 힘입어 바이든 행정부는 2022년 말까지 기술혁신과 제조업 경쟁력 강화를 위한 1조 달러 이상의 신규 투자를 확보했다.[15] 우선, 2021년 11월 미국 의회를 통과한 인프라 투자법(The Infrastructure Investment and Jobs Act)이 도로, 교량, 철도, 항구, 공항, 광대역 인터넷 등에 5,500억 달러를 추가로 투자할 것을 규정했다.[16] 다음 해 7월에는 인공지능과 반도체를 포함한 첨단산업 분야의 연구와 제조역량 제고를 위해 2,800억 달러의 투자를 규정한 반도체와 과학법(CHIPS and Science Act)이 통과되었다. 이 법은 양자 컴퓨터, 인공지능, 청정에너지, 나노기술 등 첨단기술의 연구와 상업화 등을 지원대상으로 설정했는데,[17] 이 분야는 대체로 중국제조 2025 와 중복되었다. 여기에 더해 같은 달 미국 의회에서 에너지 안보와 기후변화 대응에 3,690억 달러를 배정한 인플레이션감축법(Inflation Reduction Act of 2022)도 통과되었다.

이러한 국내 경쟁력 제고 시도와 함께 미국은 외적 균형도 강조했다. 사실 바이든 행정부의 초점은, 심각한 국내정치적 균열로 인해, 외적 균형에 더욱 집중되었다고 할 수 있다. 바이든 대통령과 그 관리들은 취임 직후부터 중국과의 관계보다 동맹국들과의 연대를 더욱 강조했다. 이는 동맹국 및 파트너 국가들과의 공조를 강화함으로써 유리한 힘의 균형을 확보하려는 시도로, 국력상의 한계에 대한 바이든 행정부의 인식을 반영했다. 비록 바이든 행정부가 중국의 주변 환경을 형성하겠나고 선언했지만 인도태평양 지역의 교역을 형성할 수 있는 능력에는 분명한 한계가 존재했고, 이러한 현실에 대한 인식이 동맹 및 파트너 국가와의 공조를 강조하도록 작용했다.

외적 균형의 초점은 인도태평양 지역에 집중되었다. 우선, 바이든 행정부는 출범 직후인 2021년 3월 정상회의를 개최함으로써 쿼드를 정상급 수준으로 격상시켰다. 또한 회의에서 "경제적 침략(aggression)"과 "강압(coercion)"을 논의하고 또 민주적 가치와 항행의 자유를 강조함으로써 중국에 대응하려는 의도를 표출했다.[18] 아울러 경제적 영역에서도 바이든 행정부는 IPEF를 통해 증대되는 중국의 경제적 영향력에 대응하려 들었다. 이러한 시도는 바이든 행정부가, 제재 일변도로 나아갔던 트럼프 행정부와 달리, 동맹 및 파트너 국가와의 공조를 통해 중국에 대한 유리한 힘의 균형을 확보하려 들었음을 보여준다.

### 한계

바이든 행정부가, 트럼프 행정부의 대중정책과의 차별성을 확보하기 위해, 강조한 경쟁의 체계화는 경쟁과 협력의 균형을 그 핵심으로 했다. 이러한 사실은 블링큰 국무장관이 중국과의 협력을 트럼프 행정부의 대중정책과의 분명한 차이로 제시한 데서 확인된다.[19] 이는 바이든 행정부가 중국과의 경쟁을 강조하면서도 적대적 수사를 자제함으로써 중국과의 관계가 계속해서 악화하는 것을 방지하려 들었음을 의미한다. 다시 말해 바이든 행정부는 충돌 가능성에 대한 중국과 세계의 우려를 인식하고 완화하려 들었다. 이러한 사실은 바이든 행정부가 국가안보전략에서 경쟁이 세계를 블록화시키는 결과로 이어지는 것을 피하고 또 충돌이나 신냉전을 추구하지 않는다고 선언한 데서도 확인된다.[20] 그러나 이러한 시도에는 한계가 분명했다.

바이든 행정부는 출범 이후 중국과 경쟁하는 동시에 협력하겠다는 입장을 표출했다. 바이든 대통령이 경쟁에 대한 의지를 천명하면서도 미국의 이익에 부합할 때 중국과 함께 일할 준비가 되어 있다고 선언했고,[21] 블링큰 국무장관 또한 협력을 경쟁 및 대결과 함께 대중정책의 주요 축 가운데 하나로 규정하고 기후변화와 비확산 등을 중국과 협력할 수 있는 이슈로 제시했다.[22] 이는 중국과 서로 다른 영역과 이슈에서 서로 다른 양태의 관계를 구축하려는 바이든 행정부의 의도를 반영했다. 이처럼 바이든 행정부가 협력을 복원하겠다고 공약함에 따라 양국관계가 회복되고 관계의 기복이 줄어들 것이라는 기대가 형성되었다. 트럼프 행정부 시기 협력이 소실되었음을 고려하면, 협력의 복원은 미중관계의 중대한 전환이자 트럼프 시기와의 중요한 차이를 의미했다.

그러나 바이든 행정부는 중국과 협력을 복원하겠다고 주장하면서도, 경쟁과 협력 사이에 존재하는 긴장을 어떻게 해소할 것인지는 분명하게 제시하지 못했다. 오히려 바이든 행정부의 전략에는 미중 협력을 어렵게 만들 요인들이 존재했다. 우선, 바이든 행정부가 강력한 지위를 강조했다는 사실이다. 이처럼 강력한 지위를 강조함에 따라 미국이 중국의 성장과 발전을 제어하려들 가능성이 제기되었고, 과연 중국의 성장을 제어하려 들면서 협력을 추구하는 것이 가능할 것인가라는 의구심이 제기되었다.[23] 여기에 더해 바이든 행정부는 중국에 협력의 대가를 제공하지 않겠다는 의지도 밝혔다. 가령, 바이든 행정부는 출범 직후 기후변화에 관한 협력을 촉구하면서도 중국이 요구하는 관세와 무역에 관해서는 협상하려 들지 않았다. 이와 함께 미국이 중국의 요구를 수용하지 않고 협력을 이끌어 낼 수 있을 것인지에 대한 의구심이 제기되었다.

더 큰 한계는 바이든 행정부 또한 대중전략에 존재하는 근원적 문제점을 해소하지 못했다는 점이다. 바이든 행정부가 대중전략을 체계화함으로써 트럼프 행정부와 차별화하려는 의도를 표출했지만, 여전히 경쟁의 개념과 장기적이고 궁극적인 목표를 분명하게 제시하지 못했다. 다시 말해 미국의 대중정책의 우선순위를 분명하게 제시하지 못한 것이다. 이는 실천 과정에서 경쟁이 협력을 압도할 위험성을 제기했다. 실제로 이러한 위험성은 곧 현실로 드러났다. 중국으로부터 원하는 것이 무엇인지가 분명하게 설정되지 않은 상태에서 미국의 행동은 중국이 제기하는 모든 위협에 반응하는 데 집중되었고, 그 결과 경쟁이 협력을 압도했다. 대표적으로 블링컨 장관은 2021년 초에 행한 연설에서 협력을 대중정책의 3개의 축 가운데 하나로 제시했지만, 다음 해 중국전략 연설에서는 협력의 비중을 대폭 축소시켰다.[24] 이처럼 바이든 행정부가 경쟁을 강조함에 따라 중국에서는 미국이 패권을 유지하기 위해 영합적 전략을 통해 중국의 부상을 좌절시키려 한다는 인식이 더욱 강화되었고, 이는 다시 대미정책에 영향을 끼쳤다.

## 중국의 반패권 시도와 경쟁의 수용

### 기대의 좌절

2020년 미국 대선에서 바이든 후보가 당선되자, 중국에서는 미중관계가 재편될 것이라는 기대와 요구가 제기되었다. 대표적으로 왕이 외교부장은 바이든 행정부의 출범을 앞두고 중국과의 관계를 정상화할 것을 희망한다고 밝혔다.[25] 이는 중국이 미중경쟁과 양국관계 악화의 원인을 트럼프 개인의 요인에서 찾았음을 의미한다. 이러한 사실은 왕 외교부장이 미국 내 일각의 냉전적 사고와 이념적 편향을 양국관계 악화의 핵심적 원인으로 규정하고, 바이든 행정부가 "분별 있는 정책"으로 회귀함으로써 정상적 양국관계를 회복하길 희망한다고 밝힌 데서도 확인되었다.[26] 추이톈카이 주미 중국대사 또한 중국이 도발한 적이 없다고 규정함으로써 관계 악화의 책임을 미국에 돌리고, 미국이 관계를 변화시킬 준비가 되어 있다면 중국도

응할 것임을 밝혔다.[27]

그러나 관계 재편에 대한 중국의 기대는 곧 좌절되었다. 2021년 2월 최초의 양국 외교책임자 사이의 통화에서 양제츠 주임이 트럼프 행정부 시기의 잘못을 바로잡고 양국관계를 발전시킬 것을 촉구했지만, 블링큰 장관은 중국이 신장에서 집단학살(genocide)을 자행한다고 비판하고 동맹과의 관계 강화를 통해 중국의 불안 촉발행위와 인권 문제에 대응할 것이라는 강경한 입장을 취했다.[28] 이러한 이견은 이어진 정상 간 통화에서도 다시 확인되었다. 시진핑 주석이 상호 존중과 평등성의 기초 위에 양국관계를 개선할 필요성과 함께 각종 대화 기제의 재건을 통해 상대의 정책 의도를 정확하게 이해하고 오해를 피할 필요성을 강조했지만,[29] 바이든 대통령은 중국의 강압적이고 불공정한 경제적 관행, 홍콩 민주화 시위 탄압, 신장 인권 문제 등을 거론하며 대립했다.[30]

이러한 미국의 강경한 입장에 직면한 중국에서는 미국과의 경쟁을 두려워할 필요가 없으며 심지어 승리할 수 있다는 주장이 제기되었다. 대표적으로 『환추시보』는 한 사설에서 경쟁이 격렬해지는 것을 두려워하지 않으며, 또 모두가 규칙을 따르는 상태에서 경쟁하는 것은 매우 이상적이라는 입장을 천명했다.[31] 동 신문은 다른 사설에서도 미국과의 정당한 경쟁을 환영하며 또 경쟁에서의 우위도 자신했다.[32] 중국이 이처럼 결연한 입장을 표명한 데는 제고된 자신감이 작용했다. 바이든 행정부의 출범을 앞두고 중국에서는 인종 문제, 소득 불균형, 정치적 양극화 등으로 인해 미국의 힘과 영향력이 쇠퇴할 것이라는 주장이 힘을 얻었다. 반면에 중국은 코로나가 발생한 2020년에, 세계 주요 국가들이 경제적 위축을 경험하는 가운데서도,

경제성장을 기록하는 등 견실한 성장세를 이어갔다. 이러한 상황을 기반으로 시진핑 주석은 바이든 행정부 출범을 앞두고 '시간과 추세는 중국 편'이라고 선언했고, 뒤이어 '동방(중국)의 상승과 서방(미국)의 하강'을 주장하며 자신감을 표출했다.

중국은 이러한 자신감을 바탕으로 3월 알래스카에서 이뤄진 바이든 행정부와의 최초의 고위급 회동에서 강경하게 대응했다. 회동을 앞두고 바이든 행정부는 고위급 전략대화로 규정하려는 중국의 시도를 거부하고,[33] 홍콩 민주화 운동에 대한 탄압을 명분으로 24명의 공산당 관리에 대해 제재를 가하는 등 강력한 지위에서 중국을 압박하려는 의도를 표출했다. 회동에서도 블링컨 장관과 설리반 국가안보좌관이 홍콩, 대만, 사이버 공격, 경제적 강요와 관련한 심대한 우려를 거론하며 중국을 비판했다.[34] 이러한 바이든 행정부의 시도에 대해 중국 외교를 관장하는 최고 관리인 양제츠 주임은 코로나 사태에 대한 대응, 정치적 분열, 심지어 인권 문제까지 거론하며 미국이 더 이상 압도적 영향력이나 힘을 갖고 있지 않다고 공개적으로 반박했다.[35] 이는 중국의 대미정책에 심대한 변화가 발생했음을 알린 것이었다. 실제로 중국의 공개적 저항을 목격한 미국에서는 자신감이 증대된 중국이 강력한 적대감을 표출했으며, 따라서 중국을 제어하려는 바이든 행정부의 시도가 도전에 직면했다는 해석이 제기되었다.[36]

알래스카 회동 직후 바이든 행정부가 신장 인권탄압과 관련하여 새로운 제재 조치를 발표함으로써 강력한 지위에서의 압박을 계속해서 이어가려 들자,[37] 중국에서는 바이든 행정부가 절대적 우위를 유지하기 위해 중국의 부상을 제어하려 한다는 주장이 제기되었다.

이는 실질적으로 중국이 어떤 조치를 취하든, 바이든 행정부가 경쟁을 강력하게 추진할 것이라는 인식을 반영했다. 이러한 인식은 미국에 긍정적으로 호응할 여지를 제약했다.

요구 목록의 제기

알래스카 회동을 통해 트럼프 행정부가 퇴진하면 미국의 정책이 바뀌리라는 기대가 좌절되었음을 확인한 이후 중국은 강력한 대응을 통해 관계를 재편하려 들었다. 이러한 사실은 중국이 강력한 지위에서 관계를 형성하려는 미국의 시도를 거부하고 오히려 미국에 대해 관계 회복을 위한 요구 사항을 구체적 요구 목록(list)의 형태로 제시하고 수용할 것을 촉구한 데서 확인된다.

2022년 7월 왕이 외교부장은 블링큰 미국 국무장관과의 회동에서 미중관계가 트럼프 행정부가 촉발한 어려움에서 벗어나지 못했을 뿐 아니라 더 많은 도전에 직면했다고 지적하고, 그 원인으로 미국의 대중정책을 지적했다. 이와 함께 그는 미국에 잘못된 중국정책 목록, 미국이 해결해야 할 개별 사안 목록, 중국이 우려하는 117대 미국 의회의 법안 목록, 8개 영역의 협력 목록 등 4개의 요구 사항 목록을 제시하고, "진지하게 대할 것"을 촉구했다.[38] 계속해서 그는 미국이 항상 우위에 있다고 여기고 힘에 기대어 다른 국가에 압박을 가하려 한다고 지적하며, 중국은 미국의 우월한 지위를 수용하지 않을 것이라고 지적했다. 아울러 그는 미국이 다른 국가를 평등하게 대하는 법을 배우지 못한다면 "국제사회와 함께 이에 관해 미국에 보충학습을 해줄(好好给美国补上这一课)" 책임이 있다는 강경한 입장을 밝혔다.[39] 이는 미국의 압력에 굴복하지 않고 관계 재편을 추구하려는 의지를 천명한 것이었다.

　미국에 대해 구체적 요구 사항을 제시하고 이를 수용할 것을 촉구하려는 시도는 이후에도 계속되었다. 왕이 외교부장은 중국을 방문한 셔먼(Wendy Sherman) 미 국무부 부장관에게 이견을 관리하고 양국관계가 통제 불능 상태에 빠지는 것을 방지하기 위한 3개 항의 요구를 다시 제기했다. 그가 제기한 요구 사항에는 중국의 길과 체제에 대한 비방과 전복 시도의 중지, 중국의 발전을 억제하려는 시도의 중단, 중국의 주권과 영토 침범 중지 등이 포함되었다.[40] 셔먼 부장관과 회담한 셰펑(谢锋)부부장 또한 중국이 미국과 동등한 지위에서 관여할 것이라고 지적하고, 협력의 조건으로 공산당 관리에 대한 비자 제한 조치 해제를 위시한 2개의 요구 목록을 제시했다.[41]

　이처럼 중국은 대미 접촉에서 요구 목록을 제시함으로써 미국의 대응에 따라 양국관계에 갈등이 심화하는 것도 감수하려는 의지를 표출했다. 이러한 강경한 태도는 사실 시진핑 주석의 선호를 반영한 것이었다. 그는 7월 1일에 행한 당 창건 100주년 기념식 연설에서 오만한 설교를 참지 않겠다고 선언한 바 있었다.[42] 이는 미국이 그동안 항상 설교하려 들었다는 중국의 인식을 반영한 것으로, 이를 거부하려 들었다는 것은 강력한 지위에서 양국관계를 형성하려는 바이든 행정부의 시도를 거부하고 또 미국과의 관계를 평등하게 재편하려는 의지를 밝힌 것이었다. 미국이 이러한 요구를 거부하고 압박을 계속함에 따라, 중국은 미국이 어떤 요구도 수용하지 않으려 한다고 판단하기에 이르렀다.

### 반패권과 경쟁의 수용

중국은 미국의 강력한 지위를 인정하기를 거부하고 또 미국에 요구 사항 목록을 제시하면서도, 공식적으로는 미중관계를 경쟁으로 규정하는 것을 거부했다. 또한 중국은 경쟁이 국가관계의 한 부분이 될 수 있다는 사실을 인정할 경우에도 양성적이어야 한다는 입장을 계속해서 견지했다. 러위청(乐玉成) 외교부 부부장이 미중경쟁은 앞서기 위한(你追我赶) 양성 경쟁이어야 하며 영합적(你死我活) 악성 경쟁이 돼서는 안 된다고 규정했고,[43] 왕이 외교부장 또한 경제와 관계의 분리를 추구하고 또 제3국에 편을 선택하게 하는 악성 경쟁과 상호 호혜와 윈윈의 결과를 추구하는 양성 경쟁을 대비시키며 양성 경쟁의 필요성을 강조했다.[44] 이는 중국이 양성 경쟁에 대한 강조를 통해 미국과의 경쟁이 본격화하는 것을 제어하려는 시도를 계속해서 이어갔음을 의미한다.

이처럼 중국은 여전히 경쟁을 수용하기를 거부하면서도, 점차 두려워하지 않는다는 입장을 보이기 시작했다. 가령, 중국 외교부 대변인이 미중관계를 경쟁으로 규정하는 데 반대한다는 입장을 표명하면서도 동시에 "경쟁해야 한다면 피하지 않을 것"이라고 지적했고,[45] 왕이 외교부장 또한 같은 해 말 경쟁을 두려워하지 않는다고 선언했다.[46] 이는 중국이 양국관계를 경쟁으로 규정하는 데 반대한다는 입장을 유지하면서도, 필요한 경우 권리와 이익을 방어하기 위한 경쟁을 피하지 않을 것임을 선언한 것이었다. 또한 이러한 입장은 트럼프 행정부 시기 무역전과 관련하여 밝힌 '원하지 않지만 필요한 경우 피하지 않을 것'이라는 입장과 궤를 같이했다.

중국이 실질적으로 경쟁을 수용하기 시작했다는 사실은 미국의 패권에 대한 비판을 강화한 데서 더욱 분명하게 드러났다. 알래스카 고위급 회동에서 바이든 행정부에 실망한 중국은 미국의 패권을 문제로 부각하기 시작했다. 가령, 외교부 부부장 러위청은 강력한 입장에서 중국과의 관계를 이끌겠다는 미국의 주장을 패권적 심리이자 냉전적 사고로 규정했다.[47] 또한 중국 외교부는 세펑 부부장이 셔면 부장관과의 회담에서 "미국이 말하는 강력한 지위에서 중국을 대하겠다는 것은 오만이자 협박 외교"라고 강경한 입장을 표명했다는 사실을 이례적으로 공개했다. 이와 관련하여 『환추시보』는 중국이 더이상 미중관계를 유지하기 위한 분위기 조성 노력을 하지 않겠다는 의도를 보여준 것으로서 미국의 패권주의에 대한 반감을 반영한 것이라고 규정했다.[48]

이와 함께 이 시기 중국에서는 미국의 대중경쟁이 패권에 대한 우려와 집착을 반영한다는 주장이 힘을 얻었다. 한 전문가는 패권이 쇠퇴하고 있다는 우려가 미국에서 중국이 지위를 대체하려 한다는 인식을 촉발했고, 이것이 대중전략을 변화시켰다고 규정했다.[49] 다른 전문가도 중국의 반대에도 불구하고 미국이 경쟁을 통해 양국관계를 규정하는 것은 패권 지위를 유지하려는 의도를 반영한다고 규정했다.[50] 또 다른 전문가는 미국이 패권을 유지하기 위해 중국에 대해 전면적 위협과 압박을 불사함에 따라 중국의 발전과 부흥에 가장 커다란 외부 도전이 되었다고 규정했다.[51]

미국이 패권을 유지하기 위해 중국을 압박한다는 인식이 힘을 얻으면서, 반패권주의 주장이 강화되었다. 대표적으로 시진핑 주석은 2021년 10월 유엔 연설에서 모든 패권주의와 힘의 정치에 반대한다고 선언했고,[52] 다음 달 개최된 중국공산당 19기 6중전회의에서 통과된 창당 100주년 기념 역사결의도 국제역량 대비의 변화에 따라 세계평화와 발전에 대한 일방주의, 보호주의, 패권주의, 힘의 정치의 위협이 증대되었다고 규정했다.[53] 여기에 더해 왕이 외교부장 또한 거듭해서 미국에 대해 결연한 권리수호와 반패권 투쟁의 필요성을 강조했다.[54] 이처럼 반패권을 강조했다는 것은, 중국이 실질적으로 미국과의 경쟁을 수용함을 의미했다. 이러한 중국의 변화에 따라 경쟁은 더욱 확산하고 또 심화한다.

## 경쟁의 심화

### 과학기술

바이든 행정부는, 포괄적 제재와 압박을 추진했던 트럼프 행정부와 달리, 핵심 분야에 역량을 집중시킴으로써 중국과의 긴장이 지나치게 고조되는 것을 회피하는 상황에서 유리한 힘의 균형을 확보하려 들었다. 이러한 의도에서 선택된 것이 과학기술에 대한 압박이었다. 이는 양국의 국력 대비를 결정하는 데 중요한 작용을 하는 첨단기술 분야에서 중국이 위협을 제기한다는 판단을 반영했다. 이에 따라 바이든 행정부는 중국의 추격을 제어하고 우위를 유지하기 위해 중국과의 분리를 추구하려는 의지를 분명하게 밝히고 또 실현을 위한 조치도 강화했다. 이러한 바이든 행정부의 시도에 직면한 중국이 자립과 자강을 강조함으로써 과학기술 분야의 의존성을 해소하고 또 미국과의 격차를 축소하려 듦에 따라 과학기술이 미중경쟁의 핵심 영역으로 부상했다.

물론 이는 유리한 힘의 균형을 확보하려는 바이든 행정부의 시도가 과학기술 분야에 한정됨을 의미하지 않는다. 바이든 행정부는 트럼프 행정부가 부과한 3,600억 달러 상당의 중국 수입품에 대한 관세를 유지함으로써 경쟁력의 우위를 유지하려 들었다.[55] 관세는, 타이(Katherine Tai) 무역대표부 대표가 지적했듯,[56] 미국의 경쟁력 유지를 위한 수단으로 간주되었다. 또한 바이든 행정부는, 앞서 지적한 것처럼, 미국의 경쟁력을 강화하기 위해 국내 제조업 기반을 강화하려는 시도도 전개했다. 공급망 안정성과 회복력을 기치로 내걸고 반도체와 희토류 등 핵심 산업과 광물 자원을 확보하는 동시에 국내 생산을 촉진하기 위한 일련의 조치를 통해 중국에 대한 의존을 줄이려 시도했다.

이러한 조치와 함께 바이든 행정부는 첨단기술 분야에서 중국과의 격차를 유지하려는 의도를 분명하게 했다. 이러한 의도는 첨단기술에 대한 국내적 투자를 강조하는 동시에 첨단기술이 중국으로 유출되는 것을 방지하려는 노력에서 드러났다. 특히 바이든 행정부는 일부 영역에서 높은 방어막을 설치하는(small yard, high fence) 전략을 통해 핵심 기술이 중국으로 이전되는 것을 차단하려 들었다. 인공지능, 5G, 양자 컴퓨터, 생명과학, 청정에너지(green energy) 등이 기술이전 방지 대상으로 설정되었는데, 이 분야는 중국이 중국제조2025를 통해 앞서가려 시도했고 또 미국 내에서도 추월당할 수 있다는 경고의 목소리가 제기된 영역과 대체로 일치했다.[57] 바이든 행정부도, 트럼프 행정부처럼, 이 분야의 기술이 국가안보와 관련된다는 사실을 강조함으로써 규제를 가하는 경제관계의 안보화를 이어갔다.

과학기술 분야에서 중국을 제어하려는 시도는 반도체 분야에서 특히 분명하게 표출되었다. 바이든 행정부는 반도체가 혁신의 동력이자 국가안보에도 적용된다는 판단에서 기술경쟁의 핵심으로 선정하고,[58] 반도체 기술과 제품이 중국으로 흘러가는 것을 금지했다. 대표적으로 2022년 10월 바이든 행정부는 선진 반도체, 반도체 제조 장비, 그리고 부품에 대한 중국 수출을 금지했다.[59] 반도체 수출뿐 아니라 반도체를 자체적으로 생산하는 것까지 차단하려 한 이 조치는 과학기술과 관련하여 바이든 정부가 취한 제재 가운데 가장 중대한 것으로서, 중국이 반도체 산업을 발전시키는 것을 원천적으로 제어하려는 시도로 해석되었다. 또한 이 제재는 트럼프 행정부가 화웨이라는 특정 기업에 적용했던 규제를 실질적으로 모든 중국 기업을 대상으로 확대한 것이라는 점에서, 바이든 행정부의 제재가 트럼프 행정부 시기의 수준을 넘어섬을 보여주었다.

이에 따라 미국에서도 바이든 행정부의 기술규제가 중국을 기본적 차원에서부터 억제하려 시도함을 보여준다는 해석이 제기되었다. 이러한 조치의 충격이, 국가안보를 위한 시도라는 바이든 행정부의 주장에도 불구하고, 주로 경제 분야에서 나타날 것이라는 점에서 광범위하고 근본적 수준에서 중국의 능력을 제약하려는 의도를 보여준다는 지적이다.[60] 나아가 이처럼 기술에 대한 중국의 접근을 차단했다는 사실은 바이든 행정부의 경쟁이 중국을 앞서려는 노력뿐 아니라 중국의 진전을 제약하려는 시도도 포함함을 의미한다. 다시 말해, 유리한 힘의 균형을 확보하려는 시도뿐 아니라 압박을 통해 중국의 진전을 방해하려는 시도도 병행한 것이다.

바이든 행정부의 기술제재에 직면한 중국은 추격 의지를 강화했다. 이는 제재가 기술 발전을 봉쇄하려는 시도라는 중국의 인식을 반영했다. 즉, 바이든 행정부가 중국에 대한 "과학기술전"을 강화함으로써 관건 영역에서 중국 기업이 첨단기술과 제품을 획득하는 것을 차단하고, 이를 통해 미국의 패권적 지위를 공고화하려 한다는 인식이었다.[61] 중국 외교부의 한 관리는 미국이 핵심 기술에 대한 중국 기업의 접근을 차단하려 듦에 따라 과학기술이 국가 간 경쟁의 결과를 결정하는 중요한 요인 가운데 하나가 되었고, 또 과학기술을 둘러싼 경쟁이 날로 심화할 것이고 규정했다.[62] 이러한 판단에 따라 중국은 가능한 모든 수단을 동원하여 미국의 조치에 대응하려 들었다.

그러나 현실적으로 중국은, 트럼프 행정부 시기의 무역전과 달리, 바이든 행정부의 과학기술 압박에 대한 강력한 대응 수단을 결여했다. 이러한 상황에서, 중국은 대등한 보복이나 비례적 보복과 같은 강력한 대항조치보다 과학기술의 자립과 자강에 대한 강조라는 기존 접근을 더욱 강화함으로써 외국 기술에 대한 의존을 축소하려 들었다. 이러한 사실은 2021년 3월에 발표된 14기 5개년 규획(2021-25) 요강이 기술의 상업적 응용에 대한 지원, 새로운 기술 인프라에 대한 투자, 반도체에 대한 투자 증대 등을 강조한 데서 드러났다.[63] 뒤이어 5월에는 시진핑 주석이 과학자들에 행한 연설에서 과학기술상의 지도적 지위를 확립하고 자립과 자강을 달성하기 위한 노력을 가속화할 것을 촉구했다.[64] 또 12월에는 국가발전개혁위원회가 디지털 경제가 GDP에서 차지하는 비중을 2020년의 7.8%에서 2025년에 10%로 제고하는 목표를 담은 디지털 경제 확장계획을 공개했다.[65]

이와 함께 중국은 과학기술 분야의 인력 양성 필요성과 중요성도 강조했다. 시진핑 주석은 9월 중앙인재업무회의를 개최하여 높은 수준의 과학기술 자립 및 자강과 함께 세계적 인재를 양성할 필요성 제기했다. 구체적으로 그는 관건적 핵심 기술 영역에서 대규모의 전략적 과학기술 인재, 일류의 과학기술 선도 인재, 그리고 혁신 인재 집단의 양성과 활용을 강조했다.[66] 과학기술과 교육에 대한 강조는 2022년에도 계속해서 이어졌고, 시 주석은 10월 20차 당대회 보고에서 과학, 기술, 교육의 중요성을 강조한 과학과 교육을 통한 부흥(科教兴国)전략을 제시했다.[67] 이러한 그의 일련의 지적은 중국이 미중경쟁을 기술 우위를 둘러싼 경쟁으로 인식하고 기술의 자립과 자강을 강조함을 보여준다.

이처럼 미중 양국 모두가 과학기술과 관련하여 실질적인 분리를 추구함에 따라 과학기술 경쟁은 바이든 행정부 들어 소강상태에 들어간 양국 간 무역전의 자리를 대체했다. 또한 과학기술 경쟁은 분리 시도로 촉발된 양국 간 상호의존의 약화라는 추세를 더욱 촉진할 가능성을 제기했다. 무역전 이후, 비록 양국 간 교역액이 회복되기 시작했지만, 미국 시장에서 중국의 비중이 하락하고 또 중국의 미국 채권 보유액도 감소하기 시작하는 등 양국 간 상호의존에 변화가 발생하기 시작했다.[68] 이러한 상황에서 추진된 과학기술상의 분리 시도는 양국 간 경제적 상호의존을 더욱 약화시킬 가능성을 제기했다.

대만

바이든 행정부는 대만 문제와 관련한 압박도 강화했다. 비록 트럼프 행정부가 임기 말에 대만 문제와 관련하여 중국에 대한 압박을 극단적으로 제고시키기도 했지만, 미국이 대만과의 관계를 본격적으로 강화하기 시작한 것은 바이든 행정부에 들어서였다. 이는 중국이 대만에 대한 무력 압박을 증대시키고 무력으로 현상을 변경하려 시도하며 이로 인해 대만해협의 평화와 안정이 위협받고 있다는 사실을 부각함으로써 중국을 수정주의 국가로 규정하려는 바이든 행정부의 의도를 반영했다. 또한 바이든 행정부는 대만에 대한 지원을 강화함으로써 트럼프 행정부 시기 약화한 미국의 방위 공약에 대한 지역 동맹국들의 신뢰도 회복하려 들었다.

이러한 바이든 행정부의 시도에 대해 중국은 미국이 대만을 카드로 활용한다고 주장하며 대만해협의 군사적 긴장을 더욱 제고시킴으로써 대응했다. 이는 대만과 미국 모두를 압박하려는 시도였다. 즉, 긴장의 제고를 통해 대만에는 미국의 지원에 의존할 수 없음을 보여주고 또 미국에는 개입이 불안정을 제고시킬 것임을 보여주려 들었다. 여기에 더해 중국은 군사적 활동을 강화함으로써 대만해협의 현상을 자국에 유리한 방향으로 변경하려 들었다. 이러한 양국의 계산에 따라 대만 문제는 바이든 시기 미중경쟁의 중요한 영역으로 등장했다.

바이든 행정부 출범 직후 설리번 국가안보보좌관은 대만에 대한 적대적 위협행위에 비용을 부과할 것임을 경고했다.[69] 블링컨 국무장관 또한 중국이 대만과 세계의 연계를 차단하고 국제기구에의 참여를 봉쇄하는 등 대만에 대한 강압적 정책을 추구하며, 또 대만 부근에 일상적으로 항공기를 출격시키는 등 도발적 행동을 한다고 비판했다.[70] 바이든 행정부는 이러한 중국의 행위를 강압으로 규정하고 대만과의 관계를 강화함으로써 대응하려 들었는데, 이러한 의도는 바이든 행정부가 수교 이후 최초로 대만대표부 대표를 대통령 취임식에 초청하면서 드러나기 시작했다.[71] 이후 바이든 행정부는 대만과의 접촉을 확대하고, 대만에 대한 무기 판매를 계속했으며 대만에 대한 방어 공약도 강화했다.

우선, 바이든 행정부는 대만과의 접촉을 확대하고 일상화하려 들었다. 블링컨 국무장관은 대만의 국제기구 참여를 지지한다고 선언하며, 이러한 입장이 미국이 유지해온 하나의 중국 정책에서 벗어나지 않는다고 규정했다.[72] 실제로 바이든 행정부는 미국이 주최하는 일련의 회의에 대만의 고위 관리를 초청했다.[73] 이러한 미국의 시도에 대해 중국이 대만과의 접촉을 일상화함으로써 하나의 중국 원칙을 무력화하고 있다고 반발했지만, 미국은 2022년 2월 러시아가 우크라이나를 침공한 이후 대만에 대한 더 많은 안보적 지원이 필요하다는 국내적 요구를 등에 업고 대만과의 교류와 접촉을 더욱 강화했다. 그 대표적 사례로 2022년 8월 펠로시 하원의장 일행이 대만을 방문한 것을 들 수 있다.

아울러 바이든 행정부는, 역대 행정부와 같이, 대만에 대한 무기 판매도 계속했다. 2021년 8월 바이든 행정부는 출범 후 처음으로 40기의 자주포와 관련 부품 등 7억 5천만 달러 상당의 무기 판매를 발표했다.[74] 22년에 들어서도 바이든 행정부는 2월, 4월, 6월, 7월 등여러 차례에 걸쳐 4억 2천만 달러 상당의 무기 판매를 결정했다. 대만에 대한 무기 판매는, 아래에서 논의하는 것처럼, 펠로시 하원의장의 방문을 계기로 중국이 대만에 대한 군사적 압박을 강화한 이후 더욱 확대되었다.

대만에 대한 지원 강화는 바이든 대통령이 방어 공약을 반복해서 밝힌 데서 가장 분명하게 드러났다. 그는 2021년 8월 대만이 공격을 당할 경우 방어할 것이라는 취지로 발언함으로써, 미국이 그동안 군사적 행동을 취할 것인지를 분명하게 밝히지 않는 방식을 통해 중국의 군사행동과 대만의 독립 움직임을 모두 제어해온 전략적 모호성에서 벗어났다는 추론을 촉발했다.[75] 이후 백악관 관리들이 대만 정책이 변화하지 않았다고 밝힘으로써 한 걸음 물러섰지만, 바이든 대통령은 10월과 다음 해 5월에도 대만에 대한 방어 공약을 다시 제기했다.[76] 이처럼 바이든 대통령은 거듭해서 유사한 입장을 표명함으로써 중국을 자극했다.

이러한 미국의 조치에 대해 중국은 대만해협의 긴장을 제고시키고 또 대만에 대한 무력 압박을 강화함으로써 대응했다. 중국에서는 미국이 중국과의 공식적 접촉에서 대결의 확산을 제어하는 데 합의한 이후 다시 대만을 지원하려 든다는 사실을 근거로 미국의 약속을 믿을 수 없으며 군대가 최악의 상황에 대비할 수밖에 없다는 주장이 힘을 얻었다. 단적으로 2021년 『환추시보』의 한 사설은 전쟁의 위험성을 깨닫게 함으로써 대만인들에 독립이 막다른 길임을 이해하도록 하는 것 외에는 다른 방법이 없다고 주장했다.[77]

이러한 판단에 따라 중국은 대만에 대한 군사적 압박을 계속해서 제고시켰다. 가령, 2021년 10월 한 달 동안 중국은 그때까지 사상 최대 규모인 총 200대 이상의 전투기를 대만 방공식별구역 내로 진입시켰고,[78] 다음 해에 들어서는 미국 의원단이 대만을 방문할 때마다 군사적 압박의 수준을 제고시켰다. 가령, 5월 미국 상원 의원단이 대만을 방문하자 중국은 한꺼번에 30대의 군용기를 대만 방공식별구역에 진입시킴으로써 압박 수준을 끌어올렸다.[79] 군사적 압박은 8월 펠로시 미국 하원의장 일행이 대만을 방문한 직후에 최고조에 달했다. 중국은 펠로시 의장의 대만 방문을 잘못된 신호를 보낸 것으로 규정하는 동시에,[80] 대만해협에서의 현상을 유리하게 다시 규정하는 계기로 활용하려 들었다. 이러한 의도에 따라 중국은 실탄사격 훈련과 대만 봉쇄를 상정한 군사훈련 등을 거행함으로써, 합동작전 능력의 제고와 거부 능력의 확대를 과시하려 들었다.[81]

이러한 군사적 조치와 함께 중국은 교류의 중단을 선언함으로써 미국에도 경고를 보냈다. 중국 외교부는 미국과의 군사적 소통과 교류를 포함하여 형사와 이민 문제 협력, 기후변화에 관한 협의 등 모두 8가지 사항의 교류 조치를 잠정적으로 중단했다.[82] 특히 중국은 양국 간 관여의 중요한 영역 가운데 하나로 간주되는 다양한 수준에서의 군사 대화의 중단을 통해 미국에 신호를 보내려 들었다.[83] 이처럼 중국이 실질적으로 모든 협의를 중단함에 따라 펠로시 방중 이후 양국관계는 트럼프 시기보다 더 악화했다.

중국의 강경한 대응에 직면한 바이든 행정부는 물러서는 대신에 압박을 강화했다. 우선, 바이든 대통령은 9월 대만은 자국의 독립과 관련하여 스스로 결정한다고 지적함으로써, 4번째로 대만에 대한 방어를 공약했다.[84] 여기에 더해 바이든 행정부는 같은 달 11억 달러 상당의 무기 판매를 발표했다. 60기의 하푼(Harpoon) 대함미사일과 100기의 공대공 미사일(Sidewinder) 등을 포함한 이 결정은 바이든 행정부 들어 이뤄진 가장 큰 규모의 무기 판매였다.[85] 이후 미국은 중국이 봉쇄하는 상황에서도 미국이 개입할 때까지 버틸 수 있도록 하기 위해 더 많은 무기를 대만에 비축할 필요가 있다고 판단하고,[86] 12월에 들어 F-16 전투기와 C-130 수송기용 부품을 위시한

4억 2,500만 달러 상당의 무기 판매를 결정한 데 이어 다시 1억 8천만 달러의 대전차 지뢰 살포 장치인 볼케이노(Volcano) 체계 판매를 결정함으로써 같은 달에만 두 차례에 걸쳐 무기 판매를 결정했다.[87] 더욱이 12월 무기 판매 결정은 웨이펑허 중국 국방부장이 오스틴 미국 국방장관과의 회담에서 양국 간 군사 대화 재개 여부가 미국이 대만과의 군사관계를 포함한 도발을 중단하는지에 달렸다고 밝힌 직후에 이뤄진 것이었다.[88] 이처럼 바이든 행정부가 중국의 경고에도 불구하고 무기 판매를 결정한 것은 대만 문제와 관련하여 양보할 의지가 없음을 보여준 것이었다.

이러한 압박에 대해 중국도 강력하게 대응했다. 시진핑 주석은 10월 20차 당대회에서 무력 사용 가능성을 포기하지 않을 것임을 천명한 데 이어,[89] 11월 바이든 대통령과의 회담에서도 대만 독립을 반대하고 저지하는 것을 대만해협의 평화와 안정을 유지하기 위한 전제라고 제시하며 긴장의 원인이 미국에 있다고 주장했다.[90] 여기에 더해 중국은 미국 의회가 대만에 대한 군사적 지원을 포함한 국방수권법안을 통과시키자 12월 25일 하루에만 71대의 항공기와 7척의 함정을 출격시켜 사상 최대 규모의 압박을 가함으로써 미국과 대만 사이의 연계가 강화되는 것을 차단하려 들었다.[91]

이는 대만 문제를 둘러싸고 미중 양국이 작용과 반작용을 거듭했고, 그 결과 이견이 증대되고 경쟁이 강화됨을 의미한다. 미국이 대만 문제를 동맹국에 대한 방어 공약과 민주주의 체제의 수호 문제로 규정함으로써 대만에 대한 보호를 강화하려 들었고, 중국이 주권을 내세워 긴장의 수준을 끌어올림에 따라 대만 문제를 둘러싼 양국 간 충돌 가능성에 대한 전망마저 제기되었다.

군사

군사적 측면에서도 미중 양국은 상대의 위협을 명분으로 제시하며 군사력을 증강하려는 노력을 강화함으로써 초보적 형태의 군비경쟁의 양상을 표출하기 시작했다.

중국은 바이든 행정부가 중국을 도전으로 규정한 사실을 그 명분으로 제시하며 군사력 강화의 필요성을 강조했다. 군사력 강화를 앞장서서 제기한 것은 시진핑 주석이었다. 그는 2021년 3월 14차 3기 전인대에서 안보 상황이 불안정하고 불확실하다고 지적하며 군사 현대화의 필요성을 강조했다.[92] 군 고위 관리들은 더 직접적으로 미국과의 경쟁을 거론하며 국방비와 국방력 증대의 필요성을 강조했다. 국방부장 웨이펑허는 "봉쇄와 반봉쇄가 장기간 미중관계의 주요 주제가 될 것"이라고 지적했고, 중앙군사위 부주석 쉬치량(許其亮)은 "지배적 강대국"과의 충돌에 대비하여 국방비를 증대시킬 필요성을 강조했다. 여기에 더해 국방부 대변인은 증대된 국방비 가운데 일부가 현대전에서 싸워서 승리할 수 있는 능력에서 미국을 따라잡기 위한 계획에 투자될 것이라고 밝혔다.[93] 『환추시보』는 사설을 통해, 대만해협에 이어, 남중국해에서 미국과의 군사력 대비를 변화시킬 필요성을 지적했다.[94]

이처럼 중국이 군사력 건설 강화를 통해 미국과의 경쟁에 대비하려는 의도를 분명하게 하는 가운데, 군사 현대화에 진전이 발생했음을 보여주는 구체적 사례들도 이어졌다. 가령, 중국 해군은 2022년 초 항모 전단을 타격할 수 있는 능력을 지닌 것으로 평가된 초음속 대함 미사일 YJ-21을 공개했다. 중국의 한 군사 전문가는 사거리 1,000-1,500km의 동 미사일을 55형 구축함에 배치한 것을 미국의 해상패권에 대응하기 위한 A2AD 시도라고 규정했다.[95] 또한 6월에는 3번째 항모인 푸젠(福建)함을 진수시킴으로써 2035년까지 6개의 항모 전단을 구비하려는 계획에 진전이 발생했음을 알렸다. 동 항모는 전자기 사출 체계(electromagnetic catapult system)를 구비함으로써 이전에 배치된 항모들에 비해 능력상의 진전을 이룬 것으로 평가되었다.[96]

군사력 증강과 함께 중국은 미국의 군사적 행동에 대응하기 위해 작전반경도 확대하려 들었다. 가령, 2021년 초 미국이 남중국해에서 군사훈련을 거행하자 중국도 10여 대의 폭격기를 동원하여 훈련을 진행했다. 특히 대함 크루즈 미사일을 6개까지 장착할 수 있는 해군의 최신예 폭격기인 H-6J를 동원함으로써 미국의 군사적 행동에 대한 대응능력을 보여주려 시도했다.[97] 4월에 들어 국방부 대변인은 중국 주변 해역에서 1년 전 대비 미국 함정의 활동이 20%, 항공기의 활동이 40% 증대되었다고 주장하며 중국도 대응하기 위해 랴오닝 항모 전단이 대만 인근과 남중국해에서의 작전 수행을 일상화할 것이라고 선언했다.[98] 실제로 중국은 다음 해 랴오닝 항모 전단과 산둥 항모 전단을 투입하여 서태평양 지역에서 대규모 훈련을 거행함으로써 해군력을 투사할 수 있는 능력이 확장되었음을 보여주려 들었다. 특히 랴오닝 항모 전단은 제2열도선에 위치한 미국령 괌 부근에서 훈련을 거행함으로써 남중국해를 넘어선 지역에서의 작전 능력의 증강과 생존능력을 과시하려 들었다.[99]

여기에 더해 중국은 핵전력 증강 시도도 계속해서 이어갔다. 시진핑 주석은 선진적 전략 억제력 건설을 촉진할 필요성을 강조함으로써, 미국에 중국과의 상호 취약적 관계를 수용하도록 강요하려는 의도를 표출했다.[100] 이와 함께 중국의 핵전력 강화를 보여주는 사례도 나타났다. 가령, 중국은 신형 핵추진 잠수함(094A)에 핵탄두를 포함하여 여러 개의 탄두를 1만km까지 투사할 수 있는 것으로 평가되는 JL-3 탄도 미사일을 장착했다.[101] 아울러 중국은 2021년 7월 극초음속(ultra-high-speed) 무기의 시험발사와 극초음속 발사체에서 다시 미사일을 발사하는 전례 없는 시험을 진행했다. 핵탄두를 탑재할 수 있는 동 미사일 시험발사의 성공은 중국의 전략핵무기 개발이 예상보다 진전되었음을 보여주는 동시에 초음속 무기 경쟁에서 앞서 가기 시작했다는 해석도 촉발했다.[102]

그러나 중국의 군사력 증강이 지역의 군사력 균형에 끼친 영향을 어떻게 평가할 것인가를 둘러싸고는 여전히 상반된 평가가 이어졌다. 한편에서는 일부 영역과 측면에서 미국과의 격차가 축소되었다는 평가를 제기했다. 심지어 일부 미국의 전문가들은 중국이 제기하는 도전이 거대하여 미국이 아시아에서 독자적으로 군사력 균형을 유지하기 어렵다고 평가하기도 했다.[103] 반면에 중국의 군사력이 여전히 인접 지역을 넘어서 힘을 투사하는 데 한계가 있다는 평가도 계속된다.[104] 『환추시보』도 미 해군의 수상 전력상의 우위가 당분간 지속될 것이기에 대형 수상함을 위협할 수 있는 육상 배치 미사일 역량을 강화함으로써 대응해야 한다고 주장함으로써 열세가 계속됨을 실질적으로 인정했다.[105]

이러한 논란에도 불구하고, 중국의 군사력 증강은 바이든 행정부의 경계를 촉발했다. 블링컨 장관이, 과학기술 영역과 함께, 군사적 영역에서 중국의 힘을 제약하기 위한 경쟁을 전개할 의지를 천명했고,[106] 미국의 군부 인사들 또한 중국의 군사적 위협을 거론하며 경

쟁의 필요성을 제기했다. 가령, 길데이(Michael Gilday) 미 해군 참모
총장은 10년 후면 해상에서의 전력 균형이 바뀔 수 있다는 경고를
제기했고,[107] 워머스(Christine Wormuth) 미국 육군성 장관 또한 중국
의 군사력 증강에 대한 우려를 거론하며 인도태평양 지역의 군사력
증강 필요성을 강조했다.[108]

이와 함께 미국의 군 관리들은 중국과의 경쟁에서 우위를 유지
하기 위해 인도태평양 지역에 대한 투입을 강화하려 들었다. 가령,
2021년 3월 인도태평양사령관은 군사력 건설을 위한 273억 달러의
추가 예산을 요청하고 이 가운데 46억 달러를 태평양억제구상에 할
당했다.[109] 여기에 더해 해군은 인도태평양 지역에 가장 강력한 전
력을 배치하고 또 이 지역에서의 작전을 염두에 둔 새로운 무기 개
발 계획을,[110] 공군은 중국의 도전에 대응하기 위해 최소한 100대의
B-21 전폭기를 구매하여 노후화된 B-2와 B-52를 대체할 계획을 각
각 밝혔다.[111] 그러나 비판론자들은 바이든 행정부가 군사력 현대
화를 강조하면서도, 이에 걸맞은 예산을 투입하지 않는다고 주장한
다.[112]

이처럼 양국 모두가 군사력 증강에 힘을 쏟은 반면에 군사적 대
화와 교류는 크게 위축되었다. 바이든 행정부 들어 양국 국방장관
사이의 첫 통화는 2022년 4월에야 이뤄졌다. 바이든 행정부 출범 후
1년이 넘게 지난 시점이고 2020년 8월 웨이펑허-에스퍼 장관 사이
의 통화가 있은 지 2년 가까이 지난 시점이었다. 더욱이 첫 통화에서
미국은 우크라이나와 관련한 우려를 표명하고 중국은 대만 문제와
관련하여 경고하는 등 양국 간 이견이 부각되었다.[113] 이견은 두 달
후인 6월에 이뤄진 첫 대면 회동에서도 계속되었다. 오스틴 장관이

소통의 중요성을 강조한 반면에 웨이 장관은 대만해협 긴장과 관련하여 미국을 비판했다.[114] 양국 간 군사 교류와 대화는, 앞서 지적한 것처럼, 펠로시 의장의 대만 방문 이후 실질적으로 중단되었다.

반면에 중국 주변에서 미중 모두가 군사적 활동을 강화함에 따라 양국의 항공기와 함정들 사이의 근거리 조우가 빈번해졌다. 가령, 2021년 4월 미국 미사일 구축함 머스틴(USS Mustin)호가 중국 항모 랴오닝 항모 전단에 대한 근접 정찰 활동을 진행했고, 중국이 이에 대해 경고하는 사건이 발생했다.[115] 2022년 말에는 남중국해에서 중국의 J-11 전투기가 미국 RC-135 정찰기에 6미터까지 근접하여 비행함에 따라 미 정찰기가 회피기동을 해야 했다.[116] 동중국해에서도 미국의 F-35 전투기와 중국의 J-20 전투기가 근거리에서 조우하는 사건이 이어졌다.[117] 이처럼 양국 군 사이의 대치가 증대된 반면에 2014년에 합의된 항공 및 해상 조우 시 행위 준칙을 포함한 기존 합의들이 작동하지 않음에 따라, 우발적 충돌의 가능성에 대한 우려가 증대되었다.

이러한 상황에서도 중국은 군사 대화를 재개하자는 미국의 제안을 거부했다. 비록 2022년 11월 아세안확대국방장관회의에서 오스틴 장관과 웨이펑허 장관 사이의 회동이 이뤄졌지만, 중국이 국방장관 사이의 정기적 소통 기제 복원을 거부함에 따라 미국은 중국과의 군사적 접촉을 회복하는 데 어려움을 겪었다.[118] 이는 미중 양국의 계산 차이를 반영했다. 즉, 미국이 양국 간 군사관계를 안정시킴으로써 남중국해와 대만해협에 대한 항행을 일상화시키는 등 군사적 압박을 증강하려 하는 데 반해 중국은 불확실성을 조성함으로써 이러한 미국의 시도를 차단하려 든다.

## 국제질서 재규정과 중국의 반격

중국은 강력한 지위를 강조하는 바이든 행정부의 시도를 거부하는 동시에 평등성을 확보하기 위한 반격도 가했다. 이러한 움직임은 국제질서에 관한 다른 해석을 제기함으로써 미국의 주도권을 약화하려는 시도로 나타났다. 중국은 유엔을 핵심으로 한 국제체제와 국제질서를 제기함으로써 미국이 주장하는 규칙 기반 국제질서를 소수 국가가 일방적으로 규정한 질서로 격하시키고 그 정당성에 의문을 제기하려 들었다.

이러한 시도는 국제질서에 대한 주도권이 미국의 국제적 영향력의 근원이자 중국에 대한 위협으로 작용한다는 판단을 반영했다.[119] 즉, 미국이 민주주의를 기반으로 한 규칙 기반 질서를 강조함으로써 국제적 영향력을 강화하는 동시에 중국 체제의 정당성에 의문을 제기하고 또 제재와 압박의 위험에 노출시킨다는 판단이다.[120] 실제로 미국에서는 국제질서가 자국의 힘과 지도력을 강화하는 데 기여한다는 주장이 제기되는 가운데,[121] 블링컨 국무장관이 규칙 기반 질서의 수호를 미국 외교정책의 주요 목표 가운데 하나로 규정함으로써 국제질서를 강력한 지위를 확보하는 데 활용하려 들었다.[122]

중국은 유엔 중심성을 강조함으로써 미국이 강조하는 규칙 기반 국제질서의 정당성을 약화하려 들었다. 다시 말해, 유엔 중심성에 대한 강조를 통해 미국은 쇠퇴하는 패권국이자 국제질서에 대한 최대의 위협인 반면에 중국이야말로 안정적이고 예측 가능한 현상 유지 국가라는 대안적 서사를 창출함으로써 안정자로서의 미국의 역할에 대한 신뢰를 약화하려 들었다. 이 점에서 중국의 노력은 미국의 국제적 지도력의 정당성을 약화하려는 탈정당화 시도였다. 중국은 이러한 시도가 미국의 간섭을 배제하고 영향력을 제약하며 자국의 주권을 수호하는 데 기여할 것이라고 판단했다. 여기에 더해 유엔과 그 산하 기구에서 일정 정도의 영향력을 확보했다는 자신감 또한 유엔을 부각하도록 작용했다.

국제질서와 관련하여 미국과 다른 정의를 제시하려는 중국의 시도는 바이든 행정부 출범 직후인 2021년 2월 양제츠 주임이 블링큰 장관과의 통화에서 "일부 국가가 주장하는 규칙 기반 질서가 아닌 유엔을 핵심으로 하는 국제체제, 국제법을 기초로 하는 국제질서, 유엔헌장의 취지와 원칙을 핵심으로 하는 국제관계의 기본 규칙(以联合国为核心的国际体系, 以国际法为基础的国际秩序, 以联合国宪章宗旨和原则为核心的国际关系基本准则)을 수호하는 것이 국제사회의 기본적 합의"라고 주장하면서 표출되었다.[123] 이후 중국은 유사한 주장을 계속해서 이어갔다. 5월 왕이 외교부장은 순회 의장국을 맡은 유엔 안보리 회의에서 유엔의 권위와 지위, 그리고 핵심적 역할을 수호할 것을 주장함으로써 그에 앞서 열렸던 G7 외교장관회의에서 블링큰 국무장관이 규칙 기반 국제질서의 수호를 강조하며 중국이 국제질서를 파괴한다고 비판한 것을 반박했다.[124] 이는 미국이 보편적이라고 간주하는 국제질서의 정당성에 대해 의문을 제기하고 수용하지 않으려는 의도를 분명하게 보여준 것이었다. 이처럼 중국은 다른 해석을 제기함으로써 국제질서를 둘러싼 논쟁을 촉발하고, 중국이 국제법을 준수하는 반면 미국이 왜곡한다는 대안적 서사를 형성하려 들었다.

이와 함께 중국은 국제질서와 규칙의 제정권과 관련한 문제도 제기했다. 즉, 국제질서는 소수가 정하는 것이 아니라 많은 국가가 상의해서 정하는 것이라는 주장이었다. 가령, 공산당 관영지는 논평을 통해 국제규칙은 소수 국가가 제정하거나, 소수 국가의 이익만을 반영해서는 안 되고, 서로 다른 이념과 정치체제의 국가를 포용해야 한다고 주장했다.[125] 이는 실질적으로 중국도 국제질서의 건설자로서 지분을 가지고 있다는 주장이자 동시에 미국의 주도권을 용인하지 않겠다는 의도를 표출한 것으로 미국의 패권에 대한 일종의 암묵적 부정이자 공격인 셈이었다.

이처럼 중국은 미국이 주도하는 국제질서에 반격하려 들면서도 여전히 그 대안을 분명하게 제시하지는 못했다. 이러한 사실은 국제질서의 재형성을 위한 실질적 아이디어를 갖고 있다는 메시지를 전하기 위해 시진핑 주석이 제기한 글로벌 안보 구상(全球安全倡议)과 글로벌 발전 구상(全球发展倡议) 등이 여전히 실현 경로를 포함한 구체성을 결여했다는 점에서 확인된다. 즉, 중국은 이러한 구상을 통해 인류운명공동체 구상에서 한 걸음 더 진전된 대안이 있음을 제시하려 들었지만, 새로운 구상들 또한 여전히 모호성을 벗어나지 못했다. 이러한 현실은 중국이 국제질서에 대한 대안적 개념과 그 실행 방안을 구체적으로 제시하는 것보다 미국의 국제적 주도권을 약화하는 데 주력함을 보여준다.

실제로 중국은 유엔헌장에 대한 강조를 통해 자신의 선호와 원칙을 촉진하는 데 노력을 집중한다. 가령, 중국은 유엔헌장이 규정하는 국가 주권을 부각함으로써 국가를 중시하는 다자주의 개념과 주권을 강조하는 인권 개념을 강화하려 들었다. 가령, 양제츠 주임은 블링큰 국무장관과의 통화에서 유엔헌장의 취지와 원칙, 그리고 국제법을 기초로 하며 평등성(平等相待)과 협력원원(合作共贏)을 추구하는 다자주의만이 유일한 다자주의라고 주장하며 미국이 추구하는 소다자주의를 "허위"로 규정했는데,[126] 이는 유엔의 권위를 빌려 국제적 규범에 대한 미국의 주도권을 흔들려는 시도였다.[127] 또한 중국은 유엔에서 증대된 영향력을 활용하여 주권 규범을 강조하는 반면에 인권 규범을 약화하려 시도했다.

이 점에서 국제질서를 재규정하려는 중국의 시도는 여전히 질서를 전복시키려는 시도와 거리가 있다. 다시 말해 중국이 국제질서를 재규정하려 들었다는 것이 곧 국제질서를 전복시키고 미국의 지위를 대체하려 듦을 의미하는 것은 아니다. 이러한 한계는 힘의 격차라는 현실에 대한 중국의 인식을 반영한다. 한 전직 외교관은 중국이 미래지향적이고 건설적 국제공동체 건설이라는 목표를 실현하기 위해 미국과의 전략경쟁에 임할 수밖에 없다고 주장하면서도, 국력 격차가 존재하는 상황에서 가능한 경우에만 효과적인 반격 조치를 취해야 한다고 지적함으로써 신중하게 대응할 필요성을 제기했다.[128] 이는 중국이 새로운 국제질서를 형성하는 데 필요한 비용을 지불할 결심을 하지 못했음을 보여준다. 이러한 한계에도 불구하고, 미국 패권의 정당성을 약화하려는 시도라는 점에서 중국의 노력이 도전으로 인식될 가능성이 배제되는 것은 아니다.

실제로 바이든 행정부는, 앞서 지적한 것처럼, 중국이 국제질서에 도전하려 한다고 규정했다. 대표적으로 블링큰 국무장관은 중국을 국제질서를 변화시키려는 의도와 능력을 보유한 유일한 국가라고 지적하고, 중국과의 경쟁을 국제질서 경쟁으로 규정했다.[129] 이는 미국이 중국을 국제질서에 도전하려는 수정주의 국가로 간주함을 보여준다. 그러나 이처럼 중국을 수정주의 국가로 규정하면서도 바이든 행정부는 국제질서를 재규정하려는 중국의 시도에 대한 대응책을 구체적으로 제시하지 않았다. 중국이 주장하는 유엔의 핵심적 지위에 반박하려는 시도를 찾기 어려울 뿐 아니라 중국이 주장하는 국제법에 기초한 질서에 대해서도 반응을 보이지 않는다. 이는 바이든 행정부가 실제로는 국제질서에 대한 중국의 위협을 심각하게 생각하지 않을 가능성을 제기한다.

## 경쟁의 관리

미중 사이의 경쟁이 심화하고 확대된 반면에 바이든 행정부가 천명했던 협력은 복원되지 않았다. 물론 바이든 행정부는, 앞서 지적한 것처럼, 거듭해서 협력에 대한 의지를 밝혔다. 대표적으로 바이든 대통령은 2021년 9월 시진핑 주석과의 통화에서 사이버 공간에서의 중국의 행위에 대한 우려를 표명하면서도 동시에 기후변화와 관련하여 협력할 것을 제안했고,[130] 11월에도 시진핑 주석에게 유리한 지위에서 경쟁하겠다고 천명하는 동시에 공동의 도전과 관련하여 중국과 함께 하려는 의지를 표명했다.[131]

이처럼 협력을 촉구하면서도 바이든 행정부는, 앞서 지적한 것처럼, 중국에 협력의 대가를 제공하지 않으려 들었다. 대표적으로 기후변화와 관련하여 케리(John Kerry) 특사가 중국에 협력의 대가를 제공하지 않을 것이라고 밝혔고,[132] 설리번(Jake Sullivan) 국가안보보좌관 또한 중국이 협력하더라도 인권과 경제적 문제에 대한 책임을 물으려는 시도를 완화하지 않을 것임을 표명했다.[133] 이는 중국의 협력을 유도하기 위해 미국의 이익을 양보하지 말아야 한다는 신념과 함께 과연 중국과의 진정한 협력이 가능한지와 관련한 의구심도 반영했다.[134]

그 결과 바이든 행정부의 초점은 실질적으로 협력이 아닌 경쟁에 집중되었다. 그 대표적 사례로 바이든 대통령이 2021년 11월 시진핑 주석과의 화상 회담에서 소통과 협력을 강화하고 또 전략적 안정에 관한 협의를 진행하는 데 합의한 이후, 2022년 2월로 예정된 베이징 동계 올림픽에 대한 외교적 보이콧과 중국 기업에 대한 제재를 발표할 것을 들 수 있다. 이처럼 바이든 행정부가 경쟁에 집중함에 따라 미국에서도 바이든 행정부가 중국의 모든 움직임에 대응하고 제어하려 드는 등 실질적으로 협력보다 경쟁과 대결에만 초점을 집중시키고 있다는 비판이 제기되었다.[135]

대가를 제공하지 않고 협력을 확보하려는 바이든 행정부의 시도는 중국의 저항에 직면했다. 중국은 바이든 행정부가 경쟁을 통해 중국을 봉쇄하려 들면서 필요로 하는 영역에서만 협력과 지원을 얻으려는 한다고 판단하고, 협력을 미중관계의 전체적 국면과 긴밀하게 연계시켰다. 중국 외교부 대변인은 바이든 행정부가 출범한 직후 국내문제에 자의적으로 개입하여 중국의 이익을 해치면서 양자와 국제적 이슈에서 협력하라고 요구해선 안 된다고 지적했고,[136] 왕이 외교부장은 미중협력이 미국의 대중정책에 의해 영향을 받는다는 입장을 밝혔다.[137] 시진핑 주석 또한 바이든 대통령에게 미국의 대중정책이 국제문제에 대한 협력에 영향을 끼친다고 거듭해서 지적했다.[138]

중국이 경쟁이 진행되는 상황에서는 협력하지 않으려 듦에 따라, 바이든 행정부는 정책의 초점을 협력에서 경쟁의 관리로 이동시켰다. 이러한 사실은 2021년 11월 진행된 시진핑 주석과의 화상 회동에서 바이든 대통령이 가드레일을 마련함으로써 의도치 않은 충돌을 회피하려는 의도를 표출한 데서 단적으로 드러났다.[139] 그가 가드레일과 관련하여 구체적 언급을 하지 않았지만, 이는 경쟁을 책임 있게 관리함으로써 충돌로 이어지는 것을 방지하려는 의도를 반영했다. 이후 바이든 행정부의 관리들 또한 경쟁의 관리와 의도치 않은 충돌을 회피할 필요성을 강조했다.[140] 대표적으로 블링컨 국무장관은 2022년 대중전략 연설에서 충돌이나 신냉전을 추구하지 않으며 회피하기 위해 노력할 것이라고 지적하는 동시에 중국이 강대국으로서의 역할을 수행하는 것을 차단하거나 경제를 발전시키거나 시민의 이익을 증진하는 것을 막으려 하지 않는다고 지적함으로써 중국과의 긴장을 불필요하게 제고시키지 않으려는 의도를 표출했다.[141]

중국도 양국관계가 악화함에 따라 충돌 가능성을 우려하며 회피하기 위한 시도에 호응했다. 이러한 사실은 시진핑 주석이 양국이 함께 지내는 길(相處之道)을 찾는 것의 중요성을 강조한 데서 확인된다.[142] 여기에 더해 그는 바이든 대통령에게 "기존 국제질서를 변화시키거나, 미국의 내정에 간섭하거나 미국에 도전하거나 대체하려 하지 않는다"고 밝힘으로써 미국을 안심시키려 들었다.[143] 왕이 외교부장 또한 지도 원칙을 탐색함으로써 양국관계를 책임 있게 관리하려는 희망을 표출했다.[144]

양국은 2022년 11월 발리에서 개최된 정상회담에서 중단되었던 외교, 경제금융, 보건위생, 농업과 식량안보 등 다양한 분야에서의 교류와 대화를 회복하는 데 합의했다. 회담에 임하면서 바이든 대통령은 경쟁을 책임 있게 관리할 필요성을 강조했고, 양국 정상은 미중관계의 지도 원칙 또는 전략적 틀을 함께 탐색하는 데 합의함으로써 이를 실천에 옮기려는 의도를 보여주었다.[145] 실제로 정상회담 이후 양국 간에 대화와 교류를 회복하려는 실용적 움직임이 나타나기도 했다. 오스틴 미국 국방장관-웨이펑허 중국 국방부장, 옐런(Janet Yellen) 미국 재무장관-이강(易纲) 중국 중앙은행 총재, 타이 미국 무역대표부 대표-왕원타오 중국 상무장관 사이의 접촉이 이어졌고, 미국의 블링큰 국무장관이 2023년 초 중국을 방문하기로 예정되었다.[146] 방중을 앞두고 블링큰 장관은 경쟁이 충돌로 확산하는 것을 방지하기 위한 가드레일 마련을 위해 모든 노력을 다할 것이라는 입장을 밝혔다.[147]

이처럼 양국 모두가 경쟁이 충돌로 이어지는 것을 방지하려 듦에 따라 충돌에 대한 우려는 일단 제어되었다. 그러나 이것이 곧 양국이 실제로 경쟁을 관리함으로써 충돌을 피할 수 있을 것임을 의미하는지는 여전히 분명하지 않다. 발리 정상회담에서 양국 정상은 경쟁을 관리하는 데 합의하면서도 서로 다른 시각과 입장을 천명함으로써 경쟁을 계속하려는 의지를 숨기지 않았다.[148] 이러한 의도는 블링큰 장관이 중국 방문을 앞두고 경쟁을 관리할 필요성과 함께 경쟁을 계속할 것임을 밝힌 데서도 다시 드러났다.[149] 사실 바이든 행정부가 경쟁을 관리하려는 이유는 충돌에 대한 우려를 제거함으로써 경쟁을 지속하기 위한 안정적 기반을 마련하는 데 있었고, 이러한 의도를 의식한 중국은 경쟁의 관리에 쉽게 호응하려 들지 않는다. 특히 중국은 바이든 대통령이 가드레일을 강조한 이후 베이징 올림픽을 보이콧했던 사실을 기억하고 있다. 이에 따라 왕이 외교부장은 중국 방문을 앞둔 블링컨 국무장관과의 통화에서 한편으로 대화를 요구하면서 다른 편으로 봉쇄를 시행하면 안 된다고 지적하고 양국이 함께 지낼 수 있는 길을 찾을 필요성을 다시 강조했다.[150] 이는 중국이 미국의 변화를 경쟁을 관리하는 전제로 제시함을 의미한다. 이처럼 미국이 경쟁을 계속하기 위해 관리하려 드는 데 반해 중국은 관리하기 위해서는 미국이 경쟁을 포기해야 한다는 입장을 견지한다. 이러한 이견은 양국이 실제로 경쟁을 관리할 수 있을 것인가에 대한 의구심을 제기한다.

## 평가

이상의 논의는 바이든 행정부 집권 2년 동안 미중경쟁이 전방위적으로 확산하고 또 작용-반작용 사이클을 촉발하는 등 심화했음을 제시한다. 바이든 행정부는 출범과 함께 중국과의 경쟁을 체계화함으로써 경쟁과 함께 협력을 진행하고 또 충돌도 방지하겠다고 선언했음에도 불구하고, 관세를 유지하는 등 실질적으로 트럼프 행정부의 대중정책을 이어갔다. 역설적으로도 바이든 행정부가 강조한 경쟁의 체계화는 협력의 복원이 아닌 과학기술과 관련한 제재 조치에서 더 분명하게 드러났다. 여기에 더해 바이든 행정부는 대만 문제와 관련해서도 중국에 대한 압박을 강화했다. 이에 대해 중국 또한 과학기술의 자립과 자강을 강조하고, 대만해협에서 군사적 긴장을 제고시킴으로써 대응했다. 그 결과 양국 사이에 작용과 반작용의 사이클이 촉발되고 경쟁은 더욱 심화했다. 군사적 측면에서도 미중 양국은 상대의 위협을 명분으로 군사력을 증강하려는 노력을 전개함으로써 초보적으로나마 군비 경쟁의 양상을 표출하기 시작했다. 다만 중국이 반격 조치로 제기한 국제질서의 재규정과 관련하여 미국은 아직까지 구체적 반응을 보이지 않았다.

이처럼 양국이 다양한 영역에서 경쟁을 전개하고 강화하면서 바이든 행정부가 선언한 협력의 복원은 실현되지 않았다. 경쟁을 전개하면서 동시에 이익을 공유하는 이슈에서 협력을 병행하려는 바이든 행정부의 시도는 경쟁의 조정을 협력의 전제조건으로 내세운 중국의 저항에 직면했다. 그 결과 경쟁이 심화한 반면에 협력은 복원되지 않았다. 이 점에서 바이든 행정부 집권 2년 동안의 경쟁 또한 트럼프 행정부 시기와 커다란 차이를 보이지 않았다.

이는 바이든 행정부가 경쟁전략의 체계화를 통해 트럼프 행정부와의 차별성을 확보하려는 의도를 구현하는 데 어려움을 겪었음을 의미하는데, 그 이유는 무엇보다도 대중경쟁의 궁극적 목표와 그 실현 방식을 분명하게 제시하지 못한 데서 찾을 수 있다. 다시 말해 바이든 행정부 또한, 트럼프 행정부처럼, 중국과의 경쟁을 통해 무엇을 성취하려 하는지 또 어떻게 성취할 것인지를 분명하게 제시하지 못했다. 바이든 행정부가 여러 차례에 걸쳐 중국에 대한 정책과 전략을 제시했지만, 여기에는 경쟁, 대결, 협력 등 다양한 요소가 서로 다른 비중으로 나열되어 있을 뿐 경쟁의 분명한 목표와 이를 달성하기 위한 구체적 방법은 제시되지 않았다. 따라서 경쟁의 목표가 중국의 행동을 변화시키는 데 있는 것인지, 미국이 우월한 상황에서 중국과의 공존을 추구하는 것인지, 아니면 중국 체제의 붕괴를 추구하는지는 여전히 분명하지 않다.

이러한 목표의 불분명성이 바이든 행정부의 정책실천에 영향을 끼쳤다. 가령, 설리반 국가안보보좌관은 한때 중국을 변화시키려는 과거의 실수를 반복하지 않을 것이라고 지적하고 대신에 유리한 상황에서의 공존을 목표로 제시했다. 즉, 두 개의 강대국이 작동할 수 있는 국제체제를 창출하고 동시에 그러한 체제가 미국의 이익과 가치에 유리하게 만들겠다는 계획이었다.[151] 이처럼 중국의 행동을 변화시키려 추구하지 않는다고 주장하면서도 바이든 행정부는 실질적으로 강력한 지위를 형성하여 압박함으로써 중국의 입장을 변화시키려 들었다. 또 바이든 대통령의 참모들은 중국과의 공존을 강조하면서도 과학기술의 분리를 통해 중국을 배제하려는 의도를 드러냈다. 여기에 더해 바이든 대통령 자신은 민주주의와 권위주의 사이의 대결과 경쟁을 거론함으로써 중국 체제를 직접 겨냥하기도 했다. 모두가 바이든 행정부의 목표가 분명하고 일관되지 않음을 보여주는데, 이는 바이든 행정부 또한 트럼프 행정부처럼 명확한 방향 없이 경쟁을 계속하는 데만 몰두하고 있다는 평가를 촉발한다. 따라서 경쟁이 제기된 지 5년이 지난 시점에서도 그것이 무엇을 의미하는 것인지, 또 경쟁 하의 미중관계의 양상이 어떤 모습을 띨 것인지는 여전히 분명하지 않다. 이 점에서 바이든 행정부 또한 미중관계의 예측 가능성을 제고시키지 못했다고 할 수 있다.

아울러 바이든 행정부도, 포괄적 압박을 통해 중국을 변화시키려는 시도를 실현하는 데 어려움을 겪었던 트럼프 행정부처럼, 중국을 제어하는 데 어려움을 경험했다. 중국의 저항으로 인해 유리한 균형을 통해 중국과의 관계를 설정하려는 미국의 시도는 도전에 직면했다. 중국은 자신의 체제가 우월하고 상대는 취약하다는 자신감을 기반으로 입장을 변화시키지 않으려 들었을 뿐 아니라 심지어 국제질서에 대한 재해석을 통해 제도와 규범을 통해 패권을 유지하고 중국을 억제하려는 미국에 반격을 가함으로써 경쟁을 확산시켰다.

이러한 미중관계의 현실은 신냉전을 회피하겠다는 바이든 행정부의 선언과 상치된다. 양국 간 무역 분쟁은 잠복기에 들어갔지만, 과학기술상의 분리 시도는 여전히 계속된다. 바이든 시기의 분리 시도가 선별적이라는 점에서 전면적 분리라는 양상을 띠었던 트럼프 말기와 형식상 차이를 보이지만, 과학기술이 차지하는 비중과 분리의 심도를 고려하면 실질적 차이를 찾기 어렵다. 이러한 분리 추세가 더욱 심화할 경우 경제적 상호의존의 작용은 더욱 약화하고 신냉전의 가능성은 제고될 것이다. 이것이 바이든 행정부가 신냉전을 거부한다고 선언하면서도 실제 행동은 냉전 사고에 영향을 받고 있다는 주장이 제기되는 이유다.[152]

한 가지 변수는 바이든 행정부의 임기가 끝나지 않았고, 또 2022년 말 대면 정상회담을 통해 중국과 경쟁을 관리하고 충돌을 회피하는 데 합의했다는 점이다. 중국이 동의함에 따라 대화와 교류가 재개되는 등 실용적 움직임도 나타나기 시작했다. 이러한 실용적 움직임을 통해 양국이 경쟁을 관리하기 위한 원칙과 방법에 관해 합의할 경우 양국관계의 향방에도 조정이 발생할 수 있다. 그러나 미국이 경쟁을 지속하기 위해 경쟁을 관리하려는 반면 중국은 협력과 관리를 경쟁을 제어하는 데 활용하려 한다는 이상의 논의는 양국 간 합의가 쉽지만은 않을 가능성을 제시한다.

# 제10장

# 결론

이상의 논의는 다양한 요인들이 작용하고 또 시기별로 그 비중과 조합이 달라신 결과 탈냉전기 미중관계의 양상이 계속해서 변화했음을 제시한다. 탈냉전 초기 양국은 미국이 주도한 관여에 힘입어 타협을 도출했고 이러한 타협은 급속하게 증대된 양국 사이의 상호의존에 힘입어 더욱 강화되었다. 이후 세계금융위기를 계기로 양국 사이에 협력이 강화된 동시에 경쟁 국면도 형성되는 복합적 관계로 진화했다. 이러한 복합성은 미국의 트럼프 행정부가 중국에 대한 압박을 통해 우위를 확보하려 들면서 경쟁으로 귀결되었고, 바이든 행정부가 관계를 되돌리는 대신에 경쟁을 체계화함에 따라 탈냉전기의 종언을 고하게 된다. 결론인 이 장에서는 양국관계에 발생한 변화를 그 요인과 함께 정리하고, 또 경쟁으로 규정된 미중관계의 향방도 간략하게 검토한다.

## 미중관계의 전개

### 편의적 타협

구소련의 붕괴로 인한 냉전의 종식은 공동의 전략적 이익을 해체함으로써, 천안문 사태로 이미 취약해지기 시작한 양국관계에 위기를 초래했다. 그러나 양국은 타협을 통해 이러한 위기를 극복하고 관계를 회복했다. 이는 무엇보다도 탈냉전 초기 압도적 힘의 우위를 구가한 미국이 관여를 선택한 결과였다. 대선에서 전임 행정부의 대중정책을 비판하고 또 출범 초 최혜국 대우 갱신을 활용하여 인권문제를 다루려 하는 등 한때 중국에 강경한 입장을 취했던 클린턴 행정부는 이후 관여로 방향을 전환했다. 클린턴 행정부의 포괄적 관여는 탈냉전 초기 미국에서 촉발된 대중정책 논쟁이, 2010년대 중후반의 경우와 달리, 온건론의 승리로 귀결되었음을 의미한다. 클린턴 행정부의 정책 전환에는 국력상의 우위에 대한 확고한 자신감과 함께 중국 시장의 잠재력에 주목한 경제계의 영향력이라는 국내적 요인이 작용했다. 비록 클린턴 행정부가 자유주의 국제질서 확립이라는 거대한 목표를 통해 관여를 정당화했지만, 예상되는 거대한 경제적 혜택이라는 현실적 요인이 관여를 지속시켰다. 이는 미국이 중국과의 타협을 선택했음을 의미한다.

중국도, 평화적으로 체제를 변화시키려 한다는 의구심에도 불구하고, 경제발전이라는 국내적 과제를 실현하기 위해 미국과의 타협을 선택했다. 1990년대 후반 전략적 동반자 관계 구상을 제기한 데서 드러났듯, 중국은 미국과의 관계를 안정시킴으로써 경제발전이라는 당면과제에 집중하려 들었다. 이러한 중국의 의도는 1999년 미국과 WTO 가입에 합의한 데서 더욱 분명하게 드러났는데, 이 합의는 양국 간 타협을 강화하는 토대를 제공했다. 이처럼 탈냉전 초기 양국 모두가 현실적 필요성을 중시하며 차이를 극복하고 타협을 도출하고 유지하려는 실용성을 보였다.

2000년 대선에서 클린턴 행정부의 관여를 비판한 부시 후보가 대통령에 당선되면서 관여는 한때 위기에 직면하기도 했다. 그러나 전략적 경쟁자로 규정하며 중국을 제어하려 했던 부시 대통령은 2001년 9.11을 계기로 대중정책의 초점을 테러와의 전쟁에 관한 협력을 동원하는 데로 전환했다. 이로써 관여는 민주당 정권에 이어 공화당 정권에서도 미국의 대중정책의 기조로 자리 잡았다. 이후 부시 행정부는 반테러 전쟁뿐 아니라 북한 핵 문제에 대한 대응과 같은 국제적 현안과 관련해서도 중국의 협력을 동원하려 드는 등 중국과의 관계를 국제직 주도권을 유시하는 데 활용하려 늘었다.

이러한 필요성에 더해 중국의 WTO 가입에 힘입어 상호의존이 급속하게 증대된 것 또한 양국 간 타협을 심화시켰다. 미국 기업들의 중국 진출과 이에 따른 양국 교역의 증대에 힘입어 경제적 연계가 급속하게 증대되면서 양국 모두가 관계를 안정적으로 유지하고 또 협력을 강화할 필요성에 직면했고, 그 결과 양국은 대화와 협의 기제의 형성을 통해 관계를 안정시키고 또 확장하려 시도했다. 이 시기 양국은 정기적 대화 기제를 통해 공동의 이익을 확인하고 또 관계의 미래 비전을 논의하려 들었는데, 이러한 사실은 부시 행정부가 중국과의 고위(전략) 대화를 개시한 후 책임 있는 이해관계자 구상을 제기한 데서 단적으로 확인되었다. 이 구상은 부시 행정부가 정치체제의 차이에도 불구하고 중국을 국제체제의 주요 행위자로 인정하려 들었음을 보여주었다. 이 점에서 타협에 대한 미국의 의지가 더욱 강화되었다고 할 수 있다.

중국 또한 미국의 기대에 호응하고 또 이를 활용하여 관계 안정을 유지하고 강화하려 들었다. WTO 가입을 통해 관세를 인하하고 제도와 정책을 국제기준에 맞춰 조정하려 시도한 데 더해, 중국은 평화적 부상론과 평화 발전론 등을 연이어 제기하고 또 책임 있는 이해관계자 구상에도 호응하려 들었다. 이와 동시에 중국은 상호의 존과 대화 기제, 그리고 책임과 협력에 대한 대가로 미국이 중국과의 관계를 더욱 중시할 것으로 기대했다. 이에 따라 양국 간에 일종의 거래관계가 형성되기 시작했다.

이러한 진전에도 불구하고 양국 간에 이견이 지속되었다는 사실은 타협에 한계가 있었음을 제시했다. 양국 간 이견은 인권과 대만 문제에서 가장 분명했는데, 미국이 압박하고 중국이 경계하는 양상을 띠었다. 특히 대만 문제와 관련한 미국의 압박은 중국에 군사 현대화 노력을 강화하도록 작용했고, 이러한 시도는 다시 미국의 경계를 촉발하기도 했다. 여기에 더해 급속하게 증대되기 시작한 경제관계에서도 이견이 출현하기 시작했다. 그러나 양국 간 이견의 기저에는 더 근본적인 차이가 존재했는데, 그것은 미국의 국제적 주도권에 관한 이견이었다. 특히 중국은 미국이 주도권을 활용하여 중국 체제를 변화시키려 한다는 의구심에서 자율성을 강조함으로써 미국의 패권적 행위에 대응하려 들었다. 즉, 미국이 관여를 통해 중국의 행위를 변화시키겠다고 선언한 반면에 중국은 이러한 미국의 시도를 경계한 셈이다.

이러한 이견과 함께 양국이 자신의 이익을 수호하기 위해 위험을 감수하려 한 결과 대만해협, 유고 주재 대사관 폭격, 그리고 정찰기 충돌 등과 같은 위기도 이어졌다. 여기에 더해 미국 대선에서 중국에 대한 비판이 계속해서 제기되는 등 의구심이 지속되었고, 중국도 한때 다극화 구상과 전략을 통해 미국의 패권적 행위를 완화하려 들었다. 그러나 현저한 국력 격차, 국제문제 해결의 필요성, 그리고 중국의 개혁개방 의지 등이 작용하면서 양국은 위기를 극복하고 타협을 이어가는 실용성을 보였다. 이처럼 양국관계가, 이견에도 불구하고, 계속해서 발전되고 확장되는 의외성을 보임에 따라 양국 모두에서 강대국 정치라는 전통적 관계의 양상을 벗어날 수 있다는 낙관론이 제기되었다.

세계금융위기와 복합적 관계

미중관계는 세계금융위기를 계기로 한 차례 변화를 경험했다. 양국 사이에 협력이 더욱 확장된 동시에 경쟁 국면도 형성된 것이다. 이러한 변화는 세계금융위기가 보여준 양국 간 상호의존의 심도, 위기를 극복할 양국의 현실적 필요성, 그리고 국력 대비의 변화와 관련한 중국의 인식 등에 의해 영향을 받았다.

세계금융위기는 상호의존의 심도를 보여줌으로써 협력의 필요성을 제기했다. 미국에서 시작된 금융위기가 미국 경제에 가한 충격이 곧바로 중국 경제에도 전달됨에 따라, 양국 모두가 위기를 극복하기 위해 협력할 필요성을 자각했다. 이에 따라 미국은 금융위기 극복을 위해 필요한 국채 매수를 중국에 촉구하고 중국은 미국의 경기회복 시도를 돕는 동시에 자국의 경기를 진작하기 위한 노력을 전개함으로써 정책적 공조를 진행했다. 특히 오바마 행정부는 대선 과정뿐 아니라 출범 후에도 협의와 대화 기제를 통해 중국과 협력하는 부시 행정부가 시작한 노력을 계승하고 더욱 강화함으로써 전임 행정부들과 차이를 보였다. 여기에 더해 전략적 보장 구상을 제기함으로써 중국을 수용하려는 의지가 더욱 확장되었음도 보여주었다.

이러한 움직임에 중국이 호응함에 따라 양국 간 협력은 경제적 영역을 넘어 확대되었다. 양국은 오바마 행정부가 주력했던 기후변화 문제에서 협력을 이어감으로써 관계가 진전되었음을 보여주었고, 군사적 측면에서도 교류를 확대했다. 이러한 양자 차원의 협력에 더해 다자적 영역에서도 협력이 진행되었다. 양국은 세계금융위기를 계기로 드러난 글로벌 거버넌스에 존재하는 문제를 해결하기 위해 협력한 동시에 G20를 통해 세계경제의 안정을 위한 정책적 공조도 전개했다. 이처럼 양국 간 협력이 확대되면서 일각에서는 양국이 실질적인 G2를 형성했다는 관찰도 제기되었다. 이러한 사실은 양국이 탈냉전기 들어 처음부터 그리고 일관되게 충돌을 향해 움직였다는 현실주의 주장과 차이를 보인다.

이처럼 협력이 확대되는 상황에서, 이견 또한 점차 분명해졌다. 이러한 사실은 양국이 관계를 규정하기 위한 전략적 틀에 합의하지 못한 데서 단적으로 확인되었다. 오바마 행정부가 전략적 보장 구상이나 G2 구상을 실천에 옮기지 않았고, 중국은 공식적으로 제기되지도 않은 G2 구상을 거부함으로써 적극적인 역할을 하려는 의지가 없거나 또는 미국과 다른 자신만의 선호를 추구함을 보여주었다. 이후 중국이 제기한 새로운 형태의 강대국 관계 구상 또한 호응을 얻지 못했다.

여기에 더해 양국 사이에 경쟁의 국면도 형성되었다. 이는 무엇보다도 중국이 관계의 변화를 추구한 데 따른 결과였다. 세계금융위기를 계기로 중국에서는 국력 대비에 대한 자신감과 함께 미국이 일방적으로 주도해온 관계를 평등하게 재편해야 한다는 주장이 힘을 얻었다. 미국과의 관계를 다시 조정하려는 시도는 초창기 협력을 통해 미국의 동의를 유도하려는 양상을 띠었지만, 시진핑 주석이 권력을 장악하여 위험을 감수하고 적극적인 시도를 통해 유리한 국제적 환경을 조성할 필요성을 강조하면서 중국의 추구는 더욱 공세적으로 변화했다. 이는 그동안 양국관계가 미국에 의해 주도되었던 것으로부터의 분명한 변화로서, 이제 중국 요인 또한 양국관계에 영향을 끼치기 시작했음을 보여주었다.

흥미로운 점은 이 시기 양국 간 경쟁 국면이 경제, 글로벌 거버넌스, 그리고 군사 등 협력이 진행된 분야에서 형성되기 시작했다는 사실이다. 이처럼 경쟁이 협력이 진행된 분야에서 형성되기 시작했다는 사실이 경쟁의 한계를 설정했다. 다시 말해 이 시기 경쟁은 영합적이지 않았다. 양국은 경쟁하면서도 필요한 경우 협력을 복원했고 또 상황이 변화하면 다시 경쟁했다. 그러나 중국이 점차 자신의 선호를 견지하며 양보하지 않으려 듦에 따라 미국의 대중인식이 강경한 방향으로 변화했다. 여기에 더해 중국이 AIIB와 일대일로 등과 관련하여 일정한 성과를 거두기 시작하고 또 경제와 기술 영역에서도 자주적 혁신 시도를 가속화함에 따라, 미국에서 중국과의 관계가 임계점에 이르렀으며 보다 강경한 정책이 필요하다는 주장이 힘을 얻었다. 이러한 상황에서도 중국은 제고된 자신감을 바탕으로 평등한 관계에 대한 희망과 추구를 완화하지 않았다. 그동안 양국이 보였던 타협을 통해 관계를 이어가려는 실용성이 약화한 것이다.

## 경쟁과 탈냉전기의 종언

중국에 대해 강경한 정책으로 전환해야 한다는 미국의 목소리는 트럼프 행정부에 의해 정책화되었다. 트럼프 행정부는 역대 행정부가 추진해 온 관여가 의도한 목표를 달성하지 못했다고 비판하며 강대국 경쟁을 선언했다. 이처럼 강대국 경쟁이라는 거대 담론을 제기했음에도 불구하고 그 개념과 목표는 분명하게 제시되지 않았고, 특히 미국 외교정책의 주도권을 장악한 트럼프 대통령 자신은 강대국 경쟁을 공식적으로 언급하지 않았을 뿐 아니라 중국에 대한 강경론과 온건론 사이를 수시로 오감으로써 혼선을 초래했다. 이러한 혼선 속에서도 트럼프 행정부는 관세부과를 통해 무역전을 시작했고, 또 인도태평양 구상과 대만 카드를 활용하여 중국을 압박하려 들었다.

중국도 트럼프 행정부가 제기한 경쟁 개념을 이해하는 데 어려움을 겪었다. 한때 사업가 출신 트럼프 대통령과의 거래를 통해 평등한 관계를 실현할 수 있다고 기대했던 중국은, 트럼프 행정부가 경쟁을 강조하는 상황에서도, 제고된 자신감을 바탕으로 미국의 관세부과에 보복을 통해 대응함으로써 평등성을 구현하려는 시도를 이어갔다. 이처럼 무역전을 불사하면서도, 중국은 공식적으로는 트럼프 행정부가 선언한 강대국 경쟁을 발전과 부상을 제어하려는 시도로 인식하고 수용하지 않으려 들었다. 이는 미국의 정책 전환을 트럼프 대통령의 일탈로 규정하고, 정면 대응을 자제했음을 의미한다.

양국관계가 경쟁으로 나아가게 된 데는 국력 대비의 변화가 작용했다는 주장이 제기된다. 실제로 미국의 일각에서 중국의 추격에 관한 우려가 강화되었고, 중국에서는 자신감이 제고되었다. 그러나 이러한 변화가 트럼프 행정부 출범을 전후하여 새롭게 발생한 것이 아님을 고려할 때 미국의 정책 변화를 국력 대비의 변화에만 귀속시키는 것은 합리적이지 않다. 여기에 더해 자신감을 강조해온 중국은, 국력 격차가 여전히 현저하다는 판단에 따라, 정면 대응을 자제했다. 모두가 미중경쟁의 개시와 관련하여 국력 대비라는 구조적 요인의 비중을 지나치게 과장하는 것을 경계할 필요성을 제기한다.

국력 대비에 관한 판단이 양국관계에 끼친 영향을 부정하기 어렵지만, 이러한 판단이 양국의 국내적 요인에 의해 영향을 받았음을 주목할 필요가 있다. 미국의 트럼프 대통령은 자신의 권력 강화에 활용하기 위해 중국의 위협을 극단적으로 부각했고, 이는 다시 중국에 대한 인식을 더욱 악화하는 결과로 이어졌다. 중국에서도 시진핑 주석이 자신감 제고와 함께 위험을 감수하려는 의지를 강조함에 따라 증대되는 갈등에도 불구하고 압박에 굴복하지 않으려는 움직임이 힘을 얻었다. 이러한 양국의 국내적 요인들이 상호작용하면서 국력 대비의 변화가 실제보다 더 크게 인식되었다.

국내정치적 요인은 상호의존의 작용에도 영향을 끼쳤다. 트럼프 행정부는 상호의존을 문제로 규정하는 동시에 관세부과와 함께 경제·기술상의 분리를 추구함으로써 상호의존을 중국을 압박하는 무기로 활용했다. 이러한 시도에 직면한 중국 또한 상호의존의 취약성을 다시 자각하고 자력갱생과 국내 순환을 강조함으로써 대응했다. 그 결과 상호의존이 양국 간 분쟁의 초점으로 등장했는데, 이는 상호의존이 타협을 강화하고 또 협력을 확대했던 시기로부터의 분명한 변화였다.

트럼프 행정부 시기 경쟁은, 서로 보복을 교환한 무역전을 제외하면, 양국이 동일 영역에서 정면으로 치고받기보다 서로 다른 영역에서 상대를 압박하거나 상대의 힘을 완화하려는 양상을 띠었다. 미국이 관세부과, 인도태평양 구상, 대만 카드를 활용하여 압박한 반면에 중국은 글로벌 거버넌스 개혁을 제기함으로써 미국의 주도권을 완화하려 시도했다. 비록 군사 영역에서 미국이 중국의 군사 현대화에 대응하려는 의지를 강화했지만, 경쟁은 여전히 회색지대를 중심으로 전개되었다. 아울러 트럼프 행정부 말기 일부 각료들이 중국 체제의 정당성을 공격하려는 시도를 전개했고 또 재선과 관련하여 초조감이 증대된 트럼프 대통령이 의도적으로 충돌을 도발할 수 있다는 우려가 제기되기도 했지만, 양국은 소통을 통해 충돌을 회피하기 위한 노력을 전개했다.

2020년 대선에서 트럼프 행정부의 대중정책을 비판한 바이든 후보가 당선되면서 양국관계가 조정될 수 있다는 평가와 기대가 제기되기도 했지만, 바이든 대통령 또한 경쟁을 강조했다. 정권 교체에 힘입어 정책 변화를 추구할 동기와 기회가 제공되었지만, 바이든 행정부는 트럼프 행정부의 대중정책을 완화하려는 시도가 가져올 국내적 반향을 우려했다. 이는 미국에서 증강된 중국에 대한 의구심이 대중정책의 조정을 제약한 것으로, 국내정치적 요인이 미국의 대중 전략을 제약하는 현실을 보여준다. 이러한 상황에서 바이든 행정부는 경쟁의 체계화를 선언함으로써 트럼프 행정부와의 차별화를 추구했다.

관계가 조정될 것이라는 중국의 기대는 바이든 행정부가 경쟁을 강조하면서 좌절되었고, 경쟁을 트럼프 대통령의 일탈로 간주했던 판단도 잘못된 것임이 드러났다. 이러한 상황에서 중국은 더욱 강력한 대응을 선택했다. 특히 권력을 연장하려 한 시진핑 주석은 코로나19에 대한 미국의 미흡한 대응과 대선 과정에서 드러난 국내정치적 분열을 부각하며 미국과의 국력 대비에 관한 자신감을 강조했다. 이는 중국에서도 국내적 요인의 영향력이 강화되었음을 의미한다. 중국은 양국관계를 경쟁으로 규정하는 데 반대하는 공식 입장을 계속해서 견지하면서도, 강력한 지위를 강조하려는 바이든 행정부의 시도를 공개적으로 반박함으로써 미국과의 갈등을 감수하려는 의지를 드러냈다. 나아가 중국은 반패권을 강조함으로써 실질적으로 경쟁을 피하지 않으려는 의지도 표출했다.

이에 따라 양국 간 경쟁은 더욱 심화했다. 구체적으로 미국이 과학기술과 대만 문제에서 중국을 강하게 압박하고 중국은 이에 대응하는 동시에 국제질서를 재규정함으로써 미국에 반격을 가하려 들었다. 바이든 행정부는 강력한 규제를 통해 핵심적 기술에 대한 중국의 접근을 제약하려는 시도를 강화했고, 중국도 자립과 자강을 강조함으로써 대응했다. 대만 문제와 관련해서도 바이든 행정부가 대만과의 관계와 지원을 강화하려 들었고, 중국은 긴장의 제고를 통해 대응했다. 한편 중국은 국제질서에 대한 새로운 규정을 제기함으로써 미국의 주도권을 완화하려 들었다. 미국에 대한 반격이 국제질서에 대한 주도권을 약화하려는 시도로 표출되었다는 사실은 중국이 여전히 정면으로 경쟁하기보다 미국이 상대적으로 취약하고 중국이 상대적으로 강점을 지녔다고 판단한 영역에서 경쟁하려 듦을 보여준다.

이 과정에서 양국 사이에 작용-반작용 사이클도 형성되기 시작했다. 즉, 한 국가의 행동이 상대의 경계와 대응을 촉발하기 시작한 것이다. 특히 이러한 작용-반작용 사이클이 군사적 영역에서도 출현하기 시작했다는 사실은 바이든 행정부 시기의 경쟁이 트럼프 행정부 시기보다 더 심화했음을 의미한다. 여기에 더해 양국 모두가 자국의 행위가 상대의 대응을 촉발하고 있다는 사실을 인정하기보다 문제의 원인을 상대에 돌린다.

이에 반해 바이든 행정부가 출범 초기 선언했던 협력의 복원은 이뤄지지 않았다. 협력을 선언한 바이든 행정부가 실질적으로 경쟁에 초점을 집중시켰고, 중국이 이를 이유로 협력을 거부했기 때문이다. 이러한 상황에서 바이든 행정부는 중국과의 경쟁을 관리함으로써 충돌을 방지하려 들었고, 2022년 11월 발리 G20정상회담을 계기로 성사된 바이든-시진핑 정상회담에서 양국 사이에 소통 채널을 확립하는 합의가 도출되었고 또 일부 영역에서 대화가 재개되는 등 진전이 나타나기도 했다. 그러나 바이든 행정부 집권 3년 차에 접어든, 그리고 이 책이 출판 준비에 들어가는 시점에서 이러한 시도가 경쟁의 관리라는 목표를 달성함으로써 충돌을 방지할 수 있을 것인지의 여부는 여전히 명확하지 않다.

미중경쟁은 탈냉전기 형성되었던 양국관계의 종언을 알렸다. 트럼프 행정부는 중국에 투항을 요구하며 정치체제까지 공격하려 들었고, 바이든 행정부 또한 분명한 목표와 전략이 없는 상황에서도 경쟁에 집중했다. 이는 미국의 대중정책에 심대한 변화가 발생했음을 의미한다. 미국이 탈냉전기 국제체제 속으로 편입시키는 것이 대외적 행위를 제어하는 데 기여할 것이라는 판단하에 중국에 대한 관여를 추구했다면, 이제 미국의 대중정책의 초점은 강력하고 위협적인 중국을 어떻게 제어할 것인가에 집중된다. 중국 또한 미국의 강력한 지위를 수용하길 거부하고 자립과 자강을 강조하는 등 미국의 주도권에 적응하던 기존 관계를 재편하려 듯을 보여주었다. 이러한 변화는 양국 모두가 타협의 도출과 협력의 확대라는 그동안 보였던 실용성 대신에 자신의 선호를 견지하기 위해 갈등을 감수하려 듯을 보여주었다. 다시 말해 양국 모두가 상대와의 관계를 실질적으로 영합적 시각에서 접근한다. 이 점에서 경쟁은 양국관계에 지각변동이 발생했음을 의미하는데, 이러한 사실은 바이든 행정부가 국가안보전략에서 탈냉전기의 종언을 선언한 데서 단적으로 드러났다.[1]

탈냉전기의 종언이라는 바이든 행정부의 선언과 관련하여 중국에서는 패권경쟁을 선언한 것이라는 주장이 제기된다. 즉, 미국이 패권을 누리던 시기가 끝이 나고 패권경쟁이라는 새로운 시대가 도래했음을 선언한 것이라는 주장이다.[2] 이러한 인식에도 불구하고 지금의 미중경쟁이 패권 경쟁인지는 분명하지 않다. 패권경쟁을 주도권 경쟁이라고 규정할 경우, 경쟁은 궁극적으로 군사와 이념적 측면에 집중될 것으로 기대할 수 있다. 그러나 현실에서의 미중경쟁은 경제·기술 영역에 집중되며, 군사적 영역에서의 경쟁은 본격화하지 않았다. 비록 미국이 경쟁을 선언했지만, 이것이 곧 중국을 실존적 위협으로 인식하고 충돌의 위험을 불사하고 주도권을 수호하려 듯을 의미함을 보여주는 증거는 찾기 어렵다. 마찬가지로 중국이 충돌을 불사하고 미국과 경쟁하려 한다는 증거도 찾기 어렵다. 양국은 여전히 동일한 영역에서 정면으로 맞붙기보다 서로가 우월하다고 생각하는 분야를 중심으로 경쟁을 전개한다.

## 미중경쟁의 향방

그렇다면 경쟁으로 규정된 미중관계는 앞으로 어떤 양상을 보일 것인가? 과연 현실주의가 주장하듯 신냉전의 양상을 더욱 분명히 드러내고 궁극적으로 충돌에 이를 것인가? 아니면 양국이 경쟁을 관리함으로써 공존하고 나아가 협력도 다시 복원할 것인가?

### 경쟁 개념의 모호성

경쟁으로 규정되는 미중관계의 향방을 이해하기 위해서는 무엇보다도 경쟁 개념에 대한 이해가 필요하다. 경쟁의 개념이 분명하게 규정될 경우, 양국관계의 향방을 전망하기도 비교적 용이해질 것이다. 그러나 불행하게도 제기된 지 5년이 지났음에도 경쟁은 개념적으로 여전히 불분명한 상태로 남아 있고, 따라서 미중관계의 향방을 분명하게 제시해 주지 못한다. 트럼프 행정부가 경쟁 개념을 밝히지 않았을 뿐 아니라, 바이든 행정부 또한 트럼프 행정부의 불분명성을 비판하며 경쟁 개념과 전략을 체계화하겠다고 주장했지만 경쟁의 궁극적 목표나 최종 지향점을 분명하게 제시하지 못했다. 현실적으로도 트럼프 행정부의 경쟁이 모든 영역에 걸쳐 중국을 포괄적으로 압박하는 양상을 보인 반면에 바이든 행정부의 경쟁은 중국에 대한 우월한 힘의 균형을 강조하는 등 차이를 보인다.

물론 미국에서 대중 경쟁과 관련한 보다 구체적 구상들이 간헐적으로 제기되기도 했다. 그 대표적 사례가 공존이다. 가령, 바이든 행정부의 외교정책에서 중요한 역할을 하는 설리번 국가안보보좌관과 캠벨 인도태평양 조정관은 트럼프 행정부 시기 미국에 유리한 조건에서 중국과 강대국으로서의 경쟁적 공존을 추구할 것을 주장했다. 그러나 이들은 공존은 경쟁의 목표가 아니고 "경쟁을 해결할 문제가 아닌 관리할 조건으로 받아들임을 의미한다"고 규정했다.[3] 이는 실질적으로 공존을 경쟁을 계속하기 위한 조건으로 제시한 것이었다. 바이든 행정부 들어서도 블링컨 국무장관이 중국과의 평화적 공존을 언급한 바 있지만,[4] 이 또한 중국에 충돌을 원하지 않는다는 의도를 밝히기 위한 시도였을 뿐 공존의 내용과 방식을 분명하게 제시하지 않았다.[5]

현실적으로도, 앞서 논의한 것처럼, 바이든 행정부는 경쟁을 공존보다 우선하고 있다. 특히 설리번 국가안보보좌관은 바이든 대통령과 시진핑 주석이 발리 정상회담에서 경쟁을 관리하는 데 합의한 이후 중국과의 경쟁이 장기간에 걸쳐 진행될 것이라고 밝힘으로써 경쟁 그 자체가 바이든 행정부의 목적임을 제시했다.[6] 이처럼 바이든 행정부가, 그 개념을 분명하게 설정하지 못한 상황에서도, 경쟁을 계속하려 드는 것은 경쟁이 국력상의 우위를 회복하는 데 기여한다는 판단을 반영한다.[7] 따라서 미국이 중국에 대한 국력상의 우위를 회복할 때까지 경쟁을 계속할 것으로 예상할 수 있다. 미국이 선언한 경쟁이 어떤 양태를 띨 것인지는 향후 출범할 행정부의 선호와 판단에 의해 규정될 것이고 또 이 과정에서 변화를 경험할 수도 있다.

한편 중국은, 최소한 공식적으로는, 여전히 미중관계를 경쟁으로 규정하는 데 반대하며 또 경쟁해야 할 경우에도 양성적이어야 한다고 주장한다. 그러나 중국 또한 양성 경쟁의 의미와 실현 방안을 제기하지 않았다. 오히려 이상의 논의는 중국 또한 점차 경쟁을 현실로 수용함을 보여준다. 여기에 더해 이 책이 출판 준비에 들어간 2023년 초 시진핑 주석은 "미국을 위시한 서방 국가"가 중국에 대해 "전방위적 봉쇄, 포위, 압박"을 시행함으로써 중국의 발전에 전례 없는 도전을 초래했다고 지적함으로써 미국을 직접 거명하여 비판하기 시작했다.[8] 그동안 중국의 지도부가 미국에 대한 직접적인 공격을 자제했었다는 점에서, 이는 미국과의 경쟁에 대한 중국의 의지가 더욱 강화됨을 보여준다. 미국이 평등성에 대한 중국의 요구를 수용하기보다 가능한 모든 수단을 동원하여 견제하려 하는 상황에서 제기된 이러한 공세적 수사는 중국이 진정으로 미국과의 경쟁을 회피하려 하는지를 의심하게 한다. 결국 현실은 미중 양국 가운데 어느 국가도 지금의 관계를 수정할 의지와 능력이 없으며, 따라서 개념상의 불분명성에도 불구하고 양국 간 경쟁이 계속될 것임을 제시한다.

양국은 경쟁의 결과가 궁극적으로 국력 대비에 의해 결정될 것으로 보고 자신감을 보인다. 미국은 경쟁을 통해 중국의 성장을 제어하고 우위를 회복함으로써 자국이 주도하는 양국관계를 다시 확립하려 한다. 중국 또한 국력 대비의 추세에 대한 자신감을 바탕으로 미국과의 경쟁을 회피하지 않으려 한다. 이 시점에서 양국 간 국력 경쟁의 양상이 어떻게 귀결될 것인지를 정확하게 판단하기는 쉽지 않다. 양국 간 국력 대비를 사전에 정확하게 추론하기 어렵다는 사실은 이미 몇 가지 사례에서 확인되었다. 가령, 2017년에 출간된 저서에서 앨리슨은 2023년에 중국의 경제력이 미국의 1.5배가 될 것이라는 전망을 제기한 바 있다.[9] 그러나 6년 후 그리고 이 책이 출판에 들어가는 2023년 초의 현실은 이러한 전망과 여전히 거리가 멀다. 이에 앞서 2010년대 초반 중국이 10년 후 미국과 종합국력에서 절대적 평등을 획득함으로써 양극체제를 형성할 것으로 전망했던 중국의 옌쉐퉁 또한 2019년에 들어 이러한 목표를 달성하는 데는 최소한 20년의 시간이 더 필요할 것이고 또 중국이 반드시 이긴다고 보장할 수도 없다고 지적함으로써 한 걸음 물러섰다.[10] 모두가 국력 대비의 추세를 정확하게 전망하기 어려움을 보여준다.

비교적 확실한 것은 미국이 경쟁을 통해 국력 대비의 격차를 주도권을 다시 회복할 수 있는 정도로 확대하기가 쉽지 않을 것이라는 사실이다. 장주기론(long cycle theory)을 제기한 모델스키(George Modelski)에 따르면 한 국가가 주도권이나 패권을 장악하기 위해서는 전 세계 GDP와 군사력의 절반 정도를 점해야 하며, 이러한 결과는 강대국 사이의 전쟁인 패권전쟁을 통해서만 가능하다.[11] 이러한 주장이 옳다면 미국뿐 아니라 중국도, 상대와의 전쟁이 없는 상태에서, 압도적 우위를 확보하기는 어려울 것이다.

이는 양국 간 국력 대비가 관계를 규정할 정도로 명확하게 판별이 나지 않을 가능성을 제시한다. 다시 말해 미국이 우위를 회복하더라도 그 우위는 중국을 다시 압도할 수 있는 정도가 되기 어려울 것이다. 오히려 국력 격차가 축소될 가능성이 더 크다고 보는 것이 현실적일 것이다. 반대로 중국이 미국과의 국력 격차를 계속해서 축소하더라도 미국을 추월하고 압도적 우위를 확보할 가능성은 크지 않다고 볼 수 있다. 이처럼 양국 간 국력 대비가 불분명하거나 현저하지 않을 가능성은 국력 대비가 양국관계를 규정하는 결정적 요인이 되기 어려움을 제시한다. 다시 말해 양국관계의 양상이 양국 간 국력 대비의 추세가 분명해짐에 따라 자연스럽게 결정될 가능성은 크지 않다.

불분명성은 미중관계에 영향을 끼치는 다른 구조적 요인인 상호의존에서도 확인된다. 트럼프 행정부뿐 아니라 바이든 행정부도 중국과의 경제·기술적 분리를 추진함으로써 상호의존을 완화하려 시도한다. 중국도, 분리에 반대한다는 수사에도 불구하고, 국내시장과 기술에 의존한 성장을 더욱 가속화하는 등 대미 의존을 줄이려는 노력을 강화한다. 물론 이것이 곧 양국 간 상호의존이 당장 종식될 것임을 의미하지는 않는다. 현실은 매우 복잡하다. 한편으로 많은 외국기업들이 중국 시장에서 철수하는 것을 주저하며, 그 결과 미중 교역액이 다시 회복되고 있고 중국에 대한 외국인 투자 또한 계속해서 증가하는 추세다.[12] 동시에 변화의 추세 또한 분명하다. 가령, 미국의 교역에서 중국이 차지하는 비중은 계속해서 감소하고 있고,[13] 생산의 일부를 중국으로부터 베트남이나 인도로 이전하는 '중국+1 전략'을 통해 탄력성을 확보하려는 외국 기업들의 움직임도 강화되고 있다.[14] 이러한 추세가 계속될 경우 양국 간 상호의존의 수준은 장기적으로 정체되거나 완화될 가능성이 크다. 즉, 양국 간 상호의존이 급격하고 전면적인 분리로 이어지지는 않더라도 장기간에 걸쳐 완만하게 약화할 가능성이다. 이는 상호의존이 양국관계를 규정하는 데 한계를 보일 가능성을 제시한다.

경쟁의 관리인가, 신냉전인가

미중 양국 사이의 경쟁이 계속되고 또 양국관계에 영향을 끼치는 구조적 요인의 작용이 제약될 경우, 경쟁의 양상은 양국의 정책과 이로 인해 형성될 상호작용에 의해 규정될 것으로 볼 수 있다. 이 경우 양국 간 경쟁의 양상과 관련하여 충돌, 신냉전, 경쟁의 관리, 그리고 경쟁과 협력의 병존 등 4개의 서로 다른 가능성을 상정할 수 있다. 이러한 선택지를 연속선상에 배치하면 미중 충돌이 한 극단에 그리고 경쟁과 협력의 병존이 반대의 극단에 위치하며 그 중간에 신냉전과 경쟁의 관리가 각각 위치한다.

충돌은 미중 양국 모두가 자국의 우선순위를 강하게 추구하며 상대를 압박할 경우 발생할 수 있다. 경쟁이 기본적으로 충돌로 이어질 가능성을 내포하며, 미중 모두가 자신의 입장을 강하게 견지한다는 사실은 충돌이 발생할 가능성을 배제하기 어려움을 제시한다. 실제로 트럼프 행정부가 임기 말에 중국의 정치체제에 대한 압박을 전개함으로써 대결을 더욱 심화시켰던 것과 트럼프 대통령이 재선을 위해 군사적 충돌을 도모할 수 있다는 우려가 제기되었던 사실 등은 충돌 가능성을 배제하기 어려움을 보여주었다. 바이든 행정부 들어서 양국 간 경쟁이 경제와 과학기술 영역을 넘어 점차 군사적 영역에서 작용-반작용 사이클을 촉발하기 시작했다는 사실 또한 충돌 가능성을 제기한다. 바이든 행정부가 중국과의 경쟁을 관리할 필요성을 거듭해서 제기한 것은 이러한 우려가 증대되었음을 잘 보여준다.

양국 간 군사적 충돌이 발생할 경우 대만 문제나 남중국해 문제를 둘러싼 갈등에서 촉발될 가능성이 크다. 실제로 미국에서는 최근 들어 군부를 중심으로 중국이 대만을 침공할 수 있다는 경고를 연이어 발신하고, 2024년, 2025년, 2027년 등 다양한 시점까지 제기한다. 남중국해에서도 미중 양국 모두가 군사 활동을 강화함으로써 충돌 가능성을 제고시켰다. 이러한 가능성에도 불구하고 양국 간 경쟁이 충돌, 특히 전면적 충돌로 이어질 가능성은 크지 않다. 우선, 양국 모두가 충돌을 회피하려는 의도를 표출한다. 바이든 행정부가 가드레일을 마련함으로써 충돌을 회피하려 시도하고 중국도 여전히 미국에 정면으로 맞서기보다 정면 대결을 피하는 방식으로 자신의 영향력을 확대하려 한다. 이는 양국 모두가 충돌을 회피하려 들며, 따라서 충돌의 가능성이 크지 않음을 제시한다. 아울러 양국 모두가 핵무기를 보유한다는 사실 또한 충돌을 선택하기 어렵게 작용한다. 미국이 핵 능력에서 압도적 우위를 지니는 상황에서 중국이 전략적 핵 능력 강화에 주력하는 것은 상호확증파괴(MAD)를 형성함으로써 충돌을 방지하려는 의도를 반영한 것으로 해석할 수 있다.

이와 반대로 양국이 경쟁하면서도 동시에 협력을 회복할 가능성도 상정할 수 있다. 이상의 논의에서 드러나듯, 양국 모두가 협력을 강조한다. 중국은 계속해서 미중 양국이 경쟁이 아니라 협력해야 함을 강조한다. 바이든 행정부 또한 기후변화와 식량안보 등 이익을 공유하는 영역에서의 협력을 강조한다. 이러한 의지가 실천에 옮겨질 경우 협력이 회복될 수 있다. 물론 양국이 협력을 회복하더라도, 이익, 가치, 정체성의 차이로 인해 전면적이고 포괄적으로 협력으로 이어질 가능성은 크지 않다. 일부 영역에서 경쟁을 계속하면서 동시에 다른 영역에서 협력을 회복하는 것이 현실적으로 가능성이 크다. 이처럼 경쟁하면서 협력도 진행하는 것은 미국이 선호하는 대안으로서, 미국이 경쟁을 통해 우위를 확보할 경우 실현 가능성이 증대될 것이다.

그러나 양국이 경쟁을 계속하는 한 협력을 회복할 현실적 가능성은 크지 않다고 볼 수 있다. 이상의 논의에서 드러나듯, 중국이 실질적으로 미국이 경쟁을 포기하는 것을 협력의 전제조건으로 제시하는 상황에서 미국은 협력의 대가를 제공하지 않으려 든다. 또한 트럼프 행정부뿐 아니라 바이든 행정부도 협력보다 경쟁을 우선하는데, 이러한 선호를 돌릴 수 있는 유인을 찾기 쉽지 않다. 이러한 상황에서 중국이 평등성이라는 자신의 이익과 선호를 강하게 고집하는 것 또한 협력을 실현하는 데 실질적인 장애를 제기한다. 이처럼 미중 양국 모두가 협력을 복원하고 건설적 관계를 형성하는 데 필요한 궤도 수정의 능력을 보여주지 못한다.

현실적으로 양국관계의 양상과 관련하여 가능성이 큰 선택지는 경쟁의 관리를 통해 경쟁하는 상황에서도 공존하거나 반대로 경쟁의 관리에 실패하고 신냉전으로 나아가는 것이다.

우선, 경쟁을 관리하는 데 성공할 경우 미중 양국은 서로 분리를 추구하는 상황에서 공존할 수 있을 것이다. 양국 모두가 한편으로 경제와 기술상의 분리를 추구하며 또 이처럼 분리가 추진되는 상황에서도 양국 간 경제적 교류와 연계가 계속되는 현재의 상황이 이러한 가능성에 힘을 보탠다. 이러한 가능성은 형성 중인 과정으로 그 궁극적인 양상을 지금 시점에서 정확하게 상정하기는 쉽지 않다. 그러나 양국이 지금까지 보여준 선호를 계속해서 이어가면서도 경쟁을 관리하는 데 성공할 경우, 장기적으로 서로 다른 두 개의 진영을 형성하면서도 여전히 완화된 수준에서나마 관계를 이어갈 수 있을 것이다. 이는 상호의존의 완전한 해소가 아닌 완화를 의미하는 것으로, 미중 양국 모두가 독자적 진영을 형성한 상황에서 부분적인 연계를 유지함을 의미한다. 이 경우 서로 다른 진영 사이에 상품, 서비스, 자본, 인원, 아이디어의 교류가 계속될 수 있는데, 다만 그 수준은 탈냉전기보다는 낮을 것이다.[15] 양국 모두가 국가안보를 이유로 필요한 경우 교류에 제약을 가할 수 있기 때문이다.

이러한 시나리오는 중국의 희망을 반영한다. 그러나 미국의 일부 전문가들도 이러한 가능성이 미국이 지배하는 자유주의 질서를 재건하는 것보다 더 우월한 선택지라고 규정한다.[16] 이러한 가능성의 실현 여부는 결국 미중 양국이 경쟁을 관리할 수 있을 것인가에 달렸다. 경쟁을 관리하기 위해서는 양국이 경쟁의 규칙 또는 일정한 기본적 가드레일에 합의해야 한다. 이러한 합의가 도출되어 우발적 충돌이 발생하는 것을 방지하는 데 성공할 경우 양국 간 경쟁은 양성적이고 긍정적일 수 있을 것이다.

경쟁을 관리하기 위해서는 단기적으로는 정기적 소통 채널을 확립하고 유지하는 것이 기본이고, 장기적으로는 상대의 구상에 대한 이해가 필요하다.[17] 다시 말해 상대의 구상을 수용하지는 않더라도 그러한 구상이 자국의 중대한 이익을 침해하지 않는 한 현실로 인정할 필요성이다. 이러한 사실은 현실적으로 양국이 경쟁을 관리할 수 있을 것인지의 여부가 미국에 달려 있음을 보여준다. 다시 말해 경쟁을 관리하기 위해서는 미국이 중국의 현상과 진로를 인정해야 한다. 그러나 미국이 평등성에 대한 중국의 요구를 수용하지 않으려 들었다는 사실은 중국의 현상을 수용할 가능성이 크지 않음을 의미한다. 여기서 미국과 중국의 선호 차이가 합의를 도출하는 데 장애를 제기하고 이것이 다시 경쟁을 관리하는 것을 제약할 가능성을 발견할 수 있다.

양국이 관리하는 데 실패하고, 경쟁이 안보와 이념적 측면으로 확장될 경우 신냉전으로 이어질 수 있다. 이상의 논의는 경쟁이 계속됨에 따라 양국 간에 작용-반작용 사이클이 촉발되고 그 결과 신냉전 가능성도 점차 제고됨을 보여주었다. 군사 분야에서 안보 딜레마가 점차 그 모습을 드러내기 시작했고, 또 이념 영역에서도 경쟁의 가능성이 제기되었다. 비록 중국이 미국과의 본격적인 경쟁을 자제하고 있지만, 시진핑 체제의 중국이 미국과의 평등성을 고집한다는 사실은 중국이 미래의 어느 시점에서 미국과 다른 길을 가려는 의도를 본격적으로 표출할 가능성을 배제하기 어려움을 제시한다. 즉, 국력에 대한 자신감이 더욱 제고될 경우 중국은 미국과 다른 진영을 형성하려는 노력을 본격화할 수 있고, 이 경우 양국 간에 군비와 체제 경쟁이 촉발될 수 있다.

종합하면, 바이든 행정부 임기 3년 차에 접어들고 또 이 책이 출판에 들어가는 시점까지 미중 경쟁은 분명한 계획이 없는 상태에서 계속해서 이어지며, 따라서 양국 간 경쟁의 성격을 분명하게 규정하기 어렵고 또 향후 신보를 예측하기도 쉽지 않다. 양국이 다시 관계를 안정시키기 위해서는 새로운 관계의 틀을 구축해야 하지만 지금까지의 상황은 그 실현 가능성이 크지 않음을 제시한다. 이러한 불확실성에도 불구하고, 분명한 것은 미중경쟁이 탈냉전기라는 한 시대의 종언을 상징한다는 사실이다. 새로 다가오는 시기 미중 양국이 경쟁의 관리를 통해 공존하든 아니면 신냉전에 돌입하든 양국관계는 탈냉전기와 비교할 때 훨씬 악화할 가능성이 크다.

# 본문의 주

## 제1장

1   Denny Roy, "Hegemon on the Horizon?: China's Threat to East Asian Security", *International Security*, 19:1(Summer 1994); Denny Roy, "The 'China threat' issue: Major arguments", *Asian Survey*, 36:8(August 1996); Caspar Weinberger and Peter Schweizer, *The Next War* (Washington, D.C.: Regnery, 1996).

2   Richard Bernstein and Ross H. Munro, *The Coming Conflict with China* (New York: Alfred Knopf, 1997).

3   1990년대 중국의 군사력이 미국과 동맹국에 비해 수십 년 뒤져 있었다는 평가에 관해서는 Kurt M. Campbell and Ely Ratner, "The China Reckoning: How Beijing Defied American Expectations", *Foreign Affairs*, 97:2(March/April 2018) 참조.

4   Campbell and Ratner, "The China Reckoning: How Beijing Defied American Expectations".

5   John J. Mearsheimer, *The tragedy of great power politics* (New York: W.W.. Norton & Company, 2001); Aaron L Friedberg, "The Struggle for Mastery in Asia", *Commentary*, 110:4(November 2000).

6   Aaron Friedberg, *A Contest for Supremacy: China, America, and the Struggle for Mastery in Asia* (New York: W. W. Norton & Company, 2011), p. xiv.

7   John J. Mearsheimer, "Can China Rise Peacefully?", October 25, 2014, https://nationalinterest.org/commentary/can-china-rise-peacefully-10204. 이 책에 나오는 모든 인터넷 자료의 출처는 2023년 4월 23-29일 사이에 확인했음.

8   阎学通, "对中美关系不稳定性的分析", 『世界经济与政治』, 2010년 12기, p. 4.

9   Graham Allison, *Destined for War: Can America and China Escape Thucydides's Trap?* (New York: Houghton Mifflin Harcourt, 2017). 이 책은 같은 제목으로 국내에 번역 출간되었다. 그레이엄 앨리슨(정혜윤 역), 『예정된 전쟁』(서울: 세종서적, 2018).

10  그는 중국이 야심을 축소하지 않거나 미국이 중국의 부상을 수용하지 않는다면 충돌은 전쟁으로 이어질 수 있다고 주장한다. Allison, *Destined for War: Can America and China Escape Thucydides's Trap?*.

11  김관옥, "미중 무역전쟁 연구: 트럼프정부의 보호무역정책 요인분석을 중심으로", 『국제정치연구』, 21:1(2018), pp. 57-79 참조.

12  Robert O. Keohane and Joseph Nye, Jr., *Power and Interdependence* (Boston, MA: Little Brown, 1977).

13  Robert O. Keohane, *After Hegemony: International Change and Financial Reform* (Princeton: Princeton University Press, 1984); John Ikenberry, *After Victory:*

*Institutions, Strategic Restraint, and the Rebuilding of Order After Major Wars* (Princeton: Princeton University Press, 2001); John Ikenberry, *Liberal Leviathan: The Origins, Crisis and Transformation of the American World Order* (Princeton: Princeton University Press, 2011).

14  John Ikenberry, "The rise of China and the future of the west: Can the liberal system survive?", *Foreign Affairs*, 87:1 (January/February 2008), pp. 23-37.

15  John Ikenberry, *Liberal leviathan: The origins, crisis, and transformation of the American world order*, p. 9

16  John Ikenberry, "The end of liberal international order?", *International Affairs*, 94:1 (2018), pp. 8-10.

17  Joseph S. Nye Jr., "Power and Interdependence with China", *The Washington Quarterly*, 43:1 (2020).

18  王帆, "中美竞争性相互依存关系探析", 『世界经济与政治』, 2008년 3기 참조.

19  우신보는 중국은 기존 질서의 수혜자이지만 의구심(reservations)과 불만도 있다고 전제하고, 공공재 제공의 한계, 규범과 제도의 포용성 결여, 중국의 힘과 이익 확장에 대한 제약 등을 거론했다. Wu Xinbo, "The China Challenge: Competitor or Order Transformer?", *The Washington Quarterly*, 43:3 (Fall 2020), p. 107.

20  Gideon Rose, "Neoclassical Realism and Theories of Foreign Policy", *World Politics*, 51:1 (1998)을 참조.

21  Charles Krauthammer, "The Unipolar Moment", *Foreign Affairs*, 70:1 (1990/1991).

22  The White House, "The National Security Strategy of the United States of America", September 2002, https://2009-2017.state.gov/documents/organization/63562.pdf.

23  Stephen M. Walt, *Taming American Power: The Global Response to U.S. Primacy* (New York: W.W. Norton & Company, 2005), pp. 32-40.

24  Mike Bird, "China just overtook US as the world's largest economy, IMF says", October 8, 2014, https://www.csmonitor.com/Business/Latest-News-Wires/2014/1008/China-just-overtook-US-as-the-world-s-largest-economy-IMF-says.

25  이에 관해 자세한 사항은 Paul Krugman, "China's Future Isn't What It Used to Be", *The New York Times*, December 22, 2022 참조.

26  탈냉전기 미국이 누린 절대적 우위가 다음 수준의 강대국들에 도전하기보다 인내하고 힘을 축적하는 데 집중하도록 작용했다는 주장에 관해서는 William Wohlforth, "The Stability of a Unipolar World", *International Security*, 24:1 (Summer 1999), pp. 5-41 참조.

27  https://www.statista.com/statistics/188629/united-states-direct-investments-in-china-since-2000/. 미중 투자액에 관해서는 자료마다 차이가 크다. 가령 왕이(王毅) 중국 외교부장은 2018년 기준 상호 투자액이 누적액 기준으로 2,400억 달러를 넘어섰다고 밝혔다. "王毅在十三届全国人大二次会议举行的记者会上 就中国外交政策和对外关系答

中外记者问", 『人民日报』, 2019년 3월 9일.

28 2018년 기준 중국은 미국의 최대 상품교역 대상국, 최대 수입 대상국, 3대 수출 대상국이었다. Wayne M. Morrison, "China's Economic Rise: History, Trends, Challenges, and Implications for the United States", Congressional Research Service, June 25, 2019.

29 Wayne M. Morrison and Marc Labonte, "China's Holdings of U.S. Securities: Implications for the U.S. Economy", Congressional Research Service, August 19, 2013.

30 "China Holdings of US Treasury Securities, 2000 - 2020", https://www.ceicdata.com/en/china/holdings-of-us-treasury-securities/holdings-of-us-treasury-securities.

31 https://www.statista.com/statistics/188935/foreign-direct-investment-from-china-in-the-united-states/.

32 Quansheng Zhao and Guoli Liu, "Managing the Challenges of Complex Interdependence: China and the United States in the Era of Globalization", *Asian Politics & Policy*, 2:1(January/March 2010), pp. 1-23.

33 Hillary Rodham Clinton, "Remarks at the U.S. Institute of Peace China Conference", March 7, 2012, https://2009-2017.state.gov/secretary/20092013clinton/rm/2012/03/185402.htm.

34 David Shambaugh, "Tangled Titans: Conceptualizing the U.S.-China Relationship", in David Shambaugh (ed.), *Tangled Titans: The United States and China* (Lanham: Rowman & Littlefield Publishers, Inc., 2013), p. 5.

35 Harry Harding, "THE U.S. AND CHINA FROM PARTNERS TO COMPETITORS", https://www.cartercenter.org/resources/pdfs/peace/china/china-program-2019/harding.pdf, p. 4

36 Henry Farrell and Abraham L. Newman, "Weaponized Interdependence: How Global Economic Networks Shape State Coercion", *International Security*, 44:3 (Summer 2019).

37 국내 정치와 분리된 미국의 외교 정책을 상상하기 어렵다는 주장에 관해서는 서정건, "미국 국내정치와 외교정책 상관성: 미·중 관계를 중심으로", 서정건 외, 『미국 국내정치와 외교정책』(서울: 서울대학교 국제문제연구소, 2020)을 참조.

38 Aaron L. Friedberg, "Competing with China", *Survival*, 60:3(June-July 2018), p. 15; Thomas Fingar, "The Logic and Efficacy of Engagement", in Anne Thurston (ed.), *Engaging China: Fifty Years of Sino-American Relations* (New York: Columbia University Press, 2021), p. 43.

39 Tudor Onea, "Between Dominance and Decline: Status Anxiety and Great Power Rivalry", *Review of International Studies*, 40:1(February 2013), pp. 133-35.

40 "Great Power Competition", January 15, 2020, https://www.csis.org/podcasts/defense-2020/great-power-competition.

41 David Lampton, "Engagement with China", in Thurston (ed.), *Engaging China: Fifty Years of Sino-American Relations*, pp. 392-93.

42 Friedberg, "Competing with China", p. 25.

43 杨洁勉, 『后冷战时期的中美关系: 分析与探索』(上海: 上海人民出版社, 1997), p. 217.

44 牛军, "中美关系的新转折"『国际先驱导报』, 2013년 3월 22일.

45 Rush Doshi, *The Long Game: China's Grand Strategy to Displace American Order* (New York: Oxford University Press, 2021), pp. 163-64.

46 Song Xinning, "Building International Relations Theory with Chinese Characteristics", *Journal of Contemporary China*, 10:26(2001).

47 王鸿刚, "新阶段的中美战略博弈与中国对美战略", 『现代国际关系』, 2019년 3기, p. 17.

48 물론 중국은 이러한 시도가 미국과의 마찰을 초래하지 않도록 관리하려 들었다. 肖枫, "对国际形势中几个热点问题的看法", 『现代国际关系』, 1999년 12기, pp. 1-5.

49 이러한 탈정당화 시도는, 월트(Stephen M. Walt)가 지적하듯, 미국의 힘에 대한 직접적 도전을 의미하는 반패권 엽합(anti-hegemonic coalition)의 형성에는 미치지 않는다. Walt, *Taming American Power: The Global Response to U.S. Primacy*, p. 161. 다시 말해 탈정당화는 미국의 패권에 도전하기에 앞서 패권의 정당성을 약화시키고 또 중국의 대안을 제시함으로써 지지를 확보하려는 시도로, 세력전이 이전의 단계에 해당한다. Randall L. Schweller and Xiaoyu Pu, "After Unipolarity: China's Visions of International Order in an Era of U.S. Decline", *International Security*, 36:1(Summer 2011), pp. 41-72.

50 吴心伯, "特朗普执政与中美关系走向", 『国际问题研究』, 2017년 2기, pp. 54-55.

51 "深入学习坚决贯彻党的十九届五中全会精神 确保全面建设社会主义现代化国家开好局", 『人民日报』, 2021년 1월 12일; "习近平在中央党校(国家行政学院)中青年干部培训班开班式上发表重要讲话强调立志做党光荣传统和优良作风的忠实传人", 『人民日报』, 2021년 3월 2일.

52 吴心伯, "冷静处置美'对华政策试错'", 『环球时报』, 2022년 7월 18일.

53 Friedberg, *Getting China Wrong* (Cambridge: Polity press, 2022) 참조.

54 Shambaugh, "Tangled Titans: Conceptualizing the U.S.-China Relationship", p. 4.

## 제2장

1 Fingar, "The Logic and Efficacy of Engagement", p. 42.

2 吴心伯, "后冷战时代中美关系研究范式变化及其含义: 写在中美建交40周年之际", 『世界经济与政治』, 2019년 1기, p. 12.

3 Nancy B. Tucker, "The Evolution of U.S.-China Relations", in Shambaugh (ed.), *Tangled Titans: The United States and China*, pp. 29-37.

4 叶自成·李红杰(主编), 『中国大外交: 折冲樽俎60年』(北京: 当代世界出版社, 2009), p.

172.

5    천안문 사태 직후인 1989년 6월 중순 미국의 중국에 대한 부정적 인식은 78%에 달했고 호의적인 인식은 16%에 불과했다. Bartholomew Sparrow, *The Strategist: Brent Scowcroft and the Call of National Security* (New York: Public Affairs, 2015), p. 355.

6    Richard C. Bush and Ryan Hass, "The China debate is here to stay", March 4, 2019, https://www.brookings.edu/blog/order-from-chaos/2019/03/04/the-china-debate-is-here-to-stay/.

7    최혜국 대우 지위는 미국이 1979년 공식 수교 이후 중국에 부여한 것으로, 매해 갱신하도록 규정되었다. 레이건(Ronald Reagan) 행정부 시기에는 중국에 대한 최혜국 대우 갱신과 관련한 논쟁이 거의 없었다. 그러나 이후 중국의 산업화가 진행되고 미중교역이 확대되기 시작하자 미국의 노조와 노동 집약적 산업들을 중심으로 중국과의 교역에 대한 반대 목소리가 나오기 시작했다. 천안문 사태 이후에는 반자유무역주의자, 노조를 지지하는 민주당 의원, 인권운동가, 그리고 전통적 반공산주의자들이 최혜국 대우의 종식을 요구하는 데 가세했다. Ronald W. Cox and Sylvan Lee, "Transnational capital and the US–China nexus", in Ronald W. Cox (Ed.), *Corporate power and globalization in US foreign policy* (London: Routledge, 2012), p. 7.

8    Harry Harding, "The Impact of Tiananmen on China's Foreign Policy", December 1, 1990, https://www.nbr.org/publication/the-impact-of-tiananmen-on-chinas-foreign-policy/; Andrew J. Nathan and Andrew Scobell, "How China Sees America: The Sum of Beijing's Fears", *Foreign Affairs*, 91:5(September/October 2012), p. 43.

9    Kenneth Lieberthal, "A New China Strategy", *Foreign Affairs*, 74:6(November-December, 1995), p. 38.

10   Andrea Benvenuti, "US relations with the PRC after the Cold War", in Andrew T. H. Tan (ed.), *Handbook of US-China Relations* (Cheltenham: Edard Elgar Publishing, Inc., 2016), p. 64.

11   Friedberg, *A Contest for Supremacy: China, America, and the Struggle for Mastery in Asia*, p. 91.

12   George H. W. *Bush and Brent Scowcroft, A World Transformed* (New York: Vintage, 1999), p. 106.

13   Richard C. Bush, "30 years after Tiananmen Square, a look back on Congress' forceful response", May 29, 2019, https://www.brookings.edu/blog/order-from-chaos/2019/05/29/30-years-after-tiananmen-square-a-look-back-on-congress-forceful-response/.

14   Nancy Tucker (ed.), *China Confidential: American Diplomats and Sino—American Relations 1945-1996* (New York: Columbia University Press, 2001), p. 453.

15   叶自成·李红杰(主编), 『中国大外交: 折冲樽俎60年』, pp. 173-201.

16    Benvenuti, "US relations with the PRC after the Cold War", p. 65.

17    周琪, "冷战后的中美关系现状: 共同利益与争执", 『美国研究』, 1995년 4기, p. 33.

18    Craig Allen, "U.S.-China Retrospective: Forty Years of Commercial Relations", in Thurston (ed.), *Engaging China: Fifty Years of Sino-American Relations*, p. 157.

19    Friedberg, *A Contest for Supremacy: China, America, and the Struggle for Mastery in Asia*, p. 110.

20    Robert Sutter, "Domestic American Influences on U.S.-China Relations", in Shambaugh (ed.), *Tangled Titans: The United States and China*, p. 109.

21    Benvenuti, "US relations with the PRC after the Cold War", p. 68.

22    周琪, "冷战后的中美关系现状: 共同利益与争执".

23    David Shambaugh, "Containment or Engagement of China? Calculating Beijing's Responses", *International Security*, 21:2(Fall, 1996), p. 207.

24    P.M. Kamath, "US-China Relations Under the Clinton Administration: Comprehensive Engagement of the Cold War Again?", *Strategic Analysis*, August 1998, p. 696.

25    Sutter, "Domestic American Influences on U.S.-China Relations", p. 109.

26    The White House, "A National Security Strategy of Engagement and Enlargement", February 1996, https://spp.fas.org/military/docops/national/1996stra.htm, p. 40.

27    Walt, *Taming American Power: The Global Response to U.S. Primacy*, pp. 30-42.

28    "Defense Planning Guidance, FY 1994-1999", April 16, 1992, https://www.archives.gov/files/declassification/iscap/pdf/2008-003-doc1.pdf 참조.

29    클린턴 행정부가 관여뿐 아니라 협력안보, 우위 등 다양한 입장을 결합한 대외전략을 추구했다는 반론에 관해서는 Barry R. Posen and Andrew L. Ross, "Competing visions for US grand strategy", *International Security*, 21:3(Winter 1996/97), pp. 5-53을 참조.

30    The White House, "A National Security Strategy of Engagement and Enlargement", July 1994, https://history.defense.gov/Historical-Sources/National-Security-Strategy/.

31    The White House, "A National Security Strategy for a New Century", December 1999, https://history.defense.gov/Historical-Sources/National-Security-Strategy/, p. 5.

32    Posen and Ross, "Competing visions for US grand strategy" 참조.

33    Walt, *Taming American Power: The Global Response to U.S. Primacy*, p. 48.

34    Kenneth Lieberthal, "A New China Strategy", p. 36.

35    Joseph S. Nye, "Should China Be 'Contained'?", July 4, 2011, https://www.belfercenter.org/publication/should-china-be-contained.

36    Lieberthal, "A New China Strategy", p. 38.

37    『国际经贸消息』, 1991년 3월 19일.

38 "Japan opposed G7 sanctions against China after 1989 Tiananmen Square crackdown, documents reveal", *Associated Press*, December 23, 2020.

39 叶自成·李红杰(主编),『中国大外交: 折冲樽俎60年』, p. 191.

40 周琪, "冷战后的中美关系现状: 共同利益与争执", pp. 43-44.

41 Christopher Layne, "China's Challenge to US Hegemony", *Current History*, 705 (January 2008), p. 14.

42 Robert Boxwell, "The US-China trade war: can Trump learn from history and resolve it?", *South China Morning Post*, June 30, 2018.

43 Fingar, "The Logic and Efficacy of Engagement", p. 43.

44 "REMARKS BY THE PRESIDENT IN ADDRESS ON CHINA AND THE NATIONAL INTEREST", October 24, 1997, https://clintonwhitehouse4.archives.gov/WH/New/html/19971024-3863.html.

45 The White House, "A National Security Strategy for a Global Age", December 2000, https://history.defense.gov/Portals/70/Documents/nss/nss2000.pdf.

46 Tucker, "The Evolutionn of U.S.-China Relations", p. 30.

47 덩샤오핑 방미 이후 중국 언론들이 긍정적 대미인식을 방출했고, 이후 중국에서 '미국 열풍'이 일었다. 이 시기 미국은 현대화의 모델이자 젊은이들이 가장 가고 싶은 곳이 되었다. 金灿荣, "中国人的美国观", 『国际经济评论』, 1997년 9-10기, p. 19.

48 周琪, "冷战后的中美关系现状: 共同利益与争执", p. 32.

49 Harding, "The Impact of Tiananmen on China's Foreign Policy".

50 王緝思, "'遏制'还是'交往'? 评冷战后美国对华政策", 『国际问题研究』, 1996년 1기, p. 3.

51 周琪, "冷战后的中美关系现状: 共同利益与争执", pp. 44-45.

52 Harding, "The Impact of Tiananmen on China's Foreign Policy".

53 Bush and Scowcroft, *A World Transformed*, p. 106. 이후 덩샤오핑은 10월 닉슨 전 대통령과의 면담에서도 관계 복원을 위한 조치를 취해달라는 자신의 희망을 부시 대통령에게 전달해 줄 것을 요청했다. Hong Shi, "China''s political development after Tiananmen: tranquility by default", *Asian Survey*, 30:12(December 1990), pp. 331-32.

54 『邓小平文选』(第三卷)(北京: 人民出版社, 1993), p. 321.

55 덩샤오핑이 도광양회 구호를 제기했다는 사실은 1995년 당시 외교부장 첸치천에 의해 밝혀졌다. 杨洁勉, 『后冷战时期的中美关系: 分析与探索』, p. 217.

56 杨洁勉, 『后冷战时期的中美关系: 分析与探索』, pp. 150-51.

57 牛军, "轮回: 中美关系与亚太秩序演变(1978~2018)", 『美国研究』, 2018년 6기, p. 15.

58 叶自成, "探索面向21世纪的中国国际战略的新思路", 『世界经济与政治』, 1997년 9기, p. 70.

59 杨洁勉, 『后冷战时期的中美关系: 分析与探索』, p. 219.

60 周琪, "冷战后的中美关系现状: 共同利益与争执", p. 39.

61 杨洁勉, 『后冷战时期的中美关系: 分析与探索』, pp. 221-22.

62   Harding, "The Impact of Tiananmen on China's Foreign Policy".

63   이와 관련하여 1993년에 창설된 미국 국가경제위원회(National Economic Council
     NEC)가 월가의 주요 로비 통로가 되었다. 초대 위원장에 골드만 삭스 출신의 루빈
     (Robert Rubin)이 취임한 이후 위원회의 관리들 대다수가 월가 출신으로 구성되었고,
     이에 따라 월가가 백악관에 영향력을 행사하는 시대가 출현했다. 이 또한 1994년에 발
     생한 클린턴 행정부의 중국정책 전환에 기여했다. Ho-fung Hung, "The periphery in
     the making of globalization: the China Lobby and the Reversal of Clinton's China
     Trade Policy, 1993 – 1994", *Review of International Political Economy*, 28:4(2021).

64   "President Clinton's Visit To China In Context", https://www.hrw.org/legacy/cam-
     paigns/china-98/visit.htm.

65   杨洁勉,『后冷战时期的中美关系: 分析与探索』, p. 143.

66   叶自成·李红杰(主编),『中国大外交: 折冲樽俎60年』, p. 173.

67   Shi Jiangtao and Cyril Ip, "China, US and the Jiang Zemin reset: how former
     Cold War rivals found a decade of unsteady calm after Tiananmen", *South China
     Morning Post*, December 1, 2022.

68   Robbie Gramer and Christina Lu, "Washington's China Hawks Take Flight", Feb-
     ruary 15, 2023, https://foreignpolicy.com/2023/02/15/china-us-relations-hawks-
     engagement-cold-war-taiwan/.

69   Jing-dong Yuan, "Sino-US Military Relations Since Tiananmen: Restoration, Prog-
     ress, and Pitfalls", *Parameters: Journal of the US Army War College*, 33:1 (Spring
     2003), pp. 52-53.

70   叶自成·李红杰(主编),『中国大外交: 折冲樽俎60年』, p. 177.

71   Jia Qingguo, "Learning to Live with the Hegemon: evolution of China's policy
     toward the US since the end of the Cold War", *Journal of Contemporary China*,
     14:44(August 2005), p. 400.

72   牛军, "轮回: 中美关系与亚太秩序演变(1978~2018)", p. 17.

73   Harry Harding, "Has U.S. China Policy Failed?", *The Washington Quarterly*, 38:3
     (Fall 2015), p. 101.

74   "U.S. Relations With China, 1949 – 2021", https://www.cfr.org/timeline/us-rela-
     tions-china.

75   John F. Harris, "Clinton waxes idyllic on Pacific Rim's future", *The Washington
     Post*, November 21, 1996.

76   Michael Dobbs and Steve Mufson, "Christopher cites 'progress' in China", *The
     Washington Post*, November 21, 1996.

77   "REMARKS BY THE PRESIDENT IN ADDRESS ON CHINA AND THE NATIONAL
     INTEREST".

78   Dobbs and Mufson, "Christopher cites 'progress' in China".

79   John W. Garver, *China's Quest: The History of the Foreign Relations of the People's*

*Republic of China* (New York: Oxford University Press, 2016), pp. 639-41.

80 Garver, *China's Quest: The History of the Foreign Relations of the People's Republic of China*, p. 642.

81 Garver, *China's Quest: The History of the Foreign Relations of the People's Republic of China*, p. 641.

82 "President Clinton's Remarks on China", October 24, 1997, https://clintonwhitehouse4.archives.gov/WH/New/html/19971024-3863.html.

83 성명은 구체적 협력의 영역으로 1) 고위급 정기대화, 2) 에너지와 환경협력, 3) 경제관계와 무역관계 확대, 4) 비확산, 5) 군사 대화 기제 설립 등을 포함했다. "China-US Joint Statement", October 29, 1997, http://www.china-embassy.org/eng/zmgx/zywj/t36259.htm.

84 Barton Gellman, "U.S. AND CHINA TO SEEK A 'STRATEGIC PARTNERSHIP'", *The Washington Post*, April 30, 1998.

85 Garver, *China's Quest: The History of the Foreign Relations of the People's Republic of China*, p. 643.

86 Department of Defense, "United States Security Strategy for the East Asia-Pacific Region", December 1998.

87 叶自成·李红杰(主编),『中国大外交: 折冲樽俎60年』, p. 178.

88 楚树龙, "中美合作与分歧", 『现代国际关系』, 1998년 6기, p. 2.

89 丁奎松·牛新春, "在探索合作中发展的中美关系", 『现代国际关系』, 1999년 1-2기, pp. 79-81.

90 Joseph S. Nye, "China's Re-emergence and the Future of the Asia－Pacific", *Survival*, 39:4(Winter 1997-98), p. 76.

91 William H. Perry, "U.S. Strategy: Engage China, Not Contain It", *Defense Issues*, 10:109(1995).

92 Paul J. Smith, "The US rebalance to Asia: implications for US-China relations," in Tan (ed.), *Handbook of US-China Relations*, p, 208.

93 Stanley O. Roth, "U.S.-China Relations on the Eve of the Summit", October 14, 1997, http://www.state.gov/www/policy_remarks/971014_roth_china.html.

94 Stanley O. Roth, "Speech on the Occasion of the 20th Anniversary of the Carter Administration's Decision to Establish Diplomatic Relations with the People's Republic of China", December 15, 1998, https://1997-2001.state.gov/policy_remarks/1998/981215_roth_china.html.

95 The White House, "A National Security Strategy for a New Century", December 1999.

96 Layne, "China's Challenge to US Hegemony", p. 15.

97 The White House, "A National Security Strategy for a Global Age", December 2000.

98   Yong Deng, "China: The Post-Responsible Power", *The Washington Quarterly*, 37:4(2014), pp. 117-19.

99   Roth, "Speech on the Occasion of the 20th Anniversary of the Carter Administration's Decision to Establish Diplomatic Relations with the People's Republic of China".

100  The White House, "A National Security Strategy for a New Century", December 1999.

101  David Shambaugh, "Sino-Amerciacn Strategic Relations: From Partners To Competitors", *Survival*, 42:1(Spring 2000), p. 100.

102  Li Zhaoxing, "For China-US Constructive Strategic Partnership", January 8, 1999, http://www.china-embassy.org/eng/zmgx/zmgx/Political%20Relationship/t35098.htm.

103  余东晖, "畅想新世纪: 中国负责任大国角色日重", 1999년 12월 30일, https://www.chinanews.com/1999-12-30/26/13908.html.

104  Nicholas R. Lardy, "Issues in China's WTO Accession", May 9, 2001, https://www.brookings.edu/testimonies/issues-in-chinas-wto-accession/.

105  Lardy, "Issues in China's WTO Accession".

106  Charlene Barshevsky, "China's WTO Accession and Permanent Normal Trade Relations", May 11, 2000, https://www.wsj.com/articles/SB957379340179807099.

107  Qingxin K. Wang, "The Rise of Neoclassical Economics and China's WTO Agreement with the United States in 1999", *Journal of Contemporary China*, 20:70(June 2011), p. 452.

108  1998년 미국 의회가 최혜국 대우라는 용어를 항구적 정상 무역 관계(PNTR)로 변경했다. Zhou Qi, "Conflicts over Human Rights between China and the US", *Human Rights Quarterly*, 27:1(Feb. 2005), p. 110.

109  Allen, "U.S.-China Retrospective: Forty Years of Commercial Relations", p. 159.

110  The White House, "Joint Press Conference of the President and Premier Zhu Rongji of the People's Republic of China", April 8, 1999, https://clintonwhitehouse4.archives.gov/WH/New/html/19990408-1109.html.

111  『北京青年报』, 2001년 3월 26일.

112  "REMARKS BY THE PRESIDENT IN ADDRESS ON CHINA AND THE NATIONAL INTEREST".

113  "China-US Joint Statement", October 29, 1997, http://www.china-embassy.org/eng/zmgx/zywj/t36259.htm.

114  Dong Wang, *The United States and China: A History from the Eighteenth Century to the Present* (Lanham, Maryland: Rowman & Littlefield Publishers, 2013), pp. 311-12; Garver, *China's Quest: The History of the Foreign Relations of the People's Republic of China*, pp. 647-48.

115  叶自成·李红杰(主编),『中国大外交: 折冲樽俎60年』, p. 179.

116  Joseph Fewsmith, "China and the WTO: The Politics Behind the Agreement", November 1999, https://www.iatp.org/sites/default/files/China_and_the_WTO_The_Politics_Behind_the_Agre.htm.

117  Stanley O. Roth, "A Strategy for the Future: U.S.-China Relations and China's WTO Accession", April 5, 2000, https://1997-2001.state.gov/policy_remarks/2000/000405_roth_china.html.

118  "Accession of the People's Republic of China," November 10, 2001, http://www.worldtradelaw.net/misc/ChinaAccessionProtocol.pdf.download.

119  Nicholas R. Lardy, "Issues in China's WTO Accession".

120  William J. Clinton, "Message to the Congress on Permanent Normal Trade Relations Status for China", *Congressional Record*, March 8, 2000.

121  "Full Text of Clinton's Speech on China Trade Bill", March 9, 2000, https://www.iatp.org/sites/default/files/Full_Text_of_Clintons_Speech_on_China_Trade_Bi.htm.

122  Roth, "A Strategy for the Future: U.S.-China Relations and China's WTO Accession".

123  The White House, "A National Security Strategy for a Global Age", December 2000.

124  Fewsmith, "China and the WTO: The Politics Behind the Agreement".

125  Arthur Waldron, "Deterring China", *Commentary*, 100:4(October 1995).

126  Shambaugh, "Containment or Engagement of China? Calculating Beijing's Responses", p. 208.

127  Fingar, "The Logic and Efficacy of Engagement", p. 32.

128  관여에 대한 비판에 관해서는 4장을 참조.

129  Campbell and Ratner, "The China Reckoning: How Beijing Defied American Expectations".

130  The White House, "The National Security Strategy of the United States of America", December 2017, https://history.defense.gov/Historical-Sources/National-Security-Strategy/.

131  "Vice President Mike Pence's Remarks on the Administration's Policy Towards China", October 4, 2018, https://www.hudson.org/events/1610-vice-president-mike-pence-s-remarks-on-the-administration-s-policy-towards-china102018.

132  Clinton, "Message to the Congress on Permanent Normal Trade Relations Status for China".

133  Samuel Berger, "A Foreign Policy for the Global Age", *Foreign Affairs*, 79:6(November/December 2000), pp. 28-29.

134  "REMARKS BY THE PRESIDENT IN ADDRESS ON CHINA AND THE NATIONAL INTEREST".

135 "President Clinton Discusses U.S.-China Relations in the 21st Century" June 11, 1998, https://clintonwhitehouse4.archives.gov/textonly/WH/New/html/1998 0611-18132.html.

136 "Remarks by the President in Foreign Policy Speech", April 7, 1999, https://1997-2001.state.gov/regions/eap/990407_clinton_china.html.

137 The White House, "A National Security Strategy for a Global Age", December 2000.

138 Kenneth Lieberthal and Susan Thornton, "'Forty-Plus Years of U.S.-China Diplomacy: Realities and Recommendations", in Thurston (ed.), *Engaging China: Fifty Years of Sino-American Relations.*

139 Michael D. Swaine, "A Relationship Under Extreme Duress: U.S.-China Relations at a Crossroads", January 16, 2019, https://carnegieendowment.org/2019/01/16/relationship-under-extreme-duress-u.s.-china-relations-at-crossroads-pub-78159

140 Wang Jisi, "The Plot Against China? How Beijing Sees the New Washington Consensus", *Foreign Affairs*, 100:4(July/August 2021).

141 朱锋, "美国对华政策是如何倒退的", 『环球时报』, 2021년 6월 22일.

142 吴心伯, "美国对华政策呈现'冷接触热竞争'", 『环球时报』, 2021년 12월 1일.

143 朱锋, "中国人的'美国观'出现历史性变化", 『环球时报』, 2021년 1월 19일.

144 중국은 1972년 미국과 관계를 개선하는 데 합의할 때부터 "모든 국가는 사회제도를 선택"할 권리를 지닌다는 사실을 미국이 동의해주길 기대했다. "Joint Communiqué of the United States of America and the People's Republic of China" (Shanghai Communiqué), February 28, 1972, https://digitalarchive.wilsoncenter.org/document/121325.

## 제3장

1 Harry Harding, "American Visions of the Future of U.S.-China Relations: Competition, Cooperation, and Conflict", in Shambaugh (ed.), *Tangled Titans: The United States and China*, p. 392에서 재인용.

2 역대 미국 대통령의 방중 기록은 국무성 사이트 https://history.state.gov/departmenthistory/travels/president/china에서 확인할 수 있다.

3 Walt, *Taming American Power: The Global Response to U.S. Primacy*, p. 60.

4 Joshua Micah Marshall, "Remaking the World: Bush and the Neo-conservatives", *Foreign Affairs*, 82:6(November/December 2003), 142-46.

5 Martin Kettle, "US told to make China its No 1 enemy", *The Guardian*, March 24, 2001.

6 동 사건에 관한 논의는 叶自成·李红杰(主编), 『中国大外交: 折冲樽俎60年』; Shirley A.

Kan, "China-U.S. Aircraft Collision Incident of April 2001: Assessments and Policy Implications", Congressional Research Service, October 10, 2001을 참고했음.

7    인허호 사건은 중국이 비확산 공약을 이행하지 않는다는 불만과 의구심을 지녔던 클린턴 행정부가 1993년 7월 이란으로 향하던 중국 화물 운반선 인허호에 화학무기 제조 물품이 실렸다고 주장하며 중국으로의 회항을 요구한 데서 촉발되었다. 이에 대해 중국이 정상적 상업 활동에 대한 방해라고 반박했지만, 미국은 8함대에 인허호를 추적할 것을 명령했다. 결국 사우디가 선박에 대한 검사를 시행했고, 미국의 주장은 사실무근으로 밝혀졌다. 베이징 올림픽 유치 저지에 관해서는 3장 인권 부분을 참조. 대사관 폭격 사건은, 2장에서 언급한 것처럼, 1999년 5월 코소보 전쟁 당시 나토군이 베오그라드 주재 중국 대사관을 폭격한 사건을 지칭한다. 폭격과 관련하여 미국은 오폭이었다고 주장했지만, 중국은 의도적이라고 반박했다.

8    David E. Sanger and Steven Lee Myers, "COLLISION WITH CHINA: THE NEGO-TIATIONS; How Bush Had to Calm Hawks In Devising a Response to China", *The New York Times*, April 13, 2001.

9    Martin Kettle and John Hooper, "Military force an option to defend Taiwan, warns Bush", *The Guardian*, April 26 2001; 叶自成·李红杰(主编), 『中国大外交: 折冲樽俎60年』, p. 182.

10   Kan, "China-U.S. Aircraft Collision Incident of April 2001: Assessments and Policy Implications".

11   Shi and Ip, "China, US and the Jiang Zemin reset: how former Cold War rivals found a decade of unsteady calm after Tiananmen".

12   Sanger and Myers, "COLLISION WITH CHINA: THE NEGOTIATIONS; How Bush Had to Calm Hawks In Devising a Response to China".

13   David E. Sanger and Jane Perlez, "U.S. SENDS BEIJING FORMAL STATEMENT EXPRESSING REGRET", *The New York Times*, April 11, 2001.

14   『人民日报』, 2001년 7월 29일.

15   叶自成·李红杰(主编), 『中国大外交: 折冲樽俎60年』, p. 185.

16   반테러 전쟁에 대한 중국의 협력에 관한 이 단락의 논의는 Garver, *China's Quest: The History of the Foreign Relations of the People's Republic of China*, p. 658-59에서 끌어왔음.

17   James A. Kelly, "U.S.-China Relations", September 11, 2003, https://2001-2009.state.gov/p/eap/rls/rm/2003/24004.htm.

18   Garver, *China's Quest: The History of the Foreign Relations of the People's Republic of China*, p. 658.

19   『人民日报』, 2001년 10월 19일.

20   The White House, "The National Security Strategy of the United States of America", September 2002, pp. 27-28.

21   US Department of Defense, "Quadrennial Defense Review", September 30, 2001,

https://history.defense.gov/Historical-Sources/Quadrennial-Defense-Review/.

22  Kerry Dumbaugh and Larry Niksch, "Sino-U.S. Summit", Congressional Research Service, October 2002.

23  Elizabeth Economy, "Don't Break the Engagement", *Foreign Affairs*, 83:3(May/ June 2004), pp. 96-109.

24  "Designation of the Eastern Turkistan Islamic Movement Under UNSC Resolutions 1267 and 1390", September 11, 2002, https://2001-2009.state.gov/r/pa/prs/ps/2002/13403.htm.

25  또한 중국은 미국과 양자 간 인권 대화 재개와 유엔 조사관의 방중에도 합의했다. Bonnie S. Glaser, "Sustaining Cooperation: Security Matters Take Center Stage", *Comparative Connections*, 4:4(January 2003).

26  『人民日报』, 2003년 12월 10일.

27  Kelly, "U.S.-China Relations".

28  David M. Lampton, "The 'stealth' normalisation of US-China ties", *South China Morning Post*, October 7, 2003.

29  夏立平, "21世纪初的中美关系: 非对称性相互依存", 『当代亚太』, 2005년 12기, p. 3.

30  江泽民, "全面建设小康社会,开创中国特色社会主义事业新局面", 2002년 11월 18일.

31  夏立平, "21世纪初的中美关系: 非对称性相互依存", p. 10.

32  郑必坚, "中国和平崛起新道路和亚洲的未来", 2003년 11월 24일, http://news.sina.com.cn/c/2003-11-24/12541176473s.shtml.

33  杨中旭, "'和而不同'锚定中国外交思想", 『中国新闻周刊』, 2006년, 16기, pp. 14-15.

34  郑必坚, "中国和平崛起新道路和亚洲的未来".

35  "温家宝总理哈佛演讲", 『人民日报』, 2003년 12월 11일.

36  "中共中央纪念毛泽东诞辰110周年 胡锦涛发表讲话", 2003년 12월 26일, https://www.chinanews.com.cn/n/2003-12-26/26/385410.html; "中央政治局第10次集体学习 胡锦涛作重要讲话", 2004년 2월 24일, https://news.sina.com.cn/c/2004-02-24/1959188 6468s.shtml.

37  "'中国和平崛起'论的由来", 『国际先驱导报』, 2004년 4월 7일.

38  Yong Deng and Thomas G. Moore, "China views globalization: toward a new great-power politics?", *Washington Quarterly*, 27:3(Summer 2004), pp. 121-23.

39  "End of year interview with Foreign Minister Li Zhaoxing", *People's Daily*, January 5, 2004.

40  杨中旭, "'和而不同'锚定中国外交思想".

41  钱其琛, "和平发展是中国的战略抉择", 『人民日报(海外版)』, 2005년 11월 21일.

42  戴秉国, 『战略对话: 戴秉国回忆录』(北京: 人民出版社, 2016), p. 122.

43  Craig K. Elwell, Marc Labonte, and Wayne M. Morrison, "Is China a Threat to the U.S. Economy?", Congressional Research Service, January 23, 2007.

44  Charles W. Freeman III, "The Commercial and Economic Relationship", in Sham-

baugh (ed.), *Tangled Titans: The United States and China*, pp. 203-204.

45 Elwell, Labonte, and Morrison, "Is China a Threat to the U.S. Economy?", p. 23.

46 Hao Yufan and Bi Jianhai, "The Political Economy of the Sino-American Relation-ship: Impacts of the Global Financial Crisis", in Yufan Hao (ed.), *Sino-American Relations: Challenges Ahead* (London: Routledge, 2010), p. 144.

47 U.S. Census Bureau, various years.

48 Elwell, Labonte, and Morrison, "Is China a Threat to the U.S. Economy?".

49 U.S. Census Bureau, https://www.census.gov/foreign-trade/balance/c5700.html.

50 Wayne M. Morrison, "China and the Global Financial Crisis: Implications for the United States", Congressional Research Service, June 3, 2009.

51 Lampton, "The 'stealth' normalisation of US-China ties".

52 Lawrence H. Summers, "The United States and the Global Adjustment Pro-cess", March 23, 2004, https://piie.com/commentary/speeches-papers/united-states-and-global-adjustment-process.

53 William Pesek, "A new G-2 economic order", 2006/09/25, https://www.taiwan-news.com.tw/en/news/225980.

54 C. Fred Bergsten, "A New Foreign Economic Policy for the United States," in C. Fred Bergsten (ed.), *The United States and the World Economy* (Washington D.C.: The Peterson Institute for International Economics, 2005), pp. 22-23.

55 Niall Ferguson, "Not Two Countries, but one: Chimerica", *Telegraph*, March 4, 2007.

56 Niall Ferguson and Moritz Schularick, "'Chimerica' and the Global Asset Market Boom", *International Finance*, 10:3(Winter 2007), pp. 215-39.

57 雷达·赵勇, "中美经济相互依存关系中的非对称性与对称性: 中美战略经济对话的经济基础分析", 『国际经济评论』, 2008년 2기, p. 30.

58 谭秉禹, "金融危机背景下的中美经济相互依赖", 『国际关系学院学报』, 2009년 4기, p. 77.

59 Keohane and Nye, Jr., *Power and Interdependence* 참조.

60 雷达·赵勇, "中美经济相互依存关系中的非对称性与对称性: 中美战略经济对话的经济基础分析", p. 36.

61 谭秉禹, "金融危机背景下的中美经济相互依赖", p. 4.

62 雷达·赵勇, "中美经济相互依存关系中的非对称性与对称性: 中美战略经济对话的经济基础分析", pp. 32-33.

63 夏立平, "21世纪初的中美关系: 非对称性相互依存", pp. 4-8.

64 余万里, "中美相互依赖的结构: 理论分析的框架", 『国际论坛』, 2007년 2기, pp. 52-56.

65 夏立平, "21世纪初的中美关系: 非对称性相互依存", p. 10.

66 Eswar Prasad, "The Effect of the Crisis on the U.S.-China Economic Relationship", February 17, 2009, https://www.brookings.edu/testimonies/the-effect-of-the-cri-sis-on-the-u-s-china-economic-relationship/.

67　John Frisbie and Michael Overmyer, "US – China Economic Relations: The Next Stage", *Current History*, 105:692(September 2006), pp. 243-49.

68　Boxwell, "The US-China trade war: can Trump learn from history and resolve it?".

69　Elwell, Labonte, and Morrison, "Is China a Threat to the U.S. Economy?", p. 59에 서 재인용.

70　Benjamin O. Fordham and Katja B. Kleinberg, "International Trade and U.S. Relations with China", *Foreign Policy Analysis*, 7:3(2011), pp. 217-36.

71　Elwell, Labonte, and Morrison, "Is China a Threat to the U.S. Economy?", p. 57.

72　"Remarks of Ambassador Rob Portman United States Trade Representative US – China Trade Relations Top-to-Bottom Review", February 14, 2006, Washington, DC.

73　戴秉国, 『战略对话: 戴秉国回忆录』, p. 117.

74　叶自成·李红杰(主编), 『中国大外交: 折冲樽俎60年』, p. 200.

75　戴秉国, 『战略对话: 戴秉国回忆录』, p. 118.

76　Kerry Dumbaugh, "China-U.S. Relations in the 109th Congress", Congressional Research Service, December 31, 2006, pp. 6-7.

77　戴秉国, 『战略对话: 戴秉国回忆录』, p. 119.

78　Robert B. Zoellick, "Whither China: From Membership to Responsibility? Remarks to National Committee on US-China Relations". September 21, 2005, https://2001-2009.state.gov/s/d/former/zoellick/rem/53682.htm.

79　R. Edward Freeman and David L. Reed, "Stockholders and Stakeholders: A new perspective on Corporate Governance", *California Management Review*, 25:3 (1983), pp. 88-106.

80　Harding, "Has U.S. China Policy Failed?", Fall 2015.

81　"China as a Responsible Stakeholder", June 11, 2007, https://carnegieendowment. org/2007/06/11/china-as-responsible-stakeholder-event-998.

82　Deng, "China: The Post-Responsible Power", pp. 122-23.

83　Tucker, "The Evolutionn of U.S.–China Relations", p. 42.

84　戴秉国, 『战略对话: 戴秉国回忆录』, pp. 125-28.

85　『解放日报』, 2005년 11월 25일.

86　『人民日报』, 2006년 4월 21일.

87　Frisbie and Overmyer, "US – China Economic Relations: The Next Stage", p. 249.

88　"President's Statement on Creation of the U.S.–China Strategic Economic Dialogue", September 20, 2006, https://georgewbush-whitehouse.archives.gov/news/ releases/2006/09/20060920.html.

89　U.S. Department of the Treasury, "Fact Sheet Creation of the U.S.–China Strategic Economic Dialogue", September 20, 2006, https://www.treasury.gov/press-center/press-releases/pages/hp107.aspx.

90    Harding, "Has U.S. China Policy Failed?", p. 102.

91    Henry M. Paulson Jr., "A Strategic Economic Engagement: Strengthening U.S.-Chinese Ties", *Foreign Affairs*, 87:5(September/October 2008).

92    헨리 M. 폴슨 주니어(고기탁 옮김), 『중국과 협상하기』(파주: 열린책들, 2020), pp. 289-90.

93    雷达·赵勇, "中美经济相互依存关系中的非对称性与对称性: 中美战略经济对话的经济基础分析", pp. 29-30.

94    폴슨 주니어, 『중국과 협상하기』, p. 291.

95    Keith Bradsher, "China Leans Less on U.S. Trade", *The New York Times*, April 18, 2007.

96    폴슨 주니어, 『중국과 협상하기』, pp. 307-308.

97    Shirley A. Kan, "U.S.-China Military Contacts: Issues for Congress", Congressional Research Service, March 19, 2009.

98    "Foreign Ministry Spokesman's Press Conference on June 27, 2002", 2003/11/25, https://www.mfa.gov.cn/ce/cepg//eng/xwdt/t48116.htm.

99    "中美举行副防长级防务磋商", 『人民日报』, 2002년 12월 12일.

100   부시 행정부 시기 진행된 양국 간 군사 교류에 관한 아래의 논의는 Kan, "U.S.-China Military Contacts: Issues for Congress", pp. 43-53에서 끌어왔음.

101   Dai Bingguo, "China-US ties at new historical starting point", *China Daily*, December 30, 2008. 한편 2006년 미국 재무부가 발표한 정기 대화 및 교류 기제 명단은 U.S. Department of the Treasury, "Fact Sheet Creation of the U.S.-China Strategic Economic Dialogue" 참조.

102   Bonnie S. Glaser, "Ties Solid for Transition, but Challenges Lurk", *Comparative Connections*, 10:4(January 2009).

103   "Miscalculating on China, With Aaron L. Friedberg", June 21, 2022, https://www.cfr.org/podcasts/miscalculating-china-aaron-l-friedberg.

104   Evan Medeiros and Bonnie S. Glaser, "US Strategy toward China under the Biden Administration", June 14, 2022, https://www.gmfus.org/news/us-strategy-toward-china-under-biden-administration.

105   戴秉国, 『战略对话: 戴秉国回忆录』, pp. 127-29.

106   戴秉国, 『战略对话: 戴秉国回忆录』, p. 136.

107   戴秉国, 『战略对话: 戴秉国回忆录』, p. 144.

108   Harding, "THE U.S. AND CHINA FROM PARTNERS TO COMPETITORS", p. 6.

109   폴슨 주니어, 『중국과 협상하기』, 13장 참조.

110   "Hu, Bush discuss trade, security", *China Daily*, April 21, 2006; "President Bush and President Hu of People's Republic of China Participate in Arrival Ceremony", April 2006, https://georgewbush-whitehouse.archives.gov/news/releases/2006/04/20060420.html.

111 Kelly, "U.S.-China Relations".

112 Jia, "Learning to Live with the Hegemon: evolution of China's policy toward the US since the end of the Cold War", p. 401.

113 Robert Sutter, "Domestic American Influences on U.S.-China Relations", p. 110.

114 杨洁篪, "承前启后 继往开来 开创中美建设性合作关系新局面", 『求是』, 2009년 2기, p. 54.

## 제4장

1 탈냉전기 미국의 국제 전략을 둘러싼 논쟁과 관련해서는 Posen and Ross, "Competing Visions for U.S. Grand Strategy"; 이혜정, "자제 대 패권: 탈냉전기 미국 대전략의 이해", 『한국정치연구』, 24:3(2015) 등을 참조.

2 Walt, Taming American Power: The Global Response to U.S. Primacy.

3 Patrick E. Tyler, "U.S. STRATEGY PLAN CALLS FOR INSURING NO RIVALS DEVELOP", The New York Times, March 8, 1992.

4 "Defense Planning Guidance, FY 1994-1999".

5 "World Trade Summary 2000", https://wits.worldbank.org/CountryProfile/en/Country/WLD/Year/2000/Summarytext.

6 Walt, Taming American Power: The Global Response to U.S. Primacy, pp. 43-44.

7 The White House, "The National Security Strategy of the United States of America", September 2002.

8 Keith B. Payne, "The nuclear posture review: Setting the record straight", The Washington Quarterly, 28:3(2005), pp. 133-51.

9 Walt, Taming American Power: The Global Response to U.S. Primacy, pp. 44-59.

10 "Report of the Quadrennial Defense Review", May 1997, https://history.defense.gov/Historical-Sources/Quadrennial-Defense-Review/, p. 5.

11 The White House, "The National Security Strategy of the United States of America", September 2002.

12 Zoellick, "Whither China? From Membership to Responsibility".

13 Nicholas D. Kristof, "China Takes on the Role of Enemy No. 1 to the West", The New York Times, September 22, 1991.

14 Samuel Huntington, The Clash of Civilizations and the Remaking of World Order (N.Y.: Simon & Schuster, 1996).

15 Roy, "Hegemon on the Horizon? China's Threat to East Asian Security", pp. 149-68.

16 Waldron, "Deterring China".

17 Edward Timperlake and William C. Triplett II, Year of the Rat (Washington DC:

Regency Publishing, Inc. 2000), p. 151.

18 이에 대해 미국의 한 중국 전문가는 중국에서 점진적이나마 변화가 나타나고 있다는 사실을 들어 관여를 견지할 필요성을 주장했다. Economy, "Don't Break the Engagement", pp. 96-109.

19 Layne, "China's Challenge to US Hegemony", pp. 13-14.

20 "United States Security Strategy for the East Asia-Pacific Region", February 1995, https://apps.dtic.mil/sti/citations/ADA298441.

21 Robert S. Ross, "The Revival of Geopolitics in East Asia: Why and How?", *Global Asia*, 9:3(September 2014), https://www.globalasia.org/v9no3/cover/the-revival-of-geopolitics-in-east-asia-why-and-how_robert-s-ross.

22 Nina Silove, "The Pivot before the Pivot U.S.: Strategy to Preserve the Power Balance in Asia", *International Security*, 40:4(Spring 2016), pp. 59-60.

23 "U.S. Global Force Posture Review", August 16, 2004, https://2001-2009.state.gov/r/pa/ei/speeches/2004/index.htm.

24 Joseph S. Nye, Jr., "East Asian Security: The case for Deep Engagement", *Foreign Affairs*, 74:4(July/August 1995).

25 "The Guidelines for Japan-U.S. Defense Cooperation", September 23, 1997, https://www.mod.go.jp/en/j-us-alliance/guidelines/index.html.

26 Ross, "The Revival of Geopolitics in East Asia: Why and How?".

27 Evan S. Medeiros. "Strategic hedging and the future of Asia-pacific stability", *The Washington Quarterly*, 29:1(Winter 2005-2006), pp. 149-50.

28 Smith, "The US rebalance to Asia: implications for US-China relations", p. 210.

29 Silove, "The Pivot before the Pivot U.S.: Strategy to Preserve the Power Balance in Asia", p. 60.

30 Medeiros. "Strategic hedging and the future of Asia-pacific stability", pp. 145-67 참조.

31 范士明, "'爱恨交融'中的反美主义: 冷战后中国人对美国的看法", 『国际政治研究』, 2005년 2기, pp. 56-57.

32 王缉思, "'遏制'还是'交往'?: 评冷战后美国对华政策", p. 3.

33 金灿荣, "中国人的美国观", p. 20.

34 宋强·张藏藏·乔边·古清生, 『中国可以说不』(北京: 中华工商联合出版社, 1996).

35 乔良·王湘穗, 『超限战』(北京: 解放军文艺出版社, 1999). 이러한 주장은 후일 미국의 대안 보수파(alternative right)의 대중 의구심을 촉발시켰다. 트럼프 대통령의 전략가였던 배넌(Steve Bannon)은 2010년 이 책을 읽고 중국에 대한 의구심을 가지게 되었고, 2015년에 대통령 출마를 준비 중이던 트럼프와 가진 첫 대화에서 "중국이 20여 년 동안 미국에 대한 경제전을 전개해왔다"는 데 의견을 같이했다고 술회했다. Sasha Gong, "Steve Bannon, two Chinese military officers and the book that made him a China hawk", *South China Morning Post*, October 5, 2018.

36 Chu Shulong, "Bilateral Dialogue Mechanisms and Sino-American Relations", Hao(ed.), *Sino-American Relations: Challenges Ahead*, p. 122.

37 Walt, *Taming American Power: The Global Response to U.S. Primacy.*

38 Wang Jisi, "China's Search for Stability with America", *Foreign Affairs*, 84:5(September/ October 2005).

39 江泽民, "加快改革开放和现代化建设步伐夺取有中国特色社会主义事业的更大胜利", 1992년 10월 12일, http://cpc.people.com.cn/GB/64162/64168/64567/65446/4526 308.html.

40 "江泽民在第九次使节会议上发表重要讲话", 『光明日报』, 1998년 8월 29일.

41 吕其昌, "从北约暴行看美国的全球战略", 『现代国际关系』, 1999년 6기.

42 刘山, "世界格局变化的启示", 『国际问题研究』, 2001년 5기.

43 江泽民, "目前形势和经济工作", 1999년 11월 15일, http://www.reformdata.org/1999/1115/5813.shtml.

44 『人民日报』, 2002년 12월 6일.

45 江凌飞, "'9.11'事件对世界战略形势和中国安全环境影响", 『和平与发展』, 2002년 1기, p. 13.

46 吕其昌, "从北约暴行看美国的全球战略".

47 金正昆·李淹, "'和而不同': 中国外交新理念评析", 『教学与研究』, 2005년 3기, pp. 68-72.

48 "温家宝总理哈佛演讲".

49 金正昆·李淹, "'和而不同': 中国外交新理念评析", pp. 68-72.

50 王德颖, "中国外交和而不同", 『中华工商时报』, 2003년 12월 15일.

51 杨中旭, "'和而不同'锚定中国外交思想", pp. 14-15.

52 "'和而不同'锚定中国外交思想", 2006년 5월 2일, https://www.chinanews.com/news/2006/2006-05-02/8/725438.shtml.

53 周琪, "冷战后的中美关系现状: 共同利益与争执", pp. 30-31.

54 Ming Wan, "Human rights and Sino-US relations: Policies and changing realities", *The Pacific Review*, 10:2(1997), p. 247.

55 Kettle and Hooper, "Military force an option to defend Taiwan, warns Bush".

56 Paul Richer, "U.S. Works Up Plan for Using Nuclear Arms", *Los Angeles Times*, March 9, 2002.

57 David Sacks, "While Pledging to Defend Taiwan from China, Biden Shifted on Taiwan Independence. Here's Why That Matters.", September 22, 2022, https://www.cfr.org/blog/while-pledging-defend-taiwan-china-biden-shifted-taiwan-independence-heres-why-matters.

58 "反分裂国家法", 2005년 3월 14일, http://www.npc.gov.cn/npc/c198/200503/2e729593f0574cadbcb55060641bba55.shtml.

59 叶自成·李红杰(主编), 『中国大外交: 折冲樽俎60年』, p. 175.

60 Qi, "Conflicts over Human Rights between China and the US", p. 109.

61  John M. Broder, "CLINTON IN CHINA: THE OVERVIEW", *The New York Times*, June 28, 1998.

62  카터 행정부가 인권 문제를 미국 외교정책의 중요한 이슈로 제기했지만 중국을 겨냥하지 않았고, 레이건 행정부 또한 인권 문제를 구소련과의 경쟁에 활용하는 데 집중하는 등 냉전기 인권 문제는 미중관계의 장애요인이 아니었다. Qi, "Conflicts over Human Rights between China and the US", p. 106.

63  范国祥, "人权, 主权, 霸权", 『国际问题研究』, 2000년 2기, p. 26.

64  『人民日报』, 1991년 3월 27일.

65  中华人民共和国国务院新闻办公室, "中国的人权状况", 1991년 11월, http://www.gov.cn/zwgk/2005-05/24/content_488.htm.

66  叶自成·李红杰(主编), 『中国大外交: 折冲樽俎60年』, p. 174.

67  Qi, "Conflicts over Human Rights between China and the US", pp. 108-109.

68  Wan, "Human rights and Sino-US relations: Policies and changing realities", p. 250.

69  "高举邓小平理论伟大旗帜,把建设有中国特色社会主义事业全面推向二十一世纪", 1997년 9월 12일, http://www.gov.cn/test/2007-08/29/content_730614.htm. 같은 문구는 이후 16차와 17차 당대회 보고에도 계속해서 등장했다.

70  Chengqiu Wu, "Sovereignty, Human Rights, and Responsibility: Changes in China's Response to International Humanitarian Crises", *Journal of Chinese Political Science*, 15(2010), pp. 71-97.

71  Rosemary Foot, *China, the UN, and Human Protection: Beliefs, Power, Image* (Oxford: Oxford University Press, 2020).

72  Wan, "Human rights and Sino-US relations: Policies and changing realities", p. 247.

73  Chengqiu Wu, "Sovereignty, Human Rights, and Responsibility: Changes in China's Response to International Humanitarian Crises", p. 86.

74  이러한 사실은 미국에서 대중 인권정책에 대한 비판이 제기된 데서 확인된다. Margaret Huang, "U.S. Human Rights Policy Toward China", October 6, 2005, https://ips-dc.org/us_human_rights_policy_toward_china/.

75  Wan, "Human rights and Sino-US relations: Policies and changing realities", p. 247.

76  Wan Ming, "Values and Human Rights in Sino-American Relations", in Hao (ed.), *Sino-American Relations: Challenges Ahead*, p. 216.

77  Wan, "Human rights and Sino-US relations: Policies and changing realities", p. 247.

78  Phillip C. Saunders, "US-China Relations and Chinese Military Modernization", in Jacques deLisle and Avery Goldstein (eds.), *After Engagement: Dilemmas in US-China Security Relations* (Washington, D.C.: Brookings Institution Press,

2021), pp. 272-74.

79 江泽民, "实现国防和军队现代化建设跨世纪发展的战略目标", 1997년 12월 7일, http://www.reformdata.org/1997/1207/5729.shtml.

80 M. Taylor Fravel, *Active Defense: China's Military Strategy since 1949* (Priceton: Priceton University Press, 2019), pp. 218-20.

81 Ross, "The Revival of Geopolitics in East Asia: Why and How?".

82 "U.S. Relations With China 1949-2020", March 2007, https://www.cfr.org/timeline/us-relations-china.

83 SIPRI Yearbook 2009, https://www.sipri.org/yearbook/2009/05/appendix5A.

84 Richard A. Bitzinger, "A Paper Tiger No More? The U.S. Debate over China's Military Modernization", December 2003, https://apcss.org/Publications/SAS/ChinaDebate/ChinaDebate_Bitzinger.pdf.

85 Ross, "The Revival of Geopolitics in East Asia: Why and How?".

86 Bitzinger, "A Paper Tiger No More? The U.S. Debate over China's Military Modernization".

87 M. Taylor Fravel, "China's Search for Military Power", *The Washington Quarterly*, 31:3(Summer 2008), pp. 133-34.

88 Bitzinger, "A Paper Tiger No More? The U.S. Debate over China's Military Modernization", p. 15.6.

89 Office of the Secretary of Defense, "Military Power of the People's Republic of China 2006", https://permanent.fdlp.gov/lps24358/index.htm.

90 Smith, "The US rebalance to Asia: implications for US-China relations", pp. 208-209.

91 이 보고서들은 아래 사이트를 참조. https://permanent.fdlp.gov/lps24358/index.htm.

92 Layne, "China's Challenge to US Hegemony", p. 16.

93 "U.S. Relations With China 1949-2020".

94 Bitzinger, "A Paper Tiger No More? The U.S. Debate over China's Military Modernization", pp. 15-18.

95 中华人民共和国国务院新闻办公室, "中国的国防". 1998년 7월, http://hprc.cssn.cn/wxzl/zfbps/zhefbpp/200909/t20090917_3959028.html.

96 United States Census Bureau, "Trade in Goods with China", https://www.census.gov/foreign-trade/balance/c5700.html.

97 Frisbie and Overmyer, "US–China Economic Relations: The Next Stage", p. 245.

98 Hao and Bi, "The Political Economy of the Sino-American Relationship: Impacts of the Global Financial Crisis", p. 143.

99 Hao and Bi, "The Political Economy of the Sino-American Relationship: Impacts of the Global Financial Crisis", p. 143.

100  Frisbie and Overmyer, "US‑China Economic Relations: The Next Stage", p. 247.

101  周琪, "冷战后的中美关系现状: 共同利益与争执", p. 38.

102  U.S. Trade Representative, "2006 Report to Congress on China's WTO Compliance", December 11, 2006, https://ustr.gov/archive/assets/Document_Library/ Reports_Publications/2006/asset_upload_file688_10223.pdf.

103  Paulson Jr., "A Strategic Economic Engagement: Strengthening U.S.‑Chinese Ties".

104  Kelly, "U.S.‑China Relations".

105  Hao and Bi, "The Political Economy of the Sino-American Relationship: Impacts of the Global Financial Crisis", p. 143.

106  Eben Kaplan, "The Uneasy U.S.‑Chinese Trade Relationship", April 19, 2006, https://www.cfr.org/backgrounder/uneasy-us-chinese-trade-relationship.

107  Fred Bergsten, Bates Gill, Nicholas Lardy, and Derek Mitchell, *China: The balance sheet: What the world needs to know now about the emerging superpower* (New York: Public Affairs, 2006), p. 116.

108  Paul Blustein, "The untold story of how George W. Bush lost China", October 2, 2019, https://foreignpolicy.com/2019/10/04/the-untold-story-of-how-george-w-bush-lost-china/.

109  Geoffrey Garrett, "The Financial Crisis, Chimerica and Global Governance", *Procedia: Social and Behavioral Sciences*, 77(April 2013), pp. 74-89.

110  Blustein, "The untold story of how George W. Bush lost China".

111  Garrett, "The Financial Crisis, Chimerica and Global Governance", pp. 74-89.

112  Elwell, Labonte, and Morrison, "Is China a Threat to the U.S. Economy?", p. 57.

113  Frisbie and Overmyer, "US‑China Economic Relations: The Next Stage", p. 247.

114  폴슨 주니어, 『중국과 협상하기』, p. 552.

115  Robert J. Samuelson, "LET'S STAY OUT OF THIS FIGHT", *Newsweek*, July 10, 2005.

116  Elwell, Labonte, and Morrison, "Is China a Threat to the U.S. Economy?", pp. 52-53 참조.

117  Freeman III, "The Commercial and Economic Relationship", p. 200.

118  Freeman III, "The Commercial and Economic Relationship", p. 201.

119  Paulson Jr., "A Strategic Economic Engagement: Strengthening U.S.‑Chinese Ties".

120  Eben Kaplan, "The Uneasy U.S.‑Chinese Trade Relationship".

121  Elwell, Labonte, and Morrison, "Is China a Threat to the U.S. Economy?", p. 53

122  Amity Shlaes, "U.S. Begins Rethink on China," *Financial Times*, June 27, 2005.

123  李丽, "中美贸易摩擦的政治经济分析". 『世界经济研究』, 2005년 1기, p. 40.

124  中华人民共和国国务院, "国家中长期科学和技术发展规划纲要(2006-2020年)", http://

www.gov.cn/gongbao/content/2006/content_240244.htm.

125 Freeman III, "The Commercial and Economic Relationship", p. 201.

126 U.S. Trade Representative, "2006 Report to Congress on China's WTO Compliance", p. 12.

127 U.S. Trade Representative, "2007 Report to Congress on China's WTO Compliance", December 11, 2007, https://china.usc.edu/2007-report-congress-china%E2%80%99s-wto-compliance.

128 Paulson Jr., "A Strategic Economic Engagement: Strengthening U.S.-Chinese Ties".

129 Frisbie and Overmyer, "US-China Economic Relations: The Next Stage", p. 248.

130 Bradsher, "China Leans Less on U.S. Trade".

131 Paulson Jr., "A Strategic Economic Engagement: Strengthening U.S.-Chinese Ties".

132 John Tkacik, "Nothing in Common: A Policy Review for President Bush's China Visit", November 15, 2005, https://www.heritage.org/asia/report/nothing-common-policy-review-president-bushs-china-visit.

133 冯海燕, "中美关系三十年: 斗而不破 求同存异", 『紫光阁』, 2002년 4기; 陶文钊, "中美关系: 半个世纪的启示", 陶文钊·掌生 主编, 『中美关系100年』(北京: 中国社会科学出版社, 2001), p. 53.

134 Shambaugh, "Sino-Americian Strategic Relations: From Partners To Competitors", p. 97.

135 Barack Obama, A Promised Land (New York: Crown, 2020), p. 475.

## 제5장

1   미중관계의 복합성에 대한 지적은 사실 부시 행정부 시기부터 제기되기 시작했다. 가령, 3장에서 지적한 것처럼, 파월 국무장관이 양국관계를 복합적이라고 규정했고, 부시 대통령 또한 2005년 중국과의 관계를 "좋은 관계지만 복합적(complex) 관계"라고 규정했다. "Bush: Sino-US relations 'vibrant, complex'" China Daily, July 20, 2005. 그러나 이 시기 이러한 지적은 중국을 적으로 규정하는 것을 회피하거나 반대로 중국의 전략적 가치를 인정하는 것을 회피하려는 시도를 반영했다. 이 점에서 이 책에서 사용하는 협력과 경쟁의 병존을 핵심으로 하는 복합성 개념과 차이를 보인다.

2   Obama, A Promised Land, p. 475.

3   Richard N. Haass, "The Age of Nonpolarity: What Will Follow U.S. Dominance", Foreign Affairs, 87:4(May/Jun 2008); National Intelligence Council, Global Trends 2025: A Transformed World (Washington, D.C.: U.S. Government Printing Office, November 2008) 등을 참조.

4   Morrison, "China and the Global Financial Crisis: Implications for the United States", p. 8.

5   폴슨 주니어, 『중국과 협상하기』, pp. 338-81.

6   Hao and Bi, "The Political Economy of the Sino-American Relationship: Impacts of the Global Financial Crisis", p. 147; Tucker, "The Evolutionn of U.S.-China Relations", p. 42.

7   Daniel W. Drezner, "Bad Debts: Assessing China's Financial Influence in Great Power Politics", *International Security*, 34:2(Fall 2009), p. 7.

8   Steven Dunaway, "The U.S.-China Economic Relationship: Separating Facts from Myths", November 13, 2009, https://www.cfr.org/expert-brief/us-china-economic-relationship-separating-facts-myths.

9   Drezner, "Bad Debts: Assessing China's Financial Influence in Great Power Politics", p. 9.

10  Sharon LaFraniere, "China Puts Joblessness for Migrants at 20 Million", *The New York Times*, February 2, 2009.

11  Hao and Bi, "The Political Economy of the Sino-American Relationship: Impacts of the Global Financial Crisis", p. 145.

12  Nina Hachigian and Winny Chen, "President Obama's Progressive China Policy: Assessing the U.S.-China relationship today and what lies ahead", May 2010, https://www.americanprogress.org/article/president-obamas-progressive-china-policy/, p. 6.

13  폴슨 주니어, 『중국과 협상하기』, p. 380.

14  "Paulson praises China's cooperation in easing financial crisis", *The International Herald Tribune*, October 22, 2008.

15  Stephen J. Hadley (ed.), *Hand-Off: The Foreign Policy George W. Bush Passed to Barack Obama* (Washington, D.C.: Brookings Institution Press, 2023).

16  Obama, *A Promised Land*, p. 475.

17  Friedberg, *A Contest for Supremacy: China, America, and the Struggle for Mastery in Asia*, p. 118.

18  Barack Obama, *The Audacity of Hope: Thoughts on Reclaiming the American Dream* (New York: Crown publishers, 2006) 참조.

19  Adam Quinn, "The art of declining politely: Obama's prudent presidency and the waning of American power", *International Affairs*, 87:4(July 2011), p. 815.

20  Obama, *A Promised Land*, p. 475.

21  "Remarks by President Obama at APEC CEO Summit", November 10, 2014, https://obamawhitehouse.archives.gov/the-press-office/2014/11/10/remarks-president-obama-apec-ceo-summit.

22  Hillary Clinton, "U.S.-Asia Relations: Indispensable to Our Future", February

13, 2009, https://2009-2017.state.gov/secretary/20092013clinton/rm/2009a/02/117333.htm.

23  John Pomfret, "America vs. China: A competitive face-off between two Pacific powers", *The Washington Post*, November 18, 2016.

24  Arshad Mohammed and Benjamin Kang Lim, "Economic woes trump rights as Clinton visits China", February 21, 2009, https://www.reuters.com/article/us-china-clinton-idUSTRE51J43520090221.

25  叶自成·李红杰(主编),『中国大外交: 折冲樽俎60年』, p. 186.

26  Charles W. Freeman III, "A 'G-2' Summit?", March 25, 2009, https://www.csis.org/analysis/g-2-summit; Jaime FlorCruz, "U.S.-China relations in focus at 'G-2' summit", https://edition.cnn.com/2009/WORLD/europe/04/01/g20.china.us/index.html.

27  "The U.S.-China Strategic and Economic Dialogue", May 9, 2011, https://www.csis.org/analysis/us-china-strategic-and-economic-dialogue.

28  "Remarks by the President at the U.S./China Strategic and Economic Dialogue", July 27, 2009, https://obamawhitehouse.archives.gov/realitycheck/the-press-office/remarks-president-uschina-strategic-and-economic-dialogue.

29  James B. Steinberg, "Administration's Vision of the U.S.-China Relationship", September 24, 2009, https://2009-2017.state.gov/s/d/former/steinberg/remarks/2009/169332.htm.

30  Steinberg, "Administration's Vision of the U.S.-China Relationship".

31  周鑫宇, "中美博弈四年搭起对话新平台", 『国际先驱导报』, 2009년 7월 30일.

32  Kenneth Lieberthal and Wang Jisi, "Addressing U.S.-China Strategic Distrust", March 2012, https://www.brookings.edu/research/addressing-u-s-china-strategic-distrust/, p. 9.

33  폴슨 주니어, 『중국과 협상하기』, p. 352.

34  Ye Yu, "Policy Coordination in the Global Financial Crisis", January 16, 2021, https://www.chinausfocus.com/finance-economy/policy-coordination-in-the-global-financial-crisis.

35  杨洁篪, "大变革大调整大发展: 2009年国际形势和中国外交", 『求是』, 2010년 1기.

36  马振岗, "对中美关系的热期盼与冷思考", 『国际问题研究』, 2009년 5기.

37  "Strategic reassurance? Yes, please", *Global Times*, October 29, 2009.

38  이에 관한 이 단락과 다음 단락의 일부 논의는 김재철, "세계금융위기와 중국의 대미정책", 『중소연구』, 34:2(2010 여름), pp. 27-28에서 끌어왔음.

39  "Chinese premier calls for confidence, co-op amid global financial crisis", 10-29-2008, http://www.cctv.com/english/20081029/100983.shtml.

40  "Hu Urges Revamp of Finance System", *China Daily*, November 17, 2008.

41  周文重, 『出使美国』(北京: 世界知识出版社, 2011), p. 158.

42 周小川, "关于改革国际货币体系的思考", 2009-03-23, http://www.gov.cn/govweb/gzdt/2009-03/23/content_1266412.htm.

43 Lieberthal and Wang, "Addressing U.S.-China Strategic Distrust", p. 9.

44 谭秉禹, "金融危机背景下的中美经济相互依赖", pp. 78-79.

45 Hao and Bi, "The Political Economy of the Sino-American Relationship: Impacts of the Global Financial Crisis", p. 147.

46 Thomas J. Christensen, "The Need to Pursue Mutual Interests in U.S.-PRC Relations", April 7, 2011, https://www.usip.org/publications/2011/04/need-pursue-mutual-interests-us-prc-relations.

47 Drezner, "Bad Debts: Assessing China's Financial Influence in Great Power Politics", p. 8.

48 Michael Wines, Keith Bradsher and Mark Landler, "China's Leader Says He Is 'Worried' Over U.S. Treasuries", *The New York Times*, March 13, 2009.

49 戴秉国, 『战略对话: 戴秉国回忆录』, pp. 155-57.

50 王缉思, "'西进': 中国地缘战略的再平衡", 『环球时报』, 2012년 10월 17일.

51 戴秉国, 『战略对话: 戴秉国回忆录』, pp. 155-57.

52 Obama, *A Promised Land*, p. 476.

53 Helene Cooper, "China Holds Firm on Major Issues in Obama's Visit", *The New York Times*, November 17, 2009.

54 Cooper, "China Holds Firm on Major Issues in Obama's Visit".

55 "U.S.-China Joint Statement," November 17, 2009, https://obamawhitehouse.archives.gov/realitycheck/the-press-office/us-china-joint-statement.

56 Christensen, "The Need to Pursue Mutual Interests in U.S.-PRC Relations".

57 Steinberg, "Administration's Vision of the U.S.-China Relationship".

58 Paul Eckert and Caren Bohan, "Can U.S-China ties weather perfect storm in 2010?", January 18, 2010, https://www.reuters.com/article/uk-google-china-storm-analysis-idUKTRE60G2C820100117.

59 이 단락과 다음 단락의 논의는 김재철, "세계금융위기와 중국의 대미정책", pp. 31-33에서 끌어왔음.

60 Ralph A. Cosa, "US-China Relations on a Downward Slide", *PacNet*, #4A(February 10), 2010.

61 Eckert and Bohan, "Can U.S-China ties weather perfect storm in 2010?".

62 Bonnie S. Glaser and David Szerlip, "The Honeymoon Ends", *Comparative Connections*, 12:1(January-March 2010).

63 Glaser and Szerlip, "The Honeymoon Ends".

64 Bill Ide, "US-China Relations Turbulent in 2010", December 19, 2010, https://www.voanews.com/east-asia/us-china-relations-turbulent-2010.

65 Howard LaFranchi, "US-China relations warm as Obama and Hu Jintao meet",

April 12, 2010, https://www.csmonitor.com/USA/Foreign-Policy/2010/0412/US-China-relations-warm-as-Obama-and-Hu-Jintao-meet.

66 LaFranchi, "US-China relations warm as Obama and Hu Jintao meet".

67 1차 회의는 미국 측에서는 클린턴 국무장관과 가이트너(Timothy Geithner) 재무장관이 그리고 중국 측에서 다이빙궈 국무위원과 왕치산 부총리가 주재했다.

68 "The U.S.-China Strategic and Economic Dialogue".

69 Kerry Dumbaugh, "China-U.S. Relations: Current Issues and Implications for U.S. Policy", Congressional Research Service, October 8, 2009.

70 The White House, "National Security Strategy", May 2010, https://history.defense.gov/Historical-Sources/National-Security-Strategy/, p. 43.

71 "The U.S.-China Strategic and Economic Dialogue".

72 戴秉国, 『战略对话: 戴秉国回忆录』, pp. 149-62.

73 戴秉国, 『战略对话: 戴秉国回忆录』, p. 166.

74 Bonnie S. Glaser, "Strategic & Economic Dialogue Sets Agenda for Cooperation", *Comparative Connections*, 11:3(October 2009).

75 "Yang Jiechi's Remarks on the Results of the Presidential Meeting between Xi Jinping and Obama at the Annenberg Estate", 2013-06-09, http://perth.china-consulate.gov.cn/eng/zgyw/201306/t20130610_200787.htm.

76 Garver, *China's Quest: The History of the Foreign Relations of the People's Republic of China*, pp. 671-72.

77 戴秉国, 『战略对话: 戴秉国回忆录』, pp. 168-71.

78 Bonnie S. Glaser, "*The Diplomatic* Relationship: Substance and Process", in Shambaugh (ed.), *Tangled Titans: The United States and China*, p. 169.

79 Elizabeth C. Economy, "U.S.-China Talks: What to Look for", May 9, 2011, https://www.cfr.org/blog/us-china-talks-what-look.

80 Clinton, "Remarks at the U.S. Institute of Peace China Conference".

81 Prasad, "The Effect of the Crisis on the U.S.-China Economic Relationship".

82 "U.S.-China Joint Statement," November 17, 2009.

83 "国务院总理温家宝会见中外记者", 2010년 3월 14일, http://www.xinhuanet.com/politics/2010lh/zljzh_index.htm.

84 Freeman III, "The Commercial and Economic Relationship", p. 190.

85 Michael Schuman, "Is the global economy rebalancing?", April 21, 2010, http://business.time.com/2010/04/21/is-the-global-economy-rebalancing/.

86 "Trade in Goods with China", https://www.census.gov/foreign-trade/balance/c5700.html#2009.

87 The White House Office of the Press Secretary, "Remarks by National Security Advisor Tom Donilon: As Prepared for Delivery", November 15, 2012, https://obamawhitehouse.archives.gov/the-press-office/2012/11/15/remarks-national-se-

curity-advisor-tom-donilon-prepared-delivery.

88    Stewart Patrick, "Global Governance Reform: An American View of US Leader-
      ship", February 2010, https://stanleycenter.org/publications/global-governance-
      reform-an-american-view-of-us-leadership/, p. 10.

89    Yu, "Policy Coordination in the Global Financial Crisis".

90    周文重, 『出使美国』, p. 155.

91    Hachigian and Chen, "President Obama's Progressive China Policy: Assessing the
      U.S.-China relationship today and what lies ahead", p. 6.

92    "Obama supports more say for emerging nations in IMF", January 23, 2009,
      https://www.reuters.com/article/us-usa-geithner-imf-sb-idUSTRE50M0A7200
      90123.

93    Patrick, "Global Governance Reform: An American View of US Leadership", p. 1.

94    Geoffrey Garrett, "G2 in G20: China, the United States and the World after the
      Global Financial Crisis", Global Policy, 1:1(2010), pp. 31-32.

95    Obama, A Promised Land, p. 506.

96    "图文: 国家发展和改革委员会副主任解振华演讲", 2010년 1월 9일, http://finance.sina.
      com.cn/hy/20100109/11137218805.shtml.

97    "图文: 国家发展和改革委员会副主任解振华演讲".

98    Obama, A Promised Land, p. 516.

99    "U.S.-China Joint Announcement on Climate Change", November 12, 2014,
      https://obamawhitehouse.archives.gov/the-press-office/2014/11/11/us-china-
      joint-announcement-climate-change.

100   Joanna Lewis, "The U.S.-China Climate and Energy Relationship", in Daniel Rem-
      ler and Ye Yu (eds.), Parallel Perspectives on the Global Economic Order (Wash-
      ington, DC: The Center for Strategic and International Studies, 2017).

101   "U.S.-China Joint Presidential Statement on Climate Change", March 31, 2016,
      https://obamawhitehouse.archives.gov/the-press-office/2016/03/31/us-chi-
      na-joint-presidential-statement-climate-change.

102   "U.S.-China Joint Presidential Statement on Climate Change".

103   Mark Landler and Jane Perlez, "Rare Harmony as China and U.S. Commit to Cli-
      mate Deal", The New York Times, September 3, 2016.

104   Scott L. Kastner, Margaret M. Pearson, and Chad Rector, "China and Global Gov-
      ernance: Opportunistic Multilateralism", Global Policy, 11:1(February 2020), p.
      167.

105   Landler and Perlez, "Rare Harmony as China and U.S. Commit to Climate Deal".

106   "Background Readout by Senior Administration Officials on President Obama's
      Meeting with President Hu Jintao of China", April 1, 2009, https://obamawhite-
      house.archives.gov/the-press-office/background-readout-senior-administra-

tion-officials-president-obamas-meeting-with-pr. 임페커블호 사건은 2009년 3월 8일 하이난섬 남방 중국의 배타적 경제수역에서 정찰 활동을 진행하던 미국 정찰선 임페커블호를 5척의 중국 선박이 포위한 것을 지칭한다.

107 "Strategic reassurance? Yes, please".

108 Dumbaugh, "China-U.S. Relations: Current Issues and Implications for U.S. Policy".

109 양국 간 군사해양협의협정은 1998년 양국 국방장관 사이에 합의되었다.

110 "Gates: Chinese Agree to Consider Strategic Security Dialogue", January 11, 2011, https://www.airandspaceforces.com/gateschineseagreetoconsiderstrategicsecuritydialogue/.

111 "U.S. - China Joint Statement", January 19, 2011, https://obamawhitehouse.archives.gov/the-press-office/2011/01/19/us-china-joint-statement.

112 Department of Defense, "Sustaining U.S. Global Leadership: Priorities for 21st Century Defense", January 2012, https://ntrl.ntis.gov/NTRL/dashboard/searchResults/titleDetail/PB2012103890.xhtml.

113 Su Xiaohui, "Thucydides trap can be avoided", *China Daily*, June 25, 2013.

114 "Building a New Type of U.S.-China Military-to-Military Relationship: Interview with Major General Yao Yunzhu", September 18, 2015, https://www.nbr.org/publication/building-a-new-type-of-u-s-china-military-to-military-relationship/.

115 Elizabeth C. Economy, "Obama's Big China Win at APEC: Not What You Think", November 13, 2014, https://www.cfr.org/blog/obamas-big-china-win-apec-not-what-you-think.

116 "U.S.-China Strategic & Economic Dialogue Outcomes of the Strategic Track", June 7, 2016, https://2009-2017.state.gov/r/pa/prs/ps/2016/06/258146.htm.

117 Li Xiaokun and Chen Weihua, "China, US sign agreement to boost army cooperation", *China Daily*, June 15, 2015.

118 이 단락의 내용은 김재철, "세계 속의 '중국식' 강대국 외교: 시진핑 체제의 외교정책에 대한 평가", 『2015 중국정세보고』(서울: 국립외교원 외교안보연구소 중국연구센터, 2016), pp. 148-53에서 끌어왔음.

119 "范长龙如期访美释放出三个信号", 『人民日报』(海外版), 2015년 6월 11일.

120 Minnie Chan and Reuters, "China, US keep in contact despite rising tension in the South China Sea", *South China Morning Post*, November 4, 2015.

121 中美海军首次在大西洋举行联合演练, 2015-11-08, http://www.gov.cn/xinwen/2015-11/08/content_2962528.htm.

122 "Air power: US flew B-52 bombers near disputed South China Sea islands, Pentagon says", *South China Morning Post*, November 13, 2015.

123 Helen Cooper and Michael Forsythe, "U.S. Bomber Mistakenly Flew Near Disputed Island in South China Sea", *The New York Times*, December 18, 2015.

124 "Yang Jiechi's Remarks on the Results of the Presidential Meeting between Xi Jin-ping and Obama at the Annenberg Estate".

125 "Statement by the President to the U.S.-China Strategic and Economic Dialogue", July 08, 2014, https://obamawhitehouse.archives.gov/the-press-office/2014/07/08/statement-president-us-china-strategic-and-economic-dialogue.

126 Tiffany Barron, Rorry Daniels, M. Patrick Hulme, Daniel Jasper, Craig Kafura and Kacie Miura, "Engagement Revisited: Progress Made and Lessons Learned from the US-China Strategic and Economic Dialogue", September 13, 2021, https://www.ncafp.org/new-report-us-china-strategic-economic-dialogues/.

127 戴秉国,『战略对话: 戴秉国回忆录』, p. 178.

128 吴心伯, "特朗普执政与中美关系走向", p. 54; Yu, "Policy Coordination in the Global Financial Crisis".

129 Derek Scissors, "Tools to Build the U.S.-China Economic Relationship", August 8, 2011, https://www.heritage.org/asia/report/tools-build-the-us-china-economic-relationship#_ftn5.

130 Wayne M. Morrison, "The U.S.-China Strategic and Economic Dialogue (S&ED): Economic Outcomes and Issues", Congressional Research Service, July 14, 2015.

131 李巍·张哲馨, "战略竞争时代的新型中美关系",『国际政治科学』, 2015년 1기, pp. 30-44.

132 C. Fred Bergsten, "A Partnership of Equals: How Washington Should Respond to China's Economic Challenge," *Foreign Affairs*, 87:4(July/August 2008).

133 James B. Steinberg, "U.S.-China Cooperation on Global Issues", May 11, 2010, https://2009-2017.state.gov/s/d/former/steinberg/remarks/2010/169324.htm.

134 G2에 관한 중국 내의 논의는 김재철, "세계금융위기와 중국의 대미정책"을 참조.

## 제6장

1 Schweller and Yu, "After Unipolarity: China's Vision of International Order in an Era of U.S. Decline" 참조.

2 Obama, *A Promised Land*, p. 473.

3 马方方, "美国对华民主输出战略对中国经济主权安全的影响", p. 86.

4 侯明, "斗而不破将是中美关系的主旋律", 2012-06-11, http://star.news.sohu.com/20120612/n345359324.shtml.

5 『人民日报』, 1955년 4월 20일.

6 "Joint Communiqué of the United States of America and the People's Republic of China", February 28, 1972.

7 "胡锦涛在法国国际关系研究所发表演讲",『光明日报』, 2001년 11월 6일.

8 "习近平会见一些太平洋岛国领导人",『人民日报』, 2014년 11월 23일.

9   Lieberthal and Wang, "Addressing U.S.-China Strategic Distrust".

10  刘萍·程慧东, "和不忘斗 斗而不破: 关于对美外交战略的一点思考", 『学理论』, 2012년 3기.

11  侯明, "斗而不破将是中美关系的主旋律".

12  Lieberthal and Wang, "Addressing U.S.-China Strategic Distrust", p. 13.

13  Lieberthal and Wang, "Addressing U.S.-China Strategic Distrust", p. 16.

14  葛传红, "2010中美关系: 斗而不破", 『时代周报』, 2010년 1월 21일.

15  刘萍·程慧东, "和不忘斗 斗而不破: 关于对美外交战略的一点思考".

16  马方方, "美国对华民主输出战略对中国经济主权安全的影响", pp. 88-89.

17  Phillip C. Saunders, "Managing Strategic Competition with China", *Strategic Forum*, 242(July 2009), pp. 3-9.

18  Robert Kagan and Dan Blumenthal, "'Strategic Reassurance' That Isn't", *Washington Post*, November 10, 2009.

19  Hillary Rodham Clinton, "Remarks to the ASEAN Regional Forum", July 12, 2010, http://www.state.gov/secretary/rm/2012/07/194987.htm.

20  Hillary Clinton, "America's Pacific Century", *Foreign Policy*, October 11, 2011, https://foreignpolicy.com/2011/10/11/americas-pacific-century/.

21  Kurt M. Campbell, *The Pivot: The Future of American Statecraft in Asia* (New York: Twelve, 2016).

22  Department of Defense, "Sustaining U.S. Global Leadership: Priorities for 21st Century".

23  Tom Donilon, "The United States and the Asia-Pacific in 2013", March 11, 2013, http://www.whitehouse.gov/the-press-office/2013/03/11/remarks-tom-donilon-national-security-advisory-president-united-states-a.

24  "Obama says U.S., not China, must write trade rules", January 21, 2015, https://www.reuters.com/article/us-usa-obama-trade-idUSKBN0KU0BE20150121.

25  Campbell and Ratner, "The China Reckoning: How Beijing Defied American Expectations".

26  张骐, "王缉思: 不能因为要搞好中美关系, 就牺牲中国核心利益", 2018-12-08, https://www.guancha.cn/internation/2018_12_08_482561_2.shtml.

27  王鸿刚, "中美应谋建亚太和平共存框架", 『广州日报』, 2012년 1월 20일.

28  王缉思, "'西进': 中国地缘战略的再平衡".

29  He Yafei, "The Trust Deficit", May 13, 2013, https://foreignpolicy.com/2013/05/13/the-trust-deficit/.

30  "社评: 读懂中美关系是亚太最重要课题", 『环球时报』, 2012년 9월 6일.

31  폴슨 주니어, 『중국과 협상하기』, p. 335.

32  "习近平: 承前启后继往开来 朝着中华民族伟大复兴目标奋勇前进," 『人民日报』 2012년 11월 30일.

33 "Xi vows peaceful development while not waiving legitimate rights", *Global Times*, January 29, 2013.

34 习近平, "更好统筹国内国际两个大局, 夯实走和平发展道路的基础", 2013년 1월 29일, http://www.gov.cn/ldhd/2013-01/29/content_2321822.htm.

35 张春, "管理中美权势转移: 历史经验与创新思路", 『世界经济与政治』, 2013년 7기, p. 75.

36 Graham Allison and Robert Blackwill, "Interview: Lee Kuan Yew on the Future of U.S.-China Relations", March 6, 2013, https://www.theatlantic.com/china/archive/2013/03/interview-lee-kuan-yew-on-the-future-of-us-china-relations/273657/.

37 Edward Wong, "Chinese Vice President Urges U.S. to Respect 'Core Interests'", *The New York Times*, February 15, 2012.

38 Bonnie S. Glaser, "Xi Visit Underscores Rising Mutual Expectations", *PacNet*, #12 (February 21), 2012.

39 Jeremy Page and Colleen McCain Nelson, "U.S.-China Summit Reveals Beijing's Drive", *Wall Street Journal*, June 2, 2013.

40 Su, "Thucydides trap can be avoided".

41 钟声, "努力开创新型大国关系之路: 四论新形势下的中国外交", 『人民日报』, 2013년 8월 27일.

42 김재철, "시진핑 체제의 외교정책: 기조, 주요정책, 그리고 평가", 『2013 중국정세보고』(서울: 국립외교원 외교안보연구소 중국연구센터, 2014), p. 87.

43 Donilon, "The United States and the Asia-Pacific in 2013".

44 "Press Briefing By National Security Advisor Tom Donilon", June 08, 2013, http://www.whitehouse.gov/the-press-office/2013/06/08/press-briefing-national-security-advisor-tom-donilon.

45 James Sciutto et al., "A New Type of Great Power Relations Between China and the United States", July 06, 2013, https://carnegietsinghua.org/2013/07/06/new-type-of-great-power-relations-between-china-and-united-states-event-4161.

46 Ely Ratner, "(Re)Defining the 'New Type of Major Country Relationship' between the United States and China", *PacNet*, #4(January 13), 2014.

47 이 항의 논의는 김재철, "세계 속의 '중국식' 강대국 외교: 시진핑 체제의 외교정책에 대한 평가", pp. 129-70과 김재철, "중국식 강대국 외교정책과 중국 외교의 기조: 시진핑 집권 1기의 평가와 향후 전망", 『2017 중국정세보고』(서울: 국립외교원 외교안보연구소 중국연구센터, 2018), pp. 133-76에서 끌어왔음.

48 王毅, "探索中国特色大国外交之路", 2013년 6월 27일, http://www.fmprc.gov.cn/mfa_chn/zyxw_602251/t1053901.shtml.

49 "中央外事工作会议在京举行 习近平发表重要讲话", 『人民日报』, 2014년 11월 30일.

50 "2015中国外交四大看点", 2015년 1월 13일, http://news.xinhuanet.com/world/2015-01/13/c_1113981095.htm.

51  "外交部长王毅: 2015 , 中国外交的全面推进之年", 『环球时报』, 2015년 12월 14일.

52  沈丁立, "中国特色大国外交贵在三个坚持", 『环球时报』, 2015년 3월 17일.

53  Shi Yinhong, "Belt and Road: A Search for Strategic Rationale and Political Prudence," 『동북아리뷰』, 7:2(2015년 8월).

54  "中国特色大国外交攻坚开拓之年: 外交部长王毅谈2016年中国外交," 『人民日报』, 2016년 12월 22일.

55  吴心伯, "中国推动国际秩序更趋合理", 『环球时报』, 2015년 6월 15일.

56  习近平, "决胜全面建成小康社会 夺取新时代中国特色社会主义伟大胜利: 在中国共产党第十九次全国代表大会上的报告", 『人民日报』, 2017년 10월 28일.

57  Randall Schweller, "Opposite but Compatible Nationalisms: A Neoclassical Realist Approach to the Future of US－China Relations", *The Chinese Journal of International Politics*, 11:1(March 2018), pp. 17-18.

58  王缉思, "美国进入'韬光养晦'时代?", 『环球时报』, 2015년 3월 31일.

59  宋国友, "全球经济平衡增长与中美关系的未来", 『现代国际关系』, 2010년 1기, p. 7.

60  Geoffrey Garrett, "Chinese－US Economic Relations After the Global Financial Crisis", in Jane Golley and Ligang Song (eds.), *Rising China: Global Challenges and Opportunities* (Canberra: ANU Press, 2011), p. 159.

61  폴슨 주니어, 『중국과 협상하기』, p. 332.

62  宋国友, "全球经济平衡增长与中美关系的未来", p. 4.

63  Edward Wong, "Chinesc Vice President Urges U.S. to Respect 'Core Interests'".

64  Tucker, "The Evolutionn of U.S.-China Relations", p. 43.

65  Garrett, "The Financial Crisis, Chimerica and Global Governance", pp. 74-89.

66  Freeman III, "The Commercial and Economic Relationship", p. 204.

67  巫云仙, "西方学者对中国'入世'十年的观察和研究述评", 『中共党史研究』, 2012년 8기.

68  Freeman III, "The Commercial and Economic Relationship", p. 199.

69  "美一见中国投资就犯臆想症", 『人民日报』(海外版), 2013년 2월 27일.

70  陈四清, "重塑中美经贸关系", 『财经』, 2013년 2월 18일.

71  이러한 시도의 핵심인 '중국제조 2025'가 이 시기에 발표되었지만, 이에 관한 논의는 맥락상 다음 장에서 다루기로 한다.

72  王文·刘典, "中美博弈与中国复兴: 基于两国实力消长的视角", 『东北亚论坛』, 2019년 2기, pp. 54-55.

73  Matthias Sobolewski and Jason Lange, "U.S. urges allies to think twice before joining China-led bank", March 17, 2015, https://www.reuters.com/article/us-europe-asia-bank-idUSKBN0MD0B320150317.

74  "北大国际战略研究院院长王缉思: 中美有军备竞赛的风险", 2014년 12월 16일, https://www.thepaper.cn/newsDetail_forward_1286315.

75  "习近平在周边外交工作座谈会上发表重要讲话", 『人民日报』, 2013년 10월 26일.

76  "习近平: 加强合作推动全球治理体系变革 共同促进人类和平与发展崇高事业", 『人民日

報』, 2016년 9월 29일.

77  Benn Steil and Benjamin Della Rocca, "Belt and Road Tracker", June 1, 2022, https://www.cfr.org/article/belt-and-road-tracker?utm_source=dailybrief&utm_medium=email&utm_campaign=DailyBrief2022Sep27&utm_term=DailyNewsBrief.

78  王缉思, "'西进': 中国地缘战略的再平衡".

79  James Reilly, "China's Belt and Road Initiative", in deLisle and Goldstein (eds.), *After Engagement: Dilemmas in US-China Security Relations* 참조.

80  Evan A. Feigenbaum, "China and the World: Dealing With a Reluctant Power", *Foreign Affairs*, 96:1(January/February 2017).

81  Theresa Fallon, "The New Silk Road: Xi Jinping's Grand Strategy for Eurasia", *American Foreign Policy Interests*, 37:3(2015), pp. 140-47.

82  "China's Belt and Road Initiative: Five Years Later", January 25, 2018, https://www.uscc.gov/hearings/chinas-belt-and-road-initiative-five-years-later.

83  The White House, "United States Strategic Approach to The People's Republic of China", May 20, 2020, https://www.whitehouse.gov/wp-content/uploads/2020/05/U.S.-Strategic-Approach-to-The-Peoples-Republic-of-China-Report-5.20.20.pdf, pp. 4-8.

84  AIIB에 관한 논의는 김재철, "'중국식' 외교정책의 등장? 2014년 중국외교의 기조", 『2014 중국정세보고』(서울: 국립외교원 외교안보연구소 중국연구센터, 2015), pp. 129-30; 김재철, "세계 속의 '중국식' 강대국 외교: 시진핑 체제의 외교정책에 대한 평가", pp. 140-46에서 끌어왔음.

85  吴正龙, "亚投行: 中国提供的又一公共产品", 『解放日报』, 2014년 10월 25일.

86  폴슨 주니어, 『중국과 협상하기』, p. 567.

87  "共同维护和发展开放型世界经济", 『人民日报』, 2013년 9월 7일.

88  『习近平谈治国理政』(제2권), (北京: 外文出版社, 2017), p. 479.

89  王续添·汉元, "当代中国反对霸权主义的历史经验论析", 『教学与研究』, 2022년 1기.

90  David Shambaugh, "In a fundamental shift, China and the US are now engaged in all-out competition", *South China Morning Post*, June 11, 2015.

91  Anne Thurston, "*Engaging China: Fifty Years of Sino-American Relations*", in Thurston (ed.), *Engaging China: Fifty Years of Sino-American Relations*, p. 8.

92  Jane Perlez, "With Plan to Join China-Led Bank, Britain Opens Door for Others", *The New York Times*, March 13, 2015.

93  Cary Huang, "France, Germany and Italy 'to join China-led development bank'", *South China Morning Post*, March 17, 2015.

94  Geoff Dyer, "Superpowers circle each other in contest to control Asia's future", *Financial Times*, March 13, 2015.

95  Malcolm Jorgensen, "China and the AIIB: Towards a new rules-based order?", *The Interpreter*, March 17, 2015.

96  Shannon Tiezzi, "America's AIIB Disaster: Are There Lessons to be Learned?", *The Diplomat*, March 18, 2015.

97  Yelin Hong, "The AIIB Is Seen Very Differently in the US, Europe, and China", *The Diplomat*, May 08, 2015.

98  韩洁, "财政部长楼继伟回应亚投行七大热点问题", 2015-03-20, http://politics.people. com.cn/n/2015/0320/c1001-26726714.html.

99  Matthew Goodman and Ely Ratner, "China Scores", November 23, 2014, https:// www.foreignaffairs.com/articles/china/2014-11-23/china-scores.

100  Shawn Donnan and Geoff Dyer, "US warns of loss of influence over China bank", *Financial Times*, March 17, 2015.

101  "习近平在华盛顿州当地政府和美国友好团体联合欢迎宴会上的演讲", 2015년 9월 23일, http://www.xinhuanet.com/world/2015-09/23/c_1116656143.htm.

102  Shawn Donnan, "White House declares truce with China over AIIB", *Financial Times*, September 27, 2015.

103  Clinton, "Remarks to the ASEAN Regional Forum".

104  鞠海龙, "美国奥巴马政府南海政策研究", 『当代亚太』, 2011년 3기, p. 107.

105  "我们尊重美国在亚太的存在和影响力, 希望美方尊重中方利益和关切", 『人民日报』(海外版), 2014년 4월 10일.

106  "How to Improve U.S.-China Relations", September 21, 2015, https://www.cfr. org/expert-roundup/how-improve-us-china-relations.

107  남중국해와 지역 주도권에 관한 이하의 논의는 김재철, "세계 속의 '중국식' 강대국 외교: 시진핑 체제의 외교정책에 대한 평가", pp. 147-52; 김재철, "2016년 '중국식' 강대국 외교정책", 『2016 중국정세보고』(서울: 국립외교원 외교안보연구소 중국연구센터, 2017), pp. 137-39에서 끌어왔음.

108  Nick Bisley, "Why is the US upping the ante in the South China Sea?", June 11, 2015, http://www.eastasiaforum.org/2015/06/11/why-is-the-us-upping-the-ante-in-the-south-china-sea/.

109  Jim Sciutto, "Exclusive: China warns U.S. surveillance plane", http://edition.cnn. com/2015/05/20/politics/south-china-sea-navy-flight/.

110  Bisley, "Why is the US upping the ante in the South China Sea?".

111  Minnie Chan, "China 'has halted reclamation works in disputed South China Sea'", *South China Morning Post*, August 6, 2015.

112  David Brunnstrom and Michael Martina, "Xi denies China turning artificial islands into military bases", September 26, 2015, https://www.reuters.com/article/ us-usa-china-pacific/xi-denies-china-turning-artificial-islands-into-military-bas-es-idUSKCN0RP1ZH20150925.

113  Kristine Kwok and Keira Huang, "Chinese President Xi Jinping crowns US state visit with deal on cyberespionage", *South China Morning Post*, September 27,

2015.

114 Michael J. Green and Gregory B. Poling, "The U.S. Asserts Freedom of Navigation in the South China Sea", October 27, 2015, https://www.csis.org/analysis/us-asserts-freedom-navigation-south-china-sea.

115 Raul (Pete Pedrozo, "Freedom of navigation not rocking the boat in the South China Sea", October 27, 2015, http://www.eastasiaforum.org/2015/10/27/freedom-of-navigation-not-rocking-the-boat-in-the-south-china-sea/.

116 Jane Perlez, "China Pushes Back Against U.S. Influence in the Seas of East Asia", *The New York Times*, October 28, 2015; 필자의 인터뷰, 워싱턴 디시, 2015년 12월 14일.

117 "社评: 要把咋咋呼呼的美军舰看成'纸老虎'", 『环球时报』, 2015년 10월 28일.

118 Sam LaGrone, "U.S., Chinese Navy Leaders Discuss U.S. Freedom of Navigation, South China Sea Operations", October 29, 2015, https://news.usni.org/2015/10/29/u-s-chinese-navy-leaders-discuss-u-s-freedom-of-navigation-south-china-sea-operations.

119 David B Larter, "White House tells the Pentagon to quit talking about 'competition' with China", September 26, 2016, https://www.navytimes.com/articles/white-house-tells-the-pentagon-to-quit-talking-about-competition-with-china.

120 "PLA garrison 'warns off' US Navy destroyer sailing close to island in disputed area of South China Sea", *South China Morning Post*, January 30, 2016.

121 "社评: 用加强国防建设回应美在南海挑衅", 『环球时报』, 2016년 2월 1일.

122 Zhuang Pinghui, Liu Zhen and He Huifeng, "Tough questions, straight answers: China's top diplomat on the South China Sea, North Korea, Japan, the US and more", *South China Morning Post*, March 8, 2016.

123 Minnie Chan, "Top Chinese military officer visited troops stationed on disputed islands, Beijing says", *South China Morning Post*, April 16, 2016.

124 Choi Chi-yuk, "Beijing and Washington offer differing versions of spy plane intercept in South China Sea", *South China Morning Post*, May 19, 2016.

125 "It's Official: Xi Jinping Breaks His Non-Militarization Pledge in the Spratlys", *The Diplomat*, December 16, 2016, https://thediplomat.com/2016/12/its-official-xi-jinping-breaks-his-non-militarization-pledge-in-the-spratlys/.

126 Saunders, "US-China Relations and Chinese Military Modernization", p. 273.

127 胡波, "中美在西太平洋的军事竞争与战略平衡", 『世界经济与政治』, 2014년 5기, pp. 71-72.

128 Angela Ming Yan Poh and Mingjiang Li, "US-China strategic rivalry", in Tan (ed.), *Handbook of US-China Relations*.

129 US Department of Defense, "Quadrennial Defense Review Report", February 2010, https://history.defense.gov/Historical-Sources/Quadrennial-Defense-Re-

view/.

130 The White House, "National Security Strategy", May 2010.

131 Department of Defense, "Sustaining U.S. Global Leadership: Priorities for 21st Century", pp. 2-5.

132 Ross, "The Revival of Geopolitics in East Asia: Why and How?".

133 Christopher P. Twomey, "The Military-Security Relationship", in Shambaugh (ed.), *Tangled Titans: The United States and China*, p. 242.

134 胡波, "中美在西太平洋的军事竞争与战略平衡".

135 Eric Heginbotham et al., *The U.S.–China Military Scorecard: Forces, Geography, and the Evolving Balance of Power 1996-2017* (Santa Monica, CA: RAND Corp., 2015).

136 Jeffrey Reeves, "US perspectivs on China: trends and attitudes in US public opinion, media, acholarship and leadership statements", in Tan (ed.), *Handbook of US-China Relations*, pp. 91-93.

137 Department of Defense, "Sustaining U.S. Global Leadership: Priorities for 21st Century".

138 The White House, "National Security Strategy", February 2015, https://nssarchive. us/wp-content/uploads/2020/04/2015.pdf, p. 24.

139 Department of Defense, "Sustaining U.S. Global Leadership: Priorities for 21st Century Defense".

140 The White House, "The National Security Strategy of the United States of America", December 2017.

141 Doshi, *The Long Game: China's Grand Strategy to Displace American Order*, Ch. 8 참조.

142 中华人民共和国国务院新闻办公室, "2015中国国防白皮书『中国的军事战略』", 2015년 5월, http://www.chinadaily.com.cn/interface/toutiao/1138561/2015-5-26/cd_20821000.html.

143 Fravel, *Active Defense: China's Military Strategy since 1949*, pp. 230-31.

144 Saunders, "US-China Relations and Chinese Military Modernization", p. 274.

145 Harding, "American Visions of the Future of U.S.-China Relations: Competition, Cooperation, and Conflict", pp. 402-406.

146 Martin Dempsey, "The National Military Strategy of the United States of America 2015", June 2015, https://history.defense.gov/Historical-Sources/National-Military-Strategy/.

147 Bradley Peniston, "Work: 'The Age of Everything Is the Era of Grand Strategy'", November 2, 2015, https://www.defenseone.com/business/2015/11/work-age-everything-era-grand-strategy/123335/.

148 Ash Carter, "Remarks Previewing the FY 2017 Defense Budget", February 2, 2016,

https://www.defense.gov/Newsroom/Speeches/Speech/Article/648466/remarks-previewing-the-fy-2017-defense-budget/.

149 Larter, "White House tells the Pentagon to quit talking about 'competition' with China".

150 Peter Ford, "A newly modest China? Official's reassurances raise eyebrows in US", January 7, 2015, https://www.csmonitor.com/World/Asia-Pacific/2015/0107/A-newly-modest-China-Official-s-reassurances-raise-eyebrows-in-US.

151 Economy, "Obama's Big China Win at APEC: Not What You Think".

152 Robert D. Blackwill and Ashley J. Tellis, *Revising U.S. Grand Strategy Toward China* (New York: Council on Foreign Relations Press, 2015).

153 Shambaugh, "In a fundamental shift, China and the US are now engaged in all-out competition".

154 陶文钊, "美国对华政策大辩论", 『现代国际关系』, 2016년 1기, p. 28.

155 李巍·张哲馨, "战略竞争时代的新型中美关系", pp. 43-53; 达巍, "中美还能重建'大共识'吗?", 2015년 7월 27일, https://www.thepaper.cn/newsDetail_forward_1357483.

156 David M. Lampton, "A Tipping Point in U.S.-China Relations is Upon Us", May 11, 2015, https://www.uscnpm.org/blog/2015/05/11/a-tipping-point-in-u-s-china-relations-is-upon-us-part-i/.

## 제7장

1 트럼프 행정부가 출범한 2017년에 양국 간 교역액은 6,351억 달러, 그리고 상호투자액은 1,415억 달러를 각각 기록했다. "2017: U.S. trade in goods with China", https://www.census.gov/foreign-trade/balance/c5700.html#2017; "Direct investment position of the United States in China from 2000 to 2020", https://www.statista.com/statistics/188629/united-states-direct-investments-in-china-since-2000/; "Foreign direct investment (FDI from China in the United States from 2000 to 2020", https://www.statista.com/statistics/188935/foreign-direct-investment-from-china-in-the-united-states/. 인적교류에서도 매년 300만 명 가까운 중국인과 200만 명에 육박하는 미국인이 상대국을 방문했다. David Shambaugh, "The enduring China-US relationship: it's complicated, but they're still talking 40 years on", *South China Morning Post*, December 15, 2018.

2 Friedberg, "Competing with China", p. 25.

3 Campbell and Ratner, "The China Reckoning: How Beijing Defied American Expectations".

4 Task Force on U.S.-China Policy, "U.S. Policy Toward China: Recommendations for a New Administration", February 2017, https://asiasociety.org/center-us-chi-

na-relations/us-policy-toward-china-recommendations-new-administration, p. 60.

5 The White House, "National Security Strategy of the United States of America", December 2017, p. 25.

6 Thomas Christensen and Patricia Kim, "Don't Abandon Ship", *Foreign Affairs*, 97:4(Jul/Aug 2018).

7 David Dollar, "U.S.-South Korea Cooperation in Confronting the China Challenge", 2020/12/07, http://www.eai.or.kr/new/en/pub/view.asp?intSeq=20216&board=eng_workingpaper.

8 David M. Kotz, "What's Behind the Trade War?", June 26, 2018, https://www.jacobinmag.com/2018/06/donald-trump-trade-war-china-tariffs.

9 Andres B. Schwarzenberg and Karen M. Sutter, "U.S.-China Investment Ties: Overview", Congressional Research Service, January 15, 2021.

10 Nicholas R. Lardy, *The State Strikes Back: The End of Economic Reform in China?* (Washington, DC: Peterson Institute for International Economics, 2019).

11 Timothy R. Heath and William R. Thompson, "Avoiding U.S.-China Competition Is Futile: Why the Best Option Is to Manage Strategic Rivalry", *Asia Policy*, 13:2(April 2018), p. 93.

12 Task Force on U.S.-China Policy, "Course Correction: Toward an Effective and Sustainable China Policy", February 12, 2019, https://asiasociety.org/center-us-china-relations/course-correction-toward-effective-and-sustainable-china-policy, p. 27.

13 Maggie Haberman, "Donald Trump Says He Favors Big Tariffs on Chinese Exports", *The New York Times*, January 7, 2016.

14 Stephen Wertheim, "Is It Too Late to Stop a New Cold War With China?", *The New York Times*, June 8, 2019.

15 "Evan Medeiros on the 'Securitization' of U.S.-China Relations", July 26, 2019, https://www.ncuscr.org/media/podcast/uschinainsights/evan-medeiros-securitization-us-china-relations.

16 Weixing Hu and Weizhan Meng, "The US Indo-Pacific Strategy and China's Response", *China Review*, 20:3(August 2020), p. 160.

17 David H. Autor, David Dorn, Gordon H. Hanson, and Kaveh Majlesi, "Importing Political Polarization? The Electoral Consequences of Rising Trade Exposure", December 2017, https://www.nber.org/papers/w22637.

18 Bush and Hass, "The China debate is here to stay".

19 Khushboo Razdan, "Washington's consensus on China rarely unites US lawmakers, research finds", *South China Morning Post*, July 21, 2022.

20 "Vice President Mike Pence's Remarks on the Administration's Policy Towards China".

21 David R. Stilwell, "U.S.-China Bilateral Relations: The Lessons of History", 12/12/2019, https://www.state.gov/u-s-china-bilateral-relations-the-lessons-of-history/.

22 Demetri Sevastopulo, "'This is a guy who is a thug': how US elite became hawks on Xi's China", October 8, 2020, https://www.ft.com/content/75ce186e-41f7-4a9c-bff9-0f502c81e456.

23 Hu and Meng, "The US Indo-Pacific Strategy and China's Response", p. 160.

24 Mark Magnier, "US negotiator Robert Lighthizer says 'I don't know what the end goal is' in trade war with China", *South China Morning Post*, July 10, 2020.

25 Jun Mai, "Picking a fight: Is Trump's hawkish behaviour towards China the start of a new cold war?", *South China Morning Post*, October 18, 2018.

26 朱文莉, "战术藐视, 战略重视: 特朗普挑起中美贸易争端的应对思路", 2018-04-07, https://www.aisixiang.com/data/109313.html; He Yafei, "Will China and US enter a new 'Cold War'?", *China Daily*, July 9, 2018.

27 阮宗泽, "中美关系已不是说翻就翻的'小船'", 『环球时报』, 2017년 1월 16일.

28 吴心伯, "特朗普执政与中美关系走向".

29 刁大明, "中美经贸相互依赖正日益对等化", 『中华工商时报』, 2017년 1월 9일.

30 胡鞍钢 외, "对中美综合国力的评估(1990-2013年)", 『清华大学学报』(哲学社会科学版), 2015년 1기; 单仁平, "反对盲目自信, 同时切不可散布恐美", 『环球时报』, 2018년 8월 2일.

31 Mei Xinyu, "US Trade Act won't impede China's progress", *China Daily*, August 13, 2017.

32 袁鹏, "把握新阶段中美关系的特点和规律", 『现代国际关系』, 2018년 6기, p. 1.

33 刘建飞, "新时代中国外交战略中的中美关系," 『美国研究』, 2018년 2기, p. 17.

34 吴心伯, "实现与美国的'相互调适型'互动", 『环球时报』, 2017년 3월 16일.

35 Wu Xinbo, "China in search of a liberal partnership international order", *International Affairs*, 94:5(September 2018), pp. 1002-1005.

36 王鸿刚, "新阶段的中美战略博弈与中国对美战略", pp. 17-18.

37 高程, "中美竞争视角下对'稳定发展中美关系'的再审视", 『战略决策研究』, 2018년 2기, pp. 35-41.

38 杨洁篪, "在习近平总书记外交思想指引下不断开创对外工作新局面", 『人民日报』, 2017년 1월 14일.

39 Wang Fan, "China and the US Can Overcome Their Differences", December 6, 2018, https://www.chinausfocus.com/foreign-policy/china-and-the-us-can-overcome-their-differences. 구소련이 패권국 미국과 대등한 지위를 추구함으로써 냉전을 촉발했다는 반론에 관해서는 肖河, "霸权国与其他主要大国关系研究: 以二战后历史为例", 『世界经济与政治』, 2016년 3기 참조.

40 Robert A. Manning, "Trump-Xi Summit: New Beginning on a Rocky Road", April 11, 2017, https://archive-yaleglobal.yale.edu/content/trump-xi-summit-new-be-

ginning-rocky-road.

41 Robert Delaney and Zhenhua Lu, "Beijing, US reach trade deal to boost American imports to China in wake of Xi-Trump summit", *South China Morning Post*, May 12, 2017.

42 Jesse Heatley, "After 100 Days And Much Hype, U.S.-China Talks Fall Flat", Jul 21, 2017, https://www.forbes.com/sites/insideasia/2017/07/21/after-100-days-and-much-hype-u-s-china-talks-fall-flat/?sh=6fb281982010.

43 "社评: 中美贸易战, 中方无需比美国更担心", 『环球时报』, 2017년 8월 14일; 王珂·林丽鹂, "对华贸易战, 美国打不赢更打不起", 『人民日报』, 2017년 8월 18일.

44 习近平, "决胜全面建成小康社会 夺取新时代中国特色社会主义伟大胜利: 在中国共产党第十九次全国代表大会上的报告".

45 Orange Wang and Amanda Lee, "US, China deliver on threats as 'biggest trade war in economic history' starts at high noon", *South China Morning Post*, July 6, 2018.

46 "习近平同美国总统特朗普举行会谈", 『人民日报』, 2017년 11월 10일.

47 Jane Perlez and Mark Landler, "Wooing Trump, Xi Jinping Seeks Great Power Status for China", *The New York Times*, November 6, 2017.

48 Rush Doshi, "Trump's 'Indo-Pacific Dream' Stumbles – But China Alone Won't Fill the Void", November 15, 2017, https://warontherocks.com/2017/11/trumps-indo-pacific-dream-stumbles-china-alone-wont-fill-void/.

49 Wendy Wu, "Expect confrontation as 'old trade warrior' Robert Lighthizer takes on China, observers say", *South China Morning Post*, February 3, 2018.

50 Robert Delaney and Zhenhua Lu, "China 'will fight to the end' in trade war, Beijing warns after Donald Trump hits country with $60b in tariffs", *South China Morning Post*, March 23, 2018.

51 Ana Swanson, Keith Bradsher and Katie Rogers, "Trump Threatens Tariffs on $200 Billion in China Goods, Escalating Fight", *The New York Times*, June 18, 2018.

52 "Statement by USTR Robert Lighthizer on Section 301 Action", July 10, 2018, https://ustr.gov/about-us/policy-offices/press-office/press-releases/2018/july/statement-us-tradrepresentative.

53 Peter Navarro, "Trump's Tariffs Are a Defense Against China's Aggression", *The Wall Street Journal*, June 20, 2018. 이는, 현실주의자들이 주장하듯, 중국의 부상이 미국의 패권에 대한 위협의식을 촉발했고 그 결과 미국은 더 이상 중국의 부상을 환영하지 않게 되었다는 주장이다. 그러나 이러한 주장과 관련하여 여전히 의문점이 남는다. 트럼프 행정부는 중국에 대한 관세부과에 앞서서 국가안보를 이유로 캐나다, 멕시코, EU 등에 대해서도 관세를 부과한 바 있다. 여기서 '만약 미국이 정책을 변화시킨 원인이 중국의 부상 때문이라면, 왜 전통적 동맹국에도 관세를 부과했는가?'라는 의문이 제기된다.

54 David Dollar, "Recent tweet highlights Trump's hot-cold stance on China", *The Hill*, May 15, 2018.

55 Keith Bradsher, "U.S.-China Trade Talks End With Strong Demands, but Few Signs of a Deal", *The New York Times*, May 4, 2018; 张玉环, "特朗普政府的对外经贸政策与中美经贸博弈", 『外交评论』, 2018년 3기, p. 29.

56 Scott Kennedy, "The Diaoyutai Divide: U.S.-China Trade Negotiations Highlight Deep Differences", May 4, 2018, https://www.csis.org/analysis/diaoyutai-divide-us-china-trade-negotiations-highlight-deep-differences.

57 Lindsay Dunsmuir and Howard Schneider, "U.S., China putting trade war 'on hold', Treasury Secretary Mnuchin says", May 20, 2018, https://www.reuters.com/article/us-usa-trade-mnuchin-idUSKCN1IL0JG.

58 Sourabh Gupta, "US and China: who tried to avert a trade war and who forced it?", *South China Morning Post*, July 7, 2018.

59 Pamela Brown and Julia Horowitz, "Trump announces tariffs on $50 billion worth of Chinese goods", June 15, 2018, https://money.cnn.com/2018/06/14/news/economy/trump-china-tariffs/index.html.

60 Brown and Horowitz, "Trump announces tariffs on $50 billion worth of Chinese goods".

61 张玉环, "特朗普政府的对外经贸政策与中美经贸博弈", pp. 30-32 참조.

62 "2020 Democratic Party Platform", August 17, 2020, https://www.presidency.ucsb.edu/documents/2020-democratic-party-platform, p. 20.

63 U.S. Trade Representative, "Findings of the Investigation Into China's Acts, Policies, and Practices Related to Technology Transfer, Intellectual Property, and Innovation Under Section 301 of the Trade Act of 1974", March 2018, https://ustr.gov/about-us/policy-offices/press-office/press-releases/2018/march/section-301report-chinas-acts.

64 中华人民共和国国务院, "国务院关于印发『中国制造2025』的通知", 2015-05-08, http://www.gov.cn/zhengce/content/2015-05/19/content_9784.htm.

65 David Zweig, "China counts the costs of its lurch from market reform to 'Made in China 2025'", *South China Morning Post*, April 22, 2019.

66 Morrison, "China's Economic Rise: History, Trends, Challenges, and Implications for the United States".

67 Laura Zhou and Orange Wang, "How 'Made in China 2025' became a lightning rod in 'war over China's national destiny'", *South China Morning Post*, January 18, 2019.

68 "商务部发表声明", 『人民日报』, 2018년 7월 13일.

69 Laura Zhou and Wang, "How 'Made in China 2025' became a lightning rod in 'war over China's national destiny'".

70　Orange Wang, "US demands level playing field in China, but can Beijing rein in state subsidies to end trade war?", *South China Morning Post*, February 27, 2019.

71　"社评: 怎么做有利, 中国产业政策就该怎样",『环球时报』, 2018년 12월 14일.

72　Yingzhi Yang, "What happens to 'Made in China 2025' as trade war fears grow", *South China Morning Post*, March 23, 2018.

73　Wang Jisi and Hu Ran, "From cooperative partnership to strategic competition: a review of China−U.S. relations 2009-2019", *China International Strategy Review*, July 2019, https://doi.org/10.1007/s42533-019-00007-w.

74　"社评: 用打抗美援朝的意志打对美贸易战",『环球时报』, 2018년 4월 7일.

75　牛军, "轮回: 中美关系与亚太秩序演变(1978~2018)", pp. 21-22.

76　Wendy Wu and Kristin Huang, "Did China think Donald Trump was bluffing on trade? How Beijing got it wrong", *South China Morning Post*, July 27, 2018.

77　"专家: 对中国贸易霸凌, 美国的妄想可以休矣!", 2019-05-16, http://www.xinhuanet.com/world/2019-05/16/c_1210135347.htm.

78　周小明, "美挑战中国剑指我强国之策",『环球时报』, 2018년 3월 29일; "曲解'中国制造2025', 美国是无知还是刻意? 访国务院发展研究中心产业经济研究部部长赵昌文",『人民日报』, 2018년 4월 7일.

79　何伟文, "世贸规则和中国发展权不可侵犯",『环球时报』, 2018년 4월 10일.

80　Clay Chandler, "Maybe Trump and Xi Both Benefit from a Trade War", May 12, 2018, http://fortune.com/2018/05/12/maybe-trump-and-xi-both-benefit-from-a-trade-war/.

81　Yiping Huang, "Reform trumps retaliation in China's economic policy". July 9, 2018, https://www.eastasiaforum.org/2018/07/09/reform-trumps-retaliation-in-chinas-economic-policy/.

82　李庆四, "特朗普对华贸易战的原因及影响",『现代国际关系』, 2018년 6기, p. 13.

83　Keith Bradsher, "On Trade, the U.S. and China Consider the Unthinkable: Breaking Up", *The New York Times*, May 16, 2018.

84　Stuart Lau, "Xi Jinping says 'China can come out of trade war in better shape than US'", *South China Morning Post*, May 16, 2018.

85　金灿荣, "中美贸易冲突会全面失控吗?", 2018-06-26, https://www.weibo.com/ttarticle/p/show?id=2309614255698107143796.

86　"习近平应约同美国总统特朗普通电话",『人民日报』, 2018년 5월 9일.

87　"中美就经贸磋商发表联合声明",『人民日报』, 2018년 5월 20일.

88　"社评: 中美贸易战停战是两国共同胜利".『环球时报』, 2018년 5월 20일.

89　Robert Delaney and Zhenhua Lu, "Beijing strikes back! China puts tariffs on US$50 billion of US goods after Donald Trump kicked off trade war", *South China Morning Post*, June 16, 2018.

90　Orange Wang and Lee, "US, China deliver on threats as 'biggest trade war in economic history' starts at high noon".

91 "中国对美关税反制措施正式实施", 『人民日报』, 2018년 7월 7일.

92 "商务部发表声明".

93 习近平, "顺应时代潮流 实现共同发展: 在金砖国家工商论坛上的讲话", 『人民日报』, 2018
년 7월 26일.

94 Chris Buckley and Steven Lee Myers, "As China Trade Talks Stall, Xi Faces a Di-
lemma: Fold? Or Double Down?", *The New York Times*, May 9, 2019.

95 "李克强出席2018年夏季达沃斯论坛开幕式并发表特别致辞", 2018년 9월 19일, http://
www.xinhuanet.com/politics/leaders/2018-09/19/c_1123455686.htm.

96 "王毅会见美中关系全国委员会, 美中贸易全国委员会负责人", 2018-09-25, https://www.
fmprc.gov.cn/wjbz_673089/zyhd_673091/201809/t20180925_7579022.shtml.

97 "社评: 怎么做有利, 中国产业政策就该怎样".

98 David Lawder and Nandita Bose, "Trump says tariffs making companies leave
China, a deal can't be '50-50'", *Reuters*, May 20, 2019.

99 Scott Kennedy, "The Challenges of the 'Crazy Uncle' Strategy", May 7, 2019,
https://www.csis.org/analysis/challenges-crazy-uncle-strategy.

100 Mark Landler, "U.S. and China Call Truce in Trade War", *The New York Times*, De-
cember 1, 2018.

101 "新华社评论员: 引领中美关系发展方向的重要会晤", 2018년 12월 3일, http://www.gov.
cn/xinwen/2018-12/03/content_5345301.htm.

102 "王毅在十三届全国人大二次会议举行的记者会上 就中国外交政策和对外关系答中外记者
问," 『人民日报』, 2019년 3월 9일.

103 "习近平会见'元老会'代表团", 『人民日报』, 2019년 4월 2일.

104 "New law a major step in protecting interests of foreign investors: Editorial",
*South China Morning Post*, March 23, 2019.

105 "这次非同寻常的中美谈判，这三个细节很耐人寻味!", 2019년 1월 10일, http://world.
people.com.cn/n1/2019/0110/c1002-30513472.html.

106 Wendy Wu, "Beyond the trade war fire and fury, Chinese and US officials look for
chance to reopen talks", *South China Morning Post*, June 8, 2019.

107 Keith Bradsher and Ana Swanson, "Chinese Officials Becoming Wary of a Quick
Trade Deal", *The New York Times*, March 7, 2019.

108 Buckley and Myers, "As China Trade Talks Stall, Xi Faces a Dilemma: Fold? Or
Double Down?".

109 韩洁·高攀, "刘鹤在第十一轮中美经贸高级别磋商结束时表示 合作是正确选择 重大原
则决不让步 坚决反对加征关税", 2019년 5월 11일, http://politics.people.com.cn/
n1/2019/0511/c1001-31079508.html.

110 An Baijie, "Xi highlights independent IPR, core technologies", *China Daily*, May
23, 2019.

111 Andrew Mullen, "US-China trade war timeline: key dates and events since July 2018", *South China Morning Post*, August 29, 2021 등을 참조.

112 "China's top diplomat calls for U.S. restraint on trade, Iran", May 19, 2019, https://www.reuters.com/article/us-trade-china-idUKB9N1MW015.

113 "中国发布『关于中美经贸磋商的中方立场』白皮书", 『人民日报』, 2019년 6월 3일.

114 "US firms cannot decouple without suffering damage: *China Daily* editorial", *China Daily*, August 28, 2019.

115 Mullen, "US-China trade war: timeline of key dates and events since July 2018".

116 "Economic And Trade Agreement Between The Government Of The United States Of America And The Government Of The People's Republic Of China", https://ustr.gov/countries-regions/china-mongolia-taiwan/peoples-republic-china/phase-one-trade-agreement/text.

117 Orange Wang, "China Vice-Premier Liu He rejects Trump's suggestion of immediate phase two talks, calling idea 'unwise'", *South China Morning Post*, January 16, 2020.

118 Samantha Vortherms and Jiakun Jack Zhang, "Political Risk and Firm Exit: Evidence from the US-China Trade War", September 13, 2021, https://papers.ssrn.com/sol3/papers.cfm?abstract_id=3916186.

119 Lampton, "Engagement with China", p. 409.

120 Zack Cooper, "Five Critiques of The Trump Administration's China Strategy", June 29, 2020, https://warontherocks.com/2020/06/five-critiques-of-the-trump-administrations-china-strategy/.

121 Chad P. Bown, "China bought none of the extra $200 billion of US exports in Trump's trade deal", February 8, 2022, https://www.piie.com/blogs/realtime-economic-issues-watch/china-bought-none-extra-200-billion-us-exports-trumps-trade#_ftn2.

122 Robert Delaney, "US trade deficit with China has dropped since Donald Trump launched trade war", *South China Morning Post*, February 6, 2021.

123 Ralph Jennings, "US trade deficit hit a record in 2021 as China gap widens", *South China Morning Post*, February 9, 2022.

124 Dollar, "U.S.-South Korea Cooperation in Confronting the China Challenge".

125 "2020 Democratic Party Platform", p. 13.

126 "中方关于中美第一阶段经贸协议的声明", 『人民日报』, 2019년 12월 14일.

127 Xin Zhiming, Jing Shuiyu, and Zhao Huanxin, "Phase-one Sino-US trade deal reached", *China Daily*, December 14, 2019.

128 "社评: 中美经贸谈判迈出一步, 这更是新起点", 『环球时报』, 2019년 12월 14일.

129 이러한 추세에 관해서는 Mark Leonard (ed.), *Connectivity Wars: Why Migration, Finance and Trade are the Geo-Economic Battlegrounds Of The Future* (London:

European Council on Foreign Relations, 2016)을 참조.

130 James Andrew Lewis, "There Is More to the Trade War than Trade", April 6, 2018, https://www.csis.org/analysis/there-more-trade-war-trade.

131 Richard McGregor, "US and China -- the great decoupling", October 22, 2018, https://asia.nikkei.com/Opinion/US-and-China-the-great-decoupling.

132 梁一新, "美国对华高技术封锁: 影响与应对", 『国际贸易』, 2018년 12기], p. 26.

133 Jane Cai, "China's push for self-reliance meets reality of global trade networks," *South China Morning Post*, June 4, 2019.

134 "U.S. Department of Commerce Adds 28 Chinese Organizations to its Entity List", October 7, 2019, https://2017-2021.commerce.gov/news/press-releases/2019/10/us-department-commerce-adds-28-chinese-organizations-its-entity-list.html.

135 Jeannette L. Chu, "The New Arms Race: Sanctions, Export Control Policy, and China", March 25, 2022, https://www.csis.org/analysis/new-arms-race-sanctions-export-control-policy-and-china.

136 Scott Kennedy, "A Complex Inheritance: Transitioning to a New Approach on China", January 19, 2021, https://www.csis.org/analysis/complex-inheritance-transitioning-new-approach-china?utm_source=CSIS+All&utm_campaign=f8eb-650f6a-EMAIL_CAMPAIGN_2020_01_28_03_14_COPY_01&utm_medium=email&utm_term=0_f326fc46b6-f8eb650f6a-138495337.

137 "Proclamation on the Suspension of Entry as Nonimmigrants of Certain Students and Researchers from the People's Republic of China", May 29, 2020, https://trumpwhitehouse.archives.gov/presidential-actions/proclamation-suspension-entry-nonimmigrants-certain-students-researchers-peoples-republic-china/.

138 Lia Zhu, "Contributions recognized, but restrictions remain", *China Daily*, May 27, 2022.

139 Michele Kelemen and John Ruwitch, "U.S. Imposes Severe Travel Restrictions On Chinese Communist Party Members", December 3, 2020, https://www.npr.org/2020/12/03/942214270/u-s-imposes-severe-travel-restrictions-on-chinese-communist-party-members.

140 Bradsher, "On Trade, the U.S. and China Consider the Unthinkable: Breaking Up"; Derek Scissors and Daniel Blumenthal, "China Is a Dangerous Rival, and America Should Treat It Like One!", *The New York Times*, January 14, 2019.

141 "社评: 中美打的究竟是什么, 这是重大问题", 『环球时报』, 2019년 6월 10일.

142 Cissy Zhou, "Coronavirus outbreak fans the flames of US-China decoupling debate in Washington".

143 Stephen Olson, "How China's dual circulation strategy heralds a new era for global trade and business", *South China Morning Post*, June 26, 2021.

144 Adam Segal, "China's Move to Greater Self Reliance", *China Leadership Monitor*,

70(Winter 2021).

145 Jeannette L. Chu, "The New Arms Race". 그러나 2021년까지 중국은 어떤 기업도 제재명단에 실제로 등재하지는 않았다.

146 "商务部令2021年第1号 阻断外国法律与措施不当域外适用办法", 2021-01-09, http://www.mofcom.gov.cn/article/b/c/202101/20210103029710.shtml.

147 Bien Perez and Celia Chen, "US tech firms to remain involved with Huawei on 5G standards as Washington eases hard line", *South China Morning Post*, June 16, 2020.

148 Finbarr Bermingham, "Trump has called on US firms to leave China, but no mass exodus among 'well-rooted' companies", *South China Morning Post*, September 9, 2020.

149 Pearl Liu, "Tesla to start shipping China-made Model 3s to Asian markets in push back to Trump's plan to win back manufacturing jobs", *South China Morning Post*, September 11, 2020.

150 Nye Jr., "Power and Interdependence with China", p. 10.

151 Kevin Rudd, "To Decouple or Not to Decouple?", November 4, 2019, https://asiasociety.org/policy-institute/decouple-or-not-decouple.

## 제8장

1 The White House, "The National Security Strategy of the United States of America", December 2017.

2 Michael Lind, "America vs. Russia and China: Welcome to Cold War II", April 15, 2018, https://nationalinterest.org/feature/america-vs-russia-china-welcome-cold-war-ii-25382; Robert D. Kaplan, "A New Cold War Has Begun", January 7, 2019, https://foreignpolicy.com/2019/01/07/a-new-cold-war-has-begun/; Steven Lee Myers and Paul Mozur, "Caught in 'Ideological Spiral,' U.S. and China Drift Toward Cold War", *The New York Times*, July 14, 2020; Alan Dupont, "The US-China Cold War Has Already Started", July 08, 2020, https://thediplomat.com/2020/07/the-us-china-cold-war-has-already-started/.

3 Thomas J. Christensen, "No New Cold War: Why US-China Strategic Competition will not be like the US-Soviet Cold War", September 10, 2020, https://en.asaninst.org/contents/no-new-cold-war-why-us-china-strategic-competition-will-not-be-like-the-us-soviet-cold-war/.

4 Michael J. Mazarr, "Understanding Competition: Great Power Rivalry in a Changing International Order — Concepts and Theories", March 2022, https://www.rand.org/pubs/perspectives/PEA1404-1.html, p. 11.

5   "The National Security Strategy of the United States of America", December 2017.

6   "Summary of the 2018 National Defense Strategy of The United States of America", January 19, 2018, https://dod.defense.gov/Portals/1/Documents/pubs/2018-National-Defense-Strategy-Summary.pdf.

7   "The National Security Strategy of the United States of America", December 2017, p. 3.

8   The White House, "United States Strategic Approach to The People's Republic of China" 참조.

9   The White House, "The National Security Strategy of the United States of America", December 2017, pp. 25-26.

10  아울러 이 보고서는 중국공산당이 내부적으로 미국과의 관계를 강대국 경쟁 관계로 규정해왔다고 지적함으로써 강대국 경쟁의 책임을 중국에 귀속시켰다. The White House, "United States Strategic Approach to The People's Republic of China", pp. 4-8.

11  Ryan Hass, "Lessons from the Trump Administration's Policy Experiment on China", September 25, 2020. https://www.brookings.edu/research/lessons-from-the-trump-administrations-policy-experiment-on-china/, p. 1.

12  Evan S. Medeiros, "Major Power Rivalry in East Asia", April 2021, https://cdn.cfr.org/sites/default/files/report_pdf/medeirosdp_final-no.-3.pdf, pp. 5-6.

13  "Competition Continuum", Joint Doctrine Note 1-19, June 3, 2019.

14  Sevastopulo, "'This is a guy who is a thug': how US elite became hawks on Xi's China".

15  Mazarr, "Understanding Competition", pp. 3-4.

16  Daniel H. Nexon, "Against Great Power Competition: The U.S. Should Not Confuse Means for Ends", February 15, 2021, https://www.foreignaffairs.com/articles/united-states/2021-02-15/against-great-power-competition.

17  The U.S. Department of State, "A Free and Open Indo-Pacific: Advancing a Shared Vision", November 2019, https://www.state.gov/wp-content/uploads/2019/11/Free-and-Open-Indo-Pacific-4Nov2019.pdf, p. 10.

18  The White House, "United States Strategic Approach to The People's Republic of China".

19  "U.S. Strategic Framework for the Indo-Pacific", https://trumpwhitehouse.archives.gov/wp-content/uploads/2021/01/IPS-Final-Declass.pdf. 이 문건은 애초 2042년 말까지 비밀로 분류되었지만, 트럼프 행정부가 중국에 대한 전략이 존재했음을 보여주기 위한 시도에서 정권 이양 직전인 2021년 1월에 조기 공개했다. Josh Rogin, "The Trump Administration Had a China Strategy After All, but Trump Didn't Follow It", *Washington Post*, January 14, 2021.

20  Uri Friedman, "The New Concept Everyone in Washington Is Talking About",

August 6, 2019, https://www.theatlantic.com/politics/archive/2019/08/what-gene-sis-great-power-competition/595405/

21 John Bolton, *The Room Where It Happened: A White House Memoir* (New York: Simon & Schuster, 2020).

22 Cooper, "Five Critiques of The Trump Administration's China Strategy".

23 트럼프 행정부 출범 초기 트럼프 대통령과 외교·안보 전문가 출신 참모들 사이에 외교정책의 방향을 둘러싼 갈등이 촉발되기도 했지만, 2017년 가을경부터 트럼프 대통령은 외교·안보 정책결정에서 부처 간 협의 과정을 무시하고 자신의 선호를 추진했다. Thomas Wright, "Trump's Foreign Policy Is No Longer Unpredictable: Gone Are the Days of a Divided Administration", January 18, 2019, https://www.foreignaf-fairs.com/articles/world/2019-01-18/trumps-foreign-policy-no-longer-unpredict-able.

24 Rogin, "The Trump Administration Had a China Strategy After All, but Trump Didn't Follow It".

25 David R. Stilwell, "Testimony Before the Senate Foreign Relations Committee", September 18, 2019, https://www.state.gov/testimony-before-the-senate-for-eign-relations-committee/.

26 "U.S. Strategic Framework for the Indo-Pacific".

27 Micah Zenko, "America's Military Is Nostalgic for Great Power Competition", March 21, 2018, https://www.chathamhouse.org/expert/comment/america-s-mili-tary-nostalgic-great-power-competition#.

28 吴心伯, "美国对华政策进入新阶段", 『环球时报』, 2018년 4월 24일; 杨光斌, "中美关系进入'新阶段'", 『环球时报』, 2018년 10월 16일; 王湘穗, "如何与'更年期的美国'打交道", 『环球时报』, 2018년 4월 10일.

29 朱锋, "2018中美大国关系前景仍值得看好", 『环球时报』, 2018년 1월 5일.

30 张骐, "王缉思: 不能因为要搞好中美关系, 就牺牲中国核心利益".

31 "王毅: 中美可以有竞争, 不必做对手, 更需当伙伴", 2018년 3월 8일, http://www.xin-huanet.com/politics/2018lh/2018-03/08/c_137023646.htm.

32 "王毅谈中美竞争: 旨在超越自我而不是取代对方", 2018년 6월 14일, https://www.fm-prc.gov.cn/web/zyxw/t1568955.shtml.

33 트럼프 행정부의 적대적 정책에 대한 중국의 초기 반응이 신중하고 때로는 타협적이었다는 주장에 관해서는 Evan Medeiros, "China Reacts: Assessing Beijing's Response to Trump's New China Strategy", *China Leadership Monitor*, No. 59(Spring 2019) 참조.

34 沈志雄, "大国战略竞争与中国的战略选择", 『世界知识』, 2018년 10기.

35 "社评: 美方挑衅连连, 中国克制而坚定", 『环球时报』, 2018년 10월 14일.

36 王湘穗, "如何与'更年期的美国'打交道".

37 "社评: 蓬佩奥访华后, 中美关系仍不容乐观", 『环球时报』, 2018년 10월 8일.

38 阮宗泽, "跳出权力转移误区看中美关系", 『环球时报』, 2019년 12월 24일.

39 中华人民共和国 国务院新闻办公室, "新时代的中国国防", 2019년 7월, http://www.gov.cn/zhengce/2019-07/24/content_5414325.htm

40 Yang Yuntao and Zhang Tingting, "China can deal with the US: scholars", *Global Times*, July 7, 2020.

41 Jun Mai, "Our Tense Rivalry With US Will Foster Political Volatility in China, Warns Domestic Security Chief", *South China Morning Post*, November 13, 2020.

42 Catherine Wong, "Former Chinese, US officials joust over China's role on the world stage", *South China Morning Post*, March 24, 2019.

43 王鸿刚, "新阶段的中美战略博弈与中国对美战略".

44 "深入学习坚决贯彻党的十九届五中全会精神 确保全面建设社会主义现代化国家开好局", 『人民日报』, 2021년 1월 12일.

45 반면에 베이징 대학의 자칭궈는 트럼프 행정부가 코로나19를 중국 바이러스로 부르고, 일대일로를 부채함정으로 규정하며, 중국의 경제성장을 미국 기술의 절취와 불공정한 경제정책의 결과로 규정하는 등 중국을 악마화함에 따라 중국은 미국과의 경쟁을 경제력뿐 아니라 생존을 건 경쟁으로 인식했고(不仅要钱, 而且要命) 생존을 위해 투쟁할 수밖에 없었다고 주장한다. Jia Qingguo, "Malign or benign? China–US strategic competition under Biden", March 28, 2021, https://www.eastasiaforum.org/2021/03/28/malign-or-benign-china-us-strategic-competition-under-biden/.

46 Kristin Huang, "Will China's calls for more 'Wolf Warriors' leave country's diplomats feeling sheepish?", *South China Morning Post*, May 25, 2020.

47 Myers and Mozur, "Caught in 'Ideological Spiral,' U.S. and China Drift Toward Cold War".

48 "王毅国务委员兼外长在外交部2020年新年招待会上的致辞", 2020년 1월 20, https://www.fmprc.gov.cn/web/ziliao_674904/zyjh_674906/202001/t20200120_9870576.shtml.

49 "傅莹万字长文: 疫情后的中美关系 能否实现良性竞争", 『中国新闻周刊』, 2020년 22기, http://www.chinanews.com/gn/2020/06-17/9214499.shtml.

50 "U.S. Strategic Framework for the Indo-Pacific".

51 The Department of Defense, "Indo-Pacific Strategy Report", June 1, 2019, https://media.defense.gov/2019/Jul/01/2002152311/-1/-1/1/DEPARTMENT-OF-DE-FENSE-INDO-PACIFIC-STRATEGY-REPORT-2019.PDF, p. 9.

52 "The National Security Strategy of the United States of America", December 2017.

53 "Remarks by President Trump at APEC CEO Summit," November 10, 2017, https://vn.usembassy.gov/20171110-remarks-president-trump-apecceo-summit/.

54 Doshi, "Trump's 'Indo-Pacific Dream' Stumbles: But China Alone Won't Fill the Void".

55 Ronald O'Rourke, "Renewed Great Power Competition: Implications for De-

fense—Issues for Congress", Congressional Research Service, March 1, 2022, p. 14.

56 The Department of Defense, "Indo-Pacific Strategy Report".

57 2017년 양국이 대치했을 때 미국은 인도를 지원하지 않았고, 이에 따라 인도는 중국과의 관계 복원을 희망하게 되었다. Harsh V. Pant, 'Is India ready for the Indo-Pacific?', *Washington Quarterly*, 41: 2(2018), p. 57.

58 "Sec. Pompeo Remarks on 'America's Indo-Pacific Economic Vision,'" July 30, 2018, https://asean.usmission.gov/sec-pompeo-remarks-on-americas-indopacific-economic-vision/.

59 Phil Davidson, "Testimony Before the Senate Armed Services Committee: Opening Remarks", February 12, 2019, https://www.pacom.mil/Media/Speeches-Testimony/Article/1755445/senate-armed-services-committee-sasc-opening-statement/.

60 Huaigao Qi and Kaisheng Li, "The Shifting Power Structure of Northeast Asia and China's Strategic Choices in the 2020s", *Journal of International Analytics* (Mezhdunarodnaya Analitika), 2020(2), p. 56.

61 赵明昊, "美国正赋予'印太战略'实质内容", 『世界知识』, 2019년 5기; 凌胜利, "'特朗普冲击'与亚太地区秩序调整", 『和平与发展』, 2019년 4기; 陈积敏, "特朗普政府'印太战略': 政策与限度", 『和平与发展』, 2018년 1기 등을 참조.

62 "王毅谈印太战略: 这个世界上各种话题层出不穷, 就像浪花!", 2018년 3월 8일, https://lianghui.huanqiu.com/article/9CaKrnK6SMi.

63 "Wang Yi Talks about Indo-Pacific Concept", 31 July 2019, https://www.fmprc.gov.cn/mfa_eng/wjb_663304/zzjg_663340/yzs_663350/gjlb_663354/2787_663568/2789_663572/201908/t20190802_524917.html.

64 "Transcript of Vice Foreign Minister Le Yucheng's Exclusive Interview with the *Financial Times*" October 26, 2018, https://www.fmprc.gov.cn/mfa_eng/wjdt_665385/zyjh_665391/201809/t20180926_678696.html.

65 Bhavan Jaipragas and Tashny Sukumaran, "'Indo-Pacific Nato': China's Wang Yi slams US-led 'Quad' as underlying security risk at Malaysia meeting", *South China Morning Post*, October 13, 2020.

66 Hu and Meng, "The US Indo-Pacific Strategy and China's Response", pp. 166-67.

67 Shi Jiangtao, "Macron and Xi's Guangzhou rendezvous a sign of China's enthusiasm for French leader, analysts say", *South China Morning Post*, April 5, 2023.

68 "Trump agrees to honour 'One China' policy despite threats", February 10, 2017, https://www.bbc.com/news/world-asia-china-38927891.

69 Laura Zhou and Kinling Lo, "Beijing hits out at Washington for 'playing Taiwan card' after US warships sail through strait", *South China Morning Post*, July 8, 2018.

70    Ming-Hsien Wong, "An Analysis of the Taiwan Travel Act and Its Implications for US, China and Taiwan Relations", April 20, 2018, https://www.pf.org.tw/article-pfch-2049-5911.

71    "社评: 美售台武器已成政治而非军事挑战", 『环球时报』, 2017년 6월 30일.

72    "外交部: 中方将对参与此次售台武器的美国企业实施制裁", 2019-07-12, http://world.people.com.cn/n1/2019/0712/c1002-31231665.html.

73    "Trump's Ten Arms Sales to Taiwan, Military Rebalance in the Taiwan Strait", http://inpr.org.tw/m/405-1728-8533,c111.php?Lang=en; "Timeline: U.S. arms sales to Taiwan in 2020 total $5 billion amid China tensions", Dember 8, 2020, https://www.reuters.com/article/us-taiwan-security-usa-timeline-idUSKBN28I0BF.

74    Richard C. Bush, "The Trump administration's policies toward Taiwan", June 5, 2019, https://www.brookings.edu/on-the-record/the-trump-administrations-policies-toward-taiwan/.

75    Hu and Meng, "The US Indo-Pacific Strategy and China's Response", p. 156.

76    Jeff Sheng, "TIFA talks strategically affect US-Taiwan ties", Jul 7, 2021, https://www.taipeitimes.com/News/editorials/archives/2021/07/07/2003760413.

77    미국 무역대표부와 상무부가 육류 수입제한 해제를 양자 간 협상의 전제조건으로 규정했다는 사실은 Bush, "The Trump administration's policies toward Taiwan" 참조.

78    Huizhong Wu, "US, Taiwan step up economic cooperation in new dialogue", November 21, 2020, https://apnews.com/article/global-trade-financial-markets-china-taipei-bilateral-trade-20473f25562d37c58c4f554cefbb7df5.

79    Yang Wenjing, "The Sino-US Relationship Since the DSD and Beyond". Nov 28, 2018, https://www.chinausfocus.com/foreign-policy/the-sino-us-relationship-since-the-dsd-and-beyond.

80    Amy Qin, "As U.S. and Taiwan Celebrate a Bond, China Responds With Screaming Jets", *The New York Times*, August 9, 2020.

81    杨洁篪, "在习近平总书记外交思想指引下不断开创对外工作新局面".

82    "习近平出席世界经济论坛2017年年会开幕式并发表主旨演讲," 『人民日报』, 2017년 1월 18일.

83    Jane Cai, "Xi Jinping rolls out global welcome mat for new Silk Road grand plan", *South China Morning Post*, May 14, 2017.

84    杨洁篪, "推动构建人类命运共同体", 『人民日报』, 2017년 11월 19일. 양제츠는 정치국원으로 승진한 이후인 2018년부터 중앙외사업무위원회 판공실(中央外事工作委员会 办公室) 주임 직위를 담당했다.

85    习近平, "努力开创中国特色大国外交新局面", 『人民日报』, 2018년 6월 24일.

86    习近平, "努力开创中国特色大国外交新局面".

87    习近平, "决胜全面建成小康社会 夺取新时代中国特色社会主义伟大胜利".

88    习近平, "努力开创中国特色大国外交新局面".

89   "Xi urges speaking 'with one voice'", *China Daily*, September 5, 2017.

90   Michael Schuman, "China Wants to Rule the World by Controlling the Rules", December 9, 2021, https://www.theatlantic.com/international/archive/2021/12/china-wants-rule-world-controlling-rules/620890/.

91   Steven Lee Myers and Chris Buckley, "In China's Crisis, Xi Sees a Crucible to Strengthen His Rule", *The New York Times*, May 20, 2020.

92   Mark Magnier, "Horse trading and arm twisting as US battles China over leadership of UN intellectual property agency", *South China Morning Post*, February 4, 2020.

93   Kristine Lee and Alexander Sullivan, "People's Republic of the United Nations: China's Emerging Revisionism in International Organizations", May 14, 2019, https://www.cnas.org/publications/reports/peoples-republic-of-the-united-nations.

94   Colum Lynch and Robbie Gramer, "Outfoxed and Outgunned: How China Routed the U.S. in a UN Agency", October 23, 2019, https://foreignpolicy.com/2019/10/23/china-united-states-fao-kevin-moley.

95   Magnier, "Horse trading and arm twisting as US battles China over leadership of UN intellectual property agency".

96   Timothy R. Heath, "China Prepares for an International Order After U.S. Leadership", August 1, 2018, https://www.lawfareblog.com/china-prepares-international-order-after-us-leadership.

97   王帆, "战略机遇期的判断与维护," 『中国外交』, 2019년 2기, p. 13.

98   Task Force on U.S.–China Policy, "Course Correction: Toward an Effective and Sustainable China Policy", p. 32.

99   Heath, "China Prepares for an International Order After U.S. Leadership".

100  胡锦涛, "坚定不移沿着中国特色社会主义道路前进 为全面建成小康社会而奋斗", 『人民日报』, 2012년 11월 18일; 习近平, "携手构建合作共赢新伙伴 同心打造人类命运共同体: 在第七十届联合国大会一般性辩论时的讲话", 2015년 9월 28일, http://www.xinhuanet.com/world/2015-09/29/c_1116703645.htm.

101  习近平, "共同构建人类命运共同体: 在联合国日内瓦总部的演讲". 『人民日报』, 2017년 1월 20일.

102  习近平, "努力开创中国特色大国外交新局面".

103  杨洁篪, "推动构建人类命运共同体".

104  李勇·李珍·王伟·青木·高颖, "中国大国心态逐渐成熟 参与全球事务展现大国担当", 『环球时报』, 2017년 1월 26일.

105  王义桅, "人类命运共同体 如何引领中国外交?", 『东南学术』, 2021년 3기, pp. 65-67.

106  习近平, "共同构建人类命运共同体".

107  袁鹏, "新冠疫情与百年变局", 『现代国际关系』, 2020년 5기, p. 3.

108 "Commentary: 'A community of shared future for all humankind' -- a Chinese concept winning U.N. recognition", 2017-03-20, http://www.xinhuanet.com//english/2017-03/20/c_136142216.htm.

109 Melanie Hart and Blaine Johnson, "Mapping China's Global Governance Ambitions", February 28, 2019, https://www.americanprogress.org/article/mapping-chinas-global-governance-ambitions/.

110 Liza Tobin, "Xi's Vision for Transforming Global Governance: A Strategic Challenge for Washington and Its Allies", in Scott D McDonald and Michael C Burgoyne (eds.), *China's Global Influence: Perspectives and Recommendations* (Honolulu: The Daniel K. Inouye Asia-Pacific Center for Security Studies, 2019), p. 39.

111 习近平, "决胜全面建成小康社会 夺取新时代中国特色社会主义伟大胜利: 在中国共产党第十九次全国代表大会上的报告".

112 "中国共产党第十九届中央委员会第五次全体会议公报", 2020-10-29, http://www.gov.cn/xinwen/2020-10/29/content_5555877.htm.

113 Nadia Lam, "China military: how Beijing is pushing forward its plan for a powerful, modern armed forces", *South China Morning Post*, December 1, 2020.

114 中华人民共和国 国务院新闻办公室, "新时代的中国国防".

115 "社评: 特朗普敬重超级核大国俄罗斯的启示", 『环球时报』, 2018년 7월 20일.

116 Kristin Huang, "The JL-3: the new missile 'raising the cost' of a US fight with China", *South China Morning Post*, January 23, 2021.

117 The Department Of Defense, "Military And Security Developments Involving The People's Republic Of China, 2020", September 9, 2020, https://china.usc.edu/us-department-defense-military-and-security-developments-involving-peoples-republic-china-2020.

118 Minnie Chan, "China boosts nuclear strike capability in face of growing rivalry with US, report says", *South China Morning Post*, December 11, 2020.

119 Kristin Huang, "The JL-3".

120 Medeiros, "Major Power Rivalry in East Asia", pp. 7-8.

121 Graham Allison, "The U.S.-China Strategic Competition: Clues from History", February 2020, https://www.belfercenter.org/publication/us-china-strategic-competition-clues-history.

122 胡波, "中国海上兴起与国际海洋安全秩序: 有限多极格局下的新型大国协调", 『世界经济与政治』, 2019년 11기.

123 미국 국방부는 2020년 보고서를 통해 중국이 350척의 수상함과 잠수함을 보유함으로써 미국의 293척을 앞섰다고 평가했다. The Department Of Defense, "Military And Security Developments Involving The People's Republic Of China, 2020".

124 Minnie Chan, "China's big battleship building spree to guard its aircraft carriers",

*South China Morning Post*, January 10, 2021.

125 Timothy R. Heath, "China's Military Has No Combat Experience: Does It Matter?", November 27, 2018, https://www.rand.org/blog/2018/11/chinas-military-has-no-combat-experience-does-it-matter.html.

126 "Summary of the 2018 National Defense Strategy of The United States of America", p. 3.

127 The Department of Defense, "Annual Report to Congress: Military and Security Developments Involving the People's Republic of China 2018", May 16, 2018, https://www.documentcloud.org/documents/4769980-2018-CHINA-MILITARY-POWER-REPORT.

128 Stilwell, "Testimony Before the Senate Foreign Relations Committee".

129 "Summary of the 2018 National Defense Strategy of The United States of America".

130 Joe Gould, "Senate panel OKs $6 billion military fund to confront China", June 10, 2020, https://www.defensenews.com/congress/2020/06/11/senate-panel-oks-6-billion-military-fund-to-confront-china/.

131 Van Jackson, "America Is Turning Asia Into a Powder Keg: The Perils of a Military-First Approach", October 22, 2021, https://www.foreignaffairs.com/articles/asia/2021-10-22/america-turning-asia-powder-keg.

132 Qi and Li, "The Shifting Power Structure of Northeast Asia and China's Strategic Choices in the 2020s", p. 53.

133 Bruce Jones, "The new geopolitics", November 28, 2017, https://www.brookings.edu/blog/order-from-chaos/2017/11/28/the-new-geopolitics/.

134 Task Force on U.S.–China Policy, "Course Correction", pp. 25-26.

135 Michael T. Klare, "Joe Biden Can Reverse Trump's Warpath With China", January 15, 2021, https://www.thenation.com/article/world/biden-trump-china/.

136 Friedberg, "Competing with China", p. 34.

137 Christopher Paul, James Dobbins, Scott W. Harold, Howard J. Shatz, Rand Waltzman, and Lauren Skrabala, "A Guide to Extreme Competition with China", 2021, https://www.rand.org/pubs/research_reports/RRA1378-1.html, p. 30.

138 "The Department of Defense Indo-Pacific Strategy Report", p. 8.

139 National Defense Strategy Commission, "Providing for the Common Defense", November 13, 2018, https://www.usip.org/publications/2018/11/providing-common-defense.

140 Laura Zhou, "US-China 'grey zone' rivalry in South China Sea may be about to intensify", *South China Morning Post*, January 9, 2021.

141 吴士存, "关于构建南海新安全秩序的思考", 『环球时报』, 2021년 3월 3일.

142 袁鹏, "新冠疫情与百年变局", pp. 1-2.

143 이에 대응하여 중국도 뉴욕타임스와 워싱턴 포스트 등 미국 주요 언론사 기자에 대한 추방 명령을 내렸다. Rick Gladstone, "How the Cold War Between China and U.S. Is Intensifying", *The New York Times*, July 22, 2020.

144 Bolton, *The Room Where It Happened*.

145 The White House, "United States Strategic Approach to The People's Republic of China", p. 4.

146 Robert C. O'Brien, "The Chinese Communist Party's Ideology and Global Ambitions", June 24 2020, https://www.americanrhetoric.com/speeches/robertobrienchinapolicy.htm; Christopher Wray, "The Threat Posed by the Chinese Government and the Chinese Communist Party to the Economic and National Security of the United States", July 7, 2020, https://www.fbi.gov/news/speeches/the-threat-posed-by-the-chinese-government-and-the-chinese-communist-party-to-the-economic-and-national-security-of-the-united-states; "Attorney General William P. Barr Delivers Remarks on China Policy at the Gerald R. Ford Presidential Museum", July 16, 2020, https://www.justice.gov/opa/speech/attorney-general-william-p-barr-delivers-remarks-china-policy-gerald-r-ford-presidential.

147 Michael R. Pompeo, "Communist China and the free world's future", July 23, 2020, https://2017-2021.state.gov/communist-china-and-the-free-worlds-future-2/index.html.

148 Hal Brands, *The Twilight Struggle: What the Cold War Teaches Us About Great Power Rivalry Today* (New Haven, Conn.: Yale University Press, 2022), p. 10.

149 "中国共产党第十九届中央委员会第五次全体会议公报".

150 "习近平在中央政治局第二十六次集体学习时强调", 『人民日报』, 2020년 12월 13일.

151 Robert Delaney, "Is China trying to displace US as top global power? Two analysts differ", *South China Morning Post*, OctOber 21, 2020.

152 Mark Magnier, "Unanswered phones, missed signals: fear of accidental US-China crisis grows", *South China Morning Post*, May 29, 2022.

153 Liu Zhen, "US, China 'at greater risk of military incidents' in South China Sea, Chinese think tank warns", *South China Morning Post*, April 10, 2019.

154 戴旭, "美军舰再闯我领海, 建议撞沉它!", 『环球时报』, 2018년 12월 8일.

155 "社评: 中美军事交流应为两国关系守护底线", 『环球时报』, 2018년 10월 19일.

156 楚树龙·陆军, "美国对华战略及中美关系进入新时期", 『现代国际关系』, 2019년 3기, p. 28.

157 Shi, "Destined for conflict?".

158 Minnie Chan, "China feared US was trying to provoke a reaction 'that could lead to war' in last days of Donald Trump's presidency", *South China Morning Post*, October 3, 2021.

159 Kristin Huang and Minnie Chan, "US General Milley defends calls to Chinese

counterpart during Trump presidency as effort to avoid conflict", *South China Morning Post*, September 16, 2021.

160 Minnie Chan, "US F-35 and Chinese J-20 fighter jets had close encounter over East China Sea: US general", *South China Morning Post*, March 18, 2022.

161 Bob Woodward and Robert Costa, *Peril* (New York: Simon & Schuster, 2021); Chan, "China feared US was trying to provoke a reaction 'that could lead to war' in last days of Donald Trump's presidency"; Kristin Huang and Minnie Chan, "US General Milley defends calls to Chinese counterpart during Trump presidency as effort to avoid conflict".

162 John Ikenberry, "America's *Asia Policy* after Trump", *Global Asia*, 15:4(December 2020).

163 James Lacey (ed.), *Great Strategic Rivalries: From the Classical World to the Cold War* (New York: Oxford University Press, 2016); Allison, "The U.S.-China Strategic Competition: Clues from History"; Friedberg, *A Contest for Supremacy: China, America, and the Struggle for Mastery in Asia*.

164 "拜登就职后, 外交部深夜宣布制裁蓬佩奥等28人!", 2021-01-21, https://world.huan-qiu.com/article/41bB7MHGPnm.

## 제9장

1 가령, 오바마 행정부 시기 주중 미국대사를 지냈던 보커스(Max Baucus)는 바이든이 보다 전통적 방식의 대중정책으로 돌아갈 것이고, 따라서 중국과의 관계는 재정립될 것이라고 지적했다. Abigail Ng, "U.S.-China relations will 'reset' if Biden wins the election, says former American ambassador to Beijing", October 8, https://www.cnbc.com/2020/10/08/us-china-relations-will-reset-if-biden-wins-election-max-baucus.html.

2 Stuart Anderson, "Biden Says He Will End Trump's Tariffs On Chinese-Made Goods, Aide Walks Back Statement", August 6, 2020, https://www.forbes.com/sites/stuartanderson/2020/08/06/biden-says-he-will-end-trumps-tariffs-on-chinese-made-goods/?sh=649691f2523a.

3 "Remarks by President Biden on America's Place in the World", February 04, 2021, https://www.whitehouse.gov/briefing-room/speeches-remarks/2021/02/04/remarks-by-president-biden-on-americas-place-in-the-world/.

4 "Remarks by President Biden in Press Conference", March 25, 2021, https://www.whitehouse.gov/briefing-room/speeches-remarks/2021/03/25/remarks-by-president-biden-in-press-conference/.

5 Sarah Zheng, "US-China ties: competition, not engagement from now on, Kurt

Campbell says", *South China Morning Post*, May 27, 2021.

6   Anthony J. Blinken, "The Administration's Approach to the People's Republic of China", May 26, 2022, https://www.state.gov/the-administrations-approach-to-the-peoples-republic-of-china/?utm_source=dailybrief&utm_medium=email&utm_campaign=DailyBrief2022May27&utm_term=DailyNewsBrief.

7   Van Jackson, "Peace, Primacy, and Washington's Anti-China Politics", February 27, 2023, https://www.internationalaffairs.org.au/australianoutlook/peace-primacy-and-washingtons-anti-china-politics/?utm_source=dailybrief&utm_medium=email&utm_campaign=DailyBrief2023Mar1&utm_term=DailyNewsBrief.

8   Joseph R. Biden, Jr., "Interim National Security Guidance", March 2021, https://www.whitehouse.gov/wp-content/uploads/2021/03/NSC-1v2.pdf, p. 20.

9   Biden, "Interim National Security Guidance"; Blinken, "The Administration's Approach to the People's Republic of China".

10  "Remarks by President Biden on America's Place in the World".

11  Biden, "Interim National Security Guidance", p. 9.

12  Blinken, "The Administration's Approach to the People's Republic of China".

13  Blinken, "The Administration's Approach to the People's Republic of China".

14  Owen Churchill, "Biden casts US-China relations as a battle for the century", *South China Morning Post*, April 29, 2021.

15  Gina M. Raimondo, "Remarks by U.S. Secretary of Commerce Gina Raimondo on the U.S. Competitiveness and the China Challenge", November 30, 2022, https://www.commerce.gov/news/speeches/2022/11/remarks-us-secretary-commerce-gina-raimondo-us-competitiveness-and-china.

16  동 법안에 관해서는 "Bipartisan Infrastructure Investment and Jobs Act", August 2, 2021, https://www.whitehouse.gov/briefing-room/statements-releases/2021/08/02/updated-fact-sheet-bipartisan-infrastructure-investment-and-jobs-act/ 참조.

17  David E. Sanger, "China Has Leapfrogged the U.S. in Key Technologies. Can a New Law Help?", *The New York Times*, July 28, 2022.

18  Robert Delaney and Jacob Fromer, "'Quad' summit backs 'democratic' Indo-Pacific region, cites Chinese 'aggression'", *South China Morning Post*, March 13, 2021.

19  Blinken, "The Administration's Approach to the People's Republic of China"

20  The White House, "National Security Strategy", October 2022, https://www.whitehouse.gov/briefing-room/statements-releases/2022/10/12/fact-sheet-the-biden-harris-administrations-national-security-strategy/, p. 9.

21  "Remarks by President Biden on America's Place in the World".

22  Antony Blinken, "A Foreign Policy for the American People", March 3, 2021, https://www.state.gov/a-foreign-policy-for-the-american-people/.

23    Matthew P. Goodman, "Biden's China Economic Strategy Takes Shape, but Tensions Remain", December 9, 2022, https://www.csis.org/analysis/bidens-china-economic-strategy-takes-shape-tensions-remain.

24    Carla Freeman, "Blinken lays out three-part U.S. approach to China. But what's missing?", June 2, 2022, https://www.usip.org/publications/2022/06/blinken-lays-out-three-part-us-approach-china-whats-missing.

25    Xu Keyue and Cui Fandi, "China's diplomacy in 2021 positive but challenging: experts", *Global Times*, January 3, 2021.

26    Sarah Zheng, "Time for a reset in US-China relations, Foreign Minister Wang Yi says", *South China Morning Post*, December 7, 2020.

27    Zhao Huanxin, "Cui: Stable ties needed in post-pandemic world", *China Daily*, December 4, 2020.

28    "杨洁篪应约同美国国务卿布林肯通电话",『人民日报』, 2021년 2월 7일.

29    "习近平同美国总统拜登通电话",『人民日报』, 2021년 2월 12일.

30    "Readout of President Joseph R. Biden, Jr. Call with President Xi Jinping of China", February 10, 2021, https://www.whitehouse.gov/briefing-room/statements-releases/2021/02/10/readout-of-president-joseph-r-biden-jr-call-with-president-xi-jinping-of-china/.

31    "社评: 中国不怕竞争也喜欢规则, 中美难点何在",『环球时报』, 2021년 2월 8일.

32    "社评: 中美各有优势,竞争不是射毒箭",『环球时报』, 2021년 2월 24일.

33    Catherine Wong and Rachel Zhang, "China-US relations: Premier Li Keqiang hopes both sides can find 'common ground' ahead of Alaska talks even if they 'can't work everything out any time soon'", *South China Morning Post*, March 11, 2021.

34    Josh Rogin, "Biden doesn't want to change China. He wants to beat it", *The Washington Post*, February 10, 2022.

35    "杨洁篪·王毅同布林肯·沙利文举行中美高层战略对话",『人民日报』, 2021년 3월 21일.

36    Lara Jakes and Steven Lee Myers, "Tense Talks With China Left U.S. 'Cleareyed' About Beijing's Intentions, Officials Say", *The New York Times*, March 19, 2021.

37    Rogin, "Biden doesn't want to change China".

38    "王毅同美国国务卿布林肯举行会晤", 2022-07-09, https://www.fmprc.gov.cn/wjb-zhd/202207/t20220709_10717967.shtml.

39    "我们有责任和国际社会一道给美国补上这一课", 2021-07-24, https://www.fmprc.gov.cn/web/wjbzhd/t1894807.shtml.

40    "王毅会见美国常务副国务卿舍曼",『人民日报』, 2021년 7월 27일.

41    "谢锋: 美方应该改弦易辙, 选择与中方相向而行, 相互尊重, 公平竞争, 和平共处", 2021-07-26, https://www.fmprc.gov.cn/web/wjbxw_673019/t1894981.shtml.

42    习近平, "在庆祝中国共产党成立100周年大会上的讲话",『人民日报』, 2021년 7월 1일.

43  "外交部副部长乐玉成: 中美之间应是你追我赶的良性竞争, 而不是你死我活的恶性竞争", 2021-04-18, https://www.mfa.gov.cn/web/wjbxw_673019/t1869639.shtml.

44  Liu Zhen, "Chinese foreign minister says countries should not be forced to pick sides in rivalry with US", *South China Morning Post*, November 22, 2021.

45  "外交部谈中美'竞争': 中国不以超越美国为目标, 而是超越自己", 『人民日报』, 2021년 5월 12일.

46  王毅, "2021年中国外交: 秉持天下胸怀, 践行为国为民: 在2021年国际形势与中国外交研讨会上的演讲", 2021년 12월 20일, https://www.fmprc.gov.cn/web/wjbz_673089/tp/202112/t20211220_10471832.shtml.

47  白紫文, "外交部副部长乐玉成接受观察者网专访, 谈当下中美关系", 2021-07-09, https://www.guancha.cn/internation/2021_07_09_597784.shtml.

48  "社评: 中国人受够了美国的狂妄, 不再含蓄", 『环球时报』, 2021년 7월 26일.

49  黄仁伟, "美国霸权衰落, 对世界意味着什么", 『环球时报』, 2021년 7월 12일.

50  吴心伯, "美国对华政策呈现'冷接触热竞争'".

51  朱锋, "美战略打压只会让中国发展更坚定", 『环球时报』, 2022년 6월 6일.

52  "习近平出席中华人民共和国恢复联合国合法席位50周年纪念会议并发表重要讲话", 『人民日报』, 2021년 10월 26일.

53  "中共中央关于党的百年奋斗重大成就和历史经验的决议", 2021-11-16, http://www.gov.cn/zhengce/2021-11/16/content_5651269.htm.

54  "王毅: 美国的世界观·中国观·中美关系观出现了严重偏差", 『人民日报』, 2022년 5월 29일.

55  Thomas Kaplan and Alan Rappeport, "Businesses Push Biden to Develop China Trade Policy", *The New York Times*, September 1, 2021.

56  Ana Swanson, "Biden's top trade negotiator defended China tariffs as an important source of leverage", *The New York Times*, June 22, 2022.

57  Graham Allison, Kevin Klyman, Karina Barbesino, and Hugo Yen, "The Great Rivalry: China vs. the U.S. in the 21st Century", December 7, 2021, https://www.belfercenter.org/publication/great-rivalry-china-vs-us-21st-century.

58  Raimondo, "Remarks by U.S. Secretary of Commerce Gina Raimondo on the U.S. Competitiveness and the China Challenge".

59  Ana Swanson, "Biden Administration Clamps Down on China's Access to Chip Technology", *The New York Times*, October 7, 2022.

60  Jon Bateman, "Biden Is Now All-In on Taking Out China", October 12, https://foreignpolicy.com/2022/10/12/biden-china-semiconductor-chips-exports-decouple/.

61  张家栋, "美最新国防战略报告, 传递出哪些信息", 『环球时报』, 2022년 10월 29일.

62  王小龙, "从西方资本主义制度演变看百年未有之'变'", 『学习时报』, 2021년 10월 29일.

63  "中华人民共和国国民经济和社会发展第十四个五年规划和2035年远景目标纲要", 2021-03-13, http://www.gov.cn/xinwen/2021-03/13/content_5592681.htm.

64 "在中国科学院第二十次院士大会, 中国工程院第十五次院士大会, 中国科协第十次全国代表大会上的讲话", 『人民日报』, 2021년 5월 29일.

65 "国务院关于印发'十四五'数字经济发展规划的通知", 2021년 12월 12일, http://www.gov.cn/zhengce/content/2022-01/12/content_5667817.htm.

66 "习近平出席中央人才工作会议并发表重要讲话", 2021-09-28, http://www.gov.cn/xinwen/2021-09/28/content_5639868.htm.

67 习近平, "高举中国特色社会主义伟大旗帜 为全面建设社会主义现代化国家而团结奋斗".

68 2010년 6월에 1조 달러를 돌파한 이후 줄곧 1조 달러를 상회했던 중국의 미국 채권 보유액은 2022년 5월 9,808억 달러를 기록함으로써 1조 달러 아래로 내려갔다. Frank Tang, "China cut US debt holding amid 'risk of possible conflict'", *South China Morning Post*, July 20, 2022.

69 Mark Magnier, "US launches Office of China Coordination to ensure 'nimbler and more consistent policy'", *South China Morning Post*, December 17, 2022.

70 Blinken, "The Administration's Approach to the People's Republic of China".

71 Lin Chia-nan, "Hsiao Bi-khim to attend Biden's swearing-in", January 21, 2021, https://www.taipeitimes.com/News/front/archives/2021/01/21/2003750948.

72 Teddy Ng and Amber Wang, "China-US tension: spat escalates after Blinken calls for UN support of Taiwan", *South China Morning Post*, October 27, 2021.

73 미국은 2021년 12월에 개최한 민주주의정상회의에 탕펑(唐鳳) 디지털부 장관을 초청한 데 이어, 다음 해 4월에 개최한 디지털빌전회의에 탕 장관을 다시 조정했다. Lawrence Chung, "Taiwan's invitation to White House internet event likely to trigger angry response to Beijing", *South China Morning Post*, April 28, 2022.

74 Jennifer Hansler, "Biden administration proposes $750 million arms sale to Taiwan in a move likely to anger Beijing", August 5, 2021, https://edition.cnn.com/2021/08/04/politics/biden-administration-taiwan-arms-sales/index.html

75 David Brunnstrom, "U.S. position on Taiwan unchanged despite Biden comment – official", August 20, 2021, https://www.reuters.com/world/asia-pacific/us-position-taiwan-unchanged-despite-biden-comment-official-2021-08-19/.

76 Owen Churchill, "Biden sparks confusion with commitment to Taiwan's defence if Beijing attacks", *The New York Times*, October 22, 2021; Mark Magnier, "Joe Biden's comments on US defending Taiwan could cause missteps, analysts say", *South China Morning Post*, May 24, 2022.

77 "社评: 中美'管理竞争', 共同抑制'台独'是关键", 『环球时报』, 2021년 11월 14일.

78 Jodi Xu Klein, "Xi-Biden summit important to help US and China avoid 'unintended conflict', White House official says", *South China Morning Post*, November 15, 2021.

79 Amber Wang, "PLA aircraft put on show of force as US delegation lands in Taiwan", *South China Morning Post*, May 31, 2022.

80 新华社评论员, "美国粗暴践踏国际法和国际关系基本准则", 2022-08-04, http://www.news.cn/politics/2022-08/04/c_1128888400.htm.

81 Cyril Ip, "Chinese PLA drills simulating Taiwan blockade seen to become new 'normal'", *South China Morning Post*, August 9, 2022; Cyril Ip and Lawrence Chung, "PLA's Taiwan live-fire drills 'highlight military's joint warfare advances'", *South China Morning Post*, August 7, 2022.

82 "外交部宣布针对佩洛西窜台反制措施", 『人民日报』, 2022년 8월 6일.

83 Teddy Ng and Liu Zhen, "Higher risk of accidental clash as China suspends US defence dialogue: analysts", *South China Morning Post*, August 6, 2022.

84 "Biden tells 60 Minutes U.S. troops would defend Taiwan, but White House says this is not official U.S. policy", September 18, 2022, https://www.cbsnews.com/news/president-joe-biden-taiwan-60-minutes-2022-09-18/.

85 Ellen Nakashima, "U.S. to sell $1.1 billion in anti-ship, air-to-air weapons to Taiwan", *The Washington Post*, September 2, 2022.

86 Edward Wong and John Ismay, "U.S. Aims to Turn Taiwan Into Giant Weapons Depot", *The New York Times*, October 5, 2022.

87 Jared Gans, "Biden administration signs off on $425M in arms sales to Taiwan", December 7, 2022, https://thehill.com/policy/defense/3765425-biden-administration-signs-off-on-425m-in-arms-sales-to-taiwan/.

88 Mark Magnier, "Latest Taiwan arms sale reflects US indifference to mainland China's reaction", *South China Morning Post*, December 30, 2022.

89 习近平, "高举中国特色社会主义伟大旗帜 为全面建设社会主义现代化国家而团结奋斗".

90 "王毅就中美元首会晤向媒体介绍情况并答问", 2022-11-15, http://world.people.com.cn/n1/2022/1115/c1002-32566052.html.

91 Minnie Chan, "PLA escalates drills near Taiwan to deter closer US ties, but analysts warn approach could backfire", *South China Morning Post*, January 25, 2023.

92 Catherine Wong, "Xi Jinping tells China's military 'be prepared to respond' in unstable times", *South China Morning Post*, March 9, 2021.

93 Jun Mai, "'China's military must spend more' to meet US war threat", *South China Morning Post*, March 8, 2021.

94 "社评: 拜登严重降低了大国间战争威胁的门槛", 『环球时报』, 2021년 7월 28일.

95 Minnie Chan, "Chinese navy shows off hypersonic anti-ship missiles in public", *South China Morning Post*, April 20, 2022.

96 Jack Lau, "China launches Fujian, PLA Navy's 3rd aircraft carrier", *South China Morning Post*, June 17, 2022.

97 Teddy Ng, "Chinese bombers in strike exercises after US escalation in South China Sea", *South China Morning Post*, February 25, 2021.

98 Catherine Wong, "US has ramped up reconnaissance in Chinese-claimed waters,

says Beijing", *South China Morning Post*, April 29, 2021.

99  Xu Xiaobing, "War over Taiwan could be inevitable as US, China and Taipei boost military spending", *South China Morning Post*, January 5, 2023.

100  Tong Zhao, "Why Is China Building Up Its Nuclear Arsenal?", *The New York Times*, November 15, 2021.

101  Minnie Chan, "China's new nuclear submarine missiles expand range in US: analysts", *South China Morning Post*, May 2, 2021.

102  "Chinese hypersonic test included path-breaking second missile launch, say US reports", *South China Morning Post*, November 23, 2021.

103  Ashley Townshend and James Crabtree, "The U.S. Is Losing Its Military Edge in Asia, and China Knows It", *The New York Times*, June 15, 2022.

104  Ryan Hass, "China Is Not Ten Feet Tall: How Alarmism Undermines American Strategy", March 3, 2021, https://www.foreignaffairs.com/articles/china/2021-03-03/china-not-ten-feet-tall?utm_campaign=Brookings%20Brief&utm_medium=email&utm_content=114011828&utm_source=hs_email.

105  "社评: 拜登严重降低了大国间战争威胁的门槛".

106  Blinken, "The Administration's Approach to the People's Republic of China".

107  Liu Zhen, "China's PLA open to good relations with US military, if Chinese sovereignty is respected", *South China Morning Post*, November 26, 2021.

108  Owen Churchill, "US must not be complacent about military edge over China, top army officials warn", *South China Morning Post*, March 16, 2022.

109  Laura Zhou, "US moves to boost military presence in Indo-Pacific amid China 'threat'", *South China Morning Post*, March 13, 2021.

110  O'Rourke, "Renewed Great Power Competition: Implications for Defense—Issues for Congress", pp. 21-22.

111  Amber Wang, "US ramps up B-21 stealth bomber production 'to take on China'", *South China Morning Post*, September 22, 2021.

112  David E. Sanger, "Biden's National Security Strategy Focuses on China, Russia and Democracy at Home", *The New York Times*, October 12, 2022.

113  Amber Wang, "China-US relations: defence ministers' call highlights faultlines over Taiwan and Ukraine", *South China Morning Post*, April 21, 2022.

114  Chris Buckley and Sui-Lee Wee, "U.S. and Chinese Defense Officials Meet in Bid to Cool Regional Tensions", *The New York Times*, June 10, 2022.

115  Catherine Wong, "US has ramped up reconnaissance in Chinese-claimed waters, says Beijing".

116  Christine Chung, "U.S. Says Chinese Fighter Jet Flew Dangerously Close to American Plane", *The New York Times*, December 29, 2022.

117  Chan, "US F-35 and Chinese J-20 fighter jets had close encounter over East China

Sea: US general"; "美军F-35近期在东海上空曾与中国歼-20近距离相遇, 国防部回应", 2022-03-31, https://world.huanqiu.com/article/47PpLrbo9Ui.

118 Teddy Ng, "China signals desire to work with US on trade and climate change but remains defiant on defence", *South China Morning Post*, January 13, 2023.

119 张红, "美国所谓'基于规则的国际秩序'是伪多边主义", 『人民日报』(海外版), 2021년 7월 29일.

120 徐辉, "从国际事务定义权入手构建中国话语", 『环球时报』, 2021년 1월 29일.

121 G. John Ikenberry, "Why American Power Endures: The U.S.-Led Order Isn't in Decline", *Foreign Affairs*, 101:6(November/December 2022).

122 Peter Beinart, "The Vacuous Phrase at the Core of Biden's Foreign Policy", *The New York Times*, June 22, 2021.

123 "杨洁篪应约同美国国务卿布林肯通电话".

124 张贵洪, "'基于规则的秩序'有很大欺骗性", 『环球时报』, 2021년 5월 27일.

125 张贵洪, "'基于规则的秩序'有很大欺骗性".

126 "杨洁篪应约同美国国务卿布林肯通电话".

127 Shi Jiangtao, "China-Russia relations: Xi and Putin show united front in message to Biden", *South China Morning Post*, June 30, 2021.

128 Cui Liru, "The Competitive Conundrum", February 16, 2022, https://www.chinaus-focus.com/foreign-policy/the-competitive-conundrum.

129 Blinken, "The Administration's Approach to the People's Republic of China".

130 Zolan Kanno-Youngs and David E. Sanger, "Biden Speaks With Xi Amid Low Point in U.S.-China Relations", *The New York Times*, September 10, 2021.

131 Peter Beinart, "Biden Thinks He Can Have It Both Ways on China. He's Wrong", *The New York Times*, November 18, 2021.

132 Owen Churchill, "Biden calls China the 'most serious competitor' to the US, in his first foreign policy address as president", *South China Morning Post*, February 5, 2021.

133 Michael Martina and Jonathan Landay, "U.S. national security adviser says China climate cooperation not a 'favor'", May 1, 2021, https://www.reuters.com/world/us/china-climate-change-cooperation-not-favor-us-us-national-security-advis-er-2021-04-30/.

134 Kurt M. Campbell and Jake Sullivan, "Competition Without Catastrophe", *Foreign Affairs*, 98:5(September/October 2019) 참조.

135 Jessica Chen Weiss, "The China Trap: U.S. Foreign Policy and the Perilous Logic of Zero-Sum Competition", *Foreign Affairs*, 101:5(September/October 2022).

136 Eduardo Baptista, "Top Chinese diplomat calls Trump's China policy 'utter failure', says US must repair relations with Beijing", *South China Morning Post*, January 29, 2021.

137 "王毅同美国国务卿布林肯通电话", 『人民日报』, 2021년 8월 30일.

138 "习近平同美国总统拜登通电话", 『人民日报』, 2021년 9월 11일; "习近平同美国总统拜登举行视频会晤", 『人民日报』, 2021년 11월 17일.

139 "Readout of President Biden's Virtual Meeting with President Xi Jinping of the People's Republic of China", November 16, 2021, https://www.whitehouse.gov/briefing-room/statements-releases/2021/11/16/readout-of-president-bidens-virtual-meeting-with-president-xi-jinping-of-the-peoples-republic-of-china/.

140 Klein, "Xi-Biden summit important to help US and China avoid 'unintended conflict'".

141 Blinken, "The Administration's Approach to the People's Republic of China".

142 "习近平同美国总统拜登举行视频会晤".

143 "习近平同美国总统拜登在巴厘岛举行会晤", 『人民日报』, 2022년 11월 15일.

144 "王毅应约同美国国务卿布林肯通电话", 『人民日报』, 2022년 12월 24일.

145 "王毅就中美元首会晤向媒体介绍情况并答问".

146 블링컨 국무장관은 이 책이 출판 작업에 들어간 이후인 2023년 6월 중국을 방문하였다.

147 Orange Wang, "US should prioritise 'guardrails' in its China dealings this year, White House official says", *South China Morning Post*, January 13, 2023.

148 Chris Buckley, Sui-Lee Wee and Katie Rogers, "At G20 Summit, Xi and Biden Offer Rival Visions for Solving Global Issues", *The New York Times*, November 15, 2022.

149 Orange Wang, "US should prioritise 'guardrails' in its China dealings this year, White House official says".

150 "王毅应约同美国国务卿布林肯通电话".

151 Amber Wang, "US wants coexistence not cold war with China, Jake Sullivan says", *South China Morning Post*, November 8, 2021.

152 Joseph S. Nye Jr., "With China, a 'Cold War' Analogy Is Lazy and Dangerous", *The New York Times*, November 2, 2021.

## 제10장

1 The White House, "National Security Strategy", October 2022, p. 6.

2 陈积敏, "同盟体系支撑不了华盛顿的霸权野心", 『环球时报』, 2023년 3월 31일.

3 Campbell and Sullivan, "Competition Without Catastrophe".

4 Blinken, "The Administration's Approach to the People's Republic of China".

5 이에 따라 바이든 행정부가 중국과의 경쟁적 공존을 추구하는 것으로 보이지만 그 의미가 여전히 모호하다는 주장이 제기된다. Michael J. Green and Evan S. Medeiros, "Can America Rebuild Its Power in Asia?", January 31, 2022, https://www.foreignaffairs.

com/articles/asia/2022-01-31/can-america-rebuild-its-power-asia.

6 "The Biden Foreign Policy at Two Years", December 16, 2022, https://carnegieen-dowment.org/2022/12/16/biden-foreign-policy-at-two-years-event-8006.

7 Ian Johnson, "A Professor Who Challenges the Washington Consensus on China", December 13, 2022, https://www.newyorker.com/news/persons-of-interest/a-professor-who-challenges-the-washington-consensus-on-china?utm_source=Asia%20Society&utm_medium=email&utm_campaign=452872-2023_1_3.

8 "习近平在看望参加政协会议的民建工商联界委员时强调 正确引导民营经济健康发展高质量发展", 『人民日报』, 2023년 3월 7일.

9 Allison, *Destined for War: Can America and China Escape Thucydides's Trap?*, p. 216.

10 "清华大学国际关系研究院院长阎学通: 大国崛起靠政府领导改革的能力", 『环球时报』, 2019년 5월 28일.

11 George Modelski, *Long Cycles in World Politics* (London: Macmillan, 1987) 참조.

12 马伟, "中美贸易韧性凸显, 但隐忧值得重视", 『环球时报』, 2023년 2월 10일; Kandy Wong, "China's exports, foreign investment key to economic growth, Xi Jinping says", *South China Morning Post*, February 16, 2023.

13 2022년 미중 교역액이 6,906억 달러로 사상 최고치를 기록했지만, 미국 교역액에서 중국이 차지하는 비중은 13%로 캐나다와 멕시코에 이은 제3위였다. 马伟, "中美贸易韧性凸显, 但隐忧值得重视".

14 Erika Na, "China's role in global manufacturing under pressure as more European firms look to Vietnam and India, surveys show", *South China Morning Post*, January 14, 2023.

15 John M. Owen, "Two emerging international orders? China and the United States", *International Affairs*, 97:5(September 2021), pp. 1415-31 참조.

16 Steven Walt and Dani Rodrik, "How to Build a Better Order: Limiting Great Power Rivalry in an Anarchic World", *Foreign Affairs*, 101:5(September/October 2022).

17 Kevin Rudd, "The Dangers of a Catastrophic Conflict between the U.S. and Xi Jinping's China", March 28, 2022, https://asiasociety.org/policy-institute/dangers-catastrophic-conflict-between-us-and-xi-jinpings-china.

# 참고문헌

김관옥. "미중 무역전쟁 연구: 트럼프정부의 보호무역정책 요인분석을 중심으로". 『국제정치
연구』. 21:1(2018).

김재철. "중국식 강대국 외교정책과 중국 외교의 기조: 시진핑 집권 1기의 평가와 향후 전망".
『2017 중국정세보고』. 서울: 국립외교원 외교안보연구소 중국연구센터, 2018.

_____. "2016년 '중국식' 강대국 외교정책". 『2016 중국정세보고』. 서울: 국립외교원 외교안보
연구소 중국연구센터, 2017.

_____. "세계 속의 '중국식' 강대국 외교: 시진핑 체제의 외교정책에 대한 평가". 『2015 중국정
세보고』. 서울: 국립외교원 외교안보연구소 중국연구센터, 2016.

_____. "'중국식' 외교정책의 등장? 2014년 중국외교의 기조". 『2014 중국정세보고』. 서울: 국
립외교원 외교안보연구소 중국연구센터, 2015.

_____. "시진핑 체제의 외교정책: 기조, 주요정책, 그리고 평가". 『2013 중국정세보고』. 서울:
국립외교원 외교안보연구소 중국연구센터, 2014.

_____. "세계금융위기와 중국의 대미정책". 『중소연구』. 34:2(2010 여름).

서정건. "미국 국내정치와 외교정책 상관성: 미·중 관계를 중심으로". 서정건 외. 『미국 국내
정치와 외교정책』. 서울: 서울대학교 국제문제연구소, 2020.

앨리슨, 그레이엄 (정혜윤 역). 『예정된 전쟁』. 서울: 세종서적, 2018.

이혜정. "자제 대 패권: 탈냉전기 미국 대전략의 이해". 『한국정치연구』. 24:3(2015).

폴슨 주니어, 헨리 M. (고기탁 옮김). 『중국과 협상하기』. 파주: 열린책들, 2020.


高程. "中美竞争视角下对'稳定发展中美关系'的再审视". 『战略决策研究』. 2018년 2기.

葛传红. "2010中美关系: 斗而不破". 『时代周报』. 2010년 1월 21일.

牛军. "轮回: 中美关系与亚太秩序演变(1978~2018)". 『美国研究』. 2018년 6기.

_____. "中美关系的新转折". 『国际先驱导报』. 2013년 3월 22일.

达巍. "中美还能重建'大共识'吗？". 2015년 7월 27일, https://www.thepaper.cn/newsDe-
tail_forward_1357483.

戴秉国. 『战略对话: 戴秉国回忆录』. 北京: 人民出版社, 2016.

戴旭. "美军舰再闯我领海, 建议撞沉它!". 『环球时报』. 2018년 12월 8일.

单仁平. "反对盲目自信, 同时切不可散布恐美". 『环球时报』. 2018년 8월 2일.

刁大明. "中美经贸相互依赖正日益对等化". 『中华工商时报』. 2017년 1월 9일.

丁奎松·牛新春. "在探索合作中发展的中美关系". 『现代国际关系』. 1999년 1-2기.

梁一新. "美国对华高技术封锁: 影响与应对". 『国际贸易』. 2018년 12기.

雷达·赵勇. "中美经济相互依存关系中的非对称性与对称性: 中美战略经济对话的经济基础分
析". 『国际经济评论』. 2008년 2기.

阮宗泽. "跳出权力转移误区看中美关系". 『环球时报』. 2019년 12월 24일.

_____. "中美关系已不是说翻就翻的'小船'". 『环球时报』. 2017년 1월 16일.

刘山. "世界格局变化的启示". 『国际问题研究』. 2001년 5기.

刘建飞. "新时代中国外交战略中的中美关系". 『美国研究』. 2018년 2기.

刘萍·程慧东. "和不忘斗 斗而不破: 关于对美外交战略的一点思考". 『学理论』. 2012년 3기.

吕其昌. "从北约暴行看美国的全球战略". 『现代国际关系』. 1999년 6기.

李丽. "中美贸易摩擦的政治经济分析". 『世界经济研究』. 2005년 1기.

李巍·张哲馨. "战略竞争时代的新型中美关系". 『国际政治科学』. 2015년 1기.

李勇·李珍·王伟·青木·高颖. "中国大国心态逐渐成熟 参与全球事务展现大国担当". 『环球时报』. 2017년 1월 26일.

李庆四. "特朗普对华贸易战的原因及影响". 『现代国际关系』. 2018년 6기.

凌胜利. "'特朗普冲击'与亚太地区秩序调整". 『和平与发展』. 2019년 4기.

马伟. "中美贸易韧性凸显, 但隐忧值得重视". 『环球时报』. 2023년 2월 10일.

马振岗. "对中美关系的热期盼与冷思考". 『国际问题研究』. 2009년 5기.

白紫文. "外交部副部长乐玉成接受观察者网专访, 谈当下中美关系". 2021-07-09, https://www.guancha.cn/internation/2021_07_09_597784.shtml.

夏立平. "21世纪初的中美关系: 非对称性相互依存". 『当代亚太』. 2005년 12기.

肖枫. "对国际形势中几个热点问题的看法". 『现代国际关系』. 1999년 12기.

肖河. "霸权国与其他主要大国关系研究: 以二战后历史为例". 『世界经济与政治』. 2016년 3기.

沈丁立. "中国特色大国外交贵在三个坚持". 『环球时报』. 2015년 3월 17일.

沈志雄. "大国战略竞争与中国的战略选择". 『世界知识』. 2018년 10기.

宋国友. "全球经济平衡增长与中美关系的未来". 『现代国际关系』. 2010년 1기.

宋强·张藏藏·乔边·古清生. 『中国可以说不』. 北京: 中华工商联合出版社, 1996.

徐辉. "从国际事务定义权入手构建中国话语". 『环球时报』. 2021년 1월 29일.

侯明. "斗而不破将是中美关系的主旋律". 2012-06-11, http://star.news.sohu.com/201206 12/n345359324.shtml.

习近平. "在庆祝中国共产党成立100周年大会上的讲话". 『人民日报』. 2021년 7월 1일.

_____. "顺应时代潮流 实现共同发展: 在金砖国家工商论坛上的讲话". 『人民日报』. 2018년 7월 26일.

_____. "努力开创中国特色大国外交新局面". 『人民日报』. 2018년 6월 24일.

_____. "决胜全面建成小康社会 夺取新时代中国特色社会主义伟大胜利: 在中国共产党第十九次全国代表大会上的报告". 『人民日报』. 2017년 10월 28일.

_____. "共同构建人类命运共同体: 在联合国日内瓦总部的演讲". 『人民日报』. 2017년 1월 20일.

_____. "携手构建合作共赢新伙伴 同心打造人类命运共同体: 在第七十届联合国大会一般性辩论时的讲话". 2015년 9월 28일. http://www.xinhuanet.com/world/2015-09/29/c_1116703645.htm.

新华社评论员. "美国粗暴践踏国际法和国际关系基本准则". 2022-08-04, http://www.news.cn/politics/2022-08/04/c_1128888400.htm.

杨光斌. "中美关系进入'新阶段'". 『环球时报』. 2018년 10월 16일.

杨洁勉.『后冷战时期的中美关系: 分析与探索』. 上海: 上海人民出版社, 1997.

杨洁篪. "推动构建人类命运共同体". 『人民日报』. 2017년 11월 19일.

_____. "在习近平总书记外交思想指引下不断开创对外工作新局面". 『人民日报』. 2017년 1월 14일.

_____. "大变革大调整大发展: 2009年国际形势和中国外交". 『求是』. 2010년 1기.

_____. "承前启后 继往开来 开创中美建设性合作关系新局面". 『求是』. 2009년 2기.

杨中旭. "'和而不同'锚定中国外交思想". 『中国新闻周刊』. 2006년, 16기.

叶自成. "探索面向21世纪的中国国际战略的新思路". 『世界经济与政治』. 1997년 9기.

叶自成 · 李红杰(主编).『中国大外交: 折冲樽俎60年』. 北京: 当代世界出版社, 2009.

阎学通. "对中美关系不稳定性的分析". 『世界经济与政治』. 2010년 12기.

王德颖. "中国外交和而不同". 『中华工商时报』. 2003년 12월 15일.

王小龙. "从西方资本主义制度演变看百年未有之'变'". 『学习时报』. 2021년 10월 29일.

王湘穗. "如何与'更年期的美国'打交道". 『环球时报』. 2018년 4월 10일.

王续添 · 汉元. "当代中国反对霸权主义的历史经验论析". 『教学与研究』. 2022년 1기.

王文 · 刘典. "中美博弈与中国复兴: 基于两国实力消长的视角". 『东北亚论坛』. 2019년 2기.

王毅. "2021年中国外交: 秉持天下胸怀, 践行为国为民: 在2021年国际形势与中国外交研讨会上的演讲". 2021년 12월 20일, https://www.fmprc.gov.cn/web/wjbz_673089/tp/202112/t20211220_10471832.shtml.

_____. "探索中国特色大国外交之路". 2013년 6월 27일, http://www.fmprc.gov.cn/mfa_chn/zyxw_602251/t1053901.shtml.

王义桅. "人类命运共同体 如何引领中国外交?". 『东南学术』. 2021년 3기.

王緝思. "美国进入'韬光养晦'时代?". 『环球时报』. 2015년 3월 31일.

_____. "'西进: 中国地缘战略的再平衡". 『环球时报』. 2012년 10월 17일.

_____. "遏制'还是'交往'? 评冷战后美国对华政策". 『国际问题研究』. 1996년 1기.

王珂 · 林丽鹂. "对华贸易战, 美国打不赢更打不起". 『人民日报』. 2017년 8월 18일.

王帆. "战略机遇期的判断与维护". 『中国外交』. 2019년 2기.

_____. "中美竞争性相互依存关系探析". 『世界经济与政治』. 2008년 3기.

王鸿刚. "新阶段的中美战略博弈与中国对美战略". 『现代国际关系』. 2019년 3기.

_____. "中美应谋建亚太和平共存框架". 『广州日报』. 2012년 1월 20일.

吴士存. "关于构建南海新安全秩序的思考". 『环球时报』. 2021년 3월 3일.

吴心伯. "冷静处置美'对华政策试错'". 『环球时报』. 2022년 7월 18일.

_____. "美国对华政策呈现'冷接触热竞争'". 『环球时报』. 2021년 12월 1일.

_____. "后冷战时代中美关系研究范式变化及其含义: 写在中美建交40周年之际". 『世界经济与政治』. 2019년 1기.

_____. "美国对华政策进入新阶段". 『环球时报』. 2018년 4월 24일.

_____. "特朗普执政与中美关系走向". 『国际问题研究』. 2017년 2기.

_____. "实现与美国的'相互调适型'互动". 『环球时报』. 2017년 3월 16일.

_____. "中国推动国际秩序更趋合理". 『环球时报』. 2015년 6월 15일.

巫云仙. "西方学者对中国'入世'十年的观察和研究述评". 『中共党史研究』. 2012년 8기.

吴正龙. "亚投行: 中国提供的又一公共产品". 『解放日报』. 2014년 10월 25일.

余东晖. "畅想新世纪: 中国负责任大国角色日重". 1999년 12월 30일, https://www.chinanews.com/1999-12-30/26/13908.html.

余万里. "中美相互依赖的结构: 理论分析的框架". 『国际论坛』. 2007년 2기.

袁鹏. "新冠疫情与百年变局". 『现代国际关系』. 2020년 5기.

_____. "把握新阶段中美关系的特点和规律". 『现代国际关系』. 2018년 6기.

赵明昊. "美国正赋予'印太战略'实质内容". 『世界知识』. 2019년 5기.

张贵洪. "'基于规则的秩序'有很大欺骗性". 『环球时报』. 2021년 5월 27일.

江凌飞. "'9.11'事件对世界战略形势和中国安全环境影响". 『和平与发展』. 2002년 1기.

张玉环. "特朗普政府的对外经贸政策与中美经贸博弈". 『外交评论』. 2018년 3기.

张家栋. "美最新国防战略报告, 传递出哪些信息". 『环球时报』. 2022년 10월 29일.

江泽民. "全面建设小康社会, 开创中国特色社会主义事业新局面". 2002년 11월 18일.

_____. "目前形势和经济工作". 1999년 11월 15일, http://www.reformdata.org/1999/1115/5813.shtml.

_____. "实现国防和军队现代化建设跨世纪发展的战略目标". 1997년 12월 7일, http://www.reformdata.org/1997/1207/5729.shtml.

_____. "加快改革开放和现代化建设步伐 夺取有中国特色社会主义事业的更大胜利". 1992년 10월 12일, http://cpc.people.com.cn/GB/64162/64168/64567/65446/4526308.html.

张春. "管理中美权势转移: 历史经验与创新思路". 『世界经济与政治』. 2013년 7기.

张骐. "王缉思: 不能因为要搞好中美关系, 就牺牲中国核心利益". 2018-12-08, https://www.guancha.cn/internation/2018_12_08_482561_2.shtml.

张 红. "美国所谓'基于规则的国际秩序'是伪多边主义". 『人民日报』(海外版). 2021년 7월 29일.

周小明. "美挑战中国剑指我强国之策". 『环球时报』. 2018년 3월 29일.

周小川. "关于改革国际货币体系的思考". 2009-03-23, http://www.gov.cn/govweb/gzdt/2009-03/23/content_1266412.htm.

周鑫宇. "中美博弈四年搭起对话新平台". 『国际先驱导报』. 2009년 7월 30일.

周文重. 『出使美国』. 北京: 世界知识出版社, 2011.

周琪. "冷战后的中美关系现状: 共同利益与争执". 『美国研究』. 1995년 4기.

郑必坚. "中国和平崛起新道路和亚洲的未来". 2003년 11월 24일, http://news.sina.com.cn/c/2003-11-24/12541176473s.shtml.

钟声. "努力开创新型大国关系之路: 四论新形势下的中国外交". 『人民日报』. 2013년 8월 27일.

朱文莉. "战术藐视, 战略重视: 特朗普挑起中美贸易争端的应对思路". 2018-04-07, https://www.aisixiang.com/data/109313.html.

朱锋. "美战略打压只会让中国发展更坚定". 『环球时报』. 2022년 6월 6일.

_____. "美国对华政策是如何倒退的". 『环球时报』. 2021년 6월 22일.

_____. "中国人的'美国观'出现历史性变化". 『环球时报』. 2021년 1월 19일.

_____. "2018中美大国关系前景仍值得看好". 『环球时报』. 2018년 1월 5일.

中华人民共和国国务院. "国务院关于印发『中国制造2025』的通知". 2015-05-08, http://www.gov.cn/zhengce/content/2015-05/19/content_9784.htm.

_____. "国家中长期科学和技术发展规划纲要(2006-2020年)". http://www.gov.cn/gongbao/content/2006/content_240244.htm.

中华人民共和国国务院新闻办公室. "新时代的中国国防". 2019년 7월, http://www.gov.cn/zhengce/2019-07/24/content_5414325.htm.

_____. "2015中国国防白皮书『中国的军事战略』". 2015년 5월, http://www.chinadaily.com.cn/interface/toutiao/1138561/2015-5-26/cd_20821000.html.

_____. "中国的国防". 1998년 7월, http://hprc.cssn.cn/wxzl/zfbps/zhefbpp/200909/t20090917_3959028.html

_____. "中国的人权状况". 1991년 11월, http://www.gov.cn/zwgk/2005-05/24/content_488.htm.

鞠海龙. "美国奥巴马政府南海政策研究". 『当代亚太』. 2011년 3기.

金正昆·李淹. "'和而不同': 中国外交新理念评析". 『教学与研究』. 2005년 3기.

金灿荣. "中美贸易冲突会全面失控吗?". 2018-06-26, https://www.weibo.com/ttarticle/p/show?id=2309614255698107143796.

_____. "中国人的美国观". 『国际经济评论』. 1997년 9-10기.

乔良·王湘穗. 『超限战』. 北京: 解放军文艺出版社, 1999.

陈波. "中美关系中的相互依赖". 『才智』. 2011년 30기.

陈四清. "重塑中美经贸关系". 『财经』. 2013년 2월 18일.

陈积敏. "同盟体系支撑不了华盛顿的霸权野心". 『环球时报』. 2023년 3월 31일.

_____. "特朗普政府'印太战略': 政策与限度". 『和平与发展』. 2018년 1기.

钱其琛. "和平发展是中国的战略抉择". 『人民日报』(海外版). 2005년 11월 21일.

楚树龙. "中美合作与分歧". 『现代国际关系』. 1998년 6기.

楚树龙·陆军. "美国对华战略及中美关系进入新时期". 『现代国际关系』. 2019년 3기.

陶文钊. "美国对华政策大辩论". 『现代国际关系』. 2016년 1기.

_____. "中美关系: 半个世纪的启示", 陶文钊·掌生 主编. 『中美关系100年』. 北京: 中国社会科学出版社, 2001.

谭秉禹. "金融危机背景下的中美经济相互依赖". 『国际关系学院学报』. 2009년 4기.

范国祥. "人权, 主权, 霸权". 『国际问题研究』. 2000년 2기.

范士明. "'爱恨交融'中的反美主义: 冷战后中国人对美国的看法". 『国际政治研究』. 2005년 2기.

冯海燕. "中美关系三十年: 斗而不破 求同存异". 『紫光阁』. 2002년 4기.

韩洁. "财政部长楼继伟回应亚投行七大热点问题". 2015-03-20, http://politics.people.com.cn/n/2015/0320/c1001-26726714.html.

韩洁·高攀. "刘鹤在第十一轮中美经贸高级别磋商结束时表示 合作是正确选择 重大原则决不让步 坚决反对加征关税". 2019년 5월 11일, http://politics.people.com.cn/n1/2019/0511/c1001-31079508.html.

何伟文. "世贸规则和中国发展权不可侵犯". 『环球时报』. 2018년 4월 10일.

黄仁伟. "美国霸权衰落, 对世界意味着什么". 『环球时报』, 2021년 7월 12일.

胡波. "中国海上兴起与国际海洋安全秩序: 有限多极格局下的新型大国协调". 『世界经济与政治』. 2019년 11기.

_____. "中美在西太平洋的军事竞争与战略平衡". 『世界经济与政治』. 2014년 5기.

胡鞍钢 외. "对中美综合国力的评估(1990—2013年)". 『清华大学学报』(哲学社会科学版). 2015년 1기.

胡锦涛. "坚定不移沿着中国特色社会主义道路前进 为全面建成小康社会而奋斗". 『人民日报』. 2012년 11월 18일.


『邓小平文选』(第三卷). 北京: 人民出版社, 1993.

"商务部发表声明". 『人民日报』. 2018년 7월 13일.

"社评: 读懂中美关系是亚太最重要课题". 『环球时报』. 2012년 9월 6일.

"社评: 美售台武器已成政治而非军事挑战". 『环球时报』. 2017년 6월 30일.

"社评: 美方挑衅连连, 中国克制而坚定". 『环球时报』. 2018년 10월 14일.

"社评: 拜登严重降低了大国间战争威胁的门槛". 『环球时报』. 2021년 7월 28일.

"社评: 要把咋咋呼呼的美军舰看成'纸老虎'". 『环球时报』. 2015년 10월 28일.

"社评: 用打抗美援朝的意志打对美贸易战". 『环球时报』. 2018년 4월 7일.

"社评: 用加强国防建设回应美在南海挑衅". 『环球时报』. 2016년 2월 1일.

"社评: 中国不怕竞争也喜欢规则, 中美难点何在". 『环球时报』. 2021년 2월 8일.

"社评: 中美各有优势, 竞争不是射毒箭". 『环球时报』. 2021년 2월 24일.

"社评: 中美打的究竟是什么, 这是重大问题". 『环球时报』. 2019년 6월 10일.

"社评: 中美贸易战, 中方无需比美国更担心". 『环球时报』. 2017년 8월 14일.

"社评: 中美贸易战停战是两国共同胜利". 『环球时报』. 2018년 5월 20일.

"社评: 中美军事交流应为两国关系守护底线". 『环球时报』. 2018년 10월 19일.

"社评: 中美经贸谈判迈出一步, 这更是新起点". 『环球时报』. 2019년 12월 14일.

"社评: 怎么做有利, 中国产业政策就该怎样". 『环球时报』. 2018년 12월 14일.

"社评: 蓬佩奥访华后, 中美关系仍不容乐观". 『环球时报』. 2018년 10월 8일.

"社评: 特朗普敬重超级核大国俄罗斯的启示". 『环球时报』. 2018년 7월 20일.

"习近平应约同美国总统特朗普通电话". 『人民日报』. 2018년 5월 9일.

"习近平在看望参加政协会议的民建工商联界委员时强调 正确引导民营经济健康发展高质量发展". 『人民日报』. 2023년 3월 7일.

"习近平同美国总统拜登在巴厘岛举行会晤". 『人民日报』, 2022년 11월 15일.

"习近平同美国总统拜登举行视频会晤". 『人民日报』. 2021년 11월 17일.

"习近平同美国总统拜登通电话". 『人民日报』. 2021년 9월 11일.

"习近平同美国总统拜登通电话". 『人民日报』. 2021년 2월 12일.

"习近平同美国总统特朗普举行会谈". 『人民日报』. 2017년 11월 10일.

"杨洁篪应约同美国国务卿布林肯通电话". 『人民日报』. 2021년 2월 7일.

"王毅应约同美国国务卿布林肯通电话". 『人民日报』. 2022년 12월 24일.

"王毅在十三届全国人大二次会议举行的记者会上 就中国外交政策和对外关系答中外记者问".『人民日报』. 2019년 3월 9일.

"王毅就中美元首会晤向媒体介绍情况并答问". 2022-11-15, http://world.people.com.cn/n1/2022/1115/c1002-32566052.html.

"王毅同美国国务卿布林肯通电话".『人民日报』. 2021년 8월 30일.

"王毅会见美国常务副国务卿舍曼".『人民日报』. 2021년 7월 27일.

"温家宝总理哈佛演讲",『人民日报』, 2003년 12월 11일.

"中国对美关税反制措施正式实施".『人民日报』. 2018년 7월 7일.

"中国发布『关于中美经贸磋商的中方立场』白皮书".『人民日报』. 2019년 6월 3일.

"中美就经贸磋商发表联合声明".『人民日报』. 2018년 5월 20일.

"中方关于中美第一阶段经贸协议的声明".『人民日报』. 2019년 12월 14일.

"清华大学国际关系研究院院长阎学通: 大国崛起靠政府领导改革的能力".『环球时报』. 2019년 5월 28일.


Allen, Craig. "U.S.-China Retrospective: Forty Years of Commercial Relations", in Anne Thurston (ed.). *Engaging China: Fifty Years of Sino-American Relations.*

Allison, Graham. "The U.S.-China Strategic Competition: Clues from History". February 2020, https://www.belfercenter.org/publication/us-china-strategic-competition-clues-history.

_____. *Destined for War: Can America and China Escape Thucydides's Trap?.* New York: Houghton Mifflin Harcourt, 2017.

Allison, Graham and Robert Blackwill. "Interview: Lee Kuan Yew on the Future of U.S.-China Relations". March 6, 2013, https://www.theatlantic.com/china/archive/2013/03/interview-lee-kuan-yew-on-the-future-of-us-china-relations/273657/.

Allison, Graham, Kevin Klyman, Karina Barbesino, and Hugo Yen. "The Great Rivalry: China vs. the U.S. in the 21st Century". December 7, 2021, https://www.belfercenter.org/publication/great-rivalry-china-vs-us-21st-century.

An, Baijie. "Xi highlights independent IPR, core technologies". *China Daily.* May 23, 2019.

Anderson, Stuart. "Biden Says He Will End Trump's Tariffs On Chinese-Made Goods, Aide Walks Back Statement". August 6, 2020, https://www.forbes.com/sites/stuartanderson/2020/08/06/biden-says-he-will-end-trumps-tariffs-on-chinese-made-goods/?sh=649691f2523a.

Autor, David H., David Dorn, Gordon H. Hanson, and Kaveh Majlesi. "Importing Political Polarization? The Electoral Consequences of Rising Trade Exposure". December 2017, https://www.nber.org/papers/ w22637.

Baptista, Eduardo. "Top Chinese diplomat calls Trump's China policy 'utter failure', says US must repair relations with Beijing". *South China Morning Post.* January 29, 2021.

Barron, Tiffany, Rorry Daniels, M. Patrick Hulme, Daniel Jasper, Craig Kafura and Kacie Miura. "Engagement Revisited: Progress Made and Lessons Learned from the US-China Strategic and Economic Dialogue". September 13, 2021, https://www.ncafp.org/new-report-us-china-strategic-economic-dialogues/.

Barshevsky, Charlene. "China's WTO Accession and Permanent Normal Trade Relations". May 11, 2000, https://www.wsj.com/articles/SB957379340179807099.

Bateman, Jon. "Biden Is Now All-In on Taking Out China". October 12, https://foreignpolicy.com/2022/10/12/biden-china-semiconductor-chips-exports-decouple/.

Beinart, Peter. "Biden Thinks He Can Have It Both Ways on China. He's Wrong". *The New York Times.* November 18, 2021.

_____. "The Vacuous Phrase at the Core of Biden's Foreign Policy". *The New York Times.* June 22, 2021.

Benvenuti, Andrea. "US relations with the PRC after the Cold War", in Andrew T.H. Tan (ed.). *Handbook of US-China Relations.*

Berger, Samuel. "A Foreign Policy for the Global Age". *Foreign Affairs.* 79:6 (November/December 2000).

Bergsten, C. Fred. "A Partnership of Equals: How Washington Should Respond to China's Economic Challenge". *Foreign Affairs.* 87:4 (July/August 2008).

_____. "A New Foreign Economic Policy for the United States", in C. Fred Bergsten (ed.). *The United States and the World Economy.* Washington D.C.: The Peterson Institute for International Economics, 2005.

Bergsten, C. Fred, Bates Gill, Nicholas Lardy, and Derek Mitchell. *China: The balance sheet: What the world needs to know now about the emerging superpower.* New York: Public Affairs, 2006.

Bermingham, Finbarr. "Trump has called on US firms to leave China, but no mass exodus among 'well-rooted' companies". *South China Morning Post.* September 9, 2020.

Bernstein, Richard and Ross H. Munro. *The Coming Conflict with China.* New York: Alfred Knopf, 1997.

Biden, Jr., Joseph R. "Interim National Security Guidance". March 2021, https://www.whitehouse.gov/wp-content/uploads/2021/03/NSC-1v2.pdf.

Bird, Mike. "China just overtook US as the world's largest economy, IMF says". October 8, 2014, https://www.csmonitor.com/Business/Latest-News-Wires/2014/1008/China-just-overtook-US-as-the-world-s-largest-economy-IMF-says.

Bisley, Nick. "Why is the US upping the ante in the South China Sea?". June 11, 2015, http://www.eastasiaforum.org/2015/06/11/why-is-the-us-upping-the-ante-in-the-south-china-sea/.

Bitzinger, Richard A. "A Paper Tiger No More? The U.S. Debate over China's Military Modernization". December 2003, https://apcss.org/Publications/SAS/ChinaDebate/ChinaDebate_Bitzinger.pdf.

Blackwill, Robert D. and Ashley J. Tellis. *Revising U.S. Grand Strategy Toward China*. New York: Council on Foreign Relations Press, 2015.

Blinken, Anthony J. "The Administration's Approach to the People's Republic of China". May 26, 2022, https://www.state.gov/the-administrations-approach-to-the-peoples-republic-of-china/?utm_source=dailybrief&utm_medium=email&utm_campaign=DailyBrief2022May27&utm_term=DailyNewsBrief.

_____. "A Foreign Policy for the American People". March 3, 2021, https://www.state.gov/a-foreign-policy-for-the-american-people/.

Blustein, Paul. "The untold story of how George W. Bush lost China". October 2, 2019, https://foreignpolicy.com/2019/10/04/the-untold-story-of-how-george-w-bush-lost-china/.

Bolton, John. *The Room Where It Happened: A White House Memoir*. New York: Simon & Schuster, 2020.

Bown, Chad P. "China bought none of the extra $200 billion of US exports in Trump's trade deal". February 8, 2022, https://www.piie.com/blogs/realtime-economic-issues-watch/china-bought-none-extra 200-billion-us-exports-trumps-trade#_ftn2.

Boxwell, Robert. "The US-China trade war: can Trump learn from history and resolve it?". *South China Morning Post*. June 30, 2018.

Bradsher, Keith. "On Trade, the U.S. and China Consider the Unthinkable: Breaking Up". *The New York Times*. May 16, 2018.

_____. "U.S.-China Trade Talks End With Strong Demands, but Few Signs of a Deal". *The New York Times*. May 4, 2018.

_____. "China Leans Less on U.S. Trade". *The New York Times*. April 18, 2007.

Bradsher, Keith and Ana Swanson. "Chinese Officials Becoming Wary of a Quick Trade Deal". *The New York Times*. March 7, 2019.

Brands, Hal. *The Twilight Struggle: What the Cold War Teaches Us About Great Power Rivalry Today*. New Haven, Conn.: Yale University Press, 2022.

Broder, John M. "CLINTON IN CHINA: THE OVERVIEW". *The New York Times*. June 28, 1998.

Brown, Pamela and Julia Horowitz. "Trump announces tariffs on $50 billion worth of Chinese goods". June 15, 2018, https://money.cnn.com/2018/06/14/news/economy/trump-china-tariffs/index.html.

Brunnstrom, David. "U.S. position on Taiwan unchanged despite Biden comment – official". August 20, 2021, https://www.reuters.com/world/asia-pacific/us-position-taiwan-unchanged-despite-biden-comment-official-2021-08-19/.

Brunnstrom, David and Michael Martina. "Xi denies China turning artificial islands into military bases". September 26, 2015, https://www.reuters.com/article/us-usa-china-pacific/xi-denies-china-turning-artificial-islands-into-military-bases-idUSKCN-0RP1ZH20150925.

Buckley, Chris and Steven Lee Myers. "As China Trade Talks Stall, Xi Faces a Dilemma: Fold? Or Double Down?". *The New York Times*. May 9, 2019.

Buckley, Chris and Sui-Lee Wee. "U.S. and Chinese Defense Officials Meet in Bid to Cool Regional Tensions". *The New York Times*. June 10, 2022.

Buckley, Chris and Katie Rogers. "At G20 Summit, Xi and Biden Offer Rival Visions for Solving Global Issues". *The New York Times*. November 15, 2022.

Bush, George H. W. and Brent Scowcroft. *A World Transformed*. New York: Vintage, 1999.

Bush, Richard C. "The Trump administration's policies toward Taiwan". June 5, 2019, https://www.brookings.edu/on-the-record/the-trump-administrations-policies-toward-taiwan/.

_____. "30 years after Tiananmen Square, a look back on Congress' forceful response". May 29, 2019, https://www.brookings.edu/blog/order-from-chaos/2019/05/29/30-years-after-tiananmen-square-a-look-back-on-congress-forceful-response/.

Bush, Richard C. and Ryan Hass. "The China debate is here to stay". March 4, 2019, https://www.brookings.edu/blog/order-from-chaos/2019/03/04/the-china-debate-is-here-to-stay/.

Cai, Jane. "China's push for self-reliance meets reality of global trade networks". *South China Morning Post*. June 4, 2019.

_____. "Xi Jinping rolls out global welcome mat for new Silk Road grand plan". *South China Morning Post*. May 14, 2017.

Campbell, Kurt M. *The Pivot: The Future of American Statecraft in Asia*. New York: Twelve, 2016.

Campbell, Kurt M. and Ely Ratner. "The China Reckoning: How Beijing Defied American Expectations". *Foreign Affairs*. 97:2(March/April 2018).

Campbell, Kurt M. and Jake Sullivan. "Competition Without Catastrophe". *Foreign Affairs*. 98:5(September/October 2019).

Carter, Ash. "Remarks Previewing the FY 2017 Defense Budget". February 2, 2016, https://www.defense.gov/Newsroom/Speeches/Speech/Article/648466/remarks-previewing-the-fy-2017-defense-budget/.

Chan, Minnie. "PLA escalates drills near Taiwan to deter closer US ties, but analysts warn approach could backfire". *South China Morning Post*. January 25, 2023.

_____. "Chinese navy shows off hypersonic anti-ship missiles in public". *South China*

*Morning Post*. April 20, 2022.

_____. "US F-35 and Chinese J-20 fighter jets had close encounter over East China Sea: US general". *South China Morning Post*. March 18, 2022.

_____. "China feared US was trying to provoke a reaction 'that could lead to war' in last days of Donald Trump's presidency". *South China Morning Post*. October 3, 2021.

_____. "China's new nuclear submarine missiles expand range in US: analysts". *South China Morning Post*. May 2, 2021.

_____. "China's big battleship building spree to guard its aircraft carriers". *South China Morning Post*. January 10, 2021.

_____. "China boosts nuclear strike capability in face of growing rivalry with US, report says". *South China Morning Post*. December 11, 2020.

_____. "Top Chinese military officer visited troops stationed on disputed islands, Beijing says". *South China Morning Post*. April 16, 2016.

_____. "China 'has halted reclamation works in disputed South China Sea'". *South China Morning Post*. August 6, 2015.

Chan, Minnie and Reuters. "China, US keep in contact despite rising tension in the South China Sea". *South China Morning Post*. November 4, 2015.

Chandler, Clay. "Maybe Trump and Xi Both Benefit from a Trade War". May 12, 2018, http://fortune.com/2018/05/12/maybe-trump-and-xi-both-benefit-from-a-trade-war/.

Choi, Chi-yuk. "Beijing and Washington offer differing versions of spy plane intercept in South China Sea". *South China Morning Post*. May 19, 2016.

Christensen, Thomas J. "No New Cold War: Why US-China Strategic Competition will not be like the US-Soviet Cold War". September 10, 2020, https://en.asaninst.org/contents/no-new-cold-war-why-us-china-strategic-competition-will-not-be-like-the-us-soviet-cold-war/.

_____. "The Need to Pursue Mutual Interests in U.S.–PRC Relations". April 7, 2011, https://www.usip.org/publications/2011/04/need-pursue-mutual-interests-us-prc-relations.

Christensen, Thomas J. and Patricia Kim. "Don't Abandon Ship". *Foreign Affairs*. 97:4 (Jul/Aug 2018).

Chu, Jeannette L. "The New Arms Race: Sanctions, Export Control Policy, and China". March 25, 2022, https://www.csis.org/analysis/new-arms-race-sanctions-export-control-policy-and-china.

Chu, Shulong. "Bilateral Dialogue Mechanisms and Sino-American Relations" in Yufan Hao (ed.). *Sino-American Relations: Challenges Ahead*.

Chung, Christine. "U.S. Says Chinese Fighter Jet Flew Dangerously Close to American Plane". *The New York Times*. December 29, 2022.

Chung, Lawrence. "Taiwan's invitation to White House internet event likely to trigger angry response to Beijing". *South China Morning Post*. April 28, 2022.

Churchill, Owen. "US must not be complacent about military edge over China, top army officials warn". *South China Morning Post*. March 16, 2022.

_____. "Biden sparks confusion with commitment to Taiwan's defence if Beijing attacks". *The New York Times*. October 22, 2021.

_____. "Biden casts US-China relations as a battle for the century". *South China Morning Post*. April 29, 2021.

_____. "Biden calls China the 'most serious competitor' to the US, in his first foreign policy address as president". *South China Morning Post*. February 5, 2021.

Clinton, Hillary Rodham. "Remarks at the U.S. Institute of Peace China Conference". March 7, 2012, https://2009-2017.state.gov/secretary/20092013clinton/rm/2012/03/185402.htm.

_____. "America's Pacific Century". Foreign Policy. October 11, 2011, https://foreignpolicy.com/2011/10/11/americas-pacific-century/.

_____. "Remarks to the ASEAN Regional Forum". July 12, 2010, http://www.state.gov/secretary/rm/2012/07/194987.htm.

_____. "U.S.-Asia Relations: Indispensable to Our Future". February 13, 2009, https://2009-2017.state.gov/secretary/20092013clinton/rm/2009a/02/117333.htm.

Clinton, William J. "Message to the Congress on Permanent Normal Trade Relations Status for China". *Congressional Record*. March 8, 2000.

Cooper, Helene. "China Holds Firm on Major Issues in Obama's Visit". *The New York Times*. Nov. 17, 2009.

Cooper, Helene and Michael Forsythe. "U.S. Bomber Mistakenly Flew Near Disputed Island in South China Sea". *The New York Times*. December 18, 2015.

Cooper, Zack. "Five Critiques of The Trump Administration's China Strategy". June 29, 2020, https://warontherocks.com/2020/06/five-critiques-of-the-trump-administrations-china-strategy/.

Cosa, Ralph A. "US-China Relations on a Downward Slide". *PacNet*. #4A(February 10), 2010.

Cox, Ronald W. (Ed.). *Corporate power and globalization in US foreign policy*. London: Routledge, 2012.

Cox, Ronald W. and Sylvan Lee. "Transnational capital and the US–China nexus" in Ronald W. Cox (Ed.). *Corporate power and globalization in US foreign policy*. London: Routledge, 2012.

Cui, Liru. "The Competitive Conundrum". February 16, 2022, https://www.chinausfocus.com/foreign-policy/the-competitive-conundrum.

Dai, Bingguo. "China-US ties at new historical starting point". *China Daily*. December

30, 2008.

Davidson, Phil. "Testimony Before the Senate Armed Services Committee: Opening Remarks". February 12, 2019, https://www.pacom.mil/Media/Speeches-Testimony/Article/1755445/senate-armed-services-committee-sasc-opening-statement/.

Delaney, Robert. "US trade deficit with China has dropped since Donald Trump launched trade war". *South China Morning Post*. February 6, 2021.

_____. "Is China trying to displace US as top global power? Two analysts differ". *South China Morning Post*. October 21, 2020.

Delaney, Robert and Jacob Fromer. "'Quad' summit backs 'democratic' Indo-Pacific region, cites Chinese 'aggression'". *South China Morning Post*. March 13, 2021.

Delaney, Robert and Zhenhua Lu. "Beijing strikes back! China puts tariffs on US$50 billion of US goods after Donald Trump kicked off trade war". *South China Morning Post*. June 16, 2018.

_____. "China 'will fight to the end' in trade war, Beijing warns after Donald Trump hits country with $60b in tariffs". *South China Morning Post*. March 23, 2018.

_____. "Beijing, US reach trade deal to boost American imports to China in wake of Xi-Trump summit". *South China Morning Post*. May 12, 2017.

deLisle, Jacques and Avery Goldstein (eds.). *After Engagement: Dilemmas in US-China Security Relations*. Washington, D.C.: Brookings Institution Press, 2021.

Dempsey, Martin. "The National Military Strategy of the United States of America 2015". June 2015, https://history.defense.gov/Historical-Sources/National-Military-Strategy/.

Deng, Yong. "China: The Post-Responsible Power". *The Washington Quarterly*. 37:4 (2014).

Deng, Yong and Thomas G. Moore. "China views globalization: toward a new great-power politics?". *The Washington Quarterly*. 27:3(Summer 2004).

Department of Defense. "Sustaining U.S. Global Leadership: Priorities for 21st Century Defense". January 2012, https://ntrl.ntis.gov/NTRL/dashboard/searchResults/titleDetail/PB2012103890.xhtml.

_____. "Quadrennial Defense Review Report", February 2010, https://history.defense.gov/Historical-Sources/Quadrennial-Defense-Review/.

_____. "United States Security Strategy for the East Asia-Pacific Region". December 1998.

Dobbs, Michael and Steve Mufson, "Christopher cites 'progress' in China". *The Washington Post*. November 21, 1996.

Dollar, David. "U.S.-South Korea Cooperation in Confronting the China Challenge". 2020/12/07, http://www.eai.or.kr/new/en/pub/view.asp?intSeq=20216&board=eng_workingpaper.

_____. "Recent tweet highlights Trump's hot-cold stance on China". *The Hill*. May 15, 2018.

Donilon, Tom. "The United States and the Asia-Pacific in 2013". March 11, 2013, http://www.whitehouse.gov/the-press-office/2013/03/11/remarks-tom-donilon-national-security-advisory-president-united-states-a.

Donnan, Shawn. "White House declares truce with China over AIIB". *Financial Times*. September 27, 2015.

Donnan, Shawn and Geoff Dyer. "US warns of loss of influence over China bank". *Financial Times*. March 17, 2015.

Doshi, Rush. *The Long Game: China's Grand Strategy to Displace American Order*. New York: Oxford University Press, 2021.

_____. "Trump's 'Indo-Pacific Dream' Stumbles – But China Alone Won't Fill the Void". November 15, 2017, https://warontherocks.com/2017/11/trumps-indo-pacific-dream-stumbles-china-alone-wont-fill-void/.

Drezner, Daniel W. "Bad Debts: Assessing China's Financial Influence in Great Power Politics". *International Security*. 34:2(Fall 2009).

Dumbaugh, Kerry. "China-U.S. Relations: Current Issues and Implications for U.S. Policy". Congressional Research Service. October 8, 2009.

_____. "China-U.S. Relations in the 109th Congress". Congressional Research Service. December 31, 2006.

Dumbaugh, Kerry and Larry Niksch. "Sino-U.S. Summit". Congressional Research Service. October 2002.

Dunaway, Steven. "The U.S.–China Economic Relationship: Separating Facts from Myths". November 13, 2009, https://www.cfr.org/expert-brief/us-china-economic-relationship-separating-facts-myths.

Dunsmuir, Lindsay and Howard Schneider. "U.S., China putting trade war 'on hold', Treasury Secretary Mnuchin says". May 20, 2018, https://www.reuters.com/article/us-usa-trade-mnuchin-idUSKCN1IL0JG.

Dupont, Alan. "The US-China Cold War Has Already Started". July 08, 2020, https://thediplomat.com/2020/07/the-us-china-cold-war-has-already-started/.

Dyer, Geoff. "Superpowers circle each other in contest to control Asia's future". *Financial Times*. March 13, 2015.

Eckert, Paul and Caren Bohan. "Can U.S-China ties weather perfect storm in 2010?". January 18, 2010, https://www.reuters.com/article/uk-google-china-storm-analysis-idUKTRE60G2C820100117.

Economy, Elizabeth. "Obama's Big China Win at APEC: Not What You Think". November 13, 2014, https://www.cfr.org/blog/obamas-big-china-win-apec-not-what-you-think.

_____. "U.S.-China Talks: What to Look for". May 9, 2011, https://www.cfr.org/blog/us-china-talks-what-look.

_____. "Don't Break the Engagement". *Foreign Affairs*. 83:3(May/June 2004).

Elwell, Craig K., Marc Labonte, and Wayne M. Morrison. "Is China a Threat to the U.S. Economy?". Congressional Research Service. January 23, 2007.

Fallon, Theresa. "The New Silk Road: Xi Jinping's Grand Strategy for Eurasia". *American Foreign Policy Interests*. 37:3(2015).

Farrell, Henry and Abraham L. Newman. "Weaponized Interdependence: How Global Economic Networks Shape State Coercion". *International Security*. 44:3(Summer 2019).

Feigenbaum, Evan A. "China and the World: Dealing With a Reluctant Power". *Foreign Affairs*. 96:1(January/February 2017).

Ferguson, Niall. "Not Two Countries, but one: Chimerica". *Telegraph*. March 4, 2007.

Ferguson, Niall and Moritz Schularick. "'Chimerica' and the Global Asset Market Boom". *International Finance*. 10:3(Winter 2007).

Fewsmith, Joseph. "China and the WTO: The Politics Behind the Agreement". November 1999, https://www.iatp.org/sites/default/files/China_and_the_WTO_The_Politics_Behind_the_Agre.htm.

Fingar, Thomas. "The Logic and Efficacy of Engagement", in Thurston (ed.). *Engaging China: Fifty Years of Sino American Relations*.

FlorCruz, Jaime. "U.S.-China relations in focus at 'G-2' summit". https://edition.cnn.com/2009/WORLD/europe/04/01/g20.china.us/index.html.

Foot, Rosemary. *China, the UN, and Human Protection: Beliefs, Power, Image*. Oxford: Oxford University Press, 2020.

Ford, Peter. "A newly modest China? Official's reassurances raise eyebrows in US". January 7, 2015, https://www.csmonitor.com/World/Asia-Pacific/2015/0107/A-newly-modest-China-Official-s-reassurances-raise-eyebrows-in-US.

Fordham, Benjamin O. and Katja B. Kleinberg. "International Trade and U.S. Relations with China". *Foreign Policy Analysis*. 7:3(2011).

Fravel, M. Taylor. *Active Defense: China's Military Strategy since 1949*. Priceton: Priceton University Press, 2019.

_____. "China's Search for Military Power". *The Washington Quarterly*. 31:3(Summer 2008).

Freeman, Carla. "Blinken lays out three-part U.S. approach to China. But what's missing?". June 2, 2022, https://www.usip.org/publications/2022/06/blinken-lays-out-three-part-us-approach-china-whats-missing.

Freeman, R. Edward and David L. Reed. "Stockholders and Stakeholders: A new perspective on Corporate Governance". *California Management Review*. 25:3(1983).

Freeman III, Charles W. "The Commercial and Economic Relationship", in David Shambaugh (ed.). *Tangled Titans: The United States and China*.

_____. "A 'G-2' Summit?", March 25, 2009, https://www.csis.org/analysis/g-2-summit.

Friedberg, Aaron L. *Getting China Wrong*. Cambridge: Polity press, 2022.

_____. "Competing with China". *Survival*. 60:3(June-July 2018).

_____. *A Contest for Supremacy: China, America, and the Struggle for Mastery in Asia*. New York: W. W. Norton & Company, 2011.

_____. "The Struggle for Mastery in Asia". *Commentary*. 110:4(November 2000).

Friedman, Uri. "The New Concept Everyone in Washington Is Talking About". August 6, 2019, https://www.theatlantic.com/politics/archive/2019/08/what-genesis-great-power-competition/595405/.

Frisbie, John and Michael Overmyer. "US–China Economic Relations: The Next Stage". *Current History*. 105:692(September 2006).

Gans, Jared. "Biden administration signs off on $425M in arms sales to Taiwan". December 7, 2022, https://thehill.com/policy/defense/3765425-biden-administration-signs-off-on-425m-in-arms-sales-to-taiwan/.

Garrett, Geoffrey. "The Financial Crisis, Chimerica and Global Governance". *Procedia: Social and Behavioral Sciences*. 77(April 2013).

_____. "Chinese–US Economic Relations After the Global Financial Crisis", in Jane Golley and Ligang Song (eds.). *Rising China: Global Challenges and Opportunities*. Canberra: ANU Press, 2011.

_____. "G2 in G20: China, the United States and the World after the Global Financial Crisis". *Global Policy*. 1:1(2010).

Garver, John W. *China's Quest: The History of the Foreign Relations of the People's Republic of China*. New York: Oxford University Press, 2016.

Gellman, Barton. "U.S. AND CHINA TO SEEK A 'STRATEGIC PARTNERSHIP'". *The Washington Post*. April 30, 1998.

Gladstone, Rick. "How the Cold War Between China and U.S. Is Intensifying". *The New York Times*. July 22, 2020.

Glaser, Bonnie S. "*The Diplomatic* Relationship: Substance and Process", in Shambaugh (ed.). *Tangled Titans: The United States and China*.

_____. "Xi Visit Underscores Rising Mutual Expectations". *PacNet*. #12(February 21), 2012.

_____. "Strategic & Economic Dialogue Sets Agenda for Cooperation". *Comparative Connections*. 11:3(October 2009).

_____. "Ties Solid for Transition, but Challenges Lurk". *Comparative Connections*. 10:4(January 2009).

_____. "Sustaining Cooperation: Security Matters Take Center Stage". *Comparative Con-*

*nections.* 4:4 (January 2003).

Glaser, Bonnie S. and David Szerlip. "The Honeymoon Ends". *Comparative Connections.* 12:1 (January-March 2010).

Gong, Sasha. "Steve Bannon, two Chinese military officers and the book that made him a China hawk". *South China Morning Post.* October 5, 2018.

Goodman, Matthew. "Biden's China Economic Strategy Takes Shape, but Tensions Remain". December 9, 2022, https://www.csis.org/analysis/bidens-china-economic-strategy-takes-shape-tensions-remain.

Goodman, Matthew and Ely Ratner. "China Scores". November 23, 2014, https://www.foreignaffairs.com/articles/china/2014-11-23/china-scores.

Gould, Joe. "Senate panel OKs $6 billion military fund to confront China". June 10, 2020, https://www.defensenews.com/congress/2020/06/11/senate-panel-oks-6-billion-military-fund-to-confront-china/.

Gramer, Robbie and Christina Lu. "Washington's China Hawks Take Flight". February 15, 2023, https://foreignpolicy.com/2023/02/15/china-us-relations-hawks-engagement-cold-war-taiwan/.

Green, Michael J. and Evan S. Medeiros. "Can America Rebuild Its Power in Asia?". January 31, 2022, https://www.foreignaffairs.com/articles/asia/2022-01-31/can-america-rebuild-its-power-asia.

Green, Michael J. and Gregory B. Poling. "The U.S. Asserts Freedom of Navigation in the South China Sea". October 27, 2015, https://www.csis.org/analysis/us-asserts-freedom-navigation-south-china-sea.

Gupta, Sourabh. "US and China: who tried to avert a trade war and who forced it?". *South China Morning Post.* July 7, 2018.

Haass, Richard N. "The Age of Nonpolarity: What Will Follow U.S. Dominance". *Foreign Affairs.* 87:4 (May/Jun 2008).

Haberman, Maggie. "Donald Trump Says He Favors Big Tariffs on Chinese Exports". *The New York Times.* January 7, 2016.

Hachigian, Nina and Winny Chen. "President Obama's Progressive China Policy: Assessing the U.S.–China relationship today and what lies ahead". May 2010, https://www.americanprogress.org/article/president-obamas-progressive-china-policy/.

Hadley, Stephen J. (ed.). *Hand-Off: The Foreign Policy George W. Bush Passed to Barack Obama.* Washington, D.C.: Brookings Institution Press, 2023.

Hansler, Jennifer. "Biden administration proposes $750 million arms sale to Taiwan in a move likely to anger Beijing". August 5, 2021, https://edition.cnn.com/2021/08/04/politics/biden-administration-taiwan-arms-sales/index.html.

Hao, Yufan (ed.). *Sino-American Relations: Challenges Ahead.* London: Routledge,

2010.

Hao, Yufan and Bi Jianhai. "The Political Economy of the Sino-American Relationship: Impacts of the Global Financial Crisis", in Yufan Hao (ed.). *Sino-American Relations: Challenges Ahead*.

Harding, Harry. "THE U.S. AND CHINA FROM PARTNERS TO COMPETITORS". https:// www.cartercenter.org/resources/pdfs/peace/china/china-program-2019/harding. pdf.

_____. "Has U.S. China Policy Failed?", *The Washington Quarterly*. 38:3(Fall 2015).

_____. "American Visions of the Future of U.S.-China Relations: Competition, Cooperation, and Conflict", in Shambaugh (ed.). *Tangled Titans: The United States and China*.

_____. "The Impact of Tiananmen on China's Foreign Policy". December 1, 1990, https://www.nbr.org/publication/the-impact-of-tiananmen-on-chinas-foreign-policy/.

Harris, John F. "Clinton waxes idyllic on Pacific Rim's future". *The Washington Post*. November 21, 1996.

Hart, Melanie and Blaine Johnson. "Mapping China's Global Governance Ambitions". February 28, 2019, https://www.americanprogress.org/article/mapping-chinas-global-governance-ambitions/.

Hass, Ryan. "China Is Not Ten Feet Tall: How Alarmism Undermines American Strategy". March 3, 2021. https://www.foreignaffairs.com/articles/china/2021-03-03/china-not-ten-feet-tall?utm_campaign=Brookings%20Brief&utm_medium=email&utm_content=114011828&utm_source=hs_email.

_____. "Lessons from the Trump Administration's Policy Experiment on China". September 25, 2020. https://www.brookings.edu/research/ lessons-from-the-trump-administrations-policy-experiment-on-china/.

He, Yafei. "Will China and US enter a new 'Cold War'?". *China Daily*. July 9, 2018.

_____. "The Trust Deficit". May 13, 2013, https://foreignpolicy.com/2013/05/13/the-trust-deficit/.

Heath, Timothy R. "China's Military Has No Combat Experience: Does It Matter?". November 27, 2018, https://www.rand.org/blog/2018/11/chinas-military-has-no-combat-experience-does-it-matter.html.

_____. "China Prepares for an International Order After U.S. Leadership". August 1, 2018, https://www.lawfareblog.com/china-prepares-international-order-after-us-leadership.

Heath, Timothy R. and William R. Thompson. "Avoiding U.S.-China Competition Is Futile: Why the Best Option Is to Manage Strategic Rivalry". *Asia Policy*. 13:2(April 2018).

Heatley, Jesse. "After 100 Days And Much Hype, U.S.-China Talks Fall Flat". Jul 21, 2017, https://www.forbes.com/sites/insideasia/2017/07/21/after-100-days-and-much-hype-u-s-china-talks-fall-flat/?sh=6fb281982010.

Heginbotham, Eric et al. *The U.S.-China Military Scorecard: Forces, Geography, and the Evolving Balance of Power 1996-2017.* Santa Monica, CA: RAND Corp., 2015.

Hong, Yelin. "The AIIB Is Seen Very Differently in the US, Europe, and China", *The Diplomat.* May 08, 2015.

Hu, Weixing and Weizhan Meng. "The US Indo-Pacific Strategy and China's Response". *China Review.* 20:3(August 2020).

Huang, Cary. "France, Germany and Italy 'to join China-led development bank'". *South China Morning Post.* March 17, 2015.

Huang, Kristin. "The JL-3: the new missile 'raising the cost' of a US fight with China". *South China Morning Post.* January 23, 2021.

_____. "Will China's calls for more 'Wolf Warriors' leave country's diplomats feeling sheepish?". *South China Morning Post.* May 25, 2020.

Huang, Kristin and Minnie Chan. "US General Milley defends calls to Chinese counterpart during Trump presidency as effort to avoid conflict". *South China Morning Post.* September 16, 2021.

Huang, Margaret. "U.S. Human Rights Policy Toward China". October 6, 2005, https://ips-dc.org/us_human_rights_policy_toward_china/.

Huang, Yiping. "Reform trumps retaliation in China's economic policy". July 9, 2018, https://www.eastasiaforum.org/2018/07/09/reform-trumps-retaliation-in-chinas-economic-policy/.

Hung, Ho-fung. "The periphery in the making of globalization: the China Lobby and the Reversal of Clinton's China Trade Policy, 1993-1994". *Review of International Political Economy.* 28:4(2021).

Huntington, Samuel. *The Clash of Civilizations and the Remaking of World Order.* N.Y.: Simon & Schuster, 1996.

Ide, Bill. "US-China Relations Turbulent in 2010". December 19, 2010, https://www.voanews.com/east-asia/us-china-relations-turbulent-2010.

Ikenberry, John. "Why American Power Endures: The U.S.-Led Order Isn't in Decline". *Foreign Affairs.* 101:6(November/December 2022).

_____. "America's *Asia Policy* after Trump". *Global Asia.* 15:4(December 2020).

_____. "The end of liberal international order?". *International Affairs.* 94:1(2018).

_____. *Liberal Leviathan: The Origins, Crisis and Transformation of the American World Order.* Princeton: Princeton University Press, 2011.

_____. "The rise of China and the future of the west: Can the liberal system survive?". *Foreign Affairs.* 87:1(January/February 2008).

_____. *After Victory: Institutions, Strategic Restraint, and the Rebuilding of Order After Major Wars*. Princeton: Princeton University Press, 2001.

Ip, Cyril. "Chinese PLA drills simulating Taiwan blockade seen to become new 'normal'", *South China Morning Post*. August 9, 2022.

Ip, Cyril and Lawrence Chung. "PLA's Taiwan live-fire drills 'highlight military's joint warfare advances'". *South China Morning Post*. August 7, 2022.

Jackson, Van. "Peace, Primacy, and Washington's Anti-China Politics". February 27, 2023, https://www.internationalaffairs.org.au/australianoutlook/peace-primacy-and-washingtons-anti-china-politics/?utm_source=dailybrief&utm_medium=email&utm_campaign=DailyBrief2023Mar1&utm_term=DailyNewsBrief.

_____. "America Is Turning Asia Into a Powder Keg: The Perils of a Military-First Approach". October 22, 2021, https://www.foreignaffairs.com/articles/asia/2021-10-22/america-turning-asia-powder-keg.

Jaipragas, Bhavan and Tashny Sukumaran. "'Indo-Pacific Nato': China's Wang Yi slams US-led 'Quad' as underlying security risk at Malaysia meeting". *South China Morning Post*. October 13, 2020.

Jakes, Lara and Steven Lee Myers. "Tense Talks With China Left U.S. 'Cleareyed' About Beijing's Intentions, Officials Say". *The New York Times*. March 19, 2021.

Jennings, Ralph. "US trade deficit hit a record in 2021 as China gap widens". *South China Morning Post*. February 9, 2022.

Jia, Qingguo. "Malign or benign? China－US strategic competition under Biden". March 28, 2021, https://www.eastasiaforum.org/2021/03/28/malign-or-benign-china-us-strategic-competition-under-biden/.

_____. "Learning to Live with the Hegemon: evolution of China's policy toward the US since the end of the Cold War". *Journal of Contemporary China*. 14:44 (August 2005).

Johnson, Ian. "A Professor Who Challenges the Washington Consensus on China". December 13, 2022, https://www.newyorker.com/news/persons-of-interest/a-professor-who-challenges-the-washington-consensus-on-china?utm_source=Asia%20Society&utm_medium=email&utm_campaign=452872-2023_1_3.

Jones, Bruce. "The new geopolitics". November 28, 2017, https://www.brookings.edu/blog/order-from-chaos/2017/11/28/the-new-geopolitics/.

Jorgensen, Malcolm. "China and the AIIB: Towards a new rules-based order?". *The Interpreter*. March 17, 2015.

Kagan, Robert and Dan Blumenthal. "'Strategic Reassurance' That Isn't". *Washington Post*. November 10, 2009.

Kamath, P.M. "US-China Relations Under the Clinton Administration: Comprehensive Engagement of the Cold War Again?". *Strategic Analysis*. August 1998.

Kan, Shirley A. "U.S.-China Military Contacts: Issues for Congress", Congressional Research Service. March 19, 2009.

_____. "China-U.S. Aircraft Collision Incident of April 2001: Assessments and Policy Implications". Congressional Research Service. October 10, 2001.

Kanno-Youngs, Zolan and David E. Sanger. "Biden Speaks With Xi Amid Low Point in U.S.-China Relations". *The New York Times*. September 10, 2021.

Kaplan, Eben. "The Uneasy U.S.-Chinese Trade Relationship". April 19, 2006, https://www.cfr.org/backgrounder/uneasy-us-chinese-trade-relationship.

Kaplan, Robert D. "A New Cold War Has Begun". January 7, 2019, https://foreignpolicy.com/2019/01/07/a-new-cold-war-has-begun/.

Kaplan, Thomas and Alan Rappeport. "Businesses Push Biden to Develop China Trade Policy". *The New York Times*. September 1, 2021.

Kastner, Scott L., Margaret M. Pearson, and Chad Rector. "China and Global Governance: Opportunistic Multilateralism". *Global Policy*. 11:1 (February 2020).

Kelemen, Michele and John Ruwitch. "U.S. Imposes Severe Travel Restrictions On Chinese Communist Party Members". December 3, 2020, https://www.npr.org/2020/12/03/942214270/u-s-imposes-severe-travel-restrictions-on-chinese-communist-party-members.

Kelly, James A. "U.S.-China Relations". September 11, 2003, https://2001-2009.state.gov/p/eap/rls/rm/2003/24004.htm.

Kennedy, Scott. "A Complex Inheritance: Transitioning to a New Approach on China". January 19, 2021, https://www.csis.org/analysis/complex-inheritance- transitioning-new-approach-china?utm_source=CSIS+All&utm_campaign=f8eb650f6a-EMAIL_CAMPAIGN_2020_01_28_03_14_COPY_01&utm_medium=email&utm_term=0_f326fc46b6-f8eb650f6a-138495337.

_____. "The Challenges of the 'Crazy Uncle' Strategy". May 7, 2019, https://www.csis.org/analysis/challenges-crazy-uncle-strategy.

_____. "The Diaoyutai Divide: U.S.-China Trade Negotiations Highlight Deep Differences". May 4, 2018, https://www.csis.org/analysis/diaoyutai-divide-us-china-trade-negotiations-highlight-deep-differences.

Keohane, Robert O. *After Hegemony: International Change and Financial Reform*. Princeton: Princeton University Press, 1984.

Keohane, Robert O. and Joseph Nye, Jr.. *Power and Interdependence*. Boston, MA: Little Brown, 1977.

Kettle, Martin. "US told to make China its No 1 enemy". *The Guardian*. March 24, 2001.

Kettle, Martin and John Hooper. "Military force an option to defend Taiwan, warns Bush". *The Guardian*. April 26 2001.

Klare, Michael T. "Joe Biden Can Reverse Trump's Warpath With China". January 15,

2021, https://www.thenation.com/article/world/biden-trump-china/.

Klein, Jodi Xu. "Xi-Biden summit important to help US and China avoid 'unintended conflict', White House official says". *South China Morning Post*. November 15, 2021.

Kotz, David M. "What's Behind the Trade War?". June 26, 2018, https://www.jacobinmag.com/2018/06/donald-trump-trade-war-china-tariffs.

Krauthammer, Charles. "The Unipolar Moment". *Foreign Affairs*. 70:1(1990/1991).

Kristof, Nicholas D. "China Takes on the Role of Enemy No. 1 to the West". *The New York Times*. September 22, 1991.

Krugman, Paul. "China's Future Isn't What It Used to Be". *The New York Times*. December 22, 2022.

Kwok, Kristine and Keira Huang. "Chinese President Xi Jinping crowns US state visit with deal on cyberespionage". *South China Morning Post*. September 27, 2015.

Lacey, James (ed.). *Great Strategic Rivalries: From the Classical World to the Cold War*. New York: Oxford University Press, 2016.

LaFranchi, Howard. "US-China relations warm as Obama and Hu Jintao meet". April 12, 2010, https://www.csmonitor.com/USA/Foreign-Policy/2010/0412/US-China-relations-warm-as-Obama-and-Hu-Jintao-meet.

LaFraniere, Sharon. "China Puts Joblessness for Migrants at 20 Million". *The New York Times*. February 2, 2009.

LaGrone, Sam. "U.S., Chinese Navy Leaders Discuss U.S. Freedom of Navigation, South China Sea Operations". October 29, 2015, https://news.usni.org/2015/10/29/u-s-chinese-navy-leaders-discuss-u-s-freedom-of-navigation-south-china-sea-operations.

Lam, Nadia. "China military: how Beijing is pushing forward its plan for a powerful, modern armed forces". *South China Morning Post*. December 1, 2020.

Lampton, David. "Engagement with China", in Thurston (ed.). *Engaging China: Fifty Years of Sino-American Relations*.

_____. "A Tipping Point in U.S.-China Relations is Upon Us". May 11, 2015, https://www.uscnpm.org/blog/2015/05/11/a-tipping-point-in-u-s-china-relations-is-upon-us-part-i/.

_____. "The 'stealth' normalisation of US-China ties". *South China Morning Post*. October 7, 2003.

Landler, Mark. "U.S. and China Call Truce in Trade War". *The New York Times*. December 1, 2018.

Landler, Mark and Jane Perlez, "Rare Harmony as China and U.S. Commit to Climate Deal". *The New York Times*. September 3, 2016.

Lardy, Nicholas R. *The State Strikes Back: The End of Economic Reform in China?* Washington, D.C.: Peterson Institute for International Economics, 2019.

_____. "Issues in China's WTO Accession". May 9, 2001, https://www.brookings.edu/testimonies/issues-in-chinas-wto-accession/.

Larter, David B. "White House tells the Pentagon to quit talking about 'competition' with China". September 26, 2016, https://www.navytimes.com/articles/white-house-tells-the-pentagon-to-quit-talking-about-competition-with-china.

Lau, Jack. "China launches Fujian, PLA Navy's 3rd aircraft carrier". *South China Morning Post*. June 17, 2022.

Lau, Stuart. "Xi Jinping says 'China can come out of trade war in better shape than US'". *South China Morning Post*. May 16, 2018.

Lawder, David and Nandita Bose. "Trump says tariffs making companies leave China, a deal can't be '50-50'". *Reuters*. May 20, 2019.

Layne, Christopher. "China's Challenge to US Hegemony". *Current History*. 705(January 2008).

Lee, Kristine and Alexander Sullivan. "People's Republic of the United Nations: China's Emerging Revisionism in International Organizations". May 14, 2019, https://www.cnas.org/publications/reports/peoples-republic-of-the-united-nations.

Leonard, Mark (ed.). *Connectivity Wars: Why Migration, Finance and Trade are the Geo-Economic Battlegrounds Of The Future*. London: European Council on Foreign Relations, 2016.

Lewis, James Andrew. "There Is More to the Trade War than Trade". April 6, 2018, https://www.csis.org/analysis/there-more-trade-war-trade.

Lewis, Joanna. "The U.S.–China Climate and Energy Relationship", in Daniel Remler and Ye Yu (eds.). *Parallel Perspectives on the Global Economic Order*. Washington, DC: The Center for Strategic and International Studies, 2017.

Li, Xiaokun and Chen Weihua. "China, US sign agreement to boost army cooperation". *China Daily*. June 15, 2015.

Li, Zhaoxing. "For China-US Constructive Strategic Partnership". January 8, 1999, http://www.china-embassy.org/eng/zmgx/zmgx/Political%20Relationship/t35098.htm.

Lieberthal, Kenneth. "A New China Strategy". *Foreign Affairs*. 74:6(November/December, 1995).

Lieberthal, Kenneth and Susan Thornton. "Forty-Plus Years of U.S.–China Diplomacy: Realities and Recommendations", in Thurston (ed.). *Engaging China: Fifty Years of Sino-American Relations*.

Lieberthal, Kenneth and Wang Jisi. "Addressing U.S.–China Strategic Distrust". March 2012, https://www.brookings.edu/research/addressing-u-s-china-strategic-distrust/.

Lin, Chia-nan. "Hsiao Bi-khim to attend Biden's swearing-in". January 21, 2021, https://

www.taipeitimes.com/News/front/archives/2021/01/21/2003750948.

Lind, Michael. "America vs. Russia and China: Welcome to Cold War II". April 15, 2018, https://nationalinterest.org/feature/america-vs-russia-china-welcome-cold-war-ii-25382.

Liu, Pearl. "Tesla to start shipping China-made Model 3s to Asian markets in push back to Trump's plan to win back manufacturing jobs". *South China Morning Post*. September 11, 2020.

Lynch, Colum and Robbie Gramer. "Outfoxed and Outgunned: How China Routed the U.S. in a UN Agency". October 23, 2019, https://foreignpolicy.com/2019/10/23/china-united-states-fao-kevin-moley.

Magnier, Mark. "Latest Taiwan arms sale reflects US indifference to mainland China's reaction". *South China Morning Post*. December 30, 2022.

_____. "US launches Office of China Coordination to ensure 'nimbler and more consistent policy'". *South China Morning Post*. December 17, 2022.

_____. "Unanswered phones, missed signals: fear of accidental US-China crisis grows". *South China Morning Post*. May 29, 2022.

_____. "Joe Biden's comments on US defending Taiwan could cause missteps, analysts say". *South China Morning Post*. May 24, 2022.

_____. "US negotiator Robert Lighthizer says 'I don't know what the end goal is' in trade war with China". *South China Morning Post*. July 10, 2020.

_____. "Horse trading and arm twisting as US battles China over leadership of UN intellectual property agency". *South China Morning Post*. February 4, 2020.

Mai, Jun. "'China's military must spend more' to meet US war threat". *South China Morning Post*. March 8, 2021.

_____. "Our Tense Rivalry With US Will Foster Political Volatility in China, Warns Domestic Security Chief". *South China Morning Post*. November 13, 2020.

_____. "Picking a fight: Is Trump's hawkish behaviour towards China the start of a new cold war?". *South China Morning Post*. October 18, 2018.

Manning, Robert A. "Trump-Xi Summit: New Beginning on a Rocky Road". April 11, 2017, https://archive-yaleglobal.yale.edu/content/trump-xi-summit-new-beginning-rocky-road.

Marshall, Joshua Micah. "Remaking the World: Bush and the Neo-conservatives". *Foreign Affairs*. 82:6 (November/December 2003).

Martina, Michael and Jonathan Landay. "U.S. national security adviser says China climate cooperation not a 'favor'". May 1, 2021, https://www.reuters.com/world/us/china-climate-change-cooperation-not-favor-us-us-national-security-adviser-2021-04-30/.

Mazarr, Michael J. "Understanding Competition: Great Power Rivalry in a Changing International Order — Concepts and Theories". March 2022, https://www.rand.org/pubs/perspectives/PEA1404-1.html.

McGregor, Richard. "US and China -- the great decoupling". October 22, 2018, https://asia.nikkei.com/Opinion/US-and-China-the-great-decoupling.

Mearsheimer, John J. "Can China Rise Peacefully?". October 25, 2014, https://nationalinterest.org/commentary/can-china-rise-peacefully-10204.

_____. The tragedy of great power politics. New York: W.W., Norton & Company, 2001.

Medeiros, Evan. S. "Major Power Rivalry in East Asia". April 2021, https://cdn.cfr.org/sites/default/files/report_pdf/medeirosdp_final-no.-3.pdf.

_____. "China Reacts: Assessing Beijing's Response to Trump's New China Strategy". *China Leadership Monitor*. No. 59(Spring 2019).

_____. "Strategic hedging and the future of Asia–pacific stability". *The Washington Quarterly*. 29:1(Winter 2005-06).

Medeiros, Evan. S. and Bonnie S. Glaser. "US Strategy toward China under the Biden Administration". June 14, 2022, https://www.gmfus.org/news/us-strategy-toward-china-under-biden-administration.

Mei, Xinyu. "US Trade Act won't impede China's progress". *China Daily*. August 13, 2017.

Modelski, George. *Long Cycles in World Politics*. London: Macmillan, 1987.

Mohammed, Arshad and Benjamin Kang Lim. "Economic woes trump rights as Clinton visits China". February 21, 2009, https://www.reuters.com/article/us-china-clinton-idUSTRE51J43520090221.

Morrison, Wayne M. "China's Economic Rise: History, Trends, Challenges, and Implications for the United States". Congressional Research Service. June 25, 2019.

_____. "The U.S.–China Strategic and Economic Dialogue (S&ED): Economic Outcomes and Issues". Congressional Research Service. July 14, 2015.

_____. "China and the Global Financial Crisis: Implications for the United States". Congressional Research Service. June 3, 2009.

Morrison, Wayne M. and Marc Labonte. "China's Holdings of U.S. Securities: Implications for the U.S. Economy". Congressional Research Service. August 19, 2013.

Mullen, Andrew. "US-China trade war timeline: key dates and events since July 2018". *South China Morning Post*. August 29, 2021.

Myers, Steven Lee and Chris Buckley. "In China's Crisis, Xi Sees a Crucible to Strengthen His Rule". *The New York Times*. May 20, 2020.

Myers, Steven Lee, Chris Buckley and Paul Mozur. "Caught in 'Ideological Spiral,' U.S. and China Drift Toward Cold War". *The New York Times*. July 14, 2020.

Na, Erika. "China's role in global manufacturing under pressure as more European firms look to Vietnam and India, surveys show". *South China Morning Post*. January 14, 2023.

Nakashima, Ellen. "U.S. to sell $1.1 billion in anti-ship, air-to-air weapons to Taiwan". *The Washington Post*. September 2, 2022.

Nathan, Andrew J. and Andrew Scobell. "How China Sees America: The Sum of Beijing's Fears". *Foreign Affairs*. 91:5 (September/October 2012).

National Defense Strategy Commission. "Providing for the Common Defense". November 13, 2018, https://www.usip.org/publications/2018/11/providing-common-defense.

National Intelligence Council. *Global Trends 2025: A Transformed World*. Washington, D.C.: U.S. Government Printing Office, November 2008.

Navarro, Peter. "Trump's Tariffs Are a Defense Against China's Aggression". *The Wall Street Journal*. June 20, 2018.

Nexon, Daniel H. "Against Great Power Competition: The U.S. Should Not Confuse Means for Ends". February 15, 2021, https://www.foreignaffairs.com/articles/united-states/2021-02-15/against-great-power-competition.

Ng, Abigail. "U.S.-China relations will 'reset' if Biden wins the election, says former American ambassador to Beijing". October 8, https://www.cnbc.com/2020/10/08/us-china-relations-will-reset-if-biden-wins-election-max-baucus.html.

Ng, Teddy. "China signals desire to work with US on trade and climate change but remains defiant on defence". *South China Morning Post*. January 13, 2023.

_____. "Chinese bombers in strike exercises after US escalation in South China Sea". *South China Morning Post*. February 25, 2021.

Ng, Teddy and Amber Wang. "China-US tension: spat escalates after Blinken calls for UN support of Taiwan". *South China Morning Post*. October 27, 2021.

Ng, Teddy and Liu Zhen. "Higher risk of accidental clash as China suspends US defence dialogue: analysts". *South China Morning Post*. August 6, 2022.

Nye Jr., Joseph S. "With China, a 'Cold War' Analogy Is Lazy and Dangerous". *The New York Times*. November 2, 2021.

_____. "Power and Interdependence with China". *The Washington Quarterly*. 43:1 (2020).

_____. "Should China Be 'Contained'?". July 4, 2011, https://www.belfercenter.org/publication/should-china-be-contained.

_____. "China's Re-emergence and the Future of the Asia-Pacific". *Survival*. 39:4 (Winter 1997-98).

_____. "East Asian Security: The case for Deep Engagement". *Foreign Affairs*. 74:4 (July/August 1995).

Obama, Barack. *A Promised Land*. New York: Crown, 2020.

_____. *The Audacity of Hope: Thoughts on Reclaiming the American Dream*. New York:

Crown publishers, 2006.

O'Brien, Robert C. "The Chinese Communist Party's Ideology and Global Ambitions". June 24 2020, https://www.americanrhetoric.com/speeches/robertobrienchinapolicy.htm.

Office of the Secretary of Defense. "Military Power of the People's Republic of China 2006". https://permanent.fdlp.gov/lps24358/index.htm.

Olson, Stephen. "How China's dual circulation strategy heralds a new era for global trade and business". *South China Morning Post*. June 26, 2021.

Onea, Tudor. "Between Dominance and Decline: Status Anxiety and Great Power Rivalry". *Review of International Studies*. 40:1 (February 2013).

O'Rourke, Ronald. "Renewed Great Power Competition: Implications for Defense— Issues for Congress". Congressional Research Service. March 1, 2022.

Owen, John M. "Two emerging international orders? China and the United States". *International Affairs*. 97:5 (September 2021).

Page, Jeremy and Colleen McCain Nelson. "U.S.-China Summit Reveals Beijing's Drive". *Wall Street Journal*. June 2, 2013.

Pant, Harsh V. "Is India ready for the Indo-Pacific?". *Washington Quarterly*. 41:2 (2018).

Patrick, Stewart. "Global Governance Reform: An American View of US Leadership". February 2010, https://stanleycenter.org/publications/global-governance-reform-an-american-view-of-us-leadership/.

Paul, Christopher, James Dobbins, Scott W. Harold, Howard J. Shatz, Rand Waltzman, and Lauren Skrabala. "A Guide to Extreme Competition with China". 2021, https://www.rand.org/pubs/research_reports/RRA1378-1.html.

Paulson Jr., Henry M. "A Strategic Economic Engagement: Strengthening U.S.-Chinese Ties". *Foreign Affairs*. 87:5 (September/October 2008).

Payne, Keith B. "The nuclear posture review: Setting the record straight". *The Washington Quarterly*. 28:3 (2005).

Pedrozo, Raul (Pete). "Freedom of navigation not rocking the boat in the South China Sea". October 27, 2015, http://www.eastasiaforum.org/2015/10/27/freedom-of-navigation-not-rocking-the-boat-in-the-south-china-sea/.

Peniston, Bradley. "Work: 'The Age of Everything Is the Era of Grand Strategy'". November 2, 2015, https://www.defenseone.com/business/2015/11/work-age-everything-era-grand-strategy/123335/.

Perez, Bien and Celia Chen. "US tech firms to remain involved with Huawei on 5G standards as Washington eases hard line". *South China Morning Post*. June 16, 2020.

Perlez, Jane. "China Pushes Back Against U.S. Influence in the Seas of East Asia". *The New York Times*. October 28, 2015.

_____. "With Plan to Join China-Led Bank, Britain Opens Door for Others". *The New York Times*. March 13, 2015.

Perlez, Jane and Mark Landler. "Wooing Trump, Xi Jinping Seeks Great Power Status for China". *The New York Times*. November 6, 2017.

Perry, William H. "U.S. Strategy: Engage China, Not Contain It". *Defense Issues*. 10:109(1995).

Pomfret, John. "America vs. China: A competitive face-off between two Pacific powers". *The Washington Post*. November 18, 2016.

Poh, Angela Ming Yan and Mingjiang Li. "US-China strategic rivalry", in Tan (ed.). *Handbook of US-China Relations*.

Pompeo, Michael R. "Communist China and the free world's future". July 23, 2020, https://2017-2021.state.gov/communist-china-and-the-free-worlds-future-2/index.html.

Posen, Barry R. and Andrew L. Ross. "Competing visions for US grand strategy". *International Security*. 21:3(Winter 1996/97).

Prasad, Eswar. "The Effect of the Crisis on the U.S.-China Economic Relationship". February 17, 2009, https://www.brookings.edu/testimonies/the-effect-of-the-crisis-on-the-u-s-china-economic-relationship/.

Qi, Huaigao and Kaisheng Li. "The Shifting Power Structure of Northeast Asia and China's Strategic Choices in the 2020s". *Journal of International Analytics* (Mezhdunarodnaya Analitika). 2020(2).

Qi, Zhou. "Conflicts over Human Rights between China and the US". *Human Rights Quarterly*. 27:1(Feb. 2005).

Qin, Amy. "As U.S. and Taiwan Celebrate a Bond, China Responds With Screaming Jets". *The New York Times*. August 9, 2020.

Quinn, Adam. "The art of declining politely: Obama's prudent presidency and the waning of American power". *International Affairs*. 87:4(July 2011).

Raimondo, Gina M. "Remarks by U.S. Secretary of Commerce Gina Raimondo on the U.S. Competitiveness and the China Challenge". November 30, 2022, https://www.commerce.gov/news/speeches/2022/11/remarks-us-secretary-commerce-gina-raimondo-us-competitiveness-and-china.

Ratner, Ely. "(Re)Defining the 'New Type of Major Country Relationship' between the United States and China". *PacNet*. #4(January 13). 2014.

Razdan, Khushboo. "Washington's consensus on China rarely unites US lawmakers, research finds". *South China Morning Post*. July 21, 2022.

Reeves, Jeffrey. "US perspectivs on China: trends and attitudes in US public opinion, media, acholarship and leadership statements", in Tan (ed.). *Handbook of US-China Relations*.

Reilly, James. "China's Belt and Road Initiative", in deLisle and Goldstein (eds.). *After Engagement: Dilemmas in US-China Security Relations.*

Rogin, Josh. "Biden doesn't want to change China. He wants to beat it". *The Washington Post.* February 10, 2022.

_____. "The Trump Administration Had a China Strategy After All, but Trump Didn't Follow It". *Washington Post.* January 14, 2021.

Rose, Gideon. "Neoclassical Realism and Theories of Foreign Policy". *World Politics.* 51:1 (1998).

Ross, Robert S. "The Revival of Geopolitics in East Asia: Why and How?". *Global Asia.* 9:3 (September 2014). https://www.globalasia.org/v9no3/cover/the-revival-of-geopolitics-in-east-asia-why-and-how_robert-s-ross.

Roth, Stanley O. "A Strategy for the Future: U.S.-China Relations and China's WTO Accession". April 5, 2000, https://1997-2001.state.gov/policy_remarks/2000/000405_roth_china.html.

_____. "Speech on the Occasion of the 20th Anniversary of the Carter Administration's Decision to Establish Diplomatic Relations with the People's Republic of China". December 15, 1998, https://1997-2001.state.gov/policy_remarks/1998/981215_roth_china.html.

_____. "U.S.-China Relations on the Eve of the Summit". October 14, 1997, http://www.state.gov/www/policy_remarks/971014_roth_china.html.

Roy, Denny. "The 'China threat' issue: Major arguments". *Asian Survey.* 36:8 (August 1996).

_____. "Hegemon on the Horizon?: China's Threat to East Asian Security". *International Security.* 19:1 (Summer 1994).

Rudd, Kevin. "The Dangers of a Catastrophic Conflict between the U.S. and Xi Jinping's China". March 28, 2022, https://asiasociety.org/policy-institute/dangers-catastrophic-conflict-between-us-and-xi-jinpings-china.

_____. "To Decouple or Not to Decouple?". November 4, 2019, https://asiasociety.org/policy-institute/decouple-or-not-decouple.

Sacks, David. "While Pledging to Defend Taiwan from China, Biden Shifted on Taiwan Independence. Here's Why That Matters." September 22, 2022, https://www.cfr.org/blog/while-pledging-defend-taiwan-china-biden-shifted-taiwan-independence-heres-why-matters.

Samuelson, Robert J. "LET'S STAY OUT OF THIS FIGHT", *Newsweek.* July 10, 2005.

Sanger, David E. "Biden's National Security Strategy Focuses on China, Russia and Democracy at Home". *The New York Times.* October 12, 2022.

_____. "China Has Leapfrogged the U.S. in Key Technologies. Can a New Law Help?". *The New York Times.* July 28, 2022.

Sanger, David E. and Steven Lee Myers. "COLLISION WITH CHINA: THE NEGOTIA-
TIONS; How Bush Had to Calm Hawks In Devising a Response to China". *The
New York Times*. April 13, 2001.

Sanger, David E. and Jane Perlez. "U.S. SENDS BEIJING FORMAL STATEMENT EX-
PRESSING REGRET". *The New York Times*. April 11, 2001.

Saunders, Phillip C. "US-China Relations and Chinese Military Modernization", in deL-
isle and Goldstein (eds.). *After Engagement: Dilemmas in US-China Security Rela-
tions*.

_____. "Managing Strategic Competition with China". *Strategic Forum*. 242(July 2009).

Schuman, Michael. "China Wants to Rule the World by Controlling the Rules". Decem-
ber 9, 2021, https://www.theatlantic.com/international/archive/2021/12/china-
wants-rule-world-controlling-rules/620890/.

_____. "Is the global economy rebalancing?". April 21, 2010, http://business.time.
com/2010/04/21/is-the-global-economy-rebalancing/.

Schwarzenberg, Andres B. and Karen M. Sutter. "U.S.-China Investment Ties: Over-
view". Congressional Research Service. January 15, 2021.

Schweller, Randall L. "Opposite but Compatible Nationalisms: A Neoclassical Realist
Approach to the Future of US-China Relations". *The Chinese Journal of Interna-
tional Politics*. 11:1(March 2018).

Schweller, Randall L. and Xiaoyu Pu. "After Unipolarity: China's Visions of Internation-
al Order in an Era of U.S. Decline". *International Security*. 36:1(Summer 2011).

Scissors, Derek. "Tools to Build the U.S.-China Economic Relationship". August 8,
2011, https://www.heritage.org/asia/report/tools-build-the-us-china-economic-re-
lationship#_ftn5.

Scissors, Derek and Daniel Blumenthal. "China Is a Dangerous Rival, and America
Should Treat It Like One!". *The New York Times*. January 14, 2019.

Sciutto, James. "Exclusive: China warns U.S. surveillance plane". http://edition.cnn.
com/2015/05/20/politics/south-china-sea-navy-flight/.

Sciutto, James et al. "A New Type of Great Power Relations Between China and the
United States". July 06, 2013, https://carnegietsinghua.org/2013/07/06/new-type-
of-great-power-relations-between-china-and-united-states-event-4161.

Segal, Adam. "China's Move to Greater Self Reliance". *China Leadership Monitor*.
70(Winter 2021).

Sevastopulo, Demetri. "'This is a guy who is a thug': how US elite became hawks on
Xi's China". October 8, 2020, https://www.ft.com/content/75ce186e-41f7-4a9c-
bff9-0f502c81e456.

Shambaugh, David. "The enduring China-US relationship: it's complicated, but they're
still talking 40 years on". *South China Morning Post*. December 15, 2018.

_____. "In a fundamental shift, China and the US are now engaged in all-out competition". _South China Morning Post._ June 11, 2015.

_____ (ed.). _Tangled Titans: The United States and China._ Lanham: Rowman & Littlefield Publishers, Inc., 2013.

_____. "Tangled Titans: Conceptualizing the U.S.-China Relationship", in Shambaugh (ed.). _Tangled Titans: The United States and China._

_____. "Sino-Amerciacn Strategic Relations: From Partners To Competitors", _Survival._ 42:1(Spring 2000).

_____. "Containment or Engagement of China? Calculating Beijing's Responses". _International Security._ 21:2(Fall, 1996).

Sheng, Jeff. "TIFA talks strategically affect US-Taiwan ties". Jul 7, 2021, https://www.taipeitimes.com/News/editorials/archives/2021/07/07/2003760413.

Shi, Hong. "China's political development after Tiananmen: tranquility by default". _Asian Survey._ 30:12(December 1990).

Shi, Jiangtao. "Macron and Xi's Guangzhou rendezvous a sign of China's enthusiasm for French leader, analysts say". _South China Morning Post._ April 5, 2023.

Shi, Jiangtao and Cyril Ip. "China, US and the Jiang Zemin reset: how former Cold War rivals found a decade of unsteady calm after Tiananmen". _South China Morning Post._ December 1, 2022.

_____. "China-Russia relations: Xi and Putin show united front in message to Biden". _South China Morning Post._ June 30, 2021.

Shi, Yinhong. "Belt and Road: A Search for Strategic Rationale and Political Prudence". 『동북아리뷰』. 7:2(2015년 8월).

Silove, Nina. "The Pivot before the Pivot U.S.: Strategy to Preserve the Power Balance in Asia". _International Security._ 40:4 (Spring 2016).

Smith, Paul J. "The US rebalance to Asia: implications for US-China relations", in Tan (ed.). _Handbook of US-China Relations._

Sobolewski, Matthias and Jason Lange. "U.S. urges allies to think twice before joining China-led bank". March 17, 2015, https://www.reuters.com/article/us-europe-asia-bank-idUSKBN0MD0B320150317.

Song, Xinning. "Building International Relations Theory with Chinese Characteristics". _Journal of Contemporary China._ 10:26(2001).

Sparrow, Bartholomew. The Strategist: Brent Scowcroft and the Call of National Security. New York: Public Affairs, 2015.

Steil, Benn and Benjamin Della Rocca. "Belt and Road Tracker". June 1, 2022, https://www.cfr.org/article/belt-and-road-tracker?utm_source=dailybrief&utm_medium=email&utm_campaign=DailyBrief2022Sep27&utm_term=DailyNewsBrief.

Steinberg, James B. "U.S.-China Cooperation on Global Issues". May 11, 2010, https://2009-2017.state.gov/s/d/former/steinberg/remarks/2010/169324.htm.

_____. "Administration's Vision of the U.S.-China Relationship". September 24, 2009, https://2009-2017.state.gov/s/d/former/steinberg/remarks/2009/169332.htm.

Stilwell, David R. "U.S.-China Bilateral Relations: The Lessons of History". 12/12/2019, https://www.state.gov/u-s-china-bilateral-relations-the-lessons-of-history/.

_____. "Testimony Before the Senate Foreign Relations Committee". September 18, 2019, https://www.state.gov/testimony-before-the-senate-foreign-relations-committee/.

Su, Xiaohui. "Thucydides trap can be avoided". *China Daily.* June 25, 2013.

Summers, Lawrence H. "The United States and the Global Adjustment Process". March 23, 2004, https://piie.com/commentary/speeches-papers/united-states-and-global-adjustment-process.

Sutter, Robert. "Domestic American Influences on U.S.-China Relations", in Shambaugh (ed.), *Tangled Titans: The United States and China.*

Swaine, Michael D. "A Relationship Under Extreme Duress: U.S.-China Relations at a Crossroads", January 16, 2019, https://carnegieendowment.org/2019/01/16/relationship-under-extreme-duress-u.s.-china-relations-at-crossroads-pub-78159.

Swanson, Ana. "Biden Administration Clamps Down on China's Access to Chip Technology". *The New York Times.* October 7, 2022.

_____. "Biden's top trade negotiator defended China tariffs as an important source of leverage". *The New York Times.* June 22, 2022.

Swanson, Ana, Keith Bradsher and Katie Rogers. "Trump Threatens Tariffs on $200 Billion in China Goods, Escalating Fight". *The New York Times.* June 18, 2018.

Tan, Andrew T.H. (ed.). *Handbook of US-China Relations.* Cheltenham: Edard Elgar Publishing, Inc., 2016.

Tang, Frank. "China cut US debt holding amid 'risk of possible conflict'". *South China Morning Post.* July 20, 2022.

Task Force on U.S.-China Policy. "Course Correction: Toward an Effective and Sustainable China Policy". February 12, 2019, https://asiasociety.org/center-us-china-relations/course-correction-toward-effective-and-sustainable-china-policy.

_____. "U.S. Policy Toward China: Recommendations for a New Administration". February 2017, https://asiasociety.org/center-us-china-relations/us-policy-toward-china-recommendations-new-administration.

The Department of Defense. "Military And Security Developments Involving The People's Republic Of China, 2020". September 9, 2020, https://china.usc.edu/us-department-defense-military-and-security-developments-involving-peoples-republic-china-2020.

_____. "Indo-Pacific Strategy Report". June 1, 2019, https://media.defense.gov/2019/

Jul/01/2002152311/-1/-1/1/DEPARTMENT-OF-DEFENSE-INDO-PACIFIC-STRAT-EGY-REPORT-2019.PDF.

_____. "Annual Report to Congress: Military and Security Developments Involving the People's Republic of China 2018". May 16, 2018, https://www.documentcloud. org/documents/4769980-2018-CHINA-MILITARY-POWER-REPORT.

_____. "Quadrennial Defense Review Report". February 2010, https://www.hsdl. org/?abstract&did=29786.

The U.S. Department of State. "A Free and Open Indo-Pacific: Advancing a Shared Vision". November 2019, https://www.state.gov/wp-content/uploads/2019/11/Free-and-Open-Indo-Pacific-4Nov2019.pdf.

U.S. Department of the Treasury. "Fact Sheet Creation of the U.S.-China Strategic Economic Dialogue". September 20, 2006, https://www.treasury.gov/press-center/ press-releases/pages/hp107.aspx.

The White House. "National Security Strategy". October 2022, https://www.whitehouse. gov/briefing-room/statements-releases/2022/10/12/fact-sheet-the-biden-har-ris-administrations-national-security-strategy/.

_____. "United States Strategic Approach to The People's Republic of China". May 20, 2020, https://www.whitehouse.gov/wp-content/uploads/2020/05/U.S.-Strategic-Approach-to-The-Peoples-Republic-of-China-Report-5.20.20.pdf.

_____. "The National Security Strategy of the United States of America". December 2017, https://history.defense.gov/Historical-Sources/National-Security-Strategy/.

_____. "National Security Strategy". February 2015, https://nssarchive.us/wp-content/ uploads/2020/04/2015.pdf

_____. "National Security Strategy". May 2010, https://history.defense.gov/Histori-cal-Sources/National-Security-Strategy/.

_____. "The National Security Strategy of the United States of America". September 2002, https://2009-2017.state.gov/documents/organization/63562.pdf.

_____. "A National Security Strategy for a Global Age" December 2000, https://history. defense.gov/Portals/70/Documents/nss/nss2000.pdf.

_____. "A National Security Strategy for a New Century". December 1999, https://histo-ry.defense.gov/Historical-Sources/National-Security-Strategy/.

_____. "Joint Press Conference of the President and Premier Zhu Rongji of the People's Republic of China". April 8, 1999, https://clintonwhitehouse4.archives.gov/WH/ New/html/19990408-1109.html.

_____. "A National Security Strategy of Engagement and Enlargement". February 1996, https://spp.fas.org/military/docops/national/1996stra.htm.

_____. "A National Security Strategy of Engagement and Enlargement". July 1994, https://history.defense.gov/Historical-Sources/National-Security-Strategy/.

The White House Office of the Press Secretary. "Remarks by National Security Advisor Tom Donilon: As Prepared for Delivery". November 15, 2012, https://obamawhitehouse.archives.gov/the-press-office/2012/11/15/remarks-national-security-advisor-tom-donilon-prepared-delivery.

Thurston, Anne (ed.). *Engaging China: Fifty Years of Sino-American Relations*. New York: Columbia University Press, 2021.

_____. "*Engaging China: Fifty Years of Sino-American Relations*", in Thurston (ed.). *Engaging China: Fifty Years of Sino-American Relations*.

Tiezzi, Shannon. "America's AIIB Disaster: Are There Lessons to be Learned?". *The Diplomat*. March 18, 2015.

Timperlake, Edward and William C. Triplett II. Year of the Rat. Washington DC: Regency Publishing, Inc. 2000.

Tkacik, John. "Nothing in Common: A Policy Review for President Bush's China Visit". November 15, 2005, https://www.heritage.org/asia/report/nothing-common-policy-review-president-bushs-china-visit.

Tobin, Liza. "Xi's Vision for Transforming Global Governance: A Strategic Challenge for Washington and Its Allies", in Scott D McDonald and Michael C Burgoyne (eds.). *China's Global Influence: Perspectives and Recommendations*. Honolulu: The Daniel K. Inouye Asia-Pacific Center for Security Studies, 2019.

Townshend, Ashley and James Crabtree. "The U.S. Is Losing Its Military Edge in Asia, and China Knows It". *The New York Times*. June 15, 2022.

Tucker, Nancy B. "The Evolution of U.S.-China Relations", in Shambaugh (ed.). *Tangled Titans: The United States and China*.

_____ (ed.). *China Confidential: American Diplomats and Sino—American Relations 1945-1996*. New York: Columbia University Press, 2001.

Twomey, Christopher P. "The Military-Security Relationship", in Shambaugh (ed.). *Tangled Titans: The United States and China*.

Tyler, Patrick E. "U.S. STRATEGY PLAN CALLS FOR INSURING NO RIVALS DEVELOP". *The New York Times*. March 8, 1992.

U.S. Trade Representative. "Findings of the Investigation Into China's Acts, Policies, and Practices Related to Technology Transfer, Intellectual Property, and Innovation Under Section 301 of the Trade Act of 1974". March 2018, https://ustr.gov/about-us/policy-offices/press-office/press-releases/2018/march/section-301report-chinas-acts.

_____. "2007 Report to Congress on China's WTO Compliance". December 11, 2007, https://china.usc.edu/2007-report-congress-china%E2%80%99s-wto-compliance.

_____. "2006 Report to Congress on China's WTO Compliance". December 11, 2006, https://ustr.gov/archive/assets/Document_Library/Reports_Publications/2006/

asset_upload_file688_10223.pdf.

Vortherms, Samantha and Jiakun Jack Zhang. "Political Risk and Firm Exit: Evidence from the US-China Trade War". September 13, 2021, https://papers.ssrn.com/sol3/papers.cfm?abstract_id=3916186.

Waldron, Arthur. "Deterring China". *Commentary*. 100:4(October 1995).

Walt, Stephen M. *Taming American Power: The Global Response to U.S. Primacy*. New York: W.W. Norton & Company, 2005.

Walt, Stephen M. and Dani Rodrik. "How to Build a Better Order: Limiting Great Power Rivalry in an Anarchic World". *Foreign Affairs*. 101:5(September/October 2022).

Wan, Ming. "Values and Human Rights in Sino-American Relations", in Yufan Hao (ed.). *Sino-American Relations: Challenges Ahead*.

_____. "Human rights and Sino-US relations: Policies and changing realities". *The Pacific Review*. 10:2(1997).

Wang, Amber. "PLA aircraft put on show of force as US delegation lands in Taiwan". *South China Morning Post*. May 31, 2022.

_____. "China-US relations: defence ministers' call highlights faultlines over Taiwan and Ukraine". *South China Morning Post*. April 21, 2022.

_____. "US wants coexistence not cold war with China, Jake Sullivan says". *South China Morning Post*. November 8, 2021.

_____. "US ramps up B-21 stealth bomber production 'to take on China'". *South China Morning Post*. September 22, 2021

Wang, Dong. *The United States and China: A History from the Eighteenth Century to the Present*. Lanham, Maryland: Rowman & Littlefield Publishers, 2013.

Wang, Fan. "China and the US Can Overcome Their Differences". December 6, 2018, https://www.chinausfocus.com/foreign-policy/china-and-the-us-can-overcome-their-differences.

Wang, Jisi. "The Plot Against China? How Beijing Sees the New Washington Consensus". *Foreign Affairs*. 100:4(July/August 2021).

_____. "China's Search for Stability with America". *Foreign Affairs*. 84:5(September/October 2005).

Wang, Jisi and Hu Ran. "From cooperative partnership to strategic competition: a review of China – U.S. relations 2009-2019". *China International Strategy Review*. July 2019, https://doi.org/10.1007/s42533-019-00007-w.

Wang, Orange. "US should prioritise 'guardrails' in its China dealings this year, White House official says". *South China Morning Post*. January 13, 2023.

_____. "China Vice-Premier Liu He rejects Trump's suggestion of immediate phase two talks, calling idea 'unwise'". *South China Morning Post*. January 16, 2020.

_____. "US demands level playing field in China, but can Beijing rein in state subsidies to end trade war?". *South China Morning Post*. February 27, 2019.

Wang, Orange and Amanda Lee. "US, China deliver on threats as 'biggest trade war in economic history' starts at high noon". *South China Morning Post*. July 6, 2018.

Wang, Qingxin K. "The Rise of Neoclassical Economics and China's WTO Agreement with the United States in 1999". *Journal of Contemporary China*. 20:70(June 2011).

Weinberger, Caspar and Peter Schweizer. *The Next War*. Washington, D.C.: Regnery, 1996.

Weiss, Jessica Chen. "The China Trap: U.S. Foreign Policy and the Perilous Logic of Zero-Sum Competition". *Foreign Affairs*. 101:5(September/October 2022).

Wertheim, Stephen. "Is It Too Late to Stop a New Cold War With China?". *The New York Times*. June 8, 2019.

Wines, Michael, Keith Bradsher and Mark Landler. "China's Leader Says He Is 'Worried' Over U.S. Treasuries". *The New York Times*. March 13, 2009.

Wohlforth, William. "The Stability of a Unipolar World". *International Security*. 24:1 (Summer 1999).

Wong, Catherine. "US has ramped up reconnaissance in Chinese-claimed waters, says Beijing". *South China Morning Post*. April 29, 2021.

_____. "Xi Jinping tells China's military 'be prepared to respond' in unstable times". *South China Morning Post*. March 9, 2021.

_____. "Former Chinese, US officials joust over China's role on the world stage". *South China Morning Post*. March 24, 2019.

Wong, Catherine and Rachel Zhang. "China-US relations: Premier Li Keqiang hopes both sides can find 'common ground' ahead of Alaska talks even if they 'can't work everything out any time soon'". *South China Morning Post*. March 11, 2021.

Wong, Edward. "Chinese Vice President Urges U.S. to Respect 'Core Interests'". *The New York Times*. February 15, 2012.

Wong, Edward and John Ismay. "U.S. Aims to Turn Taiwan Into Giant Weapons Depot". *The New York Times*. October 5, 2022.

Wong, Kandy. "China's exports, foreign investment key to economic growth, Xi Jinping says". *South China Morning Post*. February 16, 2023.

Wong, Ming-Hsien. "An Analysis of the Taiwan Travel Act and Its Implications for US, China and Taiwan Relations". April 20, 2018, https://www.pf.org.tw/article-pfch-2049-5911.

Woodward, Bob and Robert Costa. *Peril*. New York: Simon & Schuster, 2021.

Wray, Christopher. "The Threat Posed by the Chinese Government and the Chinese Communist Party to the Economic and National Security of the United States". July 7, 2020, https://www.fbi.gov/news/speeches/the-threat-posed-by-the-chinese-government-and-the-chinese-communist-party-to-the-economic-and-nation-al-security-of-the-united-states.

Wright, Thomas. "Trump's Foreign Policy Is No Longer Unpredictable: Gone Are the Days of a Divided Administration". January 18, 2019, https://www.foreignaffairs.com/articles/world/2019-01-18/trumps-foreign-policy-no-longer-unpredictable.

Wu, Chengqiu. "Sovereignty, Human Rights, and Responsibility: Changes in China's Response to International Humanitarian Crises". *Journal of Chinese Political Science*. 15(2010).

Wu, Huizhong. "US, Taiwan step up economic cooperation in new dialogue". November 21, 2020, https://apnews.com/article/global-trade-financial-markets-china-taipei-bilateral-trade-20473f25562d37c58c4f554cefbb7df5.

Wu, Wendy. "Beyond the trade war fire and fury, Chinese and US officials look for chance to reopen talks". *South China Morning Post*. June 8, 2019.

_____. "Expect confrontation as 'old trade warrior' Robert Lighthizer takes on China, observers say". *South China Morning Post*. February 3, 2018.

Wu, Wendy and Kristin Huang. "Did China think Donald Trump was bluffing on trade? How Beijing got it wrong". *South China Morning Post*. July 27, 2018.

Wu, Xinbo. "The China Challenge: Competitor or Order Transformer?". *The Washington Quarterly*. 43:3(Fall 2020).

_____. "China in search of a liberal partnership international order". *International Affairs*. 94:5(September 2018).

Xin, Zhiming, Jing Shuiyu, and Zhao Huanxin. "Phase-one Sino-US trade deal reached". *China Daily*. December 14, 2019.

Xu, Keyue and Cui Fandi. "China's diplomacy in 2021 positive but challenging: experts". *Global Times*. January 3, 2021.

Xu, Xiaobing. "War over Taiwan could be inevitable as US, China and Taipei boost military spending". *South China Morning Post*. January 5, 2023.

Yang, Wenjing. "The Sino-US Relationship Since the DSD and Beyond". Nov. 28, 2018, https://www.chinausfocus.com/foreign-policy/the-sino-us-relationship-since-the-dsd-and-beyond.

Yang, Yingzhi. "What happens to 'Made in China 2025' as trade war fears grow". *South China Morning Post*. March 23, 2018.

Yang, Yuntao and Zhang Tingting. "China can deal with the US: scholars". *Global Times*. July 7, 2020.

Yu, Ye. "Policy Coordination in the Global Financial Crisis". January 16, 2021, https://www.chinausfocus.com/finance-economy/policy-coordination-in-the-global-financial-crisis.

Yuan, Jing-dong. "Sino-US Military Relations Since Tiananmen: Restoration, Progress, and Pitfalls". *Parameters: Journal of the US Army War College*. 33:1 (Spring 2003).

Zenko, Micah. "America's Military Is Nostalgic for Great Power Competition". March 21, 2018, https://www.chathamhouse.org/expert/comment/america-s-military-nostalgic-great-power-competition#.

Zhao, Huanxin. "Cui: Stable ties needed in post-pandemic world". *China Daily*. December 4, 2020.

Zhao, Quansheng and Guoli Liu. "Managing the Challenges of Complex Interdependence: China and the United States in the Era of Globalization". *Asian Politics & Policy*. 2:1 (January/March 2010).

Zhao, Tong. "Why Is China Building Up Its Nuclear Arsenal?". *The New York Times*. November 15, 2021.

Zhen, Liu. "China's PLA open to good relations with US military, if Chinese sovereignty is respected". *South China Morning Post*. November 26, 2021.

_____. "Chinese foreign minister says countries should not be forced to pick sides in rivalry with US". *South China Morning Post*. November 22, 2021.

_____. "US, China 'at greater risk of military incidents' in South China Sea, Chinese think tank warns". *South China Morning Post*. April 10, 2019.

Zheng, Sarah. "US-China ties: competition, not engagement from now on, Kurt Campbell says". *South China Morning Post*. May 27, 2021.

_____. "Time for a reset in US-China relations, Foreign Minister Wang Yi says". *South China Morning Post*. December 7, 2020.

Zhou, Laura. "US moves to boost military presence in Indo-Pacific amid China 'threat'". *South China Morning Post*. March 13, 2021.

_____. "US-China 'grey zone' rivalry in South China Sea may be about to intensify". *South China Morning Post*. January 9, 2021.

Zhou, Laura and Kinling Lo. "Beijing hits out at Washington for 'playing Taiwan card' after US warships sail through strait". *South China Morning Post*. July 8, 2018.

Zhou, Laura and Orange Wang. "How 'Made in China 2025' became a lightning rod in 'war over China's national destiny'". *South China Morning Post*. January 18, 2019.

Zhu, Lia. "Contributions recognized, but restrictions remain". *China Daily*. May 27, 2022.

Zhuang, Pinghui, Liu Zhen and He Huifeng. "Tough questions, straight answers: China's top diplomat on the South China Sea, North Korea, Japan, the US and more". *South China Morning Post*. March 8, 2016.

Zoellick, Robert B. "Whither China: From Membership to Responsibility? Remarks to National Committee on US-China Relations". September 21, 2005, https://2001-2009.state.gov/s/d/former/zoellick/rem/53682.htm.

Zweig, David. "China counts the costs of its lurch from market reform to 'Made in China 2025'". *South China Morning Post.* April 22, 2019.

"2020 Democratic Party Platform". August 17, 2020, https://www.presidency.ucsb.edu/documents/2020-democratic-party-platform.

"Defense Planning Guidance, FY 1994-1999". April 16, 1992, https://www.archives.gov/files/declassification/iscap/pdf/2008-003-doc1.pdf.

"Economic And Trade Agreement Between The Government Of The United States Of America And The Government Of The People's Republic Of China", https://ustr.gov/countries-regions/china-mongolia-taiwan/peoples-republic-china/phase-one-trade-agreement/text.

"Joint Communiqué of the United States of America and the People's Republic of China" (Shanghai Communiqué). February 28, 1972, https://digitalarchive.wilsoncenter.org/document/121325.

"President Clinton's Remarks on China". October 24, 1997, https://clintonwhitehouse4.archives.gov/WH/New/html/19971024-3863.html.

"REMARKS BY THE PRESIDENT IN ADDRESS ON CHINA AND THE NATIONAL INTEREST". October 24, 1997, https://clintonwhitehouse4.archives.gov/WH/New/html/19971024-3863.html.

"Report of the Quadrennial Defense Review". May 1997, https://history.defense.gov/Historical-Sources/Quadrennial-Defense-Review/.

"Strategic reassurance? Yes, please". *Global Times.* October 29, 2009.

"Summary of the 2018 National Defense Strategy of The United States of America". January 19, 2018, https://dod.defense.gov/Portals/1/Documents/pubs/2018-National-Defense-Strategy-Summary.pdf.

"The Biden Foreign Policy at Two Years". December 16, 2022, https://carnegieendowment.org/2022/12/16/biden-foreign-policy-at-two-years-event-8006.

"The U.S.-China Strategic and Economic Dialogue". May 9, 2011, https://www.csis.org/analysis/us-china-strategic-and-economic-dialogue.

"United States Security Strategy for the East Asia-Pacific Region". February 1995, https://apps.dtic.mil/sti/citations/ADA298441.

"U.S.-China Joint Presidential Statement on Climate Change". March 31, 2016, https://obamawhitehouse.archives.gov/the-press-office/2016/03/31/us-china-joint-presidential-statement-climate-change.

"U.S. Global Force Posture Review". August 16, 2004, https://2001-2009.state.gov/r/pa/ei/speeches/2004/index.htm.

"U.S. Relations With China 1949 – 2020". March 2007, https://www.cfr.org/timeline/us-relations-china.

"U.S. Strategic Framework for the Indo-Pacific". https://trumpwhitehouse.archives.gov/

wp-content/uploads/2021/01/IPS-Final-Declass.pdf.

"Vice President Mike Pence's Remarks on the Administration's Policy Towards China". October 4, 2018, https://www.hudson.org/events/1610-vice-president-mike-pence-s-remarks-on-the-administration-s-policy-towards-china102018.

"Yang Jiechi's Remarks on the Results of the Presidential Meeting between Xi Jinping and Obama at the Annenberg Estate". 2013-06-09, http://perth.china-consulate.gov.cn/eng/zgyw/201306/t20130610_200787.htm.

# 찾아보기